W0384483

dolci

Gianna Brocato

dolci

1000 *süße Sachen aus Italiens Küchen*

monte von DUMONT

© 1998 Istituto Geografico De Agostini S.p.A. - Novara
Titel der italienischen Originalausgabe: *Il libro d'Oro dei Dolci e delle Decorazioni*

Realisation: Fenice 2000 s.r.l., Mailand
Gestaltung und Layout: Paolo Leveni

Bildredaktion: Centro Iconografico dell'Istituto Geografico De Agostini

Fotografien: Archivio I.G.D.A. (N. Banas, L. Chiozzi, I. Feroldi, K. Kissov, Kissov-Banas, G. Losito, P. Martini, U. Marzani, G. Pisacane, Prima Press, F. Reculez, L. Rizzi, C. Ruggiero, M. Sarcina, G. Ummarino, Visual Food)

Aus dem Italienischen von Claudia De Benedetti
Redaktion und Satz der deutschsprachigen Ausgabe:
Volz + Schopp, Köln

Umschlagabbildung: Jean Cazals, London

© 1999 der deutschsprachigen Ausgabe:
DuMont Buchverlag, Köln

Alle deutschsprachigen Rechte vorbehalten

Die Deutsche Bibliothek CIP-Einheitsaufnahme:

Dolci : 1000 süße Sachen aus Italiens Küchen / Gianna Brocato. [Aus dem Ital. von Claudia De Benedetti].
Köln : DuMont, 1999
(Monte von DuMont)
Einheitssacht.: Il libro d'oro dei dolci e delle decorazioni <dt.>
ISBN 3-7701-8525-0

Printed and bound in China

ISBN 3-7701-8525-0

Inhalt

Vorwort

Selbst erfahrene (Hobby)köche und Gourmets scheuen oft die Zubereitung der einfachsten Desserts und Süßspeisen. Obwohl sie viel Zeit und Geduld für komplizierte Gerichte aufbringen, zögern sie manchmal schon bei dem Gedanken, einen simplen Pudding zu kochen. Doch einem liebevoll zubereiteten Essen sollte auf jeden Fall ein angemessenes Dessert folgen, und eigentlich ist die Zubereitung gar nicht schwierig. Man sollte mit einfachen Rezepten beginnen und wird schon bald in der Lage sein, fantastische Torten zu kreieren. Wichtig dabei ist Experimentierfreude, damit man auch vor schwierigeren Rezepten nicht zurückschreckt. Gute Küchengeräte sind notwendig, aber die technischen Voraussetzungen entsprechen dem durchschnittlichen Standard – den doppelt verglasten und dreifach gehärteten Schokoladenkühler brauchen Sie also nicht.

Der vorliegende Band bietet eine große Fülle an Rezepten, die in der italienischen Küche sehr beliebt sind. Nicht alle stammen auch ursprünglich aus Italien, sind aber der italienischen dolci-Küche angeglichen. Deshalb ist für jeden Anlaß und für jeden Geschmack, auch für verwöhnte Feinschmecker, etwas dabei – sei es zum Tee oder um ein reichhaltiges Essen mit mehreren Gängen abzuschließen. Nicht nur für Einsteiger, sondern auch für den anspruchsvollen Freund von süßen Leckereien, der neue Rezepte und Anregungen sucht, ist das Buch eine unerschöpfliche Fundgrube. Bei den Grundrezepten am Anfang finden Sie in den gelben Spalten erprobte Tips und Hinweise, die das sichere Gelingen aller Rezepte unterstützen. Der weiterführende Rezeptteil ist in die Kapitel Kleingebäck, Desserts, Crêpes und Omelettes, Torten, Eis und Fettgebackenes unterteilt. Dabei können die verschiedenen Gebäcksorten den ganzen Tag über serviert werden; Pralinen, Marzipan, Torrone und kandierte Früchte eignen sich hervorragend zum Verzieren kunstvoller Torten. Bayerische Cremes, Puddings, Charlotten, Soufflés, Mousses, Gelees und Cremes bilden den krönenden Abschluß eines festlichen Menüs. Dekorativ angerichtet, sollten sie zu den Gerichten passen und entsprechend ausgesucht werden. So läßt sich ein leichtes Fischgericht z. B. besonders gut mit einer Zitronenmousse ergänzen. Auch an der Jahreszeit können Sie sich bei der Auswahl eines Desserts orientieren: Ein Maronenpudding paßt besonders im Herbst, eine Erdbeercreme im Mai usw. Crêpes und Omelettes mit abwechslungsreichen Füllungen aus Obstkompott, Creme oder Mousse werden häufig am Tisch flambiert und empfehlen sich von daher für den Abschluß eines besonders raffinierten Menüs. Alle Kuchen und Torten können natürlich zum Kaffee serviert werden, aber Obstkuchen, Pies und Blätterteigtorten sowie die leichten Baisers empfehlen sich auch als Dessert. Mehrschichtige Torten, die köstlich, aber leider auch sehr kalorienreich sind, eignen sich eher für besondere Gelegenheiten wie Geburtstage, Festtage oder Jubiläen. Strudel und Biskuitrollen werden nicht nur zu Kaffee oder Tee geschätzt, sondern auch als Abschluß eines improvisierten Abendessens unter Freunden.

Bei vielen steht Eis, ob nun einfach oder raffiniert zubereitet, auf der Favoritenliste an erster Stelle. Besonders im Sommer, doch auch in den kälteren Jahreszeiten und bei vielen Gelegenheiten ist es eine erfrischende Leckerei. Als praktisch erweist sich außerdem, daß es schon Tage im voraus zubereitet und im Gefrierschrank aufbewahrt werden kann. Die in Fett ausgebackenen Süßspeisen hingegen sollten heiß serviert werden, daher ist ihre Zubereitung oft umständlich. Entschließt man sich aber doch dazu, leckere gefüllte Krapfen zu zaubern oder den Karneval mit knusprigen Muzen zu feiern, läßt das Ergebnis jede Mühe vergessen.

Alle Rezepte werden detailliert und anschaulich beschrieben. Und damit Sie sich ein bißchen besser entscheiden können, welche der Kreationen Sie als erstes in Angriff nehmen, haben wir sie – je nach Schwierigkeitsgrad der Zubereitung – in die Kategorien „Gelingt leicht", „Braucht etwas Erfahrung" und „Raffiniert" eingeteilt. Im ersten Kapitel finden Sie die Grundrezepte für Teige, Füllungen, Saucen und Glasuren, darüber hinaus werden die verschiedenen Geräte und Hilfsmittel erklärt und Hinweise zu den üblichen Zutaten gegeben. Die 22 ausgesuchten Dekorationsvorschläge mit detaillierten Beschreibungen im letzten Kapitel runden das Buch ab – schließlich ist eine liebevolle Verzierung das Tüpfelchen auf dem i, da ja bekanntlich auch das Auge mitißt. Entdecken Sie eine Welt voller Köstlichkeiten. Viel Spaß und guten Appetit!

Das ABC der Süßspeisenküche

Grundteige ◆ Füllungen und Saucen ◆ Karamelisierte Nüsse und Krokant ◆ Glasuren und Fondants ◆ Nußpasten, Marzipanrohmasse und Baisermassen ◆ Früchtezubereitungen und Zuckersirup Kleine Backpraxis ◆ Geräte und Hilfsmittel ◆ Zutaten

Pan di Spagna
(Butterbiskuit)

Zubereitungszeit: *50 Minuten*

ZUTATEN FÜR 6 PERSONEN

80 g Mehl ◆ 80 g Zucker
3 Eier ◆ 15 g Butter
1 Päckchen Vanillezucker oder das Mark von 1/4 Vanilleschote

◆ Eine Springform von 20 cm Durchmesser einfetten und mit Mehl bestäuben. Den Backofen auf 170° C vorheizen.
◆ Die Butter in einem Topf schmelzen.
◆ Die Eier mit dem Zucker so lange schlagen, bis eine helle, schaumige Masse entstanden ist (**1**). Das Mehl über die Eimasse sieben (**2**). Den Vanillezucker (oder das Mark der Vanilleschote) und die geschmolzene Butter zugeben, alles vorsichtig unterrühren (**3**). (Soll der Teig noch lockerer werden, erst die Eigelbe mit der Butter und dem Zucker schaumig rühren. Die Eiweiße mit einer Prise Salz zu sehr steifem Schnee schlagen und zusammen mit dem Mehl vorsichtig unter die Eimasse heben.)

1

2

3

4

◆ In die Springform füllen (**4**) und im vorgeheizten Backofen 35–40 Minuten backen.
◆ Gegen Ende der Backzeit mit einem Holzstäbchen prüfen, ob der Biskuit gar ist (s. S. 33). Aus dem Ofen nehmen und auf ein Gitter stürzen.
◆ Da sich der Biskuitboden leichter durchschneiden läßt, wenn er vollkommen ausgekühlt ist, empfiehlt es sich, den Boden für mehrschichtige Torten schon am Vortag zu backen.
◆ Soll der Biskuit dunkel werden, verwendet man zusätzlich 20 g Kakaopulver und nur 70 g Mehl.

Rührteige

Bei den Rührteigen werden die verschiedenen Zutaten mit dem Handrührgerät verarbeitet. Die untergeschlagene Luft macht sie locker und schaumig. Je nach Rezept werden die Eier im ganzen oder Eigelb und Eiweiß getrennt geschlagen. Besonders feinporig wird der Teig, wenn ein Teil des Mehls durch Speisestärke ersetzt wird. Das Fett und die Eier sollten bei der Teigzubereitung Zimmertemperatur haben, damit die Masse nicht gerinnt. Der Teig wird in gefettete Backformen gefüllt und im Ofen gebacken.

Der Brandteig nimmt eine Sonderstellung ein, da er nicht nur aus Fett, Eiern und Mehl gerührt, sondern vor dem Backen in einem Topf „abgebrannt" wird. Das „Abbrennen" bewirkt, daß der Teig beim Backen besonders stark aufgeht, so daß sich im Inneren Hohlräume bilden, die gefüllt werden können. Kränze oder größere Gebäckstücke werden sofort nach dem Backen mit der Schere aufgeschnitten. Während der Backzeit darf der Backofen nicht geöffnet werden, da die Gebäckstücke sonst zusammenfallen (s. auch S. 29).

Pasta Margherita
(Sandkuchenteig)

Zubereitungszeit: *1 Stunde*

ZUTATEN FÜR 8-10 PERSONEN

6 Eier
180 g Zucker
140 g weiche Butter
100 g Speisestärke
100 g Mehl
2 TL Backpulver
1 Päckchen Vanillezucker
1 Prise Salz

◆ Eine Springform von 26 cm Durchmesser einfetten und mit Mehl bestäuben. Den Backofen auf 160° C vorheizen.
◆ In einer Schüssel die weiche Butter und den Zucker schaumig rühren. Die Eigelbe zugeben und einige Minuten weiterschlagen.
◆ Das Mehl, die Speisestärke und das Backpulver vermischen, über die Eimasse sieben und unterrühren. Den Vanillezucker unter weiterem Rühren einrieseln lassen. Die Eiweiße mit dem Salz zu sehr steifem Schnee schlagen und vorsichtig unterheben.
◆ In die Springform füllen und im vorgeheizten Ofen 40–45 Minuten backen. Aus der Form lösen, auf ein Gitter stürzen und auskühlen lassen.

Genueser Biskuit

Zubereitungszeit: *1 Stunde*

ZUTATEN FÜR 6-8 PERSONEN

4 Eier
125 g Zucker
125 g Mehl ◆ 60 g Butter
1 Prise Salz

◆ Eine Springform von 22 cm Durchmesser einfetten und mit Mehl bestäuben. Den Backofen auf 150° C vorheizen.
◆ Mit dem elektrischen Handrührgerät die Eier mit dem Salz und dem Zucker im Wasserbad ca. 20 Minuten aufschlagen. Die Masse soll deutlich an Volumen zunehmen. Das Wasser darf dabei nicht kochen. Vom Herd nehmen und nach und nach die geschmolzene Butter und das Mehl unterziehen, dabei den Löffel kreisend von oben nach unten bewegen, damit die Masse nicht zusammenfällt.
◆ In die Springform füllen und im vorgeheizten Ofen ca. 40 Minuten backen. Aus der Form lösen, auf ein Gitter stürzen und auskühlen lassen.

Savoyer Biskuit

Zubereitungszeit: *45 Minuten*

ZUTATEN FÜR 2 BÖDEN
120 g Mehl
110 g Zucker ◆ 6 Eier
1 Päckchen Vanillezucker oder das Mark von 1/4 Vanilleschote
1 Prise Salz

◆ Zwei Backbleche mit Backpapier belegen. Den Ofen auf 200° C vorheizen.

◆ Die Eier trennen. Dann die Eigelbe mit dem Zucker und dem Vanillezucker (oder dem Mark der Vanilleschote) dickschaumig rühren und die Eiweiße mit dem Salz zu Schnee schlagen. Das gesiebte Mehl und den Eischnee nach und nach unter die Eigelbmasse ziehen.

1

2

3

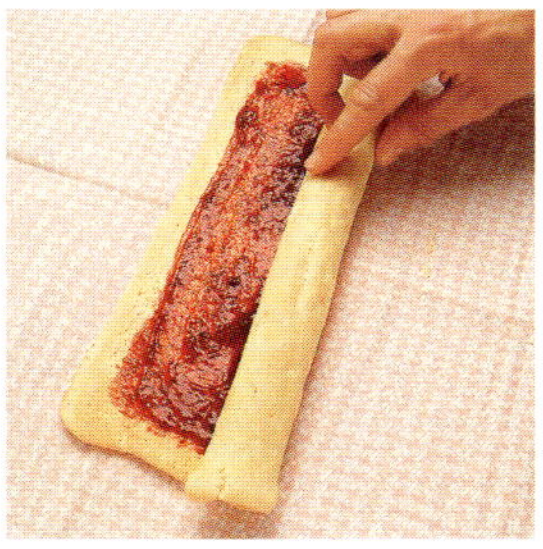
4

◆ Den Teig in einen Spritzbeutel mit Lochtülle füllen und in Rechteckform von außen beginnend auf die Bleche spritzen (1), mit einer Streichpalette glattstreichen. (Für Löffelbiskuits Teigstreifen spritzen.) 10–12 Minuten backen.

◆ Die Biskuitplatten vorsichtig lösen und auf einem eckigen Tortengitter auskühlen lassen. Für eine Biskuitrolle die warmen Platten jeweils auf ein feuchtes Küchentuch stürzen und, nachdem man das Backpapier abgezogen hat, mit dem Tuch einrollen (2). Auskühlen lassen. Die Biskuitplatte aufrollen, mit Konfitüre, Creme oder einer anderen Füllung bestreichen (3) und erneut einrollen (4). In Klarsichtfolie gewickelt im Kühlschrank – bei einer Eisfüllung im Gefrierschrank – aufbewahren, bis die Biskuitrolle verziert werden soll.

◆ Um dunkle Biskuitplatten zu erhalten, zusätzlich 30 g Kakaopulver in den Teig einarbeiten.

Die Aufbewahrung der Gebäckstücke

Die meisten Gebäckstücke können einige Tage gelagert werden, bis man sie zu den entsprechenden Rezepten weiterverarbeitet. Dabei ist es wichtig, einige einfache Regeln zu beachten. Biskuit- und Rührkuchen sowie Plätzchen und Kekse aus Rühr- oder Biskuitteig halten sich am besten frisch, wenn sie, in Alufolie gewickelt, an einem kühlen Ort aufbewahrt werden. Generell gilt, daß die Gebäckstücke nur vollständig ausgekühlt in die Folie gewickelt werden dürfen. Eine Biskuitrolle bleibt im Kühlschrank einige Tage lang weich und biegsam, sofern sie mit einem feuchten Küchentuch abgedeckt wurde. Gebäckstücke aus Brandteig halten sich einige Tage frisch, wenn sie, trocken und vollständig ausgekühlt, in dicht verschließbaren Blechdosen aufbewahrt werden.

Tip

Mit Brandteig kann man die verschiedensten Variationen von Windbeuteln zubereiten. Längliche, mit Creme gefüllte und mit Glasur bestrichene Windbeutel werden Eclairs genannt. Profiteroles sind kleine gefüllte Windbeutel, die zu einem Turm aufgeschichtet und mit Schokolade überzogen werden. Bei der Windbeuteltorte „Croquembouche“ hält Karamel die Pyramide aus kleinen gefüllten Windbeuteln zusammen. Bei der Torte „Saint-Honoré“ werden Windbeutel mit Biskuit und Blätterteig kombiniert.

Brandteig

Zubereitungszeit: *40 Minuten*

ZUTATEN FÜR 6-8 PERSONEN
150 g Mehl
120 g Butter
6 Eier
1 Vanilleschote
1 Päckchen Vanillezucker
1 Prise Salz

◆ Ein Backblech einfetten. Den Ofen auf 190° C vorheizen. Für den Teig die Butter, das Salz und die Vanilleschote in einen Topf geben, 200 ml Wasser dazugießen und alles zum Kochen bringen (1).

◆ Den Topf vom Herd nehmen, das Mehl auf einmal hineingeben (2), schnell glattrühren. Den Topf wieder auf die Hitzequelle stellen und den Teig kräftig durchrühren, bis er sich vom Topfrand löst (3).

◆ Den Teigkloß etwa 2 Minuten rundum „abbrennen“, Topf beiseite stellen, etwas abkühlen lassen.

◆ Den lauwarmen Teig in eine Schüssel geben, die Vanilleschote entfernen und den Vanillezucker einrühren.

◆ Die Eier nach und nach einzeln unterrühren. Darauf achten, daß das Eigelb und das Eiweiß vollständig aufgenommen wurden, bevor man jeweils das nächste Ei zufügt (4).

◆ Den Teig in einen Spritzbeutel füllen und in der gewünschten Form und Größe auf das Backblech spritzen. Im vorgeheizten Ofen zunächst ca. 20 Minuten backen, bis das Gebäck Farbe angenommen hat, dann den Ofen ausstellen. Die Gebäckstücke im geschlossenen Backofen weitere 5 Minuten gut austrocknen lassen.

1

2

3

4

Knetteige

Bei den verschiedenen Knetteigen werden die Zutaten entweder rasch, oder gründlich und lange verknetet, je nachdem, ob der Teig geschmeidig oder mürbe werden soll. Nach einer Ruhezeit rollt man den Teig in verschiedenen Stärken aus und formt daraus die Böden und Taschen für Obstkuchen, Tartelettes und Quiches.

Tip

Blätterteig ist nur mit sehr großem Aufwand herzustellen. Wer sich nicht die Mühe machen will, kann heute auf sehr gute, tiefgekühlte Blätterteige zurückgreifen.

Mürbeteig

Zubereitungszeit: *50 Minuten (ohne Kühlzeit)*

Zutaten für 500 g Teig

250 g Mehl ◆ 120 g Butter
70 g Zucker ◆ 1 Eigelb
geriebene Schale von 1/2 unbehandelten Zitrone
1 Päckchen Vanillezucker oder das Mark von 1/4 Vanilleschote

◆ Die Butter bei Zimmertemperatur weich werden lassen und in Stücke schneiden.
◆ Das Mehl auf die Arbeitsfläche sieben, in die Mitte eine Vertiefung drücken. Die Butterstücke, den Zucker, den Vanillezucker, das Eigelb und die Zitronenschale hineingeben (**1**). Die Zutaten mit den Fingerspitzen schnell verarbeiten, ohne sie zu lange zu kneten. Den Mürbeteig zu einer Kugel formen und, in Klarsichtfolie gewickelt, 30 Minuten bis 2 Stunden im Kühlschrank ruhen lassen. Die Ruhezeit ist notwendig, damit sich der Teig beim Backen nicht zusammenzieht.
◆ Knetet man unter die Hälfte des Teiges 1 EL Kakaopulver (**2**), erhält man einen dunklen Mürbeteig, der zusammen mit dem hellen zu dekorativem Schwarz-Weiß-Gebäck (**3**, **4**) verarbeitet werden kann.
◆ Ersetzt man den Zucker durch Puderzucker, erhält man einen feineren, besonders für Kleingebäck geeigneten Teig.
◆ Soll der Mürbeteig mit Obst belegt werden, muß man ihn zuvor „blindbacken“. Dafür den Mürbeteig gleichmäßig stark ausrollen und in die Backform legen. Den Teigboden mit einer Gabel mehrmals einstechen. Ein passendes Stück Backpapier einlegen und trockene Hülsenfrüchte zum Beschweren einfüllen. Im vorgeheizten Backofen bei 180° C ca. 20 Minuten backen. Sobald der Teig gar ist, die Hülsenfrüchte und das Papier entfernen. Alternativ kann der Teig nach 10 Minuten Backzeit mit den Händen flachgedrückt werden, das Ergebnis ist aber weniger zufriedenstellend.

1 2 3 4

Blätterteig

Zubereitungszeit: *1 Stunde (ohne Kühlzeit)*

Zutaten für ca. 1 kg Teig

500 g Mehl ◆ 500 g Butter
270 ml Wasser ◆ 10 g Salz

◆ Das Mehl auf die Arbeitsfläche sieben und sehr rasch mit dem Salz und dem Wasser zu einem weichen Teig verkneten. Einen kleinen Laib formen, kreuzförmig einschneiden und, mit einem Tuch bedeckt, 30 Minuten kaltstellen.
◆ Die Butter durchkneten, zu einem Block mit ca. 18 cm Kantenlänge formen und, in Klarsichtfolie gewickelt, in den Kühlschrank legen.
◆ Den Teig auf der bemehlten Arbeitsfläche zu einem ca. 30 cm breiten Rechteck ausrollen. Die Butter aus dem Kühlschrank nehmen und kurz

1 2 3 4 5 6

mit dem Rollholz andrücken, damit sie etwas weicher wird. In die Mitte des Teigrechtecks legen (**1**), die Teigränder darüberschlagen, ohne sie aber übereinanderzulegen, und so das Butterstück vollständig umhüllen.

◆ Den Teigblock zu einem 60 cm langen, breiten Band ausrollen (**2**), dreiteilig übereinanderlegen (**3**, s. auch Foto S. 15). Dann das Teigrechteck um 90° C drehen und wieder zu einem 60 cm langen Band ausrollen. Den Teig erneut dreiteilig übereinanderlegen und, in Klarsichtfolie gewickelt, eine Stunde im Kühlschrank ruhen lassen. Diesen Vorgang wiederholen. Danach den Teig mindestens 2 Stunden kalt ruhen lassen. Etwa 1 Stunde vor dem Backen den Vorgang noch zweimal wiederholen.

◆ Die zu beliebigen Formen zugeschnittenen Teigstücke vor dem Backen ungefähr 20 Minuten auf dem Backblech ruhen lassen, um ein zu starkes Zusammenschrumpfen zu verhindern. Die Backtemperatur sollte bei 200 bis 220° C liegen, und das Backblech muß mit Wasser benetzt sein.

◆ Für Pasteten mit einem runden Ausstecher mit gewelltem Rand beliebig viele Scheiben ausstechen. Bei der Hälfte der Scheiben mit einem kleineren Ausstecher in der Mitte ein Loch ausstechen (**4**). Die Teigringe mit etwas Eiweiß auf die Scheiben kleben (**5**), 15–20 Minuten ruhen lassen. Während des Backens geht der Teig auf, so daß sich eine schöne Mulde zum Füllen bildet.

◆ Bei der Zubereitung von Blätterteigböden für eine Blätterteigtorte (torta millefoglie) muß der Teig vor dem Backen mehrmals mit einer Gabel eingestochen werden, damit er kroß wird.

◆ Um kleine Schweinsöhrchen herzustellen, den Blätterteig zu einem schmalen Rechteck ausrollen und mit etwas Zucker bestreuen. Das Teigstück von den Rändern der Längsseite zur Mitte hin einschlagen, nochmals zusammenklappen und in Scheiben schneiden (**6**).

Strudelteig

Zubereitungszeit: *50 Minuten*
(ohne Ruhezeit)

Zutaten für ca. 350 g Teig

250 g Mehl ◆ 1 Prise Salz
1 EL Zucker ◆ 1 Ei
50 g weiche Butter
5–6 EL lauwarmes Wasser

◆ Das Mehl mit dem Salz auf die Arbeitsfläche sieben, in die Mitte eine Vertiefung drücken und den Zucker, das Ei, die in Stücke geschnittene Butter und das Wasser hineingeben. Die Zutaten mit raschen Bewegungen kräftig verkneten, dabei

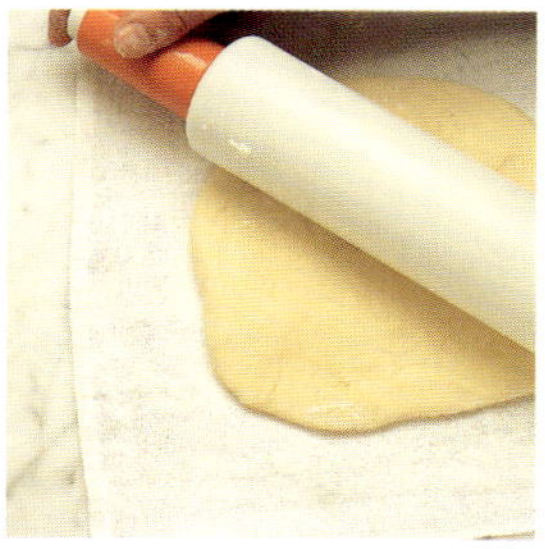
1

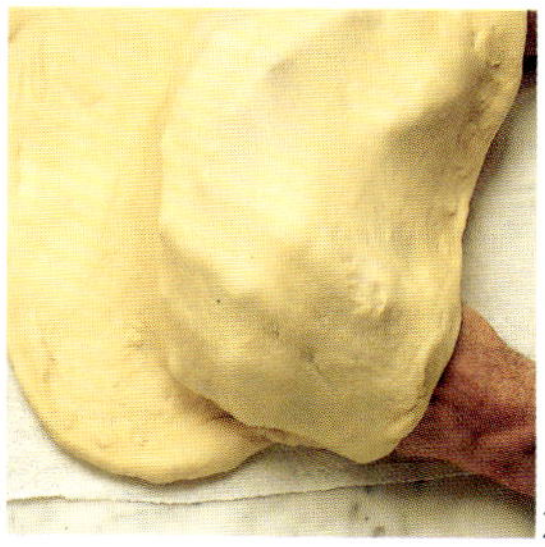
2

3

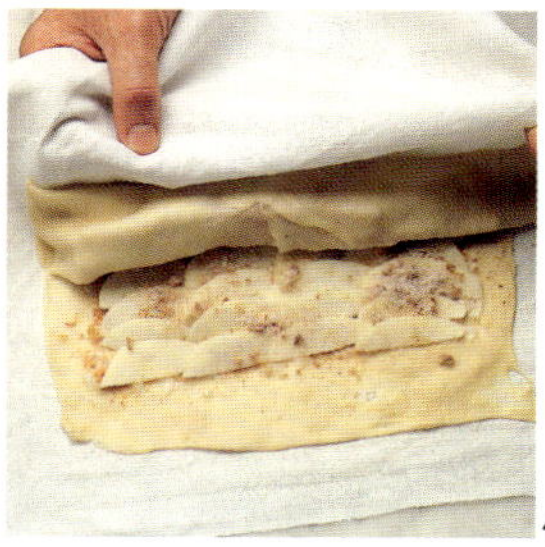
4

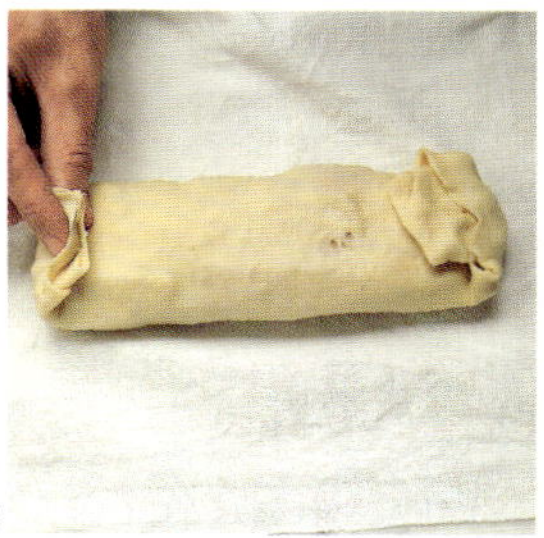
5

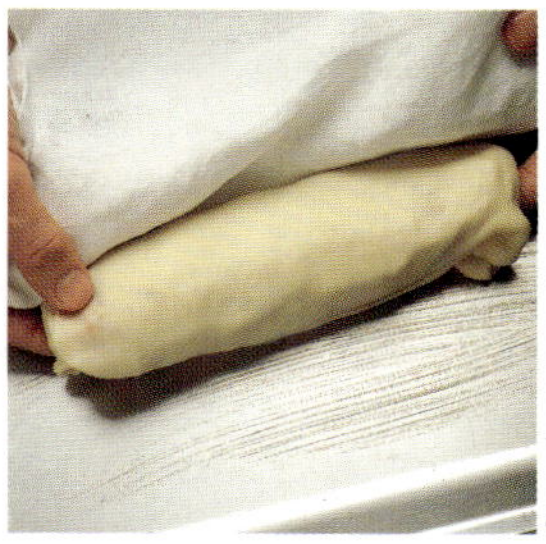
6

den Teig mehrmals auf die Arbeitsfläche schlagen, damit er glatt und geschmeidig wird. Einen angewärmten Topf über den Teig stülpen und 30 Minuten ruhen lassen.

◆ Auf einem bemehlten Tuch den Teig mit dem Rollholz 0,5 cm dick ausrollen (**1**). Dann mit den bemehlten Handrücken unter den Teig greifen und vorsichtig die Hände von der Mitte zu den Rändern ziehen. Dies so lange wiederholen, bis der Teig hauchdünn und fast durchsichtig geworden ist (**2**). Die dickeren Ränder abschneiden (**3**).

◆ Um den Strudel zu formen, den Teig mit der Füllung bestreichen und aufrollen. Mit dem Tuch, auf dem er ausgerollt wurde, nachhelfen (**4**). Die Enden einschlagen (**5**) und fest andrücken, damit die Füllung nicht ausläuft.

◆ Den Strudel zum Backen auf ein eingefettetes Blech legen, dabei darauf achten, daß die Naht auf dem Blech liegt (**6**). Mit geschmolzener Butter bepinseln und im vorgeheizten Ofen bei 180° C ungefähr 1 Stunde backen.

Die Aufbewahrung des Teigs

Mürbeteig kann, in Klarsichtfolie gewickelt, im Kühlschrank eine Woche und im Gefrierschrank mehrere Wochen aufbewahrt werden. Blätterteig darf, in Klarsichtfolie gewickelt, nur einige Tage im Kühlschrank lagern. Er eignet sich aber ebenfalls ausgezeichnet zum Tiefgefrieren. Vor der Weiterverarbeitung den gelagerten bzw. aufgetauten Blätterteig, wie im Grundrezept (S. 12) beschrieben, ein- bis zweimal durcharbeiten. Strudelteig hält sich einige Tage im Kühlschrank, besser ist es aber, ihn sofort zu verarbeiten.
Vor dem Einfrieren den Teig in kleine Portionen aufteilen, um immer nur die benötigte Menge aus dem Gefrierschrank entnehmen zu können. Alle Teige können bei Zimmertemperatur oder über Nacht im Kühlschrank aufgetaut werden.

Knetteige

Auslegeteig

Zubereitungszeit: *15 Minuten*
(ohne Kühlzeit)

Zutaten für 800 g Teig

500 g Mehl ◆ 250 g kalte Butter
75 ml kalte Milch ◆ 1 Eigelb
20 g Zucker ◆ 1 Prise Salz

◆ Das Mehl mit dem Salz auf die Arbeitsfläche sieben (1), in die Mitte eine Vertiefung drücken und die in Stücke geschnittene Butter (2), den Zucker und das Eigelb hineingeben (3). Die Zutaten mit den Fingerspitzen rasch vermengen, bis eine krümelige Mischung entsteht (4). Die Milch zufügen (5) und alles schnell verkneten. Aus dem Teig eine Kugel formen, in Klarsichtfolie wickeln und 1 Stunde im Kühlschrank kaltstellen (6).

◆ Der Teig kann auch mit der Küchenmaschine zubereitet werden. Dazu das Mehl, die Butter, den Zucker und das Salz in die Küchenmaschine geben. Rühren, bis die Mischung krümelig ist, dann das Eigelb zugeben und die Milch in dünnem Strahl unter weiterem Rühren einlaufen lassen. So lange weiterrühren, bis sich eine Teigkugel bildet.

◆ Den Teig mit dem Rollholz zu einer dünnen, 2–3 mm dicken Platte ausrollen. Legt man eine Backform mit einer zu dicken Teigschicht aus, wird der Mürbeteigboden oft nicht gar, insbesondere dann, wenn der Kuchen mit einer feuchten Masse gefüllt wird. Den Kuchen auf der untersten Schiene im Ofen backen.

◆ Soll der Mürbeteig „blind" gebacken werden, legt man ihn in eine Form und sticht ihn mit einer Gabel mehrmals ein. Dann den Teigboden mit Backpapier auslegen und mit trockenen Hülsenfrüchten beschweren. Das Gewicht der Hülsenfrüchte verhindert, daß der Teig während des Backens aufgeht und sich verformt. Die Backform in den auf 180° C vorgeheizten Ofen schieben und 20–30 Minuten backen, bis der Kuchen goldgelb ist. Die Hülsenfrüchte und das Backpapier entfernen, den Boden füllen.

◆ Mürbeteig kann auch ohne Ei zubereitet werden. Dafür ersetzt man das Eigelb und die Milch durch kaltes Wasser. Das Mehl, den Zucker, das Salz und die kalte Butter vermengen, bis man eine krümelige Mischung erhält. Das Wasser eßlöffelweise nach und nach zugeben und alles durchkneten.

1

2

3

4

5

6

Tip

Der wenig gesüßte Mürbeteig (Auslegeteig) eignet sich besonders für herzhafte Kuchen, Tartelettes und Quiches. Um einen leichten und spröden Mürbeteig zu erhalten, muß die Butter sehr kalt verarbeitet werden. Auch das Kneten sollte schnell erfolgen, um die Masse nicht mit den Händen zu erwärmen. Bearbeitet man den Teig zu lange, wird er weniger mürbe, da sich die Butter dann vollständig mit den anderen Zutaten verbindet.

Briocheteig

Zubereitungszeit: *1 Stunde*
(ohne Wartezeit)

Zutaten für 500 g Teig

250 g Mehl ◆ 100 g weiche Butter
40 g Zucker ◆ 2 Eier
50 ml Milch ◆ 15 g Hefe
1 Prise Salz

◆ Die Hefe in der lauwarmen Milch auflösen.

◆ Das Mehl auf die Arbeitsfläche sieben, in die Mitte eine Vertiefung drücken und die aufgelöste Hefe, die Eier, den Zucker, das Salz und die in Stücke geschnittene Butter hineingeben. Die Zutaten gründlich verkneten. Den Teig weitere 15–20 Minuten durchkneten, ihn dabei öfter anheben und auf die Arbeitsfläche schlagen, bis er glatt und geschmeidig ist. Läßt sich der Teig an jeder Stelle ohne zu reißen hochziehen, bis er fast durchsichtig ist (1), ist er fertig. An einem warmen Ort abgedeckt 30 Minuten gehen lassen.

1

2

◆ Den Teig nochmal kurz durchkneten und in eine große Schüssel geben (er sollte sie nur zu 1/3 füllen). Die Schüssel mit einem feuchten Tuch abdecken und im weniger kühlen Bereich des Kühlschranks 12 Stunden ruhen lassen (**2**).

◆ Den Teig in die Backform geben oder in der gewünschten Form auf das Backblech legen. An einem zugfreien Ort bei gleichbleibender Temperatur (25–30° C) nochmals 1 Stunde gehen lassen.

◆ Kurz vor dem Backen die Teigoberfläche mit einem verquirlten Ei bestreichen. Macht man dies zu früh, kann der Eiüberzug aufreißen. Für eine dunkle Bräunung nur das Eigelb, für eine hellere das ganze Ei verwenden. Den Kuchen im vorgeheizten Ofen bei 180° C backen.

Croissantteig

Zubereitungszeit: *1 Stunde (ohne Wartezeit)*

ZUTATEN FÜR 1 KG TEIG

500 g Mehl ◆ *100 ml Wasser*
25 g Hefe ◆ *250 g Butter*
60 g Zucker ◆ *150 ml Milch*
1 Prise Salz

◆ Die Hefe im lauwarmen Wasser auflösen. Die Milch, 55 g Butter, den Zucker und das Salz in einem Topf erhitzen, bis sich die Zutaten auflösen.

◆ Das Mehl auf die Arbeitsfläche sieben, in die Mitte eine Vertiefung drücken und die aufgelöste Hefe sowie die Milchmischung hineingeben. Alles zu einem glatten Teig verkneten, einen kleinen Laib formen und, mit einem Tuch abgedeckt, etwa 30 Minuten kühlstellen.

◆ Die restliche Butter zu einem Viereck von 18 x 18 cm formen und, in Klarsichtfolie gewickelt, in den Kühlschrank legen.

◆ Den Teig auf der bemehlten Arbeitsfläche mit dem Rollholz zu einem Viereck von 30 x 30 cm

1

2

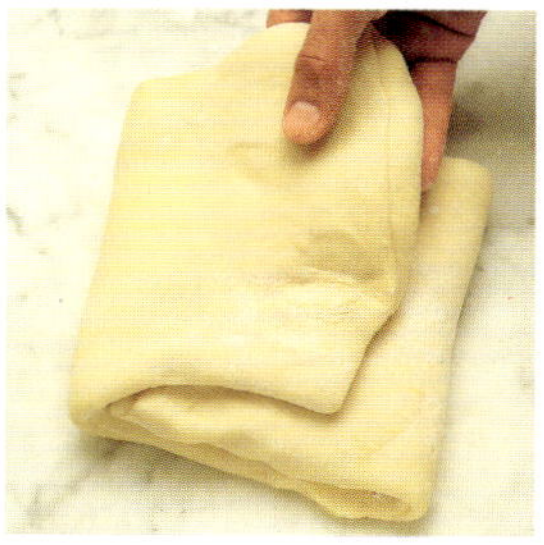
3

4

ausrollen. Die Butter kurz mit dem Rollholz andrücken, damit sie etwas weicher wird. In die Mitte des Teigquadrats legen, die Teigränder darüberschlagen, ohne sie aber übereinanderzulegen, und so das Butterstück vollständig umhüllen (**1**).

◆ Den Teigblock zu einem 60 cm langen, breiten Band ausrollen (**2**), dreiteilig übereinanderlegen (**3**). Dann das Teigrechteck um 90° C drehen und wieder zu einem 60 cm langen Band ausrollen. Den Teig erneut dreiteilig übereinanderlegen, in eine große Schüssel geben und, mit Klarsichtfolie abgedeckt, eine Stunde im Kühlschrank ruhen lassen. Diesen Vorgang wiederholen. Danach den Teig wieder in die Schüssel geben und für mindestens 2 Stunden, besser über Nacht, in den Kühlschrank stellen.

◆ Aus dem Teig Hörnchen und Croissants formen (**4**), auf ein gefettetes Backblech legen und 1 Stunde gehen lassen. Anschließend im vorgeheizten Ofen bei 180° C backen.

Die verschiedenen Zutaten werden bei Hefeteig sehr gründlich durchgeknetet. Danach muß der Teig an einem warmen Ort gehen, bis er sein Volumen verdoppelt hat. Wird der Teig wie z. B. beim Briocheteig nach dem Gehen ein zweites Mal geknetet, muß man ihn vor dem Backen erneut gehen lassen.

Die Aufbewahrung des Teigs

Der Briocheteig kann im Kühlschrank einige Tage aufbewahrt werden, muß danach allerdings durchgeknetet werden, damit er wieder geschmeidig wird. Man kann dem Teig auch sofort die gewünschte Form geben und ihn im Gefrierschrank (max. 2 Monate) einfrieren. Nach dem Auftauen sollten die Teigstücke noch mindestens 3 Stunden gehen, bevor sie gebacken werden. Mit dem Croissantteig läßt sich auf die gleiche Weise verfahren.

Cremes auf Ei-Basis

Konditorcreme

Zubereitungszeit: *15 Minuten*

ZUTATEN FÜR 6 PERSONEN

120 g Zucker
5 Eigelb
1/2 l Vollmilch
40 g Mehl
1 Päckchen Vanillezucker
1 unbehandelte Zitrone

◆ Die Zitrone abwaschen und hauchdünn schälen; es darf nichts von der weißen Haut mit abgeschält werden. Die Milch mit der Zitronenschale aufkochen.

◆ Die Eigelbe, den Zucker und den Vanillezucker mit einem Holzlöffel in einem Topf vermengen (1) und das gesiebte Mehl nach und nach zufügen (2). Die Zitronenschale entfernen und die heiße Milch in dünnem Strahl unter vorsichtigem Rühren in die Ei-Mehl-Mischung einlaufen lassen (3). Bei mittlerer Hitze aufkochen, dabei ständig weiterrühren, damit sich keine Klumpen bilden. Die Hitze reduzieren und die Creme weitere 7–8 Minuten kochen lassen, dabei ab und zu mit dem Holzlöffel umrühren.

◆ Die Creme in eine Schüssel gießen (4) und mit etwas Zucker bestreuen (5). Abkühlen lassen.

1

2

3

4

5

Die Aufbewahrung der Cremes
Die Konditorcreme und die Englische Creme können in einer mit Klarsichtfolie abgedeckten Schüssel 2–3 Tage im Kühlschrank aufbewahrt werden.

Tip
Um zu verhindern, daß sich beim Abkühlen einer Creme eine Haut bildet, kann man sie entweder mit etwas Zucker bestreuen oder in regelmäßigen Abständen umrühren.

6

7

8

9

◆ Um eine leichtere Konditorcreme zu erhalten, 2 steif geschlagene Eiweiße unter die noch warme Creme ziehen. Will man sie schaumiger haben, 200–500 g geschlagene Sahne unter die erkaltete Creme mischen.

Rumcreme
◆ In die abgekühlte Konditorcreme 2 EL Rum rühren (6). Der Rum kann auch durch Grand Marnier, Cointreau oder Kirschwasser ersetzt werden.

Schokoladencreme
◆ 30 g gesiebtes Kakaopulver (oder 50 g geriebene Bitterschokolade) unter die warme Konditorcreme mischen (7), dabei kräftig umrühren, damit sich alles gut verbindet.

Mandel-, Haselnuß- oder Pistaziencreme
◆ 100 g Mandeln kurz in kochendes Wasser geben. Abkühlen lassen, abgießen und sofort schälen. Einige Minuten bei 180° C im Ofen rösten, sehr fein mahlen und unter die noch warme Creme mischen (8). Für die Haselnuß- bzw. Pistaziencreme die geschälten Nüsse bzw. Kerne fein mahlen und in die warme Creme einrühren.

◆ Unter die abgekühlte Creme können auch grob gehackte bzw. karamelisierte Haselnüsse oder Mandeln (s. S. 21) gemischt werden.

Kaffeecreme
◆ In die angewärmte Milch zusätzlich 1 EL lösliches Espressopulver rühren.

Konditorcreme mit Früchten
◆ Die Konditorcreme kann wahlweise mit 70 g Fruchtkompott (9), mit Beeren oder in Würfel geschnittenen frischen Früchten, die kurz in Zucker und Zitronensaft mariniert wurden, vermischt werden.

Englische Creme

Zubereitungszeit: *20 Minuten*

Zutaten für 6 Personen

1/4 l Milch
1/4 l Sahne
6 Eigelb ◆ 150 g Zucker
1/2 Vanilleschote

◆ Die Milch und die Sahne mit der aufgeschnittenen Vanilleschote und der Hälfte des Zuckers aufkochen. In einem Topf die Eigelbe mit dem restlichen Zucker verrühren und dabei die Milch-Sahne-Mischung, aus der man die Vanilleschote entfernt hat, in dünnem Strahl einlaufen lassen.
◆ Die Masse unter ständigem Rühren bei niedriger Temperatur erhitzen, ohne daß die Creme aufkocht. (Falls die Creme versehentlich aufwallt und gerinnt, 1 EL Speisestärke hinzufügen.) Vom Herd nehmen, durch ein Sieb streichen und vollständig erkalten lassen, dabei ab und zu umrühren.

Zabaione

Zubereitungszeit: *20 Minuten*

Zutaten für 4 Personen

4 Eigelb ◆ 100 ml Marsala
2 EL trockenen Weißwein
4 EL Zucker

◆ Die Eigelbe mit dem Zucker schlagen, bis eine helle, cremige Masse entstanden ist (**1**). Den Marsala und den Wein unterrühren, alles in einen Topf (oder besser noch in ein unverzinntes Kupfergefäß) gießen.
◆ Die Creme im Wasserbad bei geringer Temperatur erhitzen, ohne sie jedoch zum Kochen zu bringen. Dabei die Masse mit dem Schneebesen schlagen, bis sie dickflüssig wird und ihr Volumen verdoppelt hat (**2**).
◆ Die Zabaione sofort in Schalen füllen und warm servieren.
◆ Zabaione kann wahlweise mit Marsala, einem kräftigen Rotwein, einem Likörwein (Port, Madeira, Malaga, Vin Santo) oder Sekt zubereitet werden. Verwendet man Whisky, Cognac oder Rum, so nimmt man 3 EL des jeweiligen Getränks und 3 EL Weißwein.

1

2

Kalte Zabaione
◆ Möchte man die Zabaione kalt servieren, muß sie in einer Schüssel so lange gerührt werden, bis sie abgekühlt ist. Anschließend unter die Zabaione ungesüßte, geschlagene Sahne ziehen.

Buttercremes

In der modernen Küche wird Buttercreme immer seltener verwendet. Da man sie als zu „fett" empfindet, wird sie häufig durch Mousses oder Sahnecremes ersetzt. Will man aber eine Torte dekorativ verzieren, erreicht man mit Buttercreme immer noch das beste Resultat.

Tip
Mit Hilfe von Aromen wie z. B. Vanille, Zitrusessenzen oder einem Likör nach Wahl läßt sich der Geschmack der Buttercreme vielfältig variieren.

Buttercreme

Zubereitungszeit: *30 Minuten*

Zutaten für ungefähr 300 g Creme

170 g Butter
100 g Zucker
40 g Eiweiß
1 Prise Salz

◆ Die Butter bei Zimmertemperatur weich werden lassen.
◆ Das Eiweiß mit dem Salz in einer Schüssel zu Schnee schlagen, 1 EL Zucker zufügen (**1**) und 2–3 Minuten weiterschlagen.
◆ Den restlichen Zucker mit etwas Wasser in einem kleinen Topf zum Kochen bringen und 6–7 Minuten kochen (er erreicht eine Temperatur von etwa 115° C).
◆ Den flüssigen Zucker nach und nach in dünnem Strahl über den Eischnee laufen lassen (**2**) und unterrühren. Weiterrühren, bis die Masse nahezu kalt ist.
◆ Die weiche Butter in Stücke schneiden, in den Eischnee geben und alles zu einer glatten Creme verrühren (**3**).

1

2

3

Buttercreme mit Kaffeearoma
Für den Kaffeegeschmack 1 EL lösliches Espressopulver in 1 EL lauwarmer Milch auflösen und unter die Buttercreme rühren.

Schokoladenbuttercreme
100 g Bitterschokolade im Wasserbad schmelzen und unter die Creme mischen.
Die Masse solange schlagen, bis sich alle Zutaten verbunden haben und die Creme glatt und homogen ist.

Kalt gerührte Buttercreme

Zubereitungszeit: *20 Minuten*

ZUTATEN FÜR UNGEFÄHR 300 G CREME

100 g Butter
200 g Puderzucker
1 Päckchen Vanillezucker

◆ Die Butter bei Zimmertemperatur weich werden lassen. In eine Schüssel geben und schaumig rühren. Weiterrühren und nach und nach den Puderzucker und den Vanillezucker zufügen.
◆ Der Cremegeschmack kann durch die Beigabe von Espresso, geschmolzener Schokolade, Maronenpüree oder Likör abgerundet werden.

Französische Buttercreme

Zubereitungszeit: *30 Minuten*

ZUTATEN FÜR UNGEFÄHR 500 G CREME

250 g Butter ◆ 3 Eigelb
einige Tropfen Vanillearoma
150 g Zucker

◆ Die Butter bei Zimmertemperatur weich werden lassen.
◆ Den Zucker mit 1 El Wasser aufkochen, 7 Minuten kochen lassen, bis er eine Temperatur von etwa 115° C erreicht hat (s. S. 20, 33).
◆ Die Eigelbe aufschlagen und unter ständigem Rühren den warmen Zuckersirup in dünnem Strahl zugießen. Weiterschlagen, bis die Masse nahezu erkaltet ist, dann das Vanillearoma untermischen.
◆ Die Butter separat schaumig rühren und unter die Eigelbmasse ziehen. Nach Wunsch abschmekken.

Tip
Damit Sahne problemlos steif geschlagen werden kann, muß sie frisch sein und mindestens 6 Stunden vor Gebrauch in den Kühlschrank gestellt werden. Nicht nur die Sahne, auch die Schüssel sollte kalt sein. Es empfiehlt sich von daher, eine Edelstahlschüssel zu verwenden, die man 15–20 Minuten lang im Gefrierschrank auskühlen lassen kann.

Die Aufbewahrung der Cremes
Die Canache-Creme kann einige Tage in einer gut mit Klarsichtfolie verschlossenen Schüssel im Kühlschrank aufbewahrt werden. Vor Gebrauch bei Zimmertemperatur weich werden lassen.

Creme Chantilly

Zubereitungszeit: *10 Minuten*

ZUTATEN FÜR UNGEFÄHR 300 G CREME

1/4 l Sahne ◆ 2 EL Puderzucker
1 Päckchen Vanillezucker

◆ Eine Edelstahlschüssel in den Gefrierschrank stellen.
◆ Die kalte Sahne in die gekühlte Schüssel geben und aufschlagen, dabei den Puder- und den Vanillezucker zufügen. Die Creme im Kühlschrank aufbewahren.

Canache-Creme

Zubereitungszeit: *30 Minuten*

ZUTATEN FÜR UNGEFÄHR 800 G CREME

450 g Bitterschokolade
350 ml Sahne ◆ 70 g Butter

◆ Die Schokolade zerkleinern und die Butter in Stücke schneiden. Alles in eine Schüssel geben und im Wasserbad schmelzen. Den Topf vom Herd nehmen und etwas abkühlen lassen. Die Sahne steif schlagen und nach und nach unter die geschmolzene Schokoladenmasse rühren, bis sich die Zutaten vollständig vermischt haben.
◆ Die Canache-Creme kann auch hergestellt werden, indem man die Sahne zunächst aufkocht und darin die zerkleinerte Schokolade und die Butter auflöst. Nach dem Erkalten die Creme mit dem Handrührgerät aufschlagen.

Brasilianische Creme

Zubereitungszeit: *20 Minuten*

ZUTATEN FÜR UNGEFÄHR 600 G CREME

200 g reife Bananen ◆ 300 ml Sahne
5 cl Maraschino
100 g Puderzucker

◆ Eine Edelstahlschüssel in den Gefrierschrank stellen.
◆ Die Sahne in die gekühlte Schüssel gießen und aufschlagen, dabei den Zucker einrieseln lassen. In den Kühlschrank stellen.
◆ Die Bananen schälen, in Stücke schneiden und mit dem Maraschino zu einem Brei rühren. Das Bananenpüree vorsichtig unter die Sahne ziehen.
◆ Die Brasillianische Creme eignet sich besonders gut zum Füllen von Tartelettes.

Vanillesauce

Zubereitungszeit: *20 Minuten*

ZUTATEN FÜR 4 PERSONEN

1/4 l Milch ◆ 3 Eigelb
70 g Zucker
1/2 Vanilleschote

◆ Die Milch mit der aufgeschnittenen Vanilleschote aufkochen.
◆ Die Eigelbe und den Zucker mit einem Holzlöffel in einer Schüssel verrühren, bis sich die Zutaten gut verbinden (1). Man sollte dazu weder einen Schneebesen noch ein Handrührgerät benutzen, damit die Masse nicht schaumig wird. Der Schaum an der Oberfläche würde es erschweren, den anschließenden Kochvorgang zu beobachten.
◆ Die Vanilleschote entfernen und die warme Milch in dünnem Strahl und unter ständigem Rühren in die Eigelbmasse einlaufen lassen (2). In einen Topf geben und bei schwacher Hitze aufkochen. Dabei ständig weiterrühren, damit die Sauce nicht aufwallt.
◆ Überzieht die Masse den Löffel mit einem Schleier (3), den Topf vom Herd nehmen. Die Sauce durch ein Sieb in eine Schüssel gießen, die Oberfläche mit etwas Zucker bestreuen, erkalten lassen.

Haselnußsauce
◆ 70 g karamelisierte Haselnüsse (s. S. 21) mahlen und unter die erkaltete Vanillesauce rühren.

Mandelsauce
◆ 70 g Mandeln im Backofen leicht rösten und mit 1 EL Zucker mahlen, so daß eine Paste entsteht. Diese unter die Vanillesauce mischen.

1

2

3

Die Saucen

Die Saucen werden zu Hefegebäck, Puddings, Soufflés und Eis gereicht.

Die Aufbewahrung der Saucen
Die Saucen mit Schokoladen- und Vanillegeschmack halten sich in gut verschließbaren Gefäßen einige Tage im Kühlschrank. Die Fruchtsaucen können ebenfalls einige Tage im Kühlschrank lagern. Alle Saucen können aber auch eingefroren (max. 2 Monate) und vor Gebrauch bei Zimmertemperatur oder im Kühlschrank aufgetaut werden.

Karamel
150 g Zucker mit 2–3 EL Wasser anfeuchten und bei schwacher Hitze aufkochen. Den Topf zuerst abdecken; sobald die Masse anfängt zu bräunen, den Deckel abnehmen. Den Zuckersirup unter ständigem Rühren weiterkochen, bis er den gewünschten Karamelisierungsgrad erreicht hat. Bei längerem Kochen erhält man ein dunkleres Karamel mit einem leicht bitteren Geschmack. In jedem Fall muß man darauf achten, daß das Karamel nicht verbrennt, da es sonst zu bitter schmeckt.

Walnußsauce
◆ 40 g Bitterschokolade im Wasserbad schmelzen und 70 g Walnußkerne sehr klein hacken. Die geschmolzene Schokolade und die Walnüsse unter die Vanillesauce rühren, dabei die Zutaten gut vermischen.

Rumsauce
◆ Der Vanillesauce 2 EL sehr guten Jamaika-Rum zufügen.

Kaffeesauce
◆ Eine kleine Tasse starken Espresso oder 1 gestrichenen EL lösliches Espressopulver mit dem Holzlöffel in die noch warme Vanillesauce einrühren.

Karamelsauce

Zubereitungszeit: *20 Minuten*

ZUTATEN FÜR 4 PERSONEN

50 g Zucker
150 ml Sahne

◆ In einem Topf mit hohem Rand den Zucker mit 1 EL Wasser (1) bei schwacher Hitze aufkochen, bis er eine goldgelbe Farbe angenommen hat (s. gelbe Spalte links).
◆ Vom Herd nehmen. Die Sahne in dünnem Strahl zugießen (2) und schnell mit einem Holzlöffel unterrühren (3).
◆ Den Topf erneut auf den Herd stellen und das Karamel bei sehr schwacher Hitze unter ständigem Rühren in der Sahne vollständig auflösen.
◆ Die Sauce abkühlen lassen.

1

2

3

Karamelsauce (Variation)

Zubereitungszeit: *50 Minuten*

Zutaten für 4 Personen

1/4 l Milch ◆ 3 Eigelb
2 EL Zucker
1/2 TL Speisestärke
1 Päckchen Vanillezucker

Für den Karamelsirup:
3 EL Zucker

◆ Die Eigelbe und den Zucker mit einem Holzlöffel in einem Topf verrühren. Die Speisestärke und den Vanillezucker zugeben und die warme Milch unter ständigem Rühren in dünnem Strahl einlaufen lassen. Alles glatt schlagen. Die Sauce bei schwacher Hitze und unter weiterem Rühren fast aufkochen. Zum Abkühlen beiseite stellen, dabei ab und zu umrühren.
◆ Für den Karamelsirup den Zucker in einem kleinen Topf mit gut 1 EL Wasser anfeuchten. Bei schwacher Hitze karamelisieren lassen, dann vom Herd nehmen. Etwas abkühlen lassen. 125 ml Wasser zufügen und das Karamel bei schwacher Hitze darin auflösen. Noch lauwarm in die Sauce gießen und unterrühren.

Schokoladensauce

Zubereitungszeit: *15 Minuten*

Zutaten für 6 Personen

200 g Bitterschokolade
20 g Butter ◆ 5 EL Sahne
200 ml Milch

◆ Die Schokolade zerkleinern und zusammen mit der Butter im Wasserbad schmelzen. Separat die Milch mit der Sahne aufkochen und danach unter die Schokoladenmasse rühren. Abkühlen lassen.

Schokoladensauce (Variation)

Zubereitungszeit: *15 Minuten*

Zutaten für 6 Personen

1/2 l Milch
160 g Bitterschokolade
40 g Zucker
20 g Speisestärke

Das Einkochen des Zuckers

Der Zucker verändert beim Einkochen, je nachdem wie heiß er ist, seine Eigenschaften. Zunächst bildet sich, streicht man etwas warmen Zuckersirup auf die Fingerspitzen und preßt sie zusammen, beim Auseinanderziehen der Finger ein dünner Faden. Kurz darauf reißt der Faden bei der gleichen Prozedur. Noch etwas später läßt sich der Zucker zwischen den mit kaltem Wasser befeuchteten Fingerspitzen zu einem elastischen Bällchen, nach weiteren Minuten zu einem harten Ballen rollen. Die Temperatur, mit einem Zuckerthermometer gemessen, beträgt jetzt 120° C. Der Zucker beginnt schließlich zu karamelisieren, wobei er sich goldbraun färbt und nach und nach immer dunkler wird.

Das Temperieren der Schokolade

Wird Schokolade ohne Zugabe von Milch oder Butter geschmolzen, muß sie temperiert werden, damit sie nach dem Erkalten seidig glänzt.
Zunächst die Schokolade im Wasserbad schmelzen und bis zu einer Höchsttemperatur von 40–45° C erwärmen (ein Thermometer benutzen). Nun die Schokolade auf 27° C (weiße Schokolade auf 25° C) herunterkühlen (die Schüssel auf Eiswürfel stellen), um sie anschließend im Wasserbad erneut auf 32° C (weiße Schokolade auf 30° C) zu erwärmen. Die so behandelte Schokolade eignet sich zum Überziehen von Kleingebäck und für die Herstellung von Pralinen.

◆ Die Speisestärke mit 1/3 der Milch in einer Tasse anrühren. Die zerkleinerte Schokolade mit der restlichen Milch und dem Zucker in einen Topf geben und bei schwacher Hitze zum Kochen bringen. Die angerührte Speisestärke untermischen und unter ständigem Rühren 1–2 Minuten bei schwacher Hitze aufkochen lassen.

Erdbeersauce (Obstsauce)

Zubereitungszeit: *15 Minuten*

Zutaten für 4 Personen

400 g Erdbeeren
Saft von 1/2 Zitrone
70 g Zucker

◆ Erdbeeren waschen, abtropfen lassen und entstielen. Mit dem Zucker und dem Zitronensaft in einen Topf geben und bei schwacher Hitze 6–7 Minuten kochen; dann abkühlen lassen.
◆ Die Erdbeeren mit dem Mixer oder dem Mixstab zerkleinern, dabei nicht vollständig pürieren, um eine Sauce mit Fruchtstückchen zu erhalten.
◆ Die Erdbeeren können durch Pfirsiche, Aprikosen oder Himbeeren ersetzt werden.

Karamelisieren und Krokant

Karamelisierte Haselnüsse

Zubereitungszeit: *30 Minuten*

Zutaten für 4 Personen

100 g geschälte Haselnüsse
40 g Zucker
1 EL Mandelöl

◆ Die Haselnüsse 2–3 Minuten im vorgeheizten Backofen bei 180° C rösten. Noch warm in einem Tuch reiben, damit sich das braune Häutchen ablöst.

◆ Den Zucker in 4 EL Wasser in einem kleinen Topf auflösen (1) und bei schwacher Hitze aufkochen. Weitere 6–7 Minuten kochen lassen, bis eine Temperatur von 120° C erreicht ist (mit dem Zuckerthermometer prüfen). Den Topf vom Herd ziehen, die Haselnüsse zugeben (2) und rasch mit einem Holzlöffel unterrühren, bis sie von einer sandigen Zuckerschicht umhüllt sind (3). Die Zuckerschicht bewirkt, daß die Kerne nicht verklumpen.

◆ Den Topf wieder auf den Herd stellen, ständig weiterrühren, bis der Zucker karamelisiert (4). Eine Marmorplatte oder ein Backblech mit dem Mandelöl einpinseln, die Haselnüsse daraufschütten, schnell mit einer Gabel locker verteilen (5) und abkühlen lassen.

1

2

3

4

5

Karamelisieren

Beim Karamelisieren werden Mandeln, Hasel- oder Walnüsse mit einer Zukkerschicht überzogen. Karamelisierte Nüsse können an einem kühlen und trockenen Ort aufbewahrt werden. Man sollte sie nicht in den Kühlschrank stellen, da sie Feuchtigkeit ziehen und klebrig werden. Sie eignen sich auch zum Einfrieren.

Krokant

Im Unterschied zum Karamelisieren werden bei der Herstellung von Krokant die Mandeln, Walnüsse, Haselnüsse, Pistazien und Pinienkerne mit dem Zukker ohne Zugabe von Wasser aufgekocht. Dabei verbindet sich der Zucker beim Karamelisieren mit den zerkleinerten Nüssen zu einer kompakten Masse, die man auf einer geölten Marmorplatte ausrollen und formen kann. Gehackter Krokant wird gerne in Cremes, Eis und Tortenfüllungen gerührt. Krokant läßt sich an einem kühlen und trockenen Ort lange lagern. Man sollte ihn nicht in den Kühlschrank stellen, da er klebrig wird. Er eignet sich auch zum Einfrieren.

Karamelisierte Mandeln

◆ Die Haselnüsse durch 100 g Mandeln ersetzen. Die Kerne einige Minuten in kochendes Wasser geben, schälen und im vorgeheizten Ofen bei 180° C rösten. Weiter wie mit den Haselnüssen verfahren.

Mandel- und Haselnußkrokant

Zubereitungszeit: *40 Minuten*

Zutaten für 6 Personen

200 g Mandeln oder geröstete Haselnüsse
200 g Zucker
1/2 EL Zitronensaft
2 EL Mandelöl

◆ Die Mandeln einige Minuten in kochendes Wasser geben, schälen und im vorgeheizten Backofen bei 150° C trocknen; danach grob hacken (1). Feine Teilchen mit dem Mehlsieb entfernen (2).

1

2

3

4

5

◆ Den Zucker mit dem Zitronensaft bei schwacher Hitze kochen, bis er sich goldgelb färbt. Den Topf vom Herd nehmen und die gehackten Mandeln unterrühren (**3**), wieder auf den Herd stellen und unter ständigem Rühren mit einem Holzlöffel den Zucker karamelisieren lassen. Bei längerer Kochzeit erhält man ein dunkles Karamel.
◆ Eine Marmorplatte oder ein Backblech mit dem Mandelöl einpinseln, die Masse daraufschütten und mehrmals mit dem Spatel (**4**) wenden, damit sie abkühlt, ohne daß sich der Zucker absetzt. Die Marmorplatte erneut mit Mandelöl bestreichen und den Krokant mit einem ebenfalls gut eingeölten Rollholz schnell zu einer Platte von einem 0,5 cm Dicke ausrollen, dann mit einem Messer oder einem Ausstecher in die gewünschte Form bringen (**5**).

Königsglasur
(Eiweißglasur)

Zubereitungszeit: *5 Minuten*

Zutaten zum Überziehen einer mittelgroßen Torte

200 g Puderzucker ◆ 1 Eiweiß
einige Tropfen Zitronensaft

◆ Das Eiweiß mit dem Zitronensaft in einer Schüssel verrühren (**1**) und nach und nach den gesiebten Puderzucker zufügen (**2**); weiterrühren, bis man eine glatte, dickflüssige Masse erhält.
◆ Auf Backpapier die gewünschten Formen vorzeichnen. Mit Hilfe einer Backpapiertüte (s. S. 334) die Formen mit der Glasur nachziehen. Sobald die Glasur fest ist, vorsichtig abheben und auf die Süßspeisen legen (**3**).

1

2

3

Glasuren
Die einfachste Glasur ist die Zuckerglasur. Man verwendet sie, um Savarins und Babas, aber auch um Plätzchen und Keksen einen glänzenden Überzug zu geben. Möchte man die Gebäckstücke zusätzlich mit bunten Streuseln verzieren, sollte man sie nach dem Bestreuen nochmals für 2–3 Minuten in den warmen Backofen stellen. Die Glasur trocknet und wird weiß.
Um einen Kuchen mit einer dickeren Glasurschicht zu überziehen, verwendet man die Königsglasur. Sie ist einfach herzustellen, kann mit natürlichen Farbstoffen – Likören, Kräutern, Pistazien usw. – gefärbt werden und gestattet es, die verschiedenartigsten Dekorationen auszuführen.

Fondant
Der Fondant eignet sich besonders zum Überziehen von Windbeuteln und Petit Fours. Im Gegensatz zu den anderen Glasuren läßt er sich, in ein feuchtes Tuch gewickelt und mit Klarsichtfolie abgedeckt, nahezu unbegrenzt im Kühlschrank aufbewahren. Vor dem Gebrauch bei schwacher Hitze in einem Topf mit etwas Zuckersirup (oder warmem Wasser) anwärmen und weich und glatt rühren.
Der Fondant kann beliebig gefärbt werden: Rosa wird er z. B. durch die Beigabe von Alchermes (s. S. 33), grün durch die Beigabe von Pfefferminzlikör.
Bevor man eine Torte mit Fondant überzieht, sollte man sie mit im Wasserbad angewärmtem Aprikosengelee bestreichen.

Zuckerglasur

Zubereitungszeit: *5 Minuten*

Zutaten zum Überziehen einer mittelgroßen Torte

100 g Puderzucker
2 EL Wasser

◆ Das Wasser in eine Schüssel geben und den gesiebten Puderzucker nach und nach darin auflösen; weiterrühren, bis man eine glatte, dickflüssige Masse erhält.

Fondant

Zubereitungszeit: *45 Minuten*

Zutaten zum Verzieren einer Torte von 24 cm Durchmesser oder von Kleingebäck für 8 Personen

250 g Zucker
75 g Glukose
100 ml Wasser
etwas Mandelöl

◆ Den Zucker und die Glukose mit dem Wasser in einen Topf geben und erhitzen, bis sie eine Temperatur von 110° C erreichen. Ein Zuckerthermometer (siehe auch S. 20, 33) benutzen. Die Masse ständig von der Innenseite des Topfs schaben, um zu verhindern, daß der Zucker karamelisiert.
◆ Die Glasur auf eine Marmorplatte, die zuvor mit Mandelöl bestrichen wurde, gießen (**1**) und mit dem Spatel bearbeiten, bis sie weiß, weich und

1

2

3

4

glatt ist (**2,3**; Marmor ist in diesem Fall unabdingbar.)
◆ Eine Kugel formen, in ein Gefäß legen und – damit der Fondant nicht austrocknet – mit einem feuchten Tuch oder Klarsichtfolie abdecken (**4**).

Kaffeefondant
◆ Bei schwacher Hitze 1 EL lösliches Espressopulver in etwas Zuckersirup auflösen und unter den weißen Fondant rühren, bis man eine weiche, glatte Masse erhält. Falls nötig, mit etwas Zuckersirup verdünnen.

Schokoladenfondant
◆ 50 g zerkleinerte Bitterschokolade im Wasserbad schmelzen und nach und nach unter den weißen Fondant ziehen, falls nötig, mit etwas Zuckersirup verdünnen. Die Masse rühren, bis sie weich und glatt ist.

Haselnußpaste

Zubereitungszeit: *30 Minuten*

Zutaten für 600 g Paste

400 g Haselnüsse
200 g Zucker

◆ Den Backofen auf 180° C vorheizen.
◆ Die Haselnüsse auf ein Backblech legen und im vorgeheizten Ofen 10 Minuten leicht rösten. Noch warm mit einem Tuch abreiben, um die braune Haut zu entfernen.
◆ Zusammen mit dem Zucker in den Mixer geben und so lange zerkleinern, bis Öl aus den Haselnüssen tritt und eine feste und duftende Paste entsteht.

Marzipanrohmasse und Haselnußpaste

Marzipanrohmasse
Marzipanrohmasse wird im Einzelhandel fertig angeboten. Man verwendet sie zum Überziehen von Torten und Kleingebäck, zum Verfeinern von Cremes und Füllungen und zur Dekoration. Mit Alchermes, Pfefferminzlikör, Safran, gehackten Pistazien oder Lebensmittelfarben kann sie beliebig gefärbt werden. Die selbstgemachte Marzipanrohmasse ist der industriell gefertigten vorzuziehen, da sie mit ihrem geringeren Zuckeranteil den zarten Mandelgeschmack besser zur Geltung bringt.
Die Arbeitsfläche, auf der die Marzipanrohmasse ausgerollt und dann für einen Tortenüberzug zugeschnitten wird, muß sorgfältig mit Puderzucker eingestreut werden.
Marzipanrohmasse trocknet schnell aus, so daß sie, in Klarsichtfolie gewickelt, nur wenige Wochen an einem kühlen Ort aufbewahrt werden kann. Besser hält sie sich tiefgefroren.

Haselnußpaste
Haselnußpaste wird zur Verfeinerung von Tortenfüllungen, Eis und Desserts verwendet, ist leicht herzustellen und hat einen feinen Geschmack. Sie kann in einem gut verschließbaren Gefäß etwa 1–2 Wochen im Kühlschrank oder länger im Gefrierschrank gelagert werden.

Marzipanrohmasse oder Marzipan

Zubereitungszeit: *45 Minuten*

Zutaten für 500 g Masse

400 g Mandeln
100 g Puderzucker
1 Eiweiß

◆ Den Backofen auf 160° C vorheizen.
◆ Die Mandeln einige Minuten in kochendes Wasser geben, abgießen, schälen und im vorgeheizten Ofen 5 Minuten trocknen, ohne sie zu rösten.
◆ In der Küchenmaschine zu sehr feinem Mehl mahlen (oder im Mörser zerstoßen). In einer Schüssel mit dem Zucker mischen und nach und nach das steif geschlagene Eiweiß zufügen.
◆ Die Zutaten zu einer glatten Masse verkneten, diese noch mehrmals durch eine Nudelmaschine drehen (oder mit dem Rollholz auf der Arbeitsfläche ausrollen), um sie fein und geschmeidig zu machen.
◆ Um einen formbaren Marzipan herzustellen, muß der Marzipanrohmasse noch entsprechend Puderzucker untergewirkt werden.

Baisermasse zum Gratinieren

Zubereitungszeit: *20 Minuten*

Zutaten zum Überziehen eines Zuccotto von 20 cm Durchmesser

150 g Eiweiß
100 g Zucker
einige Tropfen Zitronensaft
geriebene Schale
von 1/2 unbehandelten Orange
1 TL Puderzucker
1 Prise Salz

◆ Das Eiweiß in eine Schüssel geben, kurz durchrühren und das Salz und den Zitronensaft zufügen (1), mit dem elektrischen Handrührgerät auf höchster Stufe schlagen, bis die Masse dickschaumig ist.

◆ Den Zucker (2) und die Orangenschale (3) untermischen; steif schlagen.

◆ Die Baisermasse in einen Spritzbeutel mit Sterntülle füllen und die (bereits gebackene) Süßspeise vollständig mit Baisertupfen bedecken. Durch ein Sieb mit Puderzucker bestreuen (4) und im vorgeheizten Ofen bei sehr hoher Temperatur überbacken.

1

2

3

4

5

Tip

Sowohl bei der Herstellung der klassischen Baisermasse zum Überbacken als auch der italienischen Meringe, die mit Buttercreme kombiniert oder gemischt wird, besteht das Geheimnis im Aufschlagen. Der Eischnee wird nur ausreichend steif, wenn sehr frisches, zimmerwarmes Eiweiß ohne jeden Eigelbrest verwendet wird. Die Schüssel sollte ausreichend tief und nicht aus Kunststoff sein, da Kunststoffgefäße nicht leicht von Fett zu reinigen sind, die kleinste Menge Fett aber das Steifwerden beeinträchtigt. Für ein schnelles Ergebnis empfiehlt sich der Gebrauch eines elektrischen Handrührgeräts (aber man kann auch den klassischen Schneebesen verwenden) sowie die Beigabe einer Prise Salz.
Die italienische Meringe wird mit gekochtem Zucker hergestellt und als Zusatz in Buttercremes oder zum Bestreichen von Süßspeisen verwendet.

Die Aufbewahrung der Baisers

Nach dem völligen Auskühlen können die Baisers mehrere Wochen in einer gut verschließbaren Blechdose aufbewahrt werden. Eine Süßspeise erst kurz vor dem Servieren mit Baisers verzieren, da diese im Kühlschrank Feuchtigkeit ziehen und weich werden.

Meringa italiana

(Italienische Meringe)

Zubereitungszeit: *20 Minuten*

Zutaten zum Überziehen einer Torte für 6 Personen

40 g Eiweiß ◆ *100 g Zucker* ◆ *1 Prise Salz*

◆ 80 g Zucker in etwas Wasser auflösen und einige Minuten kochen (1), dabei die Zuckerkristalle ständig vom Topfrand streichen (2). Das Zuckerthermometer in den Sirup eintauchen und weiterkochen, bis die Temperatur von 115° C erreicht ist. Man kann die Zuckertemperatur auch ohne Thermometer prüfen, s. hierzu S. 33.

1

2

3

4

◆ Das Eiweiß mit dem Salz und dem restlichen Zucker zu Schnee schlagen. Den heißen Zuckersirup unter den Eischnee rühren (3) und weiterschlagen, bis die Masse kalt und dickschaumig ist (4).

Baisers

Zubereitungszeit: *30 Minuten*

ZUTATEN FÜR 50 KLEINE BAISERS

3 Eiweiß
1 Prise Salz
einige Tropfen Zitronensaft
2 Päckchen Vanillezucker
140 g Zucker

◆ Zwei Backbleche mit Backpapier belegen. Den Ofen auf 120° C vorheizen.

◆ Die Eiweiße aufschlagen und, wenn sie schaumig sind, das Salz, den Zitronensaft und den Vanillezucker zufügen; anschließend steif schlagen. Den Zucker löffelweise zufügen und jeweils 1 Minute zwischen einem Löffel und dem nächsten weiterrühren. Wenn der gesamte Zucker verarbeitet ist, 5 Minuten weiterschlagen. Die Masse muß dickschaumig sein und glänzen.

◆ In einen Spritzbeutel mit Sterntülle füllen und viele kleine Baisers auf die Bleche spritzen. Genügend Abstand zwischen den einzelnen Häufchen lassen.

◆ Die Backbleche in den Ofen schieben, die Temperatur auf 100° C senken und die Baisers etwa 1,5 Stunden oder etwas länger trocknen lassen, bis sie sich leicht vom Papier lösen. Völlig auskühlen lassen.

Baiserböden

◆ Die Baisermasse in einen Spritzbeutel mit Lochtülle füllen, auf die mit Backpapier belegten Bleche spiralenförmig oder in Rechteckform spritzen und mit einer Streichpalette glattstreichen.

◆ Im vorgeheizten Ofen etwa 1,5 Stunden – ggf. auch etwas länger – bei 100° C trocknen lassen.

Tip

Fruchtkompotte sind nicht mit Konfitüren oder Marmeladen zu verwechseln. Bei Marmelade wird das Obst püriert, bei Konfitüre kleingeschnitten oder ganz gelassen. Bei beiden ist die Kochzeit lang. Für Kompotte hingegen wird das kleingeschnittene Obst in einem Zuckersirup nur kurz aufgekocht. Auf diese Weise bleibt der Fruchtgeschmack am besten erhalten. Trockenobst muß in lauwarmem Wasser mindestens 1 Stunde einweichen und kann dann wie frisches Obst verarbeitet werden.
Man sollte beim Einkochen der Kompotte keine Aluminiumtöpfe verwenden, da Aluminium dem Obst einen unangenehmen Beigeschmack gibt. Beim Backen eignen sich Kompotte hervorragend zum Belegen von Obstböden und Tartelettes oder zum Beschichten von Torten.

Die Aufbewahrung der Kompotte

Das Melonen- und das Erdbeerkompott können in einem gut verschließbaren Glas zwei Tage im Kühlschrank aufbewahrt werden.

Melonenkompott

Zubereitungszeit: *15 Minuten (ohne Ruhezeit)*

ZUTATEN FÜR ETWA 1 KG KOMPOTT

1 kg Melonenfleisch
100 g Zucker ◆ Saft von 1/2 Zitrone

◆ Das Melonenfleisch in Scheiben und dann in Würfel schneiden (**1**). Mit dem Zucker in eine Schüssel geben und mit dem Zitronensaft beträufeln, 30 Minuten ziehen lassen, dabei ab und zu umrühren.

◆ Die Fruchtzubereitung in einem Topf 5 Minuten aufkochen (**2**), dann völlig abkühlen lassen und in ein dicht verschließbares Glas oder eine große Schüssel füllen. Letztere mit Klarsichtfolie abdecken.

1

2

Apfelkompott

Zubereitungszeit: *30 Minuten*

ZUTATEN FÜR ETWA 1 KG KOMPOTT

1 kg säuerliche Äpfel
200 ml Wasser
Saft und Schale
von 1/2 unbehandelten Zitrone
200 g Zucker

◆ Die Äpfel waschen, schälen, entkernen und dann in Würfel schneiden. In eine Schüssel legen und mit dem Zitronensaft beträufeln, damit sie nicht braun werden. Den Zucker mit dem Wasser aufkochen, die Apfelstücke und die Zitronenschale zufügen, 15 Minuten kochen lassen, ab und zu mit einem Holzlöffel umrühren.

◆ Das Kompott im Topf abkühlen lassen, in eine Schüssel geben und 2–3 Tage im Kühlschrank aufbewahren. Vorher die Schüssel mit einem Deckel oder Klarsichtfolie verschließen.

Fruchtgelees

Erdbeerkompott

Zubereitungszeit: *20 Minuten*

ZUTATEN FÜR ETWA 1 KG KOMPOTT

1 kg Erdbeeren ◆ 300 g Zucker
Saft von 1 Zitrone ◆ 300 ml Wasser

◆ Den Zucker in 300 ml Wasser zum Kochen bringen; 5 Minuten kochen lassen.
◆ Die Erdbeeren in sehr kaltem Wasser waschen und abtrocknen; die Stiele abzupfen. Größere Erdbeeren in Scheiben schneiden (**1**), kleinere ganz lassen oder halbieren. In den kochenden Sirup geben (**2**) und 10 Minuten aufkochen, dabei den Zitronensaft nach der Hälfte der Kochzeit zufügen. Das Kompott im Topf abkühlen lassen und in einer Schüssel servieren.

1

2

Quittengelee

Zubereitungszeit: *30 Minuten*
(ohne Wartezeit)

ZUTATEN

2 kg reife Quitten
Zucker
Saft von 1/2 Zitrone

◆ Die Quitten waschen, halbieren, entkernen und in Stücke schneiden. In ein sauberes Tuch aus Gaze wickeln, in einen Topf legen und knapp mit kaltem Wasser bedecken.
◆ Bei mittlerer Hitze kochen, bis die Fruchtstücke weich sind. Über Nacht in der Kochflüssigkeit ziehen lassen.
◆ Am nächsten Tag den Saft in eine Schüssel abgießen. Die Quittenstücke zusätzlich auspressen, um soviel Saft wie möglich zu erhalten. Das ausgepreßte Fruchtfleisch wegwerfen, den Saft abwiegen und mit der selben Menge Zucker in einen Edelstahltopf schütten; den Zitronensaft zufügen.
◆ Die Masse etwa 10 Minuten kochen, bis sie geliert (106–107° C), dabei mehrmals den Schaum mit einer Kelle abschöpfen.

Fruchtgelees sind beim Backen nicht wegzudenken. Sie werden z. B. auf Torten gestrichen, damit ein Überzug aus Marzipan, Fondant oder kandierten Früchten besser haftet. Auf den Mürbeteigboden aufgetragen verhindern sie, daß die Füllung den Teig aufweicht. Bei Obstkuchen und Tartelettes lassen sie den Belag glänzen und schützen ihn vor dem Austrocknen.

Tip

Der Saft von Himbeeren, Heidelbeeren, Erdbeeren, Johannisbeeren, Brombeeren, Stachelbeeren und Quitten geliert durch seinen hohen Pektinanteil, einem natürlichem Geliermittel, besonders leicht. Zum Einkochen Edelstahl- oder Emailletöpfe, niemals Aluminiumtöpfe, verwenden.

Die Aufbewahrung der Gelees

Fruchtgelees werden haltbar gemacht, indem man sie heiß in saubere, trockene und vorgewärmte Gläser füllt. Die Gläser fest verschließen, einige Minuten auf die Deckel stellen und dann wieder umdrehen. An einem kühlen und trockenen Ort aufbewahren.

Himbeergelee

Zubereitungszeit: *20 Minuten*
(ohne Wartezeit)

ZUTATEN

1 kg Himbeeren ◆ 750 g Zucker
1/4 l Wasser

◆ Die Himbeeren in sehr kaltem Wasser waschen, abtrocknen und mit dem Zucker (**1**) und dem Wasser (**2**) in einen Edelstahltopf geben. Zum Kochen bringen und 8 Minuten kochen lassen, bis sich der Zucker vollständig aufgelöst hat.
◆ Den Fruchtbrei in ein Baumwolltuch füllen (**3**), das Tuch zubinden und 12 Stunden über eine Schüssel hängen, damit der Saft ablaufen kann (**4**). Zum Abschluß das Tuch auswringen, um den gesamten Saft zu erhalten.
◆ Den Saft wieder in den Topf füllen und bei mittlerer Hitze 10 Minuten kochen, bis er geliert (106–107° C), dabei mehrmals mit der Kelle den Schaum abschöpfen. Wenn man nicht über ein Zuckerthermometer verfügt, etwas Saft auf einen Teller geben, um zu prüfen, ob er fest wird (**5**).
◆ Den heißen Gelee in saubere, trockene und vorgewärmte Gläser füllen (**6**). Luftdicht verschließen, für einige Minuten auf die Deckel stellen und wieder umdrehen. Kühl aufbewahren.

1

2

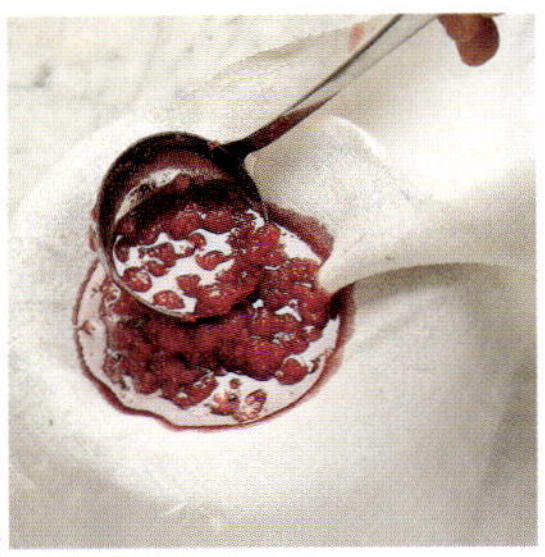
3

4

5

6

Glasieren

Zubereitungszeit: *20 Minuten (ohne Ruhezeit)*

ZUTATEN

500 g Zitrusfrüchte (Zitronen, Orangen)
100 g Zucker ◆ 200 ml Wasser

◆ Die Zitrusfrüchte waschen und abtrocknen. In einem kleinen Topf das Wasser mit dem Zucker zum Kochen bringen, 2 Minuten kochen lassen.
◆ Für die Orangen- und Zitronenscheiben die Zitrusfrüchte in hauchdünne Scheiben schneiden (**1**), in eine Schüssel legen, den heißen Sirup darübergießen (**2**) und 6 Stunden ziehen lassen.
◆ Für die Zesten mit einem Zesteur hauchdünne Schalenstreifen von den Zitrusfrüchten abziehen (**3**), in eine Schüssel legen und wie mit den Fruchtscheiben verfahren.
◆ Für die Schalenspiralen mit einem Zesteur hauchdünne Schalenstreifen von den Zitrusfrüchten abziehen und um Metallröhrchen wickeln, in ein Gefäß legen und beschweren. Den heißen Sirup darübergießen (**4**) und wie oben ziehen lassen.
◆ Nach der Ruhezeit die Fruchtscheiben, Schalenstreifen und -spiralen auf einem Tuch abtropfen lassen und in die gewünschte Form bringen (**5**).

1

2

3

4

5

Glasieren und Kandieren

Beim Glasieren werden die Zesten (dünn abgezogene Fruchtschalen) oder Fruchtscheiben in heißem Zuckersirup eingeweicht, um sie haltbar und glänzend zu machen. Sie eignen sich nur zur Dekoration. Kandierte Zesten können sowohl zum Verzieren als auch zum Füllen von Süßspeisen verwendet werden.

Tip

Kandierte Zesten können bereits fertig gekauft werden, die selbstgemachten sind aber weicher und haben einen feineren Geschmack. Es empfiehlt sich zum Kandieren unbehandelte Früchte zu verwenden, diese beim Waschen abzubürsten und danach trockenzureiben.

Die Aufbewahrung der glasierten und kandierten Früchte

Zesten, die glasiert wurden, können in ihrem eigenen Sirup einige Tage im Kühlschrank aufbewahrt werden. Die kandierten Zesten halten sich dagegen über längere Zeit an einem kühlen und trockenen Ort, sei es im eigenen Sirup oder abgetropft in verschlossenen Gläsern.

Kandieren

Zubereitungszeit: *40 Minuten*

ZUTATEN

5 Orangen
5 Zitronen
150 g Zucker
1/4 l Wasser

◆ Die Zitrusfrüchte waschen und abtrocknen. Mit einem Schälmesser die Schale abziehen (**1**) und in Stifte oder andere Formen schneiden (**2**). In einen Topf geben und mit kaltem Wasser bedekken, aufkochen und dann abgießen. Diesen Vorgang noch zweimal wiederholen, um Unreinheiten zu entfernen und die Bitterstoffe auszuschwemmen.
◆ Die so behandelten Schalen mit dem Zucker und dem Wasser in einen Topf geben (**3**) und bei mittlerer Hitze aufkochen; 20 Minuten kochen lassen, dabei ab und zu umrühren. Die Schalen sollten schließlich hell und glasig, die Flüssigkeit nahezu vollständig verkocht sein.
◆ Die Schalen abgießen (**4**), auf einem Rost locker verteilen, trocknen lassen.

1

2

3

4

Zuckersirup
(Läuterzucker)

◆ Der Sirup, mit dem man Böden und Löffelbiskuits von mehrschichtigen Torten und Desserts tränkt, besteht zu 50% aus Zucker, 40% aus Wasser und 10% aus einem Likör nach Wahl.
◆ Den Zucker unter Hitzezufuhr in einem Topf mit Wasser vollständig auflösen, vom Herd nehmen, abschäumen und den gewünschten Likör unterrühren.

Die Vorbereitung der Backformen

◆ Bei einem einfachen Kuchen, der in einer Springform gebacken wird, genügt es, die Backform einzufetten und mit Mehl zu bestäuben. Das Auslegen mit Backpapier empfiehlt sich besonders bei Backformen, die nicht geöffnet werden können, und bei Backblechen. Dabei sollte vor allen Dingen der Formboden mit Papier belegt sein, die Ränder können eingefettet werden. Den Kuchen aus der Backform lösen, indem man mit einem Messer am Formenrand entlangfährt, und auf ein Gitter stürzen.

◆ Für Obstkuchen und Quiches stellt man eine Teigform her, die gefüllt oder belegt werden kann. Für Zuccottos und Charlotten legt man die Edelstahlformen mit Biskuits oder Löffelbiskuits aus.

Teigformen für Obstkuchen und Quiches

◆ Eine dünne Schicht Mürbe- oder Auslegeteig in eine Backform legen und mit einer Gabel mehrmals einstechen. Darauf die Füllung verteilen und alles in den vorgeheizten Ofen schieben. Soll die Teigform ohne Füllung vorgebacken werden („blindbacken"), belegt man sie mit einem Stück Backpapier und füllt sie mit Hülsenfrüchten (s. S. 14). Etwa 20 Minuten im vorgeheizten Ofen bei 180° C backen, danach die Hülsenfrüchte und das Papier entfernen, mit etwas Eiweiß bestreichen und wie gewünscht füllen.

Eine Form mit Biskuitscheiben auslegen

◆ Für eine Zuccotto-Form mittlerer Größe einen Biskuit von 22 cm Durchmesser und 5 cm Höhe senkrecht in 0,5 cm dicke Scheiben schneiden (1). Es empfiehlt sich, den Biskuit ein bis zwei Tage im voraus zu backen, damit er beim Aufschneiden nicht zu sehr krümelt.

◆ Die längeren Scheiben für den mittleren Teil, die kürzeren für den Rand der Schüssel verwenden (2). Die Biskuitform mit etwas Sirup bestreichen, die Füllung hineingegeben und mit den restlichen Biskuitscheiben bedecken.

1 2

Kleine Kniffe

Zitrusfrüchte „bis aufs Fleisch" schälen

Für viele Süßspeisen ist es erforderlich, Orangen, Mandarinen und Pampelmusen „bis aufs Fleisch" zu schälen. Dafür muß man die gesamte Schale sowie die inneren Häutchen der Früchte entfernen. Diese Prozedur, die sich übrigens auch bei Obstsalat empfiehlt, sollte über einer Schüssel ausgeführt werden, um den ganzen Saft aufzufangen.

Mandeln, Haselnüsse und Pistazien schälen

Mandeln und Pistazienkerne einige Minuten in kochendes Wasser geben, abschütten, schälen und bei schwacher Hitze im Backofen trocknen lassen, ohne sie zu rösten. Haselnüsse im vorgeheizten Ofen bei 180° C rösten. Noch warm in einem sauberen Tuch reiben, damit sich das braune Häutchen löst.

Alle Nüsse lassen sich in gut verschließbaren Gläsern aufbewahren.

Rosinen

Damit sich in Wasser oder Likör eingeweichte Rosinen beim Backen nicht am Boden des Kuchens absetzen, muß man sie, bevor man sie unter den Teig mischt, abtrocknen und mit Mehl bestäuben.

Eine Form mit Biskuitböden auslegen

◆ Für eine Zuccotto-Form von 16 cm Durchmesser benötigt man jeweils einen Biskuitboden von 30 bzw. 16 cm Durchmesser. Die Böden sollten kurz vor der Verarbeitung zubereitet werden, damit sie elastisch sind, oder, falls man sie im voraus backt, in Klarsichtfolie gewickelt aufbewahrt werden.

◆ Aus dem größeren Boden ein großes Dreieck ausschneiden (1). Die angeschnittene Scheibe in die Schüssel legen, andrücken und die Schnittkanten zusammenfügen (2). Die Füllung hineingeben und mit dem kleineren Boden abdecken.

1 2

Eine Form mit Löffelbiskuits auslegen

◆ Mit einem scharfen Messer die Löffelbiskuits an einem Ende geradeschneiden. Einige Biskuits dabei spitz zuschneiden (1), so daß sie etwa so lang sind wie der halbe Durchmesser des Formbodens und sich sternförmig auf diesem anordnen lassen (2). Die langen Biskuits entlang dem Formenrand stellen (3), die Enden glatt abschneiden (4), die Creme einfüllen und mit den restlichen Biskuits abdecken; dabei die überstehenden Enden kürzen.

1 2 3 4

Kleine Kniffe

Eine Form mit Schokolade auskleiden

◆ Puddings, Mousses und Eis können in einer Schokoladenform serviert werden.
◆ Für eine Springform von 22 cm Durchmesser einen entsprechend großen Kreis und einen 3 cm breiten Streifen in der Länge des Formumfangs aus Backpapier zuschneiden. Die Form mit etwas Butter einfetten und das Papier so andrücken, daß die Form vollständig ausgelegt ist.
◆ 200 g zerkleinerte Bitterschokolade oder Kuvertüre im Wasserbad schmelzen. Mit der Hälfte der Schokolade das Innere der Papierform bestreichen (1), darauf achten, daß die Schicht gleichmäßig

1

2

ist und daß nicht über den Rand des Papiers gestrichen wird.
◆ Die Form in den Kühlschrank stellen, damit die Schokolade fest wird. Danach mit der restlichen Schokolade bestreichen und erneut kaltstellen. Wenn die Schokolade richtig fest ist, die Springform öffnen, die Schokoladenform abheben und das Papier vorsichtig abziehen (2).

Das Wasserbad

◆ Für ein Wasserbad braucht man zwei Töpfe, die sich ineinanderstellen lassen, oder Topf und Schüssel, die zusammenpassen. Der größere Topf wird mit heißem Wasser aufgesetzt und der kleine hineingestellt. Dabei sollte der kleine Topf nur bis auf halbe Höhe vom Wasser bedeckt werden. Das Wasser darf nie sprudelnd kochen, also nicht heißer als 100° C sein.

Backtemperatur und Backzeit

◆ Heizen Sie den Ofen immer vor, denn nur so kann der Teig optimal aufgehen. Bei den meisten Backöfen müssen Sie mit 10–15 Minuten Vorheizzeit rechnen.
◆ Die Backzeit muß genau überwacht werden, denn die im Rezept angegebene Zeit kann je nach Backrohrtyp zu lang oder zu kurz sein. Die Backzeiten variieren nämlich zwischen Gas-, Elektro- und Umluft-Backröhren bis zu 5 Minuten pro halber Stunde. Während des Backens darf der Ofen nicht geöffnet werden, da das Gebäckstück dadurch zusammenfallen kann. Ist es dennoch einmal notwendig, z. B. für eine Garprobe, sollte das Öffnen so schnell wie möglich erfolgen.

Sahne schlagen

Eine Edelstahlschüssel 15 Minuten im Gefrierschrank kühlen und die frische, kalte Sahne hineingeben. Wurde die Schüssel nicht gekühlt, diese während des Schlagens auf Eiswürfel stellen. Die Sahne nach Geschmack mit etwas Puderzucker süßen und zuerst langsam, dann mit erhöhter Geschwindigkeit mit dem elektrischen Handrührgerät schlagen. Gegen Ende die Geschwindigkeit wieder herunterschalten, um zu verhindern, daß sich die Sahne in Butter verwandelt.

Eischnee schlagen

Eiweiß wird am besten bei Zimmertemperatur unter Beigabe einer Prise Salz in einer tiefen Schüssel geschlagen. Die Schüssel darf nicht aus Kunststoff und muß wie die Quirle völlig fettfrei sein. Das Eiweiß darf keine Eigelbreste enthalten, da diese wie Fett das Steifwerden beeinträchtigen.

Eischnee immer vorsichtig unter den Teig heben, damit er nicht zusammenfällt. Dabei den Löffel oder den Schneebesen kreisend von oben nach unten bewegen.

Fritieren

◆ Zum Fritieren von Süßspeisen eignet sich besonders Erdnußöl, da es sehr heiß wird. Damit das Fritiergut völlig in das Öl eintaucht und kein kochendes Öl spritzt, verwendet man einen hohen, schmalen Topf. Bevor man mit dem Fritieren beginnt, prüfen, ob das Öl schon heiß genug ist, da das Backgut sonst zuviel Fett aufnimmt und weich und schwer wird.

Das Schneiden von Kuchenböden

◆ Einen Kuchenboden zu teilen ist nicht schwer. Man legt ihn auf Backpapier und schneidet ihn mit einem Sägemesser waagerecht in Scheiben. Das Messer dabei möglichst waagrecht halten und nach jedem Schnitt den Boden weiterdrehen, bis er völlig durchgeschnitten ist. Von oben nach unten arbeiten. Die einzelnen Scheiben nebeneinander auf die Arbeitsfläche legen.

Die Füllung

◆ Die ungleichmäßigste Scheibe des Bodens mit der Schnittfläche nach oben auf eine Kuchenplatte legen und mit einer Schicht vorbereiteter Creme bestreichen. Mit einer weiteren Scheibe belegen und wieder mit Creme beschichten. Mit der dritten Scheibe abschließen, dabei die Schnittfläche nach unten legen.
◆ Die Torte mit der restlichen Creme bedecken und sorgfältig mit einem Spatel oder einer Streichpalette glattstreichen.

Zutaten

Kandierte Früchte. Bei der Zubereitung von Süßspeisen werden in Italien oft und gerne kandierte Früchte verwendet. Dabei gibt es neben ganzen kandierten Früchten auch kandierte Schalen, in Deutschland als (meist gewürfeltes) Orangeat oder Zitronat bekannt. Orangeat ist die kandierte Schale der Orange, während Zitronat die Schale der Zedratzitrone ist, eine im Mittelmeerraum wachsende Zitrusfrucht. Die folgenden Rezepte verwenden kandierte Früchte meist als Verzierung; man kann sie je nach Geschmack auch durch andere Zutaten ersetzen.

Butter. Butter ist ein Milchprodukt und besteht zu 80% aus Fett und zu 20% aus Wasser und Molke. Beim Backen ist sie wegen ihres Geschmacks und, weil sie die Backwerke leicht und locker werden läßt, unersetzlich. Sie sollte nur sehr frisch verarbeitet werden. Im Kühlschrank hält sie sich, in Klarsichtfolie gewickelt, höchstens 2 Wochen, im Gefrierschrank bis zu 3 Monate.

Kakao. Kakaopulver enthält nur noch sehr wenig Kakaobutter, zwischen 8% und 20%, je nachdem ob die Kakaomasse schwach oder stark entölt wurde. Beim Backen verwendet man das dunkle, bittere Pulver. Am besten läßt sich der auf holländische Art hergestellte Kakao in Wasser oder Milch auflösen.

Maronen. Maronen sind süß und mehlig. Um sie von der Schale und dem inneren Häutchen zu befreien, muß man sie zunächst kochen. Häufig werden Maronen beim Backen auch püriert verarbeitet. In dicht verschließbaren Behältern halten sie sich 1 Woche, im Plastikbeutel mit Löchern im Kühlschrank 1 Monat und im Gefrierschrank 6 Monate. Das Kastanienpüree läßt sich tiefgefroren 6–8 Monate aufbewahren.

Schokolade. Ihr lateinischer Name „Theobroma cacao" bedeutet „Götterspeise". Schokolade wird aus Kakaobohnen, Kakaobutter und Zucker hergestellt. Die feinsten Sorten zeichnen sich durch einen Kakaobutteranteil von etwa 35% aus. Für Süßspeisen verwendet man Bitter-, Vollmilch- und weiße Schokolade. Letztere enthält keinen Kakao, aber einen hohen Anteil an Kakaobutter. Bitterschokolade besteht zu 60% aus reinem Kakao. Kuvertüre wird, da sie aufgrund des hohen Fettanteils (bis zu 50% Kakaobutter) leichter und schneller schmilzt, zum Überziehen von Torten verwendet. Bei etwa 16° C an einem trockenen und luftigen Ort aufbewahren.

Mehl. Beim Backen verwendet man meist das leichte Weizenmehl Type 405, das einen hohen Stärkeanteil aufweist. Man bewahrt es an einem kühlen und trockenen Ort in dicht verschließbaren Dosen auf.

◆ Da der Fettanteil bei Vollkornmehl durch den mitvermahlenen Keim sehr hoch ist, kann es nicht länger als 2 Monate gelagert werden.

◆ Maismehl (Polenta) ist als Schrot oder als Grieß erhältlich.

Speisestärke. Feine Speisestärke ist reine Mais- oder Kartoffelstärke. Sie eignet sich ideal zum Binden von Puddings, Fruchtgrützen und Cremes. Kuchen und Torten werden besonders feinporig, sandigmürb und zart, wenn ein Teil des Mehls durch Speisestärke ersetzt wird.

Frischkäse. Frischkäse ist der einfachste Käse. Er entsteht direkt aus dem Sauermilch- oder Süß- ▶

Kleine Kniffe

Gelatine

Blattgelatine wird häufig für Puddings, Bayerische und andere Cremes verwendet. Die Anwendung ist einfach, erfordert aber für ein gutes Gelingen etwas Aufmerksamkeit. Die Gelatineblätter in kaltem Wasser einweichen, gut ausdrücken, unter die warme Masse mischen und bei milder Hitze unter kräftigem Rühren vollständig auflösen. Soll eine gelatinierte Speise zusätzlich mit Schlagsahne oder Eischnee vermischt werden, zieht man diese immer erst dann unter, wenn die Grundmasse eben zu erstarren beginnt.
Sollte die Gelatine einmal unbeabsichtig fest werden, vor dem Weiterarbeiten erst wieder erwärmen.

Agar-Agar heißt ein auf pflanzlicher Basis aus Meeresalgen hergestelltes Bindemittel, das ähnliche Eigenschaften wie Gelatine aufweist und für vegetarische Gerichte verwendet werden kann.

Obst

Mit etwas Zitronensaft, den man über aufgeschnittene Äpfel, Bananen und Birnen träufelt, läßt sich verhindern, daß sich die Obststücke an der Luft braun färben. Um die Haut von Pfirsichen und Aprikosen leichter abziehen zu können, taucht man sie kurz in kochendes Wasser und schreckt sie dann mit kaltem Wasser ab. Beeren werden zügig in sehr kaltem Wasser gewaschen und mit einem sauberen Tuch abgetrocknet.

Geräte und Hilfsmittel

◆ Zum perfekten Gelingen einer Süßspeise gehört das entsprechende „Handwerkszeug". Auf dem nebenstehenden Bild, von oben nach unten: **1**) Springform; **2**) Tierform; **3**) Springform; **4**) Herzform; **5**) flache Tortenform; **6**) Napfkuchenform; **7**) Kastenform; **8**) Tortenboden- oder Quicheform; **9**) Rehrückenform; **10**) flache Tortenformen in verschiedenen Größen; **11**) Mehlstreuer; **12**) Sieb; **13**) Zuckerstreuer; **14**) Rollholz; **15**) Spritzbeutel; **16**) Stern- und Lochtüllen; **17**) Sägemesser; **18**) Küchenmesser; **19**) Ausstecher mit gewelltem und glattem Rand; **20**) Pralinenmanschetten aus Papier; **21**) Formen für Tartelettes; **22**) Holzspatel; **23**) Rührlöffel mit Loch; **24**) Holzlöffel; **25**) Streichpalette; **26**) kleine Reibe; **27**) Reibe und Obstschneider; **28**) Schneebesen; **29**) Schneebesen; **30**) Gummispatel; **31**) Gummispatel; **32**) Backpinsel; **33**) Doppelpinsel.

◆ Man benötigt außerdem Schüsseln verschiedener Größe, möglichst aus Edelstahl, aber auch aus Glas oder Keramik, feuerfeste Formen aus Keramik oder Pyrex für Soufflés, Charlotten oder Halbgefrorenes, einen Stieltopf mit langem Griff und Kupferboden für die Bereitung von Cremes, verschiedene Förmchen, einen Mörser mit Stößel, einen Eisportionierer und Röhrchen aus Metall (besser aus Schilfrohr), um Sizilianische Cannoli auszubacken. Kunststoffgefäße sollte man meiden, da sie mit der Zeit unangenehm riechen.

◆ In einer modernen Küche dürfen heutzutage ein elektrisches Handrührgerät, ein Mixer, eine Küchenmaschine, eine Zitruspresse und, wenn man sich professionell ausrüsten möchte, auch ein Zuckerthermometer, eine Eismaschine und eine Nudelmaschine nicht fehlen.

1
2
3
4
5
6
7
8
9
10
11
12
13
14
15
16
17
18
19
20
21
22
23
24
25
26
27
28
29
30
31
32
33

Kleine Kniffe

milch-Käsebruch. Ricotta, Mascarpone, der englische *cream cheese* (besser bekannt als Philadelphia), der französische *fromage frais* und der deutsche Quark sind alle gleichermaßen wegen ihres milden Geschmacks zum Backen geeignet. Sie werden für die Herstellung verschiedener Süßspeisen, z. T. mit Obst kombiniert, verwendet und halten sich 2–7 Tage im Kühlschrank frisch.

Trockenobst. Trockenfrüchte, hauptsächlich Rosinen, Aprikosen, Datteln, Feigen und Pflaumen, können gut zum Süßen von Broten, Kuchen und Kleingebäck verwendet werden. Die Früchte sollten weich, also nicht ganz trocken, und von intensiver Farbe sein. Falls Rosinen zu sehr ausgetrocknet sind, etwa 10–15 Minuten in sehr heißes Wasser legen, abgießen und abtrocknen.

Gelatine. Gelatine wird im Handel in Blättern und als Pulver angeboten. Man benötigt etwa 7 g für 1/2 Liter Flüssigkeit, bei cremigen Massen erhöht sich diese Menge. Die Gelatine wird zuerst in kaltem Wasser eingeweicht und dann im Wasserbad oder direkt in der heißen Masse aufgelöst. Sie darf niemals aufkochen, da sie sonst ihre Gelierfähigkeit verliert. Ananas enthält ein Enzym, das das Gelieren verhindert.

Backtriebmittel. Hefe wird bei Teigen verwendet, die lange geknetet werden. Sie bewirkt, daß sich die Mehlstärke u. a. in Kohlendioxyd aufspaltet und der Teig dadurch aufgeht. Während des Backens dehnen sich die Kohlendioxydbläschen aus und machen den Hefeteig schmackhaft und locker. Zum Gehenlassen ist eine Temperatur von 30° C optimal, normalerweise reicht die Raumtemperatur aber aus. Hefe wird im Handel in Würfeln (frisch) oder als Pulver (trocken) angeboten. Frische Hefe hält sich längere Zeit im Kühlschrank.

◆ Backpulver, eine Soda-Säure-Mischung, eignet sich als Triebmittel für flüssige wie für glutenarme Teige und für Süßspeisen. Unter dem Einfluß von Feuchtigkeit und Hitze entwickelt sich aus dem Pulver im Backofen gasförmige Kohlensäure, die den Teig aufgehen läßt. Bei der Teigzubereitung wird das Backpulver mit der angegebenen Mehlmenge vermischt und erst kurz vor dem Backen unter die anderen Zutaten geknetet oder gerührt, da es seine Treibkraft sehr schnell verliert.

Honig. Honig gibt Gebäck außer Süße auch mehr Geschmack und macht es außerdem feuchter, so daß es länger frisch bleibt. Festigkeit, Farbe und Geschmack des Honigs sind abhängig von der Blütenart, aus der er gewonnen wurde. Die helleren Honigsorten schmecken im Vergleich zu den dunklen milder.

Nüsse. Mandeln, Walnüsse, Haselnüsse, Pinienkerne, Pistazien, Erdnüsse usw. zählen zu den am häufigsten verwendeten Backzutaten. Sie sollten nur sehr frisch verarbeitet werden, da sie sonst leicht ranzig schmecken und jede Süßspeise verderben. Mit der Außenschale kann man sie 2–3 Monate an einem trockenen und kühlen Ort, ohne Schale nur in dicht verschließbaren Dosen lagern. Sie halten sich auch im Kühlschrank 3–6 Monate oder im Gefrierschrank bis zu 1 Jahr.

Kokosnüsse. Nur eine Kokosnuß, die beim Schütteln gluckert, ist frisch, zu alte Kokosnüsse haben in der Regel keine Milch mehr. Das weiße Kokosfleisch wird gerieben und unter Tortenfüllungen und Puddings gemischt oder als Raspel zum Einstreuen von Torten und Gebäckstücken verwendet. Es hält sich 1 Woche im Kühlschrank und 9 Monate im Gefrierschrank.

Sahne. Zum Backen wird nur frische Sahne verwendet. Im Kühlschrank hält sie sich 3–4 Tage, im Gefrierschrank 3 Monate. Einmal tiefgefrorene Sahne kann nicht mehr steif geschlagen werden. Saure Sahne oder Schmand entsteht, indem man frische Sahne mit Milchsäurebakterien versetzt.

Gewürze. Alle Gewürze bewahrt man in gut verschließbaren Dosen an einem kühlen und dunklen Ort auf, ausgenommen Vanilleschoten, die sich unbegrenzt bei Zimmertemperatur, und Ingwerwurzeln, die sich im Kühlschrank 2 Wochen und kandiert unbegrenzt halten. Die am häufigsten beim Backen verwendeten Gewürze sind:

Das Ausrollen des Teigs

Zum Ausrollen darf der Teig nicht zu fest sein. Dies erreicht man, indem man das Mehl zunächst nach und nach unterrührt und beim Kneten nur noch wenig Mehl zugibt, auch wenn der Teig am Anfang etwas klebt. Nach der entsprechenden Ruhezeit die Arbeitsfläche mit Mehl bestäuben und während des Ausrollens auch das Rollholz immer wieder einmehlen. Den Teig von der Mitte zum Rand hin auseinandertreiben. Bei brüchigen Teigen wie Mürbe- oder Auslegeteig, den Teig auf Backpapier ausrollen, damit man ihn besser in die vorbereitete Form legen kann.

Ein gelungenes Soufflé

Um zu vermeiden, daß ein Soufflé zusammenfällt, kochen Profiköche die Masse im Wasserbad vor und schieben sie dann erst in den Ofen. In einen Topf ein zusammengefaltetes Küchentuch legen und die Souffléform daraufsetzen. Bis auf halbe Höhe der Form Wasser in den Topf geben und bei mittlerer Hitze zum Kochen bringen; 20–30 Minuten kochen lassen. Vor dem Servieren das Soufflé 5–10 Minuten im vorgeheizten Ofen bei 190° C backen, sodaß es aufgeht und bräunt. Die Souffléform nie ganz füllen, sondern immer 4–5 cm Abstand zum Rand lassen, damit die Masse aufgehen kann, ohne überzulaufen.

Kleine Kniffe

◆ Ingwer. Wurzel mit prickelnd scharfem Geschmack. Im Handel wird Ingwer frisch, getrocknet, gemahlen und kandiert angeboten. Beim Backen verwendet man meist das Ingwerpulver und den kandierten Ingwer.
◆ Kardamom. Kapselfrucht mit winzigen, stark duftenden Samen; selten wird die ganze Kapsel verwendet, meist nimmt man die Samen heraus und mahlt sie zusammen mit anderen Gewürzen.
◆ Muskatnuß und Muskatblüte. Walnußgroßer Samen des Muskatnußbaums. Der rotbraune Samenmantel, der die Muskatnuß umgibt, heißt Muskatblüte.
◆ Nelken. Getrocknete Blütenknospen des Gewürznelkenbaums. Sie werden wegen ihres sehr intensiven Geschmacks nur sparsam und vor allem (wie auch Zimt) bei Süßspeisen auf Apfelbasis verwendet.
◆ Vanille. Kapselfrucht einer tropischen Orchidee. Da Vanilleschoten in der Regel sehr teuer sind, verwendet man beim Backen meist einen künstlich hergestellten, naturidentischen Vanille-Ersatzstoff. Das sogenannte Vanillin oder Vanillearoma ist weniger intensiv und kann einen scharfen Nachgeschmack haben.
◆ Wacholder. Blauschwarze Beere des Wacholderstrauchs mit strengem Geschmack.
◆ Zimt. Rindenstücke des Zimt- oder Kassiabaumes; wird im Handel gemahlen oder als Stange angeboten.

Eier. Eier sollten möglichst frisch verwendet werden. Um die Frische eines Eis zu testen, legt man es waagerecht in eine Schüssel mit kaltem Wasser. Bleibt es so am Boden der Schüssel liegen, ist es frisch, schwimmt es schräg, ist es 2–3 Wochen alt, kommt es aber senkrecht an die Oberfläche, sollte man es nicht mehr verwenden, da es dann einige Monate alt ist.
◆ Getrenntes Eigelb bewahrt man, mit etwas Wasser benetzt, in einem gut verschließbaren Gefäß im Kühlschrank auf. Eiweiß hält sich ebenfalls in einem geschlossenen Gefäß 2 Wochen im Kühlschrank oder mehrere Monate im Gefrierschrank. Aufgetaut läßt es sich problemlos steif schlagen.

Garprobe

Auch wenn man genau den Rezeptangaben folgt, kann es passieren, daß ein Kuchen nicht in der vorgeschriebenen Zeit gar wird, sei es z. B. wegen einer zu kleinen Backform oder wegen des Backofens. Ist man nicht sicher, ob ein Kuchen durchgebacken ist, kann man dies mit Hilfe eines Holzstäbchens prüfen. Das Stäbchen wird in den höchsten Punkt des Kuchens eingestochen. Bleibt es beim Herausziehen sauber und trocken, ist der Kuchen gar, ansonsten muß er noch einige Minuten im Ofen bleiben.
Wird die Oberfläche eines Kuchens zu dunkel, diesen mit Alufolie abdecken, dabei in die Mitte der Folie ein etwas größeres Loch stechen, damit der Dampf entweichen kann. Verbrennt der Kuchen von unten, auf den Boden des Backofens einen kleinen Topf mit etwas kaltem Wasser stellen.

Die Zuckertemperatur

Sofern man kein Zukkerthermometer besitzt, kann man die Temperatur von kochendem Zucker auch mit einem kleinen Trick prüfen: Man entnimmt mit Hilfe eines Holzstäbchens etwas heiße Zuckermasse und bearbeitet sie mit den Fingerspitzen, die zuvor in kaltes Wasser getaucht wurden. Läßt sich aus dem Zucker ein nicht sehr elastisches Bällchen formen, ist eine Temperatur von 115° C erreicht *(s. auch S. 20)*.

Joghurt. Joghurt ist ein Sauermilchprodukt, bei dem die Milch durch Bakterien fermentiert wird, die in ihrem Stoffwechsel links- oder rechtsdrehende Milchsäure erzeugen. Zusammen mit Backpulver unterstützt Joghurt das Gehen des Teiges.

Zucker. Ein Süßstoff, der aus Zuckerrohr oder Zuckerrüben gewonnen wird.
◆ Kristallzucker ist der gebräuchlichste, raffinierte Zucker.

◆ Puderzucker, ein feines, weißes Pulver, schmeckt von allen Zuckersorten am süßesten, da er sich am schnellsten auflöst.
◆ Vanillezucker ist mit Vanille aromatisierter Zukker. Man kann ihn auch selbst zubereiten, indem man in ein gut verschließbares Glas mit Kristall- oder Puderzucker eine Vanilleschote gibt.
◆ Hagelzucker wird zum Verzieren verwendet.
◆ Brauner Rohrzucker enthält noch einen Anteil Melasse. Er ist dunkler und intensiver im Geschmack als raffinierter Zucker.
◆ Glukose kommt in Früchten und in Honig vor und wird im Handel als Sirup angeboten.

Weine und Liköre. Vino Muscato ist der bekannteste italienische Dessertwein. Seine Süße verdankt er dem hohen Zuckergehalt der Muskatreben. Der Muscato d'Asti ist ein Schaumwein. Der vollfruchtige Dessertwein Marsala, ein sizilianischer Bruder des Portweins, gibt der Zabaione ihren charakteristischen Geschmack. Der Likörwein Vin Santo wird in der Toskana gekeltert. Es gibt ihn von sehr süß bis trocken. Der Likör Alchermes erhält seine blutrote Farbe von Cochinelle-Läusen und wird häufig zum Färben von Süßspeisen verwendet.

Kleingebäck

Windbeutel ◆ Kekse und Plätzchen ◆ Konfekt, Teegebäck und Tartelettes
Waffeln ◆ Hefeteilchen ◆ Marzipan ◆ Baisers ◆ Fruchtkonfekt und Pralinen
Torrone und Krokant ◆ Karamelisierte, kandierte und gefüllte Früchte
Gelee- und Karamelbonbons

Profiteroles mit Schokolade

Zubereitungszeit:
50 Minuten
Braucht etwas Erfahrung

ZUTATEN FÜR 6 PERSONEN

1/2 l Sahne
3 EL Puderzucker
1 Päckchen Vanillezucker
200 g gehackte Bitterschokolade

Für den Brandteig:
150 g Mehl ◆ 120 g Butter
6 Eier ◆ 1 Vanilleschote
1 Päckchen Vanillezucker
1 Prise Salz

Ein Backblech einfetten. Den Backofen auf 190° C vorheizen. Für den Brandteig 200 ml Wasser mit der Butter, dem Salz und der aufgeschnittenen Vanilleschote zum Kochen bringen. Den Topf vom Herd nehmen, das Mehl auf einmal zufügen und glattrühren. Den Topf wieder auf die Hitzequelle stellen und den Teigkloß rundum „abbrennen".

◆ Den lauwarmen Teig in eine Schüssel geben, die Vanilleschote entfernen und den Vanillezucker einarbeiten. Die Eier nacheinander einzeln unterrühren.

◆ Den Teig in einen Spritzbeutel mit Lochtülle füllen und in haselnußgroßen Häufchen mit Abstand auf das Backblech spritzen.

◆ Die Windbeutel im vorgeheizten Ofen 20–25 Minuten backen, bis sie aufgehen und goldbraun sind. Im abgeschalteten, geschlossenen Ofen weitere 5 Minuten ruhen lassen, damit sie innen gut austrocknen, dann zum Auskühlen auf ein Gitter legen. Die Schokolade mit 100 ml Wasser im Wasserbad schmelzen und abkühlen lassen.

◆ Die Sahne mit dem Puder- und Vanillezucker steif schlagen und in einen Spritzbeutel mit Lochtülle füllen. Die Windbeutel mit der Tülle einstechen und die Sahne einspritzen. Die gefüllten Gebäckstücke auf einem Servierteller zu einer Pyramide aufschichten und mit der geschmolzenen Schokolade übergießen. Kalt servieren.

Profiteroles mit Ananas

Zubereitungszeit: *50 Minuten*
Braucht etwas Erfahrung

ZUTATEN FÜR 6 PERSONEN

300 g Ananaseis (s. S. 280)
4 Scheiben frische Ananas ◆ 1/4 l Sahne

Für den Brandteig:
150 g Mehl ◆ 120 g Butter
6 Eier ◆ 1 Vanilleschote
1 Päckchen Vanillezucker ◆ 1 Prise Salz

◆ Ein Backblech einfetten. Den Backofen auf 190° C vorheizen.
◆ Mit den oben genannten Zutaten einen Brandteig zubereiten (s. S. 11). Den Teig in einen Spritzbeutel mit Lochtülle füllen und haselnußgroße Teighäufchen mit etwas Abstand auf das Backblech spritzen. In den vorgeheizten Ofen schieben und 25 Minuten backen, bis die Windbeutel aufgehen und goldbraun sind. Auskühlen lassen.
◆ Die Windbeutel aufschneiden, dabei die Deckel nicht ganz abschneiden. Eine Windbeutelhälfte mit Ananaseis, die andere mit 2/3 der geschlagenen Sahne füllen. Die Deckel schließen und die Windbeutel auf einem Servierteller zu einer Pyramide aufschichten, mit der restlichen Sahne und Ananasstückchen verzieren. Sofort servieren.

Profiteroles mit Ananas

Choux mit Sahne

Choux mit Sahne

Zubereitungszeit: *50 Minuten*
Braucht etwas Erfahrung

ZUTATEN FÜR 8-10 PERSONEN

150 g Mehl ◆ 120 g Butter
6 Eier ◆ 1 Vanilleschote
1 Päckchen Vanillezucker
300 ml Sahne
1 EL Puderzucker
70 g Hagelzucker
1 Prise Salz

◆ Ein Backblech einfetten. Den Backofen auf 190° C vorheizen.
◆ Mit dem Mehl, der Butter, den Eiern, der Vanilleschote, dem Vanillezucker und dem Salz einen Brandteig zubereiten (s. S. 11). Den Teig in einen Spritzbeutel mit Lochtülle füllen und walnußgroße Teighäufchen mit Abstand auf das Backblech spritzen, mit dem Hagelzucker bestreuen und in den vorgeheizten Ofen schieben. 30 Minuten backen, bis die Windbeutel aufgehen und goldbraun sind. Auskühlen lassen.
◆ Die Sahne mit dem Puderzucker steif schlagen und in den Kühlschrank stellen.
◆ Den Deckel der Windbeutel abschneiden und die Sahne in einen Spritzbeutel mit Sterntülle geben. Die unteren Windbeutelhälften großzügig mit der geschlagenen Sahne füllen, dann die Deckel wieder aufsetzen. Die gefüllten Gebäckstücke bis zum Servieren im Kühlschrank aufbewahren.

Profiteroles mit Schokolade

Bignè mit Creme

Zubereitungszeit: *1,5 Stunden*
Braucht etwas Erfahrung

Zutaten für 6 Personen

Für den Brandteig:
150 g Mehl ◆ 120 g Butter
6 Eier ◆ 1 Vanilleschote
1 PäckchenVanillezucker
1 Prise Salz

Für die Konditorcreme:
4 Eigelb ◆ 125 g Zucker ◆ 50 g Mehl
abgeriebene Schale von 1 unbehandelten Zitrone
$^1/_2$ l Milch ◆ 30 g Butter

Für den Karamel:
100 g Zucker

◆ Ein Backblech einfetten. Den Backofen auf 190° C vorheizen.
◆ Mit den oben genannten Zutaten einen Brandteig zubereiten (s. S. 11). Den Teig in einen Spritzbeutel mit Lochtülle füllen und mit etwas Abstand voneinander haselnußgroße Teighäufchen auf das Backblech spritzen. In den vorgeheizten Ofen schieben und 25 Minuten backen, bis die Windbeutel aufgehen und goldbraun sind. Auskühlen lassen.
◆ Mit den oben genannten Zutaten eine Konditorcreme zubereiten (s. S. 16). Abkühlen lassen. Dabei ab und zu umrühren, damit sich an der Oberfläche keine Haut bildet. Die Windbeutel durch ein kleines Loch mit der kalten Creme füllen.
◆ Den Karamel zubereiten (s. S. 19). Die Windbeutel darin eintauchen und auf einem Servierteller zu einer Pyramide aufschichten.

Bignè mit Creme

Profiteroles mit Erdbeeren

Eclairs mit Kaffeecreme

Profiteroles mit Erdbeeren

Zubereitungszeit: *45 Minuten*
Braucht etwas Erfahrung

Zutaten für 6 Personen

250 g Erdbeeren
400 ml Sahne
40 g Zucker
5 cl Grand Marnier oder Himbeergeist
1 EL Puderzucker

Für den Brandteig:
150 g Mehl ◆ 120 g Butter
6 Eier ◆ 1 Vanilleschote
1 EL Vanillezucker ◆ 1 Prise Salz

◆ Ein Backblech einfetten. Den Backofen auf 190° C vorheizen.
◆ Mit den oben genannten Zutaten einen Brandteig zubereiten (s. S. 11). Den Teig in einen Spritzbeutel mit Lochtülle füllen und mit etwas Abstand voneinander haselnußgroße Teighäufchen auf das Backblech spritzen. In den vorgeheizten Ofen schieben und 25 Minuten backen. Auskühlen lassen.
◆ Die Erdbeeren in sehr kaltem Wasser waschen, abtrocknen, entstielen und in einer Schüssel mit dem Grand Marnier oder Himbeergeist 20 Minuten ziehen lassen. Die Früchte abtropfen und 10 Stück davon beiseite legen. Den Rest mit dem Zucker pürieren.
◆ Die Sahne mit dem Puderzucker steif schlagen und $^3/_4$ davon in einen Spritzbeutel mit kleiner Lochtülle geben. Ein kleines Loch in die Gebäckstücke bohren, die Windbeutel mit der Schlagsahne füllen und auf einem Servierteller anrichten. Die restliche Sahne mit dem Erdbeerpüree vermischen und über die Windbeutel gießen. Mit den zurückgelegten, halbierten Erdbeeren verzieren.

Eclairs mit Kaffeecreme

Zubereitungszeit: *1 Stunde*
Braucht etwas Erfahrung

Zutaten für 6 Personen

Für den Brandteig:
150 g Mehl ◆ 120 g Butter
6 Eier ◆ 1 Vanilleschote
1 Päckchen Vanillezucker
1 Prise Salz

Für die Konditorcreme:
6 Eigelb ◆ 45 g Zucker
$^1/_2$ l Milch ◆ 40 g Mehl
1 Päckchen Vanillezucker
1 EL lösliches Espressopulver

Für den Guß:
100 g Puderzucker
etwa 2 EL starken Espresso

◆ Ein Backblech einfetten. Den Backofen auf 190° C vorheizen.
◆ Mit den oben genannten Zutaten einen Brandteig zubereiten (s. S. 11). Den Teig in einen Spritzbeutel mit Lochtülle füllen und in 5 cm langen und 2 cm breiten Streifen auf das Backblech spritzen. In den vorgeheizten Ofen schieben und 25–30 Minuten backen, bis die Eclairs aufgehen und goldbraun sind.

◆ Auskühlen lassen und mit einem scharfen Messer an der Oberseite ein kleines Loch einstechen.
◆ Mit dem Zucker, der Milch, dem Mehl und dem Vanillezucker eine Konditorcreme zubereiten (s. S. 16), das lösliche Espressopulver unterrühren, abkühlen lassen. Die kalte Creme in einen Spritzbeutel mit kleiner Lochtülle geben und die Eclairs durch das kleine Loch damit füllen.
◆ Für den Guß den Puderzucker mit dem Espresso verrühren, dabei die Flüssigkeit nach und nach zufügen. Den Zuckerguß mit einem Löffel auf die Eclairs streichen. Bis zum Servieren im Kühlschrank aufbewahren.

Choux mit Haselnüssen

Zubereitungszeit: *1 Stunde*

Braucht etwas Erfahrung

ZUTATEN FÜR 6-8 PERSONEN

Für den Brandteig:

150 g Mehl ◆ 120 g Butter
6 Eier ◆ 1 Vanilleschote
1 Päckchen Vanillezucker
1 Prise Salz

Für die Creme:

1/4 l Milch ◆ 3 Eigelb
1 EL Mehl ◆ 50 g Zucker
40 g geröstete Haselnüsse
150 ml Sahne

Für die Glasur:

100 g Puderzucker ◆ 1/2 Eiweiß
Zitronensaft
70 g geröstete Haselnüsse

◆ Ein Backblech einfetten. Den Backofen auf 190° C vorheizen.
◆ Mit den oben genannten Zutaten einen Brandteig zubereiten (s. S. 11). Den Teig in einen Spritzbeutel mit Lochtülle füllen und mit etwas Abstand voneinander haselnußgroße Teighäufchen auf das Backblech spritzen. In den vorgeheizten Ofen schieben und etwa 25 Minuten backen, bis die Windbeutel aufgehen und goldbraun sind. Auskühlen lassen.
◆ Mit der Milch, den Eigelben, dem Mehl und dem Zucker eine Konditorcreme zubereiten (s. S. 16), die fein gehackten Haselnüsse unterrühren, abkühlen lassen. Die Sahne steif schlagen und unter die kalte Creme ziehen. Die Mischung in einen Spritzbeutel mit kleiner Lochtülle geben und die Windbeutel damit füllen.
◆ Für die Glasur 8 Haselnüsse grob hacken, die restlichen fein mahlen. Den Puderzucker mit dem Eiweiß und dem Zitronensaft in einer Schüssel verrühren, bis man eine geschmeidige Masse erhält. Die gemahlenen Haselnüsse untermischen.
◆ Die Windbeutel in die Glasur tauchen und mit den gehackten Haselnüssen bestreuen, in Papiermanschetten setzen und auf einer Tortenplatte anrichten.

Choux mit Haselnüssen

Choux mit Mandelcreme

Choux mit Mandeln

Zubereitungszeit: *1 Stunde*

Braucht etwas Erfahrung

ZUTATEN FÜR 6-8 PERSONEN

40 g karamelisierte, gehackte Mandeln
1 EL Puderzucker

Für den Brandteig:

150 g Mehl ◆ 120 g Butter
6 Eierl ◆ 1 Vanilleschote
1 Päckchen Vanillezucker
1 Prise Salz

Für die Creme:

1/4 l Milchl ◆ 3 Eigelb
30 g Mehll ◆ 70 g Zucker
60 g geröstete, gemahlene Mandeln
1/4 l Sahne

◆ Ein Backblech einfetten. Den Backofen auf 190° C vorheizen.
◆ Mit den oben genannten Zutaten einen Brandteig zubereiten (s. S. 11). Den Teig in einen Spritzbeutel mit Lochtülle füllen und mit etwas Abstand voneinander 2,5 cm lange Teigstreifen auf das Backblech spritzen. Die gehackten Mandeln darüberstreuen, in den vorgeheizten Ofen schieben und etwa 25 Minuten backen, bis die Windbeutel aufgehen und goldbraun sind. Auskühlen lassen.
◆ Mit der Milch, den Eigelben, dem Mehl und dem Zucker eine Konditorcreme zubereiten (s. S. 16) und abkühlen lassen. Ab und zu umrühren, damit sich keine Haut bildet. Die gemahlenen Mandeln und die steif geschlagene Sahne vorsichtig unter die kalte Creme ziehen.
◆ Ein Loch in jedes Gebäckstück bohren. Die Mandelcreme in einen Spritzbeutel mit kleiner Lochtülle geben und die Windbeutel damit füllen. Auf einer Tortenplatte anrichten und mit dem Puderzucker bestäuben. Bis zum Servieren kühl aufbewahren.

Kokos plätzchen

Zubereitungszeit:
30 Minuten
(ohne Ruhezeit)
Gelingt leicht

ZUTATEN FÜR 6 PERSONEN

200 g Mehl
20 g Kokosraspel
70 g weiche Butter
1 Ei ◆ 1 Eigelb
60 g Puderzucker
1 EL Zucker

Ein Backblech einfetten und mit Mehl bestäuben. Die Butter in Stücke schneiden.

◆ Das Mehl auf die Arbeitsfläche sieben, in die Mitte eine Vertiefung drücken und die Butterstücke, die Kokosraspel, den Puderzucker, das Ei und das Eigelb hineingeben. Die Zutaten mit den Fingerspitzen schnell verkneten.

◆ Den Teig zu einer Kugel formen und in Klarsichtfolie wickeln. Zwei Stunden in den Kühlschrank legen.

◆ Den durchgekühlten Teig in Stücke teilen und daraus mehrere Rollen von 3 cm Durchmesser formen. Jede Rolle in Klarsichtfolie wickeln und nochmal 3 Stunden kaltstellen.

◆ Den Backofen auf 180° C vorheizen.

◆ Die Teigrollen aus der Folie nehmen, mehrmals in Zucker wenden und in runde, 1 cm dicke Scheiben schneiden. Die geschnittenen Teigscheiben auf das Blech legen und im vorgeheizten Ofen 15–20 Minuten backen. Erkalten lassen und auf einer Platte anrichten.

Pinienkernstäbchen mit Schokolade

Zubereitungszeit: *50 Minuten*
(ohne Ruhezeit)
Braucht etwas Erfahrung

ZUTATEN FÜR 6 PERSONEN

200 g Mehl
100 g weiche Butter ◆ 100 g Zucker
1/2 Päckchen Backpulver
1 Päckchen Vanillezucker
1 Ei ◆ 1 Prise Salz ◆ 75 g Pinienkerne
2 EL Himbeergelee
100 g gehackte Bitterschokolade

◆ Ein Backblech einfetten und mit Mehl bestäuben. Die Butter in Stücke schneiden.
◆ Das Mehl mit dem Backpulver mischen, auf die Arbeitsfläche sieben und in die Mitte eine Vertiefung drücken. Den Zucker, den Vanillezucker, die Butterstücke, das Salz, das Eigelb und die Hälfte des Eiweiß hineingeben. Die Zutaten mit den Fingerspitzen schnell verarbeiten. Den Teig zu einer Kugel formen und in Klarsichtfolie wickeln. Eine Stunde im Kühlschrank ruhen lassen.
◆ Den Backofen auf 180° C vorheizen.
◆ Den Teig 3 mm dick ausrollen und in 6 cm lange und 2 cm breite Streifen schneiden. Die Teigsstücke auf das Blech legen, mit dem restlichen Eiweiß dünn bestreichen und mit den Pinienkernen bestreuen.
◆ Im vorgeheizten Ofen 10–12 Minuten backen, sofort vom Blech lösen und abkühlen lassen.
◆ Die Schokolade im Wasserbad schmelzen. Das Himbeergelee mit 1 EL Wasser erwärmen und auf die Hälfte der Plätzchen streichen, dann die restlichen Gebäckstücke aufsetzen. Die zusammengesetzten Stäbchen an beiden Enden in die Schokolade tauchen, auf ein Gitter legen und trocknen lassen.

Pinienkernstäbchen mit Schokolade

Mandel-Nuß-Plätzchen

Zubereitungszeit: *40 Minuten*
Gelingt leicht

ZUTATEN FÜR 4-6 PERSONEN

125 g geschälte Mandeln
125 g geröstete Haselnüsse
300 g Zucker ◆ 2 Eiweiß

◆ Ein Backblech einfetten und mit Mehl bestäuben. Den Backofen auf 250° C vorheizen.
◆ Die Mandeln und Haselnüsse mit 250 g Zucker im Mixer zu einer hellen Masse vermahlen. Die Nuß-Zucker-Mischung in eine Schüssel geben, mit den Eiweißen verrühren und in einen Spritzbeutel mit Lochtülle füllen. 4 cm lange Stäbchen mit Abstand auf das Backblech spritzen und mit einer Gabel, die zuvor in kaltes Wasser getaucht wurde, flachdrücken. Im vorgeheizten Ofen 5–7 Minuten backen.
◆ Den restlichen Zucker mit 2 EL Wasser 2 Minuten bei schwacher Hitze aufkochen. Die noch warmen Plätzchen mit dem Sirup bestreichen, vom Blech lösen und abkühlen lassen.

Mandel-Nuß-Plätzchen

Kokosplätzchen

Crumiri piemontesi

(Piemonteser Spritzgebäck)

Zubereitungszeit: *40 Minuten (ohne Ruhezeit)*

Gelingt leicht

ZUTATEN FÜR 6 PERSONEN

200 g sehr fein gemahlenes Maismehl
160 g Mehl ◆ 4 Eigelb
1 Päckchen Vanillezucker
200 g weiche Butter
100 g Zucker

Crumiri piemontesi

◆ Ein Backblech mit Backpapier belegen. Die Butter in Stücke schneiden.
◆ Die beiden Mehlsorten mischen und auf die Arbeitsfläche sieben. In die Mitte eine Vertiefung drücken und die Butterstücke, den Zucker, die Eigelbe und den Vanillezucker hineingeben. Die Zutaten schnell verkneten. Den Teig zu einer Kugel formen, in Klarsichtfolie wickeln und 30 Minuten im Kühlschrank ruhen lassen.
◆ Den Backofen auf 170° C vorheizen.
◆ Den Teig in einen Spritzbeutel mit Sterntülle füllen und zu ca. 8 cm langen Halbmonden auf das Blech spritzen. In den vorgeheizten Ofen schieben und 15 Minuten backen, bis die Gebäckstücke goldgelb sind. Abkühlen lassen und auf eine Platte legen.

Kleine Mandelhörnchen

Kleine Mandelhörnchen

Zubereitungszeit: *40 Minuten*

Braucht etwas Erfahrung

ZUTATEN FÜR 6 PERSONEN

180 g Zucker
150 g geschälte, gehackte Mandeln
50 g zerstoßene Mandelblättchen
1 mittelgroßer Apfel

◆ Ein Backblech einfetten und mit Mehl bestäuben. Den Backofen auf 180° C vorheizen.
◆ 150 g Zucker in einen Topf geben, mit Wasser anfeuchten und bei mittlerer Hitze schmelzen. Die Mandeln zufügen und alles schnell zu einer geschmeidigen Masse verrühren. Den Topf beiseite stellen.
◆ Den Apfel schälen, entkernen und in Würfel schneiden. In einem beschichteten Topf die Apfelstücke mit dem restlichen Zucker 20 Minuten zu Brei kochen. Abkühlen lassen.
◆ Die Zucker-Mandel-Masse in einer Schüssel mit dem Apfelmus mischen. Den so erhaltenen Teig zu fingerdicken Würsten rollen und in 4 cm lange Stäbchen schneiden. Die Teigstücke zu Halbmonden formen, flachdrücken und in den zerstoßenen Mandelblättchen wenden.
◆ Die Hörnchen auf das Blech legen und im vorgeheizten Ofen etwa 7 Minuten backen. Vor dem Servieren völlig auskühlen lassen.

Baci di dama

(Damenküsse)

Zubereitungszeit: *1 Stunde (ohne Ruhezeit)*

Braucht etwas Erfahrung

ZUTATEN FÜR ETWA 20 BACI

70 g Mehl
30 g geschälte, fein geriebene Mandeln
30 g geröstete, fein geriebene Haselnüsse
50 g Zucker ◆ 50 g weiche Butter
50 g gehackte Bitterschokolade
1 Päckchen Vanillezucker
1 Prise Salz

Baci di dama

◆ Ein Backblech einfetten und mit Mehl bestäuben. Die Butter in Stücke schneiden. Die fein geriebenen Mandeln und Haselnüsse mischen.
◆ In einer Schüssel die Butterstücke mit dem Zucker, dem Salz, dem Vanillezucker und dem Mandel-Nuß-Mehl vermengen. Das Mehl zufügen und die Zutaten schnell verkneten. Den Teig in Klarsichtfolie wickeln und 4 Stunden im Kühlschrank ruhen lassen.
◆ Den Backofen auf 160° C vorheizen.
◆ Den Teig aus der Folie nehmen und mit einem Teelöffel portionieren. Die kleinen Teigstücke zwischen den Handflächen zu gleich großen Kugeln rollen und auf das Backblech legen. Im vorgeheizten Ofen 25–30 Minuten backen, bis die Plätzchen goldgelb sind. Abkühlen lassen.
◆ Die Schokolade im Wasserbad schmelzen. Mit einem Teelöffel die Hälfte der Gebäckstücke auf der flachen Seite mit Schokolade bestreichen und jeweils ein zweites Plätzchen daraufsetzen. Auf einer Tortenplatte anrichten.
◆ Die Baci halten sich in dicht verschließbaren Blechdosen nicht nur sehr lange frisch, sondern nehmen mit der Zeit sogar einen noch intensiveren Geschmack an.

Schottische Plätzchen
(Shortbread)

Zubereitungszeit: *1 Stunde (ohne Ruhezeit)*

Braucht etwas Erfahrung

ZUTATEN FÜR 6 PERSONEN

250 g Mehl
120 g Butter ◆ 75 g Zucker
1 Prise Salz ◆ 1 Eiweiß

◆ Ein Backblech einfetten und mit Mehl bestäuben. Die Butter in Stücke schneiden.
◆ Das Mehl auf die Arbeitsfläche sieben, in die Mitte eine Vertiefung drücken. Die Butterstücke, den Zucker, das Salz und einige EL kaltes Wasser hineingeben und zu einem festen Teig verkneten. Mit einem Rollholz den Teig zu einem schmalen, langen Band dünn ausrollen. Das Teigband dreiteilig übereinanderklappen (s. Foto 3, S. 15) und 5 Minuten ruhen lassen.
◆ Den Teig erneut zu einem langen Band ausrollen und in 2 Lagen falten. Diesen Vorgang noch dreimal wiederholen.
◆ Den Teig in eine Serviette schlagen und 3 Stunden im Kühlschrank ruhen lassen.
◆ Den Backofen auf 200° C vorheizen. Den Teig möglichst dünn ausrollen und mit einem runden, gewellten Ausstecher Plätzchen ausstechen und auf das Blech legen. Teigreste aufeinanderlegen und wieder ausrollen. Das Eiweiß leicht schlagen und die Plätzchen damit bestreichen. 20 Minuten im vorgeheizten Ofen goldgelb backen. Vom Blech lösen und vor dem Servieren erkalten lassen.

Schottische Plätzchen

Provençalische Plätzchen

Provençalische Plätzchen

Zubereitungszeit: *40 Minuten*

Braucht etwas Erfahrung

ZUTATEN FÜR 6 PERSONEN

70 g geschälte Mandeln
80 g Zucker
20 g Mehl
75 g kandierte Orangenschalen
2 Eiweiß
1 Prise Salz
1 EL Puderzucker

◆ Ein Backblech einfetten und mit Mehl bestäuben. Den Backofen auf 160° C vorheizen.
◆ 25 g der kandierten Orangenschalen fein hakken, den Rest in kleine Kreise schneiden. Die Mandeln mit 70 g Zucker im Mixer fein mahlen und mit dem Mehl und der gehackten Orangenschale in einer Schüssel vermengen.
◆ Die Eiweiße mit dem Salz zu sehr steifem Schnee schlagen und vorsichtig unter die Mandel-Mehl-Mischung heben. Mit einem Löffel kleine Teighäufchen mit ausreichend Abstand auf das Blech setzen und mit den angefeuchteten Fingern leicht flachdrücken. Je eine Orangenscheibe in die Mitte der Teigstücke setzen und den Puderzucker darüberstreuen.
◆ Die Plätzchen im vorgeheizten Ofen 20-25 Minuten backen, mit einem Spatel sofort vom Blech lösen und auf einem Kuchengitter vor dem Servieren erkalten lassen.

Sesamkringel

Sesamkringel

Zubereitungszeit: *40 Minuten*

Gelingt leicht

ZUTATEN FÜR 4-6 PERSONEN

300 g Mehl
40 g weiche Butter
100 g Zucker
1/2 Päckchen Backpulver
4 Eier
3 EL Milch
geriebene Schale von
1 unbehandelten Zitrone
35 g Sesamsamen

◆ Ein Backblech einfetten und mit Mehl bestäuben. Den Backofen auf 200° C vorheizen.
◆ In einer Schüssel die Butter schaumig schlagen, dann den Zucker zufügen und die Eier einzeln unterrühren. Nach und nach die Zitronenschale und abwechselnd das mit dem Backpulver vermischte und gesiebte Mehl und die Milch zugeben. Falls der Teig zu fest wird, noch etwas mehr Milch verwenden.
◆ Den Teig in bleistiftdicke, 30 cm lange Streifen schneiden und in der Mitte falten. Jeden doppelten Teigstreifen aufzwirbeln, an den Enden zusammenlegen und so zu kleinen Kringeln formen.
◆ Die Teigkringel auf das Blech legen, mit den Sesamsamen bestreuen und im vorgeheizten Ofen 18–20 Minuten backen. Mit einem Spatel vom Blech lösen. Kalt servieren.

Frollini al caffé

(Mürbe Kaffeeplätzchen)

Zubereitungszeit: *45 Minuten*

Gelingt leicht

Zutaten für 6 Personen

300 g Mehl ◆ 100 g weiche Butter
80 g Zucker
1/2 Päckchen Backpulver
1 Ei ◆ 1 Prise Salz
1 EL lösliches Kaffeepulver ◆ 30 g Kaffeebohnen
40 g gehackte Bitterschokolade

◆ Ein Backblech einfetten und mit Mehl bestäuben. Den Backofen auf 180° C vorheizen. Die Butter in Stücke schneiden und das Kaffeepulver in 1 EL warmem Wasser auflösen.
◆ Das Mehl mit dem Backpulver auf die Arbeitsfläche sieben. In die Mitte eine Vertiefung drücken und den Zucker, das Salz, die Butterstücke, das Ei und das aufgelöste Kaffeepulver hineingeben. Die Zutaten mit den Fingerspitzen schnell verkneten. Den Teig 3–4 mm dick ausrollen.
◆ Mit einem beliebigen Ausstecher Plätzchen ausstechen und auf das Blech legen. Die Teigreste wieder verkneten und neu ausrollen. Die Gebäckstücke im vorgeheizten Ofen etwa 15 Minuten backen, bis sie goldgelb sind. Sofort mit einem Spatel vom Blech lösen, auf einen Servierteller legen und abkühlen lassen.
◆ Die Schokolade im Wasserbad schmelzen und in eine Papiertüte füllen. Jeweils in die Mitte der Plätzchen einen Tropfen Schokolade setzen, drei Kaffeebohnen darauflegen und nochmal mit einem Schokoladentropfen verzieren.

Vollkornplätzchen

Zubereitungszeit: *40 Minuten*

Gelingt leicht

Zutaten für 4 Personen

80 g Weizenkeimmehl
40 g Zucker ◆ 40 g weiche Butter
geriebene Schale von 1 unbehandelten Zitrone
2 Eigelb ◆ 4 EL Milch ◆ 1 Prise Salz

◆ Ein Backblech einfetten und mit Mehl bestäuben. Den Backofen auf 190° C vorheizen. Die Butter in Stücke schneiden.
◆ Das Mehl mit dem Zucker und dem Salz vermengen und auf die Arbeitsfläche häufen. In die Mitte eine Vertiefung drücken, die Zitronenschale, die Milch, die Eigelbe und die Butterstücke hineingeben und alles zu einem geschmeidigen Teig verkneten. Diesen in einen Spritzbeutel mit großer Sterntülle füllen und mit Abstand s-förmig auf das Blech spritzen.
◆ Im vorgeheizten Ofen etwa 10–12 Minuten backen. Vom Blech lösen, abkühlen lassen.

Fave dei morti

(Bohnen der Toten)

Zubereitungszeit: *1 Stunde*

Gelingt leicht

Zutaten für 4 Personen

150 g Mehl ◆ 150 g Zucker
300 g geschälte, gehackte Mandeln
50 g Pinienkerne ◆ 2 Eier
geriebene Schale von 1 unbehandelten Zitrone
1 EL Grappa ◆ 1 Prise Zimt
1 Eiweiß

◆ Ein Backblech einfetten und mit Mehl bestäuben. Den Backofen auf 160° C vorheizen.
◆ Das Mehl auf die Arbeitsfläche sieben, in die Mitte eine Vertiefung drücken und den Zucker, die Eier, die gehackten Mandeln, die Pinienkerne, die Zitronenschale, den Grappa und den Zimt hineingeben. Die Zutaten solange kneten, bis ein geschmeidiger Teig entstanden ist.
◆ Den Teig zu fingerdicken Würsten rollen und in etwa 1,5 cm lange Stücke schneiden. In die Mitte der Teigstücke eine Kerbe drücken. Das Eiweiß leicht schlagen, die Teigbohnen darin eintauchen, auf das Blech legen und im vorgeheizten Ofen etwa 30 Minuten backen. Abkühlen lassen.

Amaretti mit Honig

Zubereitungszeit: *1 Stunde 10 Minuten*

Gelingt leicht

Zutaten für 6 Personen

2 Eiweiß ◆ 120 g Honig
60 g geschälte Mandeln ◆ 60 g geröstete Haselnüsse
1 Prise Salz

◆ Ein Backblech einfetten und bemehlen. Den Backofen auf 150° C vorheizen. Die Mandeln und Haselnüsse mischen und fein hacken.
◆ Die Eiweiße mit dem Salz steif schlagen. Nacheinander den Honig und die gehackten Mandeln und Nüsse vorsichtig unter den Eischnee ziehen. Die lockere Masse in walnußgroßen Häufchen mit Abstand auf das Backblech setzen und im vorgeheizten Ofen 50 Minuten backen, bis sich die Amaretti vom Blech lösen. Abkühlen lassen.

Torcetti piemontesi

Zubereitungszeit: *40 Minuten*
(ohne Zeit zum Gehen)
Braucht etwas Erfahrung

Zutaten für 6-8 Personen

250 g Mehl ◆ 90 g weiche Butter
4 g frische Hefe ◆ 1 EL Zucker
1 Prise Salz

◆ Ein Backblech einfetten und bemehlen.
◆ Die Hefe in 4–5 EL lauwarmem Wasser auflösen. Das Mehl mit dem Salz mischen und auf die Arbeitsfläche geben. In die Mitte eine Vertiefung drücken und die aufgelöste Hefe hineingießen. Alles zu einem glatten Teig verkneten, einen kleinen Laib formen und in einer Schüssel an einem warmen Ort abgedeckt mindestens 1 Stunde gehen lassen.
◆ Den Teig wieder durchkneten, dabei die Butter in Flöckchen unterarbeiten. Nochmal abgedeckt 30 Minuten ruhen lassen.
◆ Den Backofen auf 180° C vorheizen.
◆ Den Teig einige Minuten durchkneten, dann dünne, bleistiftdicke Würste daraus formen. Die Teigstücke auf 10 cm Länge kürzen, im Zucker wenden und zu ovalen Kringeln formen, indem man sie an den Enden aufeinanderlegt. Auf das Backblech legen und im vorgeheizten Ofen 12–15 Minuten goldgelb backen. Abkühlen lassen.

Französische Kekse

Zubereitungszeit: *40 Minuten*
(ohne Ruhezeit und ohne Zeit zum Gehen)
Braucht etwas Erfahrung

Zutaten für 6-8 Personen

250 g Mehl
150 g Butter
4 Eier ◆ 40 g Zucker
8 g frische Hefe

◆ Ein Backblech einfetten und mit Mehl bestäuben. Die Hefe in 150 ml lauwarmem Wasser auflösen.
◆ Das Mehl auf die Arbeitsfläche sieben und die aufgelöste Hefe in die Mitte geben. Den Zucker und 3 Eier hinzufügen. Den Teig lange und kräftig kneten, ihn dabei immer wieder auf die Arbeitsfläche schlagen, bis er glatt und geschmeidig ist und sich von den Fingern löst. In eine große Schüssel legen (sie sollte nur zu einem Drittel gefüllt sein), mit einem feuchten Tuch bedecken und 12 Stunden in den Kühlschrank stellen.
◆ Die Butter durchkneten, zu einem 18 cm langen Block formen und, in Klarsichtfolie gewickelt, in den Kühlschrank legen. Den Teig auf der bemehlten Arbeitsfläche zu einem Viereck von 30 x 30 cm ausrollen. Die Butter kurz mit der Teigrolle bearbeiten, damit sie etwas weicher wird, aus der Klarsichtfolie nehmen und in die Mitte des Teigquadrats legen. Die vier Teigränder darüberschlagen und so das Butterstück einhüllen.
◆ Den Teig zu einem 60 cm langen Band ausrollen, dreiteilig übereinanderschlagen und von der kurzen Seite her erneut zu einem 60 cm langen Band ausrollen. Den Teig nochmal dreiteilig übereinanderschlagen und, in Klarsichtfolie gewickelt, 2 Stunden im Kühlschrank durchkühlen lassen.
◆ Den Teig aus dem Kühlschrank nehmen und den oben beschriebenen Vorgang noch zweimal wiederholen. Dann den Teig zu einer 3–4 mm dicken Platte ausrollen, 6 x 4 cm große Rechtecke ausschneiden und mit etwas Abstand auf das Backblech legen. Die Ränder der Teigstücke mit einem Messer leicht einritzen und an einem warmen Ort 30 Minuten gehen lassen.
◆ Den Backofen auf 180° C vorheizen.
◆ Das restliche Ei verquirlen und die Kekse damit bestreichen. Im vorgeheizten Ofen 15–20 Minuten backen, vom Blech lösen und kalt servieren.

Beccùte

Zubereitungszeit: *45 Minuten*
Gelingt leicht

Zutaten für 4 Personen

500 g Maismehl ◆ 100 g Rosinen
100 g Pinienkerne ◆ 100 g Walnüsse
100 g geschälte Mandeln ◆ 100 g getrocknete Feigen
50 g Zucker ◆ 4 EL Olivenöl ◆ 1 Prise Salz

◆ Ein Backblech mit Olivenöl einfetten und den Ofen auf 150° C vorheizen.
◆ Die Rosinen in lauwarmem Wasser einweichen. Mandeln und Walnüsse mit kochendem Wasser übergießen und mit den Feigen fein hacken.
◆ Das Mehl auf der Arbeitsfläche häufen, in die Mitte eine Vertiefung drücken und 3 EL Olivenöl, die abgetropften Rosinen, die Pinienkerne, die gehackten Feigen, Mandeln und Nüsse, den Zukker und das Salz hineingeben. Die Zutaten schnell vermengen; ausreichend heißes Wasser hinzufügen, um einen sehr weichen Teig zu erhalten.
◆ Aus dem Teig etwa gleich große Kugeln formen, leicht flachdrücken und mit etwas Abstand auf das Blech legen. Im vorgeheizten Ofen 20 Minuten backen, vom Blech lösen und erkalten lassen.

Anicini
(Anisschnitten)

Zubereitungszeit:
1 Stunde 15 Minuten
Gelingt leicht

ZUTATEN FÜR 4 PERSONEN

180 g Mehl
180 g Zucker
20 g Anissamen
5 Eier
1/2 Päckchen Backpulver
1 Prise Salz

Eine rechteckige, Backform von 30 x 10 cm mit Backpapier auslegen und den Ofen auf 160° C vorheizen.

◆ In einer Schüssel die Eigelbe und den Zucker mit dem elektrischen Handrührgerät schlagen, bis eine helle, schaumige Masse entstanden ist (2 EL abnehmen und beiseite stellen).

◆ Die Anissamen, das Mehl und das Backpulver unterrühren. Die Eiweiße mit dem Salz steif schlagen und den Eischnee vorsichtig unter die Eigelb-Mehl-Mischung ziehen. Den Teig in die Backform geben und im vorgeheizten Ofen etwa 30 Minuten backen. Das durchgebackene Gebäckstück (an einem in die Mitte gestochenen Holzstäbchen dürfen keine Krümel haften) auf ein Schneidebrett stürzen und das Backpapier abziehen. Erkalten lassen. Die Temperatur des Ofens auf 180° C erhöhen.

◆ Von dem Gebäckstück 2 cm dicke Scheiben schneiden, mit den 2 EL Eigelb-Zucker-Masse bestreichen und 10 Minuten knusprig backen.

Schwarz-Weiß-Gebäck

Zubereitungszeit: *30 Minuten*
(ohne Kühlzeit)
Braucht etwas Erfahrung

ZUTATEN FÜR 8 PERSONEN

400 g Mehl ◆ 260 g weiche Butter
130 g Zucker ◆ 2 Eigelb
2 Päckchen Vanillezucker
40 g Kakao
geriebene Schale von 1 unbehandelten Zitrone

◆ Ein Backblech einfetten und mit Mehl bestäuben. Die Butter in Stücke schneiden.
◆ Das Mehl auf die Arbeitsfläche sieben. In die Mitte eine Vertiefung drücken und die Butterstücke, den Zucker, den Vanillezucker, die Eigelbe und die Zitronenschale hineingeben. Alles schnell verkneten. Sobald der Teig geschmeidig ist, ihn in zwei gleich große Stücke teilen. In die eine Hälfte den Kakao einarbeiten. Aus beiden Teigen Kugeln formen, in Klarsichtfolie wickeln und 1 Stunde im Kühlschrank durchkühlen lassen.
◆ Die beiden Teige jeweils 3–4 mm dick ausrollen und aus beiden je zwei 20 cm lange und 10 cm breite Rechtecke schneiden. Die dunklen Rechtecke auf die hellen legen, den Teigrand gerade abschneiden. Die Rechtecke aufrollen, in Klarsichtfolie wickeln und mindestens 30 Minuten in den Kühlschrank legen.
◆ Den Backofen auf 180° C vorheizen.
◆ Die Rollen aus der Folie nehmen und in 0,5 cm dicke Scheiben schneiden. Die Gebäckstücke auf das Backblech legen und im vorgeheizten Ofen etwa 10–12 Minuten backen. Mit einem Spatel sofort vom Blech lösen und abkühlen lassen.

Schwarz-Weiß-Gebäck

Wiener Brezeln

Wiener Brezeln

Zubereitungszeit: *50 Minuten*
(ohne Ruhezeit)
Braucht etwas Erfahrung

ZUTATEN FÜR 6 PERSONEN

250 g Mehl
200 g weiche Butter
6 Eigelb ◆ 40 g Zucker
1 EL Kakao
geriebene Schale von 1 unbehandelten Zitrone
100 g gehackte Bitterschokolade

◆ Ein Backblech einfetten und mit Mehl bestäuben. Die Butter in Stücke schneiden.
◆ Das Mehl auf die Arbeitsfläche sieben. Die Butterstücke, den Zucker, die Eigelbe und die Zitronenschale in die Mitte geben und mit den Fingerspitzen verkneten. Den Teig zu einer Kugel formen, in Klarsichtfolie wickeln und mindestens 1 Stunde im Kühlschrank durchkühlen lassen.
◆ Den Backofen auf 180° C vorheizen.
◆ Aus dem Teig bleistiftdicke Stäbchen von 28 cm Länge schneiden und zu Brezeln formen. Dabei die Enden einmal umeinanderdrehen, etwas andrücken. Die Gebäckstücke auf das Backblech legen und im vorgeheizten Ofen etwa 12–15 Minuten goldgelb backen. Abkühlen lassen.
◆ Die Schokolade im Wasserbad schmelzen. Ein Drittel der Brezeln auf ein Gitter legen, mit der Schokolade überziehen und an einem kühlen Ort trocknen lassen. Ein weiteres Drittel mit dem Kakao bestäuben, die restlichen Brezeln unverziert lassen.
◆ Die unterschiedlich farbigen Brezeln nebeneinander auf einem Serviertelle anrichten.

Anicini

Gewürzmadeleines

Zubereitungszeit: *40 Minuten (ohne Ruhezeit)*

Gelingt leicht

ZUTATEN FÜR 8 PERSONEN

4 Eier ◆ 140 g Zucker
250 g Mehl ◆ 125 g Butter
2 Päckchen Vanillezucker
50 ml Milch ◆ 1/2 TL Kardamom
1/2 TL Zimt
1 Prise Muskat
1 Prise gemahlene Nelken

◆ Die Madeleineförmchen einfetten und bemehlen. Die Butter bei schwacher Hitze schmelzen.
◆ In einer Schüssel den Zucker, das Mehl, den Vanillezucker und die Gewürze verrühren. Die Eier einzeln zufügen, dann die Milch und die zerlassene Butter unter weiterem Rühren einlaufen lassen. Die Schüssel 3 Stunden in den Kühlschrank stellen.
◆ Den Backofen auf 190° C vorheizen.
◆ Den Teig in einen Spritzbeutel mit Lochtülle geben und in die Förmchen füllen. Im vorgeheizten Ofen 20 Minuten backen, bis die Madeleines goldbraun sind. Aus den Förmchen lösen, abkühlen lassen und auf einem Servierteller anrichten.

Gewürzmadeleines

Vollkornplätzchen mit Datteln

Meraner Plätzchen

Vollkornplätzchen mit Datteln

Zubereitungszeit: *50 Minuten*

Gelingt leicht

ZUTATEN FÜR 8 PERSONEN

130 g Mehl ◆ 130 g Vollkornmehl
200 g weiche Butter ◆ 150 g Zucker
1 Ei ◆ 1 Päckchen Backpulver
90 g Datteln
1 EL Puderzucker

◆ Ein Backblech einfetten und mit Mehl bestäuben. Den Backofen auf 200° C vorheizen. Die beiden Mehlsorten mit dem Backpulver mischen. Die Datteln entsteinen und kleinhacken.
◆ In einer Schüssel die Butter mit dem Zucker schaumig schlagen, das Ei zufügen und die Mehl-Backpulver-Mischung darübersieben. Die Datteln unterrühren und den Teig in walnußgroßen Häufchen auf das Backblech setzen.
◆ Im vorgeheizten Ofen 15–20 Minuten backen, sofort vom Blech lösen und abkühlen lassen. Mit dem Puderzucker bestäuben und auf eine Servierplatte setzen.

Meraner Plätzchen

Zubereitungszeit: *50 Minuten (ohne Ruhezeit)*

Gelingt leicht

ZUTATEN FÜR 6 PERSONEN

150 g Mehl
40 g geschälte, gemahlene Mandeln
75 g weiche Butter
75 g Zucker
1/2 Päckchen Backpulver ◆ 1 Eigelb
geriebene Schale von
1/2 unbehandelten Zitrone
1 Prise Salz
1 EL Puderzucker
3 EL Johannisbeerkonfitüre

◆ Ein Backblech einfetten und bemehlen. Die Butter in Stücke schneiden und das Mehl mit dem Backpulver mischen.
◆ Die Mehl-Backpulver-Mischung auf die Arbeitsfläche sieben. In die Mitte eine Vertiefung drücken und die Butterstücke, das Salz, die Mandeln, den Zucker, das Eigelb und die Zitronenschale hineingeben. Die Zutaten mit den Fingerspitzen schnell zu einem geschmeidigen Teig verkneten, in Klarsichtfolie wickeln und 30 Minuten im Kühlschrank durchkühlen lassen.
◆ Den Backofen auf 180° C vorheizen.
◆ Den Teig 3 mm dick ausrollen. Mit einem runden Austecher von 8 cm Durchmesser Plätzchen ausstechen. Die Teigreste wieder verkneten und ausrollen. So lange Plätzchen ausstechen, bis der Teig verbraucht ist.
◆ Aus der Hälfte der Plätzchen mit einem runden Ausstecher von 2 cm Durchmesser je drei Kreise ausstechen. Die Teigscheiben auf das Backblech legen und im vorgeheizten Ofen 10–15 Minuten backen. Vorsichtig vom Blech lösen und abkühlen lassen.
◆ Die Plätzchen mit den drei Löchern mit Puderzucker bestäuben. Die Johannisbeerkonfitüre mit einem EL Wasser erwärmen, bis sie flüssig ist. Die Plätzchenunterseiten damit bestreichen und die verzuckerten Scheiben daraufsetzen. Die restliche Konfitüre in eine Backpapiertüte geben und alle Plätzchen vollständig damit füllen.

Amaretti

Zubereitungszeit: *1 Stunde 15 Minuten*
Gelingt leicht

ZUTATEN FÜR 6 PERSONEN

20 g bittere geschälte Mandeln
200 g geschälte Mandeln
360 g Puderzucker
3 Eiweiß ◆ 30 Oblaten

◆ Ein Backblech einfetten und den Backofen auf 220° C vorheizen.
◆ Die Mandeln im Mörser fein zerstoßen und in eine Schüssel geben. 2 Eiweiß einzeln untermischen.
◆ Die Mandel-Eiweiß-Mischung auf der Arbeitsfläche mit der Hälfte des Zuckers vermengen, dann nach und nach das verbliebene Eiweiß und den restlichen Zucker (2 EL davon abnehmen) unterkneten, bis man eine geschmeidige Masse erhält.
◆ Den Teig zu einer Rolle formen und in 30 gleich große Stücke schneiden. Diese zu Kugeln rollen und dann zu 1 cm dicken Scheiben flachdrücken. Auf die Oblaten und dann auf das Blech setzen. Die Amaretti mit dem Puderzucker bestäuben und nur kurz in dem vorgeheizten Ofen backen, bis sie knusprig sind.

Brutti ma buoni

Mandelbögen

Brutti ma buoni
(Toskanische Mandelmakronen)

Zubereitungszeit: *50 Minuten*
Gelingt leicht

ZUTATEN FÜR 6 PERSONEN

200 g geröstete und grob gehackte Mandeln
170 g Puderzucker
100 g Eiweiß ◆ 30 g Zucker
1 Prise Salz

◆ Ein Backblech einfetten und mit Mehl bestäuben. Den Backofen auf 140° C vorheizen.
◆ Die gehackten Mandeln mit dem Puderzucker vermischen. Das Eiweiß mit dem Salz und dem Zucker steif schlagen und vorsichtig unter die Mandel-Puderzucker-Mischung ziehen.
◆ Den Teig in walnußgroßen Häufchen mit Abstand auf das Backblech setzen. Im vorgeheizten Ofen 30–40 Minuten backen, bis die Makronen goldgelb sind. Das noch warme Gebäck mit einem Spatel vom Blech lösen und auf einem Gitter auskühlen lassen.

Löffelbiskuits

Mandelbögen

Zubereitungszeit: *50 Minuten*
Braucht etwas Erfahrung

ZUTATEN FÜR 6 PERSONEN

100 g Zucker ◆ 20 g Mehl
20 g zerlassene Butter
80 g Mandelblättchen ◆ 2 Eiweiß

◆ Ein Backblech einfetten und den Backofen auf 180° C vorheizen.
◆ Die Eiweiße mit einer Gabel leicht verschlagen und den Zucker, das Mehl und die zerlassene Butter unterrühren. Schließlich die Mandelblättchen zugeben. Den Teig in kleinen Häufchen mit Abstand auf das Backblech setzen und mit den feuchten Fingerspitzen flachdrücken. Sofern das Backblech nicht ausreicht, in mehreren Lagen backen.
◆ Die Plätzchen im vorgeheizten Ofen 15 Minuten backen, bis die Ränder sich verfärben. Sofort mit einem Spatel vom Blech lösen und noch warm vorsichtig um die Teigrolle drücken, um ihnen die Bogenform zu geben. Kalt servieren.

Löffelbiskuits

Zubereitung: *30 Minuten*
Gelingt leicht

ZUTATEN FÜR 6-8 PERSONEN

3 Eier ◆ 70 g Mehl
65 g Zucker ◆ 1 Päckchen Vanillezucker
2 EL Puderzucker
1 Prise Salz

◆ Ein Backblech einfetten und mit Mehl bestäuben. Den Backofen auf 180° C vorheizen.
◆ In einer Schüssel die Eigelbe, den Zucker und den Vanillezucker aufschlagen, bis die Masse hell und schaumig ist. Die Eiweiße mit dem Salz sehr steif schlagen. Nach und nach das gesiebte Mehl und den Eischnee unter die Eigelb-Zucker-Mischung ziehen.
◆ Den Teig in einen Spritzbeutel mit Lochtülle füllen und in 5 cm langen Streifen auf das Backblech spritzen. Die Teigstreifen mit 1 EL Puderzucker bestäuben und im vorgeheizten Ofen 10–12 Minuten backen, bis die Ränder der Biskuits sich zu verfärben beginnen. Mit einem Spatel lösen und erkalten lassen. Auf einen Servierteller legen und mit dem restlichen Puderzucker bestäuben.

Normannische Sandplätzchen

Zubereitungszeit: *40 Minuten (ohne Ruhezeit)*

Gelingt leicht

ZUTATEN FÜR 6-8 PERSONEN

250 g Mehl ◆ 200 g weiche Butter
95 g Puderzucker ◆ 50 g Pinienkerne
50 g Zucker ◆ 3 Eigelb
1 Päckchen Vanillezucker

◆ Ein Backblech mit Backpapier belegen.
◆ Die Pinienkerne mit dem Zucker im Mixer zu einer Paste mahlen. Die Butter mit dem Puderzucker und dem Vanillezucker verrühren, dann die Eigelbe, die Pinienkernmasse und das Mehl zufügen und alles gut vermischen. 2 Stunden in den Kühlschrank stellen.
◆ Den Backofen auf 180° C vorheizen.
◆ Den Teig auf der bemehlten Arbeitsfläche etwa 4 mm dick ausrollen. Mit Hilfe eines Gitters ein Netz auf den Teig zeichnen und mit einem Teigrädchen Vierecke von 3 x 3 cm ausschneiden. Die Gebäckstücke auf das Backblech legen und im vorgeheizten Ofen etwa 15 Minuten backen, bis sie leicht gebräunt sind. Abkühlen lassen, mit einem Spatel vom Blech lösen und auf einem Servierteller anrichten.

Erdnußplätzchen

Zubereitungszeit: *35 Minuten*

Gelingt leicht

ZUTATEN FÜR 6 PERSONEN

180 g Mehl ◆ 200 g gehackte Erdnüsse
150 g Zucker
70 g weiche Butter
100 ml Sahne
50 g Zitronat ◆ 2 Eigelb
1 Prise Salz
50 g gehackte Bitterschokolade
30 g geschälte Erdnüsse
30 g kandierte Zedratzitrone

◆ Ein Backblech einfetten und mit Mehl bestäuben. Den Backofen auf 180° C vorheizen. Die Butter in Stücke schneiden.
◆ Die gehackten Erdnüsse mit dem gesiebten Mehl, dem Zucker, dem Salz und dem Zitronat vermischen. Dann die Eigelbe, die Butterstücke und die Sahne zufügen, alles gut verrühren. Aus dem Teig haselnußgroße Kugeln formen und mit etwas Abstand auf das Backblech legen. In den vorgeheizten Ofen schieben und 15 Minuten backen. Abkühlen lassen.
◆ Die Erdnüsse halbieren. Die Schokolade im Wasserbad schmelzen und in eine Backpapiertüte füllen. Einen Schokoladenstrich quer über jedes Plätzchen ziehen. Auf die noch weiche Schokolade je eine Erdnußhälfte und ein Stückchen kandierte Zedratzitrone setzen.

Brüsseler Plätzchen

Zubereitungszeit: *40 Minuten (ohne Ruhezeit)*

Gelingt leicht

ZUTATEN FÜR 8 PERSONEN

250 g Mehl ◆ 200 g weiche Butter
200 g brauner Rohrzucker
1 TL Natron
1 Päckchen Vanillezucker

◆ Ein Backblech einfetten und mit Mehl bestäuben. Den Backofen auf 150° C vorheizen. Die Butter in Stücke schneiden.
◆ Die Butterstücke mit 150 g Rohrzucker schaumig schlagen, dann 1 EL Wasser, das Natron, den Vanillezucker und schließlich das gesiebte Mehl unter weiterem Rühren zufügen.
◆ Den Teig zu Rollen von 2 cm Durchmesser formen, in Klarsichtfolie wickeln und mindestens 3 Stunden im Kühlschrank durchkühlen lassen. Dann die Rollen in 0,5 cm dicke Scheiben schneiden. Die Teigstückchen mit Abstand auf das Backblech setzen und mit dem restlichen Rohrzucker bestreuen. Im vorgeheizten Ofen 15 Minuten backen, mit einem Spatel lösen, abkühlen lassen und auf einem Servierteller anrichten.

Wiener Engelsküsse

Zubereitungszeit: *2 Stunden*

Braucht etwas Erfahrung

ZUTATEN FÜR 4 PERSONEN

150 g geschälte, gehackte Mandeln
2 Eiweiß ◆ 140 g Zucker
geriebene Schale von 1 unbehandelten Zitrone
2 TL Zitronensaft
1 Prise Salz

◆ Ein Backblech einfetten und mit Mehl bestäuben. Den Backofen auf 100° C vorheizen.

◆ Die Eiweiße mit dem Salz steif schlagen, dabei den Zucker langsam einrieseln lassen. Die Mandeln, den Zitronensaft und die geriebene Zitronenschale vorsichtig unter den Eischnee heben, dabei den Löffel kreisend von oben nach unten bewegen.
◆ Die Teigmasse in kleinen Häufchen mit etwas Abstand auf das Backblech setzen. Die Plätzchen im vorgeheizten Ofen backen, bis sie gerade zu bräunen beginnen und sich vom Backpapier lösen.
◆ Nach dem Auskühlen die Plätzchen in Blechdosen aufbewahren.

Zimtblumen

Zubereitungszeit: *45 Minuten*
Gelingt leicht

ZUTATEN FÜR 6 PERSONEN

200 g Mehl ◆ 150 g weiche Butter
1 EL Zimt ◆ 65 g Zucker
1 Eigelb ◆ 1 Päckchen Vanillezucker
70 g gehackte Bitterschokolade

◆ Ein Backblech einfetten und mit Mehl bestäuben. Den Backofen auf 180° C vorheizen. Die Butter in Stücke schneiden.
◆ Das Mehl mit dem Zimt und dem Vanillezucker mischen und auf die Arbeitsfläche sieben. In die Mitte eine Vertiefung drücken und die Butterstücke, den Zucker und das Eigelb hineingeben. Alles mit den Fingerspitzen schnell verkneten. Den Teig in eine Spritzbeutel mit breiter Sterntülle füllen und in Häufchen von 2 cm Durchmesser auf das Backblech spritzen.
◆ Die Plätzchen im vorgeheizten Ofen 10–12 Minuten backen, bis Farbe angenommen haben. Mit einem Spatel lösen und abkühlen lassen.
◆ Die Schokolade im Wasserbad schmelzen und in einen Spritzbeutel mit kleiner Lochtülle oder in eine Backpapiertüte geben. Mit der Schokolade um einen mittleren Schokoladentropfen einen Kranz Blütenblätter auf die Plätzchen zeichnen.

Malaiisches Kokosgebäck

Zubereitungszeit: *45 Minuten*
Gelingt leicht

ZUTATEN FÜR 6-8 PERSONEN

125 ml Kokoscreme
100 g Zucker ◆ 2 Eier
150 g Mehl ◆ 1 Prise Salz
1 Tasse Kokosraspel

◆ Ein Backblech einfetten und mit Mehl bestäuben. Den Backofen auf 160° C vorheizen.
◆ In einem Topf den Zucker mit der Kokoscreme aufkochen, bis er sich vollständig auflöst.
◆ Nacheinander die Eier, das Mehl und das Salz unter die lauwarme Creme rühren. Die Masse auf die bemehlte Arbeitsfläche geben und so lange kneten, bis man einen glatten und geschmeidigen Teig erhält.
◆ Den Teig 1 cm dick ausrollen, in kleine Rauten schneiden und auf das Backblech legen. Die Plätzchen mit den Kokosraspeln bestreuen und im vorgeheizten Ofen 10–12 Minuten backen, bis sie Farbe angenommen haben. Vor dem Servieren abkühlen lassen.

Bananenhappen

Zubereitungszeit: *30 Minuten*
Gelingt leicht

ZUTATEN FÜR 6 PERSONEN

250 g Mehl
30 g Speisestärke
1 TL Backpulver
1 Prise Salz
2 Bananen
200 g Zucker
120 g weiche Butter
2 Eier
1 Päckchen Vanillezucker
1 TL Zimt
2 EL Rum

◆ Ein Backblech einfetten und mit Mehl bestäuben. Den Backofen auf 180° C vorheizen. Das Mehl mit der Speisestärke und dem Backpulver vermengen.
◆ Die Bananen schälen, in Stücke schneiden und mit einer Gabel zerdrücken. Den Rum zugeben und mit dem Bananenpüree vermischen.
◆ Von dem Zucker einen EL abnehmen, den Rest mit der Butter in einer Schüssel schaumig rühren. Nacheinander die Eier, das Salz, den Vanillezucker, die gesiebte Mehl-Backpulver-Mischung und das Bananen-Rum-Püree unter weiterem Rühren zufügen.
◆ Den Teig in walnußgroßen Häufchen mit Abstand auf das Backblech setzen. Den Zimt mit dem verbliebenen EL Zucker mischen und über die Gebäckstücke streuen. Im vorgeheizten Ofen etwa 15 Minuten backen.
◆ Die Plätzchen mit einem Spatel lösen und auf einem Kuchengitter auskühlen lassen. Auf einem Servierteller anrichten.

Birnentörtchen

Zubereitungszeit: *40 Minuten*
Raffiniert

ZUTATEN FÜR 4 PERSONEN

150 g Blätterteig
2 Birnen
30 g Zucker
1 EL Zitronensaft
1 EL Puderzucker

Den Backofen auf 190° C vorheizen. Den Blätterteig (s. S. 12) zubereiten und 2 mm dick ausrollen. Mit einem Ausstecher von 12 cm Durchmesser Kreise ausstechen.

◆ Vier Tarteletteförmchen von 10 cm Durchmesser befeuchten und mit den Teigscheiben auslegen. Den Teigboden mit einer Gabel mehrmals einstechen.

◆ Die Förmchen in den Kühlschrank stellen und gut durchkühlen lassen, damit der Blätterteig während des Backens nicht zu stark zusammenschrumpft.

◆ Die Birnen waschen, schälen, halbieren und das Kerngehäuse entfernen. Die Birnenhälften in dünne Scheiben schneiden und mit dem Zitronensaft beträufeln, damit sie nicht braun werden. Die Fruchtscheiben schuppenartig auf dem Blätterteig verteilen und mit dem Zucker bestreuen. Die Törtchen im vorgeheizten Ofen 20–25 Minuten backen, mit dem Puderzucker bestäuben und lauwarm servieren.

Haselnußravioli

Zubereitungszeit: *1 Stunde*
Braucht etwas Erfahrung

ZUTATEN FÜR 6 PERSONEN

250 g Mehl ◆ 100 g Zucker
80 g weiche Butter
1/2 Päckchen Backpulver
2 Eigelb ◆ geriebene Schale von 1 unbehandelten Zitrone
6 EL Milch1 Prise Salz

Für die Füllung:
50 g geröstete, gehackte Haselnüsse
50 g Zucker
1 Ei ◆ 1 Eigelb
1 EL Rum

◆ Ein Backblech einfetten und mit Mehl bestäuben. Den Backofen auf 180° C vorheizen. Die Butter in Stücke schneiden.
◆ Für die Füllung die Haselnüsse mit dem Zucker, dem Ei und dem Rum verrühren und beiseite stellen.
◆ Für den Teig das Mehl auf die Arbeitsfläche sieben. In die Mitte eine Vertiefung drücken und den Zucker, das Salz, das Backpulver, die Butterstücke, die Eigelbe, die Zitronenschale und die lauwarme Milch hineingeben. Alles gut verkneten. Den Teig 3 mm dick ausrollen und mit einem gezackten Ausstecher von 7–8 cm Durchmesser Kreise ausstechen. Das Eigelb mit 1 EL Wasser verquirlen. Die Teigscheiben mit dem Eigelb bestreichen und 1 TL Haselnußmasse daraufsetzen.
◆ Die Ravioli zusammenklappen, dabei die Kanten gut zusammendrücken, mit etwas Abstand auf das Backblech legen und im vorgeheizten Ofen etwa 15–18 Minuten goldgelb backen. Kalt servieren.

Scones

Haselnußravioli

Scones

Zubereitungszeit: *30 Minuten*
Gelingt leicht

ZUTATEN FÜR 4 PERSONEN

200 g Mehl
1 Prise Salz
1/2 TL Natron
1 TL Weinstein
40 g kalte Butter
4 EL Milch

◆ Ein Backblech einfetten und mit Mehl bestäuben. Den Backofen auf 200° C vorheizen. Die Butter in Stücke schneiden.
◆ Das Mehl, das Salz, das Natron, den Weinstein und die Butterstücke mit dem elektrischen Handrührgerät oder der Küchenmaschine rühren, bis eine krümelige Masse entstanden ist.
◆ Nach und nach unter weiterem Rühren die 4 EL Wasser und die Milch zugeben.
◆ Sobald sich der Teig zu formen beginnt, das Handrührgerät oder die Küchemaschine ausschalten. Den Teig zu einem Laib formen und auf der bemehlten Arbeitsfläche 1 cm dick ausrollen. Mit einem Ausstecher von 5 cm Durchmesser runde Scheiben ausstechen.
◆ Die Teigreste verkneten und wieder ausrollen. So lange Plätzchen ausstechen, bis der Teig verbraucht ist.
◆ Die Teigscheiben auf das Backblech legen und im vorgeheizten Ofen 10–15 Minuten backen. Die Scones sind fertig, wenn sie aufgegangen sind und eine goldgelbe Farbe angenommen haben.
◆ Warme Scones schmecken besonders lecker mit Butter und Marmelade zum Frühstück oder zum Kaffee oder kalt zwischendurch.

Birnentörtchen

Marinierte Feigen in Schokolade

Zubereitungszeit: *30 Minuten (ohne Ruhezeit)*
Braucht etwas Erfahrung

ZUTATEN FÜR 6 PERSONEN

10 weiche getrocknete Feigen
2 EL Maraschino
100 g gehackte Bitterschokolade
1 TL Butter ◆ 2 EL Puderzucker
einige kandierte Veilchen

Marinierte Feigen in Schokolade

◆ Die Feigen fein hacken und in einer Schüssel mit dem Maraschino ziehen lassen. Die marinierte Feigenmasse zu haselnußgroßen Kugeln rollen und mindestens 30 Minuten im Kühlschrank durchkühlen lassen.
◆ Die Schokolade mit der Butter im Wasserbad schmelzen. Die Kugeln auf mehrere Holzstäbchen stecken und einzeln in die Schokolade tauchen. Auf einem Gitter trocknen lassen.
◆ Den Puderzucker mit ein paar Tropfen Wasser zu einer zähflüssigen Masse anrühren und in einen Spritzbeutel mit Sterntülle füllen. Jede Pralinenkugel mit einem Tupfen Zuckermasse verzieren und in eine Alumanschette setzen. Mit den kandierten Veilchen auf einer Servierplatte anrichten.

Kaffeeträume

Kaffeeträume

Zubereitungszeit: *50 Minuten (ohne Ruhezeit)*
Braucht etwas Erfahrung

ZUTATEN FÜR 6 PERSONEN

300 g Mehl
180 g weiche Butter
150 g Zucker ◆ 2 Eigelb
1 TL lösliches Espressopulver
70 g geröstete, gehackte Haselnüsse
100 g gehackte Bitterschokolade
Für die Creme:
170 g weiche Butter
1 EL lösliches Espressopulver
100 g Zucker
40 g Eiweiß
1 Prise Salz

◆ Ein Backblech einfetten und mit Mehl bestäuben. Die Butter kleinschneiden. Für den Teig und für die Creme das Espressopulver jeweils in 1 EL lauwarmem Wasser auflösen.
◆ In einer Schüssel die Butterflöckchen mit dem Zucker schaumig schlagen. Die Eigelbe, das aufgelöste Espressopulver, die gehackten Haselnüsse und das gesiebte Mehl unter weiterem Rühren zufügen. Den Teig 30 Minuten im Kühlschrank ruhen lassen. Den Backofen auf 180° C vorheizen.
◆ Für die Kaffeecreme eine klassische Buttercreme (s. S. 17) zubereiten und das aufgelöste Espressopulver unterrühren.
◆ Den Teig auf der bemehlten Arbeitsfläche 3–4 mm dick ausrollen. Mit Ausstechern von 3,5 und 5 cm Durchmesser unterschiedlich große, runde Scheiben ausstechen. Dabei die gleiche Anzahl Teigscheiben in beiden Größen ausstechen und auf das Backblech legen. Im vorgeheizten Ofen 10–15 Minuten goldgelb backen, abkühlen lassen.
◆ Die Kaffeecreme in einen Spritzbeutel mit Sterntülle füllen und kleine Cremetupfen auf die Ränder, einen großen Tupfen in die Mitte der größeren Plätzchen setzen. Die Schokolade im Wasserbad schmelzen, die kleineren Plätzchen eintauchen und dann trocknen lassen. Die kleinen Plätzchen auf die großen Cremetupfen setzen.

Feigen-Mandel-Gebäck

Zubereitungszeit: *1 Stunde*
Gelingt leicht

ZUTATEN FÜR 4 PERSONEN

180 g Zucker ◆ 1 EL Honig
220 g Mehl ◆ 200 g weiche Butter
60 g weiche getrocknete Feigen
40 g geschälte, geröstete Mandeln
4 Eier ◆ einige Tropfen Mandelaroma
Für die Verzierung:
1 EL Mandelsplitter ◆ 1 EL Honig

Feigen-Mandel-Gebäck

◆ Den Backofen auf 180° C vorheizen. Die Butter schaumig rühren. Nacheinander den Zucker, den Honig, die Eier (einzeln) und das gesiebte Mehl unter weiterem Rühren zugeben.
◆ Die Feigen und die Mandeln fein hacken und mit einem Holzlöffel unter den Teig heben, dabei einige Tropfen Mandelaroma zufügen.
◆ 20 Förmchen mit ausgestelltem, 1,5 cm hohen Rand einfetten und mit Mehl bestäuben. Zu zwei Dritteln mit dem Teig füllen und auf ein Backblech setzen. 20 Minuten im Ofen goldgelb bakken. Auf ein Kuchengitter stürzen und abkühlen lassen. Die Oberfläche mit etwas Honig bestreichen und mit den Mandelsplittern bestreuen.

Pinoccate

Zubereitungszeit: *1 Stunde*
Braucht etwas Erfahrung

Zutaten für 6 Personen

500 g Zucker ◆ 100 g Mehl
geriebene Schale von 1 unbehandelten Zitrone ◆ 250 g Pinienkerne
1 Päckchen Vanillezucker

◆ Die Pinienkerne mit Mehl bestäuben.
◆ Den Zucker mit 150 ml Wasser in einen Edelstahltopf mit dickem Boden geben und bei schwacher Hitze 12–15 Minuten kochen.
◆ Die bemehlten Pinienkerne, das restliche Mehl, die Zitronenschale und den Vanillezucker unter den Sirup mischen. Die Masse 10–15 Minuten weiterkochen, dann auf eine Marmorplatte oder auf ein leicht geöltes Backblech gießen und etwa 2 cm dick verstreichen. Nach dem Erkalten in Rauten schneiden.
◆ Sobald die Pinoccate fest geworden sind, auf einem Servierteller anrichten.
◆ Die Pinoccate halten sich, in Alufolie gewickelt, gut einen Monat.

Pinoccate

Kiwitörtchen

Zubereitungszeit: *1 Stunde (ohne Ruhezeit)*
Braucht etwas Erfahrung

Zutaten für 8 Personen

600 g Kiwis ◆ 5 EL Aprikosengelee
Für den Mürbeteig:
250 g Mehl ◆ 120 g Butter
70 g Zucker ◆ 1 Eigelb
geriebene Schale von 1 unbehandelten Zitrone
1/2 EL Vanillezucker
Für die Konditorcreme:
70 g Zucker ◆ 3 Eigelb
300 ml Milch ◆ 30 g Mehl
geriebene Schale von 1 unbehandelten Zitrone
1/2 EL Vanillezucker

◆ Acht Tarteletteförmchen von 10 cm Durchmesser einfetten.
◆ Mit den o. g. Zutaten einen Mürbeteig (s. S. 12) zubereiten und, in Klarsichtfolie gewickelt, 1 Stunde im Kühlschrank ruhen lassen.
◆ Mit den oben genannten Zutaten eine Konditorcreme zubereiten (s. S. 16) und abkühlen lassen.
◆ Den Backofen auf 200° C vorheizen und den Mürbeteig 3 mm dick ausrollen. Mit einem Ausstecher von 12 cm Durchmesser acht Teigscheiben ausstechen und in die Förmchen legen. Den Teigboden mit einer Gabel mehrmals einstechen, mit einem Stück Alufolie oder Backpapier abdecken und mit Reis auffüllen. Im vorgeheizten Ofen etwa 20 Minuten goldgelb backen. Dann den Reis und die Alufolie (bzw. das Backpapier) entfernen. Abkühlen lassen.
◆ Die Kiwis schälen und in dünne Scheiben schneiden. Die Tartelettes mit je einem EL Konditorcreme bestreichen und mit den Obstscheiben belegen. Das Aprikosengelee im Wasserbad erwärmen und über den Obstbelag verteilen.

Kiwitörtchen

Rosinenplätzchen

Zubereitungszeit: *35 Minuten*
Gelingt leicht

Zutaten für 4 Personen

200 g Mehl
60 g weiche Butter
100 g Zucker ◆ 1 Ei
3 EL trockener Weißwein
1/4 l Milch
80 g Sultaninen
geriebene Schale von 1 unbehandelten Zitrone
1/2 Päckchen Backpulver

◆ Den Backofen auf 200° C vorheizen. Ein Backblech einfetten und mit Mehl bestäuben. Die Sultaninen in lauwarmem Wasser einweichen. Die Butter in Stücke schneiden.
◆ Das Mehl mit dem Backpulver auf die Arbeitsfläche sieben. In die Mitte eine Vertiefung drükken und den Zucker, die Milch, die Butterstücke, das Ei, den Weißwein und die Zitronenschale hineingeben. Alles zu einem geschmeidigen Teig verkneten. Zuletzt die ausgedrückten und abgetrockneten Sultaninen einarbeiten.
◆ Den Teig 5 mm dick ausrollen und mit einem runden Ausstecher oder Glas Kreise ausstechen. Die Teigreste verkneten und wieder ausrollen. So lange Plätzchen ausstechen, bis der Teig ganz verbraucht ist.
◆ Die Teigscheiben auf das Backblech legen und im vorgeheizten Ofen etwa 15 Minuten goldgelb backen.
◆ Vorsichtig vom Blech lösen und auf einem Kuchengitter auskühlen lassen. Auf einem Servierteller anrichten.

Rosinenplätzchen

Ingwerkugeln

Zubereitungszeit: *50 Minuten*
(ohne Kühl- und Einweichzeit)
Braucht etwas Erfahrung

ZUTATEN FÜR 6 PERSONEN
Für die Haselnußmasse:
40 g geröstete, gehackte Haselnüsse
10 g getrocknete Aprikosen
20 g gehackter kandierter Ingwer
2 EL Puderzucker
Für die Mandelmasse:
120 g geschälte, gehackte Mandeln
30 g Zucker
1/2 Eiweiß
1 EL Zitronensaft

◆ Die getrockneten Aprikosen 30 Minuten in warmem Wasser einweichen.
◆ In einer Schüssel 100 g gehackte Mandeln mit dem Zucker, dem Zitronensaft und dem Eiweiß verrühren, bis eine glatte Paste entstanden ist. 2 Stunden, mit Klarsichtfolie abgedeckt, im Kühlschrank durchkühlen lassen.
◆ Die Aprikosen abtropfen lassen, abtrocknen und kleinhacken. In einer Schüssel die gehackten Haselnüsse, die Aprikosen, den Ingwer und den Puderzucker mischen und etwa 1 Stunde in den Kühlschrank stellen.
◆ Aus beiden Massen die gleiche Anzahl von Kugeln formen. Die Mandelkugeln leicht flachdrükken, in der Mitte eine Kuhle formen und die Haselnußkugeln hineinsetzen.
◆ Die Ingwerpralinen mit den restlichen gehackten Mandeln verzieren.

Frou-frou

Zubereitungszeit: *50 Minuten*
Braucht etwas Erfahrung

ZUTATEN FÜR 6-8 PERSONEN
200 g Marzipanrohmasse
1 EL Puderzucker
2 EL Aprikosengelee
Für die Füllung:
85 g weiche Butter
50 g Zucker
20 g Eiweiß
1 Prise Salz
Für den Guß:
100 g Puderzucker
1 EL Alchermes ◆ 1/2 Eiweiß
einige Tropfen Zitronensaft
40 g geschälte, gehackte Pistazien

◆ Den Backofen auf 110° C vorheizen.
◆ Die Arbeitsfläche mit Puderzucker bestäuben. Die Marzipanrohmasse 2–3 mm dick ausrollen. Mit einem Ausstecher von 3 cm Durchmesser Kreise ausstechen und in kleine Förmchen von 2 cm Durchmesser legen. Im vorgeheizten Ofen 30 Minuten backen. Aus den Förmchen lösen und erkalten lassen.
◆ Mit den oben genannten Zutaten für die Füllung eine Buttercreme zubereiten (s. S. 17).
◆ Für den Guß das Eiweiß mit dem Zitronensaft und dem Alchermes (s. S. 33) verrühren, dabei nach und nach den Puderzucker zufügen, bis man eine geschmeidige und dickflüssige Masse erhält.
◆ Das Aprikosengelee im Wasserbad erwärmen und in die Marzipanschalen streichen. Die Buttercreme in einen Spritzbeutel mit Lochtülle füllen und einen Cremetupfen in jede Schale setzen. Die Glasur in eine Backpapiertüte geben, dann die Creme damit völlig bedecken. Mit den Pistazien verzieren. Kühlstellen.

Grießtörtchen mit Rosinen

Zubereitungszeit: *1 Stunde 10 Minuten*
Gelingt leicht

ZUTATEN FÜR 6 PERSONEN
1/2 l Milch
125 g Grieß
100 g Zucker
30 g Butter ◆ 3 Eier
80 g Sultaninen
geriebene Schale von 1 unbehandelten Zitrone
1 Prise Salz
50 g gehackte weiße Schokolade
30 g Sultaninen

◆ Sechs Förmchen von 150 ml Fassungsvermögen einfetten und mit Mehl bestäuben. Den Backofen auf 180° C vorheizen. Die Butter kleinschneiden.
◆ Die Sultaninen in lauwarmem Wasser einweichen. Die Milch aufkochen und den Grieß unter Rühren einrieseln lassen. Weitere 20 Minuten kochen, vom Herd nehmen und die Butterflöckchen, den Zucker, die Zitronenschale, die Eier, die ausgedrückten Sultaninen und das Salz unterrühren.
◆ Die Masse in die Förmchen füllen und im vorgeheizten Ofen 30–35 Minuten backen. Mit einem Messer am Formenrand entlangfahren und die Törtchen auf eine Platte stürzen.
◆ Die Schokolade im Wasserbad schmelzen und in eine Backpapiertüte füllen. Auf jedes Grießtörtchen Sonnenstrahlen zeichnen und Sultaninen streuen.

Kokosspitzen

Zubereitungszeit: *25 Minuten*
(ohne Ruhezeit)
Gelingt leicht

Zutaten für 6-8 Personen

200 g Kokosnußfleisch
70 g Zucker
80 g Puderzucker
2 Eier ◆ 1 Eigelb
1 Päckchen Vanillezucker

◆ Ein Backblech einfetten und mit Mehl bestäuben. Den Backofen auf 180° C vorheizen.
◆ Das Kokosnußfleisch fein hacken oder reiben und mit den Eiern, dem Eigelb und den drei Zuckersorten vermischen, dabei 1 EL Puderzucker zurückbehalten. Etwa 30 Minuten ruhen lassen.
◆ Die Masse zu Kugeln in Form und Größe eines Hühnereis rollen und dann zu Kegeln formen, indem man die Unterseite etwas flachdrückt und die Oberseite zuspitzt. Die Kegel mehrfach mit einem Messer senkrecht von oben nach unten leicht einritzen, auf das Blech setzen und im vorgeheizten Ofen 15–20 Minuten goldgelb backen.
◆ Abkühlen lassen und vor dem Servieren mit dem restlichen Puderzucker bestäuben.

Schokoladennester

Zubereitungszeit: *50 Minuten*
(ohne Ruhezeit)
Braucht etwas Erfahrung

Zutaten für 6 Personen

Für den Mürbeteig:
150 g Mehl ◆ 50 g Butter
50 g Zucker ◆ 1 Eigelb
geriebene Schale
von 1/2 unbehandelten Zitrone
30 g geröstete, gemahlene Haselnüsse
Für die Creme:
200 g gehackte Bitterschokolade
100 ml Sahne ◆ 100 g Butter
Für die Verzierung:
100 g Vollmilchschokolade

◆ Zwölf Förmchen von 5 cm Durchmesser und 3 cm Höhe einfetten und mit Mehl bestäuben.
◆ Mit den oben genannten Zutaten einen Mürbeteig zubereiten (s. S. 12), in Klarsichtfolie wickeln und 1 Stunde im Kühlschrank durchkühlen lassen.
◆ Den Backofen auf 180° C vorheizen. Von der Vollmilchschokolade mit einem sehr scharfen Messer hauchdünne Späne abschaben.
◆ Den Mürbeteig 3 mm dick ausrollen. Mit einem gewellten Ausstecher von 8 cm Durchmesser Kreise ausstechen und in die Förmchen legen. Den Teigboden mit einer Gabel mehrmals einstechen, mit Alufolie bedecken und mit Reis auffüllen. Die Törtchen im vorgeheizten Ofen etwa 15 Minuten backen, dann den Reis und die Alufolie entfernen, aus den Förmchen stürzen und erkalten lassen.
◆ Für die Creme die Schokolade im Wasserbad schmelzen und mit der Butter in eine Schüssel geben. Die Sahne aufkochen und in die geschmolzene Schokolade einrühren. Nach dem Erkalten die Schokoladen-Sahne-Mischung zu einer dicken und schaumigen Creme aufschlagen.
◆ Die kalten Törtchen mit der Creme füllen und mit den Schokoladenspänen verzieren.

Küchlein aus dem Monferrat

Zubereitungszeit: *40 Minuten*
(ohne Ruhezeit)
Gelingt leicht

Zutaten für 8-10 Personen

1 kg säuerliche Äpfel
200 g zerbröselte Amaretti
40 g geriebene trockene Brötchen
30 g Sultaninen
3 EL Marsala
1 kleine Tasse starker Espresso
1 EL Kakao ◆ 3 Eier
1 EL Akazienhonig
geriebene Schale von 1 unbehandelten Zitrone
40 g Amarettini
50 g Aprikosengelee

◆ Einige Förmchen von 4 cm Durchmesser einfetten und mit Mehl bestäuben. Die Sultaninen in lauwarmem Wasser einweichen.
◆ Die zerbröselten Amaretti mit den geriebenen Brötchen, dem Marsala, den Eiern und dem Espresso gut vermischen und etwa 30 Minuten ruhen lassen, dabei ab und zu umrühren.
◆ Den Backofen auf 160° C vorheizen.
◆ Die geschälten Äpfel reiben und zusammen mit den ausgedrückten Sultaninen, dem Honig, der Zitronenschale und dem Kakaopulver unter die Amaretti-Ei-Mischung rühren. Den Teig in die Förmchen füllen und im vorgeheizten Ofen 20–25 Minuten backen.
◆ Das Aprikosengelee im Wasserbad erwärmen. Die Törtchen auf einen Servierteller stürzen, abkühlen lassen und mit dem Gelee bestreichen. Mit den ebenfalls aprikotierten Amarettini verzieren.

Dolcini di Cortemilia

Zubereitungszeit: *30 Minuten*

Gelingt leicht

ZUTATEN FÜR 4-6 PERSONEN

25 g Mehl
60 g geröstete, geschälte Haselnüsse
25 g Butter ◆ 1 Ei
1 Eigelb ◆ 40 g Zucker
1 EL Kakao

Die Haselnüsse im Mörser oder im Mixer zerkleinern. Das Mehl in einen beschichteten Topf geben und leicht erhitzen, bis es eine goldgelbe Farbe angenommen hat. (Das Mehl auf keinen Fall zu stark rösten, da es sonst einen bitteren Geschmack bekommt). Die Butter kleinschneiden.

◆ In einem kleinen Topf die gehackten Haselnüsse, 20 g Zucker, das geröstete Mehl, das Ei und die Butterflöckchen vermischen. Alles bei schwacher Hitze unter ständigem Rühren etwa 5 Minuten kochen. Vom Herd nehmen und den restlichen Zucker und das Eigelb unterziehen. Den Teig auf eine Marmorplatte oder ein befeuchtetes Backblech streichen und erkalten lassen.

◆ Den kalten Teig mit einem Teelöffel portionieren, zu kleinen, etwa gleich großen Kugeln formen und mit dem Kakao bestäuben.

◆ In Papiermanschetten setzen oder direkt auf einem Servierteller anrichten.

Erdbeertörtchen

Zubereitungszeit: *1 Stunde (ohne Kühlzeit)*

Braucht etwas Erfahrung

ZUTATEN FÜR 6 PERSONEN

Für den Mürbeteig:
150 g Mehl ◆ 50 g Butter
50 g Zucker ◆ 1 Eigelb
30 g geröstete, gemahlene Mandeln
geriebene Schale 1 unbehandelten Zitrone

Für die Konditorcreme:
3 Eigelb ◆ 80 g Zucker
1/4 l Milch ◆ 20 g Mehl
1 Päckchen Vanillezucker
geriebene Schale von 1/2 unbehandelten Zitrone

Für den Belag:
300 g Erdbeeren ◆ 60 g Erdbeergelee

Erdbeertörtchen

◆ Sechs Tarteletteförmchen von 10 cm Durchmesser einfetten und mit Mehl bestäuben.
◆ Mit den oben genannten Zutaten einen Mürbeteig zubereiten (s. S. 12) und, in Klarsichtfolie gewickelt, 1 Stunde im Kühlschrank durchkühlen lassen.
◆ Mit den oben genannten Zutaten eine Konditorcreme zubereiten (s. S. 16) und abkühlen lassen. Ab und zu umrühren.
◆ Den Backofen auf 180° C vorheizen.
◆ Den Mürbeteig 3 mm dick ausrollen und in die Formen legen. Dabei den Teigrand mit den Fingern in die Form drücken. Den Teigboden mit einer Gabel mehrmals einstechen, mit Alufolie abdecken und mit Reis auffüllen. Im vorgeheizten Ofen 10–15 Minuten backen, dann den Reis und die Alufolie entfernen. Nach dem Erkalten die Tartelettes aus den Formen stürzen.
◆ Die Erdbeeren in sehr kaltem Wasser waschen, abtrocknen, entstielen und in Scheiben schneiden. Die Törtchen mit Creme bestreichen und mit dem Obst belegen. Das Erdbeergelee im Wasserbad auflösen und über den Obstbelag verteilen.

Blätterteigtörtchen mit Brombeeren

Zubereitungszeit: *1 Stunde (ohne Kühlzeit)*

Raffiniert

ZUTATEN FÜR 6-8 PERSONEN

200 g Blätterteig (s. S. 12)
300 g Brombeeren ◆ 70 g Aprikosengelee

Für die Konditorcreme:
1/4 l Milch ◆ 3 Eigelb
50 g Zucker ◆ 20 g Speisestärke
geriebene Schale von 1/2 unbehandelten Zitrone
1 EL Kirschwasser

Blätterteigtörtchen mit Brombeeren

◆ Den Blätterteig zubereiten und 3 mm dick ausrollen. Mit einem Ausstecher von 12 cm Durchmesser Kreise ausstechen und in entsprechend viele Förmchen von 10 cm Durchmesser legen. 30 Minuten kaltstellen.
◆ Mit den oben genannten Zutaten eine Konditorcreme zubereiten (s. S. 16), das Kirschwasser zufügen und abkühlen lassen.
◆ Den Ofen auf 200° C vorheizen. Den Teigboden mit Alufolie abdecken und mit Reis auffüllen. Im vorgeheizten Ofen 15 Minuten backen. Den Reis und die Alufolie entfernen und die Törtchen aus den Förmchen stürzen.
◆ Die Brombeeren in sehr kaltem Wasser waschen und abtrocknen. Die Törtchen mit etwas Creme bestreichen und mit einer Schicht Brombeeren belegen. Das Aprikosengelee im Wasserbad auflösen und über den Obstbelag verteilen.

Dolcini di Cortemilia

Früchteküchlein

Zubereitungszeit: *40 Minuten*
Gelingt leicht

Zutaten für 6 Personen

150 g Mehl
150 g weiche Butter
$^{1}/_{2}$ Päckchen Backpulver
100 g Zucker ◆ 2 Eier ◆ 50 g Sultaninen
30 g Orangeat oder Zitronat

◆ Einige Förmchen von 6 cm Durchmesser einfetten und mit Mehl bestäuben. Den Backofen auf 180° C vorheizen.
◆ Die Sultaninen in lauwarmem Wasser einweichen. Das Mehl mit dem Backpulver mischen.
◆ Die Butter schaumig rühren, dann den Zucker, die Eier einzeln, die gesiebte Mehl-Backpulver-Mischung und schließlich die ausgedrückten Sultaninen und das Orangeat oder Zitronat unter weiterem Rühren zufügen.
◆ Den Teig in die Förmchen geben (sie dürfen nur halb gefüllt sein) und im Ofen 20 Minuten backen.

Früchteküchlein

Rum-Babas

Zubereitungszeit: *1 Stunde (ohne Zeit zum Gehen)*
Braucht etwas Erfahrung

Zutaten für 6-8 Personen

250 g Mehl ◆ 110 g weiche Butter
75 g Zucker ◆ 15 g Hefe
4 Eier ◆ 50 ml Milch ◆ 1 Prise Salz
geriebene Schale von 1 unbehandelten Zitrone

Für den Sirup:
200g Zucker
1 unbehandelte Orange
1 unbehandelte Zitrone
1 Vanilleschote
200 ml Rum
2 Nelken
3 EL Aprikosengelee

◆ Einige Baba-Förmchen von 4 cm Durchmesser einfetten und mit Mehl bestäuben. Die Butter in Stücke schneiden.
◆ Die Milch anwärmen und die Hefe darin auflösen. Das Mehl in eine große Schüssel sieben, die aufgelöste Hefe zufügen und vermischen. Nacheinander die Butterstücke, den Zucker, das Salz, die Eier einzeln und die Zitronenschale zugeben und alles zu einem glatten Teig verkneten. Mit einem Tuch abgedeckt an einem warmen Ort gehen lassen, bis sich das Teigvolumen verdoppelt hat.
◆ Den Backofen auf 200° C vorheizen.
◆ Den Teig in die Förmchen verteilen, diese dabei nicht ganz ($^{3}/_{4}$) füllen. An einem warmen Ort gehen lassen, bis der Teig die Ränder der Förmchen erreicht hat. 30 Minuten im vorgeheizten Ofen backen.
◆ Für den Sirup die Orange und die Zitrone hauchdünn schälen, dabei jeweils nur den orangenen bzw. gelben Teil der Schale abziehen. Die Schalen mit dem Zucker, der aufgeschnittenen Vanilleschote und den Nelken in $^{1}/_{2}$ l Wasser aufkochen. Wenn sich der Zucker aufgelöst hat, den Topf vom Herd nehmen und den Rum (abzüglich 1 EL) unterrühren.
◆ Die Babas aus den Förmchen stürzen, mit einer Schöpfkelle in den warmen Sirup tauchen, damit sie sich vollsaugen. Auf einem Gitter abtropfen lassen. Das Aprikosengelee mit dem restlichen Rum und 2 EL Wasser erhitzen und auf die Babas streichen. Kalt servieren.

Rum-Babas

Apfeltaschen

Zubereitungszeit: *1 Stunde (ohne Kühlzeit)*
Raffiniert

Zutaten für 6-8 Personen

200 g Blätterteig
2 große säuerliche Äpfel ◆ 30 g Butter
4 TL Zucker ◆ 1 TL Zimt
1 TL Puderzucker

Für die Konditorcreme:
350 ml Milch ◆ 60 g Mehl
35 g Zucker ◆ 1 TL Speisestärke
1 Eigelb ◆ 1 Päckchen Vanillezucker
15 g Mandelblättchen

◆ Den Backofen auf 190° C vorheizen. Mit den oben genannten Zutaten eine Konditorcreme zubereiten (s. S. 16), die Mandelblättchen unterrühren. Die Äpfel schälen, entkernen und würfeln. Mit dem Zucker und der Butter etwa 10 Minuten kochen.
◆ Den Blätterteig (s. S. 12) zubereiten und ausrollen. Vier Quadrate von 15 x 15 cm ausschneiden und mit der Apfelmasse und der Creme bestreichen. Die Ecken der Teigquadrate zur Mitte einschlagen und die Kanten zusammendrücken.
◆ Auf ein befeuchtetes Blech legen und im vorgeheizten Ofen 25 Minuten backen. Mit dem Puderzucker und dem Zimt bestreuen, warm servieren.

Apfeltaschen

Norwegisches Konfekt

Norwegisches Konfekt

Zubereitungszeit: *1 Stunde*
Braucht etwas Erfahrung

Zutaten für 6-8 Personen

200 g Marzipanrohmasse
50 g Speisestärke
30 g geschälte, gehackte Pistazien
30 g Zitronat
1 Ei ◆ 2 Eiweiß ◆ 1 Prise Zimt
1 Prise Salz

Für die Verzierung:
150 g gehackte Bitterschokolade
100 g Puderzucker ◆ 1/2 Eiweiß
1 TL Pfefferminzsirup
1 Prise Safran

◆ Einige Tarteletteförmchen von 2–3 cm Durchmesser einfetten und mit Mehl bestäuben. Den Backofen auf 170° C vorheizen.
◆ Die Marzipanrohmasse zerkrümeln und mit dem Ei, den Pistazien, dem Zitronat, dem Zimt und der Speisestärke verkneten. Die Eiweiße mit dem Salz zu sehr steifem Schnee schlagen und vorsichtig einarbeiten. Den Teig in die Förmchen verteilen und im vorgeheizten Ofen etwa 20 Minuten backen. Aus den Förmchen stürzen und auf einem Gitter auskühlen lassen.
◆ Die Schokolade im Wasserbad schmelzen. Die Tartelettes auf Backpapier legen und vollständig mit Schokolade überziehen. An einem kühlen Ort trocknen lassen.
◆ Für die Verzierung das Eiweiß mit dem Puderzucker verrühren, bis eine dicke und geschmeidige Masse entstanden ist. Die Glasur auf drei Schüsselchen verteilen und zum einen mit Pfefferminzsirup, zum anderen mit Safran färben. Eine Portion ungefärbt lassen. Die gelbe Glasur in eine Backpapiertüte füllen und Strahlen auf die seitlichen Ränder, einen Kreis entlang dem oberen Rand und ein Kreuz in die Mitte des Gebäcks zeichnen. Jeweils zwei Dreiecke mit der weißen bzw. der grünen Glasur ausfüllen. Den Überzug vor dem Servieren fest werden lassen.

Mirlitons

Mirlitons

Zubereitungszeit: *1 Stunde*
Raffiniert

Zutaten für 6 Personen

150 g Blätterteig
150 g Zucker ◆ 3 Eier
80 g Butter ◆ 1 EL Maraschino
2 Päckchen Vanillezucker

Für die Verzierung:
120 g Puderzucker
100 g gehackte Bitterschokolade
einige Tropfen Zitronensaft
1/2 Eiweiß ◆ 1 EL Alchermes
1 EL Pfefferminzlikör

◆ Den Backofen auf 180° C vorheizen.
◆ Den Blätterteig (s. S. 12) zubereiten und 3 mm dick ausrollen. Mit einem Ausstecher von 14 cm Durchmesser sechs Kreise ausstechen. Sechs Tarteletteförmchen von 12 cm Durchmesser mit Wasser bepinseln und mit dem Teig auslegen. Den Teigboden mehrmals einstechen.
◆ Den Zucker mit dem Likör, den Eiern und der zerlassenen Butter verrühren und in die Förmchen geben, bis sie zur Hälfte damit gefüllt sind. Mit dem Vanillezucker bestreuen und im vorgeheizten Ofen etwa 20 Minuten backen. Die Tartelettes abkühlen lassen und mit dem Puderzucker bestäuben.
◆ Die Schokolade im Wasserbad schmelzen und 3 mm dick auf Backpapier verstreichen. An einem kühlen Ort erstarren lassen, dann 5 cm große Kreise ausstechen.
◆ Das Eiweiß mit dem Zitronensaft und dem Puderzucker zu einer dicken, glatten Masse verrühren und auf drei Schüsselchen verteilen. Jeweils in einer Schüssel die Glasur mit dem Pfefferminzsirup grün, mit dem Alchermes rosa färben. In Backpapiertüten füllen und auf die Schokoladenscheiben spritzen. Die Glasur trocknen lassen und die Törtchen mit den Schokoladenscheiben belegen.

Koreanisches Dattelkonfekt

Koreanisches Dattelkonfekt

Zubereitungszeit: *20 Minuten*
Gelingt leicht

Zutaten für 4 Personen

150 g Datteln ◆ 3 EL Honig
1/2 TL Zimt ◆ 100 g Pinienkerne

◆ Den Backofen auf 180° C vorheizen. Die Pinienkerne darin leicht rösten, 80 g davon grob hacken.
◆ Die Datteln entsteinen, hacken und gründlich mit dem Honig und dem Zimt vermischen. Die Masse zu kleinen, abgeflachten Bällchen rollen und in jedes einen ganzen Pinienkern stecken. In den gehackten Pinienkernen wälzen.
◆ Das Konfekt in Papiermanschetten setzen und auf einem Servierteller anrichten.

Neapolitanische Blätterteigtaschen

Zubereitungszeit: *1 Stunde 40 Minuten (ohne Ruhezeit)*
Raffiniert

Zutaten für 6 Personen

500 g Mehl
250 g Schweineschmalz
1 Prise Salz ◆ 1 EL Puderzucker
Für die Füllung:
70 g feiner Grieß ◆ 100 g Ricotta
150 g Puderzucker
100 g gemischte kandierte Früchte
1 Prise Zimt
1 Prise Salz
1 Ei

◆ Ein Backblech einfetten.
◆ Das Mehl auf der Arbeitsfläche häufen, in die Mitte eine Vertiefung drücken und 180 g Schweineschmalz und das Salz hineingeben. Die Zutaten mit den Händen verkneten. Wenn das Schmalz den größten Teil des Mehls aufgenommen hat, nach und nach nur so viel kaltes Wasser zufügen, daß ein sehr fester Teig entsteht. Weitere 15 Minuten kneten, den Teig dabei mit der Teigrolle und den Handflächen immer wieder flachdrücken. Darauf achten, daß er nicht reißt. Zu einer Kugel formen, mit etwas Schmalz bestreichen und, in Folie gewickelt, 1 Stunde im Kühlschrank durchkühlen lassen.
◆ Für die Füllung 300 ml Wasser mit dem Salz aufkochen, den Grieß unter ständigem Rühren einrieseln lassen und 5 Minuten kochen. Abkühlen lassen. Die gehackten kandierten Früchte, den Puderzucker, den Zimt und den Ricotta unterrühren. Mindestens 30 Minuten im Kühlschrank ruhen lassen.
◆ Das restliche Schweineschmalz schmelzen. Den Teig zu einem sehr dünnen Rechteck von 50 x 70 cm ausrollen, die Kanten mit dem Messer geradeschneiden. Das Teigrechteck der Länge nach durchschneiden und die beiden Hälften nochmals halbieren, so daß man vier gleiche, 12 x 70 cm große Teigstreifen erhält. Die Streifen mit etwas Schmalz bestreichen, aufeinanderlegen und 1 Stunde im Kühlschrank ruhen lassen.
◆ Den Backofen auf 250° C vorheizen.
◆ Den Teig von einer Seite her zu einer Rolle von 14 cm Durchmesser aufrollen und in zwölf etwa 1 cm dicke Scheiben schneiden. Die Teigscheiben auf die bemehlte Arbeitsfläche legen und mit Hilfe eines Rollholzes von der Mitte her zu Ovalen von 14 x 9 cm formen. Mit einer Palette wenden und mit etwas Füllung bestreichen.
◆ Das Ei verquirlen und auf die Teigränder um die Füllung herum pinseln. Die Teigstücke zusammenklappen, dabei an den Kanten gut zusammendrücken. Die Blätterteigtaschen auf das Backblech legen und mit Schmalz bestreichen. Im vorgeheizten Ofen etwa 40 Minuten goldgelb backen, dabei die Temperatur alle 15 Minuten um 40° C senken.
◆ Die Blätterteigtaschen mit Puderzucker bestäuben und warm servieren.

Mandelsandwiches

Zubereitung: *1 Stunde (ohne Zeit zum Gehen)*
Braucht etwas Erfahrung

Zutaten für 6-8 Personen

300 g Mehl ◆ 3 Eier
100 g weiche Butter
3 EL Zucker ◆ 10 g Hefe
100 ml Milch ◆ 1 Prise Salz
100 g karamelisierte Mandeln
Für die Konditorcreme:
3 Eigelb ◆ 80 g Zucker
1/4 l Milch ◆ 20 g Mehl
35 g Zucker ◆ 1 TL Speisestärke
1 Päckchen Vanillezucker
geriebene Schale von 1/2 unbehandelten Zitrone

◆ Mit den oben genannten Zutaten (bis auf 1 Ei und die karamelisierten Mandeln) einen Briocheteig zubereiten (s. S. 14) und abgedeckt an einem warmen Ort 30 Minuten gehen lassen.
◆ Den Teig durchkneten, in eine große Schüssel geben, mit einem feuchten Tuch abdecken und 12 Stunden in den Kühlschrank stellen.
◆ Ein Backblech einfetten und mit Mehl bestäuben. Den Backofen auf 180° C vorheizen.
◆ Den Teig auf der leicht bemehlten Arbeitsfläche erneut durchkneten und zu einem 3 mm dicken Rechteck ausrollen. Auf das Backblech legen und mit dem restlichen, verquirlten Ei bestreichen. Die karamelisierten Mandeln grob hacken und auf das Teigrechteck streuen. An einem lauwarmen Ort 15–20 Minuten gehen lassen, dann im vorgeheizten Ofen etwa 20 Minuten backen.
◆ Die Konditorcreme zubereiten (s. S. 16) und abkühlen lassen, dabei ab und zu umrühren.
◆ Die Teigplatte vom Blech nehmen, abkühlen lassen und in Rechtecke von 20 x 12 cm schneiden. Die Rechtecke nochmal der Länge nach halbieren. Jeweils eine Hälfte mit der Creme bestreichen und die andere daraufsetzen. In 2 x 6 cm große Streifen schneiden und kalt servieren.

Reis-Muffins

Zubereitungszeit: *40 Minuten*
Braucht etwas Erfahrung

Zutaten für 6 Personen

70 g gekochter Reis
1/4 l Milch ◆ 3 Eier
25 g Butter ◆ 140 g Mehl
1 EL Zucker ◆ 1/2 TL Salz
2 EL Sultaninen
2 EL Rum

◆ Zwölf Förmchen von 6 cm Durchmesser und 3 cm Höhe einfetten und mit Mehl bestäuben. Den Backofen auf 200° C vorheizen. Die Sultaninen im Rum einweichen.
◆ In einer großen Schüssel das Mehl, die Milch, die Eier, die zerlassene Butter, den Zucker und das Salz verrühren und schließlich den gekochten, bißfesten Reis und die abgetropften Sultaninen untermischen. Den Teig auf die Förmchen verteilen und 20–25 Minuten im vorgeheizten Ofen backen.
◆ Etwas abkühlen lassen, aus den Förmchen stürzen und servieren.

Mokkaschiffchen

Zubereitungszeit: *40 Minuten*
(ohne Ruhezeit)
Braucht etwas Erfahrung

Zutaten für 6 Personen
Für den Mürbeteig:
150 g Mehl ◆ 80 g Butter
70 g Zucker ◆ 1 Eigelb
geriebene Schale von 1/2 unbehandelten Zitrone
Für die Konditorcreme:
1/4 l Milch ◆ 3 Eigelb
65 g Zucker ◆ 25 g Mehl
1/2 EL lösliches Espressopulver
1 Päckchen Vanillezucker
Für die Verzierung:
1 EL Puderzucker
30 g in Scheiben geschnittene kandierte Kirschen

◆ Einige Schiffchenformen einfetten und mit Mehl bestäuben. Mit den oben genannten Zutaten einen Mürbeteig zubereiten (s. S. 12) und, in Klarsichtfolie gewickelt, 1 Stunde im Kühlschrank durchkühlen lassen.
◆ Mit den oben genannten Zutaten eine Kaffeecreme zubereiten (s. S. 16) und abkühlen lassen, dabei ab und zu umrühren.
◆ Den Backofen auf 180° C vorheizen.
◆ Den Mürbeteig 3 mm dick ausrollen und in die Förmchen legen. Den Teigboden mit einer Gabel mehrmals einstechen, mit Alufolie bedecken und mit Reis auffüllen. Im vorgeheizten Ofen 10–15 Minuten backen. Den Reis und die Alufolie entfernen und die Schiffchen mit der Kaffeecreme füllen. Die Ofentemperatur auf 200° C erhöhen.
◆ Die Schiffchen mit dem Puderzucker bestäuben und einige Minuten im Ofen überbacken. Aus den Förmchen lösen, mit den kandierten Kirschen verzieren und kalt servieren.

Ananastörtchen

Zubereitungszeit: *1 Stunde*
(ohne Kühlzeit)
Raffiniert

Zutaten für 6 Personen

250 g Blätterteig
400 g Ananasfruchtfleisch
30 g Butter ◆ 30 g Zucker
1 EL Puderzucker ◆ 1 TL Zimt
Für die Konditorcreme:
2 Eigelb ◆ 35 g Zucker
1/4 l Milch ◆ 20 g Mehl
1 Päckchen Vanillezucker
geriebene Schale von 2 unbehandelten Zitronen

◆ Mit den oben genannten Zutaten eine Konditorcreme zubereiten (s. S. 16) und abkühlen lassen, dabei ab und zu umrühren.
◆ Den Blätterteig (s. S. 12) zubereiten, zu einem sehr dünnen Rechteck ausrollen, mehrmals mit einer Gabel einstechen, auf das Backblech legen und etwa 1 Stunde kühl ruhen lassen.
◆ Den Backofen auf 220° C vorheizen. Auf das Teigrechteck ein Stück Backpapier legen und ein zweites mit Gewichten beschwertes Blech daraufsetzen, damit sich der Teig beim Backen nicht wölbt. Im Ofen 15 Minuten backen, dann die Gewichte, das zweite Blech und das Backpapier entfernen. Die Ofentemperatur auf 250° C erhöhen.
◆ Aus der Teigplatte mit einem Ausstecher von 10 cm Durchmesser acht Kreise ausstechen, mit dem Puderzucker bestäuben und zum Karamelisieren erneut in den heißen Ofen schieben.
◆ Das Ananasfruchtfleisch würfeln und in einer beschichteten Pfanne mit der Butter 5 Minuten dünsten. Nach der halben Zeit den Zucker zugeben, häufig umrühren, bis die Ananaswürfel bräunen. Vom Herd nehmen, den Zimt unterrühren.
◆ Die Creme und die Ananaswürfel (1 EL abnehmen) auf vier Blätterteigscheiben verteilen und mit den restlichen Scheiben abdecken. Die Ananastörtchen mit den zurückbehaltenen Ananaswürfeln verzieren und lauwarm servieren.

Dobos-Schnitten

Zubereitungszeit:
1 Stunde
(ohne Kühlzeit)
Raffiniert

ZUTATEN FÜR 6-8 PERSONEN

3 Eier ◆ 60 g Zucker
1 TL Sahne
30 g Speisestärke
30 g Mehl
1 TL Vanillezucker
1 Prise Salz

Für die Mousse:
100 g gehackte Bitterschokolade
100 g gehackte Vollmilchschokolade
20 g Butter ◆ 2 Eier
1 TL Rum
40 g Zucker
1 Prise Salz

Für die Verzierung:
100 g Erdbeergelee
50 g gehackte Bitterschokolade
1 EL Hagelzucker
einige Minzeblättchen

Drei Backbleche von 30 x 20 cm einfetten und mit Backpapier belegen. Den Backofen auf 180° C vorheizen.

◆ Die Eigelbe mit der Hälfte des Zuckers, dem Vanillezucker und der Sahne aufschlagen, bis eine dickschaumige Masse entstanden ist. Das Mehl und die Speisestärke unterheben. Die Eiweiße mit dem Salz zu steifem Schnee schlagen, dabei nach und nach den restlichen Zukker einrieseln lassen. Vorsichtig unter die Eigelb-Mehl-Mischung ziehen.

◆ Den Teig auf die Backbleche verteilen, 3 cm dick verstreichen und im vorgeheizten Backofen etwa 15 Minuten backen. Abkühlen lassen.

◆ Für die Mousse die beiden Schokoladensorten mit 1 EL Wasser und der Butter im Wasserbad schmelzen. Die Eigelbe mit der Hälfte des Zuckers aufschlagen und die geschmolzene Schokolade und den Rum unterrühren. Die Eiweiße mit dem Salz steif schlagen, dabei nach und nach den restlichen Zucker einrieseln lassen. Unter die kalte Schokoladenmasse heben.

◆ Eine Teigplatte auf ein Backblech legen, mit der Hälfte der Schokoladenmousse bestreichen und die zweite Platte daraufsetzen. Die restliche Mousse verteilen und mit der dritten Teigplatte abschließen.

◆ Das Erdbeergelee mit 1 EL Wasser erhitzen und den gesamten Kuchen damit überziehen (**1**). 2 Stunden in den Kühlschrank stellen.

◆ Den Kuchen in gleich große Rechtecke schneiden (**2**). Die Schokolade im Wasserbad schmelzen und in eine Backpapiertüte füllen. Jede Schnitte mit einer Schokoladenblume (**3**), einem Stückchen Hagelzucker und einem Minzeblättchen verzieren (**4**).

1

2

3

4

Schokoladen-Igel

Zubereitungszeit: *40 Minuten*
(ohne Kühlzeit)
Braucht etwas Erfahrung

ZUTATEN FÜR 6-8 PERSONEN

125 g gehackte Vollmilchschokolade
125 g gehackte Bitterschokolade
150 ml Sahne ◆ 1 EL Zucker
2 EL Rum ◆ 150 g trockene Kekse
30 g Kakao

Für die Verzierung:
80 g Pinienkerne ◆ 10 g kandierte Kirschen
30 g gehackte weiße Schokolade
20 g gehackte Vollmilchschokolade

◆ Die Kekse grob zerbröseln.
◆ Den Zucker mit 1 EL Wasser in einem Topf schmelzen, die Sahne zufügen und aufkochen. Den Topf vom Herd nehmen, die beiden Schokoladensorten hineingeben und so lange rühren, bis sich die Schokoladenstücke völlig aufgelöst haben. Die Keksbrösel und den Rum zufügen, dann die Masse abkühlen lassen. Nochmal umrühren und zum Erstarren in den Kühlschrank stellen.
◆ Die fest gewordene Masse auf die Arbeitsfläche geben, zu einer Rolle von 4 cm Durchmesser rollen und in 4 cm dicke Stücke schneiden. Kleine Igel formen und mit dem Kakaopulver bestäuben.
◆ Die Igel mit den Pinienkernen spikken, dabei die Schnauze frei lassen. Die kandierten Kirschen in kleine Stücke schneiden. Die weiße Schokolade und die Vollmilchschokolade getrennt im Wasserbad schmelzen und jeweils in eine Backpapiertüte füllen. Für die Augen je 2 Tropfen weiße Schokolade auf die Igel setzen und je ein Kirschstück daraufkleben. Die Nase mit einem kleinen Dreieck Vollmilchschokolade bilden.
◆ Die Igel auf einer Servierplatte anrichten und bis zum Servieren kaltstellen.

Schokoladen-Igel

Dobos-Schnitten

Kleine Savarins mit Früchten

Zubereitungszeit: *1 Stunde*
(ohne Zeit zum Gehen)
Braucht etwas Erfahrung

ZUTATEN FÜR 6-8 PERSONEN

250 g Mehl
110 g weiche Butter
75 g Zucker ◆ 15 g Hefe
4 Eier ◆ 1/2 l Milch
geriebene Schale von 1 unbehandelten Zitrone
1 Prise Salz
2 EL Aprikosengelee

Für den Sirup:
200 g Zucker ◆ 1 unbehandelte Orange
1 unbehandelte Zitrone
100 ml Rum
1 Vanilleschote ◆ 2 Nelken

Für die Füllung:
1/4 l Milch ◆ 3 Eigelb
65 g Zucker ◆ 20 g Mehl
1 Päckchen Vanillezucker
Schale von 1/2 unbehandelten Zitrone
1 TL Kakao ◆ 2 EL Kirschwasser
200 g gemischte Beeren
150 ml Sahne

◆ Sechs bis acht Savarin-Förmchen von 6 cm Durchmesser einfetten und mit Mehl bestäuben. Die Butter in Stücke schneiden.
◆ Die Milch anwärmen und die Hefe darin auflösen. Das Mehl in eine große Schüssel sieben, nacheinander die Butterstücke, die Milch mit der Hefe, den Zucker, das Salz, die Zitronenschale und die Eier (einzeln) zugeben und vermischen. Die Zutaten zu einem glatten und geschmeidigen Teig verkneten. Mit einem Tuch abgedeckt, an einem warmen Ort gehen lassen, bis sich das Teigvolumen verdoppelt hat.
◆ Den Backofen auf 200° C vorheizen.
◆ Den Teig auf die Förmchen verteilen, diese dabei nicht ganz (3/4) füllen. An einem warmen Ort gehen lassen, bis der Teig die Ränder der Förmchen erreicht hat. Im vorgeheizten Ofen 30 Minuten backen.
◆ Für den Sirup mit einem Sparschäler die Orangen und Zitronen hauchdünn schälen. Dabei jeweils nur den orangenen bzw. gelben Teil der Schale abziehen. Die Schalen mit dem Zucker, der aufgeschnittenen Vanilleschote und den Nelken in 1/2 l Wasser bei schwacher Hitze aufkochen. Wenn sich der Zucker aufgelöst hat, den Topf vom Herd nehmen und den Rum unterrühren.
◆ Die Savarins aus den Förmchen stürzen, mit einer Schöpfkelle in den warmen Sirup tauchen, damit sie sich vollsaugen. Auf einem Gitter abtropfen lassen. Das Aprikosengelee im Wasserbad erwärmen und auf die Savarins streichen.
◆ Mit der Milch, den Eigelben, dem Zucker, dem Mehl, dem Vanillezucker und der Zitronenschale eine Konditorcreme zubereiten (s. S. 16) und halbieren. In eine Hälfte den Kakao, in die andere das Kirschwasser einrühren.
◆ Die Beeren in sehr kaltem Wasser waschen und abtrocknen. Die Schokoladencreme in einen Spritzbeutel geben und in die Hälfte der Savarins spritzen. Die restlichen Savarins mit der Kirschcreme füllen. Auf einen Servierteller setzen und mit den Beeren und Schlagsahnetupfen verzieren.

Törtchen Gärtnerinnen-Art

Zubereitungszeit: *1 Stunde*
(ohne Zeit zum Marinieren)
Braucht etwas Erfahrung

ZUTATEN FÜR 4 PERSONEN

50 g Mehl ◆ 60 g Zucker
1 Ei ◆ 2 Eigelb
50 g gemischte kandierte Früchte in Würfeln
2 EL Maraschino

Für die Verzierung:
250 g Marzipanrohmasse
2 EL Pfefferminzsirup
40 g gemischte kandierte Früchte in Würfeln
200 ml Sahne ◆ 1 TL Puderzucker
2 EL Aprikosengelee

◆ Vier Förmchen von 12 cm Durchmesser einfetten und mit Mehl bestäuben. Die kandierten Früchte 20 Minuten im Maraschino ziehen lassen.
◆ Den Backofen auf 180° C vorheizen.
◆ Das Ei und die Eigelbe mit dem Zucker schaumig schlagen, dann das gesiebte Mehl und die kandierten Früchte unterheben. Den Teig in die Förmchen füllen und im vorgeheizten Ofen 30 Minuten backen. Die Törtchen aus den Formen lösen und abkühlen lassen.
◆ Für die Verzierung die Marzipanrohmasse mit dem Pfefferminzsirup anwirken und auf der mit dem Puderzucker bestäubten Arbeitsfläche 3 mm dick ausrollen. Mit einem Ausstecher von 10 cm Durchmesser Kreise ausstechen.
◆ Das Aprikosengelee im Wasserbad schmelzen und auf die Törtchen streichen. Die Marzipanscheiben darüberlegen und mit den Fingerspitzen andrücken. Überstehendes Marzipan abschneiden.
◆ Die Sahne steif schlagen und in einen Spritzbeutel mit Sterntülle füllen. Die Törtchen mit den kandierten Früchten und Sahnetupfen verzieren.

Mini-Petits-Fours

Zubereitungszeit: *2 Stunden (ohne Kühlzeit)*
Raffiniert

Zutaten für 10 Personen

Mit Haselnüssen

200 g gehackte Bitterschokolade
150 geröstete, gehackte Haselnüsse
150 g Puderzucker
4–5 EL Sahne

Für die Verzierung:
30 g geröstete Haselnüsse
150 gehackte Vollmilchschokolade

Mit Marzipan

180 g Marzipanrohmasse
1 EL Alchermes ◆ 20 g Puderzucker

Für dieVerzierung:
100 g gehackte weiße Schokolade
20 g gehackte Bitterschokolade

Mit Pistazien und Schokolade

350 g Marzipanrohmasse
30 g geschälte, gehackte Pistazien
20 g Puderzucker
80 gehackte Vollmilchschokolade
80 g gehackte Bitterschokolade
3 EL Sahne ◆ 25 g Butter
1 EL Rum

Für die Verzierung:
150 g gehackte Bitterschokolade
10 g geschälte Pistazien

◆ Für die Petits Fours mit Haselnüssen eine quadratische Form von 10 x 10 cm mit Backpapier belegen. Die Schokolade im Wasserbad schmelzen, die Haselnüsse, den Zucker und die Sahne unterrühren, in die Form gießen und mit einem Spatel gleichmäßig verstreichen. Im Kühlschrank erstarren lassen, auf die Arbeitsfläche stürzen und das Backpapier abziehen. Mit Hilfe eines Lineals die Schokoladenmasse in 1 cm große Würfel schneiden.

◆ Für die Verzierung die Schokoladenwürfel auf ein Gitter setzen und mit einer Haselnuß belegen. Die Vollmilchschokolade im Wasserbad schmelzen, in eine Backpapiertüte füllen und über die Würfel streichen. Im Kühlschrank erstarren lassen.

◆ Für die Petits Fours mit Marzipan die Marzipanrohmasse mit dem Alchermes anwirken und eine 1,5 cm hohe Form von 10 x 10 cm mit Backpapier belegen. Auf der mit Puderzucker bestäubten Arbeitsfläche die Marzipanrohmasse zu einem Viereck von 10 x 10 cm ausrollen und in die Form hineinlegen. Wie bei den Petits Fours mit Haselnüssen in 1 cm große Würfel schneiden. Für die Verzierung die Würfel auf ein Gitter setzen. Die weiße Schokolade im Wasserbad schmelzen, in eine Backpapiertüte füllen und über die Würfel streichen. Dann die Bitterschokolade im Wasserbad schmelzen und in eine Backpapiertüte füllen. Die Petits Fours mit jeweils einem dunklen Schokoladentropfen verzieren. Erstarren lassen.

◆ Für die Petits Fours mit Pistazien und Schokolade die Marzipanrohmasse mit den gehackten Pistazien anwirken. Eine 1,5 cm hohe Form von 10 x 10 cm mit Backpapier belegen. Auf der mit Puderzucker bestäubten Arbeitsfläche die Marzipanrohmasse zu einem Viereck von 10 x 10 cm ausrollen und in die Form hineinlegen.

◆ Die Sahne mit der Butter aufkochen. Vom Herd nehmen und die zwei Schokoladensorten und den Rum unterrühren. Die Zutaten gut vermischen. Die Sahne-Schokoladen-Mischung auf die Marzipanrohmasse gießen und im Kühlschrank erstarren lassen. Die Marzipan-Schokoladen-Platte auf die Arbeitsfläche stürzen, das Papier abziehen und in 1 cm große Würfel schneiden.

◆ Für die Verzierung die Würfel auf ein Gitter setzen. Die Bitterschokolade im Wasserbad schmelzen, in eine Backpapiertüte füllen und über die Würfel streichen. Jedes Petit Four mit einer Pistazie verzieren. Im Kühlschrank erstarren lassen.

Maronenkonfekt

Zubereitungszeit: *1 Stunde 40 Minuten*
Braucht etwas Erfahrung

Zutaten für 4 Personen

700 g Maronen
350 ml Sahne ◆ 1 EL Rum
1 Päckchen Vanillezucker
35 g Zucker ◆ 20 g Kakao
30 g kandierte Veilchen

◆ Die Maronen in reichlich Wasser kochen. Wenn sie beinahe gar sind, abgießen, schälen und in Stücke schneiden.

◆ Die Maronenstücke mit 1/4 l Sahne, dem Vanillezucker, dem Rum, dem Zucker und dem Kakao (1 EL zurückbehalten) bei schwacher Hitze etwa 30 Minuten kochen, dabei ständig umrühren. Ggf. etwas Wasser zufügen, damit die Masse nicht ansetzt. Dann pürieren und abkühlen lassen.

◆ Die Masse zu walnußgroßen Kugeln formen, leicht flachdrücken und mit dem restlichen Kakao bestäuben.

◆ Die restliche Sahne steif schlagen. Das Konfekt zuerst in Papiermanschetten und dann auf einen Servierteller setzen. Mit der Sahne und den kandierten Veilchen verzieren.

Muffins mit Zucchini und Mandeln

Zubereitungszeit: *50 Minuten*
Gelingt leicht

Zutaten für 4-6 Personen

180 g Mehl
1/2 TL Backpulver
1/2 TL Zimt
200 g Zucker ◆ 2 Eier
8 EL Olivenöl extravergine
180 g Zucchini
1 Päckchen Vanillezucker
50 g geröstete, gehackte Mandeln
40 g Sultaninen ◆ 1 Prise Salz

◆ Sechs Förmchen von 6 cm Durchmesser und 3 cm Höhe einfetten und mit Mehl bestäuben. Den Backofen auf 180° C vorheizen. Die Sultaninen in lauwarmem Wasser einweichen.
◆ Die Eier mit dem Zucker schaumig rühren, dann das Öl in feinem Strahl zufügen und nacheinander die Zucchini, den Vanillezucker, die Mandeln, die ausgedrückten Sultaninen, das Backpulver, das Salz, den Zimt und das Mehl unterrühren. Den Teig in die Förmchen verteilen, diese dabei nicht ganz (3/4) füllen. 25–30 Minuten im vorgeheizten Ofen backen.
◆ Die Muffins 10 Minuten ruhen lassen und zum Erkalten aus den Förmchen stürzen.

Muffins mit Zucchini und Mandeln

Polnische Blätterteigtaschen

Polnische Blätterteigtaschen

Zubereitungszeit: *40 Minuten*
Raffiniert

Zutaten für 6 Personen

300 g Blätterteig
1 Ei ◆ 100 g gehackte Bitterschokolade
30 g kandierte Orangenschale
1 EL Puderzucker

◆ Den Backofen auf 190° C vorheizen. Das Ei verquirlen. Den Blätterteig (s. S. 12) zubereiten und 2 mm dick ausrollen. Vier Quadrate von 7 x 7 cm ausschneiden und mit etwas verquirltem Ei bestreichen.
◆ Die gehackte Schokolade in die Mitte der Teigstücke geben, die Ecken zur Mitte einschlagen und die Kanten gut zusammendrücken. Die Taschen mit verquirltem Ei bestreichen, auf ein befeuchtetes Backblech setzen und im vorgeheizten Ofen 20–25 Minuten backen.
◆ Das Blech aus dem Ofen nehmen und die Temperatur auf 250° C erhöhen. Den Puderzucker über die Gebäckstücke streuen und einige Minuten im Ofen karamelisieren lassen.
◆ Die Blätterteigtaschen jeweils mit einem Stück kandierter Orangenscheibe verzieren und kalt servieren.

Brasilianer

Zubereitungszeit: *1 Stunde (ohne Kühlzeit)*
Braucht etwas Erfahrung

Zutaten für 6 Personen

Für den Mürbeteig:
180 g Mehl ◆ 70 g Butter
65 g Zucker ◆ 1 Eigelb
1 Päckchen Vanillezucker

Für die Creme:
6 Eigelb ◆ 1/4 l Milch
150 g Zucker ◆ 25 g Mehl
1 Päckchen Vanillezucker
1/2 EL lösliches Espressopulver

Für die Glasur:
40 g Puderzucker
20 g Butter ◆ 1–2 EL Milch
100 g gehackte Schokolade

Für die Verzierung:
100 ml Sahne ◆ einige Kaffeebohnen

◆ Acht Tarteletteförmchen von 8 cm Durchmesser einfetten und mit Mehl bestäuben.
◆ Mit den oben genannten Zutaten einen Mürbeteig zubereiten (s. S. 12) und, in Klarsichtfolie gewickelt, 1 Stunde im Kühlschrank durchkühlen lassen. Den Backofen auf 180° C vorheizen.
◆ Den Mürbeteig 3 mm dick ausrollen, mit einem Ausstecher von 10 cm Durchmesser acht Kreise ausstechen und in die Förmchen legen. Den Teigboden mehrmals mit einer Gabel einstechen, mit Alufolie abdecken und mit Reis auffüllen. Im vorgeheizten Ofen 15 Minuten backen, dann den Reis und die Alufolie entfernen, erkalten lassen und stürzen.
◆ Mit den oben genannten Zutaten eine Kaffeecreme zubereiten (s. S. 16) und abkühlen lassen.
◆ Die Tartelettes mit der Kaffeecreme füllen. Für die Glasur die Schokolade im Wasserbad mit der Butter, der Milch und dem Puderzucker schmelzen und über die Kaffeecreme gießen. Mit einem Sahnetupfen und einer Kaffeebohne verzieren.

Brasilianer

Dattel-Mandel-Gebäck

Zubereitungszeit: *1 Stunde*

Raffiniert

Zutaten für 8 Personen

500 g Blätterteig
100 g Zucker ◆ 1 Eigelb
100 g Mandelblättchen ◆ 2 Päckchen Vanillezucker
Schale von $^{1}/_{2}$ unbehandelten Zitrone
400 g Datteln

◆ Ein Backblech einfetten. Den Backofen auf 180° C vorheizen. Die Datteln mit $^{1}/_{4}$ l Wasser, dem Zucker, der Zitronenschale und dem Vanillezucker in einen Topf mit Deckel geben und zugedeckt bei schwacher Hitze 15 Minuten kochen. Abgießen und entsteinen.
◆ Den Blätterteig (S. 12) zubereiten und ausrollen. Mit einem Ausstecher von 8 cm Durchmesser Kreise ausstechen. Einen Teil der Teigstücke mit je zwei Datteln und einigen Mandelblättchen belegen, die restlichen Teigscheiben daraufsetzen und die Kanten gut zusammendrücken.
◆ Das Eigelb mit 1 EL Wasser verquirlen. Die Gebäckstücke auf ein Backblech setzen, mit dem Eigelb bestreichen und im vorgeheizten Ofen 30 Minuten backen. Warm servieren.

Dattel-Mandel-Gebäck

Spanische Petits Fours

Zubereitungszeit: *1 Stunde (ohne Kühlzeit)*

Braucht etwas Erfahrung

Zutaten für 6 Personen

Für den Mürbeteig:
150 g Mehl ◆ 90 g Butter
geriebene Schale von 1 unbehandelten Zitrone
60 g Zucker ◆ 2 Eigelb

Für die Füllung:
2 Eiweiß ◆ 120 g Zucker
geriebene Schale von 1 unbehandelten Zitrone
1 EL Aprikosengelee
1 Prise Salz ◆ 1 EL Puderzucker
60 g geschälte, gemahlene Mandeln

◆ Einige Förmchen von 3 cm Durchmesser einfetten und mit Mehl bestäuben. Mit den oben genannten Zutaten einen Mürbeteig zubereiten (s. S. 12) und, in Klarsichtfolie gewickelt, 1 Stunde im Kühlschrank durchkühlen lassen. Den Backofen auf 190° C vorheizen.
◆ Den Mürbeteig 3 mm dick ausrollen, mit einem gezackten Ausstecher von 5 cm Durchmesser Kreise ausstechen und in die Förmchen legen. Den Teigboden mit einer Gabel einstechen, mit Alufolie abdecken und mit Reis auffüllen. Im vorgeheizten Ofen 10 Minuten backen.
◆ Für die Füllung die Eiweiße mit dem Salz steif schlagen, dabei nach und nach den Zukker einrieseln lassen. Die Hälfte der gemahlenen Mandeln und die Zitronenschale zufügen.
◆ Die Gebäckstücke aus dem Ofen nehmen, den Reis und die Alufolie entfernen und stürzen. Das Aprikosengelee im Wasserbad auflösen. Die Teigschalen zuerst mit dem Gelee ausstreichen, dann mit der Eischnee-Mandel-Mischung füllen und mit dem Puderzucker und dem restlichen Mandelmehl bestäuben. Bei 200° C 5–6 Minuten im Ofen überbacken. Kalt servieren.

Spanische Petits Fours

Irische Apfeltaschen

Zubereitungszeit: *1 Stunde (ohne Ruhezeit)*

Braucht etwas Erfahrung

Zutaten für 6 Personen

250 g Mehl ◆ 1 $^{1}/_{2}$ TL Backpulver
150 g weiche Butter ◆ 150 g Zucker
1 Ei ◆ 3 säuerliche Äpfel
1 EL Puderzucker

◆ Den Backofen auf 200° C vorheizen. Ein Backblech mit Backpapier belegen. Die Butter in Stücke schneiden. Die Äpfel waschen, das Kerngehäuse entfernen und in einen Topf legen. Im Ofen 15–20 Minuten garen.
◆ Das Mehl auf die Arbeitsfläche sieben. In die Mitte eine Vertiefung drücken und das Backpulver, den Zucker, die Butterstücke und das Ei hineingeben. Alles schnell verkneten. Den Teig zu einer Kugel formen und, in Klarsichtfolie gewickelt, 1 Stunde kühl ruhen lassen.
◆ Die gebackenen Äpfel von der Schale befreien und pürieren. Die Ofentemperatur auf 180° C senken.
◆ Den Teig 3 mm dick ausrollen und mit einem Ausstecher von 5–6 cm Durchmesser Kreise ausstechen. Die Teigscheiben mit dem Apfelmus bestreichen und zusammenklappen, dabei die Ränder gut andrücken. Auf das Backblech legen und im vorgeheizten Ofen 15–20 Minuten goldgelb backen. Mit Puderzucker bestreuen und lauwarm oder kalt servieren.

Irische Apfeltaschen

Helle Schokoschnitten

Zubereitungszeit: *1 Stunde*
Gelingt leicht

ZUTATEN FÜR 6-8 PERSONEN
350 g gehackte weiße Schokolade
60 g Butter ◆ 2 Eier
90 g Zucker ◆ 2 Päckchen Vanillezucker
120 g Mehl ◆ 1 Prise Salz
80 g gehackte Bitterschokolade
1 EL Puderzucker

◆ Eine quadratische Backform von 24 cm Kantenlänge an den Rändern einfetten. Den Boden mit Backpapier belegen. Den Backofen auf 190° C vorheizen.
◆ Die Hälfte der weißen Schokolade mit der Butter im Wasserbad schmelzen. Die Eigelbe mit dem Zucker schlagen, bis eine helle, dickschaumige Masse entstanden ist. Die geschmolzene Schokolade, den Vanillezucker, das Mehl und die restliche gehackte weiße Schokolade unterrühren. Die Eiweiße mit dem Salz zu sehr steifem Schnee schlagen und vorsichtig unterheben.
◆ Den Teig in die Form füllen und etwa 30 Minuten backen. Erkalten lassen und in Vierecke von 5 x 5 cm schneiden. Mit dem Puderzucker bestäuben.
◆ Die Bitterschokolade im Wasserbad schmelzen, in eine Backpapiertüte füllen und auf jede Schnitte einen Notenschlüssel oder ein beliebiges Motiv zeichnen.

Pàrdulas
(Sardisches Schafskäsegebäck)

Zubereitungszeit: *50 Minuten (ohne Ruhezeit)*
Braucht etwas Erfahrung

ZUTATEN FÜR 4 PERSONEN
200 g Mehl ◆ 40 g weiche Butter
1 Prise Salz
Für die Füllung:
500 g junger sardischer Pecorino
100 g Zucker
1 Briefchen Safran ◆ 2 Eigelb
geriebene Schale von 1 unbehandelten Orange
1 EL Sultaninen

◆ Ein Backblech einfetten. Die Sultaninen in lauwarmem Wasser einweichen.
◆ Das Mehl mit dem Salz auf die Arbeitsfläche sieben. Die Butter in Flöckchen in die Mitte geben und verkneten. Nach und nach nur soviel Wasser zufügen, daß ein glatter und geschmeidiger Teig entsteht. Mit einem Tuch abgedeckt 30 Minuten ruhen lassen. Den Backofen auf 170° C vorheizen.
◆ Den Safran in etwas warmem Wasser auflösen. In einer Schüssel den Pecorino mit dem Zucker, dem aufgelösten Safran, den Eigelben, der Orangenschale und den ausgedrückten Sultaninen gut vermischen.
◆ Den Teig dünn ausrollen und mit einem runden Ausstecher von 6 cm Durchmesser Kreise ausstechen. Auf jedes Teigstück etwas Pecorinomasse geben. Die Ränder der Plätzchen anheben und in der Mitte gut zusammendrücken, so daß man kleine Beutelchen erhält. Mit etwas Abstand auf das Backblech setzen und 15–20 Minuten im vorgeheizten Ofen backen. Kalt servieren.

Tartelettes mignon Moulin Rouge

Zubereitungszeit: *1 Stunde (ohne Ruhezeit)*
Raffiniert

ZUTATEN FÜR 6 PERSONEN
Für den Mürbeteig:
150 g Mehl ◆ 50 g Butter
50 g Zucker ◆ 1 Eigelb
geriebene Schale von 1/2 unbehandelten Zitrone
30 g geschälte, gehackte Mandeln
Für die Creme:
3 Eigelb ◆ 75 g Zucker
300 ml Milch ◆ 20 g Mehl
1 Päckchen Vanillezucker
30 g Bitterschokolade
Für die Verzierung:
2 Eiweiß ◆ 1 Prise Salz ◆ 120 g Zucker
abgeriebene Schale von 1 unbehandelten Zitrone
1 EL Puderzucker
30 g in Streifen geschnittene Zedratzitrone

◆ Einige Förmchen von 4 cm Durchmesser einfetten und mit Mehl bestäuben.
◆ Mit den oben genannten Zutaten einschließlich der gehackten Mandeln einen Mürbeteig zubereiten (s. S. 12) und, in Klarsichtfolie gewickelt, 1 Stunde im Kühlschrank durchkühlen lassen.
◆ Den Backofen auf 180° C vorheizen.
◆ Mit den oben genannten Zutaten eine Schokoladencreme zubereiten (s. S. 16) und abkühlen lassen, dabei ab und zu umrühren.
◆ Den Mürbeteig 3 mm dick ausrollen. Mit einem gezackten Ausstecher von 6 cm Durchmesser

Kreise ausstechen und in die Förmchen legen. Den Teigboden mit einer Gabel mehrmals einstechen, mit Alufolie bedecken und mit Reis auffüllen. Die Teigschalen im vorgeheizten Ofen etwa 15 Minuten backen, den Reis und die Alufolie entfernen, erkalten lassen und stürzen.
◆ Die Schokoladencreme in einen Spritzbeutel füllen und in die Teigschalen spritzen. Die Eiweiße mit dem Salz zu Schnee schlagen, dabei den Zukker einrieseln lassen und die Zitronenschale zufügen. In die Tartelettes füllen und mit einem Spatel glattstreichen. Den verbliebenen Eischnee in eine Backpapiertüte geben und in Tupfen auf die Törtchen setzen. Die kandierten Zitronenstreifen zwischen die Tupfen legen.
◆ Die Tartelettes mit dem Puderzucker bestäuben und zum Überbacken einige Minuten unter den Ofengrill schieben.

Flammen

Zubereitungszeit: *2 Stunden*
(ohne Kühlzeit)
Raffiniert

ZUTATEN FÜR 6 PERSONEN
Für den Mürbeteig:
100 g Mehl ◆ 50 g Butter
50 g Zucker ◆ 1 Eigelb
geriebene Schale von 1/2 unbehandelten Zitrone
Für die Füllung:
500 g Maronen ◆ 1/4 l Milch
100 g Zucker ◆ 1 TL Kakao
1 Prise Zimt ◆ 1 EL Rum
50 g weiche Butter
1 Prise Salz
Für die Verzierung:
200 g gehackte Bitterschokolade

◆ Ein Backblech einfetten und mit Mehl bestäuben.
◆ Mit den oben genannten Zutaten einen Mürbeteig zubereiten (s. S. 12) und, in Klarsichtfolie gewickelt, mindestens 1 Stunde im Kühlschrank ruhen lassen.
◆ Die Maronen einritzen, 15 Minuten kochen, schälen, von dem braunen Häutchen befreien und mit der Milch, dem Salz und dem Zucker in einen Topf geben. Bei mittlerer Hitze etwa 1 Stunde kochen, dabei ab und zu umrühren. Dann die Masse pürieren und, falls sie zu weich ist, bei milder Hitze einkochen lassen. Die Butter, den Kakao, den Zimt und den Rum unter das Maronenpüree rühren.
◆ Den Backofen auf 180° C vorheizen.
◆ Den Mürbeteig 3 mm dick ausrollen, mit einem runden Ausstecher von 3 cm Durchmesser Kreise ausstechen und auf das Backblech legen. Im vorgeheizten Ofen etwa 15 Minuten backen. Abkühlen lassen und auf ein Gitter legen.
◆ Das Maronenpüree in einen Spritzbeutel mit breiter Sterntülle füllen und in Form einer Flamme auf jedes Plätzchen spritzen. Die Bitterschokolade im Wasserbad schmelzen, in eine Backpapiertüte geben und über das Maronenpüree streichen. An einem kühlen Ort fest werden lassen.

Wiener Tartelettes mit Zitronenmousse

Zubereitungszeit: *50 Minuten*
(ohne Ruhezeit)
Braucht etwas Erfahrung

ZUTATEN FÜR 6 PERSONEN
Für den Mürbeteig:
150 g Mehl ◆ 50 g Butter
50 g Zucker ◆ 1 Eigelb
geriebene Schale von 1/2 unbehandelten Zitrone
30 g geschälte, gehackte Mandeln
Für die Mousse:
200 ml Sahne ◆ 150 ml Zitronensaft
4 Eier ◆ 200 g Zucker ◆ 8 g Gelatine
1 unbehandelte Zitrone ◆ 1 Prise Salz

◆ Sechs Tartelettefömchen von 8 cm Durchmesser einfetten und mit Mehl bestäuben.
◆ Mit den oben genannten Zutaten einschließlich der gehackten Mandeln einen Mürbeteig zubereiten (s. S. 12) und, in Klarsichtfolie gewickelt, 1 Stunde im Kühlschrank ruhen lassen. Den Backofen auf 180° C vorheizen. Die Gelatine in kaltem Wasser einweichen.
◆ Den Mürbeteig 3 mm dick ausrollen. Mit einem gezackten Ausstecher von 12 cm Durchmesser sechs Kreise ausstechen und in die Förmchen legen. Den Teigboden mit einer Gabel mehrmals einstechen, mit Alufolie bedecken und mit Reis auffüllen. Die Teigschalen im vorgeheizten Ofen etwa 15 Minuten backen, dann den Reis und die Alufolie entfernen, erkalten lassen und stürzen.
◆ Die Sahne aufkochen, vom Herd nehmen und mit der ausgedrückten Gelatine verrühren. Die Eigelbe mit 150 g Zucker aufschlagen und die warme Sahne und den Zitronensaft unter weiterem Rühren nach und nach zugießen. Abkühlen lassen.
◆ Die Eiweiße mit dem Salz und dem restlichen Zucker steif schlagen und vorsichtig unter die Eigelb-Sahne-Mischung heben. Die Törtchen mit der Mousse füllen.
◆ Die Zitrone abwaschen, abtrocknen und schälen. Aus der Schale 1 cm große Dreiecke schneiden, 2 Minuten in kochendes Wasser geben, abtrocknen und auf die Tartelettes legen.

Waffeln mit Erdbeermousse

Zubereitungszeit: *40 Minuten (ohne Ruhezeit)*
Braucht etwas Erfahrung

ZUTATEN FÜR 6 PERSONEN

Für die Waffeln:
100 g Mehl
120 g Butter
90 g Zucker
2 Eiweiß
2 Päckchen Vanillezucker

Für die Mousse:
200 g Erdbeeren
200 ml Sahne
100 g Puderzucker

Für die Verzierung:
40 g Erdbeeren
einige Minzeblättchen

Ein Backblech einfetten. Den Backofen auf 200° C vorheizen. Die Butter bei schwacher Hitze schmelzen.

◆ In einer Schüssel das gesiebte Mehl mit dem Zucker und den Eiweißen vermischen. Dann nach und nach die zerlassene Butter und den Vanillezucker zufügen. 20 Minuten kühlstellen.

◆ Mit einem Löffel sechs Teighäufchen auf das Blech setzen und mit dem Löffelrücken zu Ovalen von 16 cm Länge und 8 cm Breite verstreichen. Im vorgeheizten Ofen 7–8 Minuten backen, bis der Rand der Waffeln zu bräunen beginnt.

◆ Das Backblech nur zur Hälfte aus dem Ofen ziehen, damit die Gebäckstücke so lange wie möglich warm bleiben. Dann die Waffeln mit einem Spatel lösen und auf sechs ovale Formen legen, mit den Händen andrücken und so zu Schiffchen formen. Zügig arbeiten, damit die Waffeln nicht erkalten. Falls sie sich nicht mehr formen lassen, weil sie zu kalt geworden sind, kurz in den warmen Ofen zurückgeben. Die Waffeln nach dem Abkühlen vorsichtig von den Formen ablösen und bis zum Füllen an einem trockenen Ort aufbewahren.

◆ Für die Mousse die Erdbeeren in sehr kaltem Wasser waschen, abtrocknen, entstielen und mit dem Puderzucker pürieren. Die Sahne steif schlagen und vorsichtig unter das Erdbeerpüree ziehen. Bis zum Servieren in den Kühlschrank stellen.

◆ Für die Verzierung die Erdbeeren in sehr kaltem Wasser waschen, abtrocknen und die Stiele entfernen. Sechs Früchte halbieren, die restlichen in Scheiben schneiden. Kurz vor dem Servieren die Mousse in die Waffeln füllen. Die Erdbeerhälften in die Spitzen stecken und die Erdbeerscheiben und die Minzeblättchen auf der Mousse zu Blumen zusammensetzen.

Apfelwaffeln

Zubereitungszeit: *45 Minuten*
Braucht etwas Erfahrung

ZUTATEN FÜR 4 PERSONEN

20 g Mehl ◆ 70 g Zucker
40 g Eiweiß ◆ 50 g Butter
400 g säuerliche Äpfel ◆ 1 Prise Salz

◆ Zwölf Förmchen von 10 cm Durchmesser einfetten. Den Backofen auf 180° C vorheizen.
◆ Das Mehl, das Eiweiß, 40 g Zucker und das Salz gründlich vermischen. 20 g zerlassene Butter und 150 ml Wasser nach und nach unter ständigem Rühren zufügen, so daß ein flüssiger Teig entsteht.
◆ Den Teig 3 mm dick in die Förmchen gießen und im Ofen goldgelb backen. Vorsichtig lösen und erkalten lassen.
◆ Die Äpfel schälen, entkernen und in Scheiben schneiden. In einer beschichteten Pfanne mit der restlichen Butter 5 Minuten dünsten, dabei nach der Hälfte der Zeit den restlichen Zucker zufügen. Etwas Apfelkompott auf die Waffeln verteilen und mit einer zweiten Waffel abdecken. Diese ebenfalls mit Apfelkompott bestreichen und mit einer dritten Waffel abschließen. Warm servieren.

Maronenhörnchen

Maronenhörnchen

Zubereitungszeit: *50 Minuten*
Braucht etwas Erfahrung

ZUTATEN FÜR 6-8 PERSONEN

Für die Waffeln:
100 g Mehl
100 g weiche Butter
90 g Puderzucker ◆ 4 Eiweiß
2 Päckchen Vanillezucker

Für die Füllung:
150 g Maronenpüree
100 g Puderzucker
1/4 l Sahne ◆ 4 EL Rum

◆ Ein Backblech einfetten und mit Mehl bestäuben. Den Backofen auf 200° C vorheizen.
◆ Die Butter mit dem Zucker schaumig rühren, nach und nach das gesiebte Mehl, den Vanillezucker und die Eiweiße zufügen. Mit einem Löffel kleine Teighäufchen auf das Blech setzen und mit dem Löffelrücken zu Ovalen von etwa 6 cm Länge verstreichen.
◆ Die Waffeln im vorgeheizten Ofen 7–8 Minuten backen, bis die Ränder zu bräunen beginnen. ▶

Waffeln mit Erdbeermousse

◆ Das Backblech nur zur Hälfte aus dem Ofen ziehen, damit die Waffeln so lange wie möglich warm und formbar bleiben. Die Waffeln mit einem Spatel lösen, um den Stiel eines Holzlöffels drükken und so zu Hörnchen formen. Zügig arbeiten. Abkühlen lassen.
◆ Für die Füllung das Maronenpüree mit dem Zucker und dem Rum verrühren. Die Sahne steif schlagen und vorsichtig unterziehen. Die Creme in einen Spritzbeutel mit Sterntülle geben. Die Hörnchen füllen, auf einen Servierteller setzen und bis zum Servieren kühlstellen.

Schwarz-weiße Luftschlangen

Schwarz-weiße Luftschlangen

Zubereitungszeit: *50 Minuten*
Braucht etwas Erfahrung

ZUTATEN FÜR 6 PERSONEN

100 g weiche Butter
125 g Puderzucker ◆ 4 Eiweiß
75 g Mehl ◆ 15 g Kakao

◆ Ein Backblech einfetten.
◆ Aus einem etwa 3 mm dicken Karton ein 30 cm hohes und 5 cm breites Rechteck ausschneiden. In die Mitte ein 24 cm hohes und 3 cm breites Rechteck und an jedes Ende für die Schwalbenschwanzform zwei Dreiecke mit der Spitze nach innen zeichnen. Die Zeichnung so ausschneiden, daß der äußere Rahmen ganz bleibt.
◆ Den Backofen auf 200° C vorheizen.
◆ Die Butter mit dem Puderzucker schaumig schlagen, dann die Eiweiße einzeln und zum Schluß das Mehl unterrühren. Falls der Teig nicht geschmeidig wird, im Wasserbad erwärmen und nochmal aufschlagen.
◆ 2 EL Teig abnehmen und mit dem Kakao verrühren. Die Kartonschablone auf das Blech legen und mit etwas hellem Teig füllen. Den Karton wieder abheben, so daß ein helles Teigband auf dem Blech zurückbleibt. So lange Teigbänder auf das Blech streichen, bis die Masse verbraucht ist. Den dunklen Teig in eine Backpapiertüte füllen und jedes Band mit einem dunklen Rand versehen. Im vorgeheizten Ofen 8–10 Minuten backen.
◆ Das Backblech zur Hälfte aus dem Ofen ziehen, die Teigbänder mit einem Spatel einzeln lösen und um ein Röhrchen von etwa 2 cm Durchmesser wickeln, andrücken und abziehen. So den Waffeln die Form von Luftschlangen geben. Abkühlen lassen und kalt servieren.

Panini ricchi

Panini ricchi

(Früchtebrötchen)

Zubereitungszeit: *45 Minuten*
(ohne die Zeit zum Gehen)
Braucht etwas Erfahrung

ZUTATEN FÜR 4 PERSONEN

50 g Brötchenteig
50 g Pinienkerne
50 g Zucker ◆ 300 g Mehl
50 g Zitronat
100 g Rosinen ◆ 2 Eier
6 EL Olivenöl extravergine
1 Prise Salz

◆ Ein Backblech mit Öl bestreichen.
◆ Den Brötchenteig mit 100 g Mehl, 1 Ei, 1 EL Öl und dem Salz gründlich verkneten, zu einer Kugel formen und abgedeckt an einem warmen Ort 4 Stunden ruhen lassen.
◆ Die Rosinen in lauwarmem Wasser einweichen.
◆ Den Teig mit dem restlichen Mehl, dem Zucker, dem verbliebenen Ei, 3 EL Öl und etwas warmem Wasser zu einer geschmeidigen Masse verkneten, dann die ausgedrückten Rosinen, die Pinienkerne und das Zitronat einarbeiten.
◆ Den Teig portionieren und zu länglichen Brötchen formen. Mit Abstand auf das Backblech setzen und an einem warmen Ort 6 Stunden gehen lassen. Den Backofen 15 Minuten vor dem Backen auf 180° C vorheizen.
◆ Die Brötchen im vorgeheizten Ofen 15–20 Minuten backen, bis sie eine schöne Farbe angenommen haben. Warm oder kalt servieren.

Zigaretten

Zubereitungszeit: *1 Stunde*
Braucht etwas Erfahrung

ZUTATEN FÜR 6 PERSONEN

100 g weiche Butter
125 g Puderzucker ◆ 4 Eiweiß
75 g Mehl ◆ 15 g Kakao
2 EL Aprikosengelee
30g geschälte, gehackte Mandeln

◆ Ein Backblech einfetten.
◆ Aus einem etwa 3 mm dicken Karton ein 12 cm hohes und 8 cm breites Rechteck ausschneiden. Darauf zuerst ein 9 cm hohes und 4 cm breites und darunter ein 2 cm hohes und 4 cm breites Rechteck zeichnen. Die inneren Rechtecke so ausschneiden, daß sie durch einen schmalen Kartonsteg getrennt bleiben. Den Ofen auf 200° C vorheizen.

◆ Die Butter mit dem Puderzucker schaumig schlagen. Nacheinander die Eiweiße einzeln und das Mehl unterrühren. Alle Zutaten gründlich vermischen. Falls der Teig nicht glatt und geschmeidig wird, im Wasserbad leicht erwärmen und nochmal aufschlagen.
◆ Ein Drittel des Teigs mit dem Kakao verrühren. Die Kartonschablone auf das Blech legen, in das größere Rechteck eine dünne Schicht hellen, in das kleinere eine dünne Schicht dunklen Teig streichen. Den Karton abheben und mit dem Spatel den hellen und den dunklen Teig verbinden. Die so geformten Teigbänder im vorgeheizten Ofen 8–10 Minuten backen, ohne daß sie braun werden.
◆ Das Backblech nur zur Hälfte aus dem Ofen ziehen, die Teigbänder mit einem Spatel einzeln lösen und um einen glatten Bleistift wickeln, so daß dünne Röhrchen entstehen. Abziehen und abkühlen lassen. Das Aprikosengelee im Wasserbad schmelzen, auf den hellen Teil der Zigaretten streichen und mit den Mandeln bestreuen. In einer Schale servieren.

Zigaretten

Maritozzi

(Rosinenweckchen mit Pinienkernen)

Zubereitungszeit: *50 Minuten*
(ohne Zeit zum Gehen)
Braucht etwas Erfahrung

ZUTATEN FÜR 6 PERSONEN

500 g Mehl ◆ 3 Eier
100 g weiche Butter
15 g Hefe
100 g Zucker ◆ 30 g Pinienkerne
40 g Sultaninen
geriebene Schale 1 unbehandelten Zitrone
300 ml Milch ◆ 1 Prise Salz

Maritozzi

◆ Ein Backblech einfetten und mit Mehl bestäuben. Die Sultaninen in lauwarmem Wasser einweichen. Die Milch anwärmen und die Hefe darin auflösen.
◆ In einer Schüssel die Butter mit dem Zukker schaumig schlagen, dann das Salz, die Eier einzeln, die Zitronenschale, das gesiebte Mehl (abzüglich 1 EL) und die Milch mit der Hefe unterrühren. Die Zutaten auf die Arbeitsfläche geben und gründlich verkneten, dann den Teig in eine Schüssel legen und, mit einem Tuch abgedeckt, an einem warmen Ort 3–4 Stunden gehen lassen.
◆ Die Sultaninen abtropfen lassen, abtrocknen und in dem restlichen Mehl wälzen. Den Teig durchkneten und dabei die Sultaninen und die Pinienkerne einarbeiten. Zu länglichen Brötchen formen und mit Abstand auf das Backblech setzen. An einem warmen Ort weitere 2 Stunden gehen lassen. Den Ofen 15 Minuten vor dem Backen auf 190° C vorheizen.
◆ Die Brötchen im vorgeheizten Ofen 20 Minuten backen, bis sie eine schöne Farbe angenommen haben.
◆ Die Maritozzi sind besonders lecker, wenn man sie aufschneidet und mit Schlagsahne füllt.

Croissants

Zubereitung: *1 Stunde*
(ohne Zeit zum Gehen)
Raffiniert

ZUTATEN FÜR 10-12 PERSONEN

500 g Mehl ◆ 150 ml Milch
250 g weiche Butter
25 g Hefe ◆ 60 g Zucker
1 Prise Salz ◆ 1 Ei

◆ Die Hefe in 100 ml lauwarmem Wasser, den Zucker und das Salz in der Milch auflösen. Das Mehl auf die Arbeitsfläche sieben, in die Mitte eine Vertiefung drücken und die aufgelöste Hefe, 50 g Butter in Flöckchen und die Milch hineingeben. Die Zutaten gründlich zu einem glatten und geschmeidigen Teig verkneten. Etwa 30 Minuten ruhen lassen.
◆ Die restliche Butter in dünne Scheiben schneiden. Den Teig zu einem 60 cm langen Band ausrollen und bis auf ein Drittel mit 175 g der Butterscheiben belegen. Den Teig dreiteilig übereinanderfalten (s. S. 15), dabei mit der Seite ohne Butter anfangen, um 90° C drehen und wieder zu einem 60 cm langen Band ausrollen. Erneut dreiteilig übereinanderlegen und 2 Stunden, in Klarsichtfolie gewickelt, im Kühlschrank durchkühlen lassen. Den Vorgang mit den restlichen Butterscheiben noch einmal wiederholen und den Teig mindestens 4 Stunden, am besten aber über Nacht, in den Kühlschrank legen.
◆ Ein Backblech einfetten und mit Mehl bestäuben. Den Teig 0,5 cm dick ausrollen und zuerst in 5–6 cm lange Streifen, dann diagonal zu Dreiecken schneiden. Die Teigdreiecke zur Spitze hin zu Croissants aufrollen und die Ecken nach unten biegen. Auf das Blech legen und an einem warmen Ort etwa 40 Minuten gehen lassen.
◆ Den Backofen auf 180° C vorheizen.
◆ Das Ei verquirlen. Die Croissants mit dem verquirlten Ei einpinseln und im vorgeheizten Ofen 20–25 Minuten backen.

Wiener Apfelbällchen

Zubereitung: *40 Minuten*
(ohne Zeit zum Gehen)
Braucht etwas Erfahrung

ZUTATEN FÜR 6 PERSONEN

250 g Mehl ◆ 10 g Hefe
100 g weiche Butter
70 g Zucker ◆ 4 Eier ◆ 3 EL Milch
3 säuerliche Äpfel ◆ 1 Prise Salz

◆ Ein Backblech einfetten und mit Mehl bestäuben. Die Butter in Stücke schneiden. Die Milch anwärmen und die Hefe darin auflösen.
◆ In einer Schüssel die aufgelöste Hefe mit einem Viertel des Mehls mischen und an einem warmen Ort 30 Minuten gehen lassen. Die Butterstücke, 3 Eier, 30 g Zucker, das restliche Mehl und das Salz vermengen, den Vorteig zufügen und alles auf der Arbeitsfläche zügig zu einem glatten Teig verkneten. Einen Laib formen und mindestens 1 Stunde an einem warmen Ort gehen lassen.
◆ Die Äpfel schälen, das Kerngehäuse entfernen und in kleine Scheiben schneiden. Das verbliebene Ei verquirlen und den Teig mit einem Löffel portionieren. Jeweils 2–3 Apfelscheiben in die Mitte der Teigstücke stecken und ganz mit dem Teig umhüllen. Die Bällchen mit dem verquirlten Ei bestreichen und mit dem restlichen Zucker bestreuen. Auf das Blech legen und an einem warmen Ort weitere 45–50 Minuten gehen lassen.
◆ Den Ofen 15 Minuten vor dem Backen auf 180° C vorheizen. Die Apfelbällchen 20 Minuten backen und warm servieren.

Ricottataschen

Zubereitung: *1 Stunde*
(ohne Zeit zum Gehen)
Braucht etwas Erfahrung

ZUTATEN FÜR 6-8 PERSONEN
Für den Briocheteig:
300 g Mehl ◆ 2 Eier
100 g weiche Butter
3 EL Zucker ◆ 10 g Hefe
6 EL Milch ◆ 1 Prise Salz
Für die Füllung:
250 g Ricotta ◆ 3 Eigelb ◆ 100 g Zucker
60 g Sultaninen ◆ geriebene Schale von
1 unbehandelten Zitrone ◆ 1 Ei
Für die Glasur:
40 g Aprikosengelee

◆ Ein Backblech einfetten und mit Mehl bestäuben. Die Sultaninen in lauwarmem Wasser einweichen.
◆ Mit den oben genannten Zutaten einen Briocheteig zubereiten (s. S. 14). An einem warmen Ort, mit einem Tuch abgedeckt, etwa 1 Stunde gehen lassen, bis sich das Teigvolumen verdoppelt hat.
◆ Den Backofen auf 190° C vorheizen.
◆ Den Teig nochmals auf der Arbeitsfläche kurz durchkneten, 2–3 mm dick ausrollen und in Vierecke von 12 x 12 cm schneiden.
◆ Für die Füllung den Ricotta nacheinander mit dem Zucker, der Zitronenschale, den Eigelben und den Sultaninen verrühren.
◆ Auf jedes Teigquadrat 2 EL Füllung geben, dabei etwa 0,5 cm Rand frei lassen. Die Ränder zuerst nach innen klappen, dann die Ecken der Teigquadrate einschlagen. Die Gebäckstücke mit dem verquirlten Ei bestreichen, auf das Blech legen und im vorgeheizten Ofen 15–20 Minuten backen.
◆ Das Aprikosengelee im Wasserbad auflösen und auf die Ricottataschen streichen. Kalt servieren.

Buccellato

(Sizilianische Aniskringel)

Zubereitung: *1 Stunde 10 Minuten*
(ohne Zeit zum Gehen)
Braucht etwas Erfahrung

ZUTATEN FÜR 6 PERSONEN

400 g Mehl ◆ 120 g Zucker
100 g weiche Butter
100 g Sultaninen ◆ 2 Eier
10 g Anissamen ◆ 20 g Hefe
125 ml Milch ◆ 1 Prise Salz
Für den Guß:
10 g Mandelblättchen
1 EL Zitronensaft
1 EL Puderzucker

◆ Ein Backblech einfetten und mit Mehl bestäuben. Die Sultaninen in lauwarmem Wasser einweichen. Die Butter in Stücke schneiden. Die Milch anwärmen und die Hefe darin auflösen.
◆ 40 g Zucker, die Milch mit der Hefe und etwas Mehl in einer Schüssel glattrühren. Den Teig an einem warmen Ort 20 Minuten gehen lassen.
◆ Das restliche Mehl auf die Arbeitsfläche sieben, in die Mitte eine Vertiefung drücken und den restlichen Zucker, das Salz, die ausgedrückten Sultaninen, die gehackten Anissamen, 1 Ei und die Butterstücke hineingeben und verkneten. Sobald ein weicher und glatter Teig entstanden ist, den Vorteig zufügen und etwa 10 Minuten kräftig weiterkneten. An einem warmen Ort etwa 20 Minuten gehen lassen.

◆ Dann den Teig durchkneten, in 6 Portionen teilen, zu Kringeln formen und an der Oberfläche kreisförmig einritzen. Auf das Blech legen und an einem warmen Ort 30 Minuten gehen lassen.
◆ Den Backofen auf 180° C vorheizen. Die Kringel mit dem verquirlten Ei bestreichen und im vorgeheizten Ofen etwa 40–50 Minuten backen.
◆ Den Puderzucker mit dem Zitronensaft anrühren, auf die Kringel streichen und mit den Mandelblättchen bestreuen. Das Blech nochmal 5–6 Minuten in den Ofen geben. Kalt servieren.

Brioches und Hörnchen

Zubereitung: *1 Stunde*
(ohne Kühlzeit und ohne Zeit zum Gehen)
Braucht etwas Erfahrung

ZUTATEN FÜR ETWA 12 BRIOCHES

250 g Mehl ◆ 100 g Butter
40 g Zucker ◆ 2 Eier
50 ml Milch ◆ 15 g Hefe
1 Prise Salz ◆ 1 Eigelb

◆ Ein Backblech einfetten. Mit den oben genannten Zutaten (bis auf das Eigelb) einen Briocheteig zubereiten (s. S. 14). Am Ende des zweiten Gehens (12 Stunden im Kühlschrank) den Teig kurz durchkneten und bis auf ein Fünftel zu eigroßen Kugeln formen. Mit Abstand auf das Backblech setzen und an der Oberseite mit dem Zeigefinger eindrücken. Das verbliebene Teigfünftel zu haselnußgroßen Kugeln rollen und jeweils in die Vertiefung der Brioches legen.
◆ An einem warmen Ort etwa 1 Stunde gehen lassen, bis sich das Teigvolumen verdoppelt hat.
◆ Den Backofen auf 180° C vorheizen.
◆ Die Brioches mit dem verquirlten Eigelb bestreichen und im vorgeheizten Ofen etwa 20 Minuten backen.

ZUTATEN FÜR ETWA 12 HÖRNCHEN

250 g Mehl ◆ 100 g Butter
40 g Zucker ◆ 2 Eier
50 ml Milch ◆ 15 g Hefe
1 Prise Salz ◆ 1 Eigelb
100 g Konfitüre nach Wahl

◆ Ein Backblech einfetten. Mit den oben genannten Zutaten (bis auf das Eigelb) einen Briocheteig zubereiten (s. S. 14). Am Ende des zweiten Gehens (12 Stunden im Kühlschrank) den Teig durchkneten, zu einem 0,5 cm dicken Rechteck ausrollen und in gleich große Dreiecke schneiden. In die Mitte der Teigstücke 1 TL Konfitüre geben.
◆ Die Dreiecke von der breiten Seite her aufrollen und mit etwas Abstand auf das Backblech setzen. Die Ecken nach unten biegen. An einem warmen Ort etwa 1 Stunde gehen lassen, bis sich das Teigvolumen verdoppelt hat.
◆ Den Backofen auf 180° C vorheizen. Die Hörnchen mit dem verquirlten Eigelb bestreichen und im vorgeheizten Ofen etwa 20 Minuten backen.

Dänische Windmühlen

Zubereitung: *1,5 Stunden*
(ohne Ruhezeit und ohne Zeit zum Gehen)
Braucht etwas Erfahrung

ZUTATEN FÜR 6-8 PERSONEN
Für den Briocheteig:
300 g Mehl ◆ 2 Eier
100 g weiche Butter
3 EL Zucker ◆ 10 g Hefe
6 EL Milch ◆ 1 Prise Salz
geriebene Schale von 1 unbehandelten Orange
Für die Füllung:
300 g Aprikosen ◆ 60 g Zucker
1 EL Marillenbrand
50 g geröstete, gehackte Haselnüsse
Für die Glasur:
1 Ei ◆ 1 EL Nelken

◆ Mit den oben genannten Zutaten einen Briocheteig zubereiten (S. 14) und an einem warmen Ort 30 Minuten gehen lassen. Den Teig durchkneten, in eine große Schüssel (sie sollte nur zu 1/3 gefüllt sein) legen, mit einem feuchten Tuch abdecken und 12 Stunden im Kühlschrank ruhen lassen.
◆ Für die Füllung die Aprikosen waschen, entsteinen und kleinschneiden. In einem beschichteten Topf mit dem Zucker und dem Likör etwa 20 Minuten kochen, dabei häufig umrühren. Das Kompott abkühlen lassen, die Haselnüsse unterrühren.
◆ Ein Backblech einfetten und mit Mehl bestäuben. Den Backofen auf 180° C vorheizen. Die Sultaninen in lauwarmem Wasser einweichen.
◆ Den Teig zu einem 3 mm dicken Rechteck ausrollen, in Vierecke von 10 x 10 cm schneiden und mit etwas verquirltem Ei bestreichen. In die Mitte der Teigstücke 1 EL der Füllung geben. Mit einem Messer die Ecken etwa 3 cm zur Mitte hin einschneiden. Vier Ecken einschlagen und leicht auf die Füllung drücken.
◆ Die Windmühlen mit Abstand auf das Backblech setzen und an einem warmen Ort 1 Stunde gehen lassen. Mit dem verquirlten Ei bestreichen, in die Mitte eine Nelke stecken und im vorgeheizten Ofen etwa 20 Minuten backen. Kalt servieren.

Marzipan-strauß

Zubereitungszeit: *1 Stunde (ohne Ruhezeit)*
Raffiniert

ZUTATEN FÜR 24 BLUMEN

Für das Marzipan:
100 g Zucker
300 g geschälte Mandeln
1 Eiweiß ◆ 2 TL lösliches Espressopulver
2 EL Alchermes
geriebene Schale von 3 unbehandelten Orangen
30 g geschälte, gemahlene Pistazien

Für die Verzierung:
einige Kaffeebohnen
100 g Mandelblättchen
100 g Pistazien
50 g Pinienkerne
30 g gehackte weiße Schokolade
30 g gehackte Bitterschokolade

Für das Marzipan die Mandeln einige Minuten in den warmen Ofen geben, ohne sie zu rösten. Erkalten lassen und sehr fein mahlen. Das Eiweiß steif schlagen. Das Espressopulver in 1 TL warmem Wasser auflösen.

◆ Das Mandelmehl in einer Schüssel mit dem Zucker und dem Eischnee gründlich mischen. Die Masse mehrmals durch die Nudelmaschine laufen lassen (oder mehrmals mit der Teigrolle auf der Arbeitsfläche ausrollen), damit sie ganz fein wird.

◆ Die Marzipanmasse in vier gleich große Portionen teilen. Die einzelnen Portionen jeweils mit dem aufgelösten Espressopulver, dem Alchermes, der Orangenschale und den gemahlenen Pistazien anwirken und zu drei Kugeln formen. Die so erhaltenen farbigen Marzipankugeln nochmals halbieren, auf ein Stück Backpapier setzen und im Kühlschrank 24 Stunden ruhen lassen.

◆ Für die Marzipanblumen die Kaffeebohnen um die braunen Kugelhälften stecken. Die weiße Schokolade im Wasserbad schmelzen und in eine Backpapiertüte füllen. Viele kleine Schokoladenpunkte auf die Mitte der Blumen setzen (1).

◆ Die Mandelblättchen um die orangenen Kugelhälften stecken. Die Bitterschokolade im Wasserbad schmelzen und in eine Backpapiertüte füllen. Viele kleine Schokoladenpunkte auf die Mitte der Blumen setzen (2).

◆ Die Pinienkerne um die rosanen (3), die halbierten Pistazien um die grünen Kugelhälften stecken. (4).

◆ Buntes Kreppapier (orange, rosa, grün, gelb) in 24 Rechtecke von 20 x 12 cm schneiden. Jedes Rechteck um einen langen Stab wickeln und am oberen Ende trichterförmig erweitern. In jeden Trichter eine Marzipanblume hineinsetzen, dabei das Papier etwas andrücken. Die so entstandenen Blumen zu Sträußen binden und nochmals in größere bunte Papierbögen wickeln. Als Tischdekoration verwenden.

1

2

3

4

Mandel-perlen

Zubereitungszeit: *35 Minuten*
Braucht etwas Erfahrung

ZUTATEN FÜR 4-6 PERSONEN

300 g geschälte Mandeln
100 g Puderzucker
1 Eiweiß
14 kandierte Kirschen

Für die Verzierung:
100 g geschälte Mandeln
1 EL Puderzucker

◆ Ein Backblech einfetten. Den Backofen auf 180° C vorheizen. Das Eiweiß steif schlagen. Die Mandeln im Ofen trocknen, ohne sie zu rösten, fein mahlen und mit dem Puderzucker und dem Eischnee gründlich vermischen.

◆ Die Mandelmasse durch die Nudelmaschine laufen lassen (oder mit der Teigrolle auf der Arbeitsfläche ausrollen) und dann zu Kugeln von ungefähr 3 cm Durchmesser formen. In jede Marzipankugel eine kandierte Kirsche stecken.

◆ Für die Verzierung die Mandeln grob hacken und im vorgeheizten Ofen leicht rösten. Aus dem Ofen nehmen und abkühlen lassen. Die Kugeln in den Mandelsplittern wälzen, bis sie vollständig damit bedeckt sind, gut andrükken und mit dem Puderzucker bestreuen.

◆ Die Backofentemperatur auf 250° C erhöhen. Die Konfektkugeln auf das Blech legen, 2–3 Minuten in den Ofen geben, in Papiermanschetten setzen und kalt servieren.

Mandelperlen

Marzipanstrauß

Marzipanrohmasse oder Marzipan

Zubereitungszeit: *45 Minuten*
Braucht etwas Erfahrung

ZUTATEN FÜR 400 G MASSE

300 g Mandeln
100 g Puderzucker
1 Eiweiß

◆ Den Backofen auf 160° C vorheizen.
◆ Die Mandeln einige Minuten in kochendes Wasser geben, abgießen, schälen und im vorgeheizten Ofen 5 Minuten trocknen, ohne sie zu rösten. In der Küchenmaschine zu sehr feinem Mehl mahlen (oder im Mörser zerstoßen) und in einer Schüssel mit dem Puderzucker mischen. Nach und Nach das steif geschlagene Eiweiß zufügen. Die Zutaten zu einer glatten Masse verkneten, diese noch mehrmals durch eine Nudelmaschine drehen (oder mit der Teigrolle auf der Arbeitsfläche ausrollen), um sie fein und geschmeidig zu machen.
◆ Die Marzipanrohmasse eignet sich hervorragend zum Backen oder zur Herstellung von Konfekt und Pralinen. Um einen formbaren Marzipan für Verzierungen zu erhalten, muß ihr noch entsprechend viel Puderzucker zugefügt werden.

Marzipan-Mürbchen

Marzipan-Mürbchen

Zubereitungszeit: *1 Stunde 20 Minuten (ohne Kühlzeit)*
Braucht etwas Erfahrung

ZUTATEN FÜR 6 PERSONEN
Für den Mürbeteig:
300 g Mehl
4 Eigelb
125 g Zucker
125 g Butter
geriebene Schale 1 unbehandelten Zitrone
Für das Marzipan:
180 g geschälte Mandeln
2 bittere geschälte Mandeln
150 g Zucker
20 g Orangeat
25 g Butter ◆ 1 Eigelb
1 EL Puderzucker

◆ 20 Förmchen von 3–4 cm Durchmesser einfetten und mit Mehl bestäuben.
◆ Mit den oben genannten Zutaten einen Mürbeteig zubereiten (s. S. 12) und, in Klarsichtfolie gewickelt, 1 Stunde im Kühlschrank ruhen lassen.
◆ Die Mandeln einige Minuten in den warmen Ofen geben, ohne sie zu rösten. Mit dem Zucker im Mörser zerstoßen (oder im Mixer fein mahlen). Die Mandel-Zucker-Mischung mit dem Orangeat, der Butter und dem Eigelb vermengen und 3–5 EL sehr kaltes Wasser zufügen. Alles zu einer glatten und geschmeidigen Masse verkneten.
◆ Den Backofen auf 200° C vorheizen.
◆ Den Mürbeteig sehr dünn ausrollen. Mit einem runden Ausstecher von 6 cm Durchmesser 20 Kreise ausstechen und in die Förmchen legen. Den Teig am Formenrand überstehen lassen.
◆ Mit einem Ausstecher von 3–4 cm Durchmesser 20 kleinere Kreise ausstechen.
◆ Das Marzipan auf die Förmchen verteilen, den überstehenden Teig nach innen klappen und mit etwas Wasser bestreichen. Zum Verschließen des Gebäcks die kleineren Kreise daraufsetzen.
◆ Die Halbkugeln im vorgeheizten Ofen 15–20 Minuten goldgelb backen. Abkühlen lassen, auf einen Servierteller legen und mit dem Puderzucker bestäuben.

Russisches Brot

Russisches Brot

Zubereitungszeit: *20 Minuten*
Gelingt leicht

ZUTATEN FÜR 6-8 PERSONEN

300 g Marzipanrohmasse
1 EL lösliches Espressopulver
1 EL Milch
40 g Mandelblättchen

◆ Ein Backblech einfetten und mit Mehl bestäuben. Den Backofen auf 180° C vorheizen.
◆ Das Espressopulver in der lauwarmen Milch auflösen und vollständig in die Marzipanrohmasse einarbeiten.
◆ Die Masse 2 cm dick ausrollen, in Würfel schneiden, mit den Händen zu möglichst gleich großen Kugeln formen und in den Mandelblättchen wälzen.
◆ Die Mandelblättchen etwas andrücken, damit sie haften bleiben.
◆ Das Konfekt auf das Blech legen und im vorgeheizten Ofen 5 Minuten backen, bis es es eine goldgelbe Farbe angenommen hat. Erkalten lassen, in Papiermanschetten setzen und auf einem Servierteller anrichten.

Marzipanrauten mit Pistazien

Zubereitungszeit: *50 Minuten (ohne Kühlzeit)*

Braucht etwas Erfahrung

ZUTATEN FÜR 6-8 PERSONEN

200 g Marzipanrohmasse
1 EL Maraschino
150 g gehackte Bitterschokolade

Für die Haselnußschokolade:

100 g gehackte Vollmilchschokolade
100 g gehackte Bitterschokolade
150 g karamelisierte, gehackte Nüsse
150 g Puderzucker
4–5 EL Sahne

Für die Verzierung:

100 g Puderzucker
1/2 Eiweiß
einige Tropfen Zitronensaft
30 g geschälte Pistazien

◆ Eine viereckige Backform von 20 cm Kantenlänge mit Backpapier auslegen.
◆ Für die Haselnußschokolade die beiden Schokoladensorten im Wasserbad schmelzen und mit dem Puderzucker, den gehackten Haselnüssen und der Sahne gründlich vermischen, gleichmäßig in die Form streichen und kühlstellen.
◆ Die Bitterschokolade im Wasserbad schmelzen. Die Marzipanrohmasse mit dem Maraschino anwirken, zu einem Viereck von 20 x 20 cm ausrollen und auf die Haselnußschokolade in die Form legen. Gleichmäßig mit der geschmolzenen Bitterschokolade überziehen und wieder in den Kühlschrank stellen.
◆ Sobald die Schokolade erstarrt ist, die Marzipan-Schokoladen-Platte auf die Arbeitsfläche stürzen und das Papier abziehen. Mit einem scharfen Messer in kleine Rauten schneiden und mit der Schokoladenschicht nach oben auf einen Servierteller legen.
◆ Für die Verzierung die Pistazien kurz in kochendes Wasser geben, von den Häutchen befreien und mit der Messerspitze längs halbieren. Den Puderzucker mit dem Eiweiß und dem Zitronensaft zu einer dickflüssigen, glatten Creme verrühren und in eine Backpapiertüte geben. Auf jede Raute zwei Rechtecke (oder andere Motive nach Wahl) und Punkte zeichnen und eine Pistazienhälfte, die man mit einem Tropfen Guß befestigt, in die Mitte setzen.

Marzipanschnitten mit Schokolade

Marzipanrauten mit Pistazien

Marzipanschnitten mit Schokolade

Zubereitungszeit: *45 Minuten (ohne Kühlzeit)*

Braucht etwas Erfahrung

ZUTATEN FÜR 6-8 PERSONEN

300 g Marzipanrohmasse
150 g gehackte weiße Schokolade
150 g gehackte Bitterschokolade
30 g Mandelblättchen
3 EL Sahne
1 EL Puderzucker

Für die Verzierung:

70 g gehackte Bitterschokolade
10 g Mandelblättchen

◆ Eine rechteckige Backform von 20 x 15 cm Kantenlänge mit Backpapier auslegen. Die Arbeitsfläche mit dem Puderzucker bestäuben.
◆ Die Marzipanrohmasse etwas mit den Fingerspitzen kneten, um sie geschmeidiger zu machen, auf der Arbeitsfläche etwa 4 mm dick ausrollen und in zwei Rechtecke von 20 x 15 cm schneiden. Ein Rechteck in die Form legen.
◆ Die weiße Schokolade mit 1 EL Sahne im Wasserbad schmelzen, gleichmäßig auf das Marzipanrechteck streichen, etwas antrocknen lassen und mit den Mandelblättchen bestreuen.
◆ Die Bitterschokolade mit der restlichen Sahne im Wasserbad schmelzen und gleichmäßig über die Mandelblättchen verteilen. Sobald die Schokoladenschicht etwas angetrocknet ist, das zweite Marzipanrechteck darüberlegen. Die Form in den Kühlschrank stellen, damit die Schokolade vollständig erstarrt.
◆ Die Marzipan-Schokoladen-Platte auf die Arbeitsfläche stürzen und das Papier entfernen. Mit einem scharfen Messer in 5 cm lange und 2 cm breite Rechtecke schneiden.
◆ Für die Verzierung die Bitterschokolade im Wasserbad schmelzen und in eine Backpapiertüte geben. Jedes Rechteck mit drei Streifen und einem Schokoladenpünktchen sowie einem Mandelblättchen verzieren.
◆ Soll das Konfekt deutlich weniger süß werden, die weiße Schokolade durch Bitterschokolade ersetzen. Der geschmolzenen Schokolade außerdem 1 EL Espressopulver (in 1 EL Wasser auflösen) und 3 EL dunklen Rum zufügen. Diese Füllung kann auf das erste Marzipanrechteck gestrichen werden. Mit dem zweiten Marzipanrechteck abdecken. Die Schnitten können mit Kaffeebohnen verziert werden.

Meringen Copacabana

Zubereitungszeit: *2 Stunden*
Raffiniert

ZUTATEN FÜR 6 PERSONEN

3 Eiweiß ◆ 100 g Zucker
100 g Puderzucker ◆ 1 Prise Salz
Für die Creme:
3 Eigelb ◆ 90 g Puderzucker
1 EL Speisestärke
150 ml Milch
180 g Butter
30 g gehackte Bitterschokolade
1 EL Rum

◆ Ein Backblech mit Backpapier belegen.
◆ Die Eiweiße mit dem Salz steif schlagen. Den Zucker mit dem Puderzucker mischen und teelöffelweise zum Eischnee geben. Zwischen einem Löffel und dem nächsten etwa 1 Minute weiterrühren.
◆ Den Backofen auf 100° C vorheizen.
◆ Die Baisermasse in einen Spritzbeutel mit Sterntülle füllen und in zwölf 6 cm langen Streifen mit Abstand auf das Backblech spritzen. Im vorgeheizten Ofen maximal 2 Stunden trocknen lassen. Darauf achten, daß die Stäbchen weiß bleiben.
◆ Für die Creme die Eigelbe und den Zucker verrühren, dann die Speisestärke zufügen und die warme Milch nach und nach zugießen. Bei mittlerer Hitze 7–8 Minuten unter ständigem Rühren kochen, so daß die Masse eindickt. Die Schokolade im Wasserbad schmelzen und zusammen mit den Butterflöckchen und dem Rum unter die Creme rühren. Erkalten lassen.
◆ Die Creme auf die flache Seite von sechs Meringe-Stäbchen streichen und mit den restlichen Stäbchen zusammensetzen. Auf einem Servierteller anrichten.

Baiser-Stäbchen

Baiser-Stäbchen

Zubereitungszeit: *2 Stunden*
Raffiniert

ZUTATEN FÜR 10 PERSONEN

100 g Eiweiß ◆ 100 g Zucker
130 g Puderzucker ◆ 1 Prise Salz
100 g gehackte Bitterschokolade

◆ Ein Backblech mit Backpapier belegen.
◆ Das Eiweiß mit dem Salz steif schlagen. Den Zucker mit 100 g Puderzucker mischen und teelöffelweise zum Eischnee geben. Zwischen einem Löffel und dem nächsten etwa 1 Minute weiterrühren.
◆ Den Backofen auf 100° C vorheizen.
◆ Die Baisermasse in einen Spritzbeutel mit Lochtülle füllen und in 4 cm langen Streifen mit Abstand auf das Backblech setzen. Mit dem restlichen Puderzucker bestäuben und 10 Minuten ruhen lassen. Im vorgeheizten Ofen maximal 2 Stunden trocknen. Darauf achten, daß die Stäbchen weiß bleiben.
◆ Die Schokolade im Wasserbad schmelzen. Die Baiser-Stäbchen diagonal in die geschmolzene Schokolade eintauchen und auf einem Gitter trocknen lassen.

Baiser-Schwäne

Baiser-Schwäne

Zubereitungszeit: *2,5 Stunden*
Raffiniert

ZUTATEN FÜR 6-8 PERSONEN

100 g Eiweiß ◆ 100 g Zucker
130 g Puderzucker ◆ 1 Prise Salz
300 ml Sahne
50 g gehackte Bitterschokolade

◆ Ein Backblech mit Backpapier belegen.
◆ Das Eiweiß mit dem Salz steif schlagen. Den Zucker mit 100 g Puderzucker mischen und teelöffelweise zum Eischnee geben. Zwischen einem Löffel und dem nächsten etwa 1 Minute weiterrühren.
◆ Den Backofen auf 100° C vorheizen.
◆ Ein Drittel der Baisermasse in einen Spritzbeutel mit Lochtülle füllen und in etwa 8 cm langen, ovalen Scheiben auf das Backblech spritzen. Diese als Boden für die Schwäne verwenden. In der gleichen Anzahl S-förmige Streifen auf das Blech setzen, dabei am Ende des „S" einen Baisertropfen anfügen und so die Hälse und die Schnäbel der Schwäne formen. Die restliche Baisermasse in den Spritzbeutel geben und eine flache Tülle, die auf der einen Seite glatt und auf der anderen gezackt ist, aufsetzen. Geschwungene Ovale in der gleichen Größe wie die Böden, aber in doppelter Anzahl, auf das Blech spritzen. Als Flügel für die Schwäne verwenden.
◆ Die Baiserstücke mit dem restlichen Puderzucker bestäuben und 10 Minuten ruhen lassen. Im vorgeheizten Ofen maximal 2 Stunden trocknen. Darauf achten, daß sie weiß bleiben. Sofort vorsichtig vom Papier lösen und erkalten lassen.
◆ Die Sahne steif schlagen und in einen Spritzbeutel mit Sterntülle geben. Auf die Böden der

Schwäne eine Schicht und in die Mitte einen zusätzlichen Streifen Sahne geben . Die Flügel seitlich befestigen und die Hälse aufsetzen. Die Schokolade schmelzen und in eine Backpapiertüte füllen. Die Flügel mit einigen Schokoladenbögen verzieren und die Köpfe mit jeweils zwei Schokoladentropfen als Augen vervollständigen.
◆ Auf einen Servierteller legen und servieren.

Meringhette baciate

(Gefüllte Baisers)

Zubereitungszeit: *2 Stunden*
Raffiniert

ZUTATEN FÜR 6-8 PERSONEN

100 g Eiweiß ◆ 100 g Zucker
130 g Puderzucker ◆ 1 Prise Salz
Für die Creme:
100 g Mascarpone ◆ 35 g Puderzucker
1 TL lösliches Espressopulver
1 EL Milch

◆ Ein Backblech mit Backpapier belegen.
◆ Das Eiweiß mit dem Salz steif schlagen. Den Zucker mit 100 g Puderzucker mischen und teelöffelweise zum Eischnee geben. Zwischen einem Löffel und dem nächsten 1 Minute weiterrühren. Wenn der Zucker verbraucht ist, sollte die Masse sehr dick sein und glänzen.
◆ Den Backofen auf 100° C vorheizen.
◆ Die Baisermasse in einen Spritzbeutel mit Loch- oder Sterntülle füllen und in kleinen Häufchen, Streifen, Bögen u. ä. auf das Backblech setzen. Darauf achten, daß die Anzahl der verschiedenen Formen paarig ist, um die Baisers später zusammensetzen zu können. Mit dem restlichen Puderzucker bestäuben und 10 Minuten ruhen lassen.
◆ Im vorgeheizten Ofen 1 gute Stunde trocknen. Die Baisers dürfen sich dabei nicht verfärben. Sie sind fertig, wenn sie sich mit einem Spatel leicht vom Blech lösen. Auf einem Gitter auskühlen lassen.
◆ Für die Creme das Espressopulver in der lauwarmen Milch auflösen. Den Mascarpone mit dem Zucker und dem aufgelösten Espressopulver glattrühren und in einen Spritzbeutel füllen. Die Hälfte der Baisers an der flachen Unterseite mit etwas Creme bestreichen und die anderen daraufsetzen. Auf einem Servierteller anrichten und servieren.
◆ Falls man die Baisers schon vorab herstellt, sollte man sie in Blechdosen aufbewahren und erst kurz vor dem Servieren füllen.

Meringhette baciate

Kleine Fruchtbaisers

Kleine Fruchtbaisers

Zubereitungszeit: *2 Stunden*
Raffiniert

ZUTATEN FÜR 6-8 PERSONEN

2 Eiweiß ◆ 50 g Zucker
50 g Puderzucker ◆ 1 Prise Salz
50 g geschälte, gemahlene Mandeln
70 g pürierte Aprikosen
80 g Mandelblättchen

◆ Ein Backblech mit Backpapier belegen.
◆ Die Eiweiße mit dem Salz steif schlagen. Den Zucker mit dem Puderzucker mischen und teelöffelweise zum Eischnee geben. Zwischen einem Löffel und dem nächsten 1 Minute weiterrühren. Die gemahlenen Mandeln und das Aprikosenpüree vorsichtig unter die dicke und glänzende Eischneemasse heben.
◆ Den Backofen auf 100° C vorheizen.
◆ Die Baisermasse in einen Spritzbeutel geben und in kleinen Häufchen auf das Backblech setzen. Mit den Mandelblättchen bestreuen und im vorgeheizten Ofen 2 Stunden oder etwas kürzer trocknen. Die Baisers sind fertig, wenn sie sich mit einem Spatel leicht vom Blech lösen. Abkühlen lassen und in Papiermanschetten setzen.

Schokoladen-baisers

Zubereitungszeit: *2 Stunden*
Raffiniert

ZUTATEN FÜR 6-8 PERSONEN

100 g Eiweiß ◆ 100 g Zucker
100 g Puderzucker ◆ 1 Prise Salz
30 g Kakao

◆ Ein Backblech mit Backpapier belegen.
◆ Das Eiweiß mit dem Salz steif schlagen. Den Zucker mit dem Puderzucker mischen und teelöffelweise zum Eischnee geben. Zwischen einem Löffel und dem nächsten 1 Minute weiterrühren. Den Kakao vorsichtig unter die dicke und glänzende Baisermasse heben.
◆ Den Backofen auf 100° C vorheizen. Die Baisermasse in einen Spritzbeutel mit Sterntülle füllen und in kleinen Häufchen auf das Backblech setzen. Im Ofen 1 gute Stunde trocknen. Die Baisers sind fertig, wenn sie sich mit einem Spatel leicht vom Blech lösen.

Zweifarbige Physalis

Zubereitungszeit:
15 Minuten
(ohne Ruhezeit)
Gelingt leicht

ZUTATEN FÜR 6-8 PERSONEN

30 Physalis
300 g gehackte weiße Schokolade
2 EL Sahne
200 g gehackte Bitterschokolade

Die Physalis (Kapstachelbeere) ist eine kirschgroße Beerenfrucht mit kräftiger oranger Farbe, die von einer braunen, strohigen Hülle umschlossen wird. Ihr angenehmer, leicht säuerlicher Geschmack verbindet sich hervorragend mit dem der Schokolade.

◆ Die Hülle der Physalis öffnen und so weit nach hinten ziehen, bis sie sich zu einem Büschel um den Stiel legen läßt.

◆ Die weiße Schokolade mit 2 EL Sahne im Wasserbad schmelzen. Die Früchte am Büschel festhalten, einzeln in die Schokolade tauchen und auf einem Stück Alufolie gut trocknen lassen.

◆ Dann die Bitterschokolade im Wasserbad mit 2 EL Wasser schmelzen. Die Früchte zur Hälfte eintauchen, so daß sie im unteren Teil mit dunkler und im oberen Teil mit heller Schokolade umhüllt sind.

◆ Das Konfekt auf einem Stück Alufolie trocknen lassen und, sobald die Schokolade fest ist, in Papiermanschetten setzen.

Getrüffelte Halbmonde

Zubereitungszeit: *1 Stunde*
(ohne Kühlzeit)
Braucht etwas Erfahrung

ZUTATEN FÜR 6-8 PERSONEN

100 g gehackte Vollmilchschokolade
200 g gehackte Bitterschokolade
10 EL Sahne ◆ 50 g Butter
150 g weiße Schokolade ◆ 30 g Kakao

◆ Ein kleines Backblech mit Backpapier belegen und an den Rändern einfetten.
◆ Die Vollmilchschokolade und die Bitterschokolade mit 6 EL Sahne und der Butter im Wasserbad schmelzen, auf das Blech geben und zu einer 0,5 cm dicken, gleichmäßigen Schicht verstreichen. Im Kühlschrank erstarren lassen.
◆ Die weiße Schokolade mit der restlichen Sahne im Wasserbad schmelzen und rühren, bis die Masse glatt und homogen ist. Etwa 1 Stunde kühlstellen.
◆ Die weiße Schokolade zu Kugeln von 2 cm Durchmesser formen und auf einer mit Backpapier belegten Platte in den Kühlschrank stellen.
◆ Das Blech mit der dunklen Schokolade aus dem Kühlschrank nehmen und auf die Arbeitsfläche stürzen. Das Papier abziehen. Mit einem runden Ausstecher von 6–7 cm Durchmesser Kreise ausstechen. Aus Klarsichtfolie ebensoviele viereckige Folienstücke zuschneiden und jeweils mit einer Schokoladenscheibe belegen. Auf die Mitte der Scheiben jeweils eine Kugel weiße Schokolade setzen. Mit Hilfe der Klarsichtfolie die dunkle Schokolade um die helle hüllen, dabei gleichmäßige Kugeln rollen.
◆ Die Folie entfernen, die Kugeln im Kakao wälzen und vierteln. Jedes Viertel in eine Papiermanschette setzen. Kühl aufbewahren.

Getrüffelte Halbmonde

Cognac-Trüffel

Zubereitungszeit: *30 Minuten*
(ohne Zeit zum Marinieren und ohne Kühlzeit)
Raffiniert

ZUTATEN FÜR 10 PERSONEN

200 g gehackte Bitterschokolade
80 g Sahne
80 g gehackte Trockenpflaumen
5 cl Cognac ◆ 30 g Kakao
1 TL edelsüßes Paprikapulver

◆ Die Pflaumen mit dem Cognac beträufeln und 1 Stunde ziehen lassen.
◆ Die Sahne aufkochen, vom Herd nehmen und die Schokolade unterrühren. Einige Minuten ruhen lassen, dann nochmal umrühren.
◆ Die Masse erkalten lassen. Sobald sie fest wird, die marinierten Pflaumen untermischen und kühlstellen.
◆ Mit einem Teelöffel die Masse portionieren und zu haselnußgroßen Kugeln formen, auf ein mit Backpapier belegtes Tablett legen und 1 Stunde kaltstellen.
◆ Das Paprikapulver mit dem Kakao vermengen und sieben. Die Trüffel darin wälzen, in Papiermanschetten setzen und auf einem Servierteller anrichten. Kühl aufbewahren.

Cognac-Trüffel

Zweifarbige Physalis

Schokoladennüsse

Zubereitungszeit: *40 Minuten (ohne Kühlzeit)*

Braucht etwas Erfahrung

ZUTATEN FÜR 6 PERSONEN

100 g Zucker
200 g gehackte Bitterschokolade
40 g gehackte weiße Schokolade
200 g geröstete, geschälte Haselnüsse
2 EL Mandelöl

◆ Den Zucker mit 2 EL Wasser 3 Minuten kochen, dabei ständig rühren. Den Topf vom Herd nehmen, die Haselnüsse zugeben und rasch mit einem Holzlöffel unterrühren, bis sie von einer sandigen Zuckerschicht umhüllt sind. Den Topf wieder auf den Herd stellen, ständig weiterrühren, bis der Zucker karamelisiert.
◆ Die Nüsse auf eine mit Mandelöl bestrichene Marmorplatte geben. Mit zwei Gabeln jeweils drei Nüsse zusammenschieben, eine vierte Nuß daraufsetzen.
◆ Die Bitterschokolade im Wasserbad schmelzen, die Nußhäufchen eintauchen und auf einem Gitter abtropfen lassen. Auf einem Stück Backpapier in den Kühlschrank stellen, damit die Schokolade fest wird.
◆ Die weiße Schokolade im Wasserbad schmelzen und in eine Backpapiertüte geben. Die Nußhäufchen mit weißen Punkten verzieren.

Schokoladennüsse

Fondantbonbons

Kokos-Trüffel

Fondantbonbons

Zubereitungszeit: *30 Minuten (ohne Kühlzeit)*

Braucht etwas Erfahrung

ZUTATEN FÜR 6 PERSONEN

100 g geröstete, geschälte Haselnüsse
100 g geröstete, geschälte Mandeln
120 g gemischte kandierte Früchte
1 Prise Vanillezucker
50 g Zuckerfondant
200 g gehackte Bitterschokolade
40 g gehackte weiße Schokolade

◆ 60 g kandierte Früchte in sehr kleine Kreise schneiden und den Rest hacken.
◆ Den Zuckerfondant im Wasserbad auflösen und mit den Mandeln, den Haselnüssen, dem Vanillezucker und den gehackten kandierten Früchten mischen. Zu walnußgroßen Kugeln formen und 1 Stunde in den Kühlschrank legen.
◆ Die Bitterschokolade im Wasserbad schmelzen und die Kugeln einzeln eintauchen. Auf ein Stück Backpapier legen und im Kühlschrank fest werden lassen. Die weiße Schokolade im Wasserbad schmelzen und in eine Backpapiertüte geben. Die Bonbons mit jeweils 3 Schokoladentropfen versehen und darauf 3 Scheiben kandierte Früchte setzen; dabei die Farben abwechseln. Kühl aufbewahren.

Wundernüsse

Zubereitungszeit: *30 Minuten (ohne Kühlzeit)*

Gelingt leicht

ZUTATEN FÜR 8 PERSONEN

300 g Walnüsse
150 g Honig
150 g gehackte Bitterschokolade

◆ Die Bitterschokolade im Wasserbad schmelzen und etwas abkühlen lassen. Die Walnüsse grob hacken und mit dem Honig mischen. Die geschmolzene Schokolade unterziehen. Erkalten lassen.
◆ Die Masse zu walnußgroßen Kugeln formen, auf ein Stück Backpapier legen und 1 Stunde kühlstellen. Die Wundernüsse zuerst in Papiermanschetten und dann auf einen Servierteller setzen.

Kokos-Trüffel

Zubereitungszeit: *30 Minuten (ohne Kühlzeit)*

Gelingt leicht

ZUTATEN FÜR 8-10 PERSONEN

250 g gehackte Bitterschokolade
80 g zerbröselte trockene Kekse
50 g Haselnüsse
2 EL Rum
2 EL Milch
2 EL Kokosraspel

◆ Den Backofen auf 180° C vorheizen.
◆ Die Haselnüsse im vorgeheizten Ofen leicht rösten, durch Reiben in einem Tuch schälen und fein hacken.
◆ 200 g Bitterschokolade mit der Milch im Wasserbad schmelzen, vom Herd nehmen und mit dem Rum, den Haselnüssen und den zerbröselten Keksen vermischen, dabei kräftig rühren. Im Kühlschrank erkalten lassen.

◆ Die Schokoladenmasse zu ovalen, walnußgroßen Kugeln formen und in den Kokosraspeln wälzen. Die Raspel gut andrücken, damit sie haften. 30 Minuten kühlstellen.
◆ Die restliche Schokolade im Wasserbad schmelzen und die beiden Enden der Trüffel eintauchen. Auf einem Stück Backpapier im Kühlschrank bis zum Servieren aufbewahren.

Schnelle Kirschgeister

Schnelle Kirschgeister

Zubereitungszeit: *40 Minuten (ohne Kühlzeit)*

Braucht etwas Erfahrung

ZUTATEN FÜR 6 PERSONEN

350 g gehackte Bitterschokolade
100 ml Sahne ◆ 1 EL Kirschwasser
25–30 in Weingeist eingelegte Kirschen
1 EL Puderzucker

◆ 200 g Bitterschokolade im Wasserbad mit der Sahne schmelzen, vom Herd nehmen und das Kirschwasser unterrühren. Zum Erkalten in den Kühlschrank stellen.
◆ Die Schokoladenmasse auf der mit Puderzucker besiebten Arbeitsfläche zu Rollen von 2 cm Durchmesser formen und in 3 cm lange Stücke schneiden. Die Schokoladenstücke mit einer eingelegten Kirsche füllen und zu kleinen Kugeln rollen. Dabei die Kirschen vollständig mit der Schokolade umhüllen. Auf einem mit Backpapier belegten Tablett mindestens 1 Stunde kühlstellen.
◆ Die restliche Schokolade im Wasserbad schmelzen. Die Kugeln auf Holzstäbchen stecken, in die Schokolade tauchen und auf einem Gitter trocknen lassen. In Papiermanschetten auf einem Servierteller anrichten.

Zarte Sahnetrüffel

Kastanien mit Schokoguß

Zubereitungszeit: *30 Minuten (ohne Kühlzeit)*

Braucht etwas Erfahrung

ZUTATEN FÜR 8-10 PERSONEN

300 g Maronenpüree
100 g Puderzucker
100 g weiche Butter ◆ 30 g Kakao
200 g gehackte Bitterschokolade

Kastanien mit Schokoguß

◆ Die Butter mit dem Puderzucker schaumig rühren. Den Kakao unter das Maronenpüree mischen und die aufgeschlagene Butter-Zucker-Mischung unterziehen. Die Masse in einen Spritzbeutel mit Lochtülle geben und in Größe und Form einer Kastanie auf ein Stück Backpapier spritzen. Mindestens 4 Stunden im Kühlschrank durchkühlen lassen.
◆ Die Bitterschokolade im Wasserbad schmelzen, die Kastanien auf Holzstäbchen stecken und eintauchen, dabei die obere Seite frei lassen. Auf ein Stück Backpapier reihen und erneut kühlstellen. Sobald die Schokolade erstarrt ist, die Kastanien von den Holzstäbchen ziehen und in Papiermanschetten auf einen Servierteller setzen. Bis zum Servieren kühl aufbewahren.

Zarte Sahnetrüffel

Zubereitungszeit: *40 Minuten (ohne Kühlzeit)*

Gelingt leicht

ZUTATEN FÜR 6 PERSONEN

250 g gehackte Vollmilchschokolade
100 ml Sahne
1 EL Zucker
Für den Überzug:
150 g gehackte Vollmilchschokolade

◆ Den Zucker in einem Edelstahltopf bei schwacher Hitze mit 1 EL Wasser schmelzen, die Sahne zufügen und unter Rühren aufkochen. Vom Herd nehmen und die Schokolade unterrühren. Die Masse einige Minuten ruhen lassen, dann umrühren und erkalten lassen. Sobald sie anzieht, nochmal umrühren und zum völligen Erstarren in den Kühlschrank stellen.
◆ Mit einem Teelöffel die Masse portionieren und zu unregelmäßigen Kugeln, die etwa die Größe einer Haselnuß haben sollen, formen. 1 Stunde auf einem Stück Backpapier im Kühlschrank durchkühlen lassen.
◆ Für den Überzug die Schokolade im Wasserbad schmelzen. Die Kugeln auf Holzstäbchen stecken, in die Schokolade tauchen, abtropfen lassen und auf einem Gitter hin und her drehen, damit sie eine unregelmäßige Oberfläche erhalten.
◆ Die Trüffel auf einem Tablett mindestens 2 Stunden im Kühlschrank ruhen lassen. Vor dem Servieren in Papiermanschetten und auf einen Servierteller setzen.

Bunte Marzipanscheiben

Zubereitungszeit: *1 Stunde (ohne Kühlzeit)*
Braucht etwas Erfahrung

ZUTATEN FÜR 10 PERSONEN

400 g Marzipanrohmasse
280 g gehackte Bitterschokolade
50 ml Sahne
30 g geschälte, gemahlene Pistazien
1 EL Alchermes ◆ 1 Prise Safran

◆ Die Marzipanrohmasse in vier gleich große Portionen teilen. Die Pistazien, den Alchermes und den in einem Tropfen Wasser aufgelösten Safran mit den Fingerspitzen unter jeweils eine Portion kneten. Einen Teil ungefärbt lassen.
◆ Die Portionen zu 3 mm dicken und 30 cm langen Rechtecken ausrollen. 200 g Schokolade mit der Sahne im Wasserbad schmelzen und in einen Spritzbeutel mit 1 cm breiter Lochtülle geben. In die Mitte der Rechtecke und über deren gesamte Länge einen Schokoladenstreifen spritzen. Die Marzipanplatten auf einem Tablett mindestens 30 Minuten in den Kühlschrank stellen, damit die Schokolade fest wird.
◆ Die Platten um den Schokoladenstreifen herum aufrollen. Die restliche Schokolade im Wasserbad schmelzen und dünn auf jede Rolle streichen. 30 Minuten kühlstellen. Kurz vor dem Servieren die Rollen in Scheiben schneiden und auf einem Servierteller anrichten.

Fudge
(Canache-Pralinen)

Zubereitungszeit: *20 Minuten*
Gelingt leicht

ZUTATEN FÜR 6 PERSONEN

300 g gehackte Kuvertüre
750 g Zucker ◆ 200 ml Sahne
70 g Butter
1 TL ausgeschabtes Mark einer Vanilleschote

◆ 18 runde Förmchen von 3 cm Durchmesser mit Backpapier auslegen.
◆ Die Kuvertüre, den Zucker, die Sahne und die Butter in eine feuerfeste Porzellankasserole geben und bei sehr schwacher Hitze erwärmen. Unter Rühren die Zutaten auflösen und schließlich zum Kochen bringen, etwa 10 Minuten leicht köcheln lassen. Vom Herd nehmen und die Vanille zufügen.
◆ Die Masse auf die Förmchen verteilen und bei Zimmertemperatur abkühlen lassen.
◆ Die Pralinen stürzen und das Papier abziehen. Auf einem Servierteller anrichten.

Kastanien in der Schale

Zubereitungszeit: *50 Minuten (ohne Kühlzeit)*
Braucht etwas Erfahrung

ZUTATEN FÜR 8-10 PERSONEN

300 g Maronenpüree
100 g Puderzucker
100 g weiche Butter
300 g gehackte Bitterschokolade
200 g Marzipanrohmasse
40 g geschälte, gemahlene Pistazien

◆ Die Butter mit dem Puderzucker dickschaumig rühren, das Maronenpüree unterziehen und etwa 30 Minuten in den Kühlschrank stellen. Die Masse zu haselnußgroßen Kugeln formen und erneut mindestens 3 Stunden kühlstellen.
◆ 150 g Bitterschokolade im Wasserbad schmelzen. Die Maronenkugeln eintauchen, auf Klarsichtfolie setzen und im Kühlschrank fest werden lassen.
◆ Die Marzipanrohmasse mit den Pistazien anwirken und 3 mm dick ausrollen. Mit einem runden Ausstecher von 4 cm Durchmesser Kreise ausstechen.
◆ Die Maronenkugeln mit den Marzipanscheiben umhüllen und zu großen Kugeln rund drehen. Die restliche Schokolade im Wasserbad schmelzen, die Kugeln eintauchen und auf Klarsichtfolie legen. Etwas antrocknen lassen, dann auf einem Gitter hin und her rollen, um die Stacheln der Kastanienschale zu formen.
◆ Die Pralinen auf ein mit Backpapier belegtes Tablett setzen und etwa 2 Stunden kühlstellen.

Rumpralinen

Zubereitungszeit: *30 Minuten (ohne Kühlzeit)*
Raffiniert

ZUTATEN FÜR 6 PERSONEN

275 g gehackte Vollmilchschokolade
125 g gehackte Bitterschokolade
150 ml Sahne
1 EL Zucker
2 EL Rum

◆ In einem Topf den Zucker mit 1 EL Wasser schmelzen, die Sahne zufügen und aufkochen. Vom Herd nehmen und 125 g Vollmilchschokolade sowie die Bitterschokolade zufügen; einige Minuten ruhen lassen, dann umrühren. Den Rum zufügen und die Masse erkalten lassen. Sobald sie anzieht, nochmals etwas umrühren und zum völligen Erstarren in den Kühlschrank stellen.
◆ Mit einem Teelöffel die Masse portionieren und zu haselnußgroßen Kugeln formen. Etwa 1 Stunde auf einem Stück Backpapier kühlstellen.
◆ Die Kugeln in der restlichen gehackten Vollmilchschokolade wälzen, in Papiermanschetten und auf einen Servierteller setzen. Kühl aufbewahren.

Kaffeepralinen

Zubereitungszeit: *20 Minuten (ohne Kühlzeit)*
Gelingt leicht

ZUTATEN FÜR 6 PERSONEN

100 g gehackte Bitterschokolade
40 g Sahne
1 EL lösliches Espressopulver

◆ Die Sahne erwärmen und das Espressopulver darin auflösen. Die Schokolade im Wasserbad schmelzen, die Espresso-Sahne unterrühren und etwas abkühlen lassen.
◆ Die Masse in einen Spritzbeutel mit breiter Sterntülle füllen und in kleine Papiermanschetten spritzen. Die Pralinen zum Erstarren einige Stunden in den Kühlschrank stellen.

Maraschino-pralinen

Zubereitungszeit: *1 Stunde (ohne Kühlzeit)*
Braucht etwas Erfahrung

ZUTATEN FÜR 6-8 PERSONEN

200 g gehackte Vollmilchschokolade
Für die Füllung:
250 g gehackte Vollmilchschokolade
125 g weiche Butter
60 ml Maraschino

◆ 200 g Vollmilchschokolade im Wasserbad schmelzen und auf 18–20 Pralinenförmchen verteilen. Die Förmchen hin und her bewegen, bis sie vollständig mit einer dicken Schicht Schokolade bedeckt sind. Umgedreht auf einem Gitter abtropfen lassen, dann mit einem Spatel am Rand der Förmchen entlangfahren. Die Förmchen zum Erstarren der Schokolade in den Kühlschrank, die restliche Schokolade beiseite stellen.
◆ Für die Füllung die Schokolade im Wasserbad schmelzen. Die Butter schaumig schlagen und die lauwarme Schokolade unterrühren, dabei den Maraschino zufügen. Die Masse in einen Spritzbeutel mit Lochtülle füllen und in die Förmchen spritzen. Die beiseite gestellte Schokolade nochmal schmelzen und über die Maraschinocreme verteilen; die Pralinen so mit einer dünnen Schicht Schokolade verschließen. Im Kühlschrank fest werden lassen.
◆ Die völlig durchgekühlten Pralinen stürzen, indem man die Förmchen umdreht und auf der Arbeitsfläche aufstößt. In Papiermanschetten setzen und kühl aufbewahren.

Haselnußpralinen

Zubereitungszeit: *45 Minuten (ohne Kühlzeit)*
Braucht etwas Erfahrung

ZUTATEN FÜR 6-8 PERSONEN

200 g gehackte Vollmilchschokolade
150 g geröstete, gehackte Haselnüsse
150 g Puderzucker
4–5 EL Sahne
Für den Guß:
50 g geröstete Haselnüsse
150 g gehackte Bitterschokolade

◆ Eine flache Form von 14 x 6 cm mit Backpapier belegen.
◆ Die Vollmilchschokolade im Wasserbad schmelzen und die gehackten Haselnüsse, den Puderzucker und die Sahne zufügen. Die Masse in die Form gießen, gleichmäßig verstreichen und im Kühlschrank erstarren lassen.
◆ Die Schokoladenplatte auf die Arbeitsfläche stürzen, das Papier abziehen und mit Hilfe eines Lineals in 2 cm große Würfel schneiden. Die Würfel zu Kugeln rollen.
◆ Eine Haselnuß auf jede Kugel setzen und etwas andrücken. Für den Guß die Bitterschokolade im Wasserbad schmelzen und die vorbereiteten Pralinen eintauchen. Auf einem Gitter abtropfen und im Kühlschrank erstarren lassen.
◆ Die Pralinen halten sich an einem kühlen Ort (eventuell im Kühlschrank) sehr lange. Vor dem Servieren in Papiermanschetten und dann auf einen Servierteller setzen. Der Geschmack kommt besser zur Geltung, wenn man sie während 1–2 Stunden Zimmertemperatur annehmen läßt.

Pistazienkrokant

Zubereitungszeit: *30 Minuten*
Braucht etwas Erfahrung

ZUTATEN FÜR 6 PERSONEN

200 g geschälte Pistazien
200 g Zucker
1/2 EL Zitronensaft
2 EL Mandelöl

Den Backofen auf 150° C vorheizen. Die Pistazien kurz mit kochendem Wasser überbrühen und schälen. Im vorgeheizten Ofen trocknen lassen, ohne sie zu rösten.

◆ Eine Marmorplatte und die Teigrolle mit dem Mandelöl einfetten.

◆ Den Zucker mit dem Zitronensaft und 1 EL Wasser aufkochen. Die Pistazien zufügen und alles bei schwacher Hitze unter ständigem Rühren weiterkochen, bis der Zucker eine schöne goldgelbe Farbe angenommen hat.

◆ Die Masse auf die Marmorplatte schütten und noch warm mit der eingeölten Teigrolle 0,5 cm dick ausrollen.

◆ Die noch warme Krokantschicht in 3 cm breite Streifen und schließlich in 4–5 cm lange Rechtecke schneiden und abkühlen lassen. Kalt servieren.

Gebrannte Mandeln

Zubereitungszeit: *45 Minuten*
Braucht etwas Erfahrung

ZUTATEN FÜR 16 MANDELN

16 geschälte Mandeln ◆ *200 g Zucker*
2 EL Glukose

◆ Die Mandeln 5 Minuten in warmes Wasser legen, abgießen und gut abtrocknen.
◆ Den Zucker mit der Glukose mischen, bei mittlerer Hitze zum Kochen bringen und weiterkochen, bis ein dicker Sirup entstanden ist. In eine Keramikschüssel gießen, erkalten lassen und mit einem Holzlöffel umrühren, damit der Sirup noch dickflüssiger wird.
◆ Die Masse auf eine Marmorplatte geben. Mit den Händen durchkneten und zu 16 Kugeln formen. In jede Kugel eine Mandel stecken.
◆ Die gebrannten Mandeln in Alufolie wickeln oder in eine Papiermanschette setzen.

Pinienkernkrokant

Pinienkernkrokant

Zubereitungszeit: *30 Minuten*
Braucht etwas Erfahrung

ZUTATEN FÜR 6 PERSONEN

200 g Pinienkerne ◆ *200 g Zucker*
1/2 EL Zitronensaft
2 EL Mandelöl

◆ Eine Marmorplatte und die Teigrolle mit dem Mandelöl einfetten. Den Zucker mit dem Zitronensaft und 1 EL Wasser schmelzen und die Pinienkerne zufügen. Alles bei schwacher Hitze unter ständigem Rühren weiterkochen, bis der Zucker eine schöne goldgelbe Farbe angenommen hat.
◆ Die Masse auf die Marmorplatte schütten und mit der Teigrolle 0,5 cm dick ausrollen. Den noch warmen Krokant in 3 cm breite Streifen und schließlich in Vierecke von 3 x 3 cm schneiden. Abkühlen lassen.
◆ Der Krokant hält sich in dicht verschließbaren Gläsern lange frisch.

Torroncini mit Schokolade

Torroncini mit Schokolade

Zubereitungszeit: *3 Stunden*
Raffiniert

ZUTATEN FÜR 8 PERSONEN

200 g Honig ◆ *2 Eiweiß*
1 Prise Salz ◆ *200 g Zucker*
600 g geschälte, gehackte Mandeln
200 g gehackte Bitterschokolade
geriebene Schale von 1 unbehandelten Orange
1 EL Glukose
1 EL Mandelöl

◆ Ein Backblech mit dem Mandelöl einfetten. Den Honig und die Glukose im Wasserbad etwa 2 Stunden kochen, dabei ab und zu umrühren, bis die Temperatur von 120° C erreicht ist (zum Messen ein Zuckerthermometer verwenden).
◆ In einem Topf den Zucker mit Wasser befeuchten und kochen, bis er die Temperatur von 120° C erreicht hat, ab und zu umrühren.
◆ Die Eiweiße mit dem Salz steif schlagen und unter den gekochten Honig heben. Den Zucker ▶

Pistazienkrokant

sirup in feinem Strahl zugießen und alles so lange weiterkochen, bis die Masse beginnt, fest zu werden. Die Mandeln, die Schokolade und die Orangenschale zufügen, dabei kräftig umrühren, damit sich die Zutaten gut vermischen.
◆ Die Masse mit einem Spatel 2 cm dick auf dem Blech verstreichen und in Stäbchen schneiden. Die Krokantstücke in Klarsichtfolie wickeln.

Karamelisierte Nüsse

Karamelisierte Nüsse

Zubereitung: *30 Minuten*
Braucht etwas Erfahrung

ZUTATEN FÜR 6-8 PERSONEN

150 g geröstete, geschälte Haselnüsse (oder geschälte Mandeln)
75 g Zucker
1 EL Mandelöl

◆ Den Zucker mit 3 EL Wasser in einen kleinen Topf geben. Bei schwacher Hitze aufkochen und 3 Minuten weiter kochen lassen, bis man einen dicken Sirup erhält. Vom Herd nehmen, die Haselnüsse (oder Mandeln) zugeben und mit einem Holzlöffel unterrühren, bis sie von einer sandigen Zuckerschicht umhüllt sind.
◆ Den Topf wieder auf den Herd stellen und den Zucker bei mittlerer Hitze und unter ständigem Rühren karamelisieren lassen. Eine Marmorplatte oder ein Backblech mit etwas Mandelöl bepinseln. Die Nüsse oder Mandeln darauf geben und mit 2 Gabeln schnell voneinander lösen. Vollständig auskühlen lassen und in einer Schüssel servieren.

Torrone mit Haselnüssen

Torrone mit Haselnüssen

Zubereitungszeit: *1,5 Stunden*
Raffiniert

ZUTATEN FÜR 1,2 KG TORRONE

500 g geröstete, geschälte Haselnüsse
270 g Zucker
200 g Honig
180 g gehackte Bitterkuvertüre
3 Eiweiß
1 Prise Salz
1 Paket Oblaten

◆ Die Oblaten so auf einem Backblech anordnen, daß sie leicht überlappen.
◆ Im Wasserbad 30 g Zucker mit 2 EL Wasser unter ständigem Rühren auflösen.
◆ Den Honig in einem Edelstahltopf im Wasserbad langsam zum Kochen bringen und etwa 1,5 Stunden kochen lassen, dabei häufig mit einem Holzlöffel umrühren. Der Honig hat den richtigen Kochgrad erreicht, wenn ein Honigtropfen, den man in ein Glas mit kaltem Wasser fallen läßt, sofort kristallisiert.
◆ Die Eiweiße mit dem Salz steif schlagen. In einem anderen Edelstahltopf mittlerer Größe den restlichen Zucker mit knapp 125 ml Wasser unter ständigem Rühren aufkochen, bis er leicht karamelisiert. Den gekochten Honig, die geschmolzene Schokolade und die ganzen Haselnüsse zufügen und gründlich verrühren. Vom Herd nehmen und den Eischnee unterheben.
◆ Die Masse auf die Oblaten verteilen und 3 cm dick verstreichen. Mit einer zweiten Lage Oblaten abdecken. Sobald der Torrone etwas abgekühlt ist, in Rechtecke schneiden. Die kalten Stücke in Alufolie wickeln und in dicht verschließbaren Blechdosen aufbewahren.

Mandelkrokant

Mandelkrokant

Zubereitungszeit: *1 Stunde*
Braucht etwas Erfahrung

ZUTATEN FÜR 4 PERSONEN

300 g geschälte Mandeln
300 g Zucker
20 ml Wasser
1 EL Mandelöl

◆ Den Backofen auf 180° C vorheizen. Eine Marmorplatte oder das Backblech und die Teigrolle mit dem Mandelöl einfetten.
◆ Die Mandeln auf das Backblech legen, leicht rösten und klein hacken.
◆ Den Zucker mit dem Wasser in einen Topf mit dickem Boden geben und bei schwacher Hitze so lange kochen, bis er beginnt, sich zu verfärben. Die Mandeln zufügen und alles unter Rühren weiterkochen, bis der Zucker eine schöne goldgelbe Farbe angenommen hat.
◆ Die Masse auf die Marmorplatte schütten und mit einem in kaltes Wasser getauchten Metallspatel 1 cm dick verstreichen.
◆ Sobald die Krokantplatte etwas abgekühlt ist, in kleine Vierecke, Rauten oder Dreiecke schneiden oder mit einem kleinen runden Ausstecher Plättchen ausstechen. Völlig auskühlen lassen und auf einen Servierteller legen.

Marinierte Maronen

Zubereitungszeit:
2 Stunden 40 Minuten
Raffiniert

ZUTATEN FÜR 2 KG MARONEN

2 kg sehr große Maronen
500 g Zucker
500 ml Rum, Cognac oder Brandy
2 Lorbeerblätter
4 Nelken

◆ Die Maronen schälen, ohne die inneren Häutchen zu verletzen, und mit kaltem Wasser, dem Lorbeer und den Nelken in einen Topf geben. Bei schwacher Hitze 25 Minuten kochen.
◆ Die Maronen vorsichtig mit einer Schöpfkelle aus dem Wasser heben und abkühlen lassen. Sobald sie abgekühlt sind, mit einem Küchenmesser die Häutchen entfernen, dabei darauf achten, daß die Früchte nicht zerbröseln.
◆ In einem breiten Topf 1 l Wasser mit dem Zukker aufkochen, dabei mehrfach den Schaum abschöpfen. Nach 8 Minuten die Maronen, ohne umzurühren, zufügen und bei sehr schwacher Hitze weitere 5 Minuten kochen. Die Früchte in der Kochflüssigkeit abkühlen lassen, dann mit einer Schöpfkelle herausnehmen und in ein dicht verschließbares Glas mit breiter Öffnung geben.
◆ Den Sirup erneut aufkochen, mehrmals abschäumen, dann den Weinbrand zufügen und erkalten lassen. Die Flüssigkeit durch ein Sieb über die Maronen gießen, so daß sie völlig bedeckt sind. Bei Bedarf weiteren Weinbrand zufügen.
◆ Das Glas verschließen und vor dem Servieren mindestens 2 Wochen ziehen lassen.

Marinierte Maronen

Pampelmusen Majestic

Zubereitungszeit: *1 Stunde*
Braucht etwas Erfahrung

ZUTATEN FÜR 4 PERSONEN

4 große Pampelmusen ◆ 2 Orangen
100 g entsteinte Kirschen aus dem Glas
5 cl Kirschwasser
4 Aprikosenhälften aus der Dose
2 Pfirsichhälften aus der Dose
1 EL Zucker ◆ 1 Eiweiß
2 EL Puderzucker
1 Prise Salz

Pampelmusen Majestic

◆ Auf $^{3}/_{4}$ Höhe einen Deckel von den Pampelmusen abschneiden und das Fruchtfleisch auslösen. Die inneren, hellen Häutchen vollständig entfernen und die Hälfte der so erhaltenen Pampelmusenfilets in kleine Stücke schneiden.
◆ Die Orangen bis „aufs Fleisch" schälen (s. S. 28) und die Filets aus den Häutchen herauslösen; dann in Stücke schneiden. Die Aprikosen, die Pfirsiche und die Kirschen (bis auf 4) kleinschneiden. Das Obst in einer Schüssel mit dem Zucker und dem Kirschwasser vermischen und 30 Minuten ziehen lassen.
◆ Den Obstsalat auf die Pampelmusenschalen verteilen. Das Eiweiß mit dem Salz steif schlagen, dabei den Puderzucker nach und nach einrieseln lassen. Die Eiweißmasse in einen Spritzbeutel mit Sterntülle füllen und auf den Obstsalat spritzen. Die Pampelmusen 4–5 Minuten im Backofengrill überbacken und mit den restlichen Kirschen verzieren.

Aprikosen mit Zabaione

Zubereitungszeit: *50 Minuten*
Braucht etwas Erfahrung

ZUTATEN FÜR 6 PERSONEN

12 große, reife Aprikosen
2 EL Zucker ◆ 50 g Butter
1 Prise Zimt
120 g geschälte, geröstete Mandeln
2 Päckchen Vanillezucker
Für die Zabaione:
4 Eigelb ◆ 4 EL Zucker
100 ml trockener Marsala
2 EL Vino Moscato

Aprikosen mit Zabaione

◆ Die Aprikosen gründlich waschen, halbieren, entsteinen und nebeneinander mit der Schnittseite nach oben in eine entsprechend große Form legen. Mit dem Zucker, dem Zimt, dem Vanillezucker und der Butter in Flöckchen bestreuen und mit $^{1}/_{4}$ l Wasser übergießen. Abgedeckt garen, bis die Flüssigkeit verkocht ist und die Aprikosen weich sind. Beiseite stellen und erkalten lassen.
◆ Den Backofen auf 200° C vorheizen.
◆ Mit den oben genannten Zutaten eine Zabaione zubereiten (s. S. 17) und auf die Aprikosenhälften verteilen. Die Form 15 Minuten in den vorgeheizten Ofen schieben.
◆ Die Aprikosen mit den leicht gerösteten, grob gehackten Mandeln verzieren, auf einen Servierteller setzen und lauwarm servieren.

Ananas mit Fondantüberzug

Zubereitungszeit: *40 Minuten*

Gelingt leicht

ZUTATEN FÜR 6 PERSONEN

200 g kandierte Ananasscheiben
150 g Zuckerfondant
80 g gehackte Bitterschokolade
1 EL Maraschino

Die Ananasscheiben in Stücke schneiden. Den Fondant im Wasserbad bei schwacher Hitze schmelzen (**1**) und mit dem Maraschino verrühren. Die Ananasschnitze mit einer Pinzette an der Spitze festhalten und zu zwei Drittel in den Fondant tauchen (**2**). Am Rand des Topfes abstreifen (**3**) und auf ein Stück Backpapier legen. Die Glasur fest werden lassen. Die Schokolade im Wasserbad schmelzen und die breite Seite der Ananasschnitze eintauchen (**4**).

◆ Auf einem Stück Backpapier trocknen lassen, auf einen Teller setzen und servieren.

1

2

3

4

Pfirsich Melba

Zubereitungszeit: *1 Stunde*

Gelingt leicht

ZUTATEN FÜR 6 PERSONEN

3 feste Pfirsiche mittlerer Größe
350 g Himbeeren
600 g Vanilleeis
(s. S. 282)
2 Päckchen Vanillezucker
1 EL Zucker
2 EL Puderzucker
1/4 l Sahne

◆ Die Pfirsiche einige Sekunden in kochendes Wasser tauchen, abtropfen lassen und häuten. Schließlich halbieren, entsteinen und nebeneinander in eine feuerfeste Form setzen.
◆ Die Pfirsichhälften mit Wasser bedecken, mit dem Zucker und dem Vanillezucker bestreuen und bei sehr schwacher Hitze so lange kochen, bis die Flüssigkeit zu einem Sirup eingekocht ist. Die Früchte, die dabei nicht zerfallen dürfen, im Sirup erkalten lassen.
◆ Die Himbeeren zügig in sehr kaltem Wasser waschen, gut abtropfen lassen und mit dem Puderzucker pürieren.
◆ Die Pfirsichhälften mit der Schnittseite nach oben jeweils in ein Schälchen setzen, die Aushöhlung mit einem Bällchen Vanilleeis füllen und das Himbeerpüree darübergießen.
◆ Die Sahne steif schlagen, in einen Spritzbeutel mit Sterntülle geben und in Tupfen auf die Schalen verteilen.

Flambierte Äpfel

Flambierte Äpfel

Zubereitungszeit: *45 Minuten*

Gelingt leicht

ZUTATEN FÜR 4 PERSONEN

4 Äpfel
2 EL gehackte Walnüsse
2 EL entsteinte, gehackte Datteln
2 EL Rosinen ◆ 4 kandierte Kirschen
20 g Orangeat
1 EL Puderzucker
1/4 l Weißwein
10 cl Rum

◆ Eine runde feuerfeste Form, in der die Äpfel am Tisch serviert werden können, einfetten. Die Rosinen in lauwarmem Wasser einweichen.
◆ Die Äpfel waschen und schälen. Das Kerngehäuse mit einem Apfelausstecher entfernen und die Öffnung mit Hilfe eines Teelöffels vergrößern.
◆ In einer Schüssel die Walnüsse, die Datteln, die ausgedrückten Rosinen, den Puderzucker, die gehackten Kirschen und das Orangeat vermengen.
◆ Die Nuß-Frucht-Mischung in die Äpfel füllen und um die Äpfel herum in die Form streuen. Den Weißwein darübergießen und alles bei mittlerer Hitze etwa 20 Minuten garen, bis der Wein vollständig verkocht ist.
◆ Zum Servieren den heißen Rum über die Äpfel gießen und mit einem langen Streichholz anzünden. Die Form mit den brennenden Äpfeln zum Tisch bringen.

Ananas mit Fondantüberzug

Bananen mit Orangenglasur

Zubereitungszeit: *25 Minuten*
Gelingt leicht

ZUTATEN FÜR 4 PERSONEN

4 Bananen ◆ 40 g Butter
50 g gehackte Walnüsse
100 ml Orangensaft
2 EL Grand Marnier
40 g Rohrzucker
300 g Vanilleeis (S. 282)

◆ Eine feuerfeste Form einfetten. Den Backofen auf 220° C vorheizen.
◆ Die Bananen schälen, längs halbieren und in die Form legen. Den Orangensaft mit dem Grand Marnier mischen und über die Bananen gießen, die Butter in Flöckchen darauf verteilen. Im vorgeheizten Ofen 10 Minuten backen, dabei ab und zu mit der Kochflüssigkeit bestreichen.
◆ Die Bananen mit den Walnüssen und dem Rohrzucker bestreuen und 5 Minuten weiterbacken, bis sie gratiniert sind. Warm mit dem Vanilleeis servieren.

Bananen mit Orangenglasur

Gefüllte Kiwis

Zubereitungszeit: *45 Minuten*
Gelingt leicht

ZUTATEN FÜR 6 PERSONEN

10 gleich große Kiwis
2 Eigelb
40 g Zucker
20 g Mehl ◆ 200 ml Milch
200 ml Sahne
2 Päckchen Vanillezucker

◆ Mit den Eigelben, dem Mehl, der Milch, dem Zucker und dem Vanillezucker eine Konditorcreme zubereiten (s. S. 16) und abkühlen lassen, dabei ab und zu umrühren.
◆ Eine Kiwi schälen und in Scheiben schneiden. Die Scheiben vierteln und die restlichen Kiwis längs halbieren. Das Fruchtfleisch mit einem Teelöffel auslösen, pürieren und unter die kalte Creme ziehen. Die Sahne steif schlagen und vorsichtig unter die Fruchtcreme heben. Die Kiwihälften füllen und mit den Kiwistücken verzieren.
◆ Die gefüllten Kiwis mit Katzenzungen oder anderen Plätzchen nach Wahl servieren.

Gefüllte Kiwis

Gezuckerte Trauben

Pfirsiche mit Cremefüllung

Zubereitungszeit: *30 Minuten*
Gelingt leicht

ZUTATEN FÜR 6 PERSONEN

6 feste reife Pfirsiche
100 g Zucker ◆ 1 Vanilleschote
50 g geschälte, gehackte Mandeln
Für die Konditorcreme:
2 Eigelb ◆ 35 g Zucker
1/4 l Milch ◆ 20 g Mehl
1 Päckchen Vanillezucker
Schale von 1/2 unbehandelten Zitrone

◆ Ein Backblech leicht einfetten.
◆ Die Pfirsiche waschen, kurz in kochendes Wasser geben, abtropfen lassen und häuten.
◆ Den Zucker mit der aufgeschnittenen Vanilleschote und 200 ml Wasser bei mittlerer Hitze 10 Minuten kochen. Die Pfirsiche in den Sirup legen und zum Abkühlen beiseite stellen.
◆ Mit den oben genannten Zutaten eine Konditorcreme zubereiten (s. S. 16). Häufig umrühren, damit sie abkühlt.
◆ Die Pfirsiche gut abtropfen lassen, halbieren und entsteinen. Die Pfirsichhälften mit der kalten Creme füllen, mit den gehackten Mandeln bestreuen und unter dem Grill gratinieren. Sofort servieren.

Gezuckerte Trauben

Zubereitungszeit: *15 Minuten*
Gelingt leicht

ZUTATEN FÜR 4 PERSONEN

300 g helle oder dunkle Trauben
100 g Zucker
1 Eiweiß

◆ Die Trauben unter fließendem Wasser waschen und abtropfen lassen. Mit der Schere die Beeren abschneiden, dabei darauf achten, daß die Stiele an den Beeren haften bleiben. Mit einem sauberen Tuch abtrocknen.
◆ Das Eiweiß leicht verschlagen und die Trauben – immer mehrere auf einmal – eintauchen. Im Zucker wälzen, bis sie völlig mit Zuckerkristallen bedeckt sind, und zum Trocknen auf ein Stück Backpapier legen. In Papiermanschetten servieren.

Karamelisierte Feigen

Zubereitungszeit: *15 Minuten (ohne Kühlzeit)*
Braucht etwas Erfahrung

Zutaten für 4 Personen

16 reife, weiße Feigen
200 g Zucker

◆ Die Feigen mit einem feuchten Tuch säubern, ohne die Schale zu verletzen, und 34 Stunden im Kühlschrank durchkühlen lassen.
◆ Den Zucker mit 4 EL Wasser bei schwacher Hitze zu einem hellen Karamel kochen. Die Feigen auf ein Gitter setzen und mit Hilfe eines Löffels mit dem Karamel überziehen. Erkalten lassen und bis zum Servieren kühlstellen.

Karamelisierte Feigen

Paradiesäpfel

Zubereitungszeit: *45 Minuten*
Braucht etwas Erfahrung

Zutaten für 4 Personen

4 feste rote Äpfel (600–700 g)
250 g Zucker
40 g Butter
50 ml Sahne
1 Prise Weinstein

◆ Die Äpfel waschen und abtrocknen. Den Backofen auf 160° C vorheizen.
◆ In einer hohen, schmalen Kasserole, die man in den Ofen stellen kann, den Zucker mit 1/4 l Wasser langsam zum Kochen bringen und unter Rühren vollständig auflösen. Den Weinstein, die Butter und die Sahne zufügen. Alles gut verrühren und 20–25 Minuten in den Ofen geben. Die Masse muß cremig und klebrig werden.
◆ Die sorgfältig abgetrockneten Äpfel auf vier Holzstäbchen von 14 cm Länge stekken und den Topf aus dem Ofen nehmen. Die aufgespießten Äpfel in den Sirup tauchen, bis sie vollständig von einer Karamelschicht überzogen sind.
◆ Auf ein leicht gefettetes Backblech setzen und erkalten lassen, damit der Zuckerüberzug völlig fest wird.
◆ Auf einem Servierteller anrichten und und mit den Holzstäbchen servieren.

Erdbeeren Pompadour

Zubereitungszeit: *20 Minuten (ohne Ruhezeit)*
Gelingt leicht

Zutaten für 6 Personen

18 Erdbeeren mittlerer Größe
1 Eiweiß
200 g Puderzucker
1 EL Zitronensaft
50 g Zucker

◆ Das Eiweiß mit dem Zitronensaft leicht verschlagen, dabei nach und nach den gesiebten Puderzucker zufügen und weiterrühren bis eine dicke, glatte Creme entstanden ist.
◆ Den Zucker auf der Arbeitsfläche verteilen. Die Erdbeeren in sehr kaltem Wasser waschen, abtrocknen, an den Stielen fassen und in die Zukkerglasur tauchen. Gut abtropfen lassen und auf die gezuckerte Arbeitsfläche legen. Etwa 2 Stunden, oder bis die Glasur fest ist, ruhen lassen.
◆ In Papiermanschetten setzen und auf einem Servierteller anrichten.

Erdbeeren Pompadour

Kirschen in Schokolade

Zubereitungszeit: *30 Minuten (ohne Ruhezeit)*
Gelingt leicht

Zutaten für 6 Personen

250 g Kirschen
200 g Zuckerfondant
200 g gehackte Bitterschokolade
1 EL Kirschwasser oder Maraschino

◆ Die Kirschen waschen und abtrocknen, ohne die Stiele zu entfernen. Den Fondant im Wasserbad bei schwacher Hitze schmelzen, vom Herd nehmen und das Kirschwasser unterrühren. Die Kirschen an den Stielen fassen und einzeln eintauchen. Auf einem Stück Backpapier trocknen lassen.
◆ Sobald die Zuckerglasur völlig erstarrt ist, die Bitterschokolade im Wasserbad schmelzen. Die Kirschen eintauchen und zum Trocknen auf das Backpapier setzen.
◆ In Papiermanschetten auf einem Servierteller anrichten.

Kirschen in Schokolade

Orangenstäbchen mit Schokolade

Zubereitungszeit: *1 Stunde*
Braucht etwas Erfahrung

ZUTATEN FÜR 6 PERSONEN
4 unbehandelte Orangen mit dicker Schale
200 g Zucker
100 g gehackte Bitterschokolade

Die beiden Enden der Orangen mit einem scharfen Messer ganz abschneiden, dann die Früchte vierteln. Das Fruchtfleisch so entfernen, daß ein wenig davon an der Schale haften bleibt.

◆ Die Schalenstücke in etwa 0,5 cm breite Streifen schneiden, in einen Topf legen, mit kaltem Wasser bedeckt aufkochen und abgießen. Diesen Vorgang noch zweimal wiederholen, um Unreinheiten zu enfernen und die Bitterstoffe auszuschwemmen.

◆ Die abgegossenen Schalenstreifen mit dem Zucker und 1/4 l Wasser in den Topf geben und zum Kochen bringen. 30 Minuten kochen lassen, bis sie durchsichtig glänzen und die Flüssigkeit verkocht ist. Zum Erkalten und Trocknen mit Abstand auf ein Gitter legen.

◆ Die Schokolade im Wasserbad schmelzen und die kandierten Orangenstreifen bis zu 3/4 ihrer Länge einzeln eintauchen. Die Stäbchen auf ein Stück Backpapier legen und kühlstellen, damit die Schokolade fest wird.

Gefüllte Bratäpfel

Zubereitungszeit: *1 Stunde*
Gelingt leicht

ZUTATEN FÜR 4 PERSONEN
4 Äpfel
2 EL Zucker
30 g Butter
Für die Konditorcreme:
1/4 l Milch ◆ 25 g Mehl
75 g Zucker ◆ 2 Eigelb
einige zerbröselte Amaretti
2 EL Kirschwasser
30 g Butter
Für die Verzierung:
4 kandierte Kirschen

◆ Eine feuerfeste Form einfetten. Den Backofen auf 180° C vorheizen.
◆ Mit der Milch, dem Mehl, dem Zucker und den Eigelben eine Konditorcreme zubereiten (s. S. 16) und abkühlen lassen. Dabei ab und zu umrühren, damit sich keine Haut auf der Oberfläche bildet.
◆ In die kalte Creme die zerbröselten Amaretti, das Kirschwasser und die zerlassene Butter einrühren.
◆ Die Äpfel waschen, abtrocknen und das Kerngehäuse zuerst mit einem Messer, dann mit einem Teelöffel so herauslösen, daß der Boden ganz bleibt. Die Aushöhlung etwas erweitern, indem man mit dem Löffel noch Fruchtfleisch entfernt. Die Äpfel mit der Creme füllen, in die Form setzen und mit dem Zucker und einigen Butterflöckchen bestreuen. Im vorgeheizten Ofen 30 Minuten backen.
◆ Die mit je einer kandierten Kirsche verzierten Äpfel lauwarm oder kalt servieren.

Gefüllte Bratäpfel

Flambierte Bananen

Flambierte Bananen

Zubereitungszeit: *25 Minuten*
Gelingt leicht

ZUTATEN FÜR 4 PERSONEN
4 mittlere, nicht zu reife Bananen
Saft von 1 Orange
4 EL Aprikosengelee
2 EL geschälte, geröstete Mandeln
50 g Butter
100 g Zucker
1/4 l Rum

◆ Die gerösteten Mandeln grob hacken. Die Bananen schälen und längs halbieren.
◆ Die Butter und den Zucker in eine feuerfeste Form, in der man die Bananen auch servieren kann, geben und ohne zu rühren bei schwacher Hitze schmelzen. Wenn der Zucker zu bräunen beginnt, den Orangensaft und das Aprikosengelee zufügen, dabei langsam und vorsichtig umrühren, bis sich alle Zutaten vollständig aufgelöst haben.
◆ Die Bananenhälften in der Form anordnen; darauf achten, daß die Früchte dabei nicht zerfallen. Die Herdtemperatur senken und alles 3 Minuten köcheln lassen.
◆ Den Rum erhitzen, noch kochend über die Bananen gießen und mit einem langen Streichholz anzünden. Die Flamme ausbrennen lassen.
◆ Die Form vom Herd nehmen und die Bananen mit den gehackten Mandeln bestreuen. Sofort servieren.

Orangenstäbchen mit Schokolade

Gefüllte Orangen

Zubereitungszeit: *40–45 Minuten*
(ohne Kühlzeit)
Braucht etwas Erfahrung

ZUTATEN FÜR 6 PERSONEN

6 gleich große Orangen
2 Eier und 1 Eigelb
150 g Zucker
6 Tropfen Orangenblütenwasser
geriebene Schale
von 1 unbehandelten Zitrone
100 g Orangengelee
50 g Mehl
6 kandierte Kirschen

◆ Die Orangen waschen und gut abtrocknen, halbieren und den Saft auspressen. Die Orangenhälften von den inneren Häutchen befreien.
◆ Die Eier und das Eigelb in einem Topf mit dem Zucker, der Zitronenschale und dem gesiebten Mehl vermischen, dann 400 ml gefilterten Orangensaft zugießen. Bei schwacher Hitze unter ständigem Rühren aufkochen, bis die Creme dick wird. Vom Herd nehmen und das Orangenblütenwasser unterrühren. Die Creme in sechs Orangenschalen füllen und kühlstellen.
◆ Sobald die Creme fest geworden ist, mit einem Messer aus den Schalen lösen und auf die anderen sechs Orangenschalen stürzen. Das Orangengelee im Wasserbad schmelzen und in feinem Strahl über die Creme gießen.
◆ Die Orangen mit den kandierten Kirschen verzieren, auf einen Servierteller setzen und bis zum Servieren im Kühlschrank aufbewahren.

Gefüllte Orangen

Birnen in Schokolade

Zubereitungszeit: *1 Stunde*
Braucht etwas Erfahrung

ZUTATEN FÜR 4 PERSONEN

4 große Birnen
100 g Bitterschokolade
3 EL Honig ◆ 1 Ei
20 g weiche Butter
1 Prise Salz

◆ Die Birnen gründlich waschen und schälen, ohne die Stiele zu entfernen. Die Früchte dabei ganz lassen. In einen möglichst genau passenden Topf geben, 1/4 l Wasser zufügen, den Deckel aufsetzen und bei mittlerer Hitze etwa 30 Minuten kochen. Die Birnen abgießen und auf einen Servierteller setzen.
◆ Den Honig mit 1 EL Wasser erhitzen, auf die Birnen streichen und erkalten lassen.
◆ In der Zwischenzeit die Bitterschokolade in kleine Stücke schneiden und mit 3 EL Wasser in einem kleinen Topf bei schwacher Hitze schmelzen.
◆ Die geschmolzene Schokolade vom Herd nehmen und etwas abkühlen lassen. Die Butter und das Eigelb zufügen, dabei kräftig umrühren, damit sich die Zutaten gut vermischen.
◆ Das Eiweiß mit dem Salz zu steifem Schnee schlagen und vorsichtig unter die Schokoladenmasse ziehen. Über die erkalteten Birnen gießen und servieren.

Birnen in Schokolade

Jamaika-Ananas mit zwei Rumsorten

Zubereitungszeit: *30 Minuten*
(ohne Zeit zum Marinieren)
Braucht etwas Erfahrung

ZUTATEN FÜR 4 PERSONEN

1 reife Ananas
125 ml weißer Rum
125 ml brauner Rum
80 g Butter
150 g Zucker
4 Eigelb

◆ Die Ananas schälen, in dünne Scheiben schneiden und den mittleren harten Teil mit einem runden Ausstecher entfernen.
◆ Die Scheiben in eine Schüssel legen, mit 50 g Zucker bestreuen, mit dem weißen Rum beträufeln und etwa 2 Stunden im Kühlschrank ziehen lassen.
◆ In der Zwischenzeit für die Sauce die Butter mit dem restlichen Zucker im Wasserbad schmelzen. Den braunen Rum und die Eigelbe zufügen. Die Creme mit dem Schneebesen im Wasserbad bei schwacher Hitze schlagen, bis sie dick wird.
◆ Die Ananasscheiben aus der Marinade nehmen, abtropfen lassen und auf einen Dessertteller legen.
◆ Die warme Rumsauce über die Ananasscheiben geben und sofort servieren. Man kann den Nachtisch auch mit einer Kirsche in der Mitte garnieren.

Jamaika-Ananas mit zwei Rumsorten

Pyramiden aus Trockenfrüchten

Zubereitungszeit: *30 Minuten (ohne Kühlzeit)*

Gelingt leicht

ZUTATEN FÜR 6 PERSONEN

60 g gehackte, getrocknete Feigen
60 g entsteinte, gehackte Datteln
60 g gehackte Pinienkerne
60 g getrocknete Aprikosen
30 g gehackte kandierte Kirschen
2 EL Zitronensaft
60 g Puderzucker
60 g Kokosraspel

◆ Die Aprikosen 5 Minuten in kochendes Wasser geben, abgießen, abtrocknen und hacken. Alle Trockenfrüchte, die Pinienkerne und die kandierten Kirschen mit dem Puderzucker und dem Zitronensaft mischen und mit den Fingerspitzen zu einer kompakten und homogenen Masse verkneten. Falls die Masse zu trocken ist, noch etwas Zitronensaft zufügen.
◆ In einer beschichteten Pfanne die Kokosraspel leicht rösten, dabei mit einem Holzlöffel umrühren.
◆ Die Fruchtmasse mit einem Löffel in walnußgroße Portionen teilen, in den Kokosraspeln wälzen und zu Pyramiden formen. Dabei die Raspel etwas andrücken, damit sie haften bleiben. Das Konfekt auf einen Servierteller setzen und mindestens 1 Stunde kühlstellen.

Pyramiden aus Trockenfrüchten

Aprikosen mit Schokoladenguß

Aprikosen mit Schokoladenguß

Zubereitungszeit: *1 Stunde 20 Minuten*

Braucht etwas Erfahrung

ZUTATEN FÜR 6 PERSONEN

12 große reife Aprikosen
300 ml Sahne
100 g zerbröselte Amaretti
100 g gehackte Bitterschokolade
2 EL Mehl ◆ 2 Eigelb
300 ml Milch ◆ 120 g Zucker

◆ Eine Form einfetten und den Backofen auf 180° C vorheizen.
◆ Die Aprikosen waschen, halbieren und entsteinen. In die Form legen, mit 20 g Zucker bestreuen und im vorgeheizten Backofen garen, bis sie weich, aber noch nicht zerkocht sind. Abkühlen lassen.
◆ Die Sahne steif schlagen und die zerbröselten Amaretti untermischen. Die Aprikosen in Dessertschalen geben und die Höhlung mit der Sahnemasse füllen.
◆ Die Eigelbe mit dem restlichen Zucker schaumig schlagen, dann das Mehl und die warme Milch nach und nach zufügen. Die Creme unter ständigem Rühren im Wasserbad zum Kochen bringen. Sobald sie den Löffel mit einem Schleier überzieht, die Bitterschokolade zufügen. So lange rühren, bis sich die Schokoladenstücke vollständig aufgelöst haben. Erkalten lassen.
◆ Die kalte Schokoladencreme über die Aprikosen geben und servieren.

Gratinierte Birnen

Zubereitungszeit: *30 Minuten*

Gelingt leicht

ZUTATEN FÜR 6 PERSONEN

3 Kaiserbirnen
100 g Amaretti
80 g Zedratzitronen- oder Orangenmarmelade
200 ml Weißwein
80 g Zucker
5 cl Amaretto
geriebene Schale von 1/2 unbehandelten Zitrone

◆ Den Backofen auf 180° C vorheizen.
◆ Die Birnen schälen, längs halbieren und das Kerngehäuse entfernen. Die Aushöhlung etwas erweitern, in dem man mit dem Teelöffel oder einem Messer noch Fruchtfleisch entfernt.
◆ Die Amaretti im Mörser zerstoßen und mit der Marmelade und der Hälfte des Amarettolikörs gründlich mischen. Die Birnen mit der Masse füllen und nebeneinander in eine passende Form legen. Den Zucker, den Weißwein, die Zitronenschale und den restlichen Likör zufügen.
◆ Die Birnen im vorgeheizten Ofen 20 Minuten backen, bis sie an der Oberfläche bräunen. Lauwarm oder kalt servieren.
◆ Als schmackhafte Variation kann man die Birnen wie oben beschrieben zuschneiden und im Ofen mit etwas Zucker und Marsala backen. Sobald sie etwas abgekühlt sind, die Höhlung mit Zabaione (s. S. 17) füllen.

Gratinierte Birnen

Caramei alla veneziana

(Venezianische Karamelbonbons)

Zubereitungszeit: *35 Minuten*
Braucht etwas Erfahrung

ZUTATEN FÜR 4 PERSONEN

250 g Puderzucker
1 EL Glukose
einige große, weiße Trauben
einige entsteinte Kirschen
einige Pfirsichschnitze
4 halbierte, entsteinte Aprikosen
4 entsteinte Trockenpflaumen
einige Walnußkerne
4 entsteinte Datteln

◆ Die Pflaumen in lauwarmem Wasser einweichen, dann abgießen und abtrocknen.
◆ Den Puderzucker mit 1 EL Wasser und der Glukose in einen Topf mit schwerem Boden geben und bei starker Hitze kochen, bis er sich auflöst und karamelisiert.
◆ Die verschiedenen Früchte auf Holzstäbchen stecken und vorsichtig im Karamel wenden, bis sie vollständig mit einer Zuckerschicht überzogen sind. Die Stäbchen senkrecht in ein Sieb stecken und den Karamelüberzug trocknen lassen.
◆ Mit der Schere eventuell überstehenden Karamel abschneiden und die Bonbons auf einen Servierteller geben.

Gefüllte Datteln

Zubereitungszeit: *50 Minuten*
Braucht etwas Erfahrung

ZUTATEN FÜR 40 GEFÜLLTE DATTELN

40 Datteln ◆ *1 EL Alchermes*
1 EL Rum
20 g geschälte Pistazien
geriebene Schale
von 1 unbehandelten Orange
300 g Marzipanrohmasse
Für die Verzierung:
20 g Orangeat
3 kandierte Kirschen
10 Sultaninen

◆ 5 Pistazien für die Verzierung zurückbehalten, den Rest mahlen.
◆ Die Marzipanrohmasse etwas kneten und in 4 gleich große Portionen teilen. Die einzelnen Portionen jeweils mit dem Alchermes, dem Rum, den gemahlenen Pistazien und der Orangenschale vermischen und mit den Fingerspitzen gründlich durchkneten.
◆ Die Datteln der Länge nach aufschneiden und entsteinen. Die vier unterschiedlich angewirkten Marzipanmassen zu Rollen von 1 cm Durchmesser formen und in 2 cm lange Stücke schneiden.
◆ 10 Datteln mit der Alchermes-, 10 mit der Pistazien-, 10 mit der Rum- und 10 mit der Orangen-Masse füllen und auf einen Servierteller legen.
◆ Die mit der Pistazienmasse gefüllten Datteln mit den Pistazienhälften, die mit der Rummasse gefüllten mit den Sultaninen, die mit der Alchermesmasse gefüllten mit den kandierten Kirschstückchen und die mit der Orangenmasse gefüllten mit dem Orangeat verzieren.
◆ Möchte man die gefüllten Datteln lagern, sollten sie, einzeln in Klarsichtfolie gewickelt, kühl aufbewahrt werden.

Pampelmusen-stäbchen

Zubereitungszeit: *1 Stunde*
Braucht etwas Erfahrung

ZUTATEN FÜR 8 PERSONEN

4 unbehandelte Pampelmusen
300 g Zucker

◆ Die beiden Enden der Pampelmusen ganz abschneiden, dann die Früchte vierteln. Das Fruchtfleisch so entfernen, daß etwa ein Drittel davon an der Schale haften bleibt.
◆ Die Schalenstücke in 1,5 cm breite Streifen schneiden, in einen Topf legen, mit kaltem Wasser bedeckt aufkochen und abgießen. Diesen Vorgang noch zweimal wiederholen, um die Bitterstoffe auszuschwemmen und alle eventuellen Unreinheiten zu entfernen.
◆ Die abgegossenen Schalenstreifen mit 240 g Zucker und 1/4 l Wasser erneut in den Topf geben und zum Kochen bringen. Bei mittlerer Hitze etwa 30 Minuten kochen lassen, bis sie durchsichtig glänzen und die Flüssigkeit verkocht ist. Dabei ab und zu umrühren.
◆ Die Schalenstreifen zum Erkalten und Trocknen mit etwas Abstand auf ein Gitter legen. Schließlich im restlichen Zucker wälzen, in Papiermanschetten setzen und auf einem Servierteller anrichten.
◆ Die Pampelmusen können bei der gleichen Menge Zucker auch durch 6 große unbehandelte Zitronen ersetzt werden. Die Verarbeitung bleibt die gleiche.

Schokoladenkaramel

Zubereitungszeit: *45 Minuten*
Braucht etwas Erfahrung

ZUTATEN FÜR 800 G KARAMEL

200 g Rohrzucker
200 g Butter ◆ 180 g Honig
180 g gehackte Bitterschokolade
3 EL Sahne ◆ 2 EL Mandelöl

◆ Eine Marmorplatte oder ein Backblech mit dem Öl einfetten. Die Butter in Stücke schneiden.
◆ Den Zucker mit dem Honig, der Schokolade, den Butterstücken und der Sahne in einen Topf geben und bei mittlerer Hitze unter ständigem Rühren 10–15 Minuten kochen.
◆ Die Masse auf die geölte Marmorplatte gießen. Sobald die Karamelplatte etwas abgekühlt ist, auf ihrer Oberfläche gleichmäßige Vierecke von 2,5 x 2,5 cm einritzen. Nach dem vollständigen Erkalten in Stücke brechen und die einzelnen Karamellbonbons in Klarsichtfolie wickeln.

Weiches Kaffeekaramel

Zubereitungszeit: *35 Minuten*
(ohne Ruhezeit)
Braucht etwas Erfahrung

ZUTATEN FÜR 400 G KARAMEL

300 ml Milch ◆ 250 g Zucker
75 g Glukose
1 TL lösliches Espressopulver
15 g Butter ◆ 1 TL Mandelöl

◆ Eine Form von 20 x 10 cm mit dem Mandelöl einfetten.
◆ Die Milch mit dem Espresso aufkochen, dann den Zucker und die Glukose zufügen. Ständig rühren, damit die Masse nicht ansetzt. Sobald sie zu kochen beginnt, ein Zuckerthermometer eintauchen. Die Hitze drosseln und weiterkochen lassen, bis eine Temperatur von 107° C erreicht ist. Die Butter unterrühren und weiterkochen bis eine Temperatur von 120° C erreicht ist, dann vom Herd nehmen.
◆ Die Masse in die Form gießen und 8 Stunden ruhen lassen. Auf die Arbeitsfläche stürzen und in 5 x 1 cm große Barren schneiden. Jeden Barren in ein Stück Klarsichtfolie wickeln.
◆ Die Karamelbonbons in Gläsern aufbewahren.

Kokos-Gelee

Zubereitungszeit: *25 Minuten*
(ohne Zeit zum Einweichen und ohne Kühlzeit)
Braucht etwas Erfahrung

ZUTATEN FÜR 6-8 PERSONEN

300 g frisches oder 70 g getrocknetes Kokosnußfleisch
300 ml Milch ◆ 1 EL Sake
12 g Gelatine
100 g Kokosspäne

◆ 150 ml Wasser aufkochen. Das Kokosnußfleisch fein hacken oder reiben, in das heiße Wasser geben und 30 Minuten ziehen lassen. Die Gelatine in kaltem Wasser einweichen.
◆ Den Aufguß durch ein Haarsieb gießen, dabei das Kokosnußfleisch gut ausdrücken. Die Milch und den Sake zugeben.
◆ Die Gelatine gut ausdrücken und im Wasserbad in 2 EL der Kokosmilch auflösen. Unter die restliche Kokosmilch rühren und das Ganze in eine Form gießen. Die Schicht sollte etwa 2 cm hoch sein. Etwa 1 Stunde in den Kühlschrank stellen.
◆ Die fest gewordene Masse mit einem Ausstecher in die gewünschte Form bringen und mit hauchdünnen Kokosspänen verzieren.
◆ Das Gelee im Kühlschrank aufbewahren.

Einfache Karamelbonbons

Zubereitungszeit: *40 Minuten*
Braucht etwas Erfahrung

ZUTATEN FÜR 500 G KARAMEL

500 g Zucker
1 EL Mandelöl ◆ 1/2 Zitrone

◆ Eine Marmorplatte oder ein Backblech mit dem Mandelöl einfetten.
◆ Den Zucker in einen unverzinnten Kupfertopf geben und bei schwacher Hitze kochen, dabei mit einem Holzspatel umrühren. Sobald er sich verfärbt und zu „rauchen" anfängt, mit 3 EL kaltem Wasser übergießen. Weiterkochen, bis der Zucker an Volumen zunimmt und dunkler wird. Sofort vom Herd nehmen, nochmals umrühren und auf die gefettete Arbeitsfläche gießen. Mit der Zitronenhälfte betupfen und dabei gleichmäßig 1 cm dick verstreichen.
◆ Auf der Oberfläche der Karamelplatte mit einem Messer Vierecke einnritzen, um sie nach dem Erkalten besser in Stücke brechen zu können.

Erdbeer-Gelee

Zubereitungszeit:
20 Minuten
(ohne Kühlzeit)
Braucht etwas Erfahrung

Zutaten für 4-6 Personen

200 g Erdbeeren
130 g Zucker
2,5 g Agar-Agar

Die Erdbeeren zügig in sehr kaltem Wasser waschen, abtrocknen, die Stiele entfernen und pürieren.

◆ Das Püree durch ein Haarsieb streichen, um die Kerne zu entfernen, in einen Topf geben und aufkochen. Vom Herd nehmen und 20 g Zucker und das Agar-Agar unterrühren. Das Püree nochmals zum Kochen bringen und unter ständigem Rühren 1 Minute kochen lassen. 80 g Zucker zufügen und 2 Minuten weiterkochen; dabei den Zucker durch Rühren auflösen.

◆ Die Masse in eine mit Wasser bepinselte, 1,5 cm hohe Form von 15 x 12 cm geben und zum Erstarren in den Kühlschrank stellen.

◆ Das Erdbeergelee in beliebige Formen schneiden und abwechselnd in dem restlichen Zucker wälzen oder direkt in Papiermanschetten setzen. Im Kühlschrank aufbewahren.

Karamelbonbons nach Hausfrauenart

Zubereitungszeit: *1 Stunde*
Braucht etwas Erfahrung

Zutaten für 300 g Karamel

250 g Zucker
70 g Honig
60 g Butter
einige EL Mandelöl

◆ Den Zucker mit dem Honig in einen unverzinnten Kupfertopf geben und bei schwacher Hitze langsam zum Kochen bringen. Dabei ständig rühren, damit die Masse nicht am Boden ansetzt.
◆ Ein Gefäß mit kaltem Wasser, einen Pinsel und ein langes Holzstäbchen bereithalten. Den Pinsel mit dem Wasser befeuchten und häufig über die Innenseiten des Topfes streichen, um zu verhindern, daß etwas Zucker verbrennt und so den Geschmack des Karamels verdirbt.
◆ Wenn sich der ganze Zucker aufgelöst hat, die Butter unter ständigem Rühren zufügen. Nach 20 Minuten den Kochgrad der Masse prüfen. Das Stäbchen zuerst in das kalte Wasser, dann in den Karamel tauchen: bildet sich an der Spitze des Hölzchens ein Bällchen, das nahezu sofort fest wird, ist der richtige Kochgrad erreicht.
◆ Die Oberfläche einer Marmorplatte oder ein Backblech mit dem Mandelöl einfetten, die Masse daraufgießen und verlaufen lassen. Sobald die Karamelplatte etwas abgekühlt ist, auf ihrer Oberfläche Vierecke oder Rauten einritzen, damit man sie nach dem vollständigen Erkalten leichter brechen kann.

Orangengelee mit Waldfrüchten

Karamelbonbons nach Hausfrauenart

Orangengelee mit Waldfrüchten

Zubereitungszeit: *25 Minuten*
(ohne Kühlzeit)
Braucht etwas Erfahrung

Zutaten für 6 Personen

800 g saftige Orangen
120 g Zucker
3,5 g Agar-Agar
150 g gemischte Waldfrüchte (Beeren)

◆ Die Waldfrüchte zügig in sehr kaltem Wasser waschen, abtrocknen und im Kühlschrank durchkühlen lassen.
◆ In der Zwischenzeit die Orangen auspressen, um 400 ml Saft zu erhalten. Den Saft filtern, mit 20 g Zucker und dem Agar-Agar in einen Topf geben und 1 Minute bei mittlerer Hitze aufkochen. Den restlichen Zucker zufügen und 2 Minuten weiterkochen, dabei ständig umrühren.
◆ Die Masse in eine Form mittlerer Größe gießen und mit einer Pinzette die Waldfrüchte in etwa 2 cm Abstand voneinander darauf verteilen.
◆ Das Gelee mindestens 1 Stunde in den Kühlschrank stellen, damit es fest wird. Die Form nur sehr vorsichtig bewegen, damit die Waldfrüchte nicht verrutschen.
◆ Mit mehreren Ausstechern unterschiedlicher Form und Größe die fest gewordene Masse schneiden, dabei immer eine Waldfrucht in die Mitte nehmen.
◆ Die Geleestücke auf einer Platte anrichten und bis zum Servieren im Kühlschrank aufbewahren.

Erdbeer-Gelee

Löffeldesserts

Bayerische Cremes ◆ Charlotten ◆ Puddings ◆ Soufflés ◆ Mousses
Gelees ◆ Cremes und Schaumcremes ◆ Löffeldesserts

Bayerische Creme mit Himbeeren

Zubereitungszeit:
1 Stunde 15 Minuten
(ohne Kühlzeit)
Braucht etwas Erfahrung

ZUTATEN FÜR 6-8 PERSONEN

1/3 Grundrezept Biskuitteig
1/4 l Milch
250 g Himbeeren
200 g Zucker ◆ 4 Eigelb
300 ml Sahne
10 g Blattgelatine
Für die Verzierung:
150 g Himbeeren
1 EL Aprikosenkonfitüre

Ein Backblech einfetten, mit Mehl bestäuben und ein Rechteck von 10 x 20 cm einzeichnen. Eine rechteckige Form von 10 x 20 cm mit Wasser befeuchten. Den Backofen auf 190° C vorheizen.

◆ Einen Biskuitteig (s. S. 11) zubereiten, auf das Blech in das eingezeichnete Rechteck geben und im vorgeheizten Ofen 18–20 Minuten backen. Den Teig auf ein Tuch stürzen und abkühlen lassen.

◆ Die Gelatine in kaltem Wasser einweichen. Die Himbeeren zügig in sehr kaltem Wasser waschen, abtrocknen, pürieren und durch ein Sieb streichen.

◆ Die Milch aufkochen. Die Eigelbe mit dem Zucker aufschlagen, die heiße Milch in feinem Strahl unterrühren und die Masse bei schwacher Hitze erwärmen (sie darf nicht kochen, da sie sofort gerinnt). Vom Herd nehmen, die ausgedrückte Gelatine zufügen und verrühren, bis sie sich vollständig aufgelöst hat. Wenn die Masse abgekühlt ist, die passierten Himbeeren und die geschlagene Sahne zufügen. In die feuchte Form geben, mit einem Spatel glattstreichen, die Biskuitplatte darauflegen und die Form mit Alufolie abdekken. Mindestens 2 Stunden kühlstellen.

◆ Für die Verzierung die Himbeeren in sehr kaltem Wasser waschen und abtrocknen. Die Form kurz in lauwarmes Wasser tauchen, die Bayerische Creme auf einen Servierteller stürzen und die Himbeeren auf der Oberfläche anordnen. Die Konfitüre im Wasserbad schmelzen und die Beeren damit bestreichen. Die Creme im Kühlschrank aufbewahren.

Bayerische Creme

Zubereitungszeit: *30 Minuten*
(ohne Kühlzeit)
Braucht etwas Erfahrung

ZUTATEN FÜR 4 PERSONEN

3 Eigelb ◆ 100 g Zucker
300 ml Milch
300 ml Sahne
8 g Blattgelatine
einige kandierte Kirschen

◆ Eine Napfkuchenform von etwa 1 l Fassungsvermögen mit Wasser befeuchten. Die Gelatine in kaltem Wasser einweichen.
◆ Die Milch aufkochen. Die Eigelbe mit dem Zucker schaumig schlagen. Die heiße Milch in feinem Strahl unterrühren und die Masse bei schwacher Hitze erwärmen. Darauf achten, daß die Creme nicht kocht. Vom Herd nehmen, die ausgedrückte Gelatine zufügen und verrühren, bis sie sich vollständig aufgelöst hat. Abkühlen lassen.
◆ Die steif geschlagene Sahne vorsichtig unter die kalte Masse heben und in die mit Wasser befeuchtete Form geben. Diese mit einem Stück Alufolie abdecken und mindestens 2 Stunden kühlstellen. Die Form kurz in lauwarmes Wasser tauchen, die Bayerische Creme auf einen Servierteller stürzen und mit den kandierten Kirschen verzieren.

Bayerische Creme

Bayerische Creme mit Vanille

Bayerische Creme mit Vanille

Zubereitungszeit: *40 Minuten*
(ohne Kühlzeit)
Braucht etwas Erfahrung

ZUTATEN FÜR 6-8 PERSONEN

1/4 l Milch ◆ 60 g Zucker ◆ 4 Eigelb
8 g Blattgelatine ◆ 300 ml Sahne
1 Vanilleschote ◆ 1 Päckchen Vanillezucker

◆ Eine (flache) Napfkuchenform von etwa 1 l Fassungsvermögen mit Wasser befeuchten.
◆ Die Gelatine in kaltem Wasser einweichen und die Milch mit der Vanilleschote aufkochen.
◆ Die Eigelbe mit dem Zucker und dem Vanillezucker aufschlagen. Die heiße Milch in feinem Strahl durch ein kleines Sieb einlaufen lassen. Die Masse bei schwacher Hitze unter ständigem Rühren erwärmen. Dabei darauf achten, daß die Creme nicht kocht. Vom Herd nehmen, die ausgedrückte Gelatine zufügen und verrühren, bis sie sich vollständig aufgelöst hat. Abkühlen lassen.
◆ Die Sahne steif schlagen, vorsichtig unter die kalte Masse heben und in die feuchte Form geben. Die Form mit Alufolie abdecken und mindestens 2 Stunden kühlstellen.
◆ Die Form kurz in lauwarmes Wasser tauchen und die Creme auf einen Servierteller stürzen.

Bayerische Creme mit Himbeeren

Bayerische Creme mit Feigen

Zubereitungszeit: *1 Stunde 15 Minuten (ohne Kühlzeit)*

Braucht etwas Erfahrung

ZUTATEN FÜR 6-8 PERSONEN

600 g Feigen ◆ 1/4 l Milch
200 g Zucker ◆ 4 Eigelb
10 g Blattgelatine ◆ 300 ml Sahne

◆ Eine Puddingform von etwa 1 l Fassungsvermögen mit Wasser befeuchten.

◆ Die Gelatine in kaltem Wasser einweichen. 500 g Feigen schälen, mit einer Gabel zerdrücken und mit der Hälfte des Zuckers bei mittlerer Hitze einige Minuten eindicken. Abkühlen lassen.

◆ Die Milch aufkochen. Die Eigelbe mit dem restlichen Zucker aufschlagen, die heiße Milch in feinem Strahl zufügen. Die Masse bei schwacher Hitze unter ständigem Rühren erwärmen. Vom Herd nehmen, die ausgedrückte Gelatine unterrühren und abkühlen lassen. Das Feigenkompott, dann die geschlagene Sahne zugeben. Die Masse in die feuchte Form geben und mindestens 2 Stunden kühlstellen.

◆ Die restlichen Feigen schälen und achteln. Die Form kurz in lauwarmes Wasser tauchen, die Creme stürzen und mit den Feigenstücken verzieren. Im Kühlschrank aufbewahren.

Bayerische Creme mit Minze

Zubereitungszeit: *40 Minuten (ohne Zeit zum Ziehen und Kühlzeit)*

Braucht etwas Erfahrung

ZUTATEN FÜR 6–8 PERSONEN

1/4 l Milch ◆ 1 Bund frische Minze
2,5 cl Pfefferminzsirup
60 g Zucker ◆ 4 Eigelb
10 g Blattgelatine ◆ 1/4 l Sahne
1 Päckchen Vanillezucker

Für die Verzierung:
5 Schokoladenblätter ◆ 1 Bund frische Minze

◆ Eine Puddingform von etwa 1 l Fassungsvermögen mit Wasser befeuchten. Die Gelatine in kaltem Wasser einweichen. Die Minzeblätter waschen und abtrocknen.

Bayerische Creme mit Feigen

Bayerische Creme mit Minze

Bayerische Creme mit Pistazien

◆ Die Milch aufkochen und die Minze etwa 30 Minuten darin ziehen lassen.

◆ Die Eigelbe mit dem Zucker und dem Vanillezucker aufschlagen, die heiße Milch durch ein Sieb zufügen und die Masse bei schwacher Hitze unter ständigem Rühren fast aufkochen. Vom Herd nehmen, die ausgedrückte Gelatine und den Pfefferminzsirup zugießen, unterrühren und abkühlen lassen.

◆ Die Sahne steif schlagen und unter die erkaltete Masse heben. In die feuchte Form geben und mindestens 2 Stunden kühlstellen. Die Form dann kurz in lauwarmes Wasser tauchen, die Creme stürzen und mit den Schokoladenblättern sowie den gewaschenen und abgetrockneten Minzeblättern verzieren. Im Kühlschrank aufbewahren.

Bayerische Creme mit Pistazien

Zubereitungszeit: *1 Stunde (ohne Kühlzeit)*

Braucht etwas Erfahrung

ZUTATEN FÜR 6-8 PERSONEN

300 ml Milch ◆ 200 ml Sahne
5 Eigelb ◆ 200 g Zucker
70 g geschälte Pistazien
1 Päckchen Vanillezucker ◆ 10 g Blattgelatine
geriebene Schale von 1 unbehandelten Zitrone

Für die Verzierung:
6 Kumquats ◆ 3 EL geschlagene Sahne
25 g geschälte Pistazien ◆ 1 EL Aprikosengelee

◆ Eine flache Form von 18 cm Durchmesser mit Wasser befeuchten.

◆ Die Pistazien fein mahlen. Die Gelatine in kaltem Wasser einweichen.

◆ Die Milch mit der Zitronenschale aufkochen. Die Eigelbe mit dem Zucker und dem Vanillezucker aufschlagen, dann die gemahlenen Pistazien und die heiße Milch (in feinem Strahl) zufügen. Die Masse bei schwacher Hitze unter ständigem Rühren erhitzen, bis sie fast aufkocht. Vom Herd nehmen, die ausgedrückte Gelatine zufügen, gut unterrühren und abkühlen lassen, dabei ab und zu umrühren. Die Sahne steif schlagen und vorsichtig unter die kalte Masse heben. In die feuchte Form geben und mindestens 2 Stunden kühlstellen.

◆ Für die Verzierung die Kumquats waschen, abtrocknen und auf jeder Frucht längs sechs Schnitte von oben nach unten einritzen. Die Schale bis kurz vor dem Boden lösen und nach innen biegen, um so „Blütenblätter" zu formen. Das Fruchtfleisch der Kumquats mit dem im Wasserbad geschmolzenen Gelee bestreichen und die Pistazien halbieren. Die Form dann kurz in lauwarmes Wasser tauchen und die Bayerische Creme auf einen Servierteller stürzen.

◆ Den Rand mit den Pistazienhälften und den Kumquatrosen verzieren. Die Sahne in einen Spritzbeutel mit Sterntülle geben und einen Kranz Tupfen um den unteren Rand der Creme setzen. Im Kühlschrank aufbewahren.

Bayerische Creme mit Pfirsichen

Bayerische Creme mit Pfirsichen

Zubereitungszeit: *25 Minuten (ohne Kühlzeit)*

Gelingt leicht

ZUTATEN FÜR 8 PERSONEN

300 g eingelegte, gut abgetropfte Pfirsiche
100 g Zucker ◆ 1/4 l Sahne
15 g Blattgelatine ◆ Saft von 1 Orange
Zuckerblumen und -blätter

◆ Eine Puddingform von etwa 1 l Fassungsvermögen mit Wasser befeuchten.

◆ Die Gelatine in kaltem Wasser einweichen. Die Pfirsiche mit dem Zucker pürieren, den Orangensaft zufügen und bei mittlerer Hitze fast aufkochen. Vom Herd nehmen, die ausgedrückte Gelatine zufügen und nach dem Abkühlen die geschlagene Sahne unterheben. In die feuchte Form geben und mindestens 2 Stunden kühlstellen.

◆ Die Form kurz in lauwarmes Wasser tauchen und die Creme stürzen, mit den Zuckerblumen verzieren; im Kühlschrank aufbewahren.

Bayerische Creme mit Mandarinen

Bayerische Creme mit Mandarinen

Zubereitungszeit: *40 Minuten (ohne Kühlzeit)*

Braucht etwas Erfahrung

ZUTATEN FÜR 6-8 PERSONEN

1/4 l Milch ◆ 200 ml Sahne
Saft und geriebene Schale von
3 unbehandelten Mandarinen
100 g Zucker ◆ 4 Eigelb
10 g Blattgelatine ◆ Scheiben von 2 Mandarinen

◆ Eine Puddingform von etwa 1 l Fassungsvermögen mit Wasser befeuchten. Die Gelatine in kaltem Wasser einweichen.

◆ Die Milch mit der Hälfte der abgeriebenen Mandarinenschale aufkochen. Die Eigelbe mit dem Zucker aufschlagen, dann die heiße Milch in feinem Strahl zufügen, unter ständigem Rühren bei mittlerer Hitze fast aufkochen. Vom Herd nehmen, die ausgedrückte Gelatine zufügen und abkühlen lassen. Den Mandarinensaft, die restliche Schale und vorsichtig die geschlagene Sahne unterheben. In die feuchte Form geben und mindestens 2 Stunden kühlstellen.

◆ Die Form kurz in lauwarmes Wasser tauchen, die Creme stürzen und mit den „bis aufs Fleisch" geschälten Mandarinenscheiben verzieren. Im Kühlschrank aufbewahren. Anstelle der Mandarinen können auch Orangen verwendet werden.

Bayerische Creme mit getrockneten Aprikosen

Bayerische Creme mit getrockneten Aprikosen

Zubereitungszeit: *30 Minuten (ohne Kühlzeit)*

Braucht etwas Erfahrung

ZUTATEN FÜR 6-8 PERSONEN

200 g getrocknete Aprikosen
1/4 l Milch ◆ 200 g Zucker
4 Eigelb ◆ 300 ml Sahne
10 g Blattgelatine

◆ Eine Puddingform (ca. 1 l Fassungsvermögen) mit Wasser befeuchten. 150 g Aprikosen in lauwarmem, Gelatine in kaltem Wasser einweichen.

◆ Die Aprikosen abgießen und pürieren. Die Milch aufkochen. Die Eigelbe mit dem Zucker aufschlagen, dann die heiße Milch in feinem Strahl zufügen. Die Masse bei mittlerer Hitze unter ständigem Rühren fast aufkochen, dann vom Herd nehmen, die ausgedrückte Gelatine unterrühren und abkühlen lassen.

◆ Das Aprikosenpüree und die steif geschlagene Sahne unter die Eigelb-Milch-Mischung heben. In die feuchte Form geben und mindestens 2 Stunden kühlstellen.

◆ Die restlichen Aprikosen waschen, abtrocknen und bis auf 1 halbieren. Die Form kurz in lauwarmes Wasser tauchen, die Creme stürzen und mit den Aprikosen verzieren (die ganze in die Mitte legen). Im Kühlschrank aufbewahren. Die Aprikosen können durch Pflaumen ersetzt werden.

Bayerische Creme mit Schokolade

Zubereitungszeit:
50 Minuten
(ohne Kühlzeit)
Braucht etwas Erfahrung

ZUTATEN
FÜR 6-8 PERSONEN

80 g gehackte Bitterschokolade
4 Eigelb
100 g Zucker
1/4 l Milch
400 ml Sahne
10 g Blattgelatine
1 dünner Boden Pan di Spagna
2 EL Rum

Für die Verzierung:
80 g gehackte Bitterschokolade
80 g gehackte weiße Schokolade

Eine Springform von 20 cm Durchmesser mit Wasser befeuchten.

◆ Die Gelatine in kaltem Wasser einweichen und die Milch aufkochen. Die Eigelbe mit dem Zucker aufschlagen, die heiße Milch in feinem Strahl unterrühren und die Masse bei schwacher Hitze unter ständigem Rühren fast aufkochen. Vom Herd nehmen, die ausgedrückte Gelatine und die gehackte Schokolade zufügen und gründlich verrühren, damit sich die Zutaten vollständig auflösen.

◆ Einen dünnen Pan-di-Spagna-Boden (s. S. 10) von 20 cm Durchmesser zuschneiden, mit dem Rum tränken und in die befeuchtete Form legen. Die Sahne steif schlagen, unter die erkaltete Schokoladenmasse ziehen und in die Form gießen. Mindestens 2 Stunden kühlstellen. Die Creme auf einen Servierteller stürzen.

◆ Auf Backpapier zwei Quadrate von 6 cm Kantenlänge zeichnen. Die Schokoladensorten getrennt im Wasserbad schmelzen.

◆ Eine dünne Schicht Bitterschokolade auf die Papierquadrate streichen (**1**). Sobald sich die Schicht verfestigt hat, eine dünne Schicht weiße Schokolade darauf verstreichen (**2**). Wenn auch diese erstarrt ist, mit einer weiteren Schicht Bitterschokolade bedecken (**3**). Kühl etwa 1 Stunde ruhen lassen, dann die Kanten der Quadrate begradigen (**4**), vom Papier lösen und versetzt auf die Mitte der Creme legen. Im Kühlschrank aufbewahren.

1

2

3

4

Bayerische Creme mit Zitrone und Heidelbeersauce

Zubereitungszeit: *40 Minuten*
(ohne Zeit zum Ziehenlassen und Kühlzeit)
Braucht etwas Erfahrung

ZUTATEN FÜR 6 PERSONEN

200 ml Zitronensaft ◆ *450 g geschlagene Sahne*
4 Eigelb ◆ *200 g Zucker*
10 g Blattgelatine ◆ *1 Päckchen Vanillezucker*
geriebene Schale von 1 unbehandelten Zitrone
2 Eiweiß ◆ *1 Prise Salz*
2 kandierte Zitronenscheiben

Für die Sauce:
500 g Heidelbeeren ◆ *150 g Zucker*
300 ml Vino Muscato
5 cl Brandy ◆ *1 Stück Butter*
1 TL Speisestärke ◆ *1 Prise Zimt*

◆ Eine Kastenform von 10 x 20 cm mit Backpapier auslegen, dabei das Papier an den Rändern etwas überstehen lassen. Die Gelatine in kaltem Wasser einweichen.

◆ Die Eigelbe mit dem Zucker aufschlagen, dann den (gefilterten) Zitronensaft und 200 ml Wasser hinzugeben und die Masse 10 Minuten bei schwacher Hitze unter ständigem Rühren kochen. Vom Herd nehmen, die ausgedrückte Gelatine zufügen und gründlich unterrühren. Die Creme abkühlen lassen, dann die Zitronenschale und das Vanillezucker zufügen. Schließlich die Schlagsahne und das mit dem Salz steif geschlagenen Eiweiß unterheben. Die Masse in die Form gießen und mindestens 2 Stunden kühlstellen.

◆ Für die Sauce die Heidelbeeren waschen und 1,5 Stunden mit Zimt und Zucker im Vino Muscato ziehen lassen. Dann bei schwacher Hitze aufkochen, den Brandy und die mit der Speisestärke verknetete Butter zufügen und 10 Minuten weiterkochen lassen. Vom Herd nehmen, die Sauce pürieren, 1 EL Heidelbeeren zurückbehalten.

◆ Die Creme stürzen, das Papier entfernen. Mit den kandierten Zitronenscheiben und den ganzen Heidelbeeren verzieren. Mit der Heidelbeersauce übergießen oder diese separat servieren.

Bayerische Creme mit Zitrone und Heidelbeersauce

Bayerische Creme mit Schokolade

Bayerische Creme mit Haselnüssen

Zubereitungszeit: *30 Minuten (ohne Kühlzeit)*

Braucht etwas Erfahrung

ZUTATEN FÜR 8 PERSONEN

100 g geröstete, gehackte Haselnüsse
1/4 l Milch ◆ 180 g Zucker
5 Eigelb ◆ 10 g Blattgelatine
400 ml Sahne ◆ 8 karamelisierte Haselnüsse

◆ Eine Puddingform von etwa 1 l Fassungsvermögen mit Wasser befeuchten. Die Gelatine in kaltem Wasser einweichen.
◆ Die Milch aufkochen. Die Eigelbe mit dem Zucker aufschlagen, dann die heiße Milch in feinem Strahl zufügen. Unter ständigem Rühren bei mittlerer Hitze fast aufkochen. Vom Herd nehmen, die ausgedrückte Gelatine zufügen und abkühlen lassen. Die gehackten Haselnüsse und schließlich, sehr vorsichtig, 250 ml steif geschlagene Sahne unterheben.
◆ Die Masse in die feuchte Form geben und mindestens 2 Stunden kühlstellen. Die Form in lauwarmes Wasser tauchen und die Creme stürzen. Die restliche Sahne steif schlagen, in einen Spritzbeutel mit Sterntülle geben und die Creme damit verzieren.
◆ Die Verzierung mit den karamelisierten Haselnüssen (s. S. 21) vervollständigen und die Creme im Kühlschrank aufbewahren.

Bayerische Creme mit Zimt

Zubereitungszeit: *1 Stunde (ohne Kühlzeit)*

Braucht etwas Erfahrung

ZUTATEN FÜR 6-8 PERSONEN

1/2 Grundrezept Biskuitteig
1/4 l Milch ◆ 60 g Zucker
4 Eigelb ◆ 10 g Blattgelatine
450 ml Sahne ◆ 2 TL Zimt
1 kleine Zimtstange

◆ Ein Backblech mit Backpapier belegen. Den Backofen auf 180° C vorheizen. Eine rechteckige Form von 10 x 20 cm mit Wasser befeuchten.
◆ Den Biskuitteig (s. S. 11) zubereiten und gleichmäßig auf dem Blech verstreichen. Im vorgeheizten Ofen 15–20 Minuten backen. Den Teig auf ein Tuch stürzen, das Papier abziehen und den etwas abgekühlten Teig in der Größe der Form zurechtschneiden.
◆ Die Gelatine in kaltem Wasser einweichen und die Milch aufkochen. Die Eigelbe mit dem Zucker und dem Zimt aufschlagen, dann die heiße Milch in einem feinen Strahl zufügen. Die Masse unter ständigem Rühren bei mittlerer Hitze fast aufkochen. Vom Herd nehmen, die ausgedrückte Gelatine dazugeben, gründlich verrühren und abkühlen lassen.
◆ 300 ml Sahne steif schlagen und vorsichtig unterheben. Die Masse in die mit Wasser befeuchtete Form geben, mit dem Teigrechteck bedecken und mindestens 2 Stunden kühlstellen.
◆ Die Form in lauwarmes Wasser tauchen und die Bayerische Creme auf einen Servierteller stürzen. Die restliche Sahne steif schlagen und die Zimtstange mit einem Messer zerkleinern. Mit einem Spritzbeutel mit flacher Sterntülle kleine Sahnequadrate auf die Oberfläche setzen. Zwischen die Sahnetupfen kleine Stücke Zimt und in die Mitte ein kleines Häufchen Zimtsplitter geben. Im Kühlschrank aufbewahren.

Bayerische Creme mit Walderdbeeren

Zubereitungszeit: *30 Minuten (ohne Kühlzeit)*

Braucht etwas Erfahrung

ZUTATEN FÜR 6-8 PERSONEN

400 g (Wald)Erdbeeren ◆ 1/4 l Milch
200 g Zucker ◆ 4 Eigelb
10 g Blattgelatine ◆ 300 ml Sahne

◆ Eine Puddingform von 1 l Fassungsvermögen mit Wasser befeuchten. Die Gelatine in kaltem Wasser einweichen. Die Erdbeeren in sehr kaltem Wasser waschen, abtrocknen, 250 g pürieren und durch ein Sieb streichen. Die restlichen zum Verzieren beiseite stellen.
◆ Die Milch aufkochen. Die Eigelbe mit dem Zucker aufschlagen, dann die heiße Milch in feinem Strahl zufügen. Unter ständigem Rühren bei mittlerer Hitze fast aufkochen. Vom Herd nehmen, die ausgedrückte Gelatine gut unterrühren und abkühlen lassen.
◆ Das Erdbeerpüree zu der kalten Masse geben und dann, sehr vorsichtig, die steif geschlagene Sahne unterheben. In die feuchte Form geben und mindestens 2 Stunden kühlstellen.
◆ Die Form kurz in lauwarmes Wasser tauchen, die Creme stürzen und mit den restlichen Erdbeeren verzieren. Im Kühlschrank aufbewahren.

Bayerische Creme mit Mandeln

Zubereitungszeit: *1 Stunde (ohne Kühlzeit)*

Braucht etwas Erfahrung

ZUTATEN FÜR 6-8 PERSONEN

300 ml Milch ◆ 400 ml Sahne
5 Eigelb ◆ 200 g Zucker
70 g geschälte, gemahlene Mandeln
12 g Blattgelatine
geriebene Schale von 1 unbehandelten Zitrone
3 Schokoladenblätter
4 geschälte Mandeln

◆ Eine flache Form von 16–18 cm Durchmesser mit Wasser befeuchten. Die Gelatine in kaltem Wasser einweichen.
◆ Die Milch mit der Zitronenschale aufkochen. Die Eigelbe mit dem Zucker aufschlagen, die gemahlenen Mandeln und dann die heiße Milch in feinem Strahl durch ein Sieb zufügen. Unter ständigem Rühren bei mittlerer Hitze fast aufkochen. Vom Herd nehmen, die ausgedrückte Gelatine zufügen, gründlich unterrühren und abkühlen lassen.
◆ 200 ml Sahne steif schlagen und vorsichtig unterziehen. In die feuchte Form geben und mindestens 2 Stunden kühlstellen.
◆ Die Form kurz in lauwarmes Wasser tauchen und die Creme stürzen. Die restliche Sahne steif schlagen, in einen Spritzbeutel mit flacher Sterntülle geben, die Creme mit kleinen Vierecken verzieren und eine Borte entlang dem oberen und dem unteren Rand spritzen. Die Verzierung mit den Schokoladenblättern in der Mitte und den geschälten Mandeln vervollständigen. Im Kühlschrank aufbewahren.

Bayerische Creme mit Walnüssen

Zubereitungszeit: *30 Minuten (ohne Kühlzeit)*

Braucht etwas Erfahrung

ZUTATEN FÜR 8 PERSONEN

100 g gemahlene Walnüsse
1/4 l Milch
150 g Zucker ◆ 5 Eigelb
10 g Blattgelatine
260 ml Sahne
1 Walnuß

◆ Eine viereckige Form von 15 x 15 x 7 cm mit Wasser befeuchten. Die Gelatine in kaltem Wasser einweichen.
◆ Die Milch aufkochen. Die Eigelbe mit dem Zucker aufschlagen und dann die heiße Milch in feinem Strahl zufügen. Unter ständigem Rühren bei mittlerer Hitze fast aufkochen. Vom Herd nehmen, die ausgedrückte Gelatine zufügen, sorgfältig unterrühren und abkühlen lassen.
◆ Unter die erkaltete Masse die gemahlenen Walnußkerne und die steif geschlagene Sahne (1 EL zurückbehalten) heben, in die feuchte Form geben und mindestens 2 Stunden kühlstellen.
◆ Die Form kurz in lauwarmes Wasser tauchen und die Creme stürzen. Die restliche Sahne in einen Spritzbeutel mit Sterntülle geben, in die Mitte der Creme einen großen Tupfen setzen und mit dem gehackten Walnußkern bestreuen.

Bayerische Creme mit Cointreau

Zubereitungszeit: *40 Minuten (ohne Kühlzeit)*

Braucht etwas Erfahrung

ZUTATEN FÜR 6-8 PERSONEN

1/4 l Milch ◆ 60 g Zucker
4 Eigelb ◆ 8 g Blattgelatine
1/2 l Sahne ◆ 1 Vanilleschote
3 EL Cointreau ◆ 80 g Erdbeeren
einige Minzezweige

◆ Eine Puddingform von 1 l Fassungsvermögen mit Wasser befeuchten. Die Gelatine in kaltem Wasser einweichen.
◆ Die Milch mit der aufgeschnitten Vanilleschote aufkochen. Die Eigelbe mit dem Zucker aufschlagen. Aus der heißen Milch die Schote entfernen und in feinem Strahl zufügen. Unter ständigem Rühren bei mittlerer Hitze fast aufkochen. Vom Herd nehmen, die ausgedrückte Gelatine zufügen, gut unterrühren und abkühlen lassen.
◆ Unter die erkaltete Masse den Cointreau und 300 ml geschlagene Sahne heben. In die feuchte Form geben und mindestens 2 Stunden kühlstellen.
◆ Die Form kurz in lauwarmes Wasser tauchen und die Creme stürzen. Die Erdbeeren in sehr kaltem Wasser waschen, abtrocknen und vierteln. Die restliche Sahne schlagen, in einen Spritzbeutel mit langer Lochtülle geben und in Tupfen auf den unteren Rand sowie in die Mitte der Creme setzen. Die Verzierung mit den Erdbeervierteln am unteren Rand, in der Mitte zusätzlich mit den Minzezweigen vervollständigen.

Birnen-Charlotte

Zubereitungszeit: *1 Stunde (ohne Kühlzeit)*
Raffiniert

ZUTATEN FÜR 4 PERSONEN

1 Grundrezept Biskuitteig
700 g Birnen
200 ml Milch ◆ 6 Eigelb
2 EL Birnengrappa
150 g Zucker
200 ml Sahne
12 g Blattgelatine
1 Zitrone ◆ 1 Stück Butter

Für die Sauce:
300 g Aprikosen
100 g Zucker
1 EL trockener Weißwein

Für die Verzierung:
2 EL Zucker
40 g gehackte Bitterschokolade
einige Minzeblättchen

Ein Backblech einfetten und mit Mehl bestäuben. Den Backofen auf 180° C vorheizen.

◆ Einen Biskuitteig zubereiten (s. S. 11) und in einen Spritzbeutel mit Lochtülle geben. Auf dem Blech eine Scheibe von etwa 10 cm Durchmesser und 5 cm lange Stäbchen formen. Im vorgeheizten Ofen 15–20 Minuten backen, dann herausnehmen, die Biskuits und die Teigscheibe lösen und erkalten lassen.

◆ Die Gelatine in kaltem Wasser einweichen. Die Birnen schälen und mit Zitronensaft beträufeln. Längs aus der Mitte einer Birne eine Scheibe herausschneiden, die Kerne entfernen, mit Zitronensaft beträufeln und beiseite stellen. Die restlichen Birnen in Würfel schneiden und in einer Pfanne mit der Butter einige Minuten dünsten. Gut die Hälfte pürieren und das Püree beiseite stellen.

◆ Die Milch aufkochen. Die Eigelbe mit dem Zucker aufschlagen, nach und nach die Milch und das Birnenpüree hinzufügen. Die Masse bei schwacher Hitze fast aufkochen, vom Herd nehmen und die ausgedrückte Gelatine einrühren, bis sie sich vollständig aufgelöst hat. Abkühlen lassen und die Grappa und die steif geschlagene Sahne unterheben.

◆ Die Teigscheibe auf den Boden einer Charlottenform von etwa 12 cm Durchmesser legen und den Rand mit den Biskuits auskleiden. Die Masse in die Form gießen und mindestens 2 Stunden kaltstellen.

◆ Für die Sauce die Aprikosen waschen und 1 Minute in kochendes Wasser legen. Schälen, entsteinen und mit dem Zucker und dem Weißwein pürieren.

◆ Die Charlotte stürzen und die Oberfläche mit dem Puderzucker bestäuben, dabei einen Kreis aussparen, indem man eine Kartonscheibe von 10 cm Durchmesser darauflegt. 2 EL Zucker mit etwas Wasser karamelisieren (s. S. 19) und die beiseite gelegte Birnenscheibe 2 Minuten darin kochen. Erkalten lassen, auf die Charlotte legen und mit Minze und Schokolade dekorieren.

Erdbeer-Charlotte

Zubereitungszeit: *45 Minuten (ohne Kühlzeit)*
Braucht etwas Erfahrung

ZUTATEN FÜR 6 PERSONEN

300 g Erdbeeren
250 g Löffelbiskuits
100 g Zucker ◆ 5 Eigelb
1/4 l Milch ◆ 1/4 l Sahne
15 g Blattgelatine
2 EL Maraschino
geriebene Schale von 1 unbehandelten Zitrone

Für die Verzierung:
200 g Erdbeeren
2 EL Erdbeergelee
100 ml Sahne

◆ Mit den Löffelbiskuits eine Charlottenform von etwa 1 l Fassungsvermögen auskleiden. Die Gelatine in kaltem Wasser einweichen.
◆ Die Erdbeeren zügig in sehr kaltem Wasser waschen, abtrocknen und pürieren.
◆ Die Milch mit der Zitronenschale aufkochen.

Erdbeer-Charlotte

Die Eigelbe mit dem Zucker aufschlagen, die heiße Milch in feinem Strahl zufügen und bei schwacher Hitze fast aufkochen, dabei ständig rühren. Vom Herd nehmen, die ausgedrückte Gelatine gründlich unterrühren und abkühlen lassen.
◆ Die Sahne steif schlagen. Den Maraschino, das Erdbeerpüree und die geschlagene Sahne unter die kalte Creme nehmen. Die Hälfte der Masse in die Form gießen, mit einer Schicht Löffelbiskuits abdecken und die restliche Creme darübergeben; mit einer weiteren Schicht Biskuits abschließen. Mindestens 2 Stunden kühlstellen.
◆ Für die Verzierung die Erdbeeren zügig in sehr kaltem Wasser waschen, abtrocknen und längs halbieren, 1 ganze Erdbeere zurückbehalten.
◆ Die Charlotte auf einen Servierteller stürzen. Das Erdbeergelee im Wasserbad auflösen und die Charlotte damit bestreichen. Die Seiten und die Oberfläche mit Erdbeeren bedecken, dabei am unteren Rand beginnen. Die Sahne steif schlagen, in einen Spritzbeutel mit Sterntülle geben und in Tupfen auf die Oberfläche spritzen. Mit einem Kranz Erdbeeren und der ganzen Erdbeere in der Mitte die Verzierung vervollständigen. Die Süßspeise im Kühlschrank aufbewahren.

Birnen-Charlotte

Himbeer-Charlotte

Zubereitungszeit: *1 Stunde (ohne Kühlzeit)*

Braucht etwas Erfahrung

ZUTATEN FÜR 8 PERSONEN

1 Grundrezept Biskuitteig
550 g Himbeeren ◆ 25 g Blattgelatine
150 g Zucker ◆ 350 ml Sahne

◆ Ein Backblech einfetten und mit Mehl bestäuben. Den Backofen auf 180° C vorheizen.
◆ Einen Biskuitteig zubereiten (s. S. 11) und in einen Spritzbeutel mit Lochtülle geben. Auf dem Blech 5 cm lange Stäbchen formen und im vorgeheizten Ofen etwa 15 Minuten backen.
◆ Die Gelatine in kaltem Wasser einweichen. Die Himbeeren in sehr kaltem Wasser waschen, abtrocknen, 9 Beeren für die Verzierung beiseite legen und die restlichen pürieren. Die ausgedrückte Gelatine im Wasserbad auflösen und mit dem Zucker unter das Himbeerpüree rühren. Die Sahne steif schlagen, 3 EL davon zurückbehalten und den Rest unter die Himbeermasse ziehen.
◆ Eine Charlottenform von 18 cm Durchmesser mit den Biskuits auskleiden und in Höhe des Formrandes abschneiden. Die Masse in die Form gießen und mit den Biskuits bedecken. Mindestens 2 Stunden in den Kühlschrank stellen.
◆ Die Charlotte auf einen Servierteller stürzen, mit Sahnerosetten und den restlichen Himbeeren verzieren. Im Kühlschrank aufbewahren.

Himbeer-Charlotte

Schokoladen-Charlotte

Zubereitungszeit: *40 Minuten (ohne Kühlzeit)*

Braucht etwas Erfahrung

ZUTATEN FÜR 8 PERSONEN

150 g Bitterschokolade
250 g Vollmilchschokolade
40 g Butter ◆ 4 Eier
3 EL Rum ◆ 60 g Zucker
20 Löffelbiskuits ◆ 1 Prise Salz
1 TL Kakao

Für den Sirup:
1/2 EL Zucker ◆ 2 EL Rum

◆ Eine hohe Form von 18–20 cm Durchmesser mit den Biskuits auslegen. Die Bitterschokolade und 150 g Vollmilchschokolade hacken und mit der Butter und 2 EL Wasser im Wasserbad schmelzen.
◆ Die Eigelbe mit dem Zucker (bis auf 1 EL) schaumig schlagen. Die etwas abgekühlte Schokolade und den Rum unterziehen. Die Eiweiße mit dem Salz steif schlagen, den restlichen EL Zucker einrieseln lassen und den Eischnee vorsichtig unter die Schokoladenmasse ziehen. In die Form gießen und mindestens 2 Stunden in den Kühlschrank stellen.
◆ Für den Sirup den Zucker in 3 EL kochendem Wasser auflösen und den Rum zufügen.
◆ Die Charlotte auf einen Servierteller stürzen, die Löffelbiskuits mit dem Rumsirup bestreichen und die Oberfläche mit dem Kakao bestäuben. Von der restlichen Vollmilchschokolade Späne abziehen und auf der Charlotte verteilen. Im Kühlschrank aufbewahren.

Schokoladen-Charlotte

Charlotte mit Pistazien und Nougat

Zubereitungszeit: *1 Stunde (ohne Kühlzeit)*

Braucht etwas Erfahrung

ZUTATEN FÜR 6-8 PERSONEN

1/2 Grundrezept Biskuitteig
1/4 l Milch ◆ 1/4 l Sahne
150 g Zucker ◆ 5 Eigelb
8 g Blattgelatine
1 Vanilleschote
80 g geschälte, gehackte Pistazien
60 g geschälte, gehackte Haselnüsse
50 g gehackte Bitterschokolade
50 g gehackte Vollmilchschokolade
3 EL Rum

Für die Verzierung:
1 EL Puderzucker
200 ml Vanillesauce
etwas geschmolzene Bitterschokolade

◆ Ein Backblech mit Backpapier belegen. Den Backofen auf 190° C vorheizen. Die Gelatine in kaltem Wasser einweichen.
◆ Den Biskuitteig zubereiten (s. S. 11), auf dem Blech verstreichen und im vorgeheizten Ofen 18–20 Minuten backen. Den Teig auf ein leicht befeuchtetes Tuch stürzen, aufrollen und etwas ruhen lassen.
◆ Die Milch mit der aufgeschnittenen Vanilleschote aufkochen. Die Eigelbe mit dem Zucker

aufschlagen, die heiße Milch in feinem Strahl durch ein kleines Sieb einlaufen lassen. Bei schwacher Hitze fast aufkochen, dabei ständig rühren. Vom Herd nehmen, die ausgedrückte Gelatine zugeben, die Creme sorgfältig verrühren und auf zwei Schüsseln verteilen. In eine Schüssel die gehackte Bitter- und Vollmilchschokolade zufügen, umrühren, damit sie sich auflösen, und schließlich die gehackten Haselnüsse und den Rum unterrühren. Die andere Portion mit den gehackten Pistazien vermischen. Die Cremes erkalten lassen.

◆ Den Teig aufrollen und mit etwa zwei Drittel eine rechteckige, 25 cm lange Form mit gewölbtem Boden auskleiden. Die Sahne steif schlagen, die Hälfte unter die Pistaziencreme ziehen, die Masse in die Form geben und kühlstellen. Die restliche Sahne unter die Schokoladencreme mischen und mit einem Löffel auf die Pistazienschicht geben.

◆ Die Charlotte mit dem restlichen Teig abdecken und mindestens 2 Stunden kühlstellen.

◆ Die Charlotte auf einen Servierteller stürzen, mit dem Puderzucker bestäuben und in Scheiben geschnitten servieren, wobei die Scheiben mit Vanillesauce (s. S. 19) und einigen Tropfen geschmolzener Schokolade verziert werden.

Charlotte mit Pistazien und Nougat

Schokoladen-Orangen-Charlotte

Zubereitungszeit: *1 Stunde (ohne Kühlzeit)*
Raffiniert

ZUTATEN FÜR 16-20 PERSONEN

250 g Löffelbiskuits
150 g gehackte Bitterschokolade
1/4 l Milch ◆ *8 Eigelb*
150 g Zucker ◆ *1/4 l Sahne*
10 g Blattgelatine ◆ *2 EL Rum*

Für die Creme:
Saft von 4 Orangen und 1/2 Zitrone
4 Eigelb
50 g Puderzucker
8 g Blattgelatine ◆ *1/4 l Sahne*
geriebene Schale von 1 unbehandelten Orange

Für den Sirup:
50 g Zucker
geriebene Schale von 1/2 unbehandelten Orange
2 EL Orangenlikör

Für die Verzierung:
50 g kandierte Orangenschale
50 g Bitterschokolade
1 EL Puderzucker

Schokoladen-Orangen-Charlotte

◆ Eine Charlottenform von 1,5 l Fassungsvermögen und eine zweite Form von 1/4 l Fassungsvermögen mit Backpapier auslegen. Die Gelatine in kaltem Wasser einweichen und die Bitterschokolade grob hacken

◆ Die Milch erwärmen. Die Eigelbe mit dem Zucker schaumig schlagen, die heiße Milch in feinem Strahl zufügen und bei schwacher Hitze fast aufkochen, dabei ständig rühren (darauf achten, daß sie nicht kocht, weil sie dann sofort gerinnt).

◆ Vom Herd nehmen, die ausgedrückte Gelatine und die gehackte Schokolade zugeben, gründlich verrühren, damit sich die Zutaten auflösen, und erkalten lassen. Die steif geschlagene Sahne und den Rum unter die erkaltete Creme ziehen.

◆ Für den Sirup den Zucker mit der gewaschenen und geriebenen Orangenschale und 100 ml Wasser etwa 2 Minuten aufkochen. Abkühlen lassen und den Likör zufügen.

◆ Die beiden Formen mit den Biskuits auslegen, wo nötig abschneiden, und mit dem Sirup bestreichen. In die größere Form drei Viertel der Schokoladencreme, den Rest in die kleinere gießen. Die Formen mit einem Stück Alufolie abdecken und kühlstellen.

◆ Für die Orangencreme die Gelatine in kaltem Wasser einweichen. Den Orangen- und Zitronensaft mit der geriebenen Orangenschale aufkochen. Die Eigelbe mit dem Puderzucker schaumig schlagen, den heißen Saft in feinem Strahl zufügen und bei schwacher Hitze und unter ständigem Rühren fast aufkochen lassen. Vom Herd nehmen, die ausgedrückte Gelatine zugeben und durch Rühren vollständig auflösen, dann die Masse erkalten lassen. Die steif geschlagene Sahne unter die erkaltete Creme ziehen.

◆ Drei Viertel dieser Creme in die größere Form, das restliche Viertel in die kleinere gießen. Die Formen mit einer Schicht Biskuits abschließen, wiederum mit Alufolie bedecken und mindestens 2 Stunden kühlstellen.

◆ Für die Verzierung die Bitterschokolade grob hacken, im Wasserbad schmelzen und auf ein Stück Backpapier gießen. Mit einem Spatel zu einer Dicke von etwa 2 mm verstreichen. Sobald die Schokolade erstarrt ist, in kleine Dreiecke schneiden. Aus der kandierten Orangenschale kleine Kreise schneiden. Die größere Charlotte auf einen Servierteller stürzen, die Alufolie entfernen und dann auf die Mitte vorsichtig die kleinere Charlotte stürzen.

◆ Die Alufolie entfernen und die Charlotten mit dem Puderzucker bestäuben. An der Basis, dem Rand und auf der Oberfläche die Schokoladendreiecke und die Orangenkreise zu Girlanden legen. Im Kühlschrank aufbewahren.

Crème Caramel

Zubereitungszeit:
1 Stunde 15 Minuten (ohne Kühlzeit)
Braucht etwas Erfahrung

ZUTATEN FÜR 4 PERSONEN

1/2 l Milch
3 Eier
2 Eigelb
1 Vanilleschote
230 g Zucker
1 EL Sultaninen
20 g Pinienkerne

Den Backofen auf 180° C vorheizen. Die Milch mit der aufgeschnittenen Vanilleschote aufkochen und beiseite stellen. Die Eier, die Eigelbe und den Zucker gründlich vermischen, aber ohne die Masse dabei aufzuschlagen. Schließlich die Milch, aus der vorher die Vanilleschote herausgenommen wurde, löffelweise einrühren.

◆ Für den Karamel den Zucker mit 2 EL Wasser bei schwacher Hitze aufkochen.

◆ Sobald der Karamel eine schöne goldgelbe Farbe hat, in die Form gießen und hin und her schwenken, um ihn gleichmäßig zu verteilen. Die Eier-Milch-Mischung durch ein Sieb dazugeben.

◆ Die Form im Wasserbad in den vorgeheizten Ofen stellen, dabei beachten, daß die Wasserhöhe ein Drittel der Formhöhe nicht übersteigt, und die Creme etwa 1 Stunde kochen lassen, bis sie fest ist. Aus dem Ofen nehmen, abkühlen lassen und in den Kühlschrank stellen.

◆ Zum Servieren mit einem Messer zwischen dem Rand der Form und der Creme entlangfahren und diese auf einen Servierteller stürzen. Den Karamel auf dem Boden der Form darübergießen.

◆ Für die Verzierung die Sultaninen und die Pinienkerne gleichmäßig am Rand und in der Mitte der Form verteilen.

◆ Bereitet man den die Cème Caramel am Vortag zu und läßt ihn über Nacht in der Form im Kühlschrank, löst sich der Karamel leichter vom Boden der Form.

Brotpudding mit Whiskysauce

Zubereitungszeit: *1,5 Stunden*
Braucht etwas Erfahrung

ZUTATEN FÜR 8 PERSONEN

450 g altbackenes Weißbrot ohne Kruste
1 l Milch ◆ 3 Eier ◆ 140 g Zucker
2 Päckchen Vanillezucker ◆ 120 g Sultaninen
Für die Sauce:
1/4 l Milch ◆ 3 Eigelb
70 g Zucker
1 Vanilleschote
4 EL Whisky ◆ 100 ml Sahne

◆ Eine hohe Form von 20 cm Durchmesser einfetten und mit Mehl bestäuben. Den Backofen auf 160° C vorheizen.
◆ Die Sultaninen in lauwarmem Wasser einweichen. Das Brot zerbröckeln und in der Milch 10–15 Minuten einweichen.
◆ Die Eier mit dem Zucker, dem Vanillezucker und den ausgedrückten Sultaninen (bis auf 5) leicht verrühren. Das eingeweichte Brot durchkneten, und sobald es eine gleichmäßige Masse bildet, die Ei-Zucker-Mischung untermengen.
◆ Die Masse in die Form geben und im vorgeheizten Ofen etwa 1 Stunde backen. Vor dem Servieren erkalten lassen.

Brotpudding mit Whiskysauce

◆ Für die Sauce die Milch mit der aufgeschnittenen Vanilleschote aufkochen. Die Eigelbe mit dem Zucker schaumig schlagen. Die Milch in feinem Strahl durch ein Sieb zufügen und unter ständigem Rühren bei schwacher Hitze fast aufkochen. Die Sauce darf nicht kochen und sollte den Löffel mit einem leichten Schleier überziehen. Abkühlen lassen und den Whisky zugeben.
◆ Den Pudding stürzen, mit der geschlagenen Sahne und den Sultaninen verzieren und mit der Whiskysauce servieren.

Panna cotta

Panna cotta

Zubereitungszeit: *20 Minuten (ohne Zeit zum Abkühlen)*
Braucht etwas Erfahrung

ZUTATEN FÜR 4 PERSONEN

1/2 l Sahne ◆ 180 g Zucker
30 g Speisestärke ◆ 1 Vanilleschote

◆ 100 g Zucker bei schwacher Hitze mit 2 EL Wasser zu einem goldgelben Karamel kochen (s. S. 19). Den Karamel in eine Form mit 3/4 l Fassungsvermögen gießen und diese hin und her bewegen, damit er sich gut verteilt.
◆ Die Speisestärke in einem Topf mit der Sahne verrühren, den restlichen Zucker und die aufge- ▶

Crème Caramel

schnittene Vanilleschote zufügen und bei mittlerer Hitze aufkochen. Sobald die Masse dicklich wird, in die karamelisierte Form gießen, etwas abkühlen lassen und in den Kühlschrank stellen.
◆ Zum Servieren die Form auf eine Servierplatte stürzen und den in der Form verbliebenen Karamel über den Pudding gießen.

Reispudding mit Himbeersauce

Zubereitungszeit: *40 Minuten (ohne Kühlzeit)*
Braucht etwas Erfahrung

ZUTATEN FÜR 6 PERSONEN

2 EL Sultaninen ◆ 2 EL Grand Marnier
150 g Rundkornreis ◆ 300 ml Milch
200 g Zucker
1 EL geriebene Zitronenschale
1 Vanilleschote ◆ 10 g Blattgelatine
60 g Butter ◆ 4 Eigelb
50 g Zitronat und Orangeat
400 ml Sahne ◆ 1 Prise Salz
400 g Himbeeren ◆ 30 g kandierte Orange

◆ Die Sultaninen in Grand Marnier und die Gelatine in kaltem Wasser einweichen. Den Reis in Salzwasser 2–3 Minuten kochen, dann abgießen und mit kaltem Wasser abspülen.
◆ Die Milch mit 100 g Zucker, der Zitronenschale, der aufgeschnittenen Vanilleschote und dem Salz aufkochen. Wenn sich der Zucker aufgelöst hat, den Reis zufügen und kochen, bis die Milch aufgesogen ist. Die Schote entfernen.
◆ Die ausgedrückte Gelatine unter den warmen Reis mischen und durch Rühren auflösen, dann die Hälfte der abgetropften Sultaninen, die Butter, Zitronat und Orangeat sowie die Eigelbe zufügen. Die Zutaten gründlich vermischen und erkalten lassen.
◆ Die Hälfte der Sahne steif schlagen und unter die Reismasse heben. Die Masse in eine Puddingform von etwa 1 l Fassungsvermögen geben, mit Klarsichtfolie abdecken und mindestens 6 Stunden kühlstellen.
◆ Für die Sauce die Himbeeren in sehr kaltem Wasser waschen, abtrocknen und mit dem restlichen Zucker pürieren.
◆ Die Form kurz in warmes Wasser tauchen und den Pudding stürzen. Die restliche Sahne steif schlagen, in einen Spritzbeutel mit Sterntülle geben und den Pudding damit rundherum verzieren. Die Verzierung mit der kandierten Orange sowie den restlichen Sultaninen vervollständigen und den Pudding mit der Himbeersauce servieren.

Ciambella mit Aprikosen

Zubereitungszeit: *1 Stunde 15 Minuten*
Gelingt leicht

ZUTATEN FÜR 4-6 PERSONEN

800 g feste, reife Aprikosen
200 g Zucker ◆ 1/8 l Vino Moscato
4 Eier ◆ 30 g Aprikosengelee

◆ Eine Napfkuchenform von etwa 2 l Fassungsvermögen mit Wasser befeuchten. Den Backofen auf 180° C vorheizen.
◆ Die Aprikosen waschen, entsteinen und einige für die Verzierung zurückbehalten. Mit dem Zukker und dem Wein etwa 15 Minuten bei mittlerer Hitze kochen, dabei ab und zu umrühren. Durch ein Sieb streichen und das Püree nochmals erhitzen, damit es einkocht. Erkalten lassen und die Eier einzeln unterrühren.
◆ Die Masse in die Form geben, mit Alufolie abdecken und im Wasserbad im vorgeheizten Ofen 45–50 Minuten garen. Den Pudding auf einen Servierteller stürzen und erkalten lassen.
◆ Das Aprikosengelee im Wasserbad auflösen und einen Teil auf den Pudding streichen. Die restlichen Aprikosen in Schnitze schneiden, auf den Pudding und den inneren unteren Rand des Kranzes setzen und mit dem restlichen Gelee bepinseln.

Apfelpudding mit Rosinen

Zubereitungszeit: *1,5 Stunden*
Gelingt leicht

ZUTATEN FÜR 6 PERSONEN

500 g säuerliche Äpfel ◆ 30 g Zucker
3 EL trockener Weißwein ◆ 2 Eier
100 g Rosinen ◆ 50 g Speisestärke
100 g zerbröselte Amaretti ◆ 1 EL Paniermehl
1 EL Puderzucker ◆ 1 Prise Salz

◆ Eine hohe Form von 18 cm Durchmesser einfetten und mit dem Paniermehl bestreuen. Den Backofen auf 160° C vorheizen.
◆ Die Rosinen in lauwarmem Wasser einweichen. Die Äpfel schälen, entkernen und würfeln. Mit Wein und Zucker 7–8 Minuten kochen, bis sie weich sind und der Wein verkocht ist.
◆ Die gekochten Äpfel mit den ausgedrückten Rosinen, der Speisestärke, den Amaretti und den

Eigelben vermischen. Die Eiweiße mit dem Salz zu Schnee schlagen und unterheben. Die Masse in die Form gießen und im vorgeheizten Ofen etwa 40 Minuten backen.
◆ Den Pudding abkühlen lassen, stürzen, mit dem Puderzucker bestäuben und lauwarm servieren.

Biancomangiare

Zubereitungszeit: *50 Minuten (ohne Kühlzeit)*
Gelingt leicht

ZUTATEN FÜR 8 PERSONEN

200 g geschälte, gemahlene Mandeln
1/2 l Milch ◆ 150 g Zucker
15 g Blattgelatine ◆ 1/2 l Sahne
100 g kandierte Ananas ◆ 1 frische Ananasscheibe
1 Bund Minze ◆ 1 kandierte Kirsche

◆ Die Gelatine in kaltem Wasser einweichen.
◆ Die Milch mit den Mandeln und dem Zucker aufkochen, dabei ab und zu umrühren. Vom Herd ziehen, die ausgedrückte Gelatine unterrühren und erkalten lassen. Die Milch durch ein Tuch filtern, dieses gut ausdrücken und die in Würfel geschnittene kandierte Ananas zufügen.
◆ Eine Zuccotto-Form von etwa 14 cm Durchmesser mit Wasser befeuchten. Die Sahne schlagen, unter die kalte Masse heben und diese in die Form geben. Mindestens 2 Stunden kühlstellen.
◆ Die Form kurz in warmes Wasser tauchen und den Pudding auf einen Servierteller stürzen. Mit den Minzeblättchen, der Ananasscheibe und der kandierten Kirsche verzieren.

Haselnußrose

Zubereitungszeit: *1 Stunde*
Braucht etwas Erfahrung

ZUTATEN FÜR 6 PERSONEN

150 g geröstete, gemahlene Haselnüsse
150 g gehackte Bitterschokolade
150 g weiche Butter ◆ 8 Eier
100 g Zucker ◆ 70 g Puderzucker
80 g dunklen Pan di Spagna
Für die Verzierung:
100 ml Sahne ◆ 100 g Haselnüsse
35 g Zucker ◆ 1 EL Mandelöl

◆ Eine Napfkuchenform von etwa 2 l Fassungsvermögen einfetten und mit Zucker bestreuen. Den Backofen auf 180° C vorheizen.
◆ Den Biskuit zerbröseln und durch ein Sieb geben. Die Schokolade im Wasserbad schmelzen.
◆ Die Butter mit dem Zucker schaumig schlagen, dann die Eigelbe einzeln unterrühren. Anschließend die geschmolzene Schokolade, die Haselnüsse und den Biskuit zufügen. Die Eiweiße mit dem Salz zu Schnee schlagen und vorsichtig unter die Masse heben. Zwei Drittel der Masse in die Form geben und im Wasserbad im vorgeheizten Ofen 35–40 Minuten garen. Abkühlen lassen.
◆ Die Nüsse für die Verzierung im Ofen 4–5 Minuten rösten und durch Reiben in einem sauberen Tuch schälen.
◆ Den Zucker mit 2 TL Wasser aufkochen und 3 Minuten kochen lassen. Vom Herd nehmen, die Haselnüsse zufügen und rühren, bis sie völlig von einer sandigen Zuckerschicht überzogen sind. Erneut auf den Herd stellen und bei mittlerer Hitze rühren, bis der Zucker karamelisiert. Die Nüsse auf eine mit Mandelöl bestrichene Marmorplatte geben und voneinander lösen. Erkalten lassen und grob hacken.
◆ Die Masse stürzen. Die Sahne schlagen, in einen Spritzbeutel mit Sterntülle geben und Tupfen auf die Mitte und entlang der Seitenrillen setzen. Mit den karamelisierten Nüssen verzieren.

Mandelpudding

Zubereitungszeit: *1 Stunde 20 Minuten (ohne Kühlzeit)*
Braucht etwas Erfahrung

ZUTATEN FÜR 4 PERSONEN

70 g geschälte, geröstete Mandeln ◆ 190 g Zucker
3/4 l Milch ◆ 8 eingelegte Kirschen
60 g zerbröselte Löffelbiskuits ◆ 3 Eier
1 Päckchen Vanillezucker ◆ 100 ml Sahne

◆ Den Backofen auf 190° C vorheizen.
◆ 100 g Zucker mit 2 EL Wasser in einer Puddingform von etwa 1,5 l Fassungsvermögen aufkochen. Wenn der Zucker karamelisiert (s. S. 19), die Form hin und her wenden, damit sich der Karamel gleichmäßig verteilt. Die Mandeln in einem Mörser zu einer feinen Paste zerstoßen.
◆ Die Milch mit dem Vanillezucker, dem restlichen Zucker und den Löffelbiskuits aufkochen. Die Eier schaumig schlagen. Die Mandelpaste zufügen, umrühren und 10 Minuten kochen lassen. Die Masse durch ein Sieb geben, die Eier zufügen und in die karamelisierte Form gießen.
◆ Im Wasserbad im vorgeheizten Ofen 45–50 Minuten garen. Den Pudding mindestens 2 Stunden abkühlen lassen, auf einen Servierteller stürzen und mit dem restlichen Karamel übergießen. Die Sahne steif schlagen und mit einem Spritzbeutel in Tupfen auf den Pudding setzen. Mit den Kirschen verzieren.

Ricotta-Pudding alla romana

Zubereitungszeit: *1 Stunde*
Gelingt leicht

ZUTATEN FÜR 6-8 PERSONEN

300 g Ricotta
150 g Puderzucker ◆ 3 Eier
2 Eigelb ◆ 1 Prise Zimt
geriebene Schale von 1 unbehandelten Zitrone
1 Prise Salz ◆ Paniermehl
100 g Vollmilchschokolade

◆ Eine hohe Form von 18 cm Durchmesser einfetten und mit dem Paniermehl bestreuen. Den Backofen auf 180° C vorheizen.
◆ Den Ricotta zweimal durch ein Sieb streichen und mit dem Puderzucker, den ganzen Eiern und den Eigelben mischen. Den Zimt, die Zitronenschale und das Salz zufügen. Die Masse in die Form geben und im vorgeheizten Ofen etwa 40 Minuten backen. Den Pudding auf einen Servierteller stürzen und erkalten lassen.
◆ Mit einem Sparschäler Späne von der Schokolade abziehen, auf den Pudding legen und um den unteren Rand verteilen.

Ricotta-Pudding alla romana

Kaffeepudding

Zubereitungszeit: *25 Minuten (ohne Kühlzeit)*
Gelingt leicht

ZUTATEN FÜR 4-6 PERSONEN

$^{1}/_{2}$ l Milch ◆ 4 Eigelb
4 EL Zucker ◆ 2 EL Mehl
1 EL lösliches Espressopulver ◆ 1 TL Kakao
1 EL Likör nach Wunsch ◆ 200 ml Sahne
2 EL Puderzucker ◆ 30 g Bitterschokolade
3 Kaffeebohnen

◆ Die Milch aufkochen. Die Eigelbe mit dem Zucker verrühren, das Mehl und den Kakao nach und nach beimengen. Den Espresso in der heißen Milch auflösen und in feinem Strahl vorsichtig unter die Ei-Zucker-Mischung rühren.
◆ Die Masse bei mittlerer Hitze aufkochen und unter häufigem Rühren 8–10 Minuten kochen. Eine Form von 16 cm Durchmesser mit dem Likör einpinseln, den Pudding hineingeben und kaltstellen.
◆ Zum Servieren die Form kurz in warmes Wasser tauchen und den Pudding auf einen Servierteller stürzen. 3 EL Sahne steif schlagen, in einen Spritzbeutel mit Sterntülle geben, einen Tupfen auf die Mitte des Puddings setzen und mit den Kaffeebohnen verzieren. Die restliche Sahne mit dem Puderzucker verquirlen und diese flüssige Creme um den Pudding gießen.
◆ Die Schokolade im Wasserbad schmelzen, in eine Backpapiertüte geben (s. S. 334) und zwei Kreise auf die Sauce zeichnen. Mit einem Stäbchen nach Belieben verzieren.

Kaffeepudding

Karamelpudding

Zubereitungszeit: *1,5 Stunden*
Braucht etwas Erfahrung

ZUTATEN FÜR 6 PERSONEN

75 g Mehl
160 g Zucker
70 g Butter ◆ 3 Eier
$^{1}/_{4}$ l Milch ◆ 1 Prise Salz
Für die Verzierung:
20 Walnüsse
80 g Zucker
100 ml Sahne
1 EL Mandelöl

◆ Eine Puddingform von 1 l Fassungsvermögen einfetten. Den Backofen auf 180° C vorheizen.
◆ Das gesiebte Mehl in einen Topf geben, nach und nach die Milch und 60 g Zucker zufügen. Bei schwacher Hitze einige Minuten kochen, dabei mit einem Holzlöffel umrühren, bis die Masse sich vom Topfrand löst. Vom Herd nehmen.
◆ Den restlichen Zucker mit 2 EL Wasser zu einem hellen Karamel kochen (s. S. 19). Vom Herd nehmen, die Butter unterrühren und zu der Mehlmasse geben. Die Eigelbe einzeln zufügen, die Eiweiße mit dem Salz steif schlagen und unterheben.
◆ In die Form gießen und im Wasserbad im vorgeheizten Ofen 1 Stunde garen. Den Pudding sofort auf einen Servierteller stürzen und abkühlen lassen.
◆ Für die Verzierung den Zucker mit 2 EL Wasser zu einem goldgelben Karamel kochen. Vom Herd nehmen, die Walnüsse zufügen und auf einer mit dem Mandelöl bestrichenen Marmorplatte abkühlen lassen. Die Sahne steif schlagen, in einen Spritzbeutel mit Sterntülle geben und auf die Oberfläche und um den unteren Rand des Puddings spritzen. Im Kühlschrank aufbewahren. Vor dem Servieren mit den karamelisierten Walnüssen verzieren.

Karamelpudding

Grießpudding mit Orange

Zubereitungszeit: *40 Minuten (ohne Ruhezeit)*
Gelingt leicht

ZUTATEN FÜR 6 PERSONEN

125 g Grieß ◆ 1/2 l Milch
150 g Zucker ◆ 3 Eiweiß
2 EL Orangenlikör ◆ 1 Orange
geriebene Schale von 2 unbehandelten Orangen
einige Minzeblättchen ◆ 1 Prise Salz

◆ Die Milch aufkochen und unter Rühren den Grieß einrieseln lassen. Bei schwacher Hitze 20 Minuten kochen, dabei ab und zu umrühren. Vom Herd nehmen, den Zucker und die Orangenschale zufügen. Die Eiweiße mit dem Salz steif schlagen und unterheben. Die Masse bei schwacher Hitze erneut aufkochen, dabei ständig rühren. Vom Herd nehmen, den Likör unterrühren und in eine mit Wasser befeuchtete Form von etwa 1 l Fassungsvermögen geben. Den Pudding zum Erstarren 5–6 Stunden kaltstellen.
◆ Die Minzeblättchen waschen und abtrocknen. Die Orange von der Schale befreien und die Schnitze „bis aufs Fleisch" schälen. Zum Servieren den Pudding auf eine Platte stürzen, mit den Orangenschnitzen und den Minzeblättchen verzieren.

Grießpudding mit Orange

Malagapudding

Zubereitungszeit: *1 Stunde 10 Minuten*
Braucht etwas Erfahrung

ZUTATEN FÜR 6 PERSONEN

140 g weiche Butter
125 g Zucker ◆ 7 Eigelb
4 Eiweiß ◆ 80 g Sultaninen
1 Pan di Spagna
von 20 cm Durchmesser
5 cl Malaga ◆ 3 EL Apfelkonfitüre
2 EL Aprikosengelee ◆ 2 EL Rum
1 EL Puderzucker

◆ Eine Puddingform von 22 cm Durchmesser einfetten und mit Mehl bestäuben. Den Backofen auf 170° C vorheizen. Die Sultaninen in dem Rum einweichen. Den Biskuitboden (s. S. 10) in drei Scheiben von 1 cm Dicke schneiden.
◆ Die Butter schaumig schlagen und den Zucker zufügen. Nacheinander die Eigelbe einzeln, die Apfelkonfitüre und zwei Drittel der abgetropften Sultaninen unterrühren. Vorsichtig die steif geschlagenen Eiweiße unterheben und ein Drittel der Masse in die Form gießen. Eine Scheibe Biskuit darauflegen und mit Wein beträufeln. Ein weiteres Drittel der Masse einfüllen, mit einer zweiten Scheibe Biskuit bedecken, diese ebenfalls mit dem Wein bestreichen. Die restliche Masse einfüllen und gleichmäßig verstreichen. 40 Minuten im Ofen backen und erkalten lassen.
◆ Den Pudding stürzen. Mit einem Ausstecher von 4 cm Durchmesser sieben Kreise aus der dritten Biskuitscheibe schneiden. Den Puderzucker mit einigen Tropfen Wasser zu einer dicken Creme verrühren. Das Gelee im Wasserbad schmelzen, die Biskuitkreise damit bestreichen und auf die Mitte des Puddings legen. Mit je einem Tropfen Glasur und den restlichen Sultaninen verzieren.

Malagapudding

Orangen-Pudding

Zubereitungszeit: *2 Stunden 20 Minuten*
Gelingt leicht

ZUTATEN FÜR 6-8 PERSONEN

4 Eier (Gesamtgewicht von 240 g)
250 g Zucker ◆ 250 g Mehl
250 g weiche Butter ◆ 2 EL Wasser
geriebene Schale von 2 unbehandelten Orangen und 1/2 unbehandelten Zitrone
1 Päckchen Backpulver ◆ 2 EL Aprikosengelee
200 g kandierte Orangenschale
1 Prise Salz

◆ Eine hohe, glatte Form von etwa 1,5 l Fassungsvermögen einfetten und mit Mehl bestäuben.
◆ Die Butter schaumig schlagen und den Zucker zufügen, dabei weiterrühren. Die Eigelbe einzeln, dann das mit dem Backpulver gesiebte Mehl und die Orangenschale unterrühren. Die Eiweiße mit dem Salz steif schlagen und unterheben.
◆ Die Masse in die Form gießen, mit einem feuchten Tuch bedecken und im Wasserbad auf dem Herd 2 Stunden kochen, wobei das Wasserniveau sich auf halber Höhe der Form befinden muß. Sobald der Pudding fest ist, stürzen und erkalten lassen.
◆ Aus der Orangenschale 18 Dreiecke von 1 cm Größe, einen Kreis von 3 cm Durchmesser und mehrere kleine Kreise von 1 cm Durchmesser schneiden. Das Gelee mit dem Wasser auflösen und den Pudding damit bestreichen. Einen Kranz kleiner Kreise um den unteren Rand und den großen Kreis und sechs Dreiecke auf die Mitte des Puddings legen. Mit den restlichen Dreiecken die Seiten verzieren.

Orangen-Pudding

Crema ottomana

Zubereitungszeit: *1 Stunde (ohne Kühlzeit)*

Braucht etwas Erfahrung

ZUTATEN FÜR 6-8 PERSONEN

140 g kandierte Früchte (Kirschen, Orangen- und Zitronenschale)
1/4 l Milch ◆ 3 Eigelb
70 g Zucker
1 Vanilleschote
6 g Blattgelatine

Für den Biskuitteig:
60 g Mehl
50 g Zucker
3 Eier
1 Päckchen Vanillezucker
geriebene Schale von 1/2 Zitrone
1 TL Puderzucker
30 g geschälte, gehackte Mandeln
1 Prise Salz

Ein Backblech einfetten und mit Mehl bestäuben. Den Backofen auf 180° C vorheizen.

◆ Für den Biskuitteig die Eigelbe, den Zucker und den Vanillezucker aufschlagen. Wenn die Masse hell und schaumig ist, die Zitronenschale, das gesiebte Mehl und die Mandeln zufügen, dann die Eiweiße mit dem Salz zu Schnee schlagen und ebenfalls unterheben. Die Masse in einen Spritzbeutel füllen und in 5 cm langen Streifen auf das Backblech spritzen. Mit dem Puderzucker bestäuben und im vorgeheizten Ofen etwa 7–8 Minuten backen, dann erkalten lassen.

◆ Die Gelatine in kaltem Wasser einweichen. Die Milch mit der aufgeschnittenen Vanilleschote aufkochen.

◆ Die Eigelbe mit dem Zucker schaumig schlagen. Die Milch in feinem Strahl durch ein Sieb zufügen. Die Masse bei schwacher Hitze fast aufkochen, dabei ständig rühren, bis die Creme den Löffel mit einem Schleier überzieht. Die ausgedrückte Gelatine einrühren, bis sie sich vollständig aufgelöst hat, und die Masse abkühlen lassen.

◆ 100 g kandierte Früchte und die Biskuits in Würfel schneiden (**1**). In einer Schüssel mit der Gelatinecreme vermischen (**2**). Die Masse in eine flache Napfkuchenform von etwa 1,5 l Fassungsvermögen geben (**3**) und mindestens 2 Stunden kühlstellen.

◆ Die Form kurz in warmes Wasser tauchen, den Pudding stürzen und mit den restlichen kandierten Früchten verzieren (**4**).

1

2

3

4

Pariser Pudding

Zubereitungszeit: *1 Stunde 20 Minuten*

Gelingt leicht

ZUTATEN FÜR 4-6 PERSONEN

1/2 l Milch ◆ 100 ml Sahne
3 Eier ◆ 4 Eigelb ◆ 150 g Zucker
geriebene Schale von 1 unbehandelten Orange
100 g Pan di Spagna
50 g Sultaninen ◆ 150 g kandierte Orange
100 g kandierte Zedratzitrone

◆ Eine glatte Form von 3/4 l Fassungsvermögen mit Backpapier auslegen. Den Backofen auf 180° C vorheizen.
◆ Mit verschiedenen Ausstechern die kandierten Früchte zurechtschneiden und in der Form anordnen. Das gewürfelte Pan di Spagna (s. S. 10) mit den gewaschenen und getrockneten Sultaninen mischen und in die Form geben.
◆ Die Milch und die Sahne mit der Orangenschale aufkochen. Die Eier und die Eigelbe mit dem Zucker mischen und die Milch in feinem Strahl zufügen. Vorsichtig in die Form füllen und im Wasserbad im vorgeheizten Ofen etwa 1 Stunde garen. Abkühlen lassen.
◆ Den Pudding stürzen und das Papier abziehen, dann im Kühlschrank aufbewahren.

Bunet

Bunet

Zubereitungszeit: *1 Stunde 20 Minuten (ohne Kühlzeit)*

Braucht etwas Erfahrung

ZUTATEN FÜR 6-8 PERSONEN

1/4 l Milch ◆ 4 Eier ◆ 2 Eigelb
180 g Zucker ◆ 20 g Kakao
30 g Amaretti ◆ 2 EL Rum
einige Amarettini

◆ Den Backofen auf 180° C vorheizen.
◆ 3 EL Zucker mit 2 EL Wasser zu einem goldgelben Karamel kochen (s. S. 19) und in eine flache Napfkuchenform von 20 cm Durchmesser gießen. ▶

Crema ottomana

◆ Die Form hin und her schwenken und mit einem Löffel den Karamel auf Boden und Seiten verteilen.
◆ Die Eier und die Eigelbe mit dem restlichen Zucker und dem Kakao mischen. Die Milch aufkochen, die zerkleinerten Amaretti zufügen und mit dem Rum unter die Eimasse geben. In die Form mit dem Karamel füllen und im Wasserbad (das Wasser sollte bis zur Hälfte der Formhöhe reichen) im vorgeheizten Ofen etwa 1 Stunde garen. Etwas abkühlen lassen und in den Kühlschrank stellen.
◆ Den Pudding auf einen Servierteller stürzen, den restlichen Karamel in der Form darübergießen und mit den Amarettini verzieren.

Soufflé-Pudding mit Nüssen

Biancomangiare mit Karamel

Zubereitungszeit: *50 Minuten (ohne Kühlzeit)*
Braucht etwas Erfahrung

ZUTATEN FÜR 6-8 PERSONEN

200 g geschälte, gehackte Mandeln (davon 5 oder 6 bittere)
1/2 l Milch ◆ 150 g Zucker
10 g Blattgelatine
1/2 l Sahne

Für die Karamelsauce:
1/4 l Milch ◆ 3 Eigelb
2–3 EL Zucker ◆ 1/2 TL Speisestärke
1 Päckchen Vanillezucker

Für die Verzierung:
80 g weiße Schokolade
30 g geröstete Mandelblättchen

◆ Die Gelatine in kaltem Wasser einweichen.
◆ Die Milch mit den Mandeln und dem Zucker aufkochen, ab und zu umrühren. Die ausgedrückte Gelatine zugeben und unter Rühren auflösen, dann etwas abkühlen lassen. Die Milch durch ein Tuch filtern, dieses gut ausdrücken und die Flüssigkeit abkühlen lassen. Die Sahne steif schlagen, vorsichtig unter die erkaltete Mandelmilch heben und die Masse in eine mit Wasser befeuchtete Form von 14 cm Durchmesser füllen. Kühlstellen.
◆ Die Karamelsauce zubereiten (s. S. 20).
◆ Die Form kurz in warmes Wasser tauchen und den Pudding stürzen. Von der weißen Schokolade mit einem Sparschäler Späne abziehen und auf die Mitte des Puddings legen. Die Karamelsauce um den Pudding gießen und mit den Mandelblättchen den Rand verzieren.

Biancomangiare mit Karamel

Schokoladenpudding

Soufflé-Pudding mit Nüssen

Zubereitungszeit: *3 Stunden 15 Minuten*
Gelingt leicht

ZUTATEN FÜR 6 PERSONEN

5 Eier ◆ 170 g Zucker
50 g Mehl ◆ 400 ml Milch
1 Vanilleschote ◆ 150 g gehackte, karamelisierte Haselnüsse (s. S. 21)
2 EL Rum ◆ 1 Prise Salz

◆ Eine Form von 3/4 l Fassungsvermögen einfetten und mit Mehl bestäuben. Den Backofen auf 130° C vorheizen.
◆ Die Vanilleschote aufschneiden und mit der Milch aufkochen. Die Eigelbe mit dem Zucker vermischen, das gesiebte Mehl nach und nach unterrühren und schließlich die kochende Milch in feinem Strahl durch ein Sieb zufügen. Bei mittlerer Hitze aufkochen und unter ständigem Rühren 5–6 Minuten weiterkochen. Vom Herd nehmen, die gehackten Nüsse (bis auf 1 EL) und den Rum zugeben. Abkühlen lassen.
◆ Die Eiweiße mit dem Salz steif schlagen, vorsichtig unter die erkaltete Masse heben und in die Form füllen. Abgedeckt im Wasserbad im vorgeheizten Ofen etwa 2,5 Stunden garen. Den Pudding abkühlen lassen, stürzen und mit den restlichen gehackten Nüssen verzieren.

Schokoladenpudding

Zubereitungszeit: *20 Minuten (ohne Kühlzeit)*
Gelingt leicht

ZUTATEN FÜR 4-6 PERSONEN

1/2 l Milch ◆ 50 g Zucker
50 g gehackte Bitterschokolade
50 g Mehl ◆ 50 g Butter
1 Vanilleschote ◆ 50 g Sultaninen
3 EL Rum ◆ 200 ml Sahne

◆ Die Sultaninen in zwei Drittel des Rums einweichen.
◆ Das Mehl, den Zucker, die geschmolzene Schokolade, die Milch (nach und nach) und die aufgeschnittene Vanilleschote in einem Topf vermischen. Unter ständigem Rühren 7–8 Minuten bei mittlerer Hitze kochen. Vom Herd nehmen, die Sultaninen (die Hälfte zurückbehalten) und die in Stücke geschnittene Butter unterrühren, die Vanilleschote entfernen. Die Masse in eine

mit dem restlichen Rum bepinselte Zuccotto-Form geben. Etwas erkalten lassen und dann kühlstellen.
◆ Den Pudding stürzen. Die geschlagene Sahne in einen Spritzbeutel mit Sterntülle geben, den Pudding mit Sahnetupfen und einem Kranz aus Sultaninen verzieren.

Zitronenpudding

Zubereitungszeit: *1 Stunde*
Gelingt leicht

ZUTATEN FÜR 6 PERSONEN

100 g Mehl ◆ 60 g weiche Butter
3 Eier ◆ 150 g Zucker
1 unbehandelte Zitrone
100 ml Milch ◆ 1 Prise Salz
3 dünne Zitronenscheiben

◆ Eine Puddingform von 20 cm Durchmesser einfetten und mit Mehl bestäuben. Den Backofen auf 190° C vorheizen.
◆ Die Zitrone abwaschen, die Schale abreiben und den Saft auspressen.
◆ Die Butter und 120 g Zucker schaumig schlagen, die Eigelbe einzeln zufügen, dann Zitronensaft und -schale, das Mehl und schließlich die Milch (in feinem Strahl) zugeben. Die Eiweiße mit dem Salz steif schlagen und vorsichtig unterheben.
◆ Die Masse in die Form gießen und im Wasserbad im vorgeheizten Ofen 40–50 Minuten garen. Sobald der Pudding goldgelb ist, auf eine Platte stürzen und erkalten lassen.
◆ Den restlichen Zucker 2 Minuten mit 100 ml Wasser aufkochen. Die Zitronenscheiben hineinlegen und im Kühlschrank erkalten lassen. Zum Servieren die Zitronenscheiben abtropfen, abtrocknen und auf den Pudding legen.

Zitronenpudding

Nußpudding

Nußpudding

Zubereitungszeit: *1 Stunde 20 Minuten*
Braucht etwas Erfahrung

ZUTATEN FÜR 8 PERSONEN

200 g Walnüsse
200 g Haselnüsse
150 g Zucker
1 l Milch ◆ 600 ml Sahne
5 cl Haselnußlikör
6 Eier ◆ 180 g Grieß
1 EL Kakao
1 Prise Salz

◆ Eine Puddingform von etwa 2 l Fassungsvermögen einfetten und mit Zucker bestreuen. Den Backofen auf 190° C vorheizen. Die Haselnüsse mit 100 g der Walnüsse fein hacken.
◆ Die Milch mit 400 ml Sahne und dem Zucker aufkochen, den Grieß einrieseln lassen und unter ständigem Rühren 15 Minuten kochen. Vom Herd nehmen und die gehackten Hasel- und Walnüsse, die Eigelbe, den Likör und den Kakao zufügen. Die Eiweiße mit dem Salz zu Schnee schlagen und unter die etwas abgekühlte Masse heben.
◆ Die Masse in die Form gießen und im Wasserbad im vorgeheizten Ofen etwa 50 Minuten garen. Den Pudding vollständig erkalten lassen, dann auf eine Servierplatte stürzen.
◆ Die restliche Sahne schlagen, in einen Spritzbeutel mit Lochtülle geben und den Pudding mit Sahnetupfen und den restlichen Walnüssen verzieren.

Crema alla portoghese

Crema alla portoghese

Zubereitungszeit: *1 Stunde 40 Minuten (ohne Kühlzeit)*
Braucht etwas Erfahrung

ZUTATEN FÜR 6 PERSONEN

150 g Zucker ◆ 200 ml Milch
350 ml Sahne ◆ 4 EL Wasser
geriebene Schale von 1 unbehandelten Orange
6 Eigelb ◆ 2 EL weißer Portwein
Für die Verzierung:
30 g Orangeat
20 g Mandelblättchen
6 kandierte Veilchen

◆ Den Backofen auf 160° C vorheizen.
◆ Die Orangenschale abwaschen und zwei Streifen abziehen. Sechs kleine Förmchen von 6–8 cm Durchmesser in den Kühlschrank stellen.
◆ 80 g Zucker mit 1 EL Wasser aufkochen; wenn er eine goldgelbe Farbe hat (s. S. 20), vom Herd nehmen, nach und nach 4 EL kochendes Wasser zufügen und 7–8 Minuten weiterkochen. 2 EL dieser dickflüssigen Masse zurückbehalten und mit dem Rest das Innere der kalten Förmchen ausgießen.
◆ Die Milch, die Sahne und die Orangenschalen mit dem restlichen Zucker aufkochen, dann 12 Minuten unter gelegentlichem Rühren weiterkochen lassen. Den beiseite gestellten Karamelsirup zufügen, dann die Eigelbe einzeln unterrühren. Erneut für 1 Minute auf den Herd stellen, aber die Masse nicht kochen lassen. ▶

◆ Den Portwein einrühren, die Masse durch ein kleines Sieb in die Förmchen gießen und im vorgeheizten Ofen im Wasserbad etwa 50 Minuten garen. Die Förmchen mindestens 5 Stunden in den Kühlschrank stellen.
◆ Mit einem Messer am Rand der Form entlangfahren und die Creme auf einen Servierteller stürzen. Sechs Mandelblättchen in den oberen Rand jedes Puddings stecken und die Oberfläche mit dem Orangeat und den Veilchen verzieren.

Pudding auf Lyoner Art

Zubereitungszeit: *50 Minuten (ohne Kühlzeit)*
Braucht etwas Erfahrung

ZUTATEN FÜR 8 PERSONEN

250 g Löffelbiskuits
5 cl Kirschwasser
70 g Sultaninen
$^1/_2$ l Milch ◆ 100 g Zucker
5 Eigelb ◆ 1 Vanilleschote
10 g Blattgelatine
100 g (fertiges) Maronenpüree
5 Marrons glacés
100 ml Sahne

◆ Die Gelatine in kaltem Wasser sowie die Sultaninen in lauwarmem Wasser einweichen.
◆ Die Milch mit der aufgeschnittenen Vanilleschote erwärmen. Die Eigelbe mit dem Zucker schaumig schlagen und die Milch in feinem Strahl zufügen. Die Masse bei niedriger Temperatur unter ständigem Rühren erhitzen, ohne daß sie kocht. Die Creme ist fertig, wenn sie den Löffel mit einem Schleier überzieht. Die ausgedrückte Gelatine zufügen und durch Rühren vollständig auflösen; schließlich das Maronenpüree untermischen.
◆ Eine 2 cm hohe Schicht in eine Form von etwa 1 l Fassungsvermögen geben und 10–15 Minuten kühlstellen. Die Form aus dem Kühlschrank nehmen, eine Schicht mit Kirschwasser beträufelte Löffelbiskuits und eine Schicht Sultaninen hineingeben. Darüber eine 1,5 cm hohe Schicht Creme gießen und weiter abwechselnd Löffelbiskuits, Sultaninen und Creme in die Form schichten, bis die Zutaten aufgebraucht sind (1 EL Sultaninen zurückbehalten). Mindestens 3 Stunden in den Kühlschrank stellen.
◆ Die Form kurz in warmes Wasser tauchen und den Pudding auf einen Servierteller stürzen. Die Marrons glacés halbieren und in Sternform auf die Süßspeise setzen. Die Sahne steif schlagen, in einen Spritzbeutel mit Sterntülle füllen und einen Kranz Tupfen auf den Rand und einen großen Tupfen in die Mitte spritzen. Die Verzierung mit den restlichen Sultaninen vervollständigen.

Amerikanischer Maronenpudding

Zubereitungszeit: *1 Stunde*
Gelingt leicht

ZUTATEN FÜR 4-6 PERSONEN

500 g Maronen ◆ 4 Eier
3 EL Milch ◆ 40 g Butter
100 g Zucker ◆ 1 Prise Salz

◆ Eine Napfkuchenform von etwa 1 l Fassungsvermögen einfetten. Den Backofen auf 180° C vorheizen.
◆ Die Maronen in leicht gesalzenem Wasser garen. Schälen, die inneren Häutchen entfernen und pürieren.
◆ Das Maronenpüree mit der zerlassenen Butter, der Milch, dem Zucker und den Eigelben vermischen. Die Eiweiße mit dem Salz zu Schnee schlagen und unterheben.
◆ Die Masse in die Form gießen, mit einem Stück Alufolie abdecken und im vorgeheizten Ofen etwa 30 Minuten backen. Etwas abkühlen lassen.
◆ Den Pudding auf einen Teller stürzen und lauwarm oder kalt servieren.

Sahnepudding mit Erdbeeren

Zubereitungszeit: *1 Stunde 20 Minuten (ohne Kühlzeit)*
Braucht etwas Erfahrung

ZUTATEN FÜR 8 PERSONEN

$^1/_2$ l Milch ◆ $^1/_2$ l Sahne
$^1/_2$ Vanilleschote ◆ 4 Eier
6 Eigelb ◆ 330 g Zucker
450 g Erdbeeren

◆ Den Backofen auf 190° C vorheizen.
◆ 100 g Zucker mit 2 EL Wasser in einer Napfkuchenform von etwa 2 l Fassungsvermögen zu einem dunklen Karamel kochen (s. S. 20). Den Karamel durch Schwenken der Form gleichmäßig verteilen und erkalten lassen.
◆ Die Milch, die Sahne und die aufgeschnittene Vanilleschote aufkochen. Die Eier, die Eigelbe

und den restlichen Zucker aufschlagen. Die kochende Milch-Sahne in feinem Strahl durch ein Sieb zugießen und unterrühren.
◆ Die Erdbeeren waschen, abtrocknen und entstielen. Einige gößere für die Verzierung beiseite legen, die restlichen halbieren und unter die Ei-Milch-Masse mischen. Die Masse in die karamelisierte Form gießen und im Wasserbad im vorgeheizten Ofen 45–50 Minuten backen. Abkühlen lassen und mindestens 2 Stunden in den Kühlschrank stellen.
◆ Den Pudding auf einen Teller stürzen und mit den restlichen Erdbeeren verzieren.

Süßer Käsepudding

Zubereitungszeit: *1 Stunde 15 Minuten*
Braucht etwas Erfahrung

ZUTATEN FÜR 4 PERSONEN

100 g Zucker ◆ 3 Eier ◆ 60 g Ricotta
60 g Mascarpone ◆ 200 g gesüßte Kondensmilch

◆ Den Backofen auf 180° C vorheizen.
◆ Den Zucker in einer ovalen Form von etwa 30 cm mit 4 EL Wasser zu einem goldgelben Karamel (s. S. 20) kochen. Den Karamel durch Schwenken der Form verteilen und erkalten lassen.
◆ Die Eier, 200 ml Wasser, die gesüßte Kondensmilch und schließlich Mascarpone und Ricotta verrühren. Die Masse in die Form geben und im vorgeheizten Ofen etwa 1 Stunde backen, bis der Pudding anzieht. Nach dem Erkalten etwa 1 Stunde in den Kühlschrank stellen, dann auf einen Servierteller stürzen und den in der Form verbliebenen Karamel darübergießen.

Pudding nach Großmutters Art

Zubereitungszeit: *1 Stunde 20 Minuten (ohne Ruhezeit)*
Braucht etwas Erfahrung

ZUTATEN FÜR 4 PERSONEN

150 g Rundkornreis ◆ 1 l Milch
250 g Zucker ◆ 1 Prise Salz
4 Eier ◆ 6 Bananen ◆ 100 ml Cognac
100 g kernlose Malaga-Rosinen

◆ Den Backofen auf 190 ° C vorheizen.
◆ Die Bananen in Stücke schneiden und 1 Stunde im Cognac ziehen lassen. Die Rosinen in warmem Wasser einweichen.
◆ 100 g Zucker mit 2 EL Wasser zu einem dunklen Karamel kochen (s. S. 20). Den Karamel in eine Napfkuchenform von etwa 1 l Fassungsvermögen geben, durch Schwenken gleichmäßig verteilen und erkalten lassen.
◆ Den Reis mit der gleichen Menge Wasser kochen. Wenn das Wasser aufgesogen ist, die Milch nach und nach zufügen. Den gekochten Reis mit dem Zucker vermischen und abkühlen lassen.
◆ Die Eigelbe unter den Reis mischen. Die Eiweiße mit dem Salz zu Schnee schlagen und ebenfalls unterheben. Eine Schicht Reis in die Form geben, dann eine Schicht Bananen, dann wieder Reis und ausgedrückte Rosinen, so fortfahren, bis die Zutaten aufgebraucht sind, dabei mit einer Reisschicht abschließen. Im Wasserbad im vorgeheizten Ofen 25 Minuten garen.
◆ Den Pudding mehrere Stunden in der Form ruhen lassen, dann stürzen und kalt servieren.

Pudding mit Himbeeren und Heidelbeeren

Zubereitungszeit: *30 Minuten (ohne Kühlzeit)*
Gelingt leicht

ZUTATEN FÜR 4-6 PERSONEN

80 g Mehl ◆ 150 g Zucker
50 g Butter ◆ 3 Eier
250 g Heidelbeeren ◆ 250 g Himbeeren
1 unbehandelte Zitrone ◆ 1 Prise Salz

◆ Die Himbeeren und die Heidelbeeren in sehr kaltem Wasser waschen, abtrocknen und jeweils 50 g beiseite legen. Die restlichen Früchte passieren und in den Kühlschrank stellen. Den gelben Teil der Zitronenschale abreiben und mit $^1/_2$ l Wasser und der Butter aufkochen. Den Zitronensaft auspressen und beiseite stellen.
◆ Die Eigelbe mit dem Zucker schaumig schlagen, das Mehl und (in feinem Strahl) das Wasser mit der Butter durch ein Sieb zufügen. Bei schwacher Hitze 10 Minuten unter ständigem Rühren kochen.
◆ Vom Herd nehmen. Den Zitronensaft und die passierten Früchte zufügen, dann die Eiweiße mit dem Salz steif schlagen und ebenfalls unterheben. Eine flache Form von $^3/_4$ l Fassungsvermögen mit Wasser befeuchten und die Masse einfüllen. Mit Alufolie abdecken und mindestens 3 Stunden kühlstellen.
◆ Die Form kurz in warmes Wasser tauchen, den Pudding stürzen und mit den restlichen Himbeeren und Heidelbeeren verzieren.

Zitrusfrüchte-Soufflé in Orangen

Zubereitungszeit: *1 Stunde*
Braucht etwas Erfahrung

ZUTATEN FÜR 6 PERSONEN

65 g Mehl
65 g Zucker
3 Eier ◆ 4 Eiweiß
7 Orangen
3 unbehandelte Clementinen
25 g Butter
3 EL Grand Marnier
30 g Puderzucker
1 Prise Salz

Den Backofen auf 180° C vorheizen. Die Orangen und die Clementinen waschen. Die Schale einer Orange und einer Clementine abreiben.

◆ Von den sechs restlichen Orangen Deckel abschneiden und dann aushöhlen, dabei darauf achten, die Schale nicht zu beschädigen. Das Fruchtfleisch auspressen und 150 ml Saft abmessen. Die zwei restlichen Clementinen auspressen und 100 ml Saft abmessen. Die Fruchtsäfte zusammen aufkochen.

◆ Das Mehl, den Zucker, 1 Ei, 1 Eigelb, den Likör und die Schalen mischen. Den heißen Saft zufügen und die Zutaten gut verrühren. Bei schwacher Hitze erneut aufkochen und zu einer glatten Creme rühren. Vom Herd nehmen, die Butter und das restliche Eigelb zugeben und abkühlen lassen.

◆ Sechs Stücke Alufolie zu Ringen von 8 cm Durchmesser rollen, formen und auf das Backblech setzen. Auf jeden Ring eine ausgehöhlte, in Alufolie gewickelte Orange setzen.

◆ Die Eiweiße mit dem Salz zu Schnee schlagen, unter die Masse heben und diese in die ausgehöhlten Orangen füllen. Im vorgeheizten Ofen 25–30 Minuten backen. Die Alufolie entfernen, das Soufflé mit Puderzucker bestäuben und sofort servieren.

Ricotta-Soufflé mit Mandeln

Zubereitungszeit: *1 Stunde*
Braucht etwas Erfahrung

ZUTATEN FÜR 4 PERSONEN

200 g Ricotta
100 g geschälte, gemahlene Mandeln
50 g weiche Butter
100 g Zucker
4 Eier
geriebene Schale von
$^{1}/_{2}$ unbehandelten Zitrone
1 EL Mehl
1 EL Puderzucker
1 Prise Salz

◆ Vier Soufflé-Förmchen von 8 cm Durchmesser einfetten und mit Mehl bestäuben. Den Backofen auf 180° C vorheizen.
◆ Die Butter mit 50 g Zucker schaumig rühren. Die Eigelbe einzeln unterrühren, dann das Mehl, die Zitronenschale, die Mandeln und den Ricotta zufügen.
◆ Die Eiweiße mit dem Salz zu steifem Schnee schlagen, den restlichen Zucker einrieseln lassen, einige Minuten weiterschlagen und dann unter die Ricotta-Masse heben.
◆ Die Masse in die Förmchen füllen und im vorgeheizten Ofen etwa 30 Minuten backen. Die Soufflés mit dem Puderzucker bestäuben und sofort servieren.

Ricotta-Soufflé mit Mandeln

Zwetschgen-Soufflé

Zwetschgen-Soufflé

Zubereitungszeit: *1 Stunde*
Braucht etwas Erfahrung

ZUTATEN FÜR 4 PERSONEN

450 g Zwetschgen
100 g Zucker
3 Eiweiß
3 EL Rotwein
$^{1}/_{2}$ unbehandelte Zitrone
1 Prise Salz
1 EL Puderzucker

◆ Vier Soufflé-Förmchen von 8 cm Durchmesser einfetten und mit Zucker bestreuen. Den Backofen auf 180° C vorheizen.
◆ Die Zwetschgen waschen, entsteinen und vierteln. Die Zitrone abwaschen, die Schale abreiben und den Saft auspressen.
◆ Den Wein mit 50 g Zucker 2 Minuten aufkochen. Die Zwetschgen, 1 EL Zitronensaft und die geriebene Schale zufügen und etwa 20 Minuten weiterkochen. Sobald die Zwetschgen weich sind, die Masse pürieren und abkühlen lassen.
◆ Die Eiweiße mit dem Salz zu Schnee schlagen, den restlichen Zucker einrieseln lassen, dabei weiterschlagen und dann vorsichtig unter das Zwetschgenpüree heben.
◆ Die Masse in die Förmchen füllen und im vorgeheizten Ofen 30–35 Minuten backen. Die Soufflés mit dem Puderzucker bestäuben und sofort servieren.

Zitrusfrüchte-Soufflé in Orangen

Schokoladen-Soufflé

Zubereitungszeit: *50 Minuten*
Braucht etwas Erfahrung

ZUTATEN FÜR 4-6 PERSONEN

200 g gehackte Bitterschokolade
4 Eier ◆ 100 g Zucker
30 g Butter
1 Prise Salz

◆ Eine Soufflé-Form von 18 cm Durchmesser einfetten. Den Backofen auf 160° C vorheizen.
◆ Die Schokolade mit der Butter im Wasserbad unter ständigem Rühren schmelzen. Vom Herd nehmen, den Zucker und die Eigelbe einzeln unterziehen.
◆ Die Eiweiße mit dem Salz zu Schnee schlagen und vorsichtig unter die Schokoladenmischung heben. Die Masse in die Form füllen und im vorgeheizten Ofen etwa 10 Minuten backen, dann die Temperatur auf 180° C erhöhen und weitere 20 Minuten backen. Sofort servieren.

Schokoladen-Soufflé

Erdbeer-Soufflé „Carême“

Zubereitungszeit: *1 Stunde*
(ohne Ruhezeit)
Raffiniert

ZUTATEN FÜR 6 PERSONEN

300 g reife Erdbeeren
100 g Zucker
3 Eiweiß ◆ 1 Prise Salz
Für den Mürbeteig:
150 g Mehl ◆ 50 g Butter
50 g Zucker ◆ 1 Eigelb
geriebene Schale von
1/2 unbehandelten Zitrone
30 g geschälte und gemahlene Mandeln

◆ Sechs Soufflé-Förmchen gut einfetten.
◆ Einen Mürbeteig zubereiten (s. S. 12) und die gemahlenen Mandeln unterkneten. In Klarsichtfolie wickeln und 30 Minuten kühlstellen.
◆ Den Backofen auf 190° C vorheizen.
◆ Den Teig 3 mm dick ausrollen und Boden und Seiten der Förmchen damit auskleiden. Den Teig mit Alufolie bedecken, dann die Förmchen mit ungekochtem Reis füllen.
◆ Im vorgeheizten Ofen etwa 20 Minuten „blindbacken“ (s. S. 12). Wenn der Teig goldbraun ist, aus den Förmchen stürzen, den Reis und die Folie entfernen und die kleinen Teigschälchen abkühlen lassen.
◆ Die Erdbeeren in sehr kaltem Wasser waschen, die Stiele entfernen und 200 g mit 70 g Zucker pürieren. Die Eiweiße mit dem Salz zu Schnee schlagen und vorsichtig unterziehen, dann die Masse in einen Spritzbeutel geben und in die Mürbeteigschälchen füllen. Im Backofen auf 160° C etwa 25 Minuten backen.
◆ Inzwischen die restlichen Erdbeeren mit dem verbliebenen Zucker pürieren. Wenn die Soufflés gar sind, mit dieser Sauce servieren.

Erdbeer-Soufflé „Carême“

Ananas-Soufflé

Zubereitungszeit: *1 Stunde*
Braucht etwas Erfahrung

ZUTATEN FÜR 6 PERSONEN

65 g Mehl
115 g Zucker
3 Eier ◆ 4 Eiweiß ◆ 1/4 l Milch
4 EL Sahne ◆ 25 g Butter
450 g Ananas(fruchtfleisch)
geriebene Schale von
1/2 unbehandelten Zitrone
2 EL Crème de Cassis
1 Prise Salz

◆ Eine Soufflé-Form von 18 cm Durchmesser einfetten und mit Zucker bestreuen. Den Backofen auf 180° C vorheizen.
◆ Die Ananas würfeln und in einer beschichteten Pfanne einige Minuten bei starker Hitze trocknen. 50 g beiseite stellen, den Rest pürieren und durch ein Sieb streichen. Unter die Hälfte des Pürees 50 g Zucker, den Likör und die beiseite gestellten Ananasstückchen mischen. Die Sauce in eine Sauciere geben.
◆ Die Milch, die Sahne und die Zitronenschale aufkochen. Das Mehl, den restlichen Zucker, 1 Ei und 1 Eigelb aufschlagen, dann die kochende Milch in feinem Strahl durch ein Sieb dazugießen und unterrühren. Bei schwacher Hitze unter ständigem Rühren für einige Minuten kochen, bis man eine glatte Creme erhält.
◆ Vom Herd nehmen, die Butter, das restliche Eigelb und die andere Hälfte des Ananaspürees zugeben.
◆ Die 6 Eiweiß mit dem Salz zu Schnee schlagen und vorsichtig unter die Masse heben. Die Masse in die Form füllen und im vorgeheizten Ofen etwa 40 Minuten backen. Sofort mit der Sauce servieren.

Ananas-Soufflé

Zitronen-Soufflé mit Erdbeersauce

Zubereitungszeit: *1 Stunde*
Braucht etwas Erfahrung

Zutaten für 6 Personen

65 g Mehl
135 g Zucker
1 Vanilleschote ◆ 3 Eier
4 Eiweiß ◆ 1/4 l Milch
4 EL Sahne ◆ 25 g Butter
geriebene Schale von 2 unbehandelten Zitronen
200 g Erdbeeren ◆ 1 TL Zitronensaft
1 Prise Salz

Zitronen-Soufflé mit Erdbeersauce

◆ Die Erdbeeren in sehr kaltem Wasser waschen, abtrocknen und mit 70 g Zucker und dem Zitronensaft pürieren. Die Sauce in eine Sauciere geben.
◆ Sechs Soufflé-Förmchen einfetten und mit Zucker bestreuen. Den Backofen auf 180 °C vorheizen.
◆ Milch und Sahne mit der aufgeschnittenen Vanilleschote aufkochen. Den restlichen Zucker, das Mehl, 1 Ei, 1 Eigelb und die Zitronenschale mischen. Die kochende Milch in feinem Strahl durch ein Sieb zugießen und unterrühren, bei schwacher Hitze unter ständigem Rühren kochen. Wenn die Creme glatt und homogen ist, vom Herd nehmen, die Butter und das restliche Eigelb zugeben. Schließlich die 6 Eiweiß mit dem Salz zu Schnee schlagen und unter die Masse heben.
◆ Die Masse in die Förmchen füllen und im vorgeheizten Ofen etwa 20–25 Minuten backen. Die Soufflés sofort mit der Sauce servieren.

Soufflé à la Martinique

Soufflé à la Martinique

Zubereitungszeit: *1 Stunde*
Braucht etwas Erfahrung

Zutaten für 6-8 Personen

6 Bananen ◆ 2 Orangen
300 ml Milch
30 g Speisestärke
1 Päckchen Vanillezucker
80 g Zucker ◆ 3 Eier
1 Prise Salz

Für die Verzierung:
1 TL Puderzucker
1 TL Zimt ◆ 1/2 Banane
30 g kandierte Orangenschale
1 EL Zitronensaft

◆ Eine gewellte, feuerfeste Schüssel von etwa 1,5 l Fassungsvermögen einfetten. Den Backofen auf 180° C vorheizen.
◆ Die Orangen auspressen. Die Bananen schälen, in Stücke schneiden und mit dem Orangensaft pürieren.
◆ Die Speisestärke mit der Milch anrühren und unter ständigem Rühren bei schwacher Hitze 5 Minuten kochen. Die Creme erkalten lassen.
◆ Das Bananenpüree mit dem Zucker, dem Vanillezucker, den Eigelben und der Milchcreme vermischen. Die Eiweiße mit dem Salz zu steifem Schnee schlagen und vorsichtig unterheben. Die Masse in die Form gießen und im Wasserbad im vorgeheizten Ofen etwa 40 Minuten backen.
◆ Inzwischen die Verzierung vorbereiten: Die geschälte Banane in sieben Scheiben schneiden, die genauso dick wie die kandierte Orangenschale sind, und mit dem Zitronensaft beträufeln. Die Orangenschale in sieben etwas kleinere Scheiben schneiden.
◆ Das Soufflé aus dem Ofen nehmen, mit dem Zimt-Zucker-Gemisch bestreuen und den Bananen- und Orangenschalenscheiben verzieren. Sofort servieren.

Cognac-Soufflé

Cognac-Soufflé

Zubereitungszeit: *1 Stunde 15 Minuten*
Braucht etwas Erfahrung

Zutaten für 6 Personen

6 Eier ◆ 700 ml Milch
50 g Mehl
100 g Zucker
4 EL Cognac
90 g Butter
4 EL Speisestärke
etwas Zitronensaft
1 Prise Salz

◆ Eine Soufflé-Form von etwa 1,5 l Fassungsvermögen einfetten und mit Zucker bestreuen. Den Backofen auf 200° C vorheizen.
◆ Die Butter zerlassen, das Mehl unterrühren und nach und nach die Milch zufügen. Unter ständigem Rühren aufkochen, dann vom Herd nehmen und den Zucker, die Speisestärke und den Cognac zufügen. Die Masse erkalten lassen.
◆ Die Eiweiße mit dem Salz und 2–3 Tropfen Zitronensaft zu steifem Schnee schlagen. Den Eischnee und die Eigelbe unter die Masse heben. In die Form gießen und im vorgeheizten Ofen 30 Minuten backen; nach 15 Minuten die Temperatur auf 220° C erhöhen. Sofort servieren.

Soufflé mit Grand Marnier

Zubereitungszeit: *1 Stunde*
Braucht etwas Erfahrung

ZUTATEN FÜR 4 PERSONEN

100 ml Grand Marnier
40 g Mehl ◆ 40 g Butter
200 ml warme Milch
4 Eigelb ◆ 5 Eiweiß
70 g Zucker ◆ 1 Prise Salz

◆ Eine Soufflé-Form von etwa 1 l Fassungsvermögen einfetten. Den Backofen auf 180° C vorheizen.
◆ Die Hälfte der Butter zerlassen und das Mehl unterrühren. Nach und nach die warme Milch und den Zucker unter ständigem Rühren zufügen. Vom Herd nehmen und die Eigelbe, die restliche Butter und den Grand Marnier unterziehen. Die Masse erkalten lassen. Die Eiweiße mit dem Salz zu steifem Schnee schlagen und vorsichtig unterheben.
◆ Die Masse in die Form gießen und im vorgeheizten Ofen etwa 25–30 Minuten backen. Das Soufflé sofort servieren.

Creme-Soufflé mit Krokant

Zubereitungszeit: *1 Stunde 10 Minuten*
Braucht etwas Erfahrung

ZUTATEN FÜR 6 PERSONEN

5 Eier ◆ 160 g Zucker
50 g Mehl ◆ 400 ml Milch
1 Vanilleschote
150 g Mandel- oder Haselnußkrokant (s. S. 21)
200 ml Rum
100 g gemischte kandierte Früchte in Würfeln
1 EL Puderzucker ◆ 1 Prise Salz

◆ Eine Soufflé-Form von etwa 18 cm Durchmesser einfetten und mit Zucker bestreuen. Den Backofen auf 180° C vorheizen.
◆ Die kandierten Früchte 30 Minuten im Rum ziehen lassen und den Krokant fein hacken.
◆ Die Milch mit der aufgeschnittenen Vanilleschote aufkochen. Die Eigelbe mit dem Zucker vermischen, das gesiebte Mehl und dann die heiße Milch in feinem Strahl durch ein Sieb zufügen. Bei schwacher Hitze unter ständigem Rühren aufkochen und 4–5 Minuten weiterkochen. Vom Herd nehmen und die kandierten Früchte mit dem Rum und dem Krokant in die Masse geben, dann erkalten lassen.
◆ Die Eiweiße mit dem Salz zu Schnee schlagen und vorsichtig unter die Masse heben, in die Form gießen und im vorgeheizten Ofen etwa 35 Minuten backen. Das Soufflé mit Puderzucker bestäuben und sofort servieren.

Birnen-Soufflé in der Kruste

Zubereitungszeit: *1 Stunde (ohne Ruhezeit)*
Raffiniert

ZUTATEN FÜR 6 PERSONEN

500 g reife Birnen
70 g Zucker
3 EL trockener Weißwein
3 Eiweiß ◆ 1 Prise Salz
1 EL Puderzucker
Für den Teig:
200 g Mehl ◆ 25 g Kakao
50 g geschälte, gemahlene Mandeln
130 g weiche Butter
80 g Zucker ◆ 1 Eigelb

◆ Sechs Soufflé-Förmchen von etwa 10 cm Durchmesser einfetten.
◆ Für den Teig das Mehl mit dem Kakao auf die Arbeitsfläche sieben. Den Zucker, die Mandeln, die in Stücke geschnittene Butter und das Eigelb in die Mitte geben. Schnell mit den Fingerspitzen verkneten, den Teig in Klarsichtfolie wickeln und 30 Minuten in den Kühlschrank legen.
◆ Den Backofen auf 200° C vorheizen.
◆ Den Teig 3 mm dick ausrollen und die Förmchen damit auskleiden, mit Alufolie bedecken und dann mit getrockneten Hülsenfrüchten füllen. Im vorgeheizten Ofen etwa 20 Minuten „blindbacken" (s. S. 12). Die Förmchen herausnehmen, Folie und Hülsenfrüchte entfernen und erkalten lassen.
◆ Die Backofen-Temperatur auf 170° C senken.
◆ Die Birnen schälen, entkernen und würfeln. Mit dem Weißwein und dem Zucker etwa 20 Minuten kochen, dann abgießen und pürieren. Die Eiweiße mit dem Salz steif schlagen und unter das abgekühlte Birnenpüree heben. Mit Hilfe eines Spritzbeutels die Masse in die Teigförmchen füllen und im vorgeheizten Ofen etwa 20–25 Minuten backen.
◆ Die Soufflés mit Puderzucker bestäuben und sofort servieren.

Orangen-Soufflé

Zubereitungszeit: *1 Stunde*
Braucht etwas Erfahrung

ZUTATEN FÜR 6 PERSONEN

65 g Mehl ◆ 65 g Zucker
3 Eier ◆ 4 Eiweiß ◆ 1/4 l Milch
4 EL Sahne ◆ 25 g Butter
3 EL Grand Marnier
1 unbehandelte Orange
1 Vanilleschote
1 Prise Salz

◆ Eine Soufflé-Form von 18 cm Durchmesser einfetten und mit Zucker bestreuen. Den Backofen auf 180° C vorheizen.
◆ Die Orange waschen, die Schale abreiben und den Saft auspressen.
◆ Die Milch mit der Sahne und der aufgeschnittenen Vanilleschote aufkochen. Das Mehl, den Zucker, 1 Ei und 1 Eigelb, den Likör, Orangensaft- und schale mischen. Die Vanilleschote entfernen und die warme Milch in feinem Strahl zufügen, die Zutaten gut verrühren und bei schwacher Hitze aufkochen.
◆ 7–8 Minuten unter ständigem Rühren weiterkochen, bis man eine glatte Creme erhält. Vom Herd nehmen, die Butter und das restliche Eigelb unterziehen und erkalten lassen.
◆ Die 6 Eiweiß mit dem Salz zu Schnee schlagen und vorsichtig unterheben, die Masse in die Form gießen und im vorgeheizten Ofen etwa 40 Minuten backen. Sofort servieren.

Soufflé mit Mandarinenlikör

Zubereitungszeit: *1 Stunde*
(ohne Ruhezeit)
Braucht etwas Erfahrung

ZUTATEN FÜR 6 PERSONEN

1/8 l Mandarinenlikör
Schale von 1 unbehandelten Mandarine
150 ml Milch ◆ 100 g Zucker
20 g Mehl ◆ 1 Vanilleschote
3 Eier ◆ 1 Prise Salz

◆ 100 ml Milch mit dem Zucker und der aufgeschnittenen Vanilleschote aufkochen. Vom Herd nehmen und abgedeckt 20 Minuten ruhen lassen.
◆ Eine Soufflé-Form von 20 cm Durchmesser einfetten und mit Zucker bestreuen. Den Backofen auf 180° C vorheizen.
◆ Die Vanillemilch (ohne die Schote) wieder auf den Herd setzen, das mit der restlichen Milch angerührte Mehl zugeben und die Creme aufkochen, bis sie dicklich wird. Vom Herd nehmen und abkühlen lassen, dabei ab und zu umrühren.
◆ Die Mandarinenschale, den Likör und die Eigelbe unter die Creme ziehen. Die Eiweiße mit dem Salz zu steifem Schnee schlagen und sehr vorsichtig unterheben und die Masse in die Form gießen. Im vorgeheizten Ofen etwa 40 Minuten backen und sofort servieren.

Flämisches Soufflé

Zubereitungszeit: *1 Stunde*
Braucht etwas Erfahrung

ZUTATEN FÜR 6 PERSONEN

65 g Mehl ◆ 65 g Zucker
3 Eier ◆ 2 Eiweiß
200 ml Milch
4 EL Sahne
25 g Butter
5 Löffelbiskuits
70 g gehackte Bitterschokolade
2,5 cl Alchermes
1 Vanilleschote
1 EL Puderzucker
1 Prise Salz
Für die Englische Creme:
1/4 l Milch ◆ 3 Eigelb
75 g Zucker
1/2 Vanilleschote
2 EL Rum

◆ Sechs Soufflé-Förmchen von 8 cm Durchmesser einfetten und mit Zucker bestreuen. Den Backofen auf 180° C vorheizen.
◆ Die Milch mit der Sahne und der aufgeschnittenen Vanilleschote aufkochen. Das Mehl, den Zucker, 1 Ei und 1 Eigelb mischen und die warme Milch in feinem Strahl durch ein Sieb zufügen. Unter ständigem Rühren bei schwacher Hitze zu einer glatten, homogenen Creme kochen.
◆ Vom Herd nehmen und die Butter und das restliche Eigelb unterziehen.
◆ Die Biskuits mit dem Likör beträufeln und zerbröseln. Die 4 Eiweiß mit dem Salz zu Schnee schlagen, unter die erkaltete Masse heben und die Förmchen damit zur Hälfte füllen. In jedes Förmchen etwas von den Biskuits und etwas Schokolade geben und mit der restlichen Masse bedecken. Im vorgeheizten Ofen etwa 40 Minuten backen.
◆ Die Soufflés mit Puderzucker bestäuben. Die Englische Creme nach den Angaben (s. S. 17) vorbereiten und mit den Soufflés servieren.

Weiße Mousse au chocolat

Zubereitungszeit:
45 Minuten
Braucht etwas Erfahrung

ZUTATEN FÜR 8 PERSONEN

450 g weiße Schokolade
60 g weiche Butter
80 g Puderzucker
150 ml Sahne
3 Eiweiß ◆ 1 Prise Salz
60 g Vollmilchschokolade

Die weiße Schokolade grob hacken und im Wasserbad schmelzen.

◆ Die Sahne mit dem Puderzucker aufkochen und sofort unter die geschmolzene Schokolade mischen.

◆ Die in Stücke geschnittene weiche Butter zufügen und gut unter die Schokoladen-Sahne-Masse rühren.

◆ Das Kochgefäß in eine mit Eis gefüllte Schüssel stellen und die Masse mit einem Holzlöffel rühren, bis sie vollständig erkaltet, weich und homogen ist.

◆ Die Eiweiße mit dem Salz zu sehr steifem Schnee schlagen und vorsichtig unter die Schokoladen-Sahne-Masse heben. Danach die Mousse in mittelgroße Portionsschälchen füllen.

◆ Für die Verzierung mit dem Sparschäler einige Späne von der Vollmilchschokolade ziehen und einen oder mehrere auf jede Portion setzen.

Zitronenschaum mit Waldbeeren

Zubereitungszeit: *25 Minuten (ohne Kühlzeit)*
Braucht etwas Erfahrung

ZUTATEN FÜR 6-8 PERSONEN

100 ml Zitronensaft
50 g Zucker
8 g Blattgelatine
200 ml Sahne
60 g Eiweiß
1 Prise Salz

Für die Sauce:
100 g Erdbeeren ◆ 100 g Brombeeren
70 g Zucker

◆ Die Gelatine in kaltem Wasser einweichen. Den Zucker mit dem Zitronensaft aufkochen, bis er sich völlig aufgelöst hat. Vom Herd nehmen, die ausgedrückte Gelatine unterrühren und erkalten lassen.
◆ Die Sahne steif schlagen, ebenso die Eiweiße mit dem Salz und beides unter die erkaltete Masse ziehen. Diese in eine mit Wasser befeuchtete Form von 20 cm Durchmesser oder in Portionsförmchen füllen und mindestens 3 Stunden kühlstellen.
◆ Für die Sauce die Erdbeeren und die Brombeeren in sehr kaltem Wasser waschen, abgießen, von den Stielen befreien und mit dem Zucker pürieren. Das Püree durch ein Sieb in eine Sauciere gießen.
◆ Zum Servieren die Form kurz in warmes Wasser tauchen, den Zitronenschaum auf einen Servierteller stürzen und mit der Sauce reichen.

Zitronenschaum mit Waldbeeren

Heidelbeer-Mousse

Zubereitungszeit: *25 Minuten (ohne Kühlzeit)*
Braucht etwas Erfahrung

ZUTATEN FÜR 6 PERSONEN

300 g Heidelbeeren
125 g Zucker ◆ 350 ml Sahne
12 g Blattgelatine
1 EL Zitronensaft

◆ Die Gelatine in kaltem Wasser einweichen.
◆ Die Heidelbeeren in sehr kaltem Wasser waschen, abtrocknen und 250 g davon mit dem Zucker und dem Zitronensaft pürieren. Die Gelatineblätter ausdrücken, im Wasserbad auflösen und unter das Heidelbeerpüree rühren. Schließlich 250 ml Sahne schlagen und unterheben.
◆ Die Masse in eine Puddingform von 20 cm Durchmesser füllen und mindestens 2 Stunden kühlstellen, ebenso die restliche Sahne und die Heidelbeeren.
◆ Zum Servieren die Form kurz in warmes Wasser tauchen und die Mousse auf einen Servierteller stürzen. Die Sahne in einen Spritzbeutel mit Sterntülle geben und in Tupfen um den unteren Rand und auf die Oberfläche der Mousse setzen. Die Verzierung dann mit den restlichen Heidelbeeren vervollständigen.

Heidelbeer-Mousse

Weiße Mousse au chocolat

Mousse au chocolat mit Haselnüssen

Zubereitungszeit: *25 Minuten (ohne Kühlzeit)*

Braucht etwas Erfahrung

ZUTATEN FÜR 6 PERSONEN

200 g Bitterschokolade
3 EL Rum
4 Eier
200 ml Sahne
50 g geröstete, gemahlene Haselnüsse
50 g Puderzucker
1 Prise Salz
einige geröstete, ganze Haselnüsse

◆ Die Schokolade grob hacken und im Wasserbad schmelzen, den Rum unterrühren und die Masse erkalten lassen.
◆ Den Zucker, die Eigelbe und die gemahlenen Haselnüsse unter die erkaltete Schokolade rühren. Die Eiweiße mit dem Salz zu steifem Schnee schlagen. Schließlich die Hälfte der geschlagenen Sahne und den Eischnee vorsichtig unter die Masse heben.
◆ Die Mousse in eine Schüssel oder in Portionsschälchen füllen und mindestens 2 Stunden kühlstellen. Vor dem Servieren mit Sahnetupfen und den ganzen Haselnüssen verzieren.

Mousse au chocolat mit Haselnüssen

Clementinen-Mousse

Zubereitungszeit: *40 Minuten (ohne Kühlzeit)*

Braucht etwas Erfahrung

ZUTATEN FÜR 6-8 PERSONEN

1/4 l Clementinensaft
125 g Zucker ◆ 1/4 l Sahne
geriebene Schale von 2 unbehandelten Clementinen
4 Eigelb
10 g Blattgelatine

Für die Verzierung:

2 Clementinen
30 g Glukose ◆ 200 g Zucker
50 g kandierte Orangenschale
1 EL Mandelöl
6 Marzipanblätter

Clementinen-Mousse

◆ Die Gelatine in kaltem Wasser einweichen. Den Clementinensaft mit der geriebenen Schale erwärmen.
◆ Die Eigelbe mit dem Zucker zu einer homogenen Masse aufschlagen. Den warmen Saft zugeben und bei schwacher Hitze unter ständigem Rühren aufkochen.
◆ Vom Herd nehmen, die ausgedrückte Gelatine zufügen und unter Rühren auflösen. Die Masse vollständig erkalten lassen.
◆ Eine Form von 3/4 l Fassungsvermögen mit Wasser befeuchten. Die geschlagene Sahne vorsichtig unter die kalte Masse heben und in die Form füllen. Mindestens 2 Stunden kühlstellen.
◆ Für die Verzierung die kandierte Orangenschale mit einem scharfen Messer in feine Streifen schneiden. Die Clementinen schälen, die weißen Fäden entfernen und in Schnitze teilen.
◆ Die Glukose mit dem Zucker 7–8 Minuten zu einem dicken, durchsichtigen Sirup kochen (das Zuckerthermometer muß 150° C anzeigen). Vom Herd nehmen und die Clementinenschnitze einzeln eintauchen, abtropfen lassen und auf einer mit Mandelöl bestrichenen Marmorplatte trocknen lassen.
◆ Zum Servieren die Form kurz in warmes Wasser tauchen und die Mousse auf einen Servierteller stürzen.
◆ Mit den kreisförmig angeordneten Marzipanblättern die Oberfläche, mit den karamelisierten Schnitzen den unteren Rand verzieren. Die Verzierung mit den Orangenschalenstreifen auf der Oberfläche und im Inneren des Marzipankreises vervollständigen.

Honig-Mousse

Zubereitungszeit: *40 Minuten (ohne Kühlzeit)*

Braucht etwas Erfahrung

ZUTATEN FÜR 4 PERSONEN

400 g flüssiger Honig
4 Eier
1 Prise Salz

◆ Die Eigelbe und den Honig mischen und im Wasserbad zu einer dicken Creme kochen, die deutlich an Volumen zunimmt.
◆ Die Eiweiße mit dem Salz zu steifem Schnee schlagen und vorsichtig unter die Honigmasse ziehen.
◆ In vier Portionsschälchen füllen, mit Klarsichtfolie abdecken und vor dem Servieren mindestens 3 Stunden kühlstellen.

Erdbeer-Mousse

Zubereitungszeit: *25 Minuten (ohne Kühlzeit)*

Braucht etwas Erfahrung

Zutaten für 4-6 Personen

350 g Erdbeeren
150 g Zucker
150 ml Sahne
10 g Blattgelatine

◆ Die Gelatine in kaltem Wasser einweichen. Die Erdbeeren zügig in sehr kaltem Wasser waschen, abtrocknen, von den Stielen befreien und 300 g davon mit dem Zucker pürieren.
◆ Die Gelatineblätter im Wasserbad auflösen und sorgfältig unter das Püree rühren. Eine Form von 20 cm Durchmesser mit Wasser befeuchten. Vorsichtig die geschlagene Sahne unter das Püree heben und die Masse in die Form füllen. Mindestens 3 Stunden kühlstellen.
◆ Zum Servieren die Form kurz in warmes Wasser tauchen und die Mousse auf einen Servierteller stürzen.
◆ Die restlichen Erdbeeren in Scheiben schneiden und den unteren Rand der Mousse damit verzieren.

Erdbeer-Mousse

Mousse au chocolat mit Vollmilchschokolade

Zubereitungszeit: *25 Minuten (ohne Kühlzeit)*

Braucht etwas Erfahrung

Zutaten für 4-6 Personen

230 g Vollmilchschokolade
30 g weiche Butter
1/2 TL lösliches Espressopulver
3 Eier ◆ *1 Prise Salz*

◆ Von der Schokolade mit einem Sparschäler 30 g Späne raspeln. Den Espresso in 3 EL warmem Wasser auflösen. Die restliche Schokolade hacken und im Wasserbad mit dem aufgelösten Espresso schmelzen.
◆ Vom Herd nehmen, die in Stücke geschnittene Butter und die Eigelbe einzeln unterrühren. Dann die Eiweiße mit dem Salz zu Schnee schlagen und vorsichtig unterheben.
◆ Die Mousse in eine Schüssel oder in Portionsschälchen füllen und mindestens 1 Stunde kühlstellen. Mit den Schokoladenspänen verzieren.

Birnenschaum mit Schokoladensauce

Birnenschaum mit Schokoladensauce

Zubereitungszeit: *30 Minuten (ohne Kühlzeit)*

Braucht etwas Erfahrung

Zutaten für 6 Personen

800 g Williamsbirnen
100 ml Vino Moscato naturale d'Asti
100 g Zucker
15 g Blattgelatine
200 ml Sahne
Saft von 1 Zitrone
1 EL Kirschwasser
80 g Bitterschokolade

Für die Sauce:

80 g gehackte Bitterschokolade
20 g Butter
2 EL Sahne
100 ml Milch

◆ Die Gelatine in kaltem Wasser einweichen.
◆ Die Birnen waschen, schälen, entkernen und die Früchte in Scheiben schneiden. Zusammen mit ein wenig Zucker und dem Zitronensaft in eine Schüssel geben.
◆ 1/4 l Wasser mit dem Wein und dem restlichen Zucker 5–6 Minuten aufkochen, dann die Birnen zufügen und 15 Minuten kochen lassen.
◆ Die Birnen mit dem Kochsaft pürieren, nochmal bei schwacher Hitze erwärmen, dann vom Herd nehmen, die Gelatine ausdrücken, unterrühren und erkalten lassen.
◆ Die Sahne steif schlagen und unter das kalte Birnenpüree mischen. Sechs Puddingförmchen mit Kirschwasser auspinseln und die Masse in die Puddingförmchen gießen. Mit Klarsichtfolie abdecken und etwa 2 Stunden kühlstellen.
◆ Die Bitterschokolade hacken und im Wasserbad schmelzen. Auf ein Stück Backpapier gießen und mit einem Spatel etwa 3 mm dick verstreichen. Kühl vollständig erstarren lassen und dann sechs gezackte Kreise ausstechen.
◆ Die Schokoladensauce zubereiten (s. S. 20).
◆ Zum Servieren die Förmchen kurz in warmes Wasser tauchen und den Birnenschaum auf einen Servierteller stürzen. Jede Portion mit einer Schokoladenscheibe verzieren und mit der Sauce servieren.

Karamel-Mousse

Zubereitungszeit:
40 Minuten
(ohne Kühlzeit)
Braucht etwas Erfahrung

Zutaten für 6-8 Personen

1/4 l Milch
160 g Zucker
4 Eigelb
10 g Blattgelatine
450 ml Sahne
1 Vanilleschote
2 Päckchen Vanillezucker
1 EL Mandelöl

Die Gelatine in kaltem Wasser einweichen. 50 g Zucker mit 1 EL Wasser kochen, bis er goldgelb ist (s. S. 20). Vom Herd nehmen, 100 ml Sahne zufügen und erneut aufkochen, damit der Karamel schmilzt.

◆ Die Milch mit der aufgeschnittenen Vanilleschote aufkochen. Die Eigelbe mit 50 g Zucker und dem Vanillezucker vermischen. Die Vanilleschote aus der Milch entfernen und diese dann in feinem Strahl unter die Ei-Zucker-Masse heben. Bei schwacher Hitze unter ständigem Rühren fast aufkochen. Vom Herd nehmen, die ausgedrückte Gelatine zufügen und unter Rühren auflösen. Dann die Karamelsauce unterziehen und vollständig erkalten lassen.

◆ 200 ml Sahne steif schlagen und unter die kalte Masse heben. Eine Napfkuchenform von 3/4 l Fassungsvermögen mit Wasser befeuchten, die Masse einfüllen und mindestens 2 Stunden kühlstellen. Den restlichen Zucker mit 2 EL Wasser zu einem hellen Karamel kochen (s. S. 20). Tropfenweise auf eine mit Mandelöl bestrichene Marmorplatte geben und erstarren lassen.

◆ Zum Servieren die Form kurz in warmes Wasser tauchen und die Mousse auf einen Servierteller stürzen. Die restliche Sahne steif schlagen, in einen Spritzbeutel mit Sterntülle geben und die Mousse mit einem Kranz Tupfen und den Karameltropfen verzieren.

Sahneschaum

Zubereitungszeit: *40 Minuten*
(ohne Kühlzeit)
Braucht etwas Erfahrung

Zutaten für 4-6 Personen

170 g Zucker
5 Eigelb
3 Eiweiß
1/2 l Sahne
2 Päckchen Vanillezucker
1 Prise Salz

◆ Die Eigelbe mit dem Zucker schaumig schlagen. Ins Wasserbad stellen und weiterschlagen, bis die Masse ihr Volumen verdoppelt hat; sie darf dabei aber nicht kochen.
◆ Den Topf in eine Schüssel mit Eiswürfeln stellen und die Creme unter Rühren erkalten lassen. Die Eiweiße mit dem Salz steif schlagen. Vorsichtig den Vanillezucker, die steif geschlagene Sahne und den Eischnee unterheben.
◆ Eine Napfkuchenform von etwa 2 l Fassungsvermögen mit Wasser befeuchten und die Masse einfüllen. Mindestens 2 Stunden kühlstellen.
◆ Zum Servieren die Form kurz in warmes Wasser tauchen und den Sahneschaum auf einen Servierteller stürzen.
◆ Die Creme kann mit einem Likör nach Belieben verfeinert werden. Dann allerdings sollte man den Vanillezucker durch 10 g normalen Zucker ersetzen. Mit Schlagsahne und kandierten Früchten nach Geschmack verzieren.

Kleine Mousses mit Nektarinen

Kleine Mousses mit Nektarinen

Zubereitungszeit: *40 Minuten (ohne Kühlzeit)*
Braucht etwas Erfahrung

Zutaten für 6 Personen

450 g Nektarinen ◆ 125 g Zucker
1/4 l Sahne ◆ 10 g Blattgelatine
3 EL trockener Weißwein
50 g gehackte Bitterschokolade
Saft von 1/2 Zitrone

◆ Die Gelatine in kaltem Wasser einweichen. 350 g Nektarinen waschen, schälen, entsteinen und in Stücke schneiden. 6–7 Minuten mit dem Weißwein aufkochen, dann abkühlen lassen und mit dem Zucker pürieren.
◆ Die Gelatine ausdrücken, im Wasserbad auflösen und unter das Fruchtpüree ziehen. Vorsichtig die geschlagene Sahne unter die kalte Masse heben und in sechs Puddingförmchen füllen, die vorher mit Wasser befeuchtet werden. Mindestens 2 Stunden kühlstellen.
◆ Zum Servieren die Förmchen in warmes Wasser tauchen und die Cremes auf Dessertteller stürzen. Die restlichen Nektarinen waschen, in Scheiben schneiden und mit dem Zitronensaft beträufeln. Gut abtrocknen und um die einzelnen Portionen legen. Die Schokolade im Wasserbad schmelzen, in eine Backpapiertüte geben (s. S. 334) und die Teller damit nach Belieben verzieren.

Karamel-Mousse

Kaki-Mousse

Kaki sind saftige Früchte mit kurzer Saison. Das gallertartige Fleisch eignet sich besonders gut zur Zubereitung von Saucen und Konfitüren.

Zubereitungszeit: *25 Minuten (ohne Kühlzeit)*

Braucht etwas Erfahrung

ZUTATEN FÜR 6 PERSONEN

500 g Kaki ◆ 200 ml Sahne
80 g Zucker ◆ 12 g Blattgelatine
3 Zuckerblumen

Für die Sauce:
400 g Kaki ◆ 50 g Zucker

◆ Die Gelatine in kaltem Wasser einweichen. Die Kaki schälen, entsteinen und pürieren. Den Zucker 5 Minuten mit 100 ml Wasser kochen, vom Herd nehmen und die ausgedrückte Gelatine unterrühren. Abkühlen lassen.
◆ Dem Kakipüree den kalten Zuckersirup und dann, sehr vorsichtig, die geschlagene Sahne beifügen. Eine Form von 20 cm Durchmesser mit Wasser befeuchten. Die Masse einfüllen und mindestens 3 Stunden kühlstellen.
◆ Für die Sauce die Kaki schälen, entsteinen und eine halbe Kaki zurückbehalten. Die anderen mit dem Zucker pürieren und das Püree kaltstellen.
◆ Die Form kurz in warmes Wasser tauchen und die Mousse auf einen Servierteller stürzen.
◆ Die halbe Kaki in vier Scheiben schneiden, auf die Creme mit den Zuckerblumen verzieren. Die Mousse mit der Kaki-Sauce servieren.

Orangenschaum mit kandierten Früchten

Zubereitungszeit: *30 Minuten (ohne Kühlzeit)*

Braucht etwas Erfahrung

ZUTATEN FÜR 6 PERSONEN

6 Eier ◆ 11 EL Zucker ◆ 300 ml Sahne
gefilterter Saft von 3 Orangen
geriebene Schale von 2 unbehandelten Orangen
2 Päckchen Vanillezucker ◆ 15 g Blattgelatine
100 g gemischte kandierte Früchte in Würfeln
5 cl Grand Marnier ◆ 1 Prise Salz
einige kandierte Kirschen

◆ Die Gelatine in kaltem Wasser einweichen.
◆ Die Eigelbe mit dem Zucker schaumig schlagen, den Orangensaft, den Vanillezucker, den Likör, die Orangenschale, die kandierten Früchte und die ausgedrückte, im Wasserbad aufgelöste Gelatine zufügen. Die Zutaten gut vermengen. Dann die Eiweiße mit dem Salz zu Schnee schlagen. Vorsichtig zwei Drittel der geschlagenen Sahne und den Eischnee unter die Masse heben.
◆ Eine Puddingform von 20 cm Durchmesser mit Wasser befeuchten und die Masse einfüllen. Mindestens 2 Stunden kühlstellen.
◆ Zum Servieren die Form kurz in warmes Wasser tauchen und den Schaum auf einen Servierteller stürzen. Den Rand mit Sahnetupfen und halben kandierten Kirschen verzieren.

Pfirsich-Mousse mit Karamelsauce

Zubereitungszeit: *40 Minuten (ohne Kühlzeit)*

Braucht etwas Erfahrung

ZUTATEN FÜR 6 PERSONEN

400 g reife Pfirsiche
10 g Blattgelatine
Saft von 1 Zitrone ◆ 3 Eier
60 g Zucker ◆ 2 Päckchen Vanillezucker
150 ml Sahne ◆ 1 Prise Salz

Für die Sauce:
300 g reife Pfirsiche
60 g Zucker
2 Päckchen Vanillezucker

◆ Die Gelatine in kaltem Wasser einweichen.
◆ Die Pfirsiche waschen, entsteinen, in Stücke schneiden und mit dem Zitronensaft pürieren. Die Eigelbe mit Zucker und Vanillezucker verrühren und das Pfirsichpüree zufügen.
◆ Die Masse im Wasserbad bei mittlerer Hitze eindicken lassen, ohne daß sie kocht. Vom Herd nehmen und die ausgedrückte Gelatine unter das Fruchtpüree ziehen.
◆ Die Masse abkühlen lassen, dabei ab und zu umrühren. Die Eiweiße mit dem Salz zu Schnee schlagen. Den Eischnee und die geschlagene Sahne unter die Masse heben. In sechs feuchte Puddingförmchen füllen und mindestens 2 Stunden kühlstellen.
◆ Für die Sauce die Pfirsiche waschen, entsteinen, in Stücke schneiden und pürieren. Zucker und Vanillezucker mit 5 EL Wasser 8–10 Minuten kochen, und wenn er eine schöne, goldgelbe Farbe hat (s. S. 20), in feinem Strahl mit den Pfirsichen in den Mixer geben.
◆ Zum Servieren die Förmchen kurz in warmes Wasser tauchen, auf einen Servierteller stürzen und die Karamelsauce um die Creme gießen.

Fondantspeise mit Kaffeecreme

Zubereitungszeit: *40 Minuten (ohne Kühlzeit)*

Braucht etwas Erfahrung

ZUTATEN FÜR 6-8 PERSONEN

100 g gehackte Bitterschokolade
50 g Kakao
100 g weiche Butter
50 g Puderzucker ◆ 4 Eier
1/4 l Sahne
1 Prise Salz
1 TL lösliches Espressopulver
70 g weiße Schokolade

Für die Creme:

1/4 l Milch
3 Eigelb
75 g Zucker
1/2 Vanilleschote
1 TL lösliches Espressopulver

◆ Eine rechteckige Form von 20 x 10 cm mit Backpapier auslegen.
◆ Die Bitterschokolade im Wasserbad schmelzen, in eine Schüssel gießen und den gesiebten Kakao untermengen. Die Eigelbe einzeln zufügen, die Butter in Stücken, dann das in 2 EL lauwarmer Sahne gelöste Espressopulver und den Puderzucker unterrühren.
◆ Die Masse erkalten lassen, währenddessen die Eiweiße mit dem Salz sowie die Sahne steif schlagen. Sahne und Eischnee unter die Masse heben. In die Form füllen und mindestens 12 Stunden kühlstellen.
◆ Die Kaffeecreme nach Anweisung zubereiten (s. S. 16).
◆ Zum Servieren die Form auf einen Servierteller stürzen und das Backpapier entfernen. Mit einem Sparschäler weiße Schokoladenraspeln ziehen und die Fondantspeise damit verzieren. Mit der Kaffeecreme servieren.

Brombeerschaum

Zubereitungszeit: *30 Minuten (ohne Kühlzeit)*

Braucht etwas Erfahrung

ZUTATEN FÜR 6 PERSONEN

350 g Brombeeren
150 g Zucker
150 ml Sahne
15 g Blattgelatine
1/2 TL Zitronensaft
1 Eiweiß
1 Prise Salz

Für die Sauce:

100 g Naturjoghurt
100 ml Sahne
40 g Zucker
2 Minzezweige

◆ Die Gelatine in kaltem Wasser einweichen.
◆ Die Brombeeren zügig in sehr kaltem Wasser waschen, abtrocknen und mit dem Zucker und dem Zitronensaft pürieren, dabei einige für die Verzierung zurückbehalten. Das Püree durch ein Sieb streichen.
◆ Die ausgedrückte Gelatine im Wasserbad auflösen und unter das Brombeerpüree rühren. Das Eiweiß mit dem Salz sowie die Sahne steif schlagen und unter das Püree heben. Die Masse in eine mit Wasser befeuchtete Form von 20 cm Durchmesser füllen und mindestens 2 Stunden kühlstellen.
◆ Für die Sauce die Minzeblätter waschen und hacken. Die Sahne leicht aufschlagen. Den Joghurt mit dem Zucker verrühren, die Sahne und die gehackte Minze unterziehen.
◆ Zum Servieren die Form kurz in warmes Wasser tauchen und die Mousse auf einen Servierteller stürzen. Mit den restlichen Brombeeren verzieren und mit der Sauce servieren.

Avocado-Mousse

Zubereitungszeit: *20 Minuten (ohne Kühlzeit)*

Gelingt leicht

ZUTATEN FÜR 8 PERSONEN

3 sehr reife Avocados
6 EL Zucker
100 g Amarettini
Saft von 1/2 Zitrone
300 ml Sahne

◆ Die Avocados halbieren, den Kern entfernen, schälen und mit dem Zucker und dem Zitronensaft pürieren.
◆ Die Amarettini zerbröseln – 8 davon zurückbehalten – und unter die Avocadomasse geben. Ebenfalls 200 ml Sahne zufügen und die Masse pürieren, bis sie dicklich wird.
◆ Die Creme in acht Portionsschälchen füllen. Die restliche Sahne steif schlagen und in Tupfen auf die Portionen setzen, die Verzierung mit je einem Amarettino vervollständigen.
◆ Die Avocado-Mousse mit Klarsichtfolie abdecken und 2 Stunden kühlstellen.

Früchte in Sektgelee

Zubereitungszeit:
20 Minuten
(ohne Kühlzeit)
Braucht etwas Erfahrung

ZUTATEN FÜR 4 PERSONEN

50 g Zucker
20 g Blattgelatine
$^1/_4$ l trockener Sekt
600 g gemischte Früchte der Saison

Die Gelatine in kaltem Wasser einweichen. Den Zucker mit $^1/_4$ l Wasser 10 Minuten kochen, vom Herd nehmen, durch Rühren die ausgedrückte Gelatine darin auflösen und den Sekt zufügen (1).

1

2

◆ Die gemischten Früchte schälen, in Scheiben schneiden und nach Belieben in einer Schale verteilen (2). Die lauwarme Sektgelatine darübergießen (3) und mindestens 3 Stunden in den Kühlschrank stellen.

3

Bananen, Kirschen und Erdbeeren in Aspik

Zubereitungszeit: *30 Minuten (ohne Kühlzeit)*
Braucht etwas Erfahrung

ZUTATEN FÜR 6 PERSONEN

2 Bananen ◆ 350 g große, reife Kirschen
300 g Erdbeeren ◆ 8 EL Zucker
$^1/_4$ l Orangensaft ◆ Saft von 1 Zitrone
5 cl Maraschino ◆ 30 g Blattgelatine

◆ Die Gelatine in kaltem Wasser einweichen. Eine Puddingform von etwa 2,5 l Fassungsvermögen in den Gefrierschrank stellen.
◆ Den Orangen- und den Zitronensaft (bis auf 1 TL) mit 4 EL Zucker und 1,25 l Wasser etwa 15 Minuten kochen. Vom Herd nehmen, durch Rühren die ausgedrückte Gelatine darin auflösen und erkalten lassen. Ein Viertel des Gelatinesirups in die gekühlte Form gießen und hin und her schwenken, so daß auch die Seiten bedeckt werden. In den Kühlschrank stellen.
◆ Die Kirschen und die Erdbeeren kurz abwaschen und abgießen. Die Bananen schälen, in Scheiben schneiden und mit dem restlichen Zitronensaft beträufeln. Die Kirschen entkernen und das gesamte Obst mit dem restlichen Zucker und dem Maraschino etwa 30 Minuten ziehen lassen.
◆ Die Form aus dem Kühlschrank nehmen und 4 EL Obst einfüllen. Mit etwas Gelatine begießen und zum Erkalten kühlstellen. Weiter Obst und Gelatine in die Form schichten, bis die Zutaten aufgebraucht sind, mit einer Schicht Gelatine abschließen. Mindestens 3 Stunden in den Kühlschrank stellen.
◆ Die Form schnell in warmes Wasser tauchen und das Aspik auf eine Servierplatte stürzen.

Aprikosen-Pistazien-Aspik

Aprikosen-Pistazien-Aspik

Zubereitungszeit: *40 Minuten (ohne Kühlzeit)*
Braucht etwas Erfahrung

ZUTATEN FÜR 4 PERSONEN

500 g Aprikosen ◆ 100 g Zucker
50 g geschälte, gehackte Pistazien
10 g Blattgelatine

◆ Die Gelatine in kaltem Wasser einweichen.
◆ Die Aprikosen kurz in kochendes Wasser geben, abgießen, schälen und halbieren. Mit dem Zucker und 300 ml Wasser 5 Minuten kochen, abgießen und beiseite stellen. Die ausgedrückte Gelatine in dem warmen Sirup auflösen und erkalten lassen. Eine dünne Schicht Gelatine in acht Förmchen von 5 cm Durchmesser geben und im Kühlschrank stocken lassen. Eine halbe Aprikose mit der Schnittseite nach oben auf die Gelatineschicht legen, mit Gelatine begießen und wieder kühlstellen.
◆ Sobald die Masse fest ist, die Gelatine mit einer Schicht Pistazien bestreuen, die restliche Gelatine darübergeben und nochmals mindestens 2 Stunden kühlstellen. Die Förmchen in warmes Wasser tauchen und die Aspike auf einen Servierteller stürzen.

Früchte in Sektgelee

Honigmelone und Himbeeren in Aspik

Zubereitungszeit: *50 Minuten (ohne Kühlzeit)*

Braucht etwas Erfahrung

ZUTATEN FÜR 6-8 PERSONEN

700 g Honigmelone
300 g Himbeeren (oder Erdbeeren)
1/2 l trockener Weißwein
1 unbehandelte Orange
100 g Zucker ◆ 25 g Blattgelatine

Honigmelone und Himbeeren in Aspik

◆ Die Gelatine in kaltem Wasser einweichen. Die Kerne aus der Melone entfernen und mit einem Ausstecher Kugeln aus dem Fruchtfleisch formen. Die Himbeeren in sehr kaltem Wasser waschen und abtrocknen. Die Orange abwaschen, abtrocknen und in dünne Scheiben schneiden.

◆ Den Zucker mit 1/2 l Wasser 10 Minuten kochen. Vom Herd nehmen, durch Rühren die ausgedrückte Gelatine darin auflösen, den Weißwein zufügen und erkalten lassen.

◆ Eine dünne Schicht Gelatine in eine Edelstahlform von etwa 2 l Fassungsvermögen geben und im Kühlschrank anziehen lassen. Eine Lage Himbeeren auf der Gelatineschicht verteilen, mit Gelatine begießen und wieder kühlstellen. Dann eine Schicht Melone und Gelatine zufügen und erneut in den Kühlschrank stellen. So fortfahren, bis die Zutaten aufgebraucht sind, dabei das Obst nicht bis an den Rand der Form legen.

◆ Vor der letzten Fruchtschicht die Orangenscheiben aufrecht an den Rand legen, daß die Hälfte der Scheiben übersteht. Mit der letzten Obstlage abschließen und mit der Gelatine auffüllen. In den Kühlschrank stellen. Wenn die Gelatine fest geworden ist, die Orangenscheiben umbiegen. Mindestens 2 Stunden kühlstellen.

◆ Die Form kurz in warmes Wasser tauchen und das Aspik auf einen Servierteller stürzen.

Birnen-Orangen-Gelee

Birnen-Orangen Gelee

Zubereitungszeit: *1 Stunde (ohne Kühlzeit)*

Braucht etwas Erfahrung

ZUTATEN FÜR 6 PERSONEN

1 kg reife Birnen ◆ 2 Orangen
1 EL Zitronensaft
2 EL Zucker ◆ 25 g Blattgelatine
100 ml trockener Weißwein

◆ Die Gelatine in kaltem Wasser einweichen. Die Birnen schälen und in Stücke schneiden, das Kerngehäuse entfernen. Mit dem Weißwein und wenig Wasser 10 Minuten kochen, dann abgießen und pürieren. Das Püree mit dem Zucker und dem Zitronensaft erneut aufkochen. Vom Herd nehmen, durch Rühren die ausgedrückte Gelatine darin auflösen und erkalten lassen.

◆ Die Orangenschnitze „bis aufs Fleisch" schälen.

◆ Auf den Boden einer rechteckigen Form von 1 l Fassungsvermögen, die vorher mit Wasser befeuchtet wird, eine Schicht Birnenpüree geben und in den Kühlschrank stellen. Sobald sie fest geworden ist, eine Lage Orangenschnitze daraufgeben, dann die Schnitze mit etwas Püree bedecken und wieder kühlstellen. Die Zutaten weiter schichten, bis sie aufgebraucht sind, mit dem Birnenpüree abschließen und mindestens 2 Stunden kühlstellen.

◆ Die Form kurz in warmes Wasser tauchen und die Süßspeise auf einen Servierteller stürzen. In Scheiben schneiden und nach Belieben mit einer Waldfruchtsauce servieren.

Früchtegelee

Zubereitungszeit: *1 Stunde (ohne Kühlzeit)*

Braucht etwas Erfahrung

ZUTATEN FÜR 8-10 PERSONEN

300 g Ananas
300 g Himbeeren
300 g rote Johannisbeeren
150 g Kondensmilch
20 g Blattgelatine ◆ 90 g Zucker

Für die Verzierung:

8 Himbeeren ◆ 80 g rote Johannisbeeren
50 g schwarze Johannisbeeren
16 Minzeblätter
10 g Blattgelatine
Schale von 1/2 unbehandelten Zitrone
30 g Zucker

Früchtegelee

◆ Die Gelatine in drei Portionen teilen und diese getrennt in kaltem Wasser einweichen.

◆ Die Himbeeren und die Johannisbeeren separat in sehr kaltem Wasser waschen und abtrocknen. Die in Stücke geschnittene Ananas, die Himbeeren und die Brombeeren mit je 30 g Zucker in drei Töpfen 5–6 Minuten kochen, dabei ab und zu umrühren.

◆ Die Töpfe vom Herd nehmen, die Früchte pürieren, in drei Schüsseln geben und unter jede

Portion 50 g Kondensmilch und eine Portion ausgedrückte, im Wasserbad aufgelöste Gelatine mischen.

◆ Für die Verzierung die Gelatine in kaltem Wasser einweichen. Das Obst in sehr kaltem Wasser waschen und abtrocknen. Den Zucker mit der Zitronenschale und 300 ml Wasser einige Minuten aufkochen. Wenn er sich aufgelöst hat, vom Herd nehmen und die Gelatine darin vollständig auflösen. Etwas Gelatine auf den Boden einer Schale von 24 cm Durchmesser (eventuell in Blumenform) gießen und in den Kühlschrank stellen.

◆ In die Mitte der verfestigten Gelatine einen Kranz aus Himbeeren, schwarzen und roten Johannisbeeren setzen und am Rand kleine Blumen aus schwarzen und roten Johannisbeeren bilden. Mit einer dünnen Schicht Gelatine bedecken und wieder kühlstellen.

◆ Die Minzeblätter waschen, abtrocknen und kranzförmig auf die erstarrte Gelatine legen. Nochmals eine dünne Schicht Gelatine daraufgeben und wieder in den Kühlschrank stellen.

◆ Die Ananasmasse in der Form verstreichen, 15 Minuten kaltstellen, dann eine Schicht aus den Himbeeren und zuletzt eine aus den Johannisbeeren darauf verteilen. Mindestens 2 Stunden kühlstellen.

◆ Zum Servieren die Form kurz in warmes Wasser tauchen und die Süßspeise auf einen Servierteller stürzen.

Gelee von Calvadosäpfeln

Gelee von Calvadosäpfeln

Zubereitungszeit: *30 Minuten (ohne Kühlzeit)*

Braucht etwas Erfahrung

ZUTATEN FÜR 6 PERSONEN

350 g Äpfel (Granny Smith)
150 g Zucker
100 ml trockener Weißwein
2 EL Calvados ◆ 1 EL Zitronensaft
1 Stückchen Zimtstange
3,5 g Agar-Agar in Pulverform
30 g Zitronat

Für die Calvadossauce:

5 cl Calvados
100 ml trockener Weißwein ◆ 4 Eigelb
100 ml Sahne ◆ 80 g Zucker

◆ Die Äpfel schälen und in Scheiben schneiden, das Kerngehäuse entfernen und die Scheiben mit dem Zitronensaft beträufeln.

◆ Den Weißwein mit dem Zucker, 50 ml Wasser und dem Zimt aufkochen, die Äpfel mit dem Zitronensaft zufügen und 10 Minuten kochen.

◆ Den Zimt entfernen, die Masse pürieren und erneut aufkochen. Das Agar-Agar und den Calvados zugeben und 2 Minuten unter ständigem Rühren weiterkochen. In sechs flache Portionsförmchen gießen und mindestens 1 Stunde kühlstellen.

◆ Für die Sauce die Eigelbe mit dem Zucker schaumig schlagen, dann den Weißwein und den Calvados zufügen und im Wasserbad erwärmen, ohne daß die Masse kocht. Die Creme aufschlagen, bis sie ihr Volumen verdoppelt hat. Sobald die Sauce abgekühlt ist, vorsichtig die steif geschlagene Sahne unterziehen.

◆ Das Apfelgelee auf einen Servierteller stürzen, mit dem Zitronat verzieren und mit der Sauce servieren.

Pfirsiche in Rotweingelee

Pfirsiche in Rotweingelee

Zubereitungszeit: *20 Minuten (ohne Zeit zum Ziehen und Kühlzeit)*

Braucht etwas Erfahrung

ZUTATEN FÜR 4 PERSONEN

5 Pfirsiche
(oder Birnen)
1/2 l sehr guter Rotwein
70 g Zucker
20 g Blattgelatine
Schale von 1/2 unbehandelten Zitrone

◆ Gelatine in kaltem Wasser einweichen.

◆ 4 Pfirsiche 1 Minute in kochendes Wasser geben, schälen, in Scheiben schneiden und mit dem Rotwein, dem Zucker und der Zitronenschale etwa 2 Stunden ziehen lassen.

◆ Die Früchte abgießen, die Flüssigkeit aufkochen, die ausgedrückte Gelatine darin auflösen und erkalten lassen.

◆ In eine rechteckige Form von etwa 2 l Fassungsvermögen 5 mm Weingelatine einfüllen und einige Minuten im Kühlschrank fest werden lassen. Eine Schicht Pfirsiche darauflegen und mit einer dünnen Schicht Gelatine bedecken. Wieder in den Kühlschrank stellen und so weiter verfahren, bis die Zutaten aufgebraucht sind. Mindestens 3 Stunden kühlstellen.

◆ Zum Servieren die Form kurz in warmes Wasser tauchen, das Pfirsichgelee auf einen Servierteller stürzen. Die restlichen Pfirsiche in dünne Scheiben schneiden und das Gelee damit verzieren.

Crema alla fiamma

Zubereitungszeit:
25 Minuten

Gelingt leicht

ZUTATEN FÜR 8 PERSONEN

200 g Zucker
120 g weiche Butter
4 Eigelb ◆ 1 l Milch
Schale von
1/2 unbehandelten Zitrone
2 EL Kakaolikör
2 EL Anislikör
15 g Speisestärke
1 Vanilleschote
2 EL Cognac
1/2 TL gemahlener Zimt

Die Zitrone gründlich waschen und abtrocknen. Die Butter bei Zimmertemperatur weich werden lassen und dann cremig rühren. Den Zucker löffelweise unter die Buttermasse rühren und so lange weiterschlagen, bis sie dick und schaumig ist. Die Eigelbe einzeln unterziehen und die Creme beiseite stellen.

◆ Die Speisestärke mit 100 ml Milch anrühren. Die Zitronenschale abreiben, dabei nur den gelben Teil abziehen, da der weiße der Creme einen bitteren Geschmack verleihen würde. Die restliche Milch mit der Zitronenschale und der aufgeschnittenen Vanilleschote aufkochen und 5 Minuten kochen lassen, dann die angerührte Speisestärke unterrühren. Erneut aufkochen und 5 Minuten weiterkochen.

◆ Eine Tasse der warmen Milchmasse in die Ei-Butter-Masse rühren und alles in den Topf zurückgießen. Die Liköre zugeben, dabei unter ständigem Rühren erhitzen. Die Creme darf nicht kochen und ist fertig, wenn sie den Löffel mit einem Schleier überzieht. Etwas abkühlen lassen, die Vanilleschote entfernen und in acht Schalen füllen. In den Kühlschrank stellen.

◆ Zum Servieren den Cognac erwärmen, etwas in jede Schale geben, anzünden und die Creme mit dem Zimt bestreuen.

Mascarpone-Creme

Zubereitungszeit: *25 Minuten*
(ohne Kühlzeit)

Gelingt leicht

ZUTATEN FÜR 6 PERSONEN

100 g Mascarpone
2 Eigelb
50 g Zucker
1/4 l Milch
30 g Mehl
geriebene Schale von
1/2 unbehandelten Zitrone
300 ml Sahne ◆ 3 EL Rum
80 g geröstete,
gehackte Haselnüsse

◆ Mit den Eigelben, der Milch, dem Mehl und der Zitronenschale eine Konditorcreme bereiten (s. S. 16). In eine Schüssel geben und den Mascarpone, den Rum und 50 g Haselnüsse gut unterrühren. Zum Schluß vorsichtig 200 ml steif geschlagene Sahne unterheben.
◆ Zum Servieren die Creme in eine große Schale oder in Portionsschälchen füllen. Die restliche Sahne steif schlagen, in einen Spritzbeutel mit Sterntülle geben und in Tupfen auf den Rand und einen großen Tupfen in die Mitte der Creme setzen. Mit den restlichen Haselnüssen verzieren.

Mascarpone-Creme

Syllabub mit Erdbeeren

Zubereitungszeit: *25 Minuten*
(ohne Zeit zum Ziehen und Kühlzeit)

Gelingt leicht

ZUTATEN FÜR 6-8 PERSONEN

200 ml trockener Sherry
2 EL Cognac
400 ml Sahne ◆ 220 g Erdbeeren
50 g Zucker
geriebene Schale von 1 unbehandelten Zitrone
1 Eiweiß ◆ 1 Prise Muskatnuß
6 Minzeblättchen ◆ 1 Prise Salz

◆ Nur den gelben Teil der Zitronenschale abziehen und 12 Stunden in dem Sherry ziehen lassen.
◆ Die Erdbeeren in sehr kaltem Wasser waschen, abtrocknen und zwei zurücklegen. Von den restlichen Erdbeeren 150 g pürieren, die anderen kleinschneiden. Den Sherry durch ein Sieb geben und mit dem Cognac, der Sahne, dem Zucker und dem Erdbeerpüree mischen. Die Masse aufschlagen. Das Eiweiß mit dem Salz steif schlagen und unterheben, die Erdbeerstückchen zufügen. Die Creme in Portionsschalen füllen und mindestens 5 Stunden in den Kühlschrank stellen.
◆ Kurz vor dem Servieren die Creme in den Schalen vorsichtig umrühren und mit Erdbeerscheibe und Minzeblatt verzieren.

Crema alla fiamma

Kaffeecreme

Zubereitungszeit: *25 Minuten*
Gelingt leicht

ZUTATEN FÜR 6 PERSONEN

120 g Zucker
1 EL lösliches Espressopulver
6 Eigelb ◆ 1/2 l Milch
50 g Mehl
1 Päckchen Vanillezucker
1 EL Kaffeelikör
1/4 l Sahne
50 g weiße Schokolade

◆ Die Milch mit dem Espresso aufkochen.
◆ Mit der Kaffee-Milch, den Eigelben, dem Zucker, dem Mehl und dem Vanillezucker eine Konditorcreme zubereiten (s. S. 16).
◆ Unter die erkaltete Creme den Kaffeelikör ziehen und vorsichtig die steif geschlagene Sahne unterheben. Die Creme in einen Spritzbeutel mit Lochtülle füllen und in eine große Schale spritzen. Mit einem Sparschäler weiße Schokoladenspäne abziehen und damit verzieren. Kühlstellen.

Kaffeecreme

Großer Amarettobecher

Großer Amarettobecher

Zubereitungszeit: *25 Minuten*
Gelingt leicht

ZUTATEN FÜR 4 PERSONEN

4 Eigelb
4 EL Zucker
28 Amarettini,
davon 8 gemahlene
100 ml Marsala
150 ml Sahne

◆ Die Eigelbe mit dem Zucker schaumig schlagen, den Marsala zufügen und die Masse im Wasserbad bei schwacher Hitze unter ständigem Rühren erwärmen, ohne daß sie kocht. Nach 5–7 Minuten hat die Creme ihr Volumen verdoppelt.
◆ Vom Herd nehmen, die gemahlenen Amarettini unterziehen und erkalten lassen. Vorsichtig die geschlagene Sahne unter die Masse heben und in vier Becher füllen. Mit den Amarettini verzieren und im Kühlschrank erkalten lassen.

Kaffeecreme mit Walnüssen

Zubereitungszeit: *30 Minuten*
Gelingt leicht

ZUTATEN FÜR 6 PERSONEN

6 Eigelb ◆ 200 ml Milch
100 g Walnüsse
150 ml Sahne
100 g Zucker
3 EL lösliches Espressopulver

◆ 6 Walnüsse beiseite legen und die anderen fein mahlen.
◆ Die Milch mit dem Espresso aufkochen.
◆ Die Eigelbe mit dem Zucker zu einer gleichmäßigen Masse aufschlagen, dann die warme Milch in feinem Strahl durch ein Sieb zugießen.
◆ Die Masse bei schwacher Hitze unter ständigem Rühren fast aufkochen, bis die Sauce den Löffel mit einem Schleier überzieht. Erkalten lassen, dabei ab und zu umrühren. Dann die gemahlenen Walnüsse und vorsichtig die steif geschlagene Sahne unterheben.
◆ Die Creme in Portionsschälchen füllen, mit den beiseite gelegten Walnüssen verzieren und im Kühlschrank erkalten lassen.

Haselnußcreme

Haselnußcreme

Zubereitungszeit: *35 Minuten*
Braucht etwas Erfahrung

ZUTATEN FÜR 4-6 PERSONEN

100 g geröstete, geschälte Haselnüsse
5 Eigelb ◆ 160 g Zucker
1/2 l Milch ◆ 40 g Mehl
1 Päckchen Vanillezucker
1 Scheibe Pan di Spagna
(Butterbiskuit) von 100 g
(s. S. 10)
1 EL Pflanzenöl
100 ml Sahne

Für den Sirup:
50 g Zucker
50 g Johannisbeeren

◆ 40 g Zucker mit 4 EL Wasser 3 Minuten kochen. Vom Herd nehmen, die Haselnüsse zufügen und verrühren, bis sie von einer sandigen Zuckerschicht umgeben sind.
◆ Erneut bei mittlerer Hitze rühren, bis der Zukker karamelisiert. Die Haselnüsse auf eine mit dem Öl bestrichenen Marmorplatte schütten und mit zwei Gabeln voneinander trennen, erkalten lassen und hacken.

◆ Mit der Milch, den Eigelben, dem restlichen Zucker, dem Vanillezucker und dem Mehl eine Konditorcreme zubereiten (s. S. 16). Die gehackten Haselnüsse unter die erkaltete Creme ziehen, 1 EL zurückbehalten.
◆ Für den Sirup den Zucker mit 100 ml Wasser aufkochen, 2 Minuten kochen und erkalten lassen. Die Johannisbeeren in sehr kaltem Wasser waschen, abtrocknen, pürieren und unter den Sirup mischen.
◆ Die Hälfte der Haselnußcreme in eine große Schale füllen. Mit einer Lage Pan di Spagna (Butterbiskuit) abdecken, diesen mit dem Sirup tränken und die restliche Creme daraufgeben.
◆ Die Sahne steif schlagen, in einen Spritzbeutel mit Sterntülle füllen und die Creme mit Sahnetupfen bedecken. Die restlichen karamelisierten Haselnüsse in die Mitte setzen. Kühlstellen.

Cremebecher mit Früchten

Schokoladencreme

Zubereitungszeit: *25 Minuten*
Gelingt leicht

ZUTATEN FÜR 6 PERSONEN

$^{1}/_{2}$ l Milch ◆ 90 g Zucker
4 Eigelb ◆ 30 g Mehl
200 ml Sahne ◆ 2 Päckchen Vanillezucker
160 g gehackte Bitterschokolade
2 EL Maraschino

◆ Die Milch aufkochen. Die Eigelbe mit dem Zucker und dem Vanillezucker aufschlagen, dann das Mehl zugeben und schließlich die warme Milch in feinem Strahl zugießen. Die Creme bei schwacher Hitze etwa 6 Minuten unter ständigem Rühren kochen.
◆ Vom Herd nehmen, 130 g Schokolade und den Likör unterrühren, erkalten lassen, dabei ab und zu umrühren. Vorsichtig die steif geschlagene Sahne unter die erkaltete Masse heben und in eine Schale füllen.
◆ Die restliche Schokolade im Wasserbad schmelzen, in eine Backpapiertüte geben (s. S. 334) und die Creme nach Belieben damit verzieren.

Schokoladencreme

Cremebecher mit Früchten

Zubereitungszeit: *25 Minuten*
Gelingt leicht

ZUTATEN FÜR 4 PERSONEN

150 g Heidelbeeren
150 g rote Johannisbeeren
150 g Erdbeeren
1 EL Zitronensaft
1 EL Zucker

Für die Konditorcreme:
60 g Zucker
3 Eigelb ◆ $^{1}/_{4}$ l Milch
30 g Mehl
geriebene Schale von
1 unbehandelten Zitrone

◆ Mit den oben genannten Zutaten eine Konditorcreme zubereiten (s. S. 16). Erkalten lassen, dabei ab und zu umrühren, damit sich an der Oberfläche keine Haut bildet. Lauwarm in vier Portionsschalen gießen.
◆ Heidelbeeren, Johannisbeeren und Erdbeeren zügig in sehr kaltem Wasser waschen. Abtrocknen, die Johannisbeeren von den Stielen streifen und die Stiele der Erdbeeren entfernen.
◆ Die Früchte in eine Schüssel geben, mit dem Zitronensaft beträufeln und mit dem Zucker bestreuen. Vorsichtig umrühren, dann die Creme und das Obst in den Kühlschrank stellen.
◆ Zum Servieren die Früchte auf die Creme in den Schalen verteilen.

Himbeer-Birnen-Creme

Himbeer-Birnen-Creme

Zubereitungszeit: *20 Minuten*
(ohne Kühlzeit)
Gelingt leicht

ZUTATEN FÜR 4 PERSONEN

350 g Himbeeren ◆ 100 g Zucker
200 ml Sahne
Saft von $^{1}/_{2}$ Zitrone
2 EL Kirschwasser ◆ 2 Birnen

◆ Die Birnen schälen, entkernen, würfeln und im Kirschwasser 20 Minuten ziehen lassen.
◆ Die Himbeeren in sehr kaltem Wasser waschen und abtrocknen. Einige für die Verzierung zurückbehalten und die anderen durch ein Sieb streichen. Den Zucker und den Zitronensaft zufügen, dann vorsichtig die steif geschlagene Sahne unterheben.
◆ Die Creme in eine große Schale füllen und mindestens 1 Stunde kühlstellen. Vor dem Servieren nach Belieben mit den gut abgetropften Birnenwürfeln und den restlichen Himbeeren verzieren.

Pistaziencreme

Zubereitungszeit: *30 Minuten (ohne Kühlzeit)*
Gelingt leicht

ZUTATEN FÜR 4 PERSONEN

120 g Pistazien
1/4 l Sahne
4 Eigelb ◆ 70 g Zucker
1 EL Kirschwasser ◆ 1 Prise Salz
30 g kandierte Kirschen

◆ Den Backofen auf 180° C vorheizen.
◆ Die Pistazien kurz in kochendes Wasser geben, schälen und im vorgeheizten Ofen trocknen lassen. 20 g zurückbehalten und die restlichen mit 1 EL Zucker fein hacken.
◆ Die Sahne, die Eigelbe, den restlichen Zucker, die gehackten Pistazien und das Salz vermischen und im Wasserbad erhitzen, ohne daß die Masse kocht, bis sie den Löffel mit einem Schleier überzieht. Die Creme erkalten lassen, das Kirschwasser untermischen, in eine große Schale geben und mindestens 3 Stunden in den Kühlschrank stellen.
◆ Zum Servieren die Creme mit den restlichen, halbierten Pistazien und den kandierten Kirschen verzieren.

Zabaione-Mascarpone-Becher

Zubereitungszeit: *25 Minuten*
Braucht etwas Erfahrung

ZUTATEN FÜR 6 PERSONEN

6 Eigelb
80 g Zucker
150 ml trockener Marsala
100 g Mascarpone
3 EL Sahne
250 g Erdbeeren

◆ 1 TL Zucker in 50 ml erwärmtem Marsala vollständig auflösen. Die Eigelbe mit dem Zucker schaumig schlagen. Den warmen Marsala zufügen und die Masse im Wasserbad bei schwacher Hitze unter ständigem Rühren so lange erwärmen, bis die Creme ihr Volumen verdoppelt hat; dabei darauf achten, daß sie nicht kocht. Die Creme erkalten lassen, dabei ab und zu umrühren.
◆ Die Erdbeeren in sehr kaltem Wasser waschen, abtrocknen und in Viertel schneiden. Den Mascarpone leicht mit der Sahne und dem restlichen Marsala verrühren, dann vorsichtig die Zabaione unterziehen. 150 g Erdbeeren mit der Creme in Portionsschälchen schichten und mit den restlichen Erdbeeren verzieren.

Ricottacreme mit Himbeeren

Zubereitungszeit: *25 Minuten*
Gelingt leicht

ZUTATEN FÜR 4 PERSONEN

200 g Himbeeren ◆ 80 g Zucker
5 cl Rum ◆ 2 Eier
1 Päckchen Vanillezucker
300 g Ricotta
1 Prise Salz

◆ Den Ricotta durch ein Sieb streichen. Die Himbeeren in sehr kaltem Wasser waschen, abtrocknen und mit 1 EL Zucker und etwas Rum ziehen lassen.
◆ Die Eigelbe, den Zucker und den Vanillezucker schaumig schlagen, die Eiweiße mit dem Salz steif schlagen. Dann den Ricotta, den restlichen Rum und den Eischnee unter die Ei-Zucker-Masse heben.
◆ Die Himbeeren auf vier Portionsschälchen verteilen, mit der Creme bedecken und eine Weile kühlstellen.
◆ Für einen stärkeren Himbeergeschmack kann man auch die Hälfte der Früchte pürieren und unter die Creme mischen.

Holländische Weizencreme

Zubereitungszeit: *20 Minuten*
Gelingt leicht

ZUTATEN FÜR 10 PERSONEN

1 l Milch
90 g Weizenstärke
100 g Zucker
1 Päckchen Vanillezucker
geriebene Schale von
2 unbehandelten Zitronen
40 g Pistazien
1 kandierte Zitronenschale

◆ Die Pistazien kurz in kochendes Wasser geben, abgießen, schälen, die Hälfte beiseite legen und den Rest hacken.

◆ Den Zucker, den Vanillezucker und die Stärke mischen, dann die warme Milch in feinem Strahl zufügen, dabei gründlich umrühren. Die Masse bei schwacher Hitze unter ständigem Rühren aufkochen und 7–8 Minuten kochen. Vom Herd nehmen und die Zitronenschale und die gehackten Pistazien unterrühren.
◆ Die Creme in eine große Schale oder in Portionsschälchen geben und erkalten lassen. Mit den restlichen Pistazien und der in Streifen geschnittenen kandierten Zitronenschale verzieren.

Englische Fruchtcreme

Zubereitungszeit: *1 Stunde*
Gelingt leicht

Zutaten für 4 Personen

500 g gemischte Früchte
(Äpfel, Birnen, Trauben, Kirschen, Johannisbeeren etc.)
200 g Zucker
1/4 l Sahne ◆ 3 Eigelb
60 g zerlassene Butter

◆ Die Äpfel und die Birnen waschen und in Stücke schneiden, ohne die Schale und die Kerngehäuse zu entfernen. Die Trauben von den Stielen ziehen, die Kirschen entsteinen und das Obst bei schwacher Hitze mit 1/4 l Wasser weichkochen.
◆ Die Früchte durch ein Sieb streichen und mit dem Zucker, der Butter, den Eigelben und der Sahne mischen. Bei schwacher Hitze erwärmen und die Creme eindicken lassen, ohne daß sie kocht, dabei ständig rühren.
◆ Die Creme in vier Portionsschälchen gießen und kalt servieren.
◆ Die Zuckermenge kann nach Art der verwendeten Früchte variieren. Man kann diese Creme auch nach Belieben mit 5 cl Likör verfeinern.

Ananasschaum

Zubereitungszeit: *45 Minuten (ohne Kühlzeit)*
Gelingt leicht

Zutaten für 4 Personen

300 ml Milch
4 Scheiben frische Ananas
50 g Mehl
50 g Zucker
2 Eigelb
geriebene Schale von 1 unbehandelten Zitrone
300 ml Sahne
4 kandierte Kirschen

◆ Die Milch mit der geriebenen Zitronenschale aufkochen.
◆ Die Eigelbe mit dem Zucker schaumig schlagen, das Mehl und dann die warme Milch in feinem Strahl zufügen. Bei schwacher Hitze aufkochen, unter ständigem Rühren 3–4 Minuten kochen, dabei ab und zu umrühren. Abkühlen lassen.
◆ Die Ananasscheiben in Stücke schneiden, pürieren und zu der Creme geben. Schließlich 200 ml steif geschlagene Sahne unter die erkaltete Creme ziehen und diese in eine große Schale oder in vier Portionsschälchen füllen.
◆ Die restliche Sahne schlagen, in einen Spritzbeutel geben, einen Tupfen auf die Creme setzen und diesen mit einer kandierten Kirsche verzieren.
◆ Die Schale oder die Schälchen bis zum Servieren kühlstellen.

Mandelcreme

Zubereitungszeit: *25 Minuten (ohne Kühlzeit)*
Gelingt leicht

Zutaten für 6 Personen

200 g geröstete Mandeln
80 g Zucker
5 cl Amaretto
50 g Speisestärke
3 Eigelb ◆ 2 Eiweiß
1/4 l Milch
400 ml Sahne
1 Päckchen Vanillezucker
1 Prise Salz

◆ Die Mandeln fein mahlen.
◆ Die Milch mit dem Vanillezucker aufkochen. Die Eigelbe mit dem Zucker schaumig schlagen, dann die Speisestärke zufügen. Die warme Milch mit den gemahlenen Mandeln mischen und nach und nach unter die Eimasse ziehen.
◆ Bei schwacher Hitze unter ständigem Rühren kochen, bis die Creme eindickt.
◆ Vom Herd nehmen, den Likör beifügen und die Creme abkühlen lassen, dabei ab und zu umrühren. Die Eiweiße mit dem Salz sowie die Sahne steif schlagen; erst die Sahne, dann den Eischnee unter die Creme heben.
◆ Die Creme in Portionsschälchen füllen, mit Klarsichtfolie abdecken und vor dem Servieren mindestens 3 Stunden kühlstellen.

Zuppa inglese

Zubereitungszeit: *35 Minuten*
Gelingt leicht

ZUTATEN FÜR 6-8 PERSONEN

200 g Löffelbiskuits
100 ml Alchermes
100 ml Strega
2 EL Aprikosenkonfitüre
150 ml Sahne

Für die Konditorcreme:
1/2 l Milch
80 g Zucker
6 Eigelb
50 g Mehl
geriebene Schale von 1 unbehandelten Zitrone
1 EL Rum

Die Konditorcreme zubereiten (s. S. 16). Erkalten lassen und den Rum zufügen.

◆ Die Löffelbiskuits zuschneiden und eine Schüssel von 1 l Fassungsvermögen auslegen. Die Hälfte der Biskuits von beiden Seiten mit Strega, die andere Hälfte mit Alchermes bepinseln (**1, 2**). Boden und Rand der Schüssel damit abwechselnd auskleiden (**3**).

◆ Die Konfitüre mit 2 EL Wasser verflüssigen und auf die Biskuits streichen. Eine Schicht Creme von 1 cm in die Form gießen und mit Strega-Biskuits belegen. Dann eine weitere Schicht Creme einfüllen und eine Schicht Alchermes-Biskuits. So fortfahren, bis die Zutaten aufgebraucht sind; mit einer Schicht Biskuits abschließen. Danach kühlstellen.

◆ Die Sahne steif schlagen, in einen Spritzbeutel mit Sterntülle füllen und damit verzieren. Im Kühlschrank aufbewahren.

◆ Als Variation kann man die Creme halbieren und eine Hälfte mit 40 g geschmolzener Bitterschokolade verfeinern.

1

2

3

Montebianco

Zubereitungszeit: *1 Stunde 50 Minuten*
Braucht etwas Erfahrung

ZUTATEN FÜR 6-8 PERSONEN

1 kg Maronen
1/2 l Milch
200 g Zucker ◆ *1 Prise Salz*
1 EL Kakao
1 Prise Zimt ◆ *5 cl Rum*
200 ml Sahne
2 Päckchen Vanillezucker
4 halbierte Marrons glacés

◆ Die Maronen waschen, die Schale einritzen und 15 Minuten in Wasser kochen. Abgießen, schälen, von den braunen Häutchen befreien und mit der Milch, dem Salz und dem Zucker in einen Topf geben. Etwa 1 Stunde kochen, abgießen und passieren.
◆ Falls die Masse zu weich ist, nochmals auf den Herd stellen und einkochen lassen. In eine Schüssel geben und den Kakao, den Zimt und den Rum unterrühren. Die Masse durch die Kartoffelpresse drücken und in Kuppelform auf einen Servierteller fallen lassen.
◆ Die Sahne mit dem Vanillezucker steif schlagen und in einen Spritzbeutel mit Sterntülle geben. Die Maronenkuppel zu drei Vierteln mit Sahnetupfen bedecken und einen auf die Mitte spritzen. Die Verzierung mit den Marrons glacés vervollständigen. Im Kühlschrank aufbewahren.

Montebianco

Tiramisù

Zubereitungszeit: *30 Minuten (ohne Kühlzeit)*
Gelingt leicht

ZUTATEN FÜR 8-10 PERSONEN

500 g Mascarpone ◆ *6 Eier*
5 cl Rum ◆ *1 Prise Salz*
250 g Zucker ◆ *500 g Löffelbiskuits*
4 kleine Tassen starker Espresso
2 EL Kakao

◆ Die Eigelbe mit dem Zucker schaumig schlagen. Den Mascarpone und den Rum zufügen. Die Eiweiße mit dem Salz zu Schnee schlagen und vorsichtig unterheben.
◆ Eine Schicht Löffelbiskuits in eine rechteckige Form von etwa 20 x 30 cm legen und mit dem Espresso tränken, der mit 1/4 l Wasser verdünnt wurde. Darauf eine gleichmäßige Schicht Mascarpone-Creme geben und so fortfahren, bis die Zutaten aufgebraucht sind; mit einer Schicht Creme abschließen. Mit dem Kakao bestäuben und mindestens 4 Stunden kühlstellen.

Zuppa inglese

Rum-Maronen-Creme

Zubereitungszeit: *1 Stunde 25 Minuten (ohne Kühlzeit)*

Braucht etwas Erfahrung

ZUTATEN FÜR 6 PERSONEN

1 kg Maronen
1/2 l Milch ◆ 100 g Zucker
1/4 Vanilleschote
100 g weiche Butter
50 g Kakao ◆ 100 ml Rum
100 g Amaretti ◆ 1 Prise Salz
50 g geschälte, geröstete und gehackte Mandeln
9 Marrons glacés ◆ 100 ml Sahne

◆ Die Maronen schälen, 5 Minuten in Wasser kochen, abgießen und von den braunen Häutchen befreien. Mit der Milch, dem Zucker, der Vanilleschote und dem Salz in einen Topf geben und etwa 1 Stunde kochen. Die Maronen durch die Kartoffelpresse drücken und das Püree bei schwacher Hitze unter ständigem Rühren eindicken lassen. Unter das kalte Püree die Butter, den Kakao und die Hälfte des Rums rühren.
◆ Eine Puddingform von 18 cm Durchmesser mit einem feuchten Stück Gaze auslegen und ein Drittel der Masse einfüllen. Mit einer Schicht in Rum getränkten Amaretti belegen. Ein weiteres Drittel der Masse zufügen, wiederum eine Schicht Amaretti darauflegen. Mit dem Rest der Creme abschließen und diese gut verstreichen.
◆ Mindestens 4 Stunden in den Kühlschrank stellen, dann die Creme auf einen Servierteller stürzen, die Gaze entfernen und mit den Mandeln, der geschlagenen Sahne und den Marrons glacés verzieren.

Rum-Maronen-Creme

Der Hut des Kalifen

Zubereitungszeit: *40 Minuten (ohne Kühlzeit)*

Braucht etwas Erfahrung

ZUTATEN FÜR 8-10 PERSONEN

350 g gehackte Bitterschokolade
150 g gehackte Vollmilchschokolade
300 ml Sahne ◆ 1 EL Zucker
5 EL Rum ◆ 100 g Löffelbiskuits

Für die Verzierung:

150 g gehackte Bitterschokolade ◆ 200 ml Sahne

◆ Vollmilchschokolade und Bitterschokolade mit der Sahne und dem Zucker im Wasserbad unter Rühren schmelzen. 2 EL Rum zufügen und erkalten lassen.
◆ Eine Eisbombenform von etwa 1 l Fassungsvermögen mit 1 EL Rum einpinseln und ein Drittel der Schokoladenmasse einfüllen und glattstreichen. Eine Schicht Löffelbiskuits darauflegen und mit Rum tränken. Eine weitere Schicht Creme einfüllen, wiederum mit Biskuits belegen, tränken und mit der letzten Schicht Creme abschließen. Mindestens 3 Stunden kühlstellen.
◆ Für die Verzierung die Schokolade im Wasserbad schmelzen, auf einem Stück Backpapier 2–3 mm dick verstreichen und erstarren lassen. Mit einem Ausstecher von 3 cm acht Kreise schneiden und kühlstellen.
◆ Die Form kurz in warmes Wasser tauchen und die Masse auf einen Servierteller stürzen. Die Sahne steif schlagen, in einen Spritzbeutel mit breiter Sterntülle geben und große Tupfen um die Süßspeise setzen. Die Schokoladenkreise hineinstecken und kühlstellen.

Paskha

Paskha
(russische Osterspeise)

Zubereitungszeit: *40 Minuten (ohne Kühlzeit)*

Braucht etwas Erfahrung

ZUTATEN FÜR 8 PERSONEN

500 g Ricotta
50 g geschälte, gehackte Mandeln
50 g kandierte Kirschen in Würfeln
80 g Sultaninen
100 g weiche Butter
1 TL Rosenwasser
80 g Orangeat und Zitronat
2 Eigelb
80 g Zucker

Für die Verzierung:

1 kandierte Orange
50 g kandierte Kirschen
1 kandierte Zitrone
1 kandierte Zedratzitrone
1 EL Heidelbeeren

◆ Falls der Ricotta viel Milch absondert, in ein sauberes Tuch wickeln und im Kühlschrank 24 Stunden abtropfen lassen. Die Sultaninen in lauwarmem Wasser einweichen.
◆ Die Eigelbe mit dem Zucker schaumig schlagen. Den abgetropften Ricotta durch ein Sieb streichen und zusammen mit der in Stücke geschnittenen Butter unter die Eimasse geben. Die ausge-

drückten Sultaninen, das Rosenwasser, die Mandeln und die kandierten Früchte unterrühren.
◆ Eine 20–22 cm hohe, zylindrische Form von 16 cm Durchmesser mit einer Gaze auslegen, die Masse einfüllen, die Gaze schließen und mit einem Gewicht beschweren. Mindestens 12 Stunden in den Kühlschrank stellen. Die Molke aus der Form entfernen, die Gaze öffnen und die Speise auf einen Servierteller stürzen.
◆ Für die Verzierung die kandierte Orange in hauchdünne Scheiben schneiden, die mittlere Scheibe 1 cm dick lassen. Dann die kandierte Zitrone in dünne Scheiben sowie die Zedratzitrone in Blätter schneiden und die Kirschen halbieren. Am unteren Rand die Blätter, die gewaschenen, getrockneten Heidelbeeren und die halbierten Kirschen anordnen. Die kandierten Orangen- und Zitronenscheiben an die Seiten der Speise drücken. Die dickere Scheibe halbieren, quer einen Schnitt in die eine Hälfte machen und die beiden halben Scheiben, über Kreuz ineinandergesteckt, auf die Oberfläche setzen. Im Kühlschrank aufbewahren.

Mousseline mit Ricotta

Mousseline mit Ricotta

Zubereitungszeit: *1 Stunde 15 Minuten (ohne Kühlzeit)*

Gelingt leicht

ZUTATEN FÜR 8 PERSONEN

1 Pan di Spagna (Butterbiskuit) mit Schokolade (s. S. 10)
200 g Ricotta
80 g Mascarpone
3 Eier
100 g Zucker
1 Päckchen Vanillezucker
5 cl Rum
30 g Orangeat
30 g Zitronat
40 g zerbröckelte Bitterschokolade
1 Prise Salz
100 ml Sahne

◆ Bei mittlerer Hitze 50 ml Wasser mit 1 EL Zucker kochen. Wenn sich der Zucker aufgelöst hat, den Rum zufügen und den Sirup erkalten lassen.
◆ Den Boden einer Form von 20–22 cm Durchmesser mit Backpapier auslegen. Aus dem Pan di Spagna eine Scheibe von 2 cm Dicke ausschneiden, auf den Boden der Form legen und die Seiten mit 2 cm dicken Stücken auslegen. Den Biskuit mit dem Rumsirup bestreichen.
◆ Die Eigelbe mit dem restlichen Zucker schaumig schlagen, den Ricotta und den Mascarpone unterrühren. Orangeat und Zitronat und die Schokolade mit einem Löffel einrühren. Die Eiweiße mit dem Salz zu Schnee schlagen und unterheben.
◆ Die Ricotta-Masse auf den Biskuit geben und glattstreichen. Mit Backpapier bedecken und 24 Stunden kaltstellen.
◆ Zum Servieren die Mousseline auf einen Servierteller stürzen, das Papier abziehen und mit Sahnetupfen verzieren.

Zuccotto

Zuccotto

Zubereitungszeit: *1,5 Stunden (ohne Kühlzeit)*

Braucht etwas Erfahrung

ZUTATEN FÜR 8 PERSONEN

1 Pan di Spagna (s. S. 10)
1 l Sahne
50 g Zucker
150 g gehackte Bitterschokolade
80 g zerbröckelte Bitterschokolade
80 g kandierte Kirschen
80 g Orangeat und Zitronat
5 cl Brandy
5 cl Rum
5 cl Kirschwasser
8 EL Puderzucker

◆ Das Pan di Spagna nach Anweisung zubereiten.
◆ Eine Zuccotto-Form mit Klarsichtfolie auslegen.
◆ 1/2 l Sahne fast aufkochen. Vom Herd nehmen, die gehackte Schokolade und den Zucker zufügen und unter Rühren auflösen. Zum Erkalten in den Kühlschrank stellen.
◆ Den Biskuit in 1 cm dicke Scheiben schneiden und die Form mit den Scheiben auslegen. Die drei Liköre mit 50 ml Wasser mischen und die Biskuitscheiben mit der Mischung beträufeln.
◆ Die restliche Sahne mit 6 EL Puderzucker steif schlagen und die kandierten Kirschen, Orangeat und Zitronat unterrühren. Kühlstellen.
◆ Die gut durchgekühlte Schokoladensahne steif schlagen und die zerbröckelte Schokolade zufügen, in die Form geben und glattstreichen. Darauf die Sahne mit den kandierten Früchten geben und auch diese glattstreichen. Mit Biskuitscheiben belegen und diese mit dem Likör tränken.
◆ Den Zuccotto mindestens 5 Stunden kühlstellen. Zum Servieren auf einen Teller stürzen, die Folie abziehen und mit dem restlichen Puderzucker bestäuben.

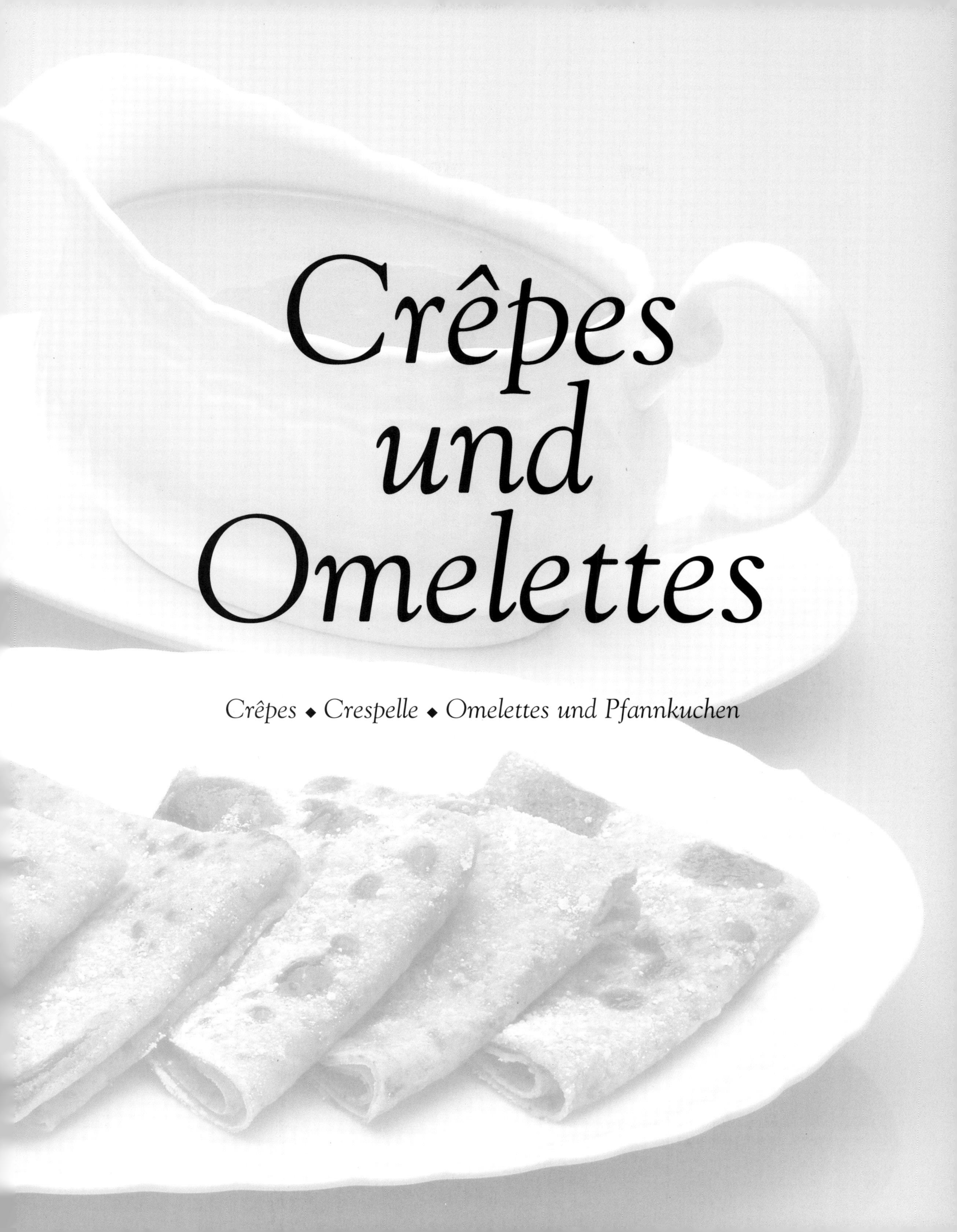

Crêpes *und* Omelettes

Crêpes ◆ Crespelle ◆ Omelettes und Pfannkuchen

Crespelle mit Äpfeln

Zubereitungszeit: *1 Stunde (ohne Ruhezeit)*
Braucht etwas Erfahrung

ZUTATEN FÜR 8 PERSONEN

Für die Crespelle:
100 g Mehl ◆ 1 Ei
1 Eigelb ◆ 1/4 l Milch
30 g Butter
1 Prise Salz

Für Füllung und Guß:
800 g Äpfel (Golden Delicious)
100 g Zucker
100 ml trockener Weißwein
2 EL Puderzucker
60 g Butter
40 g geschälte, geröstete Mandeln

Das gesiebte Mehl mit dem Ei, dem Eigelb, dem Salz und der Milch gründlich vermischen, dabei darauf achten, daß keine Klumpen entstehen. Den Teig mindestens 1 Stunde kühlstellen.

◆ Ein Backblech einfetten. Den Backofen auf 180° C vorheizen.

◆ Für die Füllung die Äpfel waschen und 1 1/2 Äpfel für den Guß zurückbehalten. Die restlichen Äpfel halbieren, entkernen und auf ein Backblech legen. Mit dem Wein beträufeln, mit 80 g Zucker bestreuen und im vorgeheizten Ofen etwa 20 Minuten backen. Das Fruchtfleisch mit einem Löffel aus der Schale kratzen und in eine Schüssel geben.

◆ Für die Crespelle eine beschichtete Pfanne von 15–18 cm Durchmesser dünn mit der zerlassenen Butter bestreichen und erhitzen. Eine kleine Menge des Teiges einfüllen, die Pfanne schwenken, damit sich der Teig gleichmäßig verteilt. Bei mittlerer Hitze trocknen lassen, ohne daß der Pfannkuchen bräunt, dann mit einem Spatel umdrehen und von der anderen Seite trocknen lassen. So weiter verfahren, bis der Teig aufgebraucht ist, und die Crespelle auf einem Teller übereinanderschichten.

◆ 1 EL Apfelmus auf jede Crespella geben, zu einem Halbmond falten, auf das eingefettete Backblech legen und mit dem Puderzucker bestäuben. Im vorgeheizten Ofen bei 190° C gratinieren.

◆ Die Mandeln grob hacken. Die restlichen Äpfel schälen, in Schnitze schneiden und in einer Pfanne 7–8 Minuten mit dem verbliebenen Zucker und der restlichen Butter rösten. Die Crespelle auf einem Servierteller damit anrichten, mit den Mandeln bestreuen und servieren.

Crêpes-Soufflé mit Erdbeeren

Zubereitungszeit: *1 Stunde (ohne Ruhezeit)*
Braucht etwas Erfahrung

ZUTATEN FÜR 6 PERSONEN

Für die Crêpes:
100 g Mehl
1 EL Puderzucker
1 Ei ◆ 1 Eigelb
1/4 l Milch
geriebene Schale von 1 unbehandelten Zitrone
geriebene Schale von 1 unbehandelten Orange
2 Päckchen Vanillezucker ◆ 30 g Butter

Für die Füllung:
500 g Erdbeeren ◆ 180 g Zucker
2 EL Kirschwasser
2 EL Zitronensaft
200 ml Milch
2 Päckchen Vanillezucker
30 g Mehl
3 Eier
1 Prise Salz
2 EL Puderzucker

Crêpes-Soufflé mit Erdbeeren

◆ Das gesiebte Mehl mit dem Zucker, dem Vanillezucker, dem Ei, dem Eigelb und der Milch vermischen. Die geriebenen Schalen zufügen und den Teig mindestens 1 Stunde kühlstellen.

◆ Eine beschichtete Pfanne von 16 cm Durchmesser erhitzen, mit etwas Butter bestreichen und eine kleine Menge Teig einfüllen. Die Pfanne schwenken, damit sich der Teig gleichmäßig verteilt. Die Crêpe trocknen lassen, ohne daß sie bräunt, dann mit einem Spatel umdrehen und von der anderen Seite trocknen. So weiter verfahren, bis der Teig aufgebraucht ist, und die Crêpes auf einem Teller übereinanderschichten.

◆ Für die Füllung die Erdbeeren in sehr kaltem Wasser waschen und die Stiele entfernen. Mit 200 ml Wasser und 130 g Zucker 8 Minuten kochen. Die Masse etwas abkühlen lassen, pürieren und durch ein Sieb streichen. Auf den Herd stellen und unter häufigem Rühren um die Hälfte einkochen. Vom Herd nehmen, Zitronensaft und Schnaps zufügen.

◆ Den restlichen Zucker mit den Eigelben verschlagen, das Mehl, den Vanillezucker und die warme Milch in feinem Strahl zugeben. Bei schwacher Hitze 2 Minuten unter ständigem Rühren kochen, bis die Creme eindickt. Das Erdbeerpüree unterziehen und die Masse erkalten lassen, dabei ab und zu umrühren. Die Eiweiße mit dem Salz zu steifem Schnee schlagen und vorsichtig unter die Creme heben.

◆ Ein Backblech einfetten. Den Backofen auf 190° C vorheizen. ▶

Crespelle mit Äpfeln

◆ Auf die eine Hälfte jeder Crêpe etwas Füllung geben und die andere Hälfte darüberschlagen.
◆ Die Crêpes auf das Blech legen, mit etwas Puderzucker bestäuben und etwa 10 Minuten in den vorgeheizten Ofen geben. Sobald sie aufgegangen und gebräunt sind, mit dem restlichen Puderzucker bestäuben und servieren.

Crêpe Suzette

Zubereitungszeit: *40 Minuten*
(ohne Ruhezeit)

Braucht etwas Erfahrung

Zutaten für 6 Personen

Für die Crêpes:
100 g Mehl ◆ 1 EL Puderzucker
1 Ei ◆ 1 Eigelb
1/4 l Milch ◆ 30 g Butter
1 Prise Salz

Für den Guß:
3 EL Grand Marnier ◆ 4 EL Zucker
2 EL Zitronensaft ◆ 6 EL Orangensaft
Schale von 1/2 unbehandelten Zitrone
Schale von 1/2 unbehandelten Orange
20 g Butter
5 cl Armagnac

◆ Das gesiebte Mehl mit dem Ei, dem Eigelb, dem Salz und der Milch zu einem glatten Teig verrühren. Mindestens 1 Stunde kühlstellen.
◆ Eine beschichtete Pfanne von 15–18 cm Durchmesser erhitzen, mit etwas Butter bestreichen und eine kleine Menge Teig hineingeben. Die Pfanne schwenken, damit sich der Teig gleichmäßig verteilt. Die Crêpe trocknen lassen, dann mit einem Spatel umdrehen und von der anderen Seite trocknen. So weiter verfahren, bis der Teig aufgebraucht ist. Die Crêpes auf einem Teller übereinanderschichten.
◆ Für den Guß den Zucker mit der Butter und den Zitrusschalen in einer Pfanne erhitzen, dabei die Orangenschale auf die Gabel stecken und damit umrühren, bis der Zucker zu bräunen beginnt. Den Orangen- und den Zitronensaft zugeben und den Karamel unter Rühren auflösen, dann den Grand Marnier zufügen. Die Crêpes einzeln von beiden Seiten in der Pfanne schwenken, aufrollen und auf einen Teller legen.
◆ Die Crêpes in eine Servierform legen und mit den karamelisierten, in Streifen geschnittenen Zitrusschalen verzieren. Den Armagnac erhitzen, über die Crêpes gießen und anzünden.

Crêpe Suzette

Ungarische Crêpes

Ungarische Crêpes

Zubereitungszeit: *1 Stunde*
(ohne Ruhezeit)

Braucht etwas Erfahrung

Zutaten für 6 Personen

Für die Crêpes:
100 g Mehl ◆ 1 Ei ◆ 1 Eigelb
1/4 l Milch ◆ 30 g Butter
1 Prise Salz

Für die Füllung:
150 g gehackte Walnüsse
30 g Sultaninen
geriebene Schale von
1 unbehandelten Orange
3 EL Milch ◆ 2 EL Puderzucker
1/4 l Schokoladensauce (s. S. 20)

◆ Die Sultaninen in lauwarmem Wasser einweichen.
◆ Das gesiebte Mehl mit dem Ei, dem Eigelb und dem Salz vermischen und die Milch in feinem Strahl zufügen; die Zutaten gründlich verrühren. Mindestens 1 Stunde kühl ruhen lassen.
◆ Für die Füllung die gehackten Walnüsse mit den ausgedrückten Sultaninen, der Orangenschale, dem Puderzucker und der Milch mischen.
◆ Eine beschichtete Pfanne von 15–18 cm Durchmesser erhitzen, mit etwas Butter bestreichen und eine kleine Menge Teig hineingeben; die Pfanne schwenken, damit sich der Teig gleichmäßig verteilt. Die Crêpes von beiden Seiten trocknen lassen, ohne daß sie bräunen, und auf einem Teller übereinanderschichten.
◆ Die Crêpes mit etwas Füllung bestreichen und in Viertel falten.
◆ In einer Pfanne etwas Butter erhitzen und die Crêpes darin bräunen. Mit der Schokoladensauce sofort servieren.

Kaiser-Crêpes

Zubereitungszeit: *30 Minuten*
(ohne Ruhezeit)

Braucht etwas Erfahrung

Zutaten für 6 Personen

120 g Mehl ◆ 300 ml Milch
2 Eier ◆ 70 g Zucker
geriebene Schale von 1 unbehandelten Orange
3 gemahlene Amaretti
4 EL Rum ◆ 1 Prise Salz
120 g geröstete, geschälte Haselnüsse
100 g Butter
1 EL Puderzucker

◆ Das gesiebte Mehl mit den Eiern, 30 g Zucker, der Orangenschale, den Amaretti dem Salz und 2 EL Rum vermischen und die Milch in feinem Strahl zufügen. Die Zutaten gründlich verrühren und den Teig mindestens 1 Stunde kühl ruhen lassen.
◆ Eine beschichtete Pfanne von 16 cm Durchmesser erhitzen, mit etwas Butter bestreichen und eine kleine Menge Teig hineingeben. Die Pfanne schwenken, damit sich der Teig gleichmäßig verteilt. Die Crêpe trocknen lassen, ohne daß sie bräunt, mit einem Spatel umdrehen und auch von der anderen Seite trocknen. So weiter verfahren, bis der Teig aufgebraucht ist. Die Crêpes auf einem Teller übereinanderschichten.
◆ Die Haselnüsse mit dem restlichen Zucker im Mixer zerkleinern und mit 60 g der in Stücke geschnittenen Butter sowie dem restlichen Rum gründlich vermischen.
◆ Jede Crêpe mit Haselnußfüllung bestreichen und in Viertel falten. Die restliche Butter in einer Pfanne erhitzen und die Crêpes darin bräunen. Mit dem Puderzucker bestäuben und warm servieren, nach Belieben mit Schokoladensauce.

Flambierte Crêpes mit Ananas

Flambierte Crêpes mit Ananas

Zubereitungszeit: *35 Minuten (ohne Ruhezeit)*

Braucht etwas Erfahrung

Zutaten für 6-8 Personen

Für die Crêpes:
100 g Mehl ◆ 1 Ei ◆ 1 Eigelb
1/4 l Milch ◆ 30 g Butter
1 Prise Salz

Für die Füllung:
500 g Ananas ◆ 5 EL Ananassaft
30 g Butter
50 g Zucker
3 EL Rum

◆ Das gesiebte Mehl mit dem Ei, dem Eigelb, dem Salz und der Milch vermischen, die Zutaten gründlich verrühren. Mindestens 1 Stunde kühl ruhen lassen.
◆ Eine beschichtete Pfanne von 15–18 cm Durchmesser erhitzen, mit etwas Butter bestreichen und eine kleine Menge Teig hineingeben. Die Pfanne schwenken, damit sich der Teig gleichmäßig verteilt. Die Crêpe trocknen lassen, ohne daß sie bräunt, mit einem Spatel umdrehen und auch von der anderen Seite trocknen. So weiter verfahren, bis der Teig aufgebraucht ist. Die Crêpes auf einem Teller übereinanderschichten.
◆ Für die Füllung die Ananas in zwölf Scheiben schneiden, das Innere entfernen und mit der Butter und dem Zucker leicht bräunen. Jede Crêpe um eine Ananasscheibe wickeln.
◆ Den Ananassaft in einem Topf erhitzen und 2 Minuten kochen lassen. Die Crêpes hineinlegen und einige Minuten erwärmen. Den Rum erhitzen, in den Topf geben und anzünden. Sofort servieren.

Crêpes mit Bananensoufflé

Crêpes mit Bananensoufflé

Zubereitungszeit: *1 Stunde (ohne Ruhezeit)*

Braucht etwas Erfahrung

Zutaten für 8 Personen

Für die Crêpes:
70 g Mehl ◆ 60 g Butter
1 EL Zucker
200 ml Milch
1 EL Rum
1 Ei ◆ 1 Eigelb

Für das Soufflé:
200 ml Milch ◆ 30 g Mehl
3 Eier ◆ 60 g Zucker
300 g Bananen ◆ 1 Prise Salz

Für die Sauce:
3 Eigelb ◆ 3 EL Rum
1/4 l Milch ◆ 70 g Zucker
1 TL Speisestärke
etwas Vanillearoma

◆ Ein Backblech einfetten.
◆ Das gesiebte Mehl mit dem Ei, dem Eigelb, dem Zucker und dem Rum mischen, die Masse mit der Milch verdünnen. 20 g zerlassene Butter zugeben und den Teig mindestens 1 Stunde kühlstellen.
◆ Eine beschichtete Pfanne von 16 cm Durchmesser erhitzen, mit etwas Butter bestreichen und eine kleine Menge Teig hineingeben. Die Pfanne schwenken, damit sich der Teig gleichmäßig verteilt. Die Crêpes von beiden Seiten trocknen lassen, ohne daß sie bräunen, und auf einem Teller übereinanderschichten.
◆ Für die Sauce die Eigelbe, den Zucker, die Stärke und das Vanillearoma mischen. Die heiße Milch in feinem Strahl zufügen und die Masse bei schwacher Hitze unter ständigem Rühren erwärmen, aber nicht kochen. Vom Herd nehmen, den Rum zufügen und erkalten lassen.
◆ Für das Soufflé die Bananen schälen. Die Eigelbe, den Zucker und das Mehl mischen und die

warme Milch in feinem Strahl zugeben. Die Creme bei schwacher Hitze 3 Minuten unter ständigem Rühren kochen. Die pürierten Bananen unterziehen und die Masse erkalten lassen, dabei ab und zu umrühren.
◆ Den Backofen auf 180° C vorheizen.
◆ Die Crêpes halbieren. Die Eiweiße mit dem Salz zu Schnee schlagen und unter die Bananencreme heben. Ein Häufchen der Masse auf jede Crêpehälfte geben und zu einem Hörnchen drehen. Die Crêpes auf das Blech legen und 15 Minuten in den vorgeheizten Ofen legen, bis sie aufgegangen und gebräunt sind.
◆ Die Crêpes heiß servieren, die Rumsauce dazu reichen.

Gratinierte Crêpes mit Äpfeln und Aprikosen

Zubereitungszeit: *30 Minuten*
Braucht etwas Erfahrung

ZUTATEN FÜR 4 PERSONEN

8 fertige Crêpes ◆ 3 Äpfel
3 Aprikosen (auch eingelegt)
20 g Butter
60 g Zucker
30 g Mandelblättchen
Für den Guß:
70 g geschälte, gehackte Mandeln
50 g weiche Butter
50 g Puderzucker
1 EL Rum

◆ Die Aprikosen schälen, halbieren, entsteinen und in Scheiben schneiden.
◆ Die Äpfel schälen, entkernen und würfeln. In einer beschichteten Pfanne mit der Butter dünsten, die Aprikosen zufügen und 5 Minuten kochen, dabei häufig umrühren. Nach der Hälfte der Kochzeit den Zucker zufügen. Wenn die Äpfel goldgelb sind, die Mandelblättchen zugeben und die Pfanne vom Herd nehmen.
◆ Die Masse auf die Crêpes verteilen und so aufrollen, daß sie die Form von Cannelloni bekommen. Den Ofen auf 200° C vorheizen.
◆ Für den Guß die Butter schaumig schlagen, den Puderzucker, die gehackten Mandeln und den Rum unterrühren.
◆ Die Crêpes in eine leicht gefettete Form legen, die Butter-Mandel-Masse darübergeben und im vorgeheizten Ofen 8–10 Minuten gratinieren. Die Crêpes heiß oder lauwarm servieren.

Crêpes mit Marrons glacés

Zubereitungszeit: *40 Minuten*
(ohne Ruhezeit)
Braucht etwas Erfahrung

ZUTATEN FÜR 6 PERSONEN

100 g Mehl ◆ 1 Ei ◆ 1 Eigelb
1/4 l Milch ◆ 1 Prise Salz
50 g Butter
150 g gehackte Marrons glacés
2 EL Rum
1 EL Puderzucker

◆ Die Marrons glacés in dem Rum 30 Minuten marinieren.
◆ Das Mehl mit dem Ei, dem Eigelb, dem Salz und der Milch vermischen, die Zutaten gründlich verrühren. Den Teig mindestens 1 Stunde kühl ruhen lassen.
◆ Eine Form einfetten und den Ofen auf 200° C vorheizen.
◆ Eine beschichtete Pfanne von 15 cm Durchmesser erhitzen, mit etwas zerlassener Butter bestreichen und eine kleine Menge Teig hineingeben. Die Pfanne schwenken, damit sich der Teig gleichmäßig verteilt. Die Crêpes von beiden Seiten trocknen lassen, ohne daß sie bräunen, und so weiter verfahren, bis der Teig aufgebraucht ist. Die Crêpes auf einem Teller übereinanderschichten.
◆ In die Mitte jeder Crêpe 1 EL der Marrons glacés mit Rum geben und falten. Die Crêpes in die Form legen und mit der restlichen zerlassenen Butter bestreichen. Mit dem Puderzucker bestäuben und im vorgeheizten Ofen etwa 10 Minuten gratinieren, bis der Zucker karamelisiert. Heiß oder lauwarm servieren.

Schokoladen-Crêpes mit Bananen

Zubereitungszeit: *45 Minuten*
(ohne Ruhezeit)
Braucht etwas Erfahrung

ZUTATEN FÜR 8 PERSONEN
Für die Crêpes:
100 g Mehl ◆ 1 Ei ◆ 1 Eigelb
1/4 l Milch ◆ 30 g Butter ◆ 1 Prise Salz
Für die Füllung:
4 reife Bananen ◆ 1 EL Zucker
200 g gehackte Bitterschokolade
80 g Butter ◆ 5 cl Brandy

◆ Das Mehl mit dem Ei, dem Eigelb, dem Salz und der Milch vermischen, die Zutaten dabei gründlich verrühren. Den Teig mindestens 1 Stunde kühl ruhen lassen.
◆ Eine beschichtete Pfanne von 15–18 cm Durchmesser erhitzen, mit etwas Butter bestreichen und eine kleine Menge Teig hineingeben. Die Pfanne schwenken, damit sich der Teig gleichmäßig verteilt. Die Crêpe trocknen lassen, ohne daß sie bräunt, mit einem Spatel umdrehen und auch von der anderen Seite trocknen. So weiter verfahren, bis der Teig aufgebraucht ist. Die Crêpes auf einem Teller übereinanderschichten.
◆ Für die Füllung die Schokolade mit 50 g Butter im Wasserbad schmelzen und die Crêpes mit der Creme bestreichen. Die Bananen in Scheiben schneiden, auf die Creme geben und die Crêpes in Viertel falten.
◆ Zum Servieren in einer Pfanne die restliche Butter, den Zucker und den Brandy erhitzen und die Zutaten auflösen. Die Crêpes darin bräunen, auf einen Teller legen und servieren.

Orangen-Crêpes mit Mascarpone

Zubereitungszeit: *40 Minuten (ohne Ruhezeit)*
Braucht etwas Erfahrung

ZUTATEN FÜR 8 PERSONEN
Für die Crêpes:
100 g Mehl
1 Ei ◆ 1 Eigelb
1/4 l Milch ◆ 30 g Butter
1 Prise Salz
Für die Füllung:
gefilterter Saft von 1 Orange
300 g Mascarpone
5 cl Grand Marnier
4 Eigelb ◆ 2 Eiweiß
200 g Puderzucker ◆ 1 Prise Salz

◆ Das gesiebte Mehl mit dem Ei, dem Eigelb, dem Salz und der Milch vermischen, die Zutaten gründlich verrühren. Den Teig mindestens 1 Stunde kühl ruhen lassen.
◆ Eine beschichtete Pfanne von 12 cm Durchmesser erhitzen und mit etwas Butter bestreichen. Eine kleine Menge Teig hineingeben. Die Pfanne schwenken, damit sich der Teig gleichmäßig verteilt. Die Crêpe trocknen lassen, ohne daß sie bräunt, mit einem Spatel umdrehen und auch von der anderen Seite trocknen. So weiter verfahren, bis der Teig aufgebraucht ist, und die Crêpes auf einem Teller übereinanderschichten.
◆ Für die Füllung die Eigelbe mit 150 g Puderzucker schaumig schlagen. Den Mascarpone, den Likör und den Orangensaft zufügen, die Eiweiße mit dem Salz steif schlagen und unterheben.
◆ Die Masse auf die Crêpes verteilen, diese aufrollen, mit dem restlichen Puderzucker bestäuben und auf einem Servierteller anrichten.

Crespelle mit Haselnüssen

Zubereitungszeit: *1 Stunde 20 Minuten*
Braucht etwas Erfahrung

ZUTATEN FÜR 4 PERSONEN
Für die Crespelle:
100 g Mehl ◆ 1 Ei ◆ 1 Eigelb
1/4 l Milch ◆ 1 Prise Salz
30 g Butter
Für die Füllung:
250 g Haselnußkerne ◆ 4–5 EL Milch
200 g Ricotta ◆ 100 g Honig ◆ 2 Eier
Für den Guß:
2 EL Puderzucker ◆ Zimt ◆ 200 ml Sahne

◆ Den Backofen auf 200° C vorheizen.
◆ Das gesiebte Mehl mit dem Ei, dem Eigelb, dem Salz und der Milch gründlich vermischen, dabei darauf achten, daß keine Klumpen entstehen. Den Teig mindestens 1 Stunde kühl ruhen lassen.
◆ Für die Füllung die Haselnüsse auf ein Backblech geben und im vorgeheizten Ofen einige Minuten rösten. Warm in einem Tuch reiben und von den Häutchen befreien. Im Mixer hacken (nicht zu fein). Den Ricotta mit dem Honig und den Eiern verrühren, die gehackten Haselnüsse untermischen und einige EL Milch zufügen, damit die Masse weich wird.
◆ Eine beschichtete Pfanne von 12 cm Durchmesser erhitzen und leicht mit Butter bestreichen. Eine kleine Menge des Teiges hineingeben und die Pfanne schwenken, damit sich der Teig gleichmäßig verteilt. Bei mittlerer Hitze trocknen lassen, ohne daß die Crespella bräunt, dann mit einem Spatel umdrehen und von der anderen Seite trocknen lassen. So weiter verfahren, bis der Teig aufgebraucht ist, und die Crespelle auf einem Teller übereinanderschichten.
◆ Die Temperatur des Backofens auf 220° C erhöhen und eine rechteckige Form einfetten.
◆ Die Crespelle mit der Ricotta-Nuß-Masse füllen, zusammenrollen und in die Form legen. Für den Guß die Sahne leicht erwärmen, über die Crespelle gießen und mit dem Puderzucker und dem Zimt bestäuben. 10–15 Minuten im vorgeheizten Ofen leicht bräunen. Lauwarm oder kalt servieren.

Amerikanisches Pancake-Soufflé

Zubereitungszeit: *35 Minuten*
Gelingt leicht

ZUTATEN FÜR 6 PERSONEN

4 Eier ◆ 200 ml Milch
100 g Mehl ◆ 100 g Zucker
3 EL Orangensaft
40 g Butter
1 EL Puderzucker
200 g Erdbeeren

Amerikanisches Pancake-Soufflé

◆ Vier kleine Schüsseln oder Förmchen von 10 cm Durchmesser einfetten. Den Backofen auf 200° C vorheizen.
◆ Die Eier mit dem Mehl, der Milch, dem Zucker, dem Orangensaft und der zerlassenen Butter zu einer homogenen Masse verschlagen.
◆ Die Förmchen zum Erwärmen in den vorgeheizten Ofen stellen. In jedes ein Viertel der Milch-Eier-Masse gießen und bei 180° C 15–20 Minuten backen, bis die Pancakes aufgegangen und goldgelb sind.
◆ Die Erdbeeren in sehr kaltem Wasser waschen, die Stiele entfernen, abtrocknen und in Scheiben schneiden.
◆ Die Pancakes herausnehmen, mit dem Puderzucker bestäuben, mit den Erdbeerscheiben belegen und warm servieren.

Pancakes

Zubereitungszeit: *25 Minuten*
Gelingt leicht

ZUTATEN FÜR 4 PERSONEN

1 Ei ◆ 1/4 l Molke
2 EL zerlassene Butter
140 g Mehl
1 EL Zucker
1 TL Backpulver
1/2 TL Salz

◆ Alle Zutaten in einer Schüssel verrühren.
◆ Eine große beschichtete Pfanne erhitzen. Den Teig löffelweise in 8–10 cm großen und 5 mm dicken Kreisen hineingeben. Sobald sich auf der Oberfläche Blasen bilden, mit einem Spatel umdrehen und auch die andere Seite bräunen lassen.
◆ Die fertigen Pancakes nach und nach auf einen Teller schichten, dabei Butterflöckchen dazwischen legen.
◆ Dies ist das Grundrezept für Pancakes, die in Amerika oft zum Frühstück serviert werden. Sie können durch die Zugabe von Beeren oder anderem Obst variiert werden, und man serviert sie mit Ahornsirup oder Fruchtsaucen.

Omelette-Soufflé mit Äpfeln

Omelette-Soufflé mit Äpfeln

Zubereitungszeit: *40 Minuten*
Gelingt leicht

ZUTATEN FÜR 6 PERSONEN

3 Äpfel (Golden Delicious) ◆ 60 g Butter
6 Eier ◆ 140 g Zucker
1 Prise Zimt
1 Prise Salz

◆ Die Äpfel schälen, entkernen und in dicke Scheiben schneiden. In einer Pfanne 40 g Butter zerlassen und die Äpfel 5 Minuten darin dünsten, dabei häufig wenden. Den Zimt und 40 g Zucker zufügen und die Äpfel bei starker Hitze unter vorsichtigem Umrühren bräunen.
◆ Den Backofen auf 180° C vorheizen.
◆ Die Eigelbe mit dem restlichen Zucker schaumig schlagen. Die Eiweiße mit dem Salz zu steifem Schnee schlagen und unterheben.
◆ 20 g Butter in einer Tortenform von 20–22 cm Durchmesser zerlassen, die Eimasse hineingeben und bei schwacher Hitze 1 Minute kochen. Die Form in den vorgeheizten Ofen geben und das Omelette 10–15 Minuten backen.
◆ Die Omelettes auf einen Servierteller legen und die Apfelscheiben kranzförmig darauf dekorieren.
◆ Je nach Saison können die Äpfel durch anderes Obst ersetzt werden.

Omelette-Soufflé mit Birnen

Zubereitungszeit: *25 Minuten*
Gelingt leicht

ZUTATEN FÜR 4 PERSONEN

2 Williamsbirnen
40 g Butter
3 EL brauner Rohrzucker
geriebene Schale von 2 unbehandelten Zitronen
4 Eier ◆ 1 Eiweiß
2 EL Sahne
70 g Zucker
1 Prise Salz

◆ Eine Form einfetten und den Backofen auf 220° C vorheizen.
◆ Die Birnen schälen, entkernen und in Scheiben schneiden. Mit der Butter dünsten, dabei ab und zu mit einem Spatel wenden. Gegen Ende der Kochzeit den Rohrzucker und den Zitronensaft zufügen.
◆ Die Eigelbe mit der Sahne aufschlagen. Die Eiweiße mit dem Salz zu steifem Schnee schlagen, den Zucker nach und nach zufügen, dazwischen immer weiter rühren. Vorsichtig unter die Ei-Sahne-Masse heben.
◆ Die Birnenscheiben in die Form legen, die Eimasse darübergießen und das Omelette im vorgeheizten Ofen 4–5 Minuten gratinieren lassen. Sofort servieren.

Omelette glacé mit Likör

Omelette glacé mit Likör

Zubereitungszeit: *30 Minuten*
Etwas aufwendiger

Zutaten für 4 Personen

8 Eier
4 EL Orangenmarmelade
60 g Butter
70 g Zucker
geriebene Schale von
1 unbehandelten Orange
3 EL Orangenlikör
2 EL Milch
2 EL Puderzucker
Für die Sauce:
50 g Zucker
150 ml Sahne
Saft von 1 Orange

◆ Für die Sauce den Zucker mit dem Orangensaft bei schwacher Hitze karamelisieren. Vom Herd nehmen, den Karamel etwas verrühren und dann die Sahne in feinem Strahl zugießen. Wieder bei ganz schwacher Hitze auf den Herd stellen, bis der Karamel sich aufgelöst hat.
◆ Die Eigelbe mit der geriebenen Orangenschale, der Milch, dem Likör und dem Zucker aufschlagen. 15 g Butter in einer beschichteten Pfanne zerlassen, und wenn sie heiß ist, ein Viertel der Eimasse unter kräftigem Rühren einfüllen. Wenn das Omelette die gewünschte Konsistenz hat, 1 EL Orangenmarmelade daraufgeben, mit einem Spatel einmal falten und auf einen Servierteller legen. Mit dem restlichen Teig drei weitere Omelettes backen und mit Puderzucker bestäuben.
◆ Einen Metallspieß erhitzen und damit ein „Gitter" auf die Oberfläche der Omelettes zeichnen. Warm mit der Orangensauce servieren.

Wiener Palatschinken

Wiener Palatschinken

Zubereitungszeit: *40 Minuten*
(ohne Ruhezeit)
Etwas aufwendiger

Zutaten für 4 Personen

$^{1}/_{4}$ l Milch ◆ 100 g Mehl
2 Eier ◆ 30 g Butter
30 g Zucker
geriebene Schale von
$^{1}/_{2}$ unbehandelten Zitrone
1 Prise Salz
1 EL Puderzucker
5 cl Grand Marnier
Für die Füllung:
80 g Aprikosen- oder Pfirsichkonfitüre
50 g gehackte Bitterschokolade
3 EL Milch

◆ Für die Füllung die Konfitüre, die Schokolade und die Milch miteinander verrühren.
◆ Die Eigelbe mit dem Zucker vermischen, dann die zerlassene Butter, die Zitronenschale, das gesiebte Mehl und die Milch unterrühren. Den Teig mindestens 1 Stunde kühl ruhen lassen.
◆ Eine Form einfetten. Den Backofen auf 190° C vorheizen.
◆ Die Eiweiße mit dem Salz zu steifem Schnee schlagen und vorsichtig unter den Teig heben. Eine beschichtete Pfanne von 15–18 cm Durchmesser erhitzen und leicht mit Butter bestreichen. Eine kleine Menge des Teiges hineingeben, so daß eine 3 mm dicke Schicht entsteht. Die Pfannkuchen etwa 2 Minuten auf jeder Seite garen. So weitermachen, bis der Teig aufgebraucht ist.
◆ Eine dünne Schicht Füllung auf die Pfannkuchen geben, aufrollen und in die Form legen.
◆ Mit dem Puderzucker bestäuben und im vorgeheizten Ofen einige Minuten gratinieren. Den erwärmten Grand Marnier auf die Palatschinken gießen, anzünden und servieren.
◆ Für die Füllung kann die Konfitüre durch Obst ersetzt werden. 600 g Pfirsiche waschen, abtrocknen, schälen und entsteinen. In Scheiben schneiden und mit 4 EL Zucker 10–15 Minuten kochen, dann abkühlen lassen. Wenn die Pfirsiche erkaltet sind, mit der Schokolade mischen. Die Milch weglassen.

Kuchen und Torten

Kuchen aus Rührteig ◆ Cremetorten ◆ Kuchen aus Hefeteig
Obstkuchen ◆ Belegte Böden, Pies und Blätterteigkuchen
Strudel und Rollen ◆ Käsekuchen und Joghurttorten ◆ Baisertorten

Schoko-Nuß-Kuchen

Zubereitungszeit: *1 Stunde*

Gelingt leicht

ZUTATEN FÜR 6-8 PERSONEN

80 g geschälte, gehackte Mandeln
80 g geröstete, gehackte Haselnüsse
4 Eier
100 g Zucker
1 kleine Tasse Espresso
2 EL Mehl
50 g Butter
70 g Bitterschokolade
50 g Vollmilchschokolade
1 EL Kakao
1 Prise Salz
einige ganze Mandeln und Haselnüsse

Eine Springform von 22 cm Durchmesser einfetten und mit Mehl bestäuben. Den Backofen auf 180° C vorheizen.

◆ In einen kleinen Topf Wasser füllen und aufkochen. Die Mandeln kurz hineingeben, dann abgießen, abtrocknen und schälen. Einige Mandeln für die Verzierung zurückbehalten, den Rest fein hacken.

◆ Die Haselnüsse auf ein Backblech geben und im vorgeheizten Ofen einige Minuten rösten. Noch warm in einem Küchentuch reiben, um das braune Häutchen zu lösen. Ein paar Nüsse für die Verzierung zurückbehalten, den Rest fein hacken.

◆ Mit einem Sparschäler von den beiden Schokoladenblöcken einige Späne für die Verzierung abziehen und beiseite legen. Den Rest fein hacken.

◆ Den Espresso erhitzen und die gehackte Schokolade unter ständigem Rühren darin auflösen.

◆ Die Eigelbe mit dem Zucker aufschlagen und nacheinander die Espresso-Schokoladen-Masse, die gehackten Mandeln und Haselnüsse, das Mehl und die zerlassene Butter zufügen. Alle Zutaten zu einem geschmeidigen Teig verrühren. Die Eiweiße mit dem Salz steif schlagen und unterheben.

◆ Den Teig in die Form gießen und im vorgeheizten Ofen etwa 30 Minuten backen. Den Kuchen in der Form ungefähr 10 Minuten ruhen lassen, dann aus der Form lösen.

◆ Auf einen Teller setzen, mit dem Kakao bestäuben und mit den Mandeln und den Haselnüssen sowie den Schokoladenspänen verzieren.

Amerikanischer Mandelkuchen

Zubereitungszeit: *1 Stunde 40 Minuten*

Gelingt leicht

ZUTATEN FÜR 6-8 PERSONEN

250 g geschälte, gehackte Mandeln
135 g Butter ◆ 1 TL Rosenwasser
300 g Puderzucker ◆ 7 Eier
120 g Mehl ◆ 1 Prise Salz

◆ Eine Springform von 24 cm Durchmesser einfetten und mit Mehl bestäuben. Den Ofen auf 180° C vorheizen. Die Mandeln im Mörser zu einer feinen Paste zerstoßen, dabei etwas Wasser zufügen, damit sie kein Öl abgeben.
◆ Die weiche Butter mit dem Zucker schaumig schlagen, die Eigelbe einzeln unterziehen und dann die Mandelpaste, das Rosenwasser und das Mehl unter weiterem Rühren zufügen. Die Eiweiße mit dem Salz steif schlagen und unterheben.
◆ Den Teig in die Form geben und im vorgeheizten Ofen etwa 40 Minuten backen.
◆ Den Kuchen aus der Form lösen, auf eine Platte setzen und kalt servieren. In den USA wird dazu flüssige Sahne gereicht. Das Rosenwasser kann durch 2,5 cl Amaretto ersetzt werden.

Pandolce al cioccolato

Pandolce al cioccolato

(„Süßes Brot" mit Schokolade)

Zubereitungszeit: *1 Stunde*

Gelingt leicht

ZUTATEN FÜR 6-8 PERSONEN

60 g Mehl ◆ 120 g weiche Butter
150 g Zucker
140 g Bitterschokolade in Spänen
4 Eier ◆ 1 Päckchen Backpulver
80 g geschälte, gehackte Mandeln
1 Prise Salz ◆ 50 g weiße Schokolade
30 g Vollmilchschokolade

◆ Eine Springform von 24 cm Durchmesser einfetten und mit Mehl bestäuben. Den Backofen auf 180° C vorheizen.
◆ Die Butter und den Zucker schaumig schlagen, die Eigelbe einzeln unterrühren und das mit dem Backpulver gesiebte Mehl, die Mandeln und die Schokoladenspäne zufügen. Die Eiweiße mit dem Salz steif schlagen und unterheben.
◆ Den Teig in die Form gießen und im vorgeheizten Ofen 35 Minuten backen. Die Vollmilchschokolade und die weiße Schokolade getrennt im Wasserbad schmelzen und jeweils in eine Backpapiertüte füllen. Den Kuchen aus der Form lösen und verzieren. Einen Tag ruhen lassen.

Schoko-Nuß-Kuchen

Milchkuchen

Zubereitungszeit: *1,5 Stunden*
(ohne die Zeit zum Ziehen)
Gelingt leicht

ZUTATEN FÜR 4-6 PERSONEN

300 g altbackenes Weißbrot
1 l Milch ◆ 6 Amaretti
4 EL Zucker
2 EL Kakao
100 g Sultaninen
1 EL Pinienkerne ◆ 2 Eier
2 Päckchen Vanillezucker
5 cl Brandy
60 g Butter
40 g geschälte Mandeln
1 EL Paniermehl

◆ Das Brot in der Milch, die Sultaninen in lauwarmem Wasser 30 Minuten einweichen.
◆ Eine Springform von 22 cm Durchmesser einfetten und mit Paniermehl bestreuen. Den Backofen auf 180° C vorheizen.
◆ Das eingeweichte Brot mit einem Holzlöffel durchrühren und nacheinander den Vanillezukker, den gesiebten Kakao, den Zucker, die Pinienkerne, die zerbröselten Amaretti, den Brandy, die abgetrockneten Sultaninen und die Eier untermischen. Die Butter schmelzen und in feinem Strahl zugießen.
◆ Den Teig in die Form geben und mit den geschälten Mandeln bestreuen. Im vorgeheizten Ofen etwa 1 Stunde backen. Den Kuchen aus der Form lösen und vor dem Servieren völlig erkalten lassen.

Milchkuchen

Kreolischer Plumcake mit Reis

Zubereitungszeit: *1,5 Stunden*
Gelingt leicht

ZUTATEN FÜR 6-8 PERSONEN

1/2 l Milch
3 Eier
150 g Rundkornreis
100 g Zucker
80 g weiche Butter
50 g gehackte Bitterschokolade
80 g Sultaninen
5 cl Rum
1 EL Puderzucker
30 g Orangeat
1 Prise Salz

Kreolischer Plumcake mit Reis

◆ Eine Kastenform mit Backpapier auslegen. Den Backofen auf 170° C vorheizen. Die Butter in Stücke schneiden.
◆ Die Sultaninen im Rum einweichen. Den Reis 30 Minuten in der Milch kochen, abkühlen lassen und mit dem Mixer pürieren.
◆ Den pürierten Reis mit den Eigelben, den Butterstücken und dem Zucker mischen. Die gut abgetrockneten Sultaninen, die Schokolade und das Orangeat zufügen. Die Eiweiße mit dem Salz sehr steif schlagen und unterheben.
◆ Den Teig in die Form gießen und im vorgeheizten Ofen 40 Minuten backen.
◆ Den Kuchen auf eine Platte stürzen, das Papier abziehen und erkalten lassen. Mit dem Puderzucker bestäuben und eventuell mit Schokolade und Orangeat verzieren.

Pistazienkuchen

Zubereitungszeit: *1 Stunde*
Gelingt leicht

ZUTATEN FÜR 6 PERSONEN

150 g Mehl
180 g Zucker
4 Eier ◆ 100 g Butter
1 Päckchen Backpulver
1/4 l Milch
1 EL Pfirsichmarmelade
250 g geschälte, gehackte Pistazien
1 Prise Salz

◆ Eine Springform von 22 cm Durchmesser einfetten und mit Mehl bestäuben. Den Backofen auf 180° C vorheizen.
◆ Die Eigelbe mit dem Zucker schaumig schlagen, die zerlassene Butter sowie nach und nach das Mehl und die Milch unterrühren. Schließlich das Backpulver und 70 g gehackte Pistazien zufügen.
◆ Die Eiweiße mit dem Salz zu steifem Schnee schlagen und vorsichtig unter die Ei-Mehl-Mischung heben. Alles zu einem glatten Teig verrühren.
◆ Den Teig in die Form geben und im vorgeheizten Ofen etwa 45 Minuten backen. Den Kuchen aus der Form lösen und auf einem Gitter auskühlen lassen.
◆ Auf eine Servierplatte setzen, vollständig mit der aufgelösten Pfirsichmarmelade bestreichen und mit den restlichen Pistazien gleichmäßig bestreuen.

Pistazienkuchen

Plumcake

Zubereitungszeit:
1 Stunde 10 Minuten
Gelingt leicht

ZUTATEN FÜR 6-8 PERSONEN

250 g Mehl ◆ 190 g Zucker
250 g weiche Butter ◆ 7 Eier
250 g Rosinen
100 g gemischte kandierte Früchte in Würfeln
1 Päckchen Backpulver
2 Päckchen Vanillezucker
geriebene Schale von 1 unbehandelten Zitrone
4 EL Rum ◆ kandierte Früchte in Streifen
1 EL Puderzucker

◆ Eine Kastenform von 20 x 10 cm mit Backpapier auslegen. Das Papier dabei 3 cm überstehen lassen. Den Ofen auf 180° C vorheizen.
◆ Die Rosinen im Rum einweichen. Die Butter mit dem Zucker und dem Vanillezucker schaumig schlagen und die Eier einzeln und das mit dem Backpulver gesiebte Mehl nach und nach unterrühren. Schließlich die getrockneten Rosinen, die kandierten Früchte in Würfel und die geriebene Zitronenschale zufügen.
◆ Den Teig in die Form gießen und im vorgeheizten Ofen etwa 50 Minuten backen. Den Kuchen stürzen und nach dem Abkühlen mit dem Puderzucker bestäuben und mit den kandierten Fruchtstreifen verzieren.

Plumcake

Gewürzkuchen mit Kürbis

Gewürzkuchen mit Kürbis

Zubereitungszeit: *1 Stunde 25 Minuten*
Gelingt leicht

ZUTATEN FÜR 8 PERSONEN

600 g Kürbis
300 g Mehl ◆ 250 g Zucker
200 g Sultaninen
1 Prise Salz
3 Eier ◆ 4 EL Olivenöl
30 g gemahlene Nelken
30 g gemahlener Zimt
20 g gemahlener Kardamom
1 Päckchen Backpulver
1 EL Puderzucker

◆ Eine Rehrückenform von 1/2 l Fassungsvermögen einfetten und mit Mehl bestäuben. Den Backofen auf 180° C vorheizen. Den Kürbis in 2 cm dicke Scheiben schneiden und auf ein gefettetes Backblech legen. Im vorgeheizten Ofen etwa 15 Minuten garen, bis er weich ist. Dann durch ein Sieb streichen.
◆ In einer Schüssel das gesiebte Mehl mit dem Salz, dem Zimt, den Nelken, dem Kardamom und dem Backpulver mischen. Den passierten Kürbis, die Eier, die Sultaninen, den Zucker und das Olivenöl zufügen und alles mit einem Holzlöffel gut verrühren.
◆ Den Teig in die Form geben und im vorgeheizten Ofen etwa 1 Stunde backen.
◆ Den Gewürzkuchen stürzen, erkalten lassen und mit dem Puderzucker bestäuben.

Kartoffelkuchen mit Rosinen

Kartoffelkuchen mit Rosinen

Zubereitungszeit: *1 Stunde*
Gelingt leicht

ZUTATEN FÜR 6 PERSONEN

450 g gekochte, pürierte Kartoffeln
120 g Butter
50 g Zucker
30 g Amaretti ◆ 40 g Zitronat
60 g Sultaninen ◆ 7 Eier
geriebene Schale von 1 unbehandelten Zitrone
1 Prise Zimt ◆ 1 Prise Salz
4 Amaretti
30 g kandierte Kirschen
20 g Puderzucker
1 EL Aprikosengelee

◆ Eine Springform von 26 cm Durchmesser einfetten und mit Mehl bestäuben. Den Backofen auf 170° C vorheizen. Die Butter bei schwacher Hitze schmelzen, das Zitronat und die 30 g Amaretti fein hacken. Die Sultaninen waschen und trocknen.
◆ 4 Eier und 3 Eigelb jeweils einzeln unter das Kartoffelpüree rühren. Dann nacheinander den Zucker, die zerlassene Butter, die gehackten Amaretti, das Zitronat, die Sultaninen, die Zitronenschale und den Zimt zufügen. Die Eiweiße mit dem Salz steif schlagen und vorsichtig unterheben.
◆ Den Teig in die vorbereitete Form füllen und im vorgeheizten Ofen 45–50 Minuten backen. Den Kuchen stürzen, etwas abkühlen lassen und mit dem Puderzucker bestreuen. Die Amaretti mit dem erwärmten Aprikosengelee bestreichen und zusammen mit den Kirschen auf die Mitte des Kuchens setzen. Lauwarm oder kalt servieren.

Torta mantovana sbrisolana

(Bröselkuchen aus Mantua)

Zubereitungszeit: *1 Stunde 20 Minuten*
Gelingt leicht

Zutaten für 6 Personen

200 g geschälte, gehackte Mandeln
150 g fein gemahlenes Maismehl
250 g Mehl ◆ 190 g Zucker
2 Päckchen Vanillezucker
geriebene Schale von 1 unbehandelten Zitrone
2 Eigelb ◆ 100 g weiche Butter
100 g Schmalz

◆ Eine Springform von 26 cm Durchmesser einfetten und mit Mehl bestäuben. Den Backofen auf 180° C vorheizen.
◆ Die beiden Mehlsorten auf die Arbeitsfläche sieben. In die Mitte eine Vertiefung drücken und die Mandeln, den Zucker (2 gestrichene EL zurückbehalten), den Vanillezucker, die Zitronenschale, die Eigelbe, die Butter und das Schmalz hineingeben. Die Zutaten mit den Fingerspitzen kneten, bis ein krümeliger Teig entstanden ist. In die Form geben und im vorgeheizten Ofen etwa 1 Stunde backen.
◆ Den Kuchen aus der Form lösen und auf eine Platte setzen. Mit dem restlichen Zucker bestreuen und servieren.
◆ In Alufolie gewickelt, hält sich die Torta mantovana sehr lange frisch.

Polentakuchen

Zubereitungszeit: *1 Stunde 20 Minuten*
Gelingt leicht

Zutaten für 6-8 Personen

500 g fein gemahlenes Maismehl
100 g gewürfelte getrocknete Feigen
100 g Sultaninen
2 Päckchen Vanillezucker
1 Apfel ◆ 60 g Butter ◆ 80 g Zucker
Saft von 1/2 Zitrone ◆ Saft von 1 Orange
3 EL Olivenöl extravergine
einige EL Milch
1 Päckchen Backpulver
1 EL Puderzucker ◆ 1 Prise Salz

◆ Eine viereckige Backform von 20 cm Kantenlänge einfetten. Den Ofen auf 180° C vorheizen.
◆ Die Sultaninen in lauwarmem Wasser einweichen. Den Apfel schälen, das Kerngehäuse entfernen und in Scheiben schneiden. Die Butter bei schwacher Hitze schmelzen.
◆ In einer Schüssel das mit dem Backpulver gesiebte Mehl, die abgetropften Sultaninen, die Feigen, die Apfelscheiben, den Zucker, den Vanillezucker, den Zitronen- und Orangensaft und das Salz gründlich mischen. Schließlich das Olivenöl, die Milch und die zerlassene Butter zufügen und alles gut verrühren.
◆ Den Teig in die Form geben und im vorgeheizten Ofen 40–50 Minuten backen. Den Kuchen stürzen, erkalten lassen und mit dem Puderzucker bestäuben.

Angel food cake

Zubereitungszeit: *1 Stunde 20 Minuten*
Gelingt leicht

Zutaten für 6 Personen

100 g Mehl ◆ 180 g Zucker
8 Eiweiß ◆ 2 TL Backpulver
1 TL Vanillearoma
1 TL Mandelaroma
1 Prise Salz

◆ Eine Kranzform von 1 l Fassungsvermögen bereithalten, ohne sie einzufetten. Den Backofen auf 170° C vorheizen.
◆ Das Mehl mit dem Backpulver dreimal sieben. Die Eiweiße mit dem Salz zu steifem Schnee schlagen, dabei den Zucker einrieseln lassen und das Vanille- sowie das Mandelaroma zufügen. Das Mehl vorsichtig unterheben, den Löffel dabei kreisend von unten nach oben bewegen.
◆ Sobald die Zutaten gut verrührt sind, den Teig in die nicht eingefettete Form geben und im vorgeheizten Ofen etwa 1 Stunde backen.
◆ Die Form umgedreht auf ein Kuchengitter setzen, den Kuchen aber erst aus der Form lösen, wenn er völlig abgekühlt ist.

Makronenkuchen

Zubereitungszeit: *1 Stunde*
Gelingt leicht

Zutaten für 4 Personen

100 g geröstete, gehackte Haselnüsse
150 g Zucker ◆ 6 Eiweiß
1 EL Puderzucker
1 Prise Salz

◆ Eine Kastenform von 22 x 10 cm mit Backpapier auslegen. Den Ofen auf 180° C vorheizen.

◆ Die Eiweiße mit dem Salz zu steifem Schnee schlagen, dabei den Zucker löffelweise unterziehen. Die Haselnüsse fein hacken und vorsichtig unterheben.
◆ Den Teig in die vorbereitete Form geben und im vorgeheizten Ofen etwa 40 Minuten backen. Den Kuchen stürzen, das Papier abziehen und mit dem Puderzucker bestäuben.

Pan speziale o certosino

(Früchtebrot aus Bologna)

Zubereitungszeit: *1 Stunde 20 Minuten*
Gelingt leicht

ZUTATEN FÜR 6 PERSONEN

200 g Mehl
150 ml heißes Wasser
125 g Honig
100 g Zucker
gut 1/2 TL Natron
80 g Korinthen
80 g geschälte Mandeln
80 g Pinienkerne
50 g Zitronat ◆ 50 g Orangeat
80 g Bitterschokolade
1 TL Anissamen
1 Prise Zimt
1 Prise Salz

◆ Eine Tortenform von 20 cm Durchmesser einfetten. Den Backofen auf 180° C vorheizen.
◆ Die Korinthen in lauwarmem Wasser einweichen.
◆ Den Honig, den Zucker, das Natron und die Anissamen in eine Schüssel geben und unter ständigem Rühren das heiße Wasser zugießen. Das Mehl darübersieben und mit einem Holzlöffel unterrühren. Die gut ausgedrückten Korinthen, die Mandeln, die Pinienkerne, das Zitronat, die gehackte Bitterschokolade, den Zimt und das Salz zugeben.
◆ Den Teig in die Form füllen, glattstreichen und mit dem Orangeat bestreuen.
◆ Im vorgeheizten Ofen etwa 40 Minuten backen, bis der Kuchen eine dunkelgoldene Farbe angenommen hat. Auf eine Platte stürzen und kalt servieren.
◆ Das Früchtebrot sollte in dünne Scheiben geschnitten werden, da der Teig relativ hart und kompakt ist. Es hält sich, in Alufolie gewickelt, mehrere Monate.
◆ Das Rezept folgt einer alten Kochbuchvorlage aus Bologna.

Zitronatkuchen

Zubereitungszeit: *1 Stunde 35 Minuten*
Gelingt leicht

ZUTATEN FÜR 6-8 PERSONEN

100 g Mehl
100 g Maismehl
200 g weiche Butter
200 g Zucker
5 Eier ◆ 150 g Zitronat
10 g Natron ◆ 5 cl Cognac
30 g kandierte Zedratzitrone
1 kandierte Kirsche

◆ Eine Charlotten-Form mit Backpapier auslegen. Den Backofen auf 160° C vorheizen.
◆ Das Zitronat im Cognac ziehen lassen.
◆ Die Butter mit dem Zucker schaumig schlagen und die Eier einzeln unterrühren. Dann das Zitronat, das Mehl, das Maismehl und das Natron zufügen.
◆ Den Teig in die vorbereitete Form füllen und im vorgeheizten Ofen etwa 1 Stunde und 20 Minuten backen. Den Kuchen nach dem Erkalten auf eine Platte stürzen.
◆ Für die Verzierung aus den Zedratzitronen Blütenblätter schneiden und zusammen mit den kandierten Kirschen zu einer Blume in der Mitte des Kuchens zusammensetzen.

Zitronenkranz

Zubereitungszeit: *1 Stunde*
Gelingt leicht

ZUTATEN FÜR 6 PERSONEN

150 g Zucker ◆ 6 Eier
1 unbehandelte Zitrone
100 g Mehl ◆ 1 EL Puderzucker
1 Prise Salz

◆ Eine Kranzform einfetten und mit Mehl bestäuben. Den Backofen auf 170° C vorheizen.
◆ Die Schale von der Zitrone abreiben und den Saft auspressen.
◆ Die Eigelbe mit dem Zucker schaumig schlagen und den Zitronensaft und die Schale zufügen. 3–4 Minuten weiterrühren, dann das Mehl nach und nach einrieseln lassen. Schließlich die Eiweiße mit dem Salz zu steifem Schnee schlagen und unterheben.
◆ Den Teig in die Form füllen und im vorgeheizten Ofen 35–40 Minuten backen.
◆ Den Kuchen aus der Form stürzen und mit dem Puderzucker bestäuben.

Pinza della befana

Zubereitungszeit:
1 Stunde 15 Minuten
Gelingt leicht

ZUTATEN FÜR 6 PERSONEN

300 g Maismehl
200 g Mehl ◆ 200 g Butter
200 g Zucker ◆ 1 Apfel
50 g Rosinen
50 g Zitronat
50 g kandierter Kürbis
10 getrocknete Feigen
1 Prise Anissamen
1/4 l Grappa
1 TL Backpulver

Eine Quicheform von 24 cm Durchmesser einfetten. Den Backofen auf 180° C vorheizen.

◆ Die Rosinen im Grappa ziehen lassen. Den Apfel waschen, schälen und in Stücke schneiden. Die getrockneten Feigen und den kandierten Kürbis fein hacken.

◆ Die beiden Mehlsorten und den Zucker mit etwas Wasser in einen großen Topf geben, mit einem Holzlöffel vermischen und bei schwacher Hitze zum Kochen bringen. Dabei nach und nach nur einige wenige EL warmes Wasser zufügen, um eine relativ feste Polenta zu erhalten.

◆ Nach etwa 20 Minuten Kochzeit die Butter, die Rosinen mit dem Grappa, die Anissamen, die Apfelstücke, das Zitronat, den kandierten Kürbis und die getrockneten Feigen zugeben.

◆ Weitere 20 Minuten kochen, dabei ab und zu umrühren.

◆ Das Backpulver einrühren. Den Teig in die Form füllen und im vorgeheizten Ofen etwa 20 Minuten backen, bis sich auf dem Kuchen eine schöne braune Kruste bildet.

◆ Lauwarm oder, wie es die meisten vorziehen, eiskalt servieren. Die Pinza della befana ist eine italienische Weihnachtsspezialität.

Nürnberger Früchtebrot

Zubereitungszeit: *1,5 Stunden*
Gelingt leicht

ZUTATEN FÜR 8-10 PERSONEN

450 g Mehl
500 g Zucker ◆ 4 Eier
100 g Mandelblättchen
1/2 TL Zimt
1 Prise gemischte gemahlene Gewürze
100 g Orangeat
100 g Zitronat
1 Päckchen Backpulver
geriebene Schale von 1 unbehandelten Zitrone

◆ Vier kleine, flache Tortenformen einfetten und mit Mehl bestäuben. Den Ofen auf 200° C vorheizen.
◆ In einer Schüssel die ganzen Eier mit dem Zukker aufschlagen, dann das mit dem Backpulver gesiebte Mehl, die Mandelblättchen, die kandierten Früchte, den Zimt, die Gewürze und die Zitronenschale zugeben und alles gut verrühren.
◆ Den Teig auf die vier Formen verteilen und im vorgeheizten Ofen etwa 15 Minuten backen. Die Temperatur auf 150° C senken und weitere 40 Minuten backen.
◆ Die Kuchen aus dem Ofen nehmen, völlig auskühlen lassen und stürzen.

Rosinenkuchen mit Whisky

Rosinenkuchen mit Whisky

Zubereitungszeit: *1 Stunde 20 Minuten (ohne Ruhezeit)*
Gelingt leicht

ZUTATEN FÜR 6 PERSONEN

240 g Mehl
180 g weiche Butter
180 g Zucker ◆ 2 Eier
100 g Sultaninen ◆ 1 Orange
4 EL irischer Whisky
2 TL Backpulver ◆ Puderzucker

◆ Eine Springform von 22 cm Durchmesser einfetten und mit Mehl bestäuben. Den Backofen auf 180° C vorheizen.
◆ Die Orange mit dem Sparschäler hauchdünn schälen, dabei nur den orangenen Teil der Schale abziehen. Die Schale im Whisky 2 Stunden ziehen lassen. Die Sultaninen 20 Minuten in lauwarmem Wasser einweichen, dann ebenfalls in den Whisky geben.
◆ Die Butter mit dem Zucker aufschlagen, dann die Eier einzeln und das mit dem Backpulver gesiebte Mehl zufügen. Die Sultaninen und den Whisky untermischen; die Orangenschale vorher entfernen.
◆ Den Teig in die Form füllen und im vorgeheizten Ofen etwa 50 Minuten backen.
◆ Den Kuchen aus der Form lösen, auf eine Platte setzen und mit Puderzucker bestäuben.

Pinza della befana

Möhrenkuchen

Zubereitungszeit: *1,5 Stunden*
Gelingt leicht

ZUTATEN FÜR 4-6 PERSONEN

400 g Möhren ◆ 110 g Mehl
110 g weiche Butter
150 g geschälte, gehackte Mandeln
200 g Zucker
50 ml Milch ◆ 3 Eier
1 Prise Backpulver
1 Eiweiß
geriebene Schale von
1 unbehandelten Orange
1 Prise Zimt
1 Prise Salz ◆ Puderzucker

◆ Eine Tortenform von 22 cm Durchmesser einfetten und mit Mehl bestäuben. Den Backofen auf 180° C vorheizen.
◆ Die Möhren unter fließendem Wasser gründlich abbürsten und fein raspeln.
◆ Die Butter mit dem Zucker schaumig schlagen, dann die Orangenschale, den Zimt und die Eier einzeln unterrühren. Alles gut vermischen.
◆ Das Mehl, die gehackten Mandeln und das Backpulver vermengen und unter die Butter-Ei-Mischung ziehen. Nur soviel Milch zufügen, daß ein weicher Teig entsteht. Schließlich das Eiweiß mit dem Salz steif schlagen und zusammen mit den geraspelten Möhren unterheben.
◆ Den Teig in die Form füllen und im vorgeheizten Ofen 35–40 Minuten backen.
◆ Den Kuchen vor dem Stürzen erkalten lassen, dann auf eine Platte setzen und mit Puderzucker bestäuben.

Möhrenkuchen

Margareten-Kuchen

Zubereitungszeit:
1,5 Stunden
Gelingt leicht

ZUTATEN FÜR 6 PERSONEN

300 g Mehl
8 Eier
250 g weiche Butter
300 g Vanillezucker
250 g geriebene Bitterschokolade
300 g gehackte Walnüsse
5 cl Amaretto
1 Prise Salz ◆ Puderzucker
8 halbe Walnüsse

Margareten-Kuchen

◆ Eine Springform von 22 cm Durchmesser einfetten und mit Mehl bestäuben. Den Backofen auf 160° C vorheizen.
◆ Die Eiweiße mit dem Salz steif schlagen. Die Butter schaumig rühren und die Eigelbe einzeln zufügen. Dann nacheinander den Vanillezucker (s. S. 33), die Schokolade und die Walnüsse zugeben. Die Masse mit dem Amaretto und schließlich mit dem Eischnee vermischen.
◆ Das Mehl über die Masse sieben und vorsichtig unterziehen. Den Teig in die Form füllen und im vorgeheizten Ofen etwa 1 Stunde backen.
◆ Die Torte nach dem Erkalten aus der Form lösen, mit Puderzucker bestäuben und mit den Walnußkernen verzieren.

Luzerner Honigkuchen

Zubereitungszeit: *1 Stunde 10 Minuten*
Gelingt leicht

ZUTATEN FÜR 6 PERSONEN

10 EL Honig ◆ 400 g Mehl
1/4 l Sahne
200 ml Milch ◆ 100 g Zucker
30 g Orangeat ◆ 30 g Zitronat
2 gestrichene TL Backpulver
1/2 TL Anis
1 Nelke
1 Prise Muskatnuß
1/2 TL Zimt ◆ 1 Prise Salz

◆ Eine Kastenform von 20 x 10 cm einfetten. Den Backofen auf 180° C vorheizen. Die Milch anwärmen.
◆ Die Sahne mit 8 EL Honig, dem Zukker, dem Orangeat, dem Zitronat und den Gewürzen leicht verschlagen.
◆ Das Mehl mit dem Backpulver und dem Salz sieben und nach und nach unter die Honig-Sahne-Mischung rühren. Schließlich die warme Milch unter ständigem Rühren in feinem Strahl zugießen, bis man einen dickflüssigen Teig erhält.
◆ Den Teig in die Form gießen und im vorgeheizten Ofen etwa 45 Minuten backen.
◆ Den Kuchen in der Form abkühlen lassen, auf eine Platte stürzen und mit dem restlichen Honig bestreichen.
◆ Nach Belieben können die 2 EL Honig mit 2,5 cl Rum gemischt und auf den noch warmen Kuchen gegeben werden. Das Rezept kann auch durch die Zugabe von in Rum eingeweichten Sultaninen verfeinert werden.

Genueser Pinienkern-Kuchen mit Kaffee

Zubereitungszeit: *1 Stunde*
Gelingt leicht

ZUTATEN FÜR 6-8 PERSONEN

200 g Mehl ◆ 100 g weiche Butter
200 g Zucker
5 EL Milch ◆ 2 Eier
2 EL lösliches Espressopulver
130 g Pinienkerne
100 g Sultaninen
40 g gehackte Walnüsse
2 TL Backpulver
1 Prise Salz ◆ Puderzucker

◆ Eine Springform von 22 cm Durchmesser einfetten und mit Mehl bestäuben. Den Backofen auf 190° C vorheizen.
◆ Die Sultaninen in lauwarmem Wasser einweichen.
◆ Die Butter mit dem Zucker schaumig schlagen, dann nacheinander die Milch, die Eigelbe, das mit dem Backpulver gesiebte Mehl, das Espressopulver, 100 g Pinienkerne, die abgetropften Sultaninen (ein paar für die Verzierung zurückbehalten) und die Walnüsse unterrühren. Die Zutaten gut vermischen, dann die Eiweiße mit dem Salz steif schlagen und unterheben.
◆ Den Teig in die Form füllen und im vorgeheizten Ofen etwa 40 Minuten backen.
◆ Den Kuchen erkalten lassen, aus der Form lösen und auf eine Platte setzen. Mit dem Puderzucker bestäuben und mit den restlichen Pinienkernen und Sultaninen verzieren.

Genueser Pinienkern-Kuchen mit Kaffee

Amaretti-Torte

Zubereitungszeit: *1 Stunde 15 Minuten*
Gelingt leicht

ZUTATEN FÜR 8 PERSONEN

300 g Amaretti ◆ 150 g Mehl
150 g Speisestärke
150 g Zucker
150 g Butter ◆ 3 Eier
geriebene Schale von 1 unbehandelten Zitrone
1 Prise Salz ◆ 2 EL Marsala
1 Päckchen Backpulver
Für die Verzierung:
Puderzucker ◆ 6 Amaretti
1 EL Aprikosengelee

Amaretti-Torte

◆ Eine Springform von 24 cm Durchmesser einfetten und mit Mehl bestäuben. Den Backofen auf 180° C vorheizen.
◆ Die Butter bei schwacher Hitze schmelzen und 200 g Amaretti zerbröseln.
◆ Die Eigelbe mit dem Zucker schaumig schlagen, die zerlassene Butter und die Amaretti zufügen und nach und nach das mit dem Backpulver und der Speisestärke gesiebte Mehl sowie die Zitronenschale unterrühren. Schließlich die Eiweiße mit dem Salz steif schlagen und unterheben. Die restlichen Amaretti mit dem Marsala einpinseln.
◆ Die Hälfte des Teigs in die Form gießen und mit den Marsala-Amaretti belegen. Die andere Teighälfte darübergeben. Im vorgeheizten Ofen 40–50 Minuten backen.
◆ Die Torte aus der Form lösen, erkalten lassen und mit Puderzucker bestäuben. Die 6 Amaretti mit dem aufgelösten Aprikosengelee bestreichen und auf die Torte setzen.

Gewürzbrot aus Edinburgh

Zubereitungszeit: *1 Stunde 45 Minuten*
Gelingt leicht

ZUTATEN FÜR 6 PERSONEN

500 g Mehl
200 g Butter ◆ 180 g Zucker
150 g Melasse ◆ 4 Eier
1 TL Zimt ◆ 1 TL Muskatnuß
1 Prise zerstoßene Nelken
200 g entsteinte, gehackte Datteln
120 g gehackte Walnüsse
1 TL Backpulver
1 Prise Salz

◆ Eine quadratische Form von 20 x 20 cm einfetten und mit Mehl bestäuben. Den Backofen auf 180° C vorheizen.
◆ Das Mehl mit dem Backpulver, dem Salz, dem Zucker und den Gewürzen in eine Schüssel sieben. Die gehackten Walnüsse und Datteln zufügen. Die Butter in der kurz angewärmten Melasse schmelzen und mit den ganzen Eiern zur Mehl-Zucker-Mischung geben. Falls der Teig zu fest ist, nach und nach etwas Milch unterrühren.
◆ Den Teig in die Form geben und im vorgeheizten Ofen 30 Minuten backen, dann die Temperatur auf 160° C senken und 45 Minuten weiterbacken.
◆ Das Gewürzbrot hält sich, in Alufolie gewickelt, an einem kühlen und trockenen Ort sehr lange.

Haselnuß-fladen

Zubereitungszeit: *55 Minuten*
Gelingt leicht

ZUTATEN FÜR 6 PERSONEN

100 g Mehl
70 g Maismehl
100 g geröstete, gehackte Haselnüsse
120 g weiche Butter
100 g Zucker
geriebene Schale
von 1 unbehandelten Zitrone
50 g Honig
1 Eigelb
1 EL Puderzucker

◆ Eine Tortenform von 22 cm Durchmesser einfetten und mit Mehl bestäuben. Den Ofen auf 170° C vorheizen. Die Butter in Stücke schneiden.
◆ Die gehackten Haselnüsse mit den beiden Mehlsorten mischen und auf die Arbeitsfläche häufen. Eine Vertiefung in die Mitte drücken und die Butterstücke, das Eigelb, die Zitronenschale, den Honig und den Zucker hineingeben. Alle Zutaten zügig mit den Fingerspitzen verkneten.
◆ Den Teig gleichmäßig in die Form füllen und im vorgeheizten Ofen etwa 35 Minuten backen. Dann den Fladen stürzen und erkalten lassen.
◆ Ein Stück Backpapier, aus dem man beliebige Motive geschnitten hat, auf den Kuchen legen und mit dem Puderzucker bestäuben. Das Papier vorsichtig abheben.

Früchtekranz

Zubereitungszeit: *1,5 Stunden*
Gelingt leicht

ZUTATEN FÜR 6-8 PERSONEN

250 g Mehl
130 g Zucker
120 g weiche Butter
80 g geschälte Mandeln
80 g gehackte kandierte Kirschen
80 g gehackte Datteln
80 ml Milch
40 g Sultaninen
40 g Honig
1 großes Ei
1/2 Päckchen Backpulver
4 EL Aprikosengelee
1 Prise Salz

◆ Eine Kranzform einfetten und mit Mehl bestäuben. Den Backofen auf 180° C vorheizen. Die Butter in Stücke schneiden.
◆ Das Mehl mit dem Backpulver in eine Schüssel sieben und den Zucker und das Salz zufügen. Dann die Butterstücke, den Honig, das Ei und die Milch unterrühren. Zum Schluß die kandierten Kirschen und die Datteln zugeben.
◆ Den Teig in die Form füllen, die gewaschenen und abgetrockneten Sultaninen sowie die Mandeln darüberstreuen und im vorgeheizten Ofen 50–60 Minuten backen.
◆ Der Kuchen ist durchgebacken, wenn an einem in die Mitte gestochenen Holzstäbchen keine feuchten Krümel haften. Auf eine Platte stürzen, mit dem bei schwacher Hitze aufgelösten Aprikosengelee bestreichen, erkalten lassen und servieren.

Bermuda-Cake

Zubereitungszeit: *1 Stunde*
Gelingt leicht

ZUTATEN FÜR 6 PERSONEN

120 g Butter
170 g Zucker
230 g Mehl
2 gestrichene TL Backpulver
1/4 l Sahne (oder saure Sahne)
70 g Zitronat
150 g Sultaninen
1/2 TL Zimt
1 Prise Muskatnuß

◆ Eine Kastenform von 20 x 8 cm einfetten und mit Mehl bestäuben. Den Backofen auf 180° C vorheizen.
◆ Die Sultaninen in lauwarmem Wasser einweichen und die Butter bei Zimmertemperatur weich werden lassen.
◆ In einer Schüssel die Butter schaumig schlagen, dann den Zucker, das mit dem Backpulver gesiebte Mehl und die Sahne unterrühren.
◆ Die Sultaninen ausdrücken, abtrocknen und mit dem Zitronat in etwas Mehl wenden. Zusammen mit dem Zimt und der Muskatnuß unter den Teig ziehen.
◆ Den Teig in die vorbereitete Form füllen und im vorgeheizten Ofen etwa 45 Minuten backen. Der Kuchen ist durchgebacken, wenn an einem in die Mitte gestochenen Holzstäbchen keine feuchten Krümel haften. In der Form abkühlen lassen, dann auf eine Platte stürzen und kalt servieren.
◆ Das Rezept variiert den englischen Plumcake, da der Kuchen ohne Eier hergestellt wird.

Sandkuchen

Zubereitungszeit: *1 Stunde 40 Minuten*
Gelingt leicht

ZUTATEN FÜR 6-8 PERSONEN

220 g weiche Butter
200 g Zucker
150 g Speisestärke
70 g Mehl
3 Eier ◆ 2 Eigelb
geriebene Schale
von 1 unbehandelten Zitrone
1 Päckchen Vanillezucker

◆ Eine Springform von 24 cm Durchmesser mit Backpapier auslegen. Den Backofen auf 170° C vorheizen.
◆ In einer Schüssel die Butter schaumig schlagen. Die Eigelbe und die Eier einzeln unterrühren, dann löffelweise den Zucker, den Vanillezucker, das mit der Speisestärke gesiebte Mehl und die Zitronenschale zugeben.
◆ Den Teig in die Form füllen und im vorgeheizten Ofen etwa 40 Minuten backen.
◆ Den Kuchen vor dem Öffnen der Form erkalten lassen, dann auf eine Platte setzen und mit Puderzucker bestäuben.
◆ Der Kuchen schmeckt besser, wenn er 1–2 Tage vor dem Verzehr zubereitet wird. Besonders lange hält er sich, in Alufolie gewickelt, an einem kühlen und trockenen Ort.

Maraschino-Kuchen

Zubereitungszeit: *1 Stunde 20 Minuten*
Gelingt leicht

ZUTATEN FÜR 8 PERSONEN

360 g Mehl
220 g weiche Butter
5 cl Maraschino
1 Päckchen Backpulver
6 Eigelb
4 Eiweiß
100 g geschälte, gehackte Mandeln
2 Päckchen Vanillezucker
150 g Zucker
100 g kandierte Kirschen
1 Prise Salz

◆ Eine Tortenform von 22 cm Durchmesser einfetten und mit den gehackten Mandeln bestreuen. Den Backofen auf 180° C vorheizen.
◆ Die Butter schaumig schlagen, dann den Zukker, die Eigelbe einzeln und die halbierten Kirschen unterrühren. Das mit dem Backpulver gesiebte Mehl, den Maraschino und den Vanillezucker zufügen. Schließlich die Eiweiße mit Salz steif schlagen und unterheben.
◆ Den Teig in die vorbereitete Form füllen und im vorgeheizten Ofen etwa 50 Minuten backen. Nach Ende der Backzeit den Kuchen 10 Minuten ruhen lassen, dann auf eine Platte stürzen und kalt servieren.

Winter-Kuchen

Zubereitungszeit: *1 Stunde 15 Minuten*
Braucht etwas Erfahrung

ZUTATEN FÜR 12-14 PERSONEN

180 g Bitterschokolade
120 g Butter
3 Eier
160 g Zucker
30 g Mehl
60 g Haselnüsse
4 EL Grand Marnier
1 Prise Salz
1/2 Päckchen Backpulver
etwas Puderzucker

◆ Eine Springform mit Backpapier auslegen. Den Backofen auf 180° C vorheizen.
◆ Die Haselnüsse auf ein Backblech legen und im vorgeheizten Ofen einige Minuten rösten. In einem Küchentuch reiben, um die braunen Häutchen zu lösen, dann fein mahlen.
◆ Die Schokolade in Stücke brechen und im Wasserbad mit der Butter schmelzen. Zu einer glatten Masse verrühren und vom Herd ziehen.
◆ In einer Schüssel die Eigelbe mit 100 g Zucker schaumig schlagen. Die Schokoladenmasse, das mit dem Backpulver gesiebte Mehl, die gemahlenen Haselnüsse und den Grand Marnier unterrühren. Alle Zutaten gut vermischen.
◆ Die Eiweiße mit dem Salz sehr steif schlagen, dabei nach und nach den restlichen Zucker einrieseln lassen. Ein Drittel des Eischnees vorsichtig unter den Teig heben, damit er weicher wird, schließlich den restlichen Eischnee zugeben.
◆ Den Teig in die vorbereitete Form füllen und im vorgeheizten Ofen 35–40 Minuten backen. Den Kuchen 10 Minuten ruhen lassen, aus der Form lösen und auf einem Kuchengitter erkalten lassen.
◆ Auf eine Platte setzen und mit dem Puderzucker bestäubt servieren.

Panforte
(Früchtebrot)

Zubereitungszeit: *etwa 1 Stunde*
Gelingt leicht

Zutaten für 6-8 Personen

150 g Mehl
150 g Puderzucker
150 g Honig
100 g Walnüsse
200 g geschälte Mandeln
40 g Zitronat
200 g kandierter Kürbis
(oder kandierte Orange)
1/2 TL Zimt
1 Prise gemischte Gewürze
1 gestrichener TL
gemahlener Koriander
1 TL Vanillezucker
15 große Oblaten

Eine flache Tortenform von 25 cm Durchmesser mit den Oblaten auslegen. Den Backofen auf 200° C vorheizen.

◆ Die Walnüsse und die Mandeln auf ein Backblech legen und im warmen Ofen rösten, bis sie goldgelb sind. In Stücke schneiden und in einer Schüssel mit dem Zitronat und dem in Streifen geschnittenen Kürbis mischen. Die gemischten Gewürze, den Koriander, den Zimt und das Mehl nach und nach unter ständigem Rühren zufügen.

◆ Die Temperatur des Backofens auf 150° C senken.

◆ Den Puderzucker (abzüglich 1 EL) in einem Edelstahltopf mit 1 EL Wasser und dem Honig bei sehr schwacher Hitze kochen, dabei ständig rühren, damit die Masse nicht ansetzt. Sobald sich an der Oberfläche des Sirups Blasen bilden, ein Holzstäbchen eintauchen. Dann das Stäbchen sofort in kaltes Wasser halten. Bildet sich an seiner Spitze ein Bällchen, ist der Sirup fertig.

◆ Den Sirup vom Herd nehmen und die Mehl-Früchte-Mischung unterziehen. Weiterrühren, bis alle Zutaten gut vermischt sind.

◆ Den Teig in die Form füllen, mit einem in Wasser getauchten Messer glattstreichen und mit dem restlichen Zucker bestreuen. Im vorgeheizten Ofen etwa 30 Minuten backen.

◆ Nach Ablauf der Backzeit (der Panforte darf nicht bräunen!) den Kuchen stürzen und mit dem Vanillezucker bestäuben. Dann die überstehenden Oblaten mit einer Schere abschneiden und kalt servieren. In einer gut verschließbaren Blechdose hält sich der Panforte mehrere Wochen.

Belgischer Butterkuchen

Zubereitungszeit: *55 Minuten*
Gelingt leicht

Zutaten für 6-8 Personen

125 g Mehl
125 g weiche Butter
4 Eier ◆ *125 g Zucker*
geriebene Schale von 2 unbehandelten Orangen
Puderzucker ◆ *1 kandiertes Veilchen*
50 g Mandelblättchen

◆ Eine Tortenform von 22 cm Durchmesser einfetten und den Boden und den Rand mit den Mandelblättchen bestreuen. Den Backofen auf 170° C vorheizen.
◆ Die weiche Butter mit dem Mehl und der Orangenschale gut verkneten. Die Masse auf der Arbeitsfläche ausrollen und in 1 cm große Würfel schneiden.
◆ In einer Schüssel die Eigelbe und den Zucker schaumig schlagen, dann die Butter-Mehl-Würfel zufügen und gründlich verrühren.
◆ Den Teig in die Form füllen und im vorgeheizten Ofen 40 Minuten backen. Den Kuchen stürzen, erkalten lassen, mit dem Puderzucker bestäuben und mit dem kandierten Veilchen verzieren.

Belgischer Butterkuchen

Orangenkuchen

Orangenkuchen

Zubereitungszeit: *1 Stunde*
Gelingt leicht

Zutaten für 6 Personen

120 g Mehl
150 g weiche Butter
2 unbehandelte Orangen
150 g Zucker ◆ *2 Eier*
1/2 Päckchen Backpulver
100 g Puderzucker
1/2 Eiweiß
geriebene Schale von 1 unbehandelten Orange
einige Tropfen Orangensaft
1 EL Kirschwasser

◆ Eine Tortenform von 24 cm Durchmesser einfetten und mit Mehl bestäuben. Den Backofen auf 180° C vorheizen.
◆ Die Orangen waschen, abtrocknen und mit einem Sparschäler hauchdünn schälen. Dabei nur den orangenen Teil der Schale abziehen. Die Früchte halbieren und den Saft auspressen. Die Schale fein hacken.
◆ In einer Schüssel die Butter und den Zucker so lange rühren, bis eine dickschaumige Masse entstanden ist. Dann den Orangensaft (1 El zurückbehalten) durch ein Sieb zugießen. Nacheinander ▶

Panforte

die Eier, das mit dem Backpulver gesiebte Mehl und die geriebene Orangenschale unterrühren.
◆ Den Teig in die Form füllen und im vorgeheizten Ofen 30–40 Minuten backen. Den Kuchen vor dem Stürzen abkühlen lassen.
◆ Das halbe Eiweiß mit etwas Orangensaft, dem Puderzucker und dem Kirschwasser zu einer glatten Glasur verrühren und gleichmäßig auf den Kuchen streichen. Die gehackte Orangenschale darüberstreuen.
◆ Den Kuchen auf eine Platte setzen und kühlstellen, bis die Glasur fest geworden ist.

Mandelkuchen mit Rosinen

Zubereitungszeit: *2,5 Stunden*
Gelingt leicht

ZUTATEN FÜR 6 PERSONEN

60 g Korinthen
60 g Sultaninen
60 g Malaga-Rosinen
40 g Orangeat
2 Eier ◆ 220 g Mehl
120 g Butter ◆ 120 g Zucker
60 g Mandeln ◆ 1 TL Backpulver
geriebene Schale von
1 unbehandelten Orange (oder Zitrone)
1 Prise Zimt
5 cl Brandy (oder Whisky)
1 Prise Muskatnuß
1 Prise Salz

◆ Eine Tortenform von 22 cm Durchmesser einfetten und mit Mehl bestäuben. Den Backofen auf 180° C vorheizen. Die Butter bei Zimmertemperatur weich werden lassen.
◆ Die Mandeln kurz in kochendes Wasser geben, abgießen, schälen und hakken. Das Mehl mit dem Backpulver sieben.
◆ Die verschiedenen Rosinen in lauwarmes Wasser legen. Sobald sie weich sind, abgießen, abtrocknen und in Mehl wenden.
◆ Die Butter mit dem Zucker schaumig schlagen, dann abwechselnd die Eier, das gesiebte Mehl, den Zimt, das Salz und die Muskatnuß unterrühren. Schließlich die Rosinenmischung, die geriebene Orangenschale, das Orangeat, die Mandeln und den Brandy zufügen. Darauf achten, daß der Teig fest wird.
◆ In die Form geben und im vorgeheizten Ofen etwa 1 Stunde backen.
◆ Den Kuchen stürzen und kalt servieren.

Rustikaler Mandelkuchen

Englischer Mandelkuchen

Rustikaler Mandelkuchen

Zubereitungszeit: *1 Stunde*
Gelingt leicht

ZUTATEN FÜR 8 PERSONEN

150 g fein gemahlenes Maismehl
50 g Mehl ◆ 150 g weiche Butter
100 g Zucker ◆ 2 Eier
6 EL Milch
Schale von 1 unbehandelten Zitrone
1 Päckchen Backpulver
100 g geschälte, geröstete,
gehackte Mandeln ◆ 100 g Sultaninen
1 EL Puderzucker

◆ Eine Springform von 22 cm Durchmesser einfetten und mit Mehl bestäuben. Den Backofen auf 180 ° C vorheizen.
◆ Die Sultaninen in lauwarmem Wasser einweichen, abtrocknen und in Mehl wenden.
◆ Die Butter mit dem Zucker schaumig schlagen, die Eier einzeln unterrühren, dann die beiden mit dem Backpulver gesiebten Mehlsorten, die Milch, die Zitronenschale, die Mandeln und die Sultaninen zufügen. Alle Zutaten gut vermischen.
◆ Den Teig in die Form gießen und im vorgeheizten Ofen etwa 1 Stunde backen.
◆ Den Kuchen aus der Form lösen, erkalten lassen, auf eine Platte setzen und mit dem Puderzucker bestäuben.

Englischer Mandelkuchen

Zubereitungszeit: *1,5 Stunden*
Gelingt leicht

ZUTATEN FÜR 6-8 PERSONEN

260 g geschälte Mandeln
250 g Zucker ◆ 4 Eier
2 unbehandelte Orangen
2 EL Orangen- oder Aprikosengelee
40 g kandierte Orangenschale

◆ Eine Springform von 24 cm Durchmesser mit Backpapier belegen. Den Backofen auf 180° C vorheizen.
◆ Die Orangen waschen und die Schale von 1 Orange abreiben. Dann die Früchte halbieren und auspressen.
◆ Die Mandeln im vorgeheizten Ofen rösten, 60 g beiseite stellen und den Rest fein mahlen.

◆ In einer Schüssel die Eigelbe mit dem Zucker schaumig rühren und die gemahlenen Mandeln, den Orangensaft und die Orangenschale zufügen. Die Eiweiße steif schlagen und unterheben.
◆ Den Teig in die Form geben und im vorgeheizten Ofen 50–60 Minuten backen. Den Kuchen aus der Form lösen und das Papier abziehen. Erkalten lassen. Die restlichen Mandeln grob hacken und die kandierte Orangenschale in Streifen schneiden.
◆ Das Gelee mit 1 EL Wasser bei schwacher Hitze auflösen und auf den ganzen Kuchen streichen. Die Kuchenränder mit den gehackten Mandeln bestreuen und einige Mandeln und kandierte Orangenstreifen in die Mitte des Kuchens legen.

Eiweißkuchen

Eiweißkuchen

Zubereitungszeit: *1 Stunde 10 Minuten*
Gelingt leicht

Zutaten für 6 Personen

100 g Mehl ◆ 6 Eiweiß
150 g Zucker
100 g Sultaninen ◆ 50 g Zitronat
50 g kandierte Kirschen
4 frische Aprikosen ◆ 80 g Butter
1 Prise Salz ◆ Puderzucker
Für die Verzierung:
5 kandierte Kirschen
30 g kandierte Zedratzitrone

◆ Eine Springform von 24 cm Durchmesser einfetten und mit Mehl bestäuben. Den Backofen auf 190° C vorheizen.
◆ Die Sultaninen in lauwarmem Wasser einweichen, abgießen und abtrocknen (1 TL davon für die Verzierung abnehmen). Die Aprikosen entsteinen (nicht häuten) und zusammen mit den kandierten Kirschen würfeln.
◆ Die Eiweiße mit dem Salz steif schlagen, dabei den Zucker einrieseln lassen. Nacheinander das gesiebte Mehl, die kandierten Früchte, die Aprikosen, die leicht eingemehlten Sultaninen und die zerlassene Butter vorsichtig unter den Eischnee heben.
◆ Den Teig in die Form gießen und im vorgeheizten Ofen etwa 50 Minuten backen.
◆ Den Kuchen aus der Form lösen, erkalten lassen und mit dem Puderzucker bestäuben. Für die Verzierung die kandierten Kirschen halbieren. Aus der kandierten Zedratzitrone Blätter ausschneiden. Zusammen mit den zurückbehaltenen Sultaninen auf dem Kuchen zu Blumen anordnen.

Castagnaccio

Schneller Honigkuchen

Zubereitungszeit: *1 Stunde 10 Minuten*
Gelingt leicht

Zutaten für 6-8 Personen

10 EL Honig
4 Eier ◆ 200 g Zucker
300 g Mehl
1 TL Backpulver
Puderzucker

◆ Eine Tortenform von 24 cm Durchmesser einfetten und mit Mehl bestäuben. Den Backofen auf 180° C vorheizen.
◆ Die Eier mit dem Zucker und dem Honig aufschlagen. Nach und nach das mit dem Backpulver gesiebte Mehl unter ständigem Rühren zufügen und weiterschlagen, bis ein geschmeidiger Teig entstanden ist. In die Form füllen und im vorgeheizten Ofen etwa 40 Minuten backen.
◆ Den Kuchen erkalten lassen, auf eine Platte stürzen und mit dem Puderzucker bestäuben.

Castagnaccio
(Florentiner Maronenfladen)

Zubereitungszeit: *45 Minuten*
Gelingt leicht

Zutaten für 6-8 Personen

300 g Maronenmehl
50 g Sultaninen
50 g Pinienkerne
1 Zweig Rosmarin
1/4 l Milch ◆ 1 Prise Salz
2 EL Olivenöl extravergine

◆ Eine Form von 28 cm Durchmesser mit etwas Olivenöl einfetten. Den Ofen auf 180° C vorheizen. Die Sultaninen in lauwarmem Wasser einweichen. Die einzelnen Blätter vom Rosmarinzweig abzupfen.
◆ Das Mehl mit dem Salz in eine Schüssel sieben und nach und nach die Milch und 1/4 l Wasser zugießen, dabei ständig rühren, damit sich keine Klumpen bilden.
◆ Den Teig etwa 2 cm hoch in die Form füllen, mit den abgetropften und gut ausgedrückten Sultaninen, den Pinienkernen und dem Rosmarin bestreuen und mit dem restlichen Öl beträufeln. Im vorgeheizten Ofen etwa 30 Minuten backen.
◆ Den Castagnaccio auf eine Platte stürzen und lauwarm oder kalt servieren.

Gefüllter Windbeutelkranz

Zubereitungszeit:
1 Stunde 20 Minuten
Braucht etwas Erfahrung

ZUTATEN FÜR 4-6 PERSONEN

200 g Brandteig
1 Zitronenschale
200 ml Milch
2 Eigelb
3 EL Zucker
40 g Mehl
3 EL Sahne
300 g Erdbeeren

Für die Verzierung:
50 g Puderzucker
$^1/_2$ Eiweiß
einige Tropfen Alchermes

Eine Form einfetten und mit Mehl bestäuben. Den Backofen auf 190° C vorheizen.

◆ 200 g Brandteig (s. S. 11) zubereiten und in einen Spritzbeutel mit Lochtülle füllen. Einen großen Teigring in die Form spritzen.

◆ Im vorgeheizten Ofen etwa 40 Minuten backen und erkalten lassen.

◆ Die Erdbeeren in sehr kaltem Wasser waschen, abtrocknen und in Scheiben schneiden. Einige ganze Erdbeeren für die Verzierung zurückbehalten.

◆ Die Milch mit der Zitronenschale aufkochen. Die Eigelbe mit dem Zucker vermischen, das Mehl und dann die heiße Milch in feinem Strahl zufügen. Die Creme aufkochen und unter ständigem Rühren 7–8 Minuten kochen lassen. In einer Schüssel die Sahne steif schlagen.

◆ Die Creme erkalten lassen, ab und zu umrühren, dann einen Teil der Erdbeerscheiben und die geschlagene Sahne unterziehen.

◆ Den Kranz mit einem Sägemesser einmal quer teilen, die untere Hälfte mit der Creme bestreichen und mit den restlichen Erdbeerscheiben belegen.

◆ Den Puderzucker mit dem Eiweiß und dem Alchermes zu einer glatten Glasur verrühren und gleichmäßig auf die obere Kranzhälfte streichen.

◆ Sobald die Glasur fest ist, die glasierte Kranzhälfte auf die gefüllte setzen und mit den restlichen Erdbeeren verzieren.

Getrüffelte Orangentorte

Zubereitungszeit: *1 Stunde 15 Minuten*
Braucht etwas Erfahrung

ZUTATEN FÜR 8-10 PERSONEN

100 g Mehl ◆ 50 g Speisestärke
50 g Kakao ◆ 6 Eier
80 g Butter ◆ 140 g Zucker
2 Päckchen Vanillezucker

Für den Sirup:
100 g Zucker
Schale von
1 unbehandelten Orange
3 EL Grand Marnier

Für die Canache-Creme:
400 g gehackte Bitterschokolade
400 ml Sahne ◆ 3 EL Grand Marnier

Für die Verzierung:
1 EL Kakao ◆ 2 EL Schokoladenstreusel
100 g weiße Schokolade
40 g kandierte Orangenschale

◆ Eine Springform von 24 cm Durchmesser einfetten und mit Mehl bestäuben. Den Backofen auf 190° C vorheizen.
◆ Die Butter schmelzen. Die Eier mit dem Zucker und dem Vanillezucker aufschlagen, bis eine dickschaumige Masse entstanden ist. Vorsichtig das mit der Speisestärke und dem Kakao gesiebte Mehl unterziehen und schließlich die zerlassene Butter in feinem Strahl zugeben.
◆ Den Teig in die Form gießen und im vorgeheizten Ofen etwa 40 Minuten backen. Den Kuchen stürzen und erkalten lassen.
◆ Für die Canache-Creme die Schokolade mit der Sahne im Wasserbad erhitzen. Sobald sich alle Schokoladenstücke aufgelöst haben, völlig erkalten lassen. Dann den Grand Marnier unterrühren und die Creme aufschlagen, bis sich ihr Volumen verdoppelt hat.
◆ Für den Sirup 200 ml Wasser mit dem Zucker und der Orangenschale zum Kochen bringen. 2 Minuten kochen lassen, dann vom Herd nehmen und mit dem Grand Marnier mischen.
◆ Den Kuchen einmal quer in zwei Böden teilen. Den unteren Boden mit etwas Sirup und einem Drittel der Canache-Creme bestreichen. Den zweiten Boden daraufsetzen und ebenfalls mit dem Sirup befeuchten. Die ganze Torte mit der restlichen Creme überziehen.
◆ Für die Verzierung einen Papierkreis von 7 cm Durchmesser in die Mitte der Torte legen, dann den Kakao durch ein Sieb auf die Oberfläche streuen. Den Papierkreis abnehmen. Von der weißen Schokolade Späne abziehen, in die Mitte der Torte setzen und mit den kandierten Orangenstreifen umranden. Den Tortenrand mit den Schokoladenstreuseln einstreuen.

Getrüffelte Orangentorte

Gefüllter Windbeutelkranz

Zabaione-Torte

Zubereitungszeit: *1 Stunde 20 Minuten*

Braucht etwas Erfahrung

ZUTATEN FÜR 8-10 PERSONEN

40 g Mehl
40 g Speisestärke
80 g Zucker
3 Eier
40 g Butter

Für die Füllung:
5 Eigelb
100 g Zucker
200 ml Marsala
100 ml Weißwein
40 g Mehl
300 ml Sahne
4 EL Grand Marnier

Für die Verzierung:
50 g Bitterschokolade
100 ml Sahne

◆ Eine Springform von 24 cm Durchmesser einfetten und mit Mehl bestäuben. Den Backofen auf 180° C vorheizen.
◆ Die Eier und den Zucker schaumig schlagen, dann nacheinander das mit der Speisestärke gesiebte Mehl und die zerlassene Butter vorsichtig unterziehen.
◆ Den Teig in die Form gießen und im vorgeheizten Ofen 30–40 Minuten goldgelb backen. Den Kuchen aus dem Ofen nehmen, aus der Form lösen und erkalten lassen.
◆ Für die Füllung den Weißwein mit dem Marsala erhitzen. Die Eigelbe und den Zucker mit einem Holzlöffel vermischen, dann das gesiebte Mehl und den warmen Wein in feinem Strahl unterrühren. Die Creme aufkochen und bei schwacher Hitze 3–4 Minuten kochen lassen, dabei ständig rühren, damit sich keine Klumpen bilden. Die Sahne steif schlagen und unter die erkaltete Creme heben.
◆ Den Kuchen in zwei Böden teilen. Den unteren Boden mit etwas Grand Marnier und einem Drittel der Creme bestreichen. Den zweiten Boden daraufsetzen und ebenfalls mit dem Likör bepinseln. Die ganze Torte mit der restlichen Creme überziehen.
◆ Für die Verzierung die Schokolade hacken und mit der Sahne im Wasserbad schmelzen. In eine Backpapiertüte füllen und von innen nach außen in einer Spirale auf die Oberfläche der Torte spritzen. Dann ein Holzstäbchen abwechselnd von der Mitte der Torte zum Rand und umgekehrt ziehen und so die Tortenstücke einzeichnen.
◆ Die Zabaione-Torte auf eine Platte setzen und bis zum Servieren kühlstellen.

Zabaione-Torte

Torta „del duca"

Torta „del duca"

(Herzogentorte)

Zubereitungszeit: *1 Stunde*

Braucht etwas Erfahrung

ZUTATEN FÜR 8-10 PERSONEN

5 Eiweiß ◆ 140 g Zucker
2 Päckchen Vanillezucker
150 g geröstete, gemahlene Mandeln
1 Prise Salz

Für die Füllung:
40 g Eiweiß ◆ 100 g Zucker
170 g weiche Butter
1 Prise Salz
1 EL Rum
80 g gehackte Bitterschokolade
1 EL lösliches Espressopulver

Für den Sirup:
100 ml Wasser ◆ 50 g Zucker
1 Orangenschale
2 EL Cointreau

Für die Verzierung:
200 ml Sahne
200 g Vollmilchschokolade
1 EL Aprikosengelee

◆ Drei Springformen von 24 cm Durchmesser mit Backpapierkreisen belegen. Den Backofen auf 190° C vorheizen.
◆ Die Eiweiße mit dem Salz steif schlagen, dabei den Zucker und den Vanillezucker nach und nach einrieseln lassen. Die gemahlenen Mandeln vorsichtig unterziehen.
◆ Die so erhaltene Masse auf die Tortenformen verteilen und im vorgeheizten Ofen 15 Minuten backen. Sobald die Böden zu bräunen beginnen, im ausgestellten Backofen etwas abkühlen lassen, dann aus den Formen lösen und völlig erkalten lassen.
◆ Für die Füllung mit den oben genannten Zutaten eine Buttercreme (s. S. 17) zubereiten und in drei Portionen teilen. Unter einen Teil der Creme den Rum, unter den anderen die im Wasserbad geschmolzene Schokolade und unter den dritten das mit 1 EL warmem Wasser aufgelöste Espressopulver rühren.
◆ Für den Sirup das Wasser mit dem Zucker und der Orangenschale zum Kochen bringen und 3 Minuten kochen lassen. Sobald der Sirup erkaltet ist, den Cointreau unterrühren.
◆ Etwas Sirup und die Rumcreme auf einen Boden geben. Einen zweiten Boden daraufsetzen und mit etwas Sirup und der Schokoladencreme bestreichen. Mit dem dritten Boden abschließen

und den restlichen Sirup sowie die Kaffeecreme darauf verteilen.

◆ Die Sahne steif schlagen, auf die Kaffeecreme geben und glattstreichen. Kleine Späne von der Vollmilchschokolade abziehen und auf die Sahne streuen. Die Torte kühlstellen.

◆ Aus Backpapier einen etwa 6 cm breiten und 75 cm langen Streifen ausschneiden. Die restliche Vollmilchschokolade im Wasserbad schmelzen und schnell 2 mm dick auf den Papierstreifen streichen.

◆ Das Aprikosengelee mit 1 EL Wasser im Wasserbad auflösen und auf den Tortenrand pinseln. Dann den Schokoladenstreifen mit der Papierseite nach außen um die Torte legen. Die Torte erneut kühlstellen. Vor dem Servieren das Backpapier vorsichtig abziehen.

Fernand-Point-Torte

Fernand-Point-Torte

Zubereitungszeit: *1 Stunde 20 Minuten*
Braucht etwas Erfahrung

ZUTATEN FÜR 6-8 PERSONEN

125 g Mehl
125 g weiche Butter
4 Eier ◆ 250 g Zucker
150 g gehackte Bitterschokolade
1 Prise Salz

Für die Creme:
150 g gehackte Vollmilchschokolade
150 g gehackte Bitterschokolade
100 ml Sahne
50 g Butter ◆ 1 EL Rum

Für die Verzierung:
70 g Bitterschokolade
1 EL Puderzucker

◆ Eine Springform von 24 cm Durchmesser mit einem Backpapierkreis auslegen. Den Ofen auf 170° C vorheizen.

◆ Die Butter mit einem Drittel des Zuckers schaumig rühren, dann die Eigelbe einzeln und schließlich den restlichen Zucker zufügen. Wenn die Masse dickschaumig ist, nacheinander die gehackte Bitterschokolade und das Mehl einrühren. Dann die Eiweiße mit dem Salz steif schlagen und unterheben.

◆ Den Teig in die Form füllen und im vorgeheizten Ofen etwa 1 Stunde backen. Den Kuchen aus der Form lösen, das Papier abziehen und erkalten lassen.

◆ Für die Creme die beiden Schokoladensorten mit der Sahne und der Butter im Wasserbad schmelzen. Abkühlen lassen und den Rum unterrühren.

◆ Den Kuchen vollständig mit der Creme überziehen (2 EL davon zurückbehalten).

◆ Von der Bitterschokolade Spänen abziehen, mit einem Löffel auf der Creme verteilen und mit Puderzucker bestäuben.

◆ Mit den Zinken einer Gabel in den Rand der Torte Rillen ziehen. Die restliche Creme in Tupfen um den unteren Rand der Torte setzen.

Mandeltorte mit Maraschinocreme

Mandeltorte mit Maraschinocreme

Zubereitungszeit: *1 Stunde 20 Minuten*
Braucht etwas Erfahrung

ZUTATEN FÜR 8-10 PERSONEN

6 Eier ◆ 3 Eigelb
150 g Zucker
100 g Speisestärke
100 g Mehl
80 g geröstete, gemahlene Mandeln
75 g Butter ◆ 1 Prise Vanillezucker

Für die Füllung:
200 g Zucker
100 g geschälte Mandeln ◆ 40 g Eiweiß
1/2 EL Zitronensaft
1 EL Mandelöl
170 g weiche Butter
2 EL Maraschino
1 Prise Salz

Für die Verzierung:
50 g geröstete Mandelblättchen
1 EL Kakao

◆ Eine Springform von 26 cm Durchmesser einfetten und mit Mehl bestäuben. Den Ofen auf 190° C vorheizen.

◆ Die Butter bei milder Hitze schmelzen. Die Eier, die Eigelbe, den Zucker und den Vanillezucker aufschlagen, bis eine dickschaumige Masse entstanden ist. Nacheinander die Mandeln, das mit der Stärke gesiebte Mehl und die zerlassene Butter in feinem Strahl zufügen.

◆ Den Teig in die Form füllen und im vorgeheizten Ofen etwa 40 Minuten backen. Den Kuchen aus der Form lösen und erkalten lassen.

◆ Für die Füllung mit dem Zucker, den Mandeln, dem Zitronensaft und dem Öl einen Krokant (s. S. 21) herstellen und nach dem Erkalten hacken. Mit den restlichen Zutaten eine Buttercreme (s. S. 17) zubereiten und mit dem gehackten Krokant und dem Maraschino mischen.

▶

◆ Den Kuchen in zwei Böden teilen. Den unteren Boden mit einem Drittel der Creme bestreichen und mit dem zweiten Boden abdecken. Die ganze Torte mit der restlichen Creme überziehen.
◆ Die Torte mit den Mandelblättchen vollständig einstreuen und mit drei Kartonstreifen belegen. Dann den Kakao über die freien Zwischenräume sieben und die Kartonstreifen wieder abheben.

Nußcreme-Torte

Zubereitungszeit: *1 Stunde 20 Minuten*
Braucht etwas Erfahrung

ZUTATEN FÜR 6-8 PERSONEN

40 g Mehl
25 g Speisestärke
120 g Zucker ◆ 4 Eier
100 g karamelisierte, gehackte Haselnüsse
2 EL Kirschwasser ◆ 1 Prise Salz

Für die Füllung:
150 g geröstete, gehackte Haselnüsse
80 g Zucker ◆ 1/2 l Milch
60 g Mehl ◆ 5 Eigelb
1 Päckchen Vanillezucker
geriebene Schale von 1 unbehandelten Zitrone

Für die Verzierung:
100 g geröstete, gehackte Haselnüsse
150 g Sahne
12 karamelisierte Haselnüsse
1 Bund Minze
1 EL Aprikosengelee

◆ Eine Springform von 24 cm Durchmesser einfetten und mit Mehl bestäuben. Den Backofen auf 180° C vorheizen.
◆ Die Eigelbe mit dem Zucker schaumig schlagen und das mit der Speisestärke gesiebte Mehl, die karamelisierten Haselnüsse und das Kirschwasser zufügen. Die Eiweiße mit dem Salz steif schlagen und unterheben.
◆ Den Teig in die Form füllen und im vorgeheizten Ofen etwa 40 Minuten backen. Den Kuchen aus der Form lösen und erkalten lassen.
◆ Für die Füllung aus den oben genannten Zutaten eine Konditorcreme (s. S. 16) zubereiten. Die Haselnüsse unterrühren und die Creme erkalten lassen.
◆ Den Kuchen in drei Böden teilen. Auf den unteren Boden die Hälfte der Füllung geben. Den zweiten Boden daraufsetzen und mit der restlichen Füllung bestreichen. Mit dem dritten Boden abschließen.
◆ Für die Verzierung die Haselnüsse grob hacken. Das Aprikosengelee mit 1 EL Wasser schmelzen. Die Torte vollständig damit bestreichen und mit den gehackten Haselnüssen einstreuen.
◆ Die Sahne steif schlagen, in einen Spritzbeutel mit Sterntülle geben und in Tupfen auf die Torte setzen. Die Sahnetupfen mit jeweils einer karamelisierten Haselnuß und einem Minzeblättchen verzieren.

Schokoladen-Sahne-Torte

Zubereitungszeit: *1 Stunde 10 Minuten (ohne Kühlzeit)*
Braucht etwas Erfahrung

ZUTATEN FÜR 8-10 PERSONEN

130 g Mehl ◆ 130 g weiche Butter
40 g Puderzucker
1 Päckchen Vanillezucker ◆ 6 Eier
130 g gehackte Bitterschokolade
130 g Zucker ◆ 1 Prise Salz

Für die Creme:
1/4 l Sahne
60 g gehackte Vollmilchschokolade

Für den Sirup:
50 g Zucker ◆ 2 EL Rum

Für die Verzierung:
150 g gehackte weiße Schokolade
70 g gehackte Bitterschokolade
50 g Vollmilchschokolade

◆ Am Vortag für die Creme die Schokolade mit der Sahne im Wasserbad schmelzen und 12 Stunden kühlstellen.
◆ Eine Springform von 24 cm Durchmesser einfetten und mit Mehl bestäuben. Den Backofen auf 180° C vorheizen.
◆ Die Bitterschokolade im Wasserbad schmelzen. Die Butter mit dem Zucker, dem Vanillezucker und dem Puderzucker schaumig schlagen, dann nacheinander die Eigelbe einzeln, die geschmolzene Schokolade und das gesiebte Mehl unterrühren. Die Eiweiße mit dem Salz steif schlagen und unterheben.
◆ Den Teig in die Form füllen und im vorgeheizten Ofen etwa 40 Minuten backen. Den Kuchen aus der Form lösen und erkalten lassen.
◆ Für den Sirup den Zucker 2–3 Minuten mit etwa 100 ml Wasser kochen, abkühlen lassen und mit dem Rum mischen.
◆ Die Schokoladen-Sahne-Mischung aus dem Kühlschrank nehmen und steif schlagen, 2 EL davon abnehmen und beiseite stellen.
◆ Den Kuchen in zwei Böden teilen. Den unteren Boden mit etwas Rumsirup und einer Schicht Schokoladencreme bestreichen. Den zweiten Bo-

den daraufsetzen und ebenfalls mit dem Sirup befeuchten. Dann die ganze Torte mit der restlichen Creme überziehen und kühlstellen.
◆ Für die Verzierung die Vollmilchschokolade raspeln. Die weiße Schokolade im Wasserbad schmelzen und mit einer Palette auf der Torte verteilen. Die Torte erneut kühlstellen. Sobald die Schokolade erstarrt ist, den Tortenrand mit den zurückbehaltenen 2 EL Creme bestreichen und mit den Schokoladenraspeln einstreuen.
◆ Die Bitterschokolade im Wasserbad schmelzen und zu einem kleinen Kreis auf die Arbeitsfläche gießen. Aus der erstarrten Schokoladenscheibe eine Blume ausschneiden und in die Mitte der Torte legen. Die restliche geschmolzene Schokolade in eine Backpapiertüte geben und in Linien, Punkten und Kreisen auf die Torte spritzen.

Himbeer-Sahne-Torte

Zubereitungszeit: *1 Stunde 20 Minuten (ohne Kühlzeit)*
Braucht etwas Erfahrung

ZUTATEN FÜR 8 PERSONEN

180 g Puderzucker
90 g Mehl ◆ 1 EL Kakao
100 g geröstete, fein gehackte Haselnüsse
9 Eiweiß ◆ 1 Prise Salz
Für die Füllung:
500 g Himbeeren ◆ 350 ml Sahne
20 g Puderzucker
Für die Verzierung:
100 ml Sahne
5 kandierte Veilchen ◆ 80 g Himbeeren

◆ Zwei Backbleche mit Backpapier auslegen und mit einem Bleistift drei Kreise von 25 cm Durchmesser darauf einzeichnen. Den Backofen auf 140° C vorheizen.
◆ Die Eiweiße mit dem Salz zu Schnee schlagen, dabei den Puderzucker nach und nach einrieseln lassen. Dann die Haselnüsse, das Mehl und den Kakao zufügen. Den Teig auf die eingezeichneten Kreise verteilen und im vorgeheizten Ofen 45–50 Minuten backen. Wenn die Böden goldgelb, aber innen noch etwas weich sind, aus dem Ofen nehmen und erkalten lassen.
◆ Für die Füllung die Himbeeren in sehr kaltem Wasser waschen, abgießen und abtrocknen. Die Sahne mit dem Puderzucker steif schlagen.
◆ Zwei Böden mit Sahne und Himbeeren schichten. Den dritten Boden daraufsetzen und mit der restlichen Sahne abschließen. 12 Stunden kühlstellen.
◆ Die Sahne steif schlagen, in einen Spritzbeutel mit Sterntülle füllen und in Tupfen auf die Torte setzen. Die Verzierung mit den Himbeeren und den kandierten Veilchen vervollständigen.

Mohntorte mit Schokoladencreme

Zubereitungszeit: *2 Stunden*
Braucht etwas Erfahrung

ZUTATEN FÜR 8-10 PERSONEN

70 g Blaumohn
4 Eier ◆ 300 g Zucker
300 g saure Sahne ◆ 325 g Mehl
1 Päckchen Backpulver ◆ 1 Prise Salz
Für die Creme:
150 g gehackte Bitterschokolade
3 EL Sahne ◆ 2 Eigelb
50 g Zucker ◆ 80 g weiche Butter
1 TL Kakao
Für die Verzierung:
80 g gehackte Bitterschokolade
100 ml Sahne ◆ 1 EL Puderzucker
10 g Blaumohn

◆ Eine Springform von 28 cm Durchmesser einfetten und mit Mehl bestäuben. Den Backofen auf 180° C vorheizen. Den Blaumohn 15 Minuten in heißem Wasser einweichen, abgießen und auf einem Küchentuch trocknen lassen. Dann auf ein Stück Backpapier geben und ab und zu umrühren, damit er völlig durchtrocknet.
◆ Die Eier mit dem Zucker aufschlagen und unter weiterem Rühren die Sahne zufügen. Nacheinander das gesiebte Mehl, den Mohn, das Backpulver und das Salz unterheben. Den Teig in die Form füllen und im vorgeheizten Ofen 45–50 Minuten backen. Aus der Form lösen und erkalten lassen.
◆ Für die Creme die Schokolade mit der Sahne im Wasserbad schmelzen. Die Eigelbe mit dem Zucker gründlich aufschlagen und die in Stücke geschnittene Butter und den Kakao unterrühren. Die geschmolzene Schokolade zufügen und alles etwa 30 Minuten kühlstellen.
◆ Den Kuchen in zwei Böden teilen. Den unteren Boden mit der Creme bestreichen und mit dem zweiten Boden abdecken.
◆ Für die Verzierung die Schokolade im Wasserbad schmelzen, auf einem Stück Backpapier 3 mm dick verstreichen und kühlstellen. Nach dem Erstarren acht Kreis ausstechen.
◆ Die Torte mit Puderzucker bestäuben und mit den Schokoladenscheiben, Sahnetupfen und einer Prise Mohn verzieren.

Sachertorte

Zubereitungszeit:
1,5 Stunden
Braucht etwas Erfahrung

Zutaten für 6 Personen

150 g weiche Butter
130 g Zucker ◆ 6 Eier
160 g Bitterschokolade
150 g Mehl
100 g Aprikosenkonfitüre
Für die Verzierung:
60 g Puderzucker
etwas Butter
2 oder 3 EL Milch
150 g Bitterschokolade

Eine Springform von 24 cm Durchmesser einfetten und mit Mehl bestäuben. Den Backofen auf 180° C vorheizen.

◆ Die Butter mit dem Zucker schaumig schlagen und die Eigelbe einzeln zufügen. Die zerkleinerte Schokolade im Wasserbad schmelzen und abkühlen lassen. Die Butter-Ei-Masse mit der Schokolade mischen und das gesiebte Mehl unterziehen. Die Eiweiße steif schlagen und unterheben.

◆ Den Teig in die Form füllen und im vorgeheizten Ofen etwa 40 Minuten backen. Nach Ende der Backzeit den Kuchen aus der Form lösen, erkalten lassen und in zwei Böden teilen. Den unteren Boden mit einem Drittel der erwärmten Aprikosenkonfitüre bestreichen und mit dem zweiten Boden abdecken. Schließlich die ganze Torte mit der restlichen Konfitüre überziehen.

◆ Für die Verzierung ein Stück Schokolade zurückbehalten, den Rest zerkleinern. Die zerkleinerte Schokolade mit der Butter, der Milch und dem Puderzucker im Wasserbad schmelzen, auf die Torte gießen und mit einer Palette verteilen. Anschließend den Tortenrand gleichmäßig einstreichen.

◆ Die zurückbehaltene Schokolade im Wasserbad schmelzen und in eine Backpapiertüte geben. Den „Sacher"-Schriftzug auf die Tortenoberfläche setzen.

Zitronentorte mit Guß

Zubereitungszeit: *1 Stunde 15 Minuten*
Braucht etwas Erfahrung

Zutaten für 8-10 Personen

80 g Mehl ◆ 3 Eier
20 g Speisestärke
70 g Zucker
70 g Butter
2 Päckchen Vanillezucker
Für die Creme:
4 Eigelb
50 g weiche Butter
80 g Zucker
Saft von 3 Zitronen
Für den Sirup:
50 g Zucker
3 EL Maraschino
Schale von 1/2 unbehandelten Zitrone
Für die Glasur:
150 g Puderzucker
1 unbehandelte Zitrone
20 g geschälte, gehackte Pistazien

◆ Eine Springform von 24 cm Durchmesser einfetten und mit Mehl bestäuben. Den Backofen auf 180° C vorheizen.
◆ Die Eier mit dem Zucker und dem Vanillezucker schlagen, bis eine dickschaumige Masse entstanden ist. Dann das mit der Speisestärke gesiebte Mehl sowie die zerlassene Butter in feinem Strahl zufügen.
◆ Den Teig in die Form geben und im vorgeheizten Ofen 35–40 Minuten backen. Den Kuchen aus der Form lösen und auf einem Gitter erkalten lassen. Die Butter in Stücke schneiden.
◆ Für die Creme die Eigelbe mit dem Zucker im Wasserbad schaumig schlagen. Vom Herd nehmen und den Zitronensaft zufügen. Wieder auf den Herd stellen und unter ständigem Rühren im Wasserbad kochen lassen, bis die Creme dick wird und den Löffel mit einem Schleier überzieht. Die Butterstücke gründlich unterrühren und alles erkalten lassen.

Zitronentorte mit Guß

◆ Für den Sirup 100 ml Wasser mit dem Zucker und der Zitronenschale bei schwacher Hitze zum Kochen bringen, dabei ab und zu umrühren. Den Sirup 2 Minuten kochen und dann erkalten lassen. Schließlich den Maraschino zugeben.
◆ Für die Glasur die Zitrone waschen und abtrocknen, die Schale abreiben und den Saft auspressen. Die geriebene Schale mit 2 EL Saft und dem Puderzucker zu einer dicken, glatten Masse verrühren.
◆ Den Kuchen in zwei Böden teilen. Den unteren Boden mit etwas Sirup und mit der Creme bestreichen. Den zweiten Boden daraufsetzen und ebenfalls mit dem Sirup befeuchten.
◆ Die Zitronenglasur auf die Torte gießen und mit einer Palette verteilen. Anschließend den Tortenrand gleichmäßig einstreichen. Die Pistazien auf die Torte streuen.
◆ Auf eine Platte setzen und kühlstellen, damit die Glasur fest wird.

Sachertorte

Gâteau Mascotte

Zubereitungszeit: *1 Stunde 20 Minuten*
Braucht etwas Erfahrung

ZUTATEN FÜR 6-8 PERSONEN

40 g Mehl ◆ 25 g Speisestärke
120 g Zucker ◆ 4 Eier
2 EL Kirschwasser ◆ 1 Prise Salz
100 g karamelisierte Mandeln

Für die Füllung:
170 g weiche Butter
100 g Zucker ◆ 1 Eiweiß
1 Prise Salz
70 g gehackte Bitterschokolade

Für die Verzierung:
60 g Puderzucker
etwas Butter ◆ 1 EL Milch
100 g gehackte Bitterschokolade
12 Mandelblättchen
60 g geschälte, geröstete und grob gehackte Mandeln
einige Tropfen Zitronensaft

Gâteau Mascotte

◆ Eine viereckige Form von etwa 18 x 18 cm einfetten und mit Mehl bestäuben. Den Backofen auf 180° C vorheizen.

◆ Die Eigelbe mit dem Zucker schaumig schlagen und nach und nach das mit der Speisestärke gesiebte Mehl, die karamelisierten, fein gehackten Mandeln und das Kirschwasser zufügen. Schließlich die Eiweiße mit dem Salz steif schlagen und unterheben.

◆ Den Teig in die Form geben und im vorgeheizten Ofen 30–40 Minuten backen. Den Kuchen stürzen und erkalten lassen.

◆ Für die Füllung mit den oben genannten Zutaten eine Buttercreme (s. S. 17) zubereiten. Ein Drittel der Creme für die Verzierung beiseite stellen und den Rest mit der im Wasserbad geschmolzenen Schokolade mischen.

◆ Den Kuchen in 3 Böden teilen. Abwechselnd Böden und Creme schichten. Mit dem dritten Boden abschließen.

◆ Für die Verzierung den Tortenrand mit der restlichen Buttercreme einstreichen und mit den gehackten Mandeln einstreuen.

◆ Die Schokolade mit der Butter, der Milch und 40 g Puderzucker im Wasserbad schmelzen, auf die die Torte gießen und mit einer Palette glattstreichen. Je drei Mandelblättchen in die Ecken legen.

◆ Den restlichen Puderzucker mit einigen Tropfen Zitronensaft zu einer glatten Glasur verrühren und in eine Backpapiertüte geben. Vier große Glasurtropfen in die Ecken und den Schriftzug „Mascotte" auf die Mitte der Torte setzen.

Gefüllte Baisertorte

Zubereitungszeit: *2 Stunden*
Braucht etwas Erfahrung

ZUTATEN FÜR 8-10 PERSONEN

150 g Eiweiß
140 g Zucker
2 Päckchen Vanillezucker
150 g geschälte, gemahlene Mandeln
1 Prise Salz

Für die Creme:
40 g Eiweiß ◆ 100 g Zucker
170 g weiche Butter
1 Prise Salz
1 EL Kakao
2 EL Maraschino

Für die Verzierung:
100 g geschälte Mandeln
1 EL Aprikosengelee
1 TL Puderzucker
3 karamelisierte Mandeln

◆ Ein Backblech einfetten, mit Mehl bestäuben und drei Kreise von 20 cm Durchmesser darauf einzeichnen. Den Backofen auf 100° C vorheizen.

◆ Das Eiweiß mit dem Salz steif schlagen, dabei den Zucker und den Vanillezucker nach und nach einrieseln lassen. Dann die gemahlenen Mandeln vorsichtig unterheben. Die Baisermasse in einen Spritzbeutel mit Lochtülle geben und spiralförmig in die eingezeichneten Kreise spritzen.

◆ Im vorgeheizten Ofen etwa 1,5 Stunden backen. Die Böden vom Blech lösen und erkalten lassen.

◆ Die Backofentemperatur auf 180° C erhöhen.

◆ Mit den oben genannten Zutaten eine Buttercreme (s. S. 17) zubereiten und in zwei Portionen teilen. Unter die eine Cremehälfte den Kakao, unter die andere den Maraschino mischen.

◆ Die drei Böden mit einem scharfen Messer begradigen. Auf den unteren Boden die Kakaocreme geben. Den zweiten Boden daraufsetzen und mit der Maraschinocreme bestreichen. Mit dem dritten Boden abschließen.

Gefüllte Baisertorte

◆ Für die Verzierung die geschälten Mandeln kurz im vorgeheizten Backofen rösten und dann grob hacken.

◆ Das Aprikosengelee mit 1 EL Wasser erwärmen, auf die Oberfläche der Torte streichen und mit den gehackten Mandeln bestreuen. In der Mitte aus dem Puderzucker ein Dreieck bilden und die drei karamelisierten Mandeln daraufsetzen.

Madrider Torte

Zubereitungszeit: *1 Stunde 15 Minuten (ohne Kühlzeit)*

Braucht etwas Erfahrung

ZUTATEN FÜR 8 PERSONEN

4 Eier ◆ 1 Eigelb
100 g Zucker
2 EL Sahne
50 g Speisestärke
50 g Mehl
1 Päckchen Vanillezucker
1 Prise Salz

Für die Füllung:

$^{1}/_{4}$ l Milch
4 Eigelb
400 ml Sahne
70 g Zucker
3 EL Mandelmilch
12 g Blattgelatine

Für dieVerzierung:

80 g Zucker
1 TL Zitronensaft
150 ml Sahne ◆ 1 EL Öl

◆ Vier flache Tortenformen von 24 cm Durchmesser einfetten und mit Mehl bestäuben. Den Backofen auf 180° C vorheizen.
◆ Die 5 Eigelb mit 50 g Zucker und dem Vanillezucker schaumig schlagen. Die Sahne und das gesiebte Mehl zufügen.
◆ Die Eiweiße mit dem Salz steif schlagen, dabei den Zucker und die Speisestärke einrieseln lassen. Vorsichtig unter die Eigelb-Mehl-Masse ziehen.
◆ Den Teig auf die Formen verteilen, gleichmäßig glattstreichen und im vorgeheizten Ofen 15 Minuten backen. Die Böden stürzen und erkalten lassen.
◆ Für die Füllung die Gelatine in kaltem Wasser einweichen und die Milch aufkochen. Die Eigelbe mit dem Zucker aufschlagen, dann die heiße Milch in feinem Strahl zugießen. Alles bei schwacher Temperatur und unter ständigem Rühren erhitzen. Dabei darauf achten, daß die Creme nicht aufkocht. Vom Herd nehmen, die ausgedrückte Gelatine zufügen und unter Rühren auflösen. Die Creme durch ein Sieb streichen, erkalten lassen und mit der Mandelmilch und der geschlagenen Sahne mischen.
◆ Abwechselnd Böden und Creme schichten. Mit der Füllung abschließen. Die Torte etwa 2 Stunden in den Kühlschrank stellen.
◆ Für die Verzierung den Zucker mit dem Zitronensaft bei schwacher Hitze zu einem hellen Karamel kochen und dünn auf den vierten Boden streichen. Überstehenden Karamel abschneiden. Aus der Mitte des Bodens mit einem geölten Ausstecher von 10 cm Durchmesser einen Kreis ausstechen. Mit einem scharfen, geölten Messer den verbliebenen Rand in neun gleiche Dreiecke schneiden.
◆ Die karamelisierte Scheibe in die Mitte der Torte legen, dann die steif geschlagene Sahne in einen Spritzbeutel mit Sterntülle geben und in neun Tupfen auf den Tortenrand setzen. Auf jeden Tupfen leicht schräg ein karamelisiertes Dreieck legen.

Madrider Torte

Millefoglie alla crema

Millefoglie alla crema

(Gefüllte Blätterteigtorte)

Zubereitungszeit: *1 Stunde*

Raffiniert

ZUTATEN FÜR 6-8 PERSONEN

300 g Blätterteig
3 EL Puderzucker

Für die Konditorcreme:

2 Eigelb
40 g Zucker
$^{1}/_{2}$ l Milch
20 g Mehl
1 Päckchen Vanillezucker
Schale von $^{1}/_{2}$ unbehandelten Zitrone

◆ Den Backofen auf 220° C vorheizen. Mit den oben genannten Zutaten eine Konditorcreme zubereiten (s. S. 16) und erkalten lassen.
◆ Den Blätterteig (S. 12) zubereiten und 3 mm dick ausrollen. Drei Kreise von 22 cm Durchmesser ausschneiden. Die Teigscheiben zusammen mit den Teigresten auf ein mit Wasser benetztes Backblech legen, mehrmals mit einer Gabel einstechen und im vorgeheizten Ofen backen, bis sie nur leicht gebräunt sind.
◆ Mit dem Puderzucker bestäuben und weiterbacken, bis sie eine goldgelbe Farbe angenommen haben. Aus dem Ofen nehmen und erkalten lassen.
◆ Die runden Böden mit einem scharfen Messer begradigen, so daß sie gleich groß sind. Die Hälfte der Creme auf den ersten Boden geben. Den zweiten Boden daraufsetzen und mit der restlichen Creme bestreichen. Mit dem dritten Boden abschließen.
◆ Die gebackenen Teigreste zerkrümeln und auf den Teigrand streuen. Abschließend die Torte mit Puderzucker bestäuben.

Millefoglie al Cointreau

(Blätterteigtorte mit Cointreaucreme)

Zubereitungszeit: *1 Stunde 20 Minuten*
Raffiniert

Zutaten für 4-6 Personen

400 g Blätterteig
1/2 l Milch ◆ 5 Eigelb ◆ 100 g Zucker
50 g Mehl ◆ 1 Päckchen Vanillezucker
2 EL geröstete, gehackte Haselnüsse
2 EL Cointreau ◆ 400 ml Sahne

◆ Den Backofen auf 220° C vorheizen.
◆ Den Blätterteig (s. S. 12) zubereiten und 3 mm dick ausrollen. Fünf Teigquadrate von 23 x 23 cm ausschneiden, auf ein mit Wasser benetztes Blech legen und mehrmals mit einer Gabel einstechen. Im vorgeheizten Ofen 15–20 Minuten backen.
◆ Für die Creme die Eigelbe mit dem Zucker und dem Vanillezucker aufschlagen, dann das Mehl, und die Milch zufügen. Alles bei schwacher Hitze 5–6 Minuten unter ständigem Rühren kochen. Die Creme in zwei Portionen teilen und abkühlen lassen. Unter die eine Cremehälfte die Haselnüsse, unter die andere den Cointreau mischen.
◆ Die Sahne steif schlagen, halbieren und jeweils unter die Nußcreme und die Likörcreme ziehen.
◆ Die Ränder der Böden begradigen. Die Hälfte der Nußcreme auf den unteren Boden verteilen. Den zweiten Boden daraufsetzen und mit der Hälfte der Likörcreme bestreichen. Mit den restlichen Böden so weiter verfahren, dabei mit dem fünften Boden abschließen.
◆ Die Torte im Kühlschrank aufbewahren und vor dem Servieren mit Puderzucker bestäuben.

Turiner Torte

Zubereitungszeit: *1 Stunde 15 Minuten*
Braucht etwas Erfahrung

Zutaten für 8-10 Personen

80 g Mehl ◆ 80 g Zucker
3 Eier ◆ 40 g weiche Butter
50 g geröstete, geschälte Haselnüsse

Für den Sirup:
50 g Zucker ◆ 3 EL Rum

Für die Verzierung:
300 ml Sahne ◆ 10 geschälte Pistazien
300 g gehackte Marrons glacés
2 EL Aprikosengelee ◆ 100 g Puderzucker
einige Tropfen Rum ◆ 1 Eiweiß

◆ Eine quadratische Form von 20 x 20 cm einfetten und mit Mehl bestäuben. Den Backofen auf 180° C vorheizen. Die Haselnüsse fein hakken. Die Butter schmelzen.
◆ Die Eier mit dem Zucker schaumig schlagen und nacheinander das gesiebte Mehl, die Haselnüsse und die zerlassene Butter zufügen. Den Teig in die Form geben und im vorgeheizten Ofen 30–40 Minuten backen. Den Kuchen stürzen und erkalten lassen.
◆ Für den Sirup den Zucker mit 100 ml Wasser 2–3 Minuten kochen, abkühlen lassen und mit dem Rum mischen.
◆ Den Kuchen in zwei Böden teilen und die Sahne steif schlagen. Auf den unteren Boden nacheinander etwas Sirup, die Hälfte der Sahne und die Hälfte der Marrons glacés verteilen. Den zweiten Boden daraufsetzen und ebenfalls mit dem Sirup befeuchten.
◆ Die restliche Sahne in einen Spritzbeutel mit Sterntülle geben und kühlstellen. Das Aprikosengelee mit 1 EL Wasser schmelzen und auf die gesamte Torte streichen.
◆ Das Eiweiß mit dem Rum anrühren, dabei nach und nach den Puderzucker zufügen. Die Torte mit der so erhaltenen Glasur überziehen und mit den restlichen Marrons glacés belegen. Die Verzierung mit Sahnetupfen und den halbierten Pistazien vervollständigen.

Sahnetorte

Zubereitungszeit: *2 Stunden*
Braucht etwas Erfahrung

Zutaten für 8-10 Personen

150 g Mehl ◆ 50 g Speisestärke
200 g weiche Butter
170 g Zucker ◆ 2 Päckchen Vanillezucker
200 g Bitterschokolade
5 Eier ◆ 75 g geröstete, gehackte Mandeln
1 Päckchen Backpulver
5 cl Rum ◆ 1 Prise Salz

Für Füllung und Verzierung:
400 ml Sahne
1 TL lösliches Espressopulvver
30 g Puderzucker
1 EL Aprikosenkonfitüre
100 g Bitterschokolade

◆ Eine Springform von 26 cm Durchmesser einfetten und mit Mehl bestäuben. Den Backofen auf 180° C vorheizen.
◆ Die Butter mit dem Zucker und dem Vanillezucker zu einer cremigen Masse aufschlagen.
◆ Die Schokolade im Wasserbad schmelzen, abkühlen lassen und unter die Butter-Zucker-

Masse ziehen. Die Eier einzeln, dann das Salz und den Rum unterrühren. Schließlich das mit der Speisestärke und dem Backpulver gesiebte Mehl und die gehackten Mandeln zugeben. Den Teig in die Form füllen und im vorgeheizten Ofen 50–55 Minuten backen. Den Kuchen stürzen und erkalten lassen.

◆ Für die Füllung das Espressopulver in 2 EL erwärmter Sahne auflösen und unter die restliche Sahne mischen. Dann die Sahne kühlstellen.

◆ Den Kuchen in drei Böden teilen. Die Konfitüre mit 2 EL Wasser erwärmen und auf alle Böden streichen. Die Sahne mit dem Zucker steif schlagen. Abwechselnd Böden und Kaffeesahne schichten. Mit einem Boden abschließen.

◆ Die ganze Torte mit der restlichen Kaffeesahne überziehen (2 EL zurückbehalten).

◆ Von der Schokolade ausreichend Späne abziehen und auf den Tortenrand streuen. Die restliche Schokolade im Wasserbad schmelzen und in eine Backpapiertüte geben. Ein Schokoladengitter auf die Oberfläche der Torte zeichnen.

◆ Die restliche Sahne in einen Spritzbeutel mit Sterntülle füllen und in Tupfen auf den Tortenrand spritzen.

Millefoglie alla crema di marrons glacés

(Blätterteigtorte mit Maronencreme)

Zubereitungszeit: *1 Stunde*
Raffiniert

ZUTATEN FÜR 6-8 PERSONEN

300 g Blätterteig
Für die Creme:
300 g zerbröselte Marrons glacés
2 EL Maraschino
100 ml Milch ◆ 300 ml Sahne
Für die Verzierung:
1 EL Puderzucker ◆ 3 Marrons glacés
80 g gehackte Bitterschokolade

◆ Den Backofen auf 200° C vorheizen.

◆ Den Blätterteig (s. S. 12) zubereiten und 3 mm dick ausrollen. Fünf Teigrechtecke von 10 x 20 cm ausschneiden, auf ein mit Wasser benetztes Backblech legen und im vorgeheizten Ofen etwa 15 Minuten backen.

◆ Für die Creme die Marrons glacés mit dem Maraschino und der Milch pürieren. Die Sahne steif schlagen und unter das Maronenpüree ziehen. Abwechselnd Böden und Maronencreme schichten, dabei mit einem Boden abschließen. Die Torte mit Puderzucker bestäuben.

◆ Für die Verzierung die Schokolade im Wasserbad schmelzen und in eine kleine Papiermanschette streichen. Eine Schokoladenschicht auf ein Stück Backpapier pinseln, vier Blätter ausschneiden und zum Erstarren kühlstellen. Die Papiermanschette vorsichtig von der Schokolade abziehen. Die so erhaltene Schale mit einer Eßkastanie füllen, in die Mitte der Torte setzen und mit den Schokoladenblättern umranden. Am Tortenrand halbierte Maronen anordnen.

Schokoladentriumph

Zubereitungszeit: *1 Stunde 15 Minuten*
Braucht etwas Erfahrung

ZUTATEN FÜR 8-10 PERSONEN

100 g Kakao ◆ 220 g Mehl
1/2 Päckchen Backpulver
120 g gehackte Bitterschokolade
200 g weiche Butter ◆ 300 g Zucker
3 Eigelb ◆ 5 Eiweiß ◆ 200 ml Sahne
2 EL brauner Rum ◆ 1 Prise Salz
Für Füllung und Verzierung:
250 g gehackte Bitterschokolade
150 g weiche Butter
4 Eier ◆ 1 Prise Salz

◆ Eine Springform von 24 cm Durchmesser einfetten und mit Kakao bestäuben. Den Backofen auf 190° C vorheizen.

◆ 100 g Kakao in 100 ml heißem Wasser auflösen. Die Schokolade im Wasserbad schmelzen und mit dem aufgelösten Kakao mischen.

◆ Die Butter mit dem Zucker sehr schaumig rühren, dabei die Eigelbe zufügen. Nacheinander die geschmolzene Schokolade, das Backpulver, die Sahne, den Rum und das Mehl zugeben. Schließlich die Eiweiße mit dem Salz zu steifem Schnee schlagen und vorsichtig unterheben.

◆ Den Teig in die Form gießen und im vorgeheizten Ofen etwa 35 Minuten backen. Den lauwarmen Kuchen stürzen und auf einem Gitter erkalten lassen.

◆ Für die Füllung die Schokolade mit der Butter im Wasserbad schmelzen. Vom Herd nehmen und die Eigelbe einzeln unterrühren. Abkühlen lassen. Die Eiweiße mit dem Salz steif schlagen und unterheben.

◆ Den Kuchen in drei Böden teilen. Abwechselnd Böden und Creme schichten, dabei mit einem Boden abschließen.

◆ Die Torte gleichmäßig mit der restlichen Creme überziehen. Mit der Wölbung eines Löffels ein „bewegtes" Muster in die Creme drücken.

Mokka-Torte

Zubereitungszeit: *1 Stunde 15 Minuten*
Braucht etwas Erfahrung

ZUTATEN FÜR 6-8 PERSONEN

80 g Zucker
50 g Speisestärke
30 g weiche Butter
6 Eier
30 g geschälte, gemahlene Mandeln
1 EL Aprikosengelee
1 Prise Salz

Für die Creme:
20 g Eiweiß
50 g Zucker
85 g weiche Butter
1 TL Kaffeelikör

Für den Sirup:
50 g Zucker
1 EL Kaffeelikör

Für die Verzierung:
200 g Puderzucker
1 Eiweiß
1 TL lösliches Espressopulver
20 g Kaffeebohnen

Eine Springform von 22 cm Durchmesser einfetten und mit Mehl bestäuben. Den Backofen auf 160° C vorheizen. Die Butter in Stücke schneiden.

◆ Die Eigelbe mit dem Zucker schaumig rühren, dann nacheinander die Speisestärke, die Mandeln und die Butterstücke zufügen. Schließlich die Eiweiße mit dem Salz steif schlagen und vorsichtig unterheben.

◆ Den Teig in die Form füllen und im vorgeheizten Ofen etwa 40 Minuten backen. Den Kuchen aus der Form lösen und erkalten lassen.

◆ Mit den nebenstehend genannten Zutaten eine Buttercreme zubereiten (s. S. 17) und mit dem Kaffeelikör mischen. Für den Sirup den Zucker mit 100 ml Wasser aufkochen. Sobald sich der Zucker aufgelöst hat, erkalten lassen und den Kaffeelikör unterrühren. Das Aprikosengelee mit 1 EL Wasser bei schwacher Hitze schmelzen.

◆ Den Kuchen in zwei Böden teilen. Zuerst den Sirup, dann die Creme auf den unteren Boden streichen (1). Den zweiten Boden daraufsetzen und mit dem Sirup und dem Aprikosengelee überziehen.

◆ Für die Verzierung das Espressopulver mit 1 EL lauwarmem Wasser auflösen. Das Eiweiß mit dem Puderzucker zu einer dickflüssigen Glasur verrühren und mit einigen Tropfen Espresso mischen.

◆ Einen Teil der Glasur auf die Torte gießen und mit einer Palette glattstreichen (2). Im Kühlschrank fest werden lassen.

◆ Die restliche Glasur mit dem verbliebenen Espresso verrühren und in eine Backpapiertüte geben. Die Torte mit Glasurtropfen (3) und Kaffeebohnen, die mit jeweils einem Glasurtupfen auf der Tortenoberfläche befestigt werden, verzieren.

◆ Kühl aufbewahren.

1

2

3

Herzoginnentorte

Zubereitungszeit: *1 Stunde (ohne Ruhezeit)*
Braucht etwas Erfahrung

ZUTATEN FÜR 6-8 PERSONEN

200 g Mehl ◆ *100 g Zucker*
1 Eigelb ◆ *180 g weiche Butter*
100 g geschälte, geröstete, gemahlene Mandeln

Für die Füllung:
3 Eigelb ◆ *50 g Zucker*
40 g Mehl ◆ *1/4 l Milch*
1 Päckchen Vanillezucker
60 g Aprikosenkonfitüre

Für die Verzierung:
30 g Mandelblättchen
1 EL Puderzucker

Herzoginnentorte

◆ Drei Backbleche einfetten und mit Mehl bestäuben. Den Backofen auf 180° C vorheizen. Die Butter in Stücke schneiden.

◆ Das Mehl und die gemahlenen Mandeln mischen und auf die Arbeitsfläche häufen. Eine Vertiefung in die Mitte drücken und die Butterstücke, den Zucker und das Eigelb hineingeben. Die Zutaten schnell mit den Fingerspitzen verkneten. Den Teig zu einer Kugel formen und, in Klarsichtfolie gewikkelt, etwa 30 Minuten kühlstellen.

◆ Den Teig zu drei Scheiben von 24 cm Durchmesser und 2–3 mm Dicke ausrollen, auf die Bleche legen, mit einer Gabel einstechen und im vorgeheizten Ofen 15–18 Minuten goldgelb backen. Abkühlen lassen.

◆ Für die Füllung mit den oben genannten Zutaten bis auf die Aprikosenkonfitüre eine Konditorcreme zubereiten (s. S. 16) und abkühlen lassen, dabei ab und zu umrühren. ▶

Mokka-Torte

◆ Die Aprikosenkonfitüre auf den ersten Boden geben. Den zweiten Boden daraufsetzen und mit der Creme bestreichen. Mit dem dritten Boden abschließen. Die an den Seiten ausgetretene Creme mit einer Palette auf dem Tortenrand verstreichen und mit den Mandelblättchen bestreuen.
◆ Aus Karton einen 24 cm großen Kreis, dann in 1 cm Abstand sechs innere Ringe ausschneiden. Den ersten, den dritten und den fünften Ring entfernen. Die Ringe und den inneren Kreis in gleichmäßigem Abstand auf die Torte legen, mit dem Puderzucker bestäuben und wieder abnehmen. Die Torte kühlstellen.

Mohntorte
mit Walnußcreme

Mohntorte mit Walnußcreme

Zubereitungszeit: *1 Stunde (ohne Kühlzeit)*
Braucht etwas Erfahrung

ZUTATEN FÜR 6-8 PERSONEN

70 g gemahlener Blaumohn
40 g gehackte Walnüsse
50 g Mehl ◆ 4 Eier
100 g Zucker
1 Päckchen Vanillezucker
1 Prise Salz ◆ 1 Prise Zimt
1 Prise Muskatnuß

Für die Creme:
100 g gehackte Walnüsse
5 Eigelb ◆ 120 g Zucker
1/2 l Milch ◆ 40 g Mehl
1 Päckchen Vanillezucker

Für die Verzierung:
150 ml Sahne ◆ 20 g Blaumohn

◆ Eine Springform von 24 cm Durchmesser einfetten und mit Mehl bestäuben. Den Backofen auf 190° C vorheizen.
◆ Die Eigelbe mit dem Zucker und dem Vanillezucker schaumig rühren. Den Blaumohn, die Walnüsse, das gesiebte Mehl, den Zimt und die Muskatnuß zufügen. Die Eiweiße mit dem Salz steif schlagen und unterheben.
◆ Den Teig in die Form füllen und im vorgeheizten Ofen etwa 40 Minuten backen. Den Kuchen, der sehr flach sein wird, lauwarm aus der Form lösen und erkalten lassen.
◆ Mit den oben genannten Zutaten eine Konditorcreme zubereiten (s. S. 16) und abkühlen lassen. Die gehackten Walnüsse unterziehen.
◆ Den Kuchen in zwei Böden teilen. Ein Drittel der Creme auf den unteren Boden geben und den zweiten Boden daraufsetzen. Die gesamte Torte mit der restlichen Creme überziehen. 1 Stunde in den Kühlschrank stellen.
◆ Für die Verzierung die Sahne steif schlagen, in einen Spritzbeutel mit flacher Tülle geben und in drei konzentrischen Kreisen auf die Torte spritzen. Einen großen Tupfen in die Mitte setzen. Die Verzierung mit dem Blaumohn vervollständigen.

Torta Vecchia Parigi

Torta Vecchia Parigi

(Torte Alt-Paris)

Zubereitungszeit: *1 Stunde 10 Minuten*
Braucht etwas Erfahrung

ZUTATEN FÜR 20 PERSONEN

80 g Mehl ◆ 80 g Speisestärke
6 Eier ◆ 30 g zerlassene Butter
2 Päckchen Vanillezucker ◆ 150 g Zucker

Für die Creme:
300 g Maronencreme (oder -konfitüre)
4 Eier ◆ 80 g Zucker
1/4 l Sahne ◆ 4 EL Rum

Für die Sirup:
100 g Zucker ◆ 4 EL Rum

Für die Verzierung:
200 ml Sahne ◆ 3 gehackte Marrons glacés
30 g geschälte, gehackte Pistazien

◆ Eine Springform von 24 cm Durchmesser und eine Charlottenform von 1 l Fassungsvermögen einfetten und mit Mehl bestäuben. Den Backofen auf 190° C vorheizen.
◆ Die Eier mit dem Zucker und dem Vanillezucker schaumig schlagen und mit einem Holzlöffel das mit der Speisestärke gesiebte Mehl und die zerlassene Butter unterrühren. Zwei Drittel des Teigs in die Springform, ein Drittel in die Charlottenform füllen und im vorgeheizten Ofen 35 Minuten backen. Die Kuchen stürzen und erkalten lassen.
◆ Für die Creme die Eigelbe mit dem Zucker schaumig schlagen und die Maronencreme und den Rum zufügen. Die Sahne und die Eiweiße getrennt steif schlagen und vorsichtig unterheben.
◆ Für den Sirup den Zucker mit 200 ml Wasser 2–3 Minuten kochen, abkühlen lassen und mit dem Rum mischen.
◆ Den flachen Kuchen in zwei, den hohen in drei Böden teilen. Etwas Sirup und eine dünne Cremeschicht auf einen großen Boden streichen. Den zweiten großen Boden daraufsetzen und mit Sirup bepinseln. Mit den kleinen Böden genauso verfahren, dann die zwei Torten mit der restlichen Creme überziehen und die kleine Torte in die Mitte der größeren setzen.

◆ Die Sahne steif schlagen, in einen Spritzbeutel mit Sterntülle geben und in Tupfen auf die Torte spritzen.
◆ Die Pistazien auf die größere, die Marrons glacés auf die kleinere Torte streuen. Die Verzierung mit einem großen Sahnetupfen auf der Tortenspitze abschließen.

Mimosentorte

Zubereitungszeit: *1 Stunde*
Braucht etwas Erfahrung

ZUTATEN FÜR 8 PERSONEN

60 g Speisestärke ◆ 60 g Mehl
50 g Butter ◆ 120 g Zucker
3 Eier ◆ 2 Eigelb ◆ 1 EL Puderzucker
Für die Creme:
5 Eigelb ◆ 100 g Zucker
50 g Mehl ◆ 1/2 l Milch
1 Päckchen Vanillezucker
50 g geröstete, gehackte Haselnüsse
200 ml Sahne
Für den Sirup:
100 g Zucker ◆ 1 TL Rum
unbehandelte Orangen- und Zitronenschalen

◆ Eine Springform von 22 cm Durchmesser einfetten und mit Mehl bestäuben. Den Backofen auf 190° C vorheizen.
◆ Die Eier und Eigelbe mit dem Zucker dickschaumig schlagen. Dann das mit der Speisestärke gesiebte Mehl und die zerlassene Butter in feinem Strahl mit einem Holzlöffel unterrühren.
◆ Den Teig in die Form füllen und im vorgeheizten Ofen 30 Minuten backen. Den Kuchen aus der Form lösen und erkalten lassen.
◆ Mit den oben genannten Zutaten eine Konditorcreme zubereiten (s. S. 16) und abkühlen lassen. Die Haselnüsse und die steif geschlagene Sahne unter die kalte Creme heben. Kühlstellen.
◆ Für den Sirup den Zucker mit den Fruchtschalen und 200 ml Wasser kochen, abkühlen lassen und mit dem Rum mischen. Den Kuchen in vier Böden teilen. Drei Böden zu Kreisen von jeweils 20, 18 und 16 cm Durchmesser verkleinern. Die Kuchenreste aufheben. Abwechselnd Böden und Creme schichten, dabei die Böden jeweils mit etwas Sirup bestreichen. Mit dem größten Boden beginnen und mit dem kleinsten abschließen, so daß eine Kuppel entsteht. Die Torte mit der restlichen Creme überziehen.
◆ Die Kuchenreste zerbröseln und auf die Torte streuen, leicht mit den Händen andrücken und mit dem Puderzucker bestäuben.

Mimosentorte

Dobos-Torte

Dobos-Torte

Zubereitungszeit: *1 Stunde 15 Minuten*
Raffiniert

ZUTATEN FÜR 8 PERSONEN

4 Eier
1 Eigelb
100 g Zucker
2 EL Sahne
50 g Speisestärke
50 g Mehl
1 Päckchen Vanillezucker
1 Prise Salz
Für die Mousse:
250 g gehackte Vollmilchschokolade
150 g Butter
4 Eier
1 Prise Salz
Für die Verzierung:
80 g Zucker
1 EL Zitronensaft

◆ Sechs Backbleche einfetten und mit Mehl bestäuben. Den Ofen auf 180° C vorheizen.
◆ 5 Eigelb mit 50 g Zucker und dem Vanillezucker schaumig schlagen. Die Sahne und das gesiebte Mehl unterrühren. Die Eiweiße mit dem Salz zu steifem Schnee schlagen, dabei nach und nach den restlichen Zucker und die Speisestärke einrieseln lassen. Vorsichtig unter die Eigelb-Mehl-Mischung ziehen.
◆ Den Teig gleichmäßig auf die Bleche verteilen und zu 3 mm dicken Kreisen verstreichen. Im vorgeheizten Ofen etwa 15 Minuten goldgelb backen. Die Böden so zuschneiden, daß sie alle gleich groß sind.
◆ Für die Mousse die Schokolade mit der Butter im Wasserbad schmelzen, vom Herd nehmen, die Eigelbe unterrühren und abkühlen lassen. Die Eiweiße mit dem Salz steif schlagen und unterheben.
◆ Einen Boden und etwas Mousse für die Verzierung zurückbehalten. Abwechselnd Böden und Mousse schichten, dabei mit einer Mousseschicht abschließen. Die an den Seiten ausgetretene Mousse auf dem Tortenrand verstreichen. In den Kühlschrank stellen.
◆ Den Zucker mit dem Zitronensaft zu einem hellen Karamel aufkochen. Den zurückbehaltenen Boden mit dem Karamel einpinseln und mit einem geölten Messer in zwölf gleiche Stücke schneiden. Kurz vor dem Servieren jedes Bodenstück mit einem Tupfen Mousse leicht schräg auf die Torte setzen. Die Torte nicht mehr in den Kühlschrank stellen, da die Karamelglasur weich würde.

Mailänder Torte

Zubereitungszeit: *1 Stunde*
Braucht etwas Erfahrung

ZUTATEN FÜR 6-8 PERSONEN

80 g Mehl
80 g Zucker
60 g Butter ◆ 3 Eier
geriebene Schale von 1 unbehandelten Orange
Für die Füllung:
1/2 l Milch
150 g geröstete Haselnüsse
150 g Zucker
60 g Mehl
5 Eigelb
1 Päckchen Vanillezucker
2 EL Aprikosengelee
1 EL Mandelöl
Für die Verzierung:
150 g gehackte Bitterschokolade
60 g Puderzucker
2–3 EL Milch
15 g Butter
50 g geröstete, halbierte Mandeln

◆ Eine viereckige Tortenform von 20 x 20 cm einfetten und mit Mehl bestäuben. Den Backofen auf 180° C vorheizen.
◆ Die Eier mit dem Zucker und der Orangenschale schaumig schlagen. Das gesiebte Mehl und die zerlassene Butter unter vorsichtigem Rühren zufügen.
◆ Den Teig in die Form füllen und im vorgeheizten Ofen 30–40 Minuten backen. Den Kuchen stürzen und erkalten lassen.
◆ Für die Füllung aus 100 g Zucker einen Krokant (s. S. 21) herstellen, abkühlen lassen und hacken.
◆ Die Milch aufkochen. Die Eigelbe mit dem restlichen Zucker und dem Vanillezucker aufschlagen, dann nach und nach das gesiebte Mehl und die Milch in feinem Strahl zugeben. Die Creme bei schwacher Hitze aufkochen. Dabei ständig umrühren, damit sich keine Klumpen bilden. Weitere 7–8 Minuten kochen lassen, dann vom Herd nehmen, erkalten lassen und mit dem gehackten Krokant vermischen.
◆ Den Kuchen in drei Böden teilen. Abwechselnd Böden und Creme schichten, dabei mit dem dritten Boden abschließen.
◆ Das Aprikosengelee mit 2 EL Wasser auflösen und auf die gesamte Torte streichen.
◆ Die Schokolade mit der Butter, der Milch und dem Puderzucker im Wasserbad schmelzen, auf die Torte gießen und mit einem Spatel gleichmäßig verteilen.
◆ Die Torte mit den halbierten Mandeln auf der Oberfläche und am unteren Rand verzieren.

Millefoglie al caffè

(Blätterteigorte mit Kaffecreme)

Zubereitungszeit: *1 Stunde*
Raffiniert

ZUTATEN FÜR 6-8 PERSONEN

300 g Blätterteig
200 ml starker Espresso
100 g Zucker
25 g Speisestärke
50 ml Rum
50 ml Sahne
60 g geröstete, geschälte Haselnüsse
etwas Mandelöl
Für die Verzierung:
1 EL Puderzucker
100 g gehackte Bitterschokolade
10 g Kaffeebohnen

◆ Den Backofen auf 200° C vorheizen.
◆ Den Blätterteig (s. S. 12) zubereiten, zu einem 2–3 mm dicken Rechteck ausrollen und auf ein mit Wasser benetztes Backblech legen. Den Teig mehrmals mit einer Gabel einstechen und im vorgeheizten Ofen etwa 15 Minuten backen. Nach dem Abkühlen mit einem scharfen Messer in vier gleich große Rechtecke schneiden.
◆ Für die Creme 60 g Zucker mit 4 EL Wasser bei schwacher Hitze aufkochen. Sobald der Zucker eine goldgelbe Farbe angenommen hat, die Haselnüsse einrühren. Schließlich alles auf eine leicht geölte Marmorplatte geben und erkalten lassen.
◆ Die abgekühlten Nüsse hacken und mit dem Espresso, dem restlichen Zucker und der in 1 EL Wasser aufgelösten Speisestärke wieder in den Topf geben. Die Zutaten erhitzen und 4–5 Minuten kochen, dabei ständig rühren. Die Creme erkalten lassen und mit dem Rum und der steif geschlagenen Sahne mischen.
◆ Abwechselnd Böden und Creme schichten, dabei mit einem Boden abschließen.
◆ Die Schokolade im Wasserbad schmelzen und 2–3 mm dick auf ein Stück Backpapier streichen. Sobald sie fest ist, in 5 mm breite Streifen schneiden.
◆ Die Oberfläche der Torte mit Puderzucker bestäuben und mit den Schokoladenstreifen verzieren.
◆ Die Schokoladenreste schmelzen und in eine Backpapiertüte füllen. Die Verzierung mit den Kaffeebohnen, die man mit jeweils einem Schokoladentropfen auf die Tortenoberfläche setzt, vervollständigen.

Millefoglie all' arancia

(Blätterteigtorte mit Orangencreme)

Zubereitungszeit: *1 Stunde*
Raffiniert

ZUTATEN FÜR 6-8 PERSONEN

300 g Blätterteig
2 Eigelb
50 g Zucker
1/4 l Milch ◆ 30 g Mehl
1 Päckchen Vanillezucker
2 unbehandelte Orangen
50 g weiche Butter

Für die Verzierung:

100 g Zucker
1 EL Puderzucker
1 EL Mandelöl

◆ Den Backofen auf 220° C vorheizen. Ein Backblech mit Wasser benetzen.

◆ Den Blätterteig (s. S. 12) zubereiten, 3 mm dick ausrollen und in fünf Rechtecke von 10 x 20 cm schneiden. Auf das Backblech legen und mit einer Gabel mehrmals einstechen. Im vorgeheizten Ofen etwa 15 Minuten goldgelb backen. Abkühlen lassen und mit einem scharfen Messer begradigen.

◆ Die Orangen waschen und abtrocknen. Eine Orange mit dem Sparschäler hauchdünn schälen, dabei nur den orangenen Teil der Schale abziehen. Die Milch mit der Schale aufkochen.

◆ Die Eigelbe mit dem Zucker und dem Vanillezucker schaumig schlagen, nach und nach das gesiebte Mehl und die heiße Milch durch ein Sieb zugeben. Die Creme bei schwacher Hitze aufkochen und weitere 7–8 Minuten kochen lassen. Dabei ständig rühren, damit sich keine Klumpen bilden. Etwas abkühlen lassen.

◆ Die Butter in Stücke schneiden und unter die lauwarme Creme mischen. Die Schale der zweiten Orange abreiben und den Saft auspressen.

◆ Abwechselnd Böden und Creme schichten, dabei mit einem Boden abschließen.

◆ Die erste Orange vollständig schälen und die Fruchtfleischschnitze voneinander lösen. Den Zucker mit 3 EL Wasser kochen, bis er eine goldgelbe Farbe angenommen hat. Mit einer Pinzette die Orangenschnitze einzeln in den Karamel tauchen und auf einer geölte Marmorplatte (oder einem Blech) abkühlen lassen.

◆ Ein Gitter aus Karton auf die Torte legen, mit Puderzucker bestäuben und wieder abheben. Die Verzierung mit den karamelisierten Orangenschnitzen vervollständigen.

Marzipancreme-Torte

Zubereitungszeit: *1 Stunde 20 Minuten*
Braucht etwas Erfahrung

ZUTATEN FÜR 10-12 PERSONEN

60 g Mehl ◆ 50 g Marzipanrohmasse
60 g geschälte, fein gehackte Mandeln
4 Eier ◆ 1 Eigelb
150 g weiche Butter ◆ 130 g Zucker
2 Päckchen Vanillezucker
geriebene Schale von 1 unbehandelten Zitrone
1 Prise Salz ◆ 1 Prise Zimt

Für den Sirup:

1 EL Zucker ◆ 1 EL Rum

Für die Creme:

200 g Marzipanrohmasse
1 EL Rum
20 g Eiweiß ◆ 85 g weiche Butter
1 Prise Salz ◆ 50 g Zucker

Für die Verzierung:

150 g gehackte Vollmilchschokolade
100 g karamelisierte Mandeln
1 EL Aprikosengelee

◆ Eine Springform von 24 cm Durchmesser einfetten und mit Mehl bestäuben. Den Backofen auf 180° C vorheizen.

◆ Die Butter in Stücke schneiden, dann die Marzipanrohmasse zerbröseln und mit den Eigelben verkneten. Die Butterstücke, 100 g Zucker, den Zimt, den Vanillezucker und die Zitronenschale zufügen. Die Eiweiße mit dem Salz steif schlagen und unterheben. Schließlich das mit den gehackten Mandeln vermischte Mehl einrühren.

◆ Den Teig in die Form füllen und im vorgeheizten Ofen etwa 50 Minuten backen. Den Kuchen aus der Form lösen, abkühlen lassen und in zwei Böden teilen.

◆ Für den Sirup den Zucker mit 2 EL Wasser etwa 2 Minuten kochen, erkalten lassen und mit dem Rum mischen.

◆ Für die Creme die Marzipanrohmasse mit dem Rum anwirken. Mit den oben genannten Zutaten eine Buttercreme (s. S. 17) zubereiten und mit der Rum-Marzipan-Masse verrühren.

◆ Die Hälfte des Sirups und die ganze Creme auf den unteren Boden geben. Den zweiten Boden daraufsetzen und mit dem restlichen Sirup bestreichen. Das Aprikosengelee mit 1 EL Wasser erwärmen und auf die ganze Torte pinseln.

◆ Die Schokolade im Wasserbad schmelzen, auf die Torte gießen und mit einer Palette gleichmäßig verteilen. Die Torte mit den karamelisierten Mandeln verzieren und kühlstellen.

Millefoglie al cioccolato

(Blätterteigtorte mit Schokoladencreme)

Zubereitungszeit: *1 Stunde (ohne Zeit zum Ziehen)*

Raffiniert

ZUTATEN FÜR 8 PERSONEN

250 g Blätterteig
2 unbehandelte Orangen
60 g gehackte Bitterschokolade
60 g Butter
6 Eigelb
150 g Zucker
1/2 l Milch
40 g Mehl
1 Päckchen Vanillezucker

Für die Verzierung:
1 EL Puderzucker
40 g Zucker
1 unbehandelte Orange

Für die Verzierung einen Tag im voraus die Orange waschen und abtrocknen. Mit einem scharfen Messer aus der Mitte der Frucht zwei 5 mm dicke Scheiben schneiden. Die Schale der Scheiben an zwei gegenüberliegenden Stellen einritzen, dann den orangenen Teil der Schale so ablösen, daß er an zwei Stellen noch mit dem weißen Teil verbunden bleibt und sich die Enden zu einer Schleife nach innen biegen lassen (s. Foto rechts). Aus der restlichen Schale zwei kleine Kreise von 1 cm Durchmesser schneiden. Den Zucker mit 100 ml Wasser aufkochen und über die Orangenscheiben und Schalenkreise gießen. 24 Stunden ziehen lassen.

◆ Am darauffolgenden Tag den Backofen auf 220° C vorheizen.

◆ Den Blätterteig (s. S. 12) zubereiten und zu einem dünnen Rechteck von 50 x 30 cm ausrollen. 1 Stunde kühl ruhen lassen, dann auf ein mit Wasser benetztes Backblech legen und mehrmals mit einer Gabel einstechen. In drei gleiche Rechtecke schneiden und im vorgeheizten Ofen etwa 15 Minuten backen. Vorsichtig vom Blech lösen.

◆ Für die Creme die Orangen waschen und abtrocknen. Die Schale 1 Orange abreiben, die restliche Orange hauchdünn schälen. Dabei nur den farbigen Teil der Schale abziehen, in Streifen schneiden und zweimal in kochendes Wasser geben. Gut abtropfen lassen.

◆ Die geriebene Orangenschale mit der Milch aufkochen. Die Butter in Stücke schneiden.

◆ Die Eigelbe mit dem Zucker und dem Vanillezucker aufschlagen, dann das gesiebte Mehl und die heiße Milch in feinem Strahl zugeben. Bei schwacher Hitze unter ständigem Rühren 7–8 Minuten kochen. Den Topf vom Herd nehmen, die Butterstücke, die Orangenschalenstreifen und die Schokolade zufügen. Sobald die Schokolade geschmolzen ist, den Saft von 1 Orange zugießen.

◆ Abwechselnd Blätterteigböden und Creme schichten, dabei mit einem Boden abschließen. Die Torte mit Puderzucker bestäuben. Die Orangenscheiben und die Schalenkreise abtropfen lassen, gut abtrocknen, aufeinanderlegen und auf die Torte setzen.

Hochzeitstorte

Zubereitungszeit: *55 Minuten (ohne Zeit zum Ziehen)*

Braucht etwas Erfahrung

ZUTATEN FÜR 14-16 PERSONEN

2 Pan di Spagna
800 g reife Erdbeeren
1/2 l Sahne ◆ 40 g Puderzucker

Für die Creme:
1/2 l Milch ◆ 6 Eigelb
100 g Zucker ◆ 60 g Mehl
Schale 1 unbehandelten Zitrone
2 EL Maraschino ◆ 150 ml Sahne

Für den Sirup:
50 g Zucker ◆ 4 EL Maraschino

Für die Verzierung:
4 unbehandelte Orangen
100 g gehackte weiße Schokolade
100 g Erdbeeren ◆ 4 EL Zucker

◆ Die Orangen waschen und abtrocknen. Mit einem Zesteur von 2 Orangen feine Schalenstreifen abziehen und um Metallröhrchen wickeln. Die Röhrchen in ein passendes Gefäß legen und mit Gewichten beschweren.

◆ 200 ml Wasser mit 4 EL Zucker 2 Minuten kochen lassen und in das Gefäß mit den Orangenstreifen gießen. Von den beiden anderen Orangen 2 cm breite Schalenstreifen abschneiden, in das Gefäß geben und 6 Stunden ziehen lassen.

Hochzeitstorte

◆ Mit den oben genannten Zutaten eine Konditorcreme (s. S. 16) zubereiten und abkühlen lassen, dabei ab und zu umrühren. Dann den Maraschino und die steif geschlagene Sahne vorsichtig unterheben.

◆ Für den Sirup den Zucker mit 100 ml Wasser 2–3 Minuten kochen, abkühlen lassen und mit dem Maraschino mischen.

◆ Die Erdbeeren in sehr kaltem Wasser waschen, abgießen, abtrocknen und halbieren.

◆ Zwei Butterbiskuitböden (s. S. 10) von 24 und 22 cm Durchmesser und 3 cm Dicke zubereiten und jeweils einmal quer durchschneiden. Einen großen Boden mit etwas Sirup bepinseln, mit einer Schicht Maraschino-Creme bedecken und mit der Hälfte der Erdbeeren belegen. Den zweiten großen Boden daraufsetzen und ebenfalls mit ▶

Millefoglie al cioccolato

etwas Sirup einstreichen. In die Mitte 2 EL Creme geben und einen kleinen Boden darauflegen. Etwas Sirup, die restliche Maraschino-Creme, die übrigen Erdbeeren darauf verteilen. Mit dem zweiten kleinen Boden abschließen und den Sirup aufbrauchen.
◆ Die Sahne mit dem Puderzucker steif schlagen und mit einer Palette auf der Torte verteilen. Den Rest in einen Spritzbeutel mit Sterntülle geben und in kleinen Tupfen auf die Tortenränder setzen.
◆ Die weiße Schokolade im Wasserbad schmelzen, auf eine Marmorplatte gießen und 2 mm dick verstreichen. Sobald sie zu erstarren beginnt, Streifen abziehen. Die Schokoladenstreifen zu kleinen Trichtern aufrollen und kühlstellen.
◆ Für die Verzierung die Erdbeeren waschen, abtrocknen und halbieren. Jede Hälfte in hauchdünne Scheiben schneiden. Die Erdbeerhälften auf dem Rand der Torte wieder zusammensetzen, dabei die Scheiben etwas auseinanderziehen.
◆ Die Orangenschalen abtropfen und abtrocknen. Die breiten Streifen zu kleinen Rosetten drehen und in die Trichter aus weißer Schokolade setzen. Mit den Schalenspiralen in der Mitte der Torte zu einem Bouquet anordnen. Die Torte im Kühlschrank aufbewahren.

Schokoladenbiskuit mit Orange

Schokoladenbiskuit mit Orange

Zubereitungszeit: *1 Stunde*
Braucht etwas Erfahrung

ZUTATEN FÜR 6 PERSONEN

70 g Mehl ◆ 60 g Zucker
3 Eier ◆ 15 g zerlassene Butter
2 Päckchen Vanillezucker

Für den Sirup:
50 g Zucker ◆ 2 EL Grand Marnier

Für die Creme:
125 g gehackte Bitterschokolade
30 g Butter ◆ 3 Eigelb ◆ 2 Eiweiß
20 g Zucker
30 g in Streifen geschnittene, kandierte Orangenschale
2 EL Orangenmarmelade ◆ 1 Prise Salz

◆ Eine Springform von 22 cm Durchmesser einfetten und mit Mehl bestäuben. Den Backofen auf 180° C vorheizen.
◆ Die Eier mit dem Zucker und dem Vanillezucker schaumig schlagen. Das gesiebte Mehl und die zerlassene Butter zufügen.
◆ Den Teig in die Form füllen und im vorgeheizten Ofen etwa 30 Minuten backen. Den Kuchen aus der Form lösen und erkalten lassen.
◆ Für den Sirup den Zucker mit 100 ml Wasser einige Minuten kochen. Etwas abkühlen lassen und mit dem Grand Marnier mischen.
◆ Für die Creme die Schokolade mit der Butter im Wasserbad schmelzen. Vom Herd ziehen und die Eigelbe einzeln unterrühren.
◆ Die Eiweiße mit dem Salz zu steifem Schnee schlagen, dabei den Zucker einrieseln lassen. Die Schokoladenmasse vorsichtig unterziehen und kühlstellen.
◆ Den Kuchen zu einem Quadrat schneiden und in zwei Böden teilen. Auf den unteren Boden etwas Sirup und die Marmelade streichen. Den zweiten Boden daraufsetzen, mit dem restlichen Sirup bepinseln und mit der Schokoladencreme einstreichen. Darauf achten, daß keine Creme an den Tortenrändern herunterläuft. Mit den Orangenschalen verzieren.

Paris-Brest

Paris-Brest

(Windbeutelkranz mit Nußcreme)

Zubereitungszeit: *1 Stunde*
Braucht etwas Erfahrung

ZUTATEN FÜR 6-8 PERSONEN

1 Grundrezept Brandteig

Für die Creme:
4 Eigelb ◆ 75 g Zucker
geriebene Schale von 1/2 unbehandelten Zitrone
1/4 l Milch ◆ 25 g Mehl
1 Päckchen Vanillezucker
60 g geröstete, geschälte Haselnüsse
100 ml Sahne
40 g Butter

Für die Verzierung:
200 ml Sahne
50 g Hagelzucker
30 g Mandelblättchen

◆ Ein Backblech einfetten und mit Mehl bestäuben. Den Backofen auf 180° C vorheizen.
◆ Den Brandteig (s. S. 11) zubereiten und in einen Spritzbeutel mit großer Lochtülle füllen.
◆ Einen dicken Teigring von 20 cm Durchmesser auf das Blech setzen. Mit dem Hagelzucker und den Mandelblättchen bestreuen und im vorgeheizten Ofen etwa 25 Minuten backen, bis der Kranz goldgelb und aufgegangen ist. Abkühlen lassen. Die Butter in Stücke schneiden.
◆ Mit den Eigelben, dem Zucker, der Milch, dem Vanillezucker, dem Mehl und der Zitronenschale

eine Konditorcreme (s. S. 16) zubereiten. Vom Herd nehmen und mit den gehackten Haselnüssen und den Butterstücken mischen. Ab und zu umrühren, damit sich beim Abkühlen keine Haut bildet. Die Sahne steif schlagen, vorsichtig unter die kalte Creme ziehen und kühlstellen.
◆ Den Kranz einmal quer durchschneiden. Die Creme in einen Spritzbeutel mit Lochtülle füllen und in der unteren Kranzhälfte verteilen.
◆ Die Sahne steif schlagen, in einen Spritzbeutel mit großer Sterntülle geben und auf die Creme spritzen. Die obere Kranzhälfte daraufsetzen. Die Torte im Kühlschrank aufbewahren.

Walnuß-Torte

Walnuß-Torte

Zubereitungszeit: *1 Stunde 25 Minuten*
Braucht etwas Erfahrung

ZUTATEN FÜR 8-10 PERSONEN

140 g weiche Butter
140 g fein gehackte Walnüsse
1 Päckchen Vanillezucker
geriebene Schale von 1 unbehandelten Zitrone
1 Prise Zimt ◆ 7 Eier
60 g Pan di Spagna oder Löffelbiskuits
140 g Zucker

Für die Füllung:
40 g Eiweiß ◆ 100 g Zucker
170 g weiche Butter
1 Prise Salz
100 g gehackte Walnüsse
2 EL Rum

Für die Verzierung:
50 g Walnüsse
120 g gehackte Vollmilchschokolade
5 EL Sahne

◆ Eine Springform von 24 cm Durchmesser einfetten und mit Mehl bestäuben. Den Ofen auf 160° C vorheizen.
◆ Den Butterbiskuit (s. S. 10) zubereiten, zerbröseln und mit den gehackten Walnüssen mischen.
◆ Die Butter mit dem Zucker, dem Vanillezucker, der Zitronenschale und dem Zimt schaumig rühren, dann die Eigelbe einzeln und die Biskuit-Nuß-Mischung zufügen. Die Eiweiße steif schlagen und unterheben.
◆ Die Masse in die Form füllen und im vorgeheizten Ofen etwa 1 Stunde backen. Den Kuchen aus der Form lösen, abkühlen lassen und in drei Böden teilen.
◆ Für die Füllung mit den oben genannten Zutaten eine Buttercreme (s. S. 17) zubereiten, abkühlen lassen und mit den gehackten Nüssen und dem Rum mischen.
◆ Einige EL Walnußcreme beiseite stellen und in einen Spritzbeutel mit Sterntülle geben. Abwechselnd Böden und Creme schichten, dabei mit einem Boden abschließen. Die Torte mit der restlichen Creme überziehen und kühlstellen.
◆ Für die Verzierung die Schokolade mit der Sahne im Wasserbad schmelzen und mit einer Palette gleichmäßig auf der Torte verteilen. Im Kühlschrank erstarren lassen.
◆ Die Torte auf eine Platte setzen. Mit der Spitze eines Messers drei Streifen aus der Oberfläche der Torte herauslösen. Die so erhaltenen Öffnungen mit Walnüssen und Cremetupfen füllen. Die Tortenränder ebenfalls mit Cremetupfen verzieren.

Croquembouche mit Pistazien

Croquembouche mit Pistazien

Zubereitungszeit: *1 Stunde 15 Minuten*
Raffiniert

ZUTATEN FÜR 8-10 PERSONEN

1 Grundrezept Brandteig

Für die Creme:
1/4 l Milch ◆ 2 Eigelb
25 g Mehl ◆ 70 g Zucker
40 g Pistazien
200 ml Sahne

Für die Verzierung:
200 g Zucker ◆ 1 EL Zitronensaft

◆ Ein Backblech einfetten und mit Mehl bestäuben. Den Backofen auf 190° C vorheizen.
◆ Den Brandteig (s. S. 11) zubereiten, in einen Spritzbeutel mit Lochtülle füllen und mit Abstand in walnußgroßen Häufchen auf das Blech setzen.
◆ Im vorgeheizten Ofen etwa 20 Minuten backen, bis die Windbeutel aufgegangen und goldbraun sind, dann abkühlen lassen.
◆ Mit der Milch, den Eigelben, dem Mehl und dem Zucker eine Konditorcreme (s. S. 16) zubereiten und erkalten lassen, dabei ab und zu umrühren.
◆ Die Pistazien kurz in kochendes Wasser geben, abgießen, schälen und fein hacken. Die Sahne steif schlagen und mit den Pistazien vorsichtig unter die kalte Creme ziehen. ▶

◆ Ein kleines Loch in jeden Windbeutel schneiden. Die Creme in einen Spritzbeutel mit kleiner Tülle geben und in die Windbeutel spritzen.
◆ Für die Verzierung die Hälfte des Zuckers mit 2 EL Wasser und drei Tropfen Zitronensaft bei schwacher Hitze zu einem hellen Karamel kochen. Dann vom Herd nehmen.
◆ Die Windbeutel einzeln in den Karamel eintauchen und auf einer Platte zu einer Pyramide aufschichten.
◆ Die Arbeitsfläche mit einem Stück Backpapier belegen. Zwei Gläser an zwei Seiten gegenüberstellen. Dann zwei Holzlöffel auf die Gläser legen.
◆ Den restlichen Zucker mit 2 EL Wasser und drei Tropfen Zitronensaft bei schwacher Hitze zu einem hellen Karamel kochen. Dann den Topf vom Herd nehmen. Mit einer Gabel Karamel entnehmen und zu Zuckerfäden ziehen. Dabei die Gabel zwischen den beiden Holzlöffeln hin und her bewegen.
◆ So weiter verfahren, bis der Karamel verbraucht ist. Die Zuckerfäden vorsichtig abnehmen und um den Croquembouche wickeln.
◆ Sollte sich das Ziehen der Zuckerfäden als zu kompliziert erweisen, den Karamel einfach langsam von der Gabel auf die Torte tropfen lassen, so daß er von oben nach unten verläuft. Abschließend mit kandierten Veilchen verzieren.

Saint-Honoré

Zubereitungszeit: *50 Minuten*
Braucht etwas Erfahrung

ZUTATEN FÜR 6-8 PERSONEN

200 g Blätterteig
8 Windbeutel
1 Pan di Spagna von
25 cm Durchmesser und 2 cm Dicke
200 ml geschlagene Sahne
Für die Creme Saint-Honoré:
5 Eigelb ◆ 80 g Zucker
1/2 l Milch ◆ 60 g Mehl
1 Päckchen Vanillezucker
geriebene Schale von 1 unbehandelten Zitrone
1/2 l Sahne ◆ 40 g Kakao
2 EL trockener Marsala
Für den Sirup:
50 g Zucker ◆ 1 EL Rum
unbehandelte Orangen- und Zitronenschalen
Für das Karamel:
100 g Zucker

◆ Den Backofen auf 220° C vorheizen.
◆ Den Blätterteig (s. S. 12) zubereiten und zu einer Scheibe von 26 cm Durchmesser ausrollen, auf ein mit Wasser benetztes Backblech legen, mit einer Gabel einstechen und im vorgeheizten Ofen etwa 15 Minuten backen. Abkühlen lassen.
◆ Für die Creme die Milch mit der geriebenen Zitronenschale aufkochen. In einer Schüssel die Eigelbe mit dem Zucker und dem Vanillezucker aufschlagen, dann das Mehl und die heiße Milch durch ein Sieb zugeben, dabei ständig rühren, damit sich keine Klumpen bilden.
◆ Die Creme in einen Topf geben, aufkochen und 7–8 Minuten bei schwacher Hitze unter ständigem Rühren kochen lassen. Den Marsala einrühren.
◆ Dann die Creme in zwei gleich große Portionen teilen und eine Cremehälfte mit dem Kakao mischen. Vollständig abkühlen lassen. Die Sahne steif schlagen und unter beide Cremehälften ziehen. Kühlstellen.
◆ Für den Sirup den Zucker mit 100 ml Wasser und den Zitrusschalen aufkochen und 2 Minuten kochen lassen. Nach dem Erkalten den Rum unterrühren.
◆ Einen Pan di Spagna (s. S. 10) von 25 cm Durchmesser und 2 cm Dicke zubereiten. Mit einem scharfen Messer den Blätterteig- und den Biskuitboden auf 24 Durchmesser zurechtschneiden. Die Reste des Biskuits aufbewahren.
◆ Acht Windbeutel (s. S. 11) zubereiten, vier mit der Kakaocreme und vier mit der anderen Creme füllen.
◆ Für den Karamel den Zucker mit 1 EL Wasser kochen, bis er eine goldgelbe Farbe angenommen hat. Die Oberseite der Windbeutel eintauchen.
◆ Eine dünne Schicht helle Creme auf den Blätterteigboden streichen, den Biskuitboden daraufsetzen und mit dem Sirup bepinseln.
◆ Die ganze Torte mit der Kakaocreme überziehen und die zerbröselten Biskuitreste auf den Tortenrand drücken.
◆ Auf der Tortenoberfläche einen äußeren Ring aus Windbeuteln und Sahnetupfen zusammensetzen. Dann mit einem Spritzbeutel mit tropfenförmiger Tülle abwechselnd helle und dunkle Cremetupfen in das Innere des Rings spritzen.

Torta nizzarda

(Nizza-Torte)

Zubereitungszeit: *1 Stunde 15 Minuten*
Braucht etwas Erfahrung

ZUTATEN FÜR 10-12 PERSONEN

60 g geröstete, gehackte Haselnüsse
60 g geschälte, gehackte Mandeln
80 g Zucker ◆ 1 Päckchen Vanillezucker
geriebene Schale von 1 unbehandelten Orange
30 g Mehl ◆ 70 g weiche Butter
4 Eier ◆ 3 Eigelb ◆ 1 Prise Salz

Für die Füllung:
220 g gehackte Vollmilchschokolade
100 ml Sahne
3 Eier ◆ 50 g Zucker
2 EL Rum
50 g geröstete, gehackte Haselnüsse
1 Prise Salz
Für die Verzierung:
40 g Eiweiß
100 g Zucker
170 g weiche Butter
1 Prise Salz
geriebene Schale von 1 unbehandelten Orange
1 EL Grand Marnier
1 EL Alchermes
50 g gehackte Bitterschokolade
1 große, feste, reife Erdbeere

◆ Eine Springform von 24 cm Durchmesser einfetten und mit Mehl bestäuben. Den Backofen auf 180° C vorheizen. Die Butter in Stücke schneiden.
◆ Die Eigelbe mit dem Zucker und dem Vanillezucker schaumig schlagen. Das Mehl, die gehackten Mandeln und Haselnüsse, die Orangenschale sowie die Butterstücke gründlich unterrühren. Schließlich die Eiweiße mit dem Salz steif schlagen und vorsichtig unterheben.
◆ Den Teig in die Form füllen und im vorgeheizten Ofen etwa 40 Minuten backen. Den Kuchen aus der Form lösen, abkühlen lassen und in drei Böden teilen.
◆ Für die Füllung die Eigelbe mit dem Zucker in einem Edelstahltopf schaumig schlagen. Die im Wasserbad geschmolzene Vollmilchschokolade sowie die Sahne zugeben und die Creme kochen, bis sie den Löffel mit einem Schleier überzieht. Erkalten lassen und mit dem Rum und den gehackten Haselnüssen mischen. Die Eiweiße mit dem Salz steif schlagen und unterziehen.
◆ Abwechselnd Böden und Creme schichten, dabei mit dem dritten Boden abschließen.
◆ Mit den Eiweißen, dem Zucker, der Butter und dem Salz eine Buttercreme (s. S. 17) zubereiten und die Orangenschale unterrühren. 2 EL Creme beiseite stellen, den Rest mit dem Grand Marnier aromatisieren und mit dem Alchermes rosa färben. Die gefärbte Creme mit einer Palette gleichmäßig auf die Oberfläche der Torte streichen.
◆ Die Torte auf eine Platte setzen. Die restliche rosa Creme, die restlichen 2 EL helle Creme und die geschmolzene Schokolade jeweils in eine Backpapiertüte füllen. Durch leichtes Drücken verschieden farbige Schlangenlinien auf die Torte laufen lassen.
◆ Schließlich mit der geschmolzenen Schokolade Kreise zeichnen und die Erdbeerviertel daraufsetzen.

Ananastorte

Zubereitungszeit: *1 Stunde 20 Minuten*
Braucht etwas Erfahrung

ZUTATEN FÜR 8-10 PERSONEN

100 g geschälte, gemahlene Mandeln
6 Eier ◆ 150 g Zucker
50 g Speisestärke ◆ 1 Prise Salz
Für die Creme:
20 g Eiweiß ◆ 80 g Zucker
85 g Butter ◆ 1 Prise Salz ◆ 1 TL Zitronensaft
200 g frische Ananas in Stücken
Für den Sirup:
50 g Zucker ◆ 3 EL Rosolio-Likör
Für die Verzierung:
1 EL Aprikosengelee
5–6 geschälte, halbierte Pistazien
30 g geviertelte, kandierte Kirschen
20 g kandierte Mandarinenschale in Streifen
80 g Marzipanrohmasse ◆ 220 g Puderzucker
1 Eiweiß ◆ 1 EL Rosolio-Likör

◆ Eine Sringform von 24 cm Durchmesser einfetten und mit Mehl bestäuben. Den Backofen auf 170° C vorheizen.
◆ 2 Eier und 4 Eigelb mit dem Zucker schaumig schlagen, dann die gemahlenen Mandeln und die Speisestärke einrühren. Die Eiweiße mit dem Salz steif schlagen und unterheben. Den Teig in die Form füllen und im vorgeheizten Ofen 40 Minuten backen. Den Kuchen abkühlen lassen, aus der Form lösen und auf die Arbeitsfläche setzen.
◆ Die Ananasstücke mit 30 g Zucker und dem Zitronensaft 10 Minuten kochen. Nach dem Erkalten pürieren.
◆ Mit dem Eiweiß, dem restlichen Zucker, der Butter und dem Salz eine Buttercreme (s. S. 17) zubereiten und unter das Ananaspüree rühren.
◆ Für den Sirup den Zucker mit 100 ml Wasser etwa 3 Minuten kochen, abkühlen lassen und mit dem Rosolio-Likör mischen.
◆ Den Kuchen in zwei Böden teilen. Den unteren Boden mit dem Sirup und der Ananascreme bestreichen. Den zweiten Boden daraufsetzen und mit dem Sirup befeuchten.
◆ Für die Verzierung das Aprikosengelee im Wasserbad auflösen und auf die ganze Torte streichen. Das Eiweiß mit dem Rosolio-Likör und 200 g Puderzucker zu einer glatten Glasur anrühren. Die Torte überziehen und kaltstellen.
◆ Die Marzipanrohmasse auf der mit Puderzucker bestäubten Arbeitsfläche ausrollen. Mit einem ovalen Ausstecher einige Scheiben ausstechen, mit Aprikosengelee bestreichen und um den unteren Rand der Torte anordnen. In der Mitte der Torte die Kirschen, Mandarinenstreifen und Pistazienhälften zu einer Blume zusammensetzen.

Stollen

Zubereitungszeit:
1 Stunde 20 Minuten (ohne Zeit zum Gehen)

Braucht etwas Erfahrung

ZUTATEN FÜR 8 PERSONEN

500 g Mehl
250 g Butter
20 g Mandeln
20 g Mandelblättchen
60 g Zucker
20 g frische Hefe
150 ml Milch ◆ 4 Eier
50 g Sultaninen
30 g Orangeat
30 g Zitronat
5 cl Rum
1 Prise Salz
1 EL Puderzucker

Ein Backblech einfetten und mit Mehl bestäuben. Die Sultaninen im Rum einweichen. Die Butter in Stücke schneiden. Die Hefe in 2 EL lauwarmem Wasser auflösen. Die Milch mit den Butterstücken und dem Zucker erwärmen, bis sich die Zutaten aufgelöst haben, abkühlen lassen und mit der Hefe mischen.

◆ Das gesiebte Mehl, das Salz, 3 Eier und die Milch-Hefe-Mischung verrühren. Den Teig 20 Minuten kräftig durchkneten, dabei ab und zu anheben und gegen die Schüssel schlagen. Weiterkneten, bis er sich von den Händen und vom Schüsselrand löst, glatt, weich und geschmeidig ist.

◆ Den Teig abgedeckt an einem warmen Ort 30 Minuten gehen lassen, aus der Schüssel nehmen und nochmal kneten. Wieder in die Schüssel legen, mit einem feuchten Tuch abdecken und 12 Stunden in den Kühlschrank stellen. Die Mandelkerne in kochendes Wasser geben, schälen und hacken.

◆ Den Teig mit den ausgedrückten Sultaninen, dem Orangeat, dem Zitronat und den gehackten Mandeln vermengen, zu einem länglichen Laib formen und auf das Blech setzen.

◆ Den Teiglaib der Länge nach 0,5 cm tief einschneiden und nochmal an einem warmen Ort etwa 1,5 Stunden gehen lassen. Etwa 15 Minuten vor dem Backen den Ofen auf 180° C vorheizen.

◆ Den Stollen mit dem leicht verquirlten restlichen Ei bestreichen und mit den Mandelblättchen bestreuen. Im vorgeheizten Ofen etwa 50–60 Minuten backen und abkühlen lassen. Mit dem Puderzucker bestäuben.

Sizilianischer Hefezopf

Zubereitungszeit: *1 Stunde 15 Minuten (ohne Zeit zum Gehen)*

Braucht etwas Erfahrung

ZUTATEN FÜR 6-8 PERSONEN

300 g Mehl
2 Eier
1 Eigelb
100 g Butter
3 EL Zucker
10 g frische Hefe
6 EL Milch
1 Prise Salz

Für die Füllung:

90 g Orangeat und Zitronat
150 g Marzipanrohmasse
1 TL Zimt

◆ Ein Backblech einfetten und mit Mehl bestäuben. Die Butter in Stücke schneiden. Die Hefe in 2 EL lauwarmem Wasser auflösen.

◆ Die Milch mit den Butterstücken und dem Zukker erwärmen, abkühlen lassen und mit der aufgelösten Hefe mischen. Das Mehl, das Salz, die Eier und die Milch-Hefe-Mischung mit einem Holzlöffel verrühren. Den Teig kräftig mit den Händen durchkneten, dabei ab und zu anheben und gegen die Schüssel schlagen. Weiterkneten, bis er sich vom Schüsselrand löst. Mit einem Küchentuch abdecken und an einem warmen Ort etwa 30 Minuten gehen lassen.

◆ Den Teig aus der Schüssel nehmen und nochmal einige Minuten kneten. Wieder in die Schüssel legen, mit einem feuchten Tuch abdecken und 12 Stunden in den Kühlschrank stellen.

◆ Für die Füllung das Orangeat und Zitronat mischen und in drei Portionen teilen. Die Marzipanrohmasse zu drei etwa 16 cm langen Rollen formen.

Sizilianischer Hefezopf

◆ Den Teig erneut durchkneten, dritteln und zu drei Rechtecken von 20 x 9 cm ausrollen. Auf jedes Teigrechteck eine Marzipanrolle und eine Portion Orangeat und Zitronat geben. Die Füllung schließlich mit dem Zimt bestreuen. Die Rechtecke aufrollen, die Enden umschlagen und gut andrücken. Aus den drei Rollen einen Zopf flechten.

◆ Den Zopf auf das Blech legen und an einem warmen Ort mindestens 1 Stunde gehen lassen, bis er sein Volumen verdoppelt hat.

◆ Etwa 15 Minuten vor dem Backen den Ofen auf 170° C vorheizen.

◆ Den Zopf mit dem leicht verquirlten Ei bestreichen und im vorgeheizten Ofen etwa 35–40 Minuten backen. Aus dem Ofen nehmen und kalt servieren.

Stollen

Mandelkranz

Zubereitungszeit: *1 Stunde (ohne Zeit zum Gehen)*

Braucht etwas Erfahrung

ZUTATEN FÜR 6 PERSONEN

300 g Blätterteig
300 g Mehl ◆ 100 g Butter
2 Eier ◆ 50 g Zucker
15 g frische Hefe
3 EL Milch ◆ 1 Prise Salz

Für Füllung und Verzierung:

200 g geschälte, geröstete, gehackte Mandeln
100 g Zucker
1 EL Milch ◆ 1 Eigelb
1 Ei ◆ 30 g Hagelzucker

Mandelkranz

◆ Den Kranz entsprechend dem Rezept auf S. 220 zubereiten.
◆ Für die Füllung die Mandeln mit dem Zucker, dem Eigelb und der Milch mischen. Die Masse in fünf Portionen teilen. Das Ei mit einer Gabel leicht verschlagen.
◆ Wie beim einfachen „Kranz" abwechselnd Teigrechtecke und Füllung schichten. Den Mandelkranz mit dem verquirlten Ei bestreichen, mit dem Hagelzucker bestreuen und nach Vorgabe backen.

Pandoro

Zubereitungszeit: *1 Stunde 15 Minuten (ohne Zeit zum Gehen)*

Braucht etwas Erfahrung

ZUTATEN FÜR 8 PERSONEN

300 g Mehl
200 g weiche Butter
120 g Zucker
20 g frische Hefe
125 ml Sahne
geriebene Schale von 1 unbehandelten Zitrone
1 Ei ◆ 5 Eigelb ◆ 30 g Puderzucker
1 Päckchen Vanillezucker

Pandoro

◆ Eine Pandoro-Form einfetten und mit Mehl bestäuben. Die Hefe, 1 EL Zucker, 1 Eigelb und 30 g Mehl mit etwas lauwarmem Wasser verrühren. Einen kleinen Laib formen und abgedeckt an einem warmen Ort etwa 2 Stunden gehen lassen.
◆ Die Hälfte des restlichen Mehls auf die Arbeitsfläche geben und mit einem Teil des Zuckers, dem Vorteig, 3 Eigelb und 40 g Butter vermengen. Den Teig gründlich kneten, dann zu einer Kugel formen und in einer bemehlten Schüssel abgedeckt 1 Stunde gehen lassen. Das verbliebene Mehl, den restlichen Zucker, 1 Eigelb und das ganze Ei einarbeiten. Nochmal abgedeckt 2 Stunden gehen lassen.
◆ Schließlich den Teig mit der Zitronenschale, dem Vanillezucker und der Sahne verkneten, zu einem Rechteck ausrollen, mit der restlichen, in Stücke geschnittenen Butter belegen und dreiteilig übereinanderlegen (s. Foto 3, S. 15). Das Teigrechteck wieder ausrollen, nochmal dreiteilig übereinanderfalten und etwa 30 Minuten ruhen lassen.
◆ Den Teig in die Form geben und an einem warmen Ort 30 Minuten gehen lassen. 15 Minuten vor dem Backen den Ofen auf 190° C vorheizen. Den Pandoro im vorgeheizten Ofen 50 Minuten backen, dabei nach 20 Minuten die Ofentemperatur auf 170° C senken. Auf ein Gitter stürzen und mit Puderzucker bestäuben.
◆ Der Pandoro wird nicht in Stücke, sondern waagrecht in sternförmige Scheiben geschnitten.

Pan de mei

Zubereitungszeit: *1 Stunde (ohne Zeit zum Gehen)*

Braucht etwas Erfahrung

ZUTATEN FÜR 8 PERSONEN

200 g grob gemahlenes Maismehl
200 g fein gemahlenes Maismehl
100 g Mehl ◆ 15 g frische Hefe
100 g zerlassene Butter
200 g Zucker ◆ 3 verquirlte Eier
2 EL getrocknete Holunderblüten
$^1/_4$ l Milch ◆ 1 Prise Salz

◆ Ein Backblech einfetten und mit Mehl bestäuben. Die in der lauwarmen Milch aufgelöste Hefe mit dem Mehl mischen und abgedeckt 20 Minuten gehen lassen.
◆ Das ganze Maismehl auf die Arbeitsfläche geben und mit den Eiern, der Butter, dem Salz, dem Vorteig, 180 g Zucker und 1 EL Holunderblüten verkneten. Zu einer Kugel formen und abgedeckt 1 Stunde gehen lassen. Den Backofen auf 180° C vorheizen.
◆ Den aufgegangenen Teig zu acht Brötchen von 8 cm Durchmesser formen und mit Abstand auf das Blech setzen. Mit den restlichen Holunderblüten und dem verbliebenen Zucker bestreuen und im vorgeheizten Ofen 30 Minuten backen.

Briochebrot

Zubereitungszeit: *1,5 Stunden*
(ohne Zeit zum Gehen)

Braucht etwas Erfahrung

ZUTATEN FÜR 6-8 PERSONEN

120 g Malaga-Rosinen
120 g Korinthen ◆ 500 g Mehl
25 g frische Hefe
3/4 l lauwarme Milch
150 g brauner Rohrzucker
150 g weiche Butter
2 Eier ◆ 1 Prise Salz
1 Prise Zimt

◆ Ein Backblech einfetten. Die Rosinen und die Korinthen waschen und abtrocknen. Die Hefe in einem halben Glas lauwarmer Milch auflösen und etwa 30 Minuten ruhen lassen.
◆ Das Mehl und das Salz in eine große Schüssel geben, die aufgelöste Hefe untermischen und abgedeckt an einem warmen Ort 3 Stunden gehen lassen.
◆ Dann die Butter, den Zucker, die Eier, die Rosinen, die Korinthen und den Zimt in den Teig einarbeiten. Dabei kräftig kneten und nach und nach die restliche lauwarme Milch zufügen. Der Teig muß glatt und geschmeidig sein. 2 Stunden in einer abgedeckten Schüssel an einem warmen Ort gehen lassen. Etwa 15 Minuten vor dem Backen den Ofen auf 180° C vorheizen.
◆ Den Teig zu einem länglichen Laib formen, auf das Backblech legen und im vorgeheizten Ofen etwa 1 Stunde goldgelb backen.

Nido d' ape

Nido d' ape
(Honigwaben)

Zubereitungszeit:
1 Stunde 15 Minuten
(ohne Zeit zum Gehen)

Braucht etwas Erfahrung

ZUTATEN FÜR 6-8 PERSONEN

300 g Mehl
100 g weiche Butter
80 g Zucker
20 g frische Hefe ◆ 3 Eigelb
4 EL Milch
1 Prise Salz

Für die Füllung:
150 g gehackte Bitterschokolade
1 Eiweiß
100 g gehackte Walnüsse

◆ Eine Tortenform von 24 cm Durchmesser einfetten und mit Mehl bestäuben. Die Butter in Stücke schneiden.
◆ Das gesiebte Mehl auf die Arbeitsfläche häufen. In die Mitte eine Vertiefung drücken und die in der lauwarmen Milch aufgelöste Hefe, die Eigelbe, den Zucker, das Salz und die Butterstücke hineingeben. Die Zutaten kräftig durchkneten, dabei den Teig ab und zu anheben und auf die Arbeitsfläche schlagen. Mit einem Tuch abdecken und an einem warmen Ort etwa 45 Minuten gehen lassen.
◆ Für die Füllung die Schokolade mit dem Eiweiß mischen und im Wasserbad schmelzen. Vom Herd nehmen und die gehackten Walnüsse unterrühren.
◆ Den Teig 3 mm dick ausrollen und in 8 cm breite Streifen schneiden. Jeden Teigstreifen mit der Füllung bestreichen und von der breiten Seite her aufrollen. Die Rollen in 1 cm dicke Scheiben schneiden und mit Abstand in die Tortenform setzen. An einem warmen Ort 40 Minuten gehen lassen. 15 Minuten vor dem Backen den Ofen auf 180° C vorheizen.
◆ Im vorgeheizten Ofen 40–45 Minuten backen und auf einen Servierteller stürzen.

Guglhupf

Guglhupf

Zubereitungszeit: *1,5 Stunden*
(ohne Zeit zum Gehen)

Braucht etwas Erfahrung

ZUTATEN FÜR 4 PERSONEN

350 g Mehl ◆ 30 g frische Hefe
1/4 l lauwarme Milch
80 g zerlassene Butter ◆ 80 g Zucker
3 verquirlte Eier
50 g Mandelblättchen
120 g Rosinen
geriebene Schale
von 1 unbehandelten Zitrone
etwas Puderzucker
1 Prise Salz

◆ Eine Guglhupfform mit hohem Rand einfetten. Die Hefe in der lauwarmen Milch auflösen. Die Rosinen in lauwarmem Wasser einweichen.
◆ 60 g Mehl in eine Schüssel sieben und die aufgelöste Hefe unterrühren. Abgedeckt an einem warmen Ort gehen lassen, bis der Vorteig sein Volumen verdoppelt hat.
◆ Das restliche Mehl auf die Arbeitsfläche sieben. In die Mitte eine Vertiefung drücken und den Vorteig, die Eier, die Butter, den Zucker, das Salz, die ausgedrückten Rosinen, die Zitronenschale ▶

und die Mandelblättchen hineingeben. Die Zutaten gut verkneten. Dann den Teig in die Form geben, abdecken und gehen lassen, bis er den Rand der Form erreicht. 15 Minuten vor dem Backen den Ofen auf 180° C vorheizen.

◆ Den Guglhupf im vorgeheizten Ofen 1 Stunde backen und nach dem Erkalten mit Puderzucker bestäuben. Der Guglhupf kann auch mit einer Frucht- oder Schokoladensauce serviert werden.

Hefekranz

Zubereitungszeit: *1 Stunde 15 Minuten*
(ohne Zeit zum Gehen)
Braucht etwas Erfahrung

ZUTATEN FÜR 8 PERSONEN

300 g Mehl
100 g weiche Butter
70 g Zucker ◆ 100 ml Milch
10 g frische Hefe
35 g Orangeat ◆ 35 g Zitronat
70 g Sultaninen ◆ 2 Eier
geriebene Schale von 1 unbehandelten Zitrone
1 Prise Salz

Für die Verzierung:
1 Ei ◆ 1 EL Hagelzucker
einige geschälte Mandeln

◆ Eine Napfkuchenform von 22 cm Durchmesser einfetten und mit Mehl bestäuben.

◆ Die Sultaninen in lauwarmem Wasser einweichen. Die Hefe in der lauwarmen Milch auflösen. Die Butter in Stücke schneiden. Die Eier mit dem Zucker und dem Salz leicht verschlagen.

◆ Das Mehl bis auf 1 EL auf die Arbeitsfläche häufen. Eine Vertiefung in die Mitte drücken und die aufgelöste Hefe, die Ei-Zucker-Mischung, die Butterstücke und die Zitronenschale zufügen. Den Teig so lange kneten und auf die Arbeitsfläche schlagen, bis er glatt und geschmeidig ist und sich von den Händen löst.

◆ Mit einem sauberen Tuch abdecken und an einem warmen Ort 1 Stunde gehen lassen. Dann den Teig erneut kneten und die ausgedrückten Sultaninen, das Zitrotant und das Orangeat einarbeiten. Den Teig dritteln und zu drei 20 cm langen Würsten rollen. Die Teigwürste zu einem Zopf flechten. Dann einen Kranz formen, indem man die Zopfenden aufeinaderlegt.

◆ Den Ofen auf 190° C vorheizen. Den Kranz in die Form geben und an einem warmen Ort gehen lassen, bis er sein Volumen verdoppelt hat. Mit dem verquirlten Ei bestreichen und mit den Mandeln und dem Hagelzucker bestreuen.

◆ Im vorgeheizten Ofen etwa 50 Minuten backen. Stürzen und kalt servieren.

Hefeteigschnecke mit kandierten Früchten

Zubereitungszeit: *1 Stunde 20 Minuten*
(ohne Zeit zum Gehen)
Braucht etwas Erfahrung

ZUTATEN FÜR 6-8 PERSONEN

300 g Mehl
2 Eier ◆ 100 g Butter
3 EL Zucker ◆ 10 g frische Hefe
6 EL Milch ◆ 1 Prise Salz

Für die Füllung:
40 g Sultaninen
50 g Orangeat und Zitronat
30 g kandierte Kirschen
40 g kleingeschnittene, getrocknete Aprikosen

Für die Verzierung:
1 Ei ◆ 6 kandierte Kirschen
2 getrocknete Aprikosen
40 g kandierte Zedratzitrone

◆ Ein Backblech einfetten und mit Mehl bestäuben. Die Butter in Stücke schneiden.

◆ Die Milch mit den Butterstücken und dem Zucker erwärmen, abkühlen lassen und mit der in etwas lauwarmem Wasser aufgelösten Hefe verrühren.

◆ Das Mehl mit dem Salz in eine Schüssel sieben und mit den Eiern und der Hefemasse mischen. Den Teig auf die Arbeitsfläche geben und 20 Minuten kräftig kneten. Dabei ab und zu den Teig anheben und auf die Arbeitsfläche schlagen. Sobald er glatt und geschmeidig ist, mit einem Tuch abdecken und an einem warmen Ort etwa 30 Minuten gehen lassen.

◆ Dann den Teig nochmal durchkneten, in eine große Schüssel legen (die er zu einem Drittel füllt) und 12 Stunden, mit einem feuchten Tuch abgedeckt, kühlstellen.

◆ Für die Füllung die verschiedenen Trockenfrüchte mischen. Den Teig zu einem Rechteck von 35 x 25 cm ausrollen und nochmal der Länge nach halbieren.

◆ Die Teigstreifen mit der Füllung bestreichen und von der breiten Seite her aufrollen. Aus den Rollen eine große Spirale formen, auf das Blech legen und an einem warmen Ort gehen lassen, bis sie ihr Volumen verdoppelt hat.

◆ Den Backofen auf 180° C vorheizen.

◆ Die Spirale mit dem verquirlten Ei bestreichen. Die Aprikosen vierteln und die kandierte Zedratzitrone in Streifen schneiden. Die kleingeschnittenen Früchte zusammen mit den Kirschen in die Falten der Spirale geben und alles im vorgeheizten Ofen 45 Minuten backen. Die Schnecke auf eine Platte sezten und kalt servieren.

Kopenhagener Hefekranz

Zubereitungszeit: *1 Stunde 15 Minuten (ohne Zeit zum Gehen)*

Raffiniert

ZUTATEN FÜR 8-10 PERSONEN

300 g Mehl
200 g Butter ◆ 15 g frische Hefe
30 g Zucker ◆ 80 ml Milch
1 Prise Salz ◆ 1 EL Aprikosengelee
30 g Sultaninen

◆ Eine Tortenform von 26 cm Durchmesser einfetten und mit Mehl bestäuben.
◆ Die Milch mit 30 g Butter, dem Salz und dem Zucker erwärmen und mit der in 150 ml lauwarmem Wasser aufgelösten Hefe verrühren. Das Mehl in eine Schüssel sieben und die Hefe-Milch-Mischung zugeben. Die Zutaten zügig verkneten. Den Teig zu einem Laib formen und etwa 30 Minuten kühl ruhen lassen.
◆ Die restliche Butter zu einem Viereck von 18 x 18 cm formen, in Klarsichtfolie hüllen und in den Kühlschrank legen. Den Teig auf der bemehlten Arbeitsfläche zu einem Viereck von 30 x 30 cm ausrollen. Die Butter kurz mit dem Rollholz andrücken, damit sie etwas weicher wird. Aus der Folie nehmen und in die Mitte des Teigquadrats legen. Dann die Teigränder darüberschlagen, ohne sie aber übereinanderzulegen, und so das Butterstück vollständig umhüllen.
◆ Den Teigblock zu einem 60 cm langen Band ausrollen und dreiteilig übereinanderlegen (s. auch Foto 3, S. 15). Dann das Teigrechteck um 90° C drehen und wieder zu einem 60 cm langen Band ausrollen. Den Teig erneut dreiteilig übereinanderlegen und, in Klarsichtfolie gewickelt, eine Stunde im Kühlschrank ruhen lassen. Diesen Vorgang wiederholen. Danach den Teig mindestens 2 Stunden kalt ruhen lassen.
◆ Den Teig 3 mm dick ausrollen. Dann eine Teigscheibe von 26 cm Durchmesser ausschneiden und in die Form legen. Den restlichen Teig zu einem Rechteck ausrollen und in 1,5 cm breite Streifen schneiden. Die Teigstreifen zu Spiralen aufrollen und entlang dem Formenrand anordnen. Eine Spirale in die Mitte setzen. Einige Sultaninen in die Mitte jeder Spirale geben und den Rest auf dem ganzen Kuchen verteilen. An einem warmen Ort 30–40 Minuten gehen lassen.
◆ Etwa 15 Minuten vor dem Backen den Ofen auf 180° C vorheizen. Den Kuchen im vorgeheizten Ofen 45 Minuten backen und danach mit dem im Wasserbad aufgelösten Aprikosengelee bestreichen.

Briochebrot mit Kirschwasser

Zubereitungszeit: *1 Stunde (ohne Zeit zum Gehen)*

Braucht etwas Erfahrung

ZUTATEN FÜR 8 PERSONEN

300 g Mehl
3 EL Zucker
10 g frische Hefe
6 EL Milch
3 Eier ◆ 100 g Butter
1 Prise Salz
1 EL Hagelzucker

Für Füllung und Sirup:
70 g Aprikosenkonfitüre
70 g schwarzer Johannisbeergelee
50 g Zucker
3 EL Kirschwasser

◆ Eine rechteckige Form von 20 x 10 cm einfetten und mit Mehl bestäuben. Die Butter kleinschneiden.
◆ Den Zucker und die Butterstücke in der Milch erwärmen und auflösen. Abkühlen lassen und die in 2 EL lauwarmem Wasser aufgelöste Hefe zufügen. Das Mehl in eine Schüssel sieben und das Salz, 2 Eier und die Hefe-Milch-Mischung unterrühren. Die Zutaten 20 Minuten kräftig kneten, den Teig dabei ab und zu anheben und gegen die Schüssel schlagen. So lange weiterkneten, bis der Teig glatt und geschmeidig ist und sich vom Schüsselrand löst.
◆ Mit einem Küchentuch abdecken und an einem warmen Ort 30 Minuten gehen lassen. Dann den Teig kurz kneten, damit er nicht weitergeht, wieder in die Schüssel legen (die er zu einem Drittel füllt) und, mit einem feuchten Küchentuch abgedeckt, 12 Stunden kühlstellen.
◆ Den Teig nochmal durchkneten, in die Form geben und 1 Stunde gehen lassen, bis er sein Volumen verdoppelt hat. Ca. 15 Minuten vor dem Backen den Ofen auf 200° C vorheizen.
◆ Das Briochebrot mit dem restlichen, verquirlten Ei bestreichen, mit dem Hagelzucker bestreuen und im vorgeheizten Ofen 30 Minuten backen. Aus der Form stürzen, erkalten lassen und in drei Böden teilen.
◆ Für den Sirup den Zucker mit 100 ml Wasser einige Minuten kochen, dann erkalten lassen und mit dem Kirschwasser mischen. Den unteren Briocheboden mit dem Sirup und der Aprikosenkonfitüre bestreichen. Den zweiten Boden daraufsetzen und mit dem Sirup und dem Johannisbeergelee bepinseln. Mit dem dritten Boden abschließen. Lauwarm servieren.

Panettone

Zubereitungszeit:
1 Stunde
(ohne Zeit zum Gehen)
Braucht etwas Erfahrung

ZUTATEN FÜR 12 PERSONEN

700 g Mehl
180 g Butter
50 g frische Hefe
150 g Zucker
6 Eigelb ◆ 10 g Salz
150 g Sultaninen
40 g Orangeat
30 g Zitronat
geriebene Schale von
1 unbehandelten Zitrone

Eine runde, hohe Form mit Backpapier auslegen.

◆ Die Sultaninen in lauwarmem Wasser einweichen.

◆ 100 g Mehl mit der in 2 EL lauwarmem Wasser aufgelösten Hefe verkneten. Den Vorteig zu einem kleinen Laib formen, kreuzförmig einschneiden und abgedeckt an einem warmen Ort etwa 20 Minuten gehen lassen.

◆ Die Hälfte des restlichen Mehls mit dem Vorteig und etwas lauwarmem Wasser verkneten, dann wieder gehen lassen.

◆ Den Backofen auf 180° C vorheizen.

◆ Die Eigelbe mit dem Zucker leicht verschlagen.

◆ Sobald der Teig sein Volumen verdoppelt hat, das restliche Mehl, die zerlassene Butter, die Eigelb-Zucker-Mischung, die Zitronenschale und das Salz einarbeiten. Alles etwa 10 Minuten kneten, dann die ausgedrückten Sultaninen, das Orangeat und das Zitronat zufügen.

◆ Sobald der Teig weich ist und glänzt, in die Form füllen (die nur zur Hälfte gefüllt sein sollte) und gehen lassen, bis er den Formenrand erreicht. Kreuzförmig einschneiden, mit etwas Butter bepinseln und im vorgeheizten Ofen etwa 50 Minuten backen.

Gefüllter Savarin

Zubereitungszeit: *1 Stunde 15 Minuten*
(ohne Zeit zum Gehen)
Braucht etwas Erfahrung

ZUTATEN FÜR 6 PERSONEN

125 g Mehl
40 g weiche Butter
40 g Zucker
7 g frische Hefe ◆ 2 Eier
geriebene Schale
von 1/2 unbehandelten Zitrone
1 Prise Salz
2 EL Milch
1 EL Aprikosengelee

Für die Füllung:
60 g Zucker ◆ 3 Eigelb
1/4 l Milch ◆ 20 g Mehl
1 Päckchen Vanillezucker
200 ml Sahne
geriebene Schale von 1/2 unbehandelten Zitrone
1 EL Grand Marnier
300 g Walderdbeeren

Für den Sirup:
100 g Zucker ◆ 3 EL Grand Marnier
Schale von 1 unbehandelten Zitrone
Schale von 1 unbehandelten Orange
1/2 Vanilleschote
2 Nelken

◆ Eine Form von 1,5 l Fassungsvermögen einfetten und mit Mehl bestäuben.

Gefüllter Savarin

◆ Das gesiebte Mehl nacheinander mit der in der lauwarmen Milch aufgelösten Hefe, der in Stücke geschnittenen Butter, dem Zucker, dem Salz, der Zitronenschale und den Eiern (einzeln) vermischen. Die Zutaten zügig zu einem geschmeidigen Teig verkneten. Abgedeckt an einem warmen Ort gehen lassen, bis er sein Volumen verdoppelt hat. In die Form füllen und weiter gehen lassen, bis er den Formenrand erreicht. Etwa 15 Minuten vor dem Backen den Ofen auf 190° C vorheizen.

◆ Den Savarin im vorgeheizten Ofen 40 Minuten backen und in der Form erkalten lassen.

◆ Für die Füllung eine Konditorcreme zubereiten (s. S. 16), erkalten lassen und mit dem Grand Marnier und drei Vierteln der geschlagenen Sahne verrühren.

◆ Für den Sirup 1/4 l Wasser etwa 2–3 Minuten bei schwacher Hitze mit dem Zucker, der Orangen- und Zitronenschale, der Vanilleschote und den Nelken aufkochen. Abkühlen lassen und mit dem Grand Marnier mischen.

◆ Die Erdbeeren in sehr kaltem Wasser waschen und abtrocknen. 100 g beiseite stellen. Zuerst einen Deckel vom Savarin abschneiden, dann den Kuchen aushöhlen. Dabei darauf achten, daß der Boden ganz bleibt. In die so erhaltene Vertiefung abwechselnd Creme und Erdbeeren schichten, bis die Zutaten verbraucht sind.

◆ Den Savarin mit dem Deckel schließen und mit dem Sirup tränken.

◆ Das Aprikosengelee im Wasserbad schmelzen und auf den Kuchen streichen. Die restliche geschlagene Sahne auf den Savarin häufen und mit den zurückbehaltenen Erdbeeren bedecken.

Panettone

Orangen-Savarin

Zubereitungszeit: *1 Stunde 50 Minuten (ohne Zeit zum Gehen)*

Braucht etwas Erfahrung

Zutaten für 8-10 Personen

250 g Mehl
80 g weiche Butter ◆ 75 g Zucker
15 g frische Hefe ◆ 4 Eier
geriebene Schale von 1 unbehandelten Zitrone
1 Prise Salz ◆ 50 g Sultaninen
50 ml Milch
2 EL Grand Marnier

Für den Sirup:

200 g Zucker
2 unbehandelte Orangen
1 EL Grand Marnier ◆ 1 EL Aprikosengelee

Für Glasur und Verzierung:

100 g Puderzucker
1 EL Orangensaft
1/2 Eiweiß ◆ 200 ml Sahne
70 g Erdbeeren ◆ 7 Himbeeren

Orangen-Savarin

◆ Eine Napfkuchenform von 22 cm Durchmesser einfetten und mit Mehl bestäuben.
◆ Die Sultaninen 30 Minuten im Grand Marnier einweichen. Die Hefe in der lauwarmen Milch auflösen. Die Butter in Stücke schneiden.
◆ Das Mehl in eine Schüssel sieben und nacheinander die aufgelöste Hefe, die Butterstücke, den Zucker, das Salz, die Zitronenschale und die Eier (einzeln) einarbeiten. So lange weiterkneten, bis der Teig geschmeidig ist und sich von der Schüssel löst. Schließlich die ausgedrückten, getrockneten und bemehlten Sultaninen zufügen.
◆ Den Teig abgedeckt an einem warmen Ort gehen lassen, bis er sein Volumen verdoppelt hat. Den Backofen auf 200° C vorheizen.
◆ Den Teig in die Form geben und wieder an einem warmen Ort gehen lassen, bis er den Rand der Form erreicht. Im vorgeheizten Ofen etwa 40 Minuten backen und in der Form erkalten lassen.
◆ Für den Sirup die Orangen dünn schälen. Dabei nur den orangenen Teil der Schale abziehen. Den Zucker mit 1/2 l Wasser und der Orangenschale einige Minuten kochen lassen, vom Herd nehmen und mit dem Grand Marnier verrühren. Den Kuchen mit dem warmen Sirup tränken, auf ein Gitter stürzen und mit dem geschmolzenen Aprikosengelee bepinseln.
◆ Für die Glasur das Eiweiß mit dem Orangensaft und dem Puderzucker zu einer dicken und glatten Masse anrühren, auf den Savarin geben und im Kühlschrank erstarren lassen.
◆ Die Erdbeeren und die Himbeeren in sehr kaltem Wasser waschen und abtrocknen. Eine Erdbeere würfeln, die anderen in Scheiben schneiden. Den Savarin auf eine Platte setzen. Die Sahne steif schlagen, in einen Spritzbeutel mit Sterntülle geben und in Tupfen um den unteren Rand und um die Öffnung des Savarins setzen. Dann die Öffnung mit Sahne füllen. Die Verzierung mit den Erdbeeren und den Himbeeren vervollständigen.

„Kranz“

Zubereitungszeit: *1 Stunde (ohne Zeit zum Gehen)*

Braucht etwas Erfahrung

Zutaten für 6 Personen

300 g Blätterteig
300 g Mehl ◆ 100 g Butter
50 g Zucker ◆ 2 Eier
15 g frische Hefe ◆ 3 EL Milch
1 Prise Salz

Für Füllung und Verzierung:

150 g Sultaninen ◆ 50 g Hagelzucker
250 g gemischte kandierte Früchte in Würfeln
1 Ei ◆ 2 cl Rum

„Kranz“

◆ Ein Backblech einfetten und mit Mehl bestäuben. Die Sultaninen und die kandierten Früchte im Rum ziehen lassen.
◆ 2 EL Mehl mit der in der lauwarmen Milch aufgelösten Hefe und dem Salz vermengen, zu einem kleinen Laib formen und in eine mit lauwarmem Wasser gefüllte Schüssel legen. Sobald der Vorteig sein Volumen verdoppelt hat, schwimmt er an die Wasseroberfläche. Den Teiglaib abtropfen lassen und abtrocknen. Das restliche Mehl auf der Arbeitsplatte mit dem Vorteig, dem Zucker, einem Ei und der in Stücke geschnittenen Butter verkneten. Sobald der Teig glatt und geschmeidig ist, in eine Schüssel legen, kreuzförmig einschneiden und abgedeckt an einem warmen Ort gehen lassen, bis er sein Volumen verdoppelt hat.
◆ Den Ofen auf 180° C vorheizen. Den Teig nochmal kneten, dann ausrollen und in drei Rechtecke von 24 x 10 cm schneiden. Den Blätterteig (s. S. 12) zubereiten, ausrollen und ebenfalls in drei Rechtecke gleicher Größe schneiden.
◆ Die Sultaninen und die kandierten Früchte abgießen und in fünf Portionen teilen. Die sechs Teigrechtecke mit etwas verquirltem Ei bestreichen und ein Blätterteigrechteck beiseite legen. Die Sultaninen und die kandierten Früchte auf die fünf Rechtecke verteilen, dann abwechselnd

Knetteig- und Blätterteigrechtecke schichten. Mit dem zurückbehaltenen Blätterteigrechteck abschließen. Den geschichteten Teigblock leicht mit der Teigrolle andrücken, an den Enden fassen und um die eigene Achse verdrehen.

◆ Den „Kranz" auf das Blech legen, mit etwas verquirltem Ei bestreichen und mit dem Hagelzucker bestreuen. Im vorgeheizten Ofen etwa 40 Minuten backen.

Bayerischer Kranz

Zubereitungszeit:
1 Stunde 20 Minuten
(ohne Zeit zum Gehen)

Braucht etwas Erfahrung

Zutaten für 6-8 Personen

250 g Mehl
80 g weiche Butter ◆ 75 g Zucker
15 g frische Hefe ◆ 4 Eier
geriebene Schale von 1 unbehandelten Zitrone
1 Prise Salz ◆ 3 EL Milch

Für den Sirup:
1 unbehandelte Zitrone
1 unbehandelte Orange
200 g Zucker
100 ml Maraschino

Für die Verzierung:
1/4 l Sahne ◆ 1 EL Aprikosengelee
70 g geschälte, gehackte Mandeln

◆ Eine Napfkuchenform von 22 cm Durchmesser einfetten und mit Mehl bestäuben. Die Hefe in der lauwarmen Milch auflösen. Die Butter in Stücke schneiden.

◆ Das gesiebte Mehl mit dem Zucker, dem Salz, der aufgelösten Hefe, den Butterstücken, der Zitronenschale und den Eiern (einzeln) mischen. Die Zutaten kräftig und gründlich zu einem weichen Teig verkneten. Abgedeckt an einem warmen Ort gehen lassen, bis er sein Volumen verdoppelt hat. In die Form füllen und wieder gehen lassen, bis er den Rand der Form erreicht.

◆ Etwa 15 Minuten vor dem Backen den Ofen auf 190° C vorheizen. Den Kuchen im vorgeheizten Ofen etwa 40 Minuten backen und in der Form erkalten lassen.

◆ Für den Sirup die Orange und die Zitrone hauchdünn schälen. Dabei nur den gelben und orangenen Teil der Schale abziehen. Den Zucker mit 1/2 l Wasser und den Schalen einige Minuten kochen, vom Herd nehmen, etwas abkühlen lassen und mit dem Maraschino (abzüglich 2 EL) verrühren. Dann den noch warmen Sirup durch ein Sieb auf den Kuchen gießen.

◆ Den getränkten Kranz stürzen. Das Aprikosengelee mit dem restlichen Maraschino erwärmen und auf den Kuchen streichen. Die Sahne steif schlagen und in die Öffnung des Kranzes füllen. Die Sahne und den unteren Rand des Kranzes mit den gehackten Mandeln bestreuen.

Bayerischer Kranz

Savarin mit Brombeeren

Savarin mit Brombeeren

Zubereitungszeit: *1,5 Stunden*
(ohne Zeit zum Gehen)

Braucht etwas Erfahrung

Zutaten für 6-8 Personen

125 g Mehl
100 g weiche Butter
5 Eigelb ◆ 3 EL Milch
40 g Zucker ◆ 1 Prise Salz
10 g frische Hefe

Für den Sirup:
100 g Zucker ◆ 10 cl Kirschwasser

Für die Verzierung:
50 g Aprikosengelee
200 ml Sahne ◆ 150 g Brombeeren

◆ Eine Napfkuchenform von 20 cm Durchmesser einfetten und mit Mehl bestäuben. Die Hefe in der lauwarmen Milch auflösen. Die Butter in Stücke schneiden.

◆ Das gesiebte Mehl mit dem Zucker, dem Salz, der aufgelösten Hefe, den Butterstücken und den Eigelben vermischen. Dann die Zutaten zu einem geschmeidigen Teig verkneten. Abgedeckt an einem warmen Ort gehen lassen, bis der Teig sein Volumen fast verdoppelt hat. In die Form füllen und weiter gehen lassen, bis er den Rand der Form erreicht. Ca. 15 Minuten vor dem Backen den Ofen auf 200° C vorheizen. Den Savarin im vorgeheizten Ofen etwa 40 Minuten backen und in der Form erkalten lassen.

◆ Für den Sirup den Zucker mit 1/4 l Wasser bei schwacher Hitze 2 Minuten kochen, abkühlen lassen und mit dem Kirschwasser mischen.

◆ Den Savarin mit dem Sirup tränken, stürzen und mit dem im Wasserbad aufgelösten Aprikosengelee einpinseln. Die Brombeeren in sehr kaltem Wasser waschen und abtrocknen. Die Sahne steif schlagen, in einen Spritzbeutel mit Sterntülle geben und in zwei Tupfenreihen um den unteren Rand des Savarins setzen. Dann die Öffnung mit der Sahne und den Brombeeren füllen.

Corona alle nocciole

(Haselnuß-Krone)

Zubereitungszeit: *1 Stunde 20 Minuten (ohne Zeit zum Gehen)*

Braucht etwas Erfahrung

ZUTATEN FÜR 6-8 PERSONEN

300 g Mehl ◆ 2 Eier
100 g Butter ◆ 3 EL Zucker
10 g frische Hefe
6 EL Milch ◆ 1 Prise Salz

Für Füllung und Verzierung:

1/4 l Milch ◆ 3 Eigelb
30 g Zucker
250 g geröstete, grob gehackte Haselnüsse
50 g grob gehackte Walnüsse
3 EL Rum
1 EL Aprikosengelee

◆ Ein Backblech einfetten und mit Mehl bestäuben. Die Butter in Stücke schneiden.
◆ Die Milch mit dem Zucker und den Butterstükken erwärmen, abkühlen lassen und mit der in 2 EL lauwarmem Wasser aufgelösten Hefe mischen. Das Mehl in eine Schüssel sieben, die Eier, das Salz und die Hefe-Milch-Mischung zugeben und mit einem Holzlöffel verrühren. Den Teig etwa 20 Minuten kräftig kneten, dabei ab und zu anheben und schlagen, bis er geschmeidig ist und sich vom Rand der Schüssel löst. Mit einem Tuch abdecken und an einem warmen Ort 30 Minuten gehen lassen.
◆ Den Teig erneut kneten, in eine große Schüssel legen (er sollte sie nur zu einem Drittel füllen) und, mit einem feuchten Tuch abgedeckt, etwa 12 Stunden in den Kühlschrank stellen.
◆ Für die Füllung die Milch mit dem Zucker zum Kochen bringen. Die gehackten Wal- und Haselnüsse zugeben, alles nochmal aufkochen und zügig mit den Eigelben verrühren. Abkühlen lassen, dann den Rum zufügen.
◆ Den Teig zu einem Rechteck ausrollen, mit der Füllung bestreichen und von der breiten Seite her aufrollen. Einen Kranz formen, indem man die Enden der Rolle zusammenlegt. Mit einer Schere die Oberfläche im Zick-Zack einschneiden. In die Mitte des Kranzes einen Ball und um den Kranz einen größeren Ring aus Alufolie legen.
◆ Den Kranz an einem warmen Ort 1 Stunde gehen lassen. Etwa 15 Minuten vor dem Backen den Ofen auf 180° C vorheizen.
◆ Den Kranz etwa 45 Minuten backen, abkühlen lassen und mit dem im Wasserbad aufgelösten Aprikosengelee einpinseln.

Dresdner Stollen

Zubereitungszeit: *1 Stunde 15 Minuten (ohne Zeit zum Gehen)*

Braucht etwas Erfahrung

ZUTATEN FÜR 6 PERSONEN

350 g Mehl
25 g frische Hefe
130 g Butter ◆ 80 g Zucker
2 Eier ◆ 1 Eigelb
3/4 l Milch
40 g Korinthen ◆ 40 g Sultaninen
25 g Zitronat
25 g Orangeat
25 g bittere Mandeln
75 g Mandeln
1 Prise Muskatnuß
2 gemahlene Nelken
1 Prise Muskatblüte
geriebene Schale von 1 unbehandelten Zitrone
1 Päckchen Vanillezucker
1 Prise Salz

◆ Ein Backblech einfetten und mit Mehl bestäuben. Die Sultaninen und die Korinthen in lauwarmem Wasser einweichen.
◆ Die Hefe in einer Tasse lauwarmer Milch auflösen und mit 100 g Mehl mischen. Den Vorteig mit einem Tuch abdecken und an einem warmen Ort etwa 30 Minuten gehen lassen.
◆ Die Butter bei Zimmertemperatur weich werden lassen. Die bitteren und süßen Mandeln kurz in kochendes Wasser geben, abgießen, schälen und hacken.
◆ 90 g Butter mit dem Zucker schaumig schlagen und nacheinander die Eier, das Eigelb, die Zitronenschale, das Salz und die Gewürze unterrühren. Das restliche Mehl, die restliche Milch und den Vorteig zugeben. Den Teig auf der Arbeitsfläche kneten, bis er geschmeidig ist, dann die ausgedrückten Korinthen und Sultaninen sowie die kandierten Früchte und die Mandeln einarbeiten. Abgedeckt 20 Minuten gehen lassen.
◆ Den Backofen auf 220° C vorheizen. Ein kleines Gefäß mit Wasser in den Ofen stellen, um zu gewährleisten, daß die Luft beim Backen nicht zu trocken ist.
◆ Den Teig zu einem länglichen Laib formen, der Länge nach 0,5 cm tief einschneiden, auf das Blech legen und 10 Minuten ruhen lassen.
◆ Im vorgeheizten Ofen etwa 40 Minuten backen. Die restliche Butter schmelzen und auf den warmen Stollen streichen. Mit dem Vanillezucker bestreuen und servieren.

Babà dell'Artusi

Zubereitungszeit: *1 Stunde (ohne Zeit zum Gehen)*
Braucht etwas Erfahrung

ZUTATEN FÜR 4 PERSONEN

250 g Mehl
30 g frische Hefe
100 ml Milch
70 g Butter
70 g Puderzucker
2 Eier
1 Eigelb
80 g Sultaninen
1 EL Zitronat
125 ml Sahne
2,5 cl Marsala
2,5 cl Rum
1 Päckchen Vanillezucker
1 Prise Salz

◆ Eine Form mit hohem Rand einfetten und mit Mehl bestäuben. Die Sultaninen in lauwarmem Wasser einweichen. Die Butter bei Zimmertemperatur weich werden lassen und in Stücke schneiden.
◆ Die in der lauwarmen Milch aufgelöste Hefe mit 50 g Mehl mischen. Den so erhaltenen Vorteig mit einem Küchentuch abdecken und an einem warmen Ort etwa 30 Minuten gehen lassen.
◆ In einer sehr breiten Schüssel das restliche Mehl mit den Eiern, dem Eigelb, dem Puderzucker, dem Salz und den Butterstücken zu einem weichen Teig verrühren. Dann den Vorteig, die Sahne, den Marsala und den Rum zufügen. Alle Zutaten gründlich mit den Händen kneten, dabei den Teig ab und zu anheben und gegen die Schüssel schlagen. So lange weiterkneten, bis der Teig geschmeidig ist und sich von den Händen löst. Die gut ausgedrückten Sultaninen und das Zitronat einarbeiten und alles abgedeckt nochmal etwa 20 Minuten gehen lassen.
◆ Den Teig in die Form geben (die er zur Hälfte füllen sollte), abdecken und 2 Stunden gehen lassen. Ca. 15 Minuten vor dem Backen den Ofen auf 200° C vorheizen.
◆ Sobald der Teig den Rand der Form erreicht hat, in den vorgeheizten Ofen geben und 25 Minuten goldgelb backen. Den Baba im ausgestellten, geschlossenen Ofen erkalten lassen, damit er gut trocknet, dann stürzen und mit dem Vanillezucker bestreuen.
◆ Man kann den Baba auch mit Rumsirup tränken. Dazu benötigt man 6 EL Zucker, 250 ml Wasser, die Schale einer Zitrone und 2 EL Rum.
◆ Das Rezept stammt von Sg. Artusi, einem der renommiertesten Spitzenköche Italiens.

Veltliner Kranz

Zubereitungszeit: *1 Stunde 10 Minuten (ohne Zeit zum Gehen)*
Braucht etwas Erfahrung

ZUTATEN FÜR 6-8 PERSONEN

400 g Mehl
230 g Butter
3 Eier
120 g Zucker
200 g getrocknete Feigen
200 g Haselnüsse
200 g Sultaninen
50 g Zitronat
15 g frische Hefe
3 EL Milch
1 Prise Salz
Für die Verzierung:
70 g karamelisiete Haselnüsse

◆ Den Backofen auf 190° C vorheizen.
◆ Eine Napfkuchenform von etwa 20 cm Durchmesser gründlich einfetten und leicht mit Mehl bestäuben.
◆ Die Sultaninen in lauwarmem Wasser einweichen. Die Butter bei Zimmertemperatur weich werden lassen und kleinschneiden. Die getrockneten Feigen hacken. Die Hefe in der lauwarmen Milch auflösen.
◆ In der Zwischenzeit die Haselnüsse im vorgeheizten Ofen rösten, dann in einem Küchentuch reiben, um die braunen Häutchen zu lösen, und hacken. Den Ofen ausstellen.
◆ Das Mehl auf die Arbeitsfläche häufen. In die Mitte eine Vertiefung drücken und die aufgelöste Hefe, den Zucker, das Salz, die Eier und die Butterstücke hineingeben. Alle Zutaten kräftig zu einem glatten und geschmeidigen Teig verkneten und abgedeckt an einem warmen Ort 1 Stunde gehen lassen.
◆ Den Teig nochmal durchkneten, dann die ausgedrückten Sultaninen, das Zitronat, die gehackten Haselnüsse und die getrockneten Feigen einarbeiten.
◆ Den Teig in die vorbereitete Form geben (die er zu einem Drittel füllen sollte) und an einem warmen Ort so lange gehen lassen, bis er den Rand der Form erreicht (40 Minuten). 15 Minuten vor dem Backen den Ofen auf 180° C vorheizen.
◆ Den Kranz im vorgeheizten Ofen etwa 50 Minuten backen.
◆ Aus der Form stürzen, abkühlen lassen und auf eine Kuchenplatte setzen. Den Kranz mit den karamelisierten Haselnüssen verzieren, indem man sie auf der Oberfläche zu einem Ring zusammensetzt.

Apple Crumble

Zubereitungszeit: *1 Stunde*
Gelingt leicht

ZUTATEN FÜR 8 PERSONEN

8 Äpfel
50 g Sultaninen
200 g kalte Butter
125 ml Brandy
120 g Zucker ◆ 180 g Mehl
Paniermehl

Eine feuerfeste Form einfetten und mit Paniermehl ausstreuen. Den Backofen auf 220° C vorheizen.

◆ Die Sultaninen 20 Minuten im Brandy ziehen lassen. Die Äpfel schälen, entkernen und in nicht zu kleine Würfel schneiden. Mit den abgetropften Sultaninen in der Form verteilen.

◆ Das Mehl auf die Arbeitsfläche sieben und mit dem Zucker und der kleingeschnittenen Butter vermengen. Dann die Zutaten mit den Fingerspitzen kneten (oder in einer Schüssel mit dem elektrischen Handrührgerät durcharbeiten), bis ein trockener, krümeliger Teig entsteht.

◆ Den Teig auf die Äpfel und Sultaninen geben und im vorgeheizten Ofen etwa 40 Minuten backen.

◆ In der Form lauwarm oder zimmerwarm servieren.

Irischer Kartoffelpuffer mit Äpfeln

Zubereitungszeit: *1 Stunde 10 Minuten*
Gelingt leicht

ZUTATEN FÜR 4 PERSONEN

4 säuerliche Äpfel
500 g Kartoffeln
100 g Mehl
50 g Butter
2 EL Zucker
1 Prise Zimt
1 Päckchen Vanillezucker
1 Prise Salz

◆ Die Kartoffeln waschen, in leicht gesalzenem Wasser garen, noch warm pellen und durch die Kartoffelpresse drükken. Dabei das Püree auf die Arbeitsfläche fallen lassen. Mit dem Mehl zu einer weichen Masse verkneten.
◆ Die Masse halbieren und zu zwei Kreisen von 23 cm Durchmesser ausrollen.
◆ Die Äpfel schälen, vom Kerngehäuse befreien und in dünne Scheiben schneiden.
◆ Die Hälfte der Butter in einer Pfanne erhitzen. Einen Teigfladen hineingleiten lassen und mit den Äpfeln, der restlichen Butter in Flöckchen, dem Zucker und dem Zimt bestreuen. Dann den zweiten Fladen daraufsetzen und an den Rändern andrücken. Bei schwacher Hitze backen.
◆ Sobald der Kartoffelpuffer von einer Seite gut gebräunt ist, mit einem Spatel wenden und von der anderen Seite bräunen. Das Garen dauert bei schwacher Hitze etwa 30–40 Minuten.
◆ Den Kartoffelpuffer auf einen Servierteller gleiten lassen, mit Vanillezucker bestreuen, mit Apfelscheiben verzieren und eventuell mit einer Fruchtsauce servieren.

Irischer Kartoffelpuffer mit Äpfeln

Wiener Kirschkuchen

Zubereitungszeit: *1 Stunde 10 Minuten*
Gelingt leicht

ZUTATEN FÜR 4 PERSONEN

300 g schwarze Kirschen
150 g Mehl
150 g Zucker
150 g Butter
4 Eier
100 g Mandeln
1 Prise Salz

◆ Eine Form von 20 x 30 cm einfetten. Den Backofen auf 180° C vorheizen.
◆ Die Stiele von den Kirschen zupfen. Dann die Kirschen abwaschen und abtrocknen. Die Mandeln fein mahlen. Die Butter in einem Topf schmelzen.
◆ Den Zucker, das Mehl und die zerlassene Butter mischen, die Eigelbe einzeln unterrühren und schließlich die gemahlenen Mandeln zugeben. Die Eiweiße mit dem Salz sehr steif schlagen und vorsichtig unterheben. Darauf achten, daß der Eischnee nicht zusammenfällt.
◆ Den Teig in die Form füllen und mit den Kirschen locker belegen. Im vorgeheizten Ofen etwa 40 Minuten backen.
◆ Den Kuchen auf einen Servierteller setzen und lauwarm oder kalt servieren.

Apple Crumble

Clafoutis mit Trauben

Zubereitungszeit: *1 Stunde*
Gelingt leicht

ZUTATEN FÜR 6 PERSONEN

300 g weiße Trauben
300 g blaue Trauben
3 Eier ◆ 200 g Mehl
120 g zerlassene Butter ◆ 120 g Zucker
1 Päckchen Backpulver
Für die Verzierung:
einige weiße und blaue Trauben
50 g Aprikosengelee

Clafoutis mit Trauben

◆ Eine Springform von 22 cm Durchmesser mit etwas zerlassener Butter bepinseln und mit Mehl bestäuben.
◆ Den Backofen auf 200° C vorheizen.
◆ Die Trauben von den Stielen zupfen, waschen, abtrocknen, halbieren und entkernen.
◆ Das mit dem Backpulver gesiebte Mehl, den Zucker, die Eier und die zerlassene Butter gründlich mischen. Zum Schluß die Trauben zufügen. Den Teig in die Form füllen und mit einem Spatel glattstreichen. Im vorgeheizten Ofen 40 Minuten backen. Den Kuchen etwa 5 Minuten ruhen lassen, dann aus der Form lösen.
◆ Für die Verzierung das Aprikosengelee im Wasserbad schmelzen und auf den Clafoutis streichen. Halbierte weiße und blaue Trauben auf den Kuchenrand und zu einem Häufchen in die Mitte setzen. Die Früchte mit dem restlichen Gelee einpinseln.
◆ Die Trauben können durch Äpfel, Birnen, Pflaumen, Pfirsiche, Kirschen oder anderes Obst nach Wahl ersetzt werden.

Obstkuchen mit Karamel

Obstkuchen mit Karamel

Zubereitungszeit: *1 Stunde*
Gelingt leicht

ZUTATEN FÜR 6-8 PERSONEN

200 g Mehl
300 g Zucker
200 g weiche Butter
1/2 Päckchen Backpulver
4 Eier ◆ 300 g Aprikosen
300 g Äpfel ◆ 300 g Birnen

◆ Den Backofen auf 170° C vorheizen. 150 g Zucker mit 2 EL Wasser in eine unbeschichtete Tortenform von 22 cm Durchmesser geben und bei schwacher Hitze kochen, bis er karamelisiert. Die Form schwenken, damit sich der Zucker gleichmäßig auf Boden und Seiten verteilt.
◆ Die Aprikosen in kochendes Wasser geben, häuten, halbieren und entsteinen. Die Äpfel und Birnen schälen, vom Kerngehäuse befreien und vierteln.
◆ 50 g Butter kurz verkneten und auf den erkalteten Karamel streichen. Darauf abwechselnd Äpfel, Birnen und Aprikosen legen. 150 g Butter mit 150 g Zucker schaumig schlagen, die Eier einrühren und schließlich das mit dem Backpulver gesiebte Mehl unterheben.
◆ Den Teig auf das Obst in die Form füllen und im vorgeheizten Ofen 35–40 Minuten backen. Den Kuchen sofort stürzen und entweder lauwarm oder kalt servieren.

Pasticcio di frutta
(Früchte-Auflauf)

Zubereitungszeit: *1 Stunde*
(ohne Kühlzeit)
Gelingt leicht

ZUTATEN FÜR 6 PERSONEN

200 g Löffelbiskuits
5 Aprikosen in der Dose
18 kandierte Kirschen ◆ 2 Äpfel
30 g Sultaninen
3 Eier ◆ 100 g Zucker
1/2 l Milch ◆ 2 EL Rum
150 ml Sahne

Pasticcio di frutta

◆ Eine rechteckige Form von 25 x 10 cm mit Backpapier auslegen. Den Backofen auf 180° C vorheizen. Die Äpfel schälen, vom Kerngehäuse befreien und kleinschneiden.
◆ Die Eier mit dem Zucker verrühren und den Rum und die Milch in feinem Strahl zufügen.
◆ Die Aprikosenhälften in die Form legen und die Kirschen in die Zwischenräume setzen. Dann die Früchte mit einer Schicht Löffelbiskuits bedekken. Eine Schicht Äpfel darübergeben und mit Sultaninen bestreuen. Mit einer Schicht Löffelbiskuits abschließen.
◆ Die Ei-Milch-Mischung in die Form gießen und alles im Wasserbad im vorgeheizten Ofen 40 Minuten backen. Nach dem Abkühlen den Pasticcio 2 Stunden in den Kühlschrank stellen. Auf eine Platte setzen und mit Sahnetupfen verzieren.

Traubenkuchen

Zubereitungszeit: *1 Stunde 10 Minuten*
Braucht etwas Erfahrung

ZUTATEN FÜR 6 PERSONEN

500 g weiße und blaue Trauben
70 g Grieß
1/2 l Milch
60 g Butter
3 Eier ◆ 2 EL brauner Rum
100 g Zucker
1 Prise Salz

◆ Eine Tortenform von 24 cm Durchmesser einfetten und mit Mehl bestäuben. Den Backofen auf 180° C vorheizen. Die Butter kleinschneiden.
◆ Die Trauben unter fließendem Wasser waschen und von den Stielen zupfen. Eine Handvoll für die Verzierung beiseite legen, den Rest halbieren und entkernen.
◆ Die Milch aufkochen. Den Grieß nach und nach einrieseln lassen und unter ständigem Rühren 10–15 Minuten kochen. Vom Herd nehmen und nacheinander die Butterstücke, die Eigelbe, den Zucker, den Rum und schließlich die halbierten Trauben unterrühren. Die Eiweiße mit dem Salz zu steifem Schnee schlagen und vorsichtig unterheben.
◆ Die Grießmasse in die Form füllen und im vorgeheizten Ofen 40–50 Minuten backen, bis der Kuchen aufgegangen und goldbraun ist.
◆ Den Kuchen aus dem Ofen nehmen, 10 Minuten ruhen lassen und auf eine Platte stürzen. Mit den zurückbehaltenen, ganzen Trauben verzieren und kalt servieren.

Traubenkuchen

Vollkorntorte mit Birnen

Orangenring mit Feigen

Vollkornkuchen mit Birnen

Zubereitungszeit: *1 Stunde*
Gelingt leicht

ZUTATEN FÜR 4 PERSONEN

1 kg Birnen ◆ 40 g Mehl
40 g Vollkornmehl ◆ 80 g Zucker
1/2 Päckchen Backpulver
2 Eier ◆ 125 ml Milch
1 EL Zitronensaft
1 EL Puderzucker

◆ Eine Tortenform von 22 cm Durchmesser einfetten und mit Mehl bestäuben. Den Backofen auf 180° C vorheizen.
◆ Die Birnen schälen, vom Kerngehäuse befreien, in Scheiben schneiden und mit dem Zitronensaft beträufeln.
◆ Die Eigelbe mit dem Zucker schaumig schlagen. Die beiden mit dem Backpulver gesiebten Mehlsorten, die Milch und die Birnenscheiben unterziehen. Die Eiweiße mit dem Salz steif schlagen und vorsichtig unterheben.
◆ Den Teig in die Form füllen und im vorgeheizten Ofen etwa 45 Minuten backen. Den Kuchen auf eine Platte stürzen und nach dem Erkalten mit dem Puderzucker bestäuben.

Orangenring mit Feigen

Zubereitungszeit: *1 Stunde 10 Minuten*
Gelingt leicht

ZUTATEN FÜR 6 PERSONEN

120 g Mehl
60 g weiche Butter
90 g Zucker ◆ 1 Ei
1/2 TL Natron
5 EL Milch
250 g frische Feigen
50 g gehackte Walnüsse
1/2 EL geriebene Orangenschale
2 Päckchen Vanillezucker
Für die Verzierung:
2 EL Aprikosengelee
20 g gehackte Walnüsse
80 g frische Feigen

◆ Eine Napfkuchenform einfetten und mit Mehl bestäuben. Den Backofen auf 180° C vorheizen.
◆ Die Feigen häuten, in Scheiben schneiden und bei schwacher Hitze mit 40 g Zucker 8–10 Minuten kochen. Erkalten lassen.
◆ Die Butter mit dem restlichen Zucker schaumig schlagen, dann das Ei zufügen. Das mit dem Natron gesiebte Mehl, die Milch, die Feigenmasse, die Walnüsse, die Orangenschale und den Vanillezucker unterrühren.
◆ Den Teig in die Form füllen, mit Alufolie abdecken und im vorgeheizten Ofen 50 Minuten backen. Nach 30 Minuten die Alufolie abnehmen. Den Kuchen auf ein Gitter stürzen und abkühlen lassen.
◆ Für die Verzierung die Feigen häuten und in Schnitze schneiden. Den Kuchen mit dem im Wasserbad aufgelösten Aprikosengelee einpinseln und mit den gehackten Walnüssen bestreuen. Die Öffnung mit den Feigenschnitzen füllen.

Aprikosenkuchen mit Kirschwasser

Zubereitungszeit: *1 Stunde*
Gelingt leicht

ZUTATEN FÜR 6-8 PERSONEN

500 g frische Aprikosen
(oder 400 g aus der Dose)
100 g weiche Butter
150 g Zucker
120 g Mehl
4 Eier
2,5 cl Kirschwasser
1 Päckchen Vanillezucker
1 Päckchen Backpulver
1 EL Paniermehl
1 EL Puderzucker
1 Prise Salz

◆ Eine rechteckige Form von 25 x 12 cm einfetten und mit Paniermehl bestreuen. Den Backofen auf 190° C vorheizen.
◆ Die Aprikosen waschen, abtrocknen, entsteinen und in 1 cm breite Ringe schneiden. Die Butter mit den Eigelben, dem Zucker und dem Vanillezucker schaumig rühren. Dann das Kirschwasser und das mit dem Backpulver gesiebte Mehl zufügen. Die Eiweiße mit dem Salz steif schlagen und unterheben.
◆ Zwei Drittel des Teigs in die Form füllen, mit einer Schicht Aprikosen belegen und mit dem restlichen Teigdrittel bedecken. Mit den verbliebenen Aprikosen abschließen. Den Kuchen im Ofen 40 Minuten backen. Auf eine Platte setzen und mit Puderzucker bestäuben.

Dattelkuchen

Zubereitungszeit: *1,5 Stunden*
Gelingt leicht

ZUTATEN FÜR 6 PERSONEN

160 g Mehl ◆ 80 g Zucker
80 g Datteln
70 g weiche Butter
50 ml Milch
1 EL Honig
2 Eier
1 Päckchen Backpulver
1 Prise Salz

◆ Eine rechteckige Form von 1,5 l Fassungsvermögen einfetten und mit Mehl bestäuben. Den Backofen auf 180° C vorheizen.
◆ Die Butter kleinschneiden. Das Mehl auf die Arbeitsfläche häufen und mit dem Backpulver, dem Zucker, dem Honig und den Butterstücken vermengen.
◆ Die Zutaten mit den Händen (oder kurz in der Küchenmaschine) zerkrümeln und in eine große Schüssel geben. Die Eier mit der Milch und dem Salz verschlagen und zugießen, dabei kräftig mit einem Holzlöffel umrühren, bis ein glatter Teig entsteht. Dann die entsteinten und kleingeschnittenen Datteln einarbeiten.
◆ Den Teig in die Form füllen und im vorgeheizten Ofen etwa 50 Minuten backen. Den Kuchen auf ein Gitter stürzen und erkalten lassen.

Apfelkuchen mit Walnüssen

Zubereitungszeit: *1 Stunde 20 Minuten*
(ohne Zeit zum Ziehen)
Gelingt leicht

ZUTATEN FÜR 6-8 PERSONEN

1 kg säuerliche Äpfel
200 g Mehl
100 g Zucker
2 Eigelb
50 g weiche Butter
200 ml Milch
5 cl Cognac
40 g Walnüsse
40 g Sultaninen
4 zerbröselte Amaretti
1 Päckchen Vanillezucker
1/2 Päckchen Backpulver
geriebene Schale von 1/2 unbehandelten Zitrone
1 EL Paniermehl
Für die Verzierung:
1 EL Puderzucker
20 g Sultaninen
1 Apfel
2 EL Zucker
1 Walnußkern

◆ Eine Tortenform von 22 cm Durchmesser einfetten und mit Paniermehl ausstreuen. Den Backofen auf 170° C vorheizen.
◆ Die Äpfel schälen, vom Kerngehäuse befreien und in dünne Scheiben schneiden. Die Butter in Stücke schneiden.
◆ Die Eigelbe mit dem Zucker und den Butterstücken schaumig rühren. Nacheinander das mit dem Backpulver gesiebte Mehl, die Milch, den Cognac und die Zitronenschale zufügen.
◆ Die Hälfte des Teigs in die Form füllen, mit der Hälfte der Apfelscheiben belegen und mit den

Amaretti, einigen Sultaninen, einem Teil der Walnüsse und etwas Vanillezuckers bestreuen.
◆ Eine zweite Schicht Apfelscheiben darübergeben und ebenfalls mit den genannten Zutaten einstreuen. Mit der zweiten Teighälfte abschließen. Den Kuchen im vorgeheizten Ofen 40–45 Minuten backen, stürzen und erkalten lassen.
◆ Für die Verzierung den Apfel schälen, vom Kerngehäuse befreien und in dünne Scheiben schneiden.
◆ Den Zucker mit 3 EL Wasser kochen, bis er sich vollständig aufgelöst hat. Die Apfelscheiben in dem Sirup 1 Stunde ziehen lassen.
◆ Eine Kartonscheibe von 8 cm Durchmesser auf die Mitte des Kuchens legen, dann den Kuchen mit Puderzucker bestäuben. Den Karton wieder abnehmen.
◆ Die Verzierung mit den abgetropften und abgetrockneten Apfelscheiben, den Sultaninen und dem Walnußkern vervollständigen.

Bananenkuchen

Zubereitungszeit: *1 Stunde 10 Minuten*
Gelingt leicht

ZUTATEN FÜR 8 PERSONEN

600 g reife Bananen ohne braune Stellen
250 g Löffelbiskuits
40 g Amaretti
100 g Zucker ◆ 5 Eier
130 g weiche Butter
Saft von 1 Zitrone
1 Prise Salz
1 EL Paniermehl

Für die Verzierung:
1 Banane
Saft von 1 Zitrone
2 Minzezweige
1 EL Aprikosengelee

◆ Eine Tortenform von 26 cm Durchmesser einfetten und mit Paniermehl bestreuen. Den Backofen auf 180° C vorheizen.
◆ Die Löffelbiskuits und die Amaretti mit der Teigrolle zu Pulver zerdrücken. Die Bananen schälen, in Scheiben schneiden und mit dem Zitronensaft beträufeln.
◆ Die Butter mit dem Zucker schaumig rühren. Nacheinander die Eigelbe einzeln und dann die zermahlenen Kekse zufügen. Die Eiweiße mit dem Salz steif schlagen und unterheben. Die Bananenscheiben vorsichtig untermengen.
◆ Den Teig in die vorbereitete Form füllen und im vorgeheizten Ofen 45 Minuten backen. Den Kuchen auf eine Platte stürzen und abkühlen lassen.
◆ Für die Verzierung die Banane schälen, in Scheiben schneiden und mit dem Zitronensaft beträufeln.
◆ Das Aprikosengelee im Wasserbad auflösen und auf den Kuchen streichen. Die Bananenscheiben abtropfen lassen. Einen Teil halbieren und um den unteren Kuchenrand legen. Die restlichen Scheiben mit den Minzeblättchen auf die Kuchenoberfläche legen und mit dem restlichen Gelee einpinseln.

Orangenkuchen mit Belag

Zubereitungszeit: *1 Stunde 20 Minuten*
Gelingt leicht

ZUTATEN FÜR 6-8 PERSONEN

200 g Mehl
130 g Zucker ◆ 130 g Butter
3 Eier ◆ 1 Prise Salz
2 unbehandelte Orangen
1/2 Päckchen Backpulver

Für den Sirup:
2 unbehandelte Orangen
70 g Zucker

Für die Verzierung:
1 unbehandelte Orange
20 g Mandelblättchen

◆ Eine Tortenform von 24 cm Durchmesser einfetten. Den Backofen auf 180° C vorheizen.
◆ Die Butter bei Zimmertemperatur weich werden lassen und in Stücke schneiden. Die Orangen unter fließendem Wasser gründlich abbürsten und gut abtrocknen. Die Schale abreiben und den Saft auspressen.
◆ Die Eigelbe mit dem Zucker schaumig schlagen. Dann nacheinander das Mehl, das Backpulver, die Butterstücke, den Orangensaft und die Schale mit einem Holzlöffel unterrühren. Die Eiweiße mit dem Salz zu steifem Schnee schlagen und vorsichtig unterheben.
◆ Den Teig in die Form füllen und im vorgeheizten Ofen etwa 40 Minuten backen. Den Kuchen auf ein Gitter stürzen und erkalten lassen.
◆ Für den Sirup die Orangen auspressen. Den Saft mit dem Zucker einige Minuten zu einem hellen Sirup kochen. Noch warm auf den Kuchen gießen und mit einem Spatel gleichmäßig auf der Oberfläche verstreichen.
◆ Für die Verzierung die Orange „bis aufs Fleisch" schälen (s. S. 28), in dünne Scheiben schneiden und auf den Kuchen legen. Die Verzierung mit einem Mandelblättchenkranz um den Kuchenrand vervollständigen.

Mango-Birnen-Torte

Zubereitungszeit: *1 Stunde*

Gelingt leicht

Zutaten für 6-8 Personen

160 g weiche Butter
600 g Birnen
400 g Mangos
160 g Zucker
1 Ei
1 Eigelb
1/4 l Milch
200 g Mehl
10 g Backpulver
1 Prise Salz

Den Backofen auf 180° C vorheizen. Die Birnen und die Mangos schälen und in 2 cm dicke Scheiben schneiden.

◆ 70 g Butter mit 70 g Zucker mischen und auf den Boden einer unbeschichteten Form von 24 cm Durchmesser streichen (1). Die Birnen- und Mangoscheiben schuppenartig darüber verteilen. Dann die Form auf den Herd stellen und den Zucker bei schwacher Hitze karmelisieren lassen. Die Form dabei ständig drehen.

1

2

◆ In einer Schüssel das Ei nacheinander mit dem Eigelb, dem restlichen Zucker, dem Salz, der restlichen Butter, der Milch und dem mit dem Backpulver gesiebten Mehl gründlich verrühren (2).

◆ Den Teig auf die Früchte gießen (3), glattstreichen und im vorgeheizten Ofen 30–35 Minuten backen.

◆ Den Kuchen auf eine Platte stürzen und nach Belieben lauwarm oder kalt servieren.

3

Ananastorte mit Walnüssen

Zubereitungszeit: *1 Stunde 15 Minuten*

Gelingt leicht

Zutaten für 6 Personen

350 g Mehl ◆ 120 g Zucker
1 Päckchen Backpulver ◆ 3 Eier
1 Dose Ananas
100 g grob gehackte Walnüsse
2 Päckchen Vanillezucker
100 g weiche Butter
1/4 l Milch ◆ 1/4 l Ananassaft
1 Prise Salz

◆ Eine Tortenform von 22 cm Durchmesser einfetten und mit Mehl bestäuben. Den Backofen auf 180° C vorheizen.
◆ Die Eigelbe mit dem Zucker und der Butter schaumig rühren. Nacheinander das Mehl, die Milch und den Ananassaft, dann das Backpulver, die gehackten Walnüsse, den Vanillezucker und die in Stücke geschnittenen Ananasscheiben zufügen. Schließlich die Eiweiße mit dem Salz steif schlagen und unterheben.
◆ Den Teig in die Form füllen und im vorgeheizten Ofen etwa 50 Minuten backen.
◆ Die Torte erkalten lassen und auf eine Platte setzen.

Strahlenkranz aus Pfirsichen

Strahlenkranz aus Pfirsichen

Zubereitungszeit: *1 Stunde 15 Minuten*

Gelingt leicht

Zutaten für 8-10 Personen

1 kg Pfirsiche ◆ 350 g Mehl
200 g weiche Butter ◆ 1 TL Zimt
4 Eier ◆ 240 g Zucker
1 Päckchen Backpulver

Für die Verzierung:
50 g zerbröselte Amaretti
1 EL Aprikosengelee

◆ Eine Tortenform von 26 cm Durchmesser einfetten und mit Mehl bestäuben. Den Backofen auf 180° C vorheizen.
◆ Die Pfirsiche kurz in kochendes Wasser geben, häuten und in Scheiben schneiden.
◆ Die Butter mit 200 g Zucker schaumig schlagen. Dann die Eier und das mit dem Backpulver gesiebte Mehl unterrühren. Den Teig in die Form geben und die Pfirsichscheiben strahlenkranzförmig darauf verteilen. Den restlichen Zucker mit dem Zimt mischen und auf das Obst streuen.
◆ Den Kuchen im vorgeheizten Ofen 50–60 Minuten backen. Abkühlen lassen und mit dem aufgelösten Aprikosengelee einpinseln. Die zerbröselten Amaretti auf den Kuchenrand drücken.

Mango-Birnen-Torte

Einfacher Birnenkuchen

Zubereitungszeit:
1 Stunde 10 Minuten
Gelingt leicht

ZUTATEN FÜR 6 PERSONEN
1 kg Birnen ◆ 100 g Mehl
3 Eier ◆ 100 g Zucker
1/2 Päckchen Backpulver
125 ml Milch
Saft von 1 Zitrone
1 TL Puderzucker
1 Prise Salz

Einfacher Birnenkuchen

◆ Eine Tortenform von 24 cm Durchmesser einfetten und mit Mehl bestäuben. Den Backofen auf 180° C vorheizen.
◆ Die Birnen schälen, vom Kerngehäuse befreien und in dünne Scheiben schneiden. Mit dem Zitronensaft beträufeln und mit 50 g Zucker bestreuen.
◆ Die Eigelbe mit dem restlichen Zucker schaumig rühren, dann das mit dem Backpulver gesiebte Mehl und die Milch zufügen. Die Birnen abtropfen lassen und untermischen. Schließlich die Eiweiße mit dem Salz steif schlagen und unterheben.
◆ Den flüssigen Teig in die Form gießen und im vorgeheizten Ofen etwa 50 Minuten backen. Den Kuchen auf eine Platte setzen, mit Puderzucker bestäuben und lauwarm oder kalt servieren.

Fruchttorte Périgord

Fruchttorte Périgord

Zubereitungszeit: *1 Stunde*
Gelingt leicht

ZUTATEN FÜR 6-8 PERSONEN
120 g Mehl ◆ 500 g Birnen
50 g Sultaninen
3 Eier ◆ 60 g Zucker
60 g zerlassene Butter ◆ 100 ml Milch
1 TL Backpulver
geriebene Schale von 1 unbehandelten Zitrone
1 EL Rum
1 EL Zitronensaft
1/2 EL Puderzucker

◆ Eine hohe runde Form von 1 l Fassungsvermögen einfetten und mit Mehl bestäuben. Den Backofen auf 170° C vorheizen.
◆ Die Birnen schälen, vom Kerngehäuse befreien, in Scheiben schneiden und mit dem Zitronensaft beträufeln.
◆ Die Sultaninen abwaschen und abtrocknen. Das mit dem Backpulver gesiebte Mehl, den Zucker, die Zitronenschale und die Eier verrühren. Nach und nach die Milch, den Rum und die zerlassene Butter zugießen und schließlich die Birnenscheiben und die Sultaninen unterziehen.
◆ Den Teig in die Form füllen und im vorgeheizten Ofen 45–50 Minuten backen. Die Torte stürzen, erkalten lassen und zur Hälfte mit Puderzucker bestäuben.
◆ Je nach Geschmack und Jahreszeit können die Birnen auch durch anderes Obst ersetzt werden.

Gascogner Apfelkuchen

Zubereitungszeit: *1,5 Stunden*
Gelingt leicht

ZUTATEN FÜR 6 PERSONEN
3 Äpfel
200 g weiche Butter
180 g Mehl
140 g Zucker ◆ 2 Eier
1 TL Muskatnuß ◆ 1 TL Zimt
100 g fein gehackte Walnüsse
2 Päckchen Vanillezucker
1 Prise Salz
Für die Verzierung:
1 Apfel
1 EL Puderzucker
200 ml trockener Weißwein

Gascogner Apfelkuchen

◆ Eine Tortenform von 26 cm Durchmesser einfetten und mit Mehl bestäuben. Den Backofen auf 180° C vorheizen.
◆ Die Äpfel schälen, vom Kerngehäuse befreien und hacken. Die Butter mit dem Zucker und dem Vanillezucker schaumig schlagen. Dann die Eier einzeln und das mit dem Zimt, der Muskatnuß und dem Salz gesiebte Mehl nach und nach unterrühren. Schließlich die Äpfel und die Walnüsse unterheben.
◆ Den Teig in die Form füllen und im vorgeheizten Ofen etwa 50 Minuten backen.
◆ Für die Verzierung den Apfel schälen, in etwa 30 Würfel von 1 x 1 cm schneiden und 20 Minuten im Wein ziehen lassen.
◆ Den Kuchen abkühlen lassen und auf eine Platte setzen. Mit dem Puderzucker bestäuben und mit Apfelwürfeln verzieren.

Macedonia in torta
(Obstsalat-Kuchen)

Zubereitungszeit: *1 Stunde*
Gelingt leicht

ZUTATEN FÜR 6 PERSONEN

150 g Butter ◆ 200 g Mehl
150 g Zucker ◆ 4 Eier
1 Päckchen Backpulver
geriebene Schale
von 1 unbehandelten Zitrone
1 Banane ◆ 1 Apfel ◆ 200 g Erdbeeren
2 Ananasscheiben ◆ 1 Pfirsich
2 EL Aprikosenmarmelade ◆ 1 Prise Salz
5 cl Brandy ◆ 2 EL Weißwein

◆ Eine Tortenform von 24 cm Durchmesser einfetten und mit Mehl bestäuben. Den Backofen auf 200° C vorheizen.
◆ Das Obst schälen bzw. waschen, von den Kernen befreien und würfeln. Die Ananasscheiben in Stücke schneiden. Die Früchte mit der Marmelade, dem Brandy und dem Weißwein mischen. Die Butter bei sehr schwacher Hitze schmelzen. Die Eiweiße mit dem Salz steif schlagen.
◆ In einer Schüssel das mit dem Backpulver gesiebte Mehl, die zerlassene Butter, die Eigelbe, den Zucker und die Zitronenschale verrühren. Den Teig kräftig durcharbeiten, dann den Obstsalat und den Eischnee unterheben. In die Form füllen und im vorgeheizten Ofen 40 Minuten backen.
◆ Die Torte auf eine Platte setzen und lauwarm oder kalt servieren.

Macedonia in torta

Heidelbeerstern

Heidelbeerstern

Zubereitungszeit: *1,5 Stunden*
Gelingt leicht

ZUTATEN FÜR 8 PERSONEN

230 g Heidelbeeren
4 Eier ◆ 4 Eigelb
180 g Mehl ◆ 90 g Zucker
2 EL Speisestärke
1 Prise Muskatblüte
100 g Butter ◆ 2 Päckchen Vanillezucker
geriebene Schale von 1 unbehandelten Zitrone
40 g Mandelblättchen ◆ 20 g Puderzucker

◆ Eine Sternform einfetten. Den Backofen auf 180° C vorheizen.
◆ Die Heidelbeeren zügig in sehr kaltem Wasser waschen und abtrocknen. Einige Beeren für die Verzierung beiseite legen und den Rest mit 1 EL Mehl bestäuben. Die Butter bei schwacher Hitze schmelzen und die Zitronenschale zufügen.
◆ Die ganzen Eier, die Eigelbe, den Vanillezucker und den Zucker im Wasserbad aufschlagen, bis sich der Zucker aufgelöst hat. Vom Herd nehmen und weiterschlagen, bis sich das Volumen der Masse verdreifacht hat. Dann das mit der Speisestärke und der Muskatblüte gesiebte Mehl, die zerlassene Butter in feinem Strahl und die Heidelbeeren zufügen.
◆ Den Teig in die mit Mandelblättchen bestreute Form füllen und im vorgeheizten Ofen 40 Minuten backen. Den Kuchen 10 Minuten ruhen lassen, dann auf eine Platte stürzen. Nach dem Erkalten mit dem Puderzucker bestäuben und mit den restlichen Heidelbeeren verzieren.

Prager Heidelbeertorte

Prager Heidelbeertorte

Zubereitungszeit: *1 Stunde*
Gelingt leicht

ZUTATEN FÜR 8 PERSONEN

300 g Heidelbeeren
130 g Mehl ◆ 120 g weiche Butter
3 Eier ◆ 100 g Zucker
geriebene Schale von 1 unbehandelten Orange
1 EL Cointreau ◆ 1 Prise Salz
Für die Verzierung:
50 g Himbeeren ◆ 50 g Heidelbeeren
1 EL Aprikosengelee

◆ Eine rechteckige Form von 20 x 10 cm einfetten und mit Mehl bestäuben. Den Backofen auf 180° C vorheizen. Die Heidelbeeren zügig in sehr kaltem Wasser waschen, abgießen und abtrocknen. Die Eiweiße mit dem Salz steif schlagen.
◆ Die Butter mit dem Zucker und den Eigelben schaumig rühren. Den Likör, die Orangenschale und schließlich abwechselnd das Mehl und den Eischnee unterheben. Den Teig in die Form füllen, mit den Heidelbeeren bestreuen und im vorgeheizten Ofen 45 Minuten backen.
◆ Für die Verzierung die Heidelbeeren und die Himbeeren zügig in sehr kaltem Wasser waschen und abtrocknen. Die Torte mit etwas aufgelöstem Aprikosengelee einpinseln und mit den Beeren belegen. Das restliche Gelee auf die Früchte streichen.

Lütticher Torte

Zubereitungszeit:
1,5 Stunden
(ohne Ruhezeit)

Braucht etwas Erfahrung

ZUTATEN FÜR 6-8 PERSONEN

1 Grundrezept Mürbeteig
5 Eigelb
2 EL Mehl
1/4 l lauwarme Milch
6 EL Zucker
2 EL Brandy
10 EL geschlagene Sahne
600 g frische Heidelbeeren
150 g Himbeergelee

Eine flache Tortenform von 26 cm Durchmesser einfetten. Den Mürbeteig (s. S. 12) zubereiten und, in Klarsichtfolie gewickelt, etwa 1 Stunde kühlstellen. Nach 30 Minuten den Backofen auf 180° C vorheizen.

◆ Den Teig 4 mm dick ausrollen und in die Form legen. Den Teigboden mehrmals mit einer Gabel einstechen, mit Backpapier belegen, mit Reis auffüllen und im vorgeheizten Ofen 15–20 Minuten backen. Das Papier und den Reis entfernen, dann den Boden erkalten lassen.

◆ Die Eigelbe in einer feuerfesten Form mit dem Zucker mischen und das Mehl und die lauwarme Milch gründlich unterrühren. Die Creme im Wasserbad unter ständigem Rühren erhitzen, bis sie dick wird. Darauf achten, daß sie dabei nicht aufkocht. Die Form in eine Schüssel mit sehr kaltem Wasser stellen und weiterrühren, bis die Creme abgekühlt ist. Dann den Brandy und 6 EL Schlagsahne unterziehen.

◆ Die gewaschenen und abgetrockneten Heidelbeeren mit dem Himbeergelee vermischen. Die Hälfte der Creme auf den Boden geben und die Hälfte der Heidelbeeren darüberstreuen. Dann mit einer weiteren Cremeschicht und den restlichen Heidelbeeren abschließen. Die Torte mit der geschlagenen Sahne verzieren und vor dem Servieren 2 Stunden kühlstellen.

Amerikanische Kürbistorte

Zubereitungszeit: *1 Stunde 20 Minuten*
(ohne Ruhezeit)

Braucht etwas Erfahrung

ZUTATEN FÜR 6-8 PERSONEN

200 g Mehl ◆ 100 g kalte Butter
1 Eigelb ◆ 1 Prise Salz

Für die Füllung:
1 kg fester Kürbis
150 g Zucker ◆ 3 Eier
1 EL Mehl
1 TL Zimt
1/2 TL Ingwer
1 Prise Muskatnuß
1 zerstoßene Nelke
100 ml Milch ◆ 2 Amaretti
geriebene Schale von 1 unbehandelten Zitrone

Für die Verzierung:
60 g kandierter Kürbis
3 EL geschlagene Sahne
einige Minzeblättchen

◆ Eine flache Tortenform von 24 cm Durchmesser einfetten und mit Mehl bestäuben. Den Backofen auf 200° C vorheizen.

◆ Das Mehl, die Butter und das Salz mit dem elektrischen Handrührgerät vermischen, bis eine krümelige Masse entsteht. Nach und nach das mit 2–3 EL sehr kaltem Wasser verquirlte Eigelb zugeben, bis sich eine Teigkugel bildet. (Um den Teig mit den Händen zuzubereiten, das Mehl mit dem Salz auf die Arbeitsfläche häufen. In die Mitte eine Vertiefung drücken und die in Stücke geschnittene Butter hineingeben. Mit den Fingerspitzen oder den Zinken einer Gabel zu einer krümeligen Masse verkneten. Dann das mit 2–3 El Wasser verquirlte Eigelb zügig einarbeiten). Den Teig in Klarsichtfolie wickeln und 30 Minuten kühlstellen.

Amerikanische Kürbistorte

◆ Für die Füllung den Kürbis schälen, in 3 cm dicke Scheiben schneiden, auf ein Blech legen und im vorgeheizten Ofen etwa 30 Minuten garen. Den weichen Kürbis sofort pürieren und mit dem Zucker, den Eiern, dem Mehl, dem Ingwer, der Muskatnuß, der Nelke, dem Zimt, der Zitronenschale und der Milch vermischen. Die Backofentemperatur auf 180° C senken.

◆ Den Teig 3 mm dick ausrollen, in die Form legen, mit einer Gabel mehrmals einstechen und mit den zerbröselten Amaretti bestreuen. Die Kürbismasse darübergeben und alles im vorgeheizten Ofen 50 Minuten backen. Die abgekühlte Torte auf einen Servierteller setzen.

◆ Für die Verzierung aus dem kandierten Kürbis jeweils neun Kreise von 1 und 0,5 cm Durchmesser ausschneiden. Die Minzeblättchen waschen und abtrocknen. Acht große Kreise um den Rand der Torte verteilen und einen in die Mitte legen. Einen Sahnetupfen auf jeden Kreis spritzen und mit einem kleineren Kreis und einem Minzeblättchen verzieren. Die Torte im Kühlschrank aufbewahren.

Lütticher Torte

Crostata „patissiére“

(Mürbeteig-Pie mit Konditorcreme)

Zubereitungszeit: *1 Stunde (ohne Ruhezeit)*

Braucht etwas Erfahrung

ZUTATEN FÜR 8-10 PERSONEN

1 Grundrezept Mürbeteig
400 ml Milch ◆ 5 Eigelb
100 g Zucker ◆ 50 g Mehl
1 Vanilleschote ◆ Schale von 1/2 unbehandelten Zitrone
1 Zuckerrose ◆ 6 Zuckerblätter

◆ Eine Tortenform von 26 cm Durchmesser einfetten und mit Mehl bestäuben.
◆ Den Mürbeteig (s. S. 12) zubereiten, zu einer Kugel formen und, in Klarsichtfolie gewickelt, etwa 1 Stunde kühlstellen. Nach 30 Minuten den Backofen auf 180° C vorheizen.
◆ Mit der Milch, 4 Eigelben, dem Zucker, dem Mehl, der Zitronenschale und der Vanilleschote eine Konditorcreme (s. S. 16) zubereiten und erkalten lassen, dabei ab und zu umrühren.
◆ Den Teig 3 mm dick ausrollen und in die Form legen. Die Teigreste beiseite stellen. Den Teigboden mit einer Gabel mehrmals einstechen und die Creme einfüllen. Aus den Teigresten 2 cm breite Streifen schneiden, gitterförmig auf die Füllung legen und mit dem restlichen, verquirlten Ei bestreichen.
◆ Den Kuchen im vorgeheizten Ofen 30–35 Minuten backen, lauwarm mit den Zuckerblättern und der Rose verzieren und servieren.

Blätterteigkuchen mit Kirschen

Blätterteigkuchen mit Kirschen

Zubereitungszeit: *2 Stunden (ohne Ruhezeit)*

Raffiniert

ZUTATEN FÜR 6-8 PERSONEN

350 g Blätterteig
300 g reife Kirschen
40 g Marzipanrohmasse
30 g geröstete, gehackte Haselnüsse
1 Eiweiß ◆ 2 EL Kirschwasser
20 g Butter
2 EL Zucker

◆ Den Backofen auf 200° C vorheizen.
◆ Die Kirschen gründlich waschen, entsteinen und halbieren. Die Marzipanrohmasse zerbröseln und mit dem Eiweiß, den gerösteten Haselnüssen und 1 EL Kirschwasser mischen.
◆ Den Blätterteig (s. S. 12) zubereiten und 4 mm dick ausrollen. Einen Kreis von 25 cm Durchmesser ausschneiden, in eine mit Wasser befeuchtete Tortenform von 24 cm Durchmesser legen und mit einer Gabel mehrmals einstechen. Die Marzipan-Haselnuß-Masse auf den Teig geben und mit den Kirschen belegen.
◆ Im vorgeheizten Ofen 15–20 Minuten backen. Dann den warmen Kuchen auf eine Platte setzen und mit dem restlichen Likör beträufeln.
◆ Den Zucker mit 3 EL Wasser einige Minuten kochen, mit der Butter verrühren und auf die Kirschen pinseln. Den Blätterteigkuchen lauwarm servieren.

Torta del Gattopardo

Torta del Gattopardo

(Leoparden-Torte)

Zubereitungszeit: *1 Stunde (ohne Ruhezeit)*

Braucht etwas Erfahrung

ZUTATEN FÜR 10 PERSONEN

1 Grundrezept Mürbeteig
5 Eier ◆ 140 g Zucker
200 g geröstete, gehackte Mandeln
125 ml passito di Pantelleria (oder Marsala)
2 Päckchen Vanillezucker
1 EL Puderzucker ◆ 1 kandierte Kirsche
1 Prise Salz

◆ Eine Springform von 26 cm Durchmesser einfetten. Den Mürbeteig (s. S. 12) zubereiten, zu einer Kugel formen und, in Klarsichtfolie gewickelt, 1 Stunde im Kühlschrank ruhen lassen. Nach 30 Minuten den Backofen auf 180° C vorheizen.
◆ Zwei Drittel des Teiges 3 mm dick ausrollen, in die Form legen und mit einer Gabel mehrmals einstechen.
◆ Die Eigelbe mit dem Zucker und dem Vanillezucker schaumig rühren. Dann die Mandeln und den Wein zufügen. Die Eiweiße mit dem Salz steif schlagen und unterheben. Die Masse in den Boden füllen.
◆ Den restlichen Teig 3 mm dick ausrollen und auf die Füllung legen, die Ränder gut andrücken. Die Oberfläche mit einer Gabel einstechen und nach Belieben mit Teigblättern belegen. Im vorgeheizten Ofen 40–45 Minuten backen.
◆ Die Torte mit Puderzucker bestäuben, mit der kandierten Kirsche verzieren und kalt servieren.

Blätterteigkuchen mit Pfirsichen

Zubereitungszeit: *2 Stunden*
Raffiniert

ZUTATEN FÜR 6-8 PERSONEN

200 g Blätterteig
40 g geschälte, gehackte Mandeln
1 kg reife, feste Pfirsiche
1 EL Aprikosengelee
20 g geröstete Mandelblättchen

◆ Den Backofen auf 180° C vorheizen.
◆ Die Pfirsiche 2 Minuten in kochendes Wasser geben, häuten, entsteinen und vierteln. Eine flache Tortenform von 22 cm Durchmesser mit Wasser befeuchten.
◆ Den Blätterteig (s. S. 12) zubereiten, 3 mm dick ausrollen und in die Form legen. Mehrmals einstechen und mit den gehackten Mandeln bestreuen. Dann die Pfirsichschnitze strahlenkranzförmig auf dem Teigboden anordnen.
◆ Den Kuchen im vorgeheizten Ofen 30–35 Minuten backen, abkühlen lassen und auf eine Platte setzen. Die Pfirsiche mit dem im Wasserbad aufgelösten Aprikosengelee bestreichen und die Mandelblättchen auf den Rand und in die Mitte des Kuchens streuen. Lauwarm oder kalt servieren.

Alain-Chapel-Torte

Alain-Chapel-Torte

Zubereitungszeit: *1 Stunde*
(ohne Ruhezeit)
Braucht etwas Erfahrung

ZUTATEN FÜR 6-8 PERSONEN

200 g Mehl
100 g kalte Butter
150 g Zucker
150 g geschälte Mandeln
200 ml Sahne ◆ 1 Prise Salz
1 EL Mandelöl ◆ 1 EL Aprikosengelee

◆ Eine flache Tortenform von 22 cm Durchmesser einfetten und mit Mehl bestäuben.
◆ In einer Schüssel das Mehl, die Butter und das Salz mit dem elektrischen Handrührgerät verrühren, bis eine krümelige Masse entsteht. Nach und nach 2–3 EL sehr kaltes Wasser zufügen, bis sich eine Teigkugel bildet. In Klarsichtfolie wickeln und 30 Minuten kühlstellen. Den Backofen auf 180° C vorheizen.
◆ Die Mandeln mit dem Zucker und 3 EL Wasser karamelisieren (s. S. 21) und auf eine geölte Marmorplatte geben. Bevor sie abkühlen, sechs Mandeln ablösen und beiseite stellen. Den Rest nach dem Erkalten zu zwei Dritteln fein und zu einem Drittel grob hacken.
◆ Den Teig 3 mm dick ausrollen und in die Form legen. Den Boden mit der Gabel mehrmals einstechen, mit Backpapier belegen und mit Reis auffüllen. Im vorgeheizten Ofen etwa 15 Minuten backen. Dann das Papier und den Reis entfernen.
◆ Die Sahne mit den fein gehackten Mandeln mischen, auf den Boden geben und glattstreichen. Alles weitere 15 Minuten backen.
◆ Die lauwarme Torte auf eine Platte setzen. Das Aprikosengelee im Wasserbad auflösen, auf den Tortenrand streichen und mit den grob gehackten Mandeln bestreuen. Die zurückbehaltenen ganzen Mandeln in der Mitte zu einer Blume anordnen.

Pignolata

Pignolata
(Pinienkernkuchen)

Zubereitungszeit: *1 Stunde*
(ohne Ruhezeit)
Braucht etwas Erfahrung

ZUTATEN FÜR 6-8 PERSONEN

2/3 Grundrezept Mürbeteig
160 g gehackte Pinienkerne
150 g Zucker ◆ 4 Eiweiß
100 g weiche Butter
100 g Speisestärke
1 Prise Salz

Für die Verzierung:
20 g Pinienkerne
1 EL Aprikosengelee
8 Zuckerperlen

◆ Eine Tortenform von 24 cm Durchmesser einfetten und mit Mehl bestäuben.
◆ Den Mürbeteig (s. S. 12) zubereiten, dabei 40 g Pinienkerne zufügen. In Klarsichtfolie wickeln und etwa 1 Stunde im Kühlschrank ruhen lassen. Nach 30 Minuten den Ofen auf 180° C vorheizen.
◆ Den Teig 3 mm dick ausrollen und in die Form legen. Den Teigboden mit der Gabel mehrmals einstechen, mit Backpapier belegen und mit Reis auffüllen. Im vorgeheizten Ofen 10–12 Minuten backen. Das Papier und den Reis entfernen.
◆ Die Butter mit dem Zucker schaumig rühren. Die Speisestärke und die restlichen Pinienkerne zufügen. Die Eiweiße mit dem Salz steif schlagen und unterheben. Die Masse in den Boden füllen ▶

und glattstreichen. Mit Pinienkernblumen verzieren und 25 Minuten weiterbacken.
◆ Die erkaltete Pigniolata auf eine Platte setzen und mit dem im Wasserbad aufgelösten Aprikosengelee bestreichen. Jede Pinienkernblume mit einer Zuckerperle verzieren.

Baskische Kirschtorte

Zubereitungszeit: *1,5 Stunden (ohne Ruhezeit)*
Braucht etwas Erfahrung

ZUTATEN FÜR 6-8 PERSONEN

1 Grundrezept Mürbeteig
200 g Zucker ◆ 4 Eigelb
1/4 l Milch ◆ 20 g Mehl
400 g Kirschen
1 Päckchen Vanillezucker
Saft und geriebene Schale von 1/2 unbehandelten Zitrone
1 EL Puderzucker
1 EL Aprikosengelee

◆ Eine Tortenform von 22 cm Durchmesser einfetten und mit Mehl bestäuben.
◆ Den Mürbeteig (s. S. 12) zubereiten, zu einer Kugel formen und, in Klarsichtfolie gewickelt, etwa 1 Stunde in den Kühlschrank legen. Nach 30 Minuten den Backofen auf 180° C vorheizen.
◆ Mit der Milch, der Zitronenschale, den Eigelben, dem Zucker, dem Mehl und dem Vanillezucker eine Konditorcreme (s. S. 16) zubereiten und erkalten lassen, dabei ab und zu umrühren.
◆ Die Kirschen waschen und abtrocknen. Die vier schönsten beiseite legen, den Rest von den Stielen zupfen, halbieren und entsteinen. In einem Topf die Kirschen mit dem Zitronensaft und dem restlichen Zucker mischen und bei schwacher Hitze etwa 15 Minuten kochen. Das abgekühlte Kompott unter die Konditorcreme ziehen.
◆ Zwei Drittel des Mürbeteiges 3 mm dick ausrollen, in die Form legen und mit einer Gabel mehrmals einstechen. Die Kirschcreme in den Boden füllen. Den restlichen Teig ausrollen und auf die Füllung legen, dabei die Ränder gut andrücken. Den Teigdeckel mit dem restlichen, verquirlten Ei bestreichen. Dann mit den Zinken einer Gabel auf der Oberfläche Schlangenlinien einritzen. Im vorgeheizten Ofen etwa 50 Minuten backen.
◆ Die lauwarme Torte auf eine Platte setzen und den Rand mit Puderzucker bestäuben. Die zurückbehaltenen Kirschen in das aufgelöste Aprikosengelee tauchen und in die Mitte legen.

Crostata dell'Abetone

(Mürbeteigboden mit Schoko-Mandel-Creme)

Zubereitungszeit: *1 Stunde 20 Minuten (ohne Ruhezeit)*
Braucht etwas Erfahrung

ZUTATEN FÜR 8 PERSONEN

1 Grundrezept Mürbeteig
250 g Zucker
350 g geschälte, geröstete und gehackte Mandeln
150 g gehackte Bitterschokolade
4 Eier ◆ 2 kleine Tassen starker Espresso
100 ml Sahne ◆ 1 Prise Salz
1 EL Puderzucker
40 g karamelisierte Mandeln

◆ Eine Tortenform von 24 cm Durchmesser einfetten und mit Mehl bestäuben.
◆ Den Mürbeteig (s. S. 12) zubereiten, zu einer Kugel formen und, in Klarsichtfolie gewickelt, etwa 1 Stunde in den Kühlschrank legen. Nach 30 Minuten den Backofen auf 170° C vorheizen.
◆ Den Teig 3 mm dick ausrollen, in die Form legen und mit einer Gabel mehrmals einstechen. Die Schokolade bei schwacher Hitze im Espresso schmelzen, vom Herd nehmen und mit der Sahne mischen. Die Eigelbe mit dem Zucker schaumig rühren, dann die gehackten Mandeln und die geschmolzene Schokolade zufügen. Die Eiweiße mit dem Salz steif schlagen und unterheben.
◆ Die Schokoladen-Eigelb-Masse in den Teigboden füllen und alles im vorgeheizten Ofen 1 Stunde backen. Die lauwarme Crostata auf eine Platte setzen, mit einer Kartonscheibe von 12 cm Durchmesser belegen und mit Puderzucker bestäuben. Die Scheibe abnehmen und die karamelisierten Mandeln in die Mitte des Kuchens streuen.

Blätterteigkuchen mit Melone

Zubereitungszeit: *2 Stunden*
Raffiniert

ZUTATEN FÜR 4 PERSONEN

150 g Blätterteig
1 Honigmelone von etwa 700 g
70 g Zucker
1 Vanilleschote
50 g zerbröselte trockene Kekse
50 g Aprikosengelee
1 Marzipanblume

◆ Eine Tortenform von 24 cm Durchmesser bereit halten. Den Blätterteig (s. S. 12) zubereiten und 4 mm dick ausrollen. Einen Teigkreis von 26 cm Durchmesser ausschneiden, in die mit Wasser befeuchtete Form legen und mit einer Gabel mehrmals einstechen.
◆ Die Melone schälen, von den Kernen befreien und in gleichmäßige, dünne Scheiben schneiden. In einen Topf geben und 10 Minuten mit dem Zucker und der Vanilleschote kochen.
◆ Den Backofen auf 190° C vorheizen.
◆ Den Teigboden mit den zerbröselten Keksen bestreuen. Die Melonenscheiben abtropfen lassen und strahlenkranzförmig darüberlegen.
◆ Den Kuchen im vorgeheizten Ofen 25 Minuten goldgelb backen, abkühlen lassen und auf eine Platte setzen. Die Melonenscheiben mit dem im Wasserbad aufgelösten Aprikosengelee bestreichen und die Marzipanblume in die Mitte legen.

Brombeer-Himbeer-Torte

Zubereitungszeit: *1 Stunde (ohne Ruhezeit)*

Braucht etwas Erfahrung

ZUTATEN FÜR 10 PERSONEN

1 Grundrezept Mürbeteig
400 g Brombeeren
150 g Himbeeren
3 EL Aprikosengelee

Für die Creme:

350 ml Milch ◆ 3 Eigelb
70 g Zucker ◆ 30 g Mehl
geriebene Schale von 1/2 unbehandelten Zitrone
1 EL Kirschwasser

◆ Eine flache Tortenform von 26 cm Durchmesser einfetten und mit Mehl bestäuben.
◆ Den Mürbeteig (s. S. 12) zubereiten, zu einer Kugel formen und, in Klarsichtfolie gewickelt, etwa 30 Minuten in den Kühlschrank legen.
◆ Mit den oben genannten Zutaten eine Konditorcreme (s. S. 16) zubereiten, mit dem Kirschwasser mischen und erkalten lassen.
◆ Den Backofen auf 180° C vorheizen.
◆ Die Beeren zügig in sehr kaltem Wasser waschen und abtrocknen. Den Teig 3 mm dick ausrollen, in die Form legen und mehrmals mit einer Gabel einstechen. Die Creme in den Boden füllen, die Beeren darauf verteilen und alles im vorgeheizten Ofen 30–35 Minuten backen.
◆ Den Kuchen auf eine Platte setzen und erkalten lassen. Die Früchte mit dem im Wasserbad aufgelösten Aprikosengelee bestreichen.

Zitronentorte mit Erdbeeren

Zubereitungszeit: *50 Minuten (ohne Ruhezeit)*

Braucht etwas Erfahrung

ZUTATEN FÜR 12 PERSONEN

1 Grundrezept Mürbeteig

Für die Creme:

60 g Mehl ◆ 120 g Zucker
30 g Butter ◆ 2 Eier
3 unbehandelte Zitronen
1 Prise Salz

Für die Verzierung:

150 g Erdbeeren ◆ 2 EL Erdbeergelee
3 kandierte Veilchen

◆ Eine flache Tortenform von 26 cm Durchmesser einfetten und mit Mehl bestäuben.
◆ Den Mürbeteig (s. S. 12) zubereiten, zu einer Kugel formen und, in Klarsichtfolie gewickelt, etwa 1 Stunde im Kühlschrank ruhen lassen.
◆ Den Backofen auf 180° C vorheizen.
◆ Den Teig ausrollen und die Form damit auskleiden. Den Teigboden mehrmals mit einer Gabel einstechen, mit Backpapier belegen und mit Trockenerbsen auffüllen. (Das Gewicht der Hülsenfrüchte verhindert, daß der Teig beim Backen aufgeht und sich verformt.) Im vorgeheizten Ofen 20 Minuten goldgelb backen. Das Papier und die Erbsen entfernen und den Boden in der Form erkalten lassen.
◆ Für die Creme eine Zitrone hauchdünn schälen. Dabei nur den gelben Teil der Schale abziehen. Die Schale mit 1/4 l Wasser und der Butter aufkochen. Den Saft der Zitronen auspressen. Die Eiweiße mit dem Salz steif schlagen. Die Eigelbe mit dem Zucker schaumig rühren, nach und nach das Mehl zufügen und dann die heiße Buttermischung in feinem Strahl durch ein Sieb zugießen. Die Creme bei schwacher Hitze zum Kochen bringen und unter ständigem Rühren 10 Minuten kochen lassen. Vom Herd nehmen und den Zitronensaft und den Eischnee unterheben.
◆ Den Boden auf eine Platte setzen, mit etwas im Wasserbad aufgelösten Aprikosengelee bestreichen und mit der Creme füllen. Die Erdbeeren in sehr kaltem Wasser waschen, abgießen und abtrocknen. In Scheiben schneiden, sternförmig um den Rand und in die Mitte der Torte legen und mit dem restlichen Gelee bepinseln.
◆ Die Torte mit den kandierten Veilchen verzieren und kühl aufbewahren. Der Tortenbelag kann durch Kiwis ergänzt werden. Man kann Kiwischeiben und Erdbeeren abwechselnd anordnen und so einen schönen Farbeffekt erzielen.

Amerikanischer Apple Pie

Zubereitungszeit: *1,5 Stunden (ohne Ruhezeit)*

Braucht etwas Erfahrung

ZUTATEN FÜR 6 PERSONEN

310 g Mehl
170 g kalte Butter
1 Prise Salz
1 kg Äpfel
150 g Zucker
1 Prise Muskatnuß
1/2 TL Zimt
geriebene Schale von 1 unbehandelten Zitrone

Eine flache Tortenform von 24 cm Durchmesser einfetten. Den Ofen auf 200° C vorheizen. 140 g Butter in Stücke schneiden.

◆ 300 g Mehl, das Salz und die Butterstücke in der Küchenmaschine zu einem krümeligen Teig verarbeiten. Nach und nach einige EL sehr kaltes Wasser zugeben, bis sich eine Teigkugel bildet. (Um den Teig mit den Händen zuzubereiten, das Mehl mit dem Salz auf die Arbeitsfläche häufen. In die Mitte eine Vertiefung drücken und die Butterstücke hineingeben. Mit den Fingerspitzen oder den Zinken einer Gabel zu einer krümeligen Masse verkneten, dann das Wasser zügig einarbeiten).

◆ Den Teig in Klarsichtfolie wickeln und etwa 30 Minuten kühl ruhen lassen.

◆ Die Äpfel schälen, vom Kerngehäuse befreien und in Würfel von 2 x 2 cm schneiden. Mit dem Zucker, der Muskatnuß, dem Zimt, der Zitronenschale und dem restlichen Mehl mischen.

◆ Zwei Drittel des Teigs 3 mm dick ausrollen, in die Form legen, mehrmals einstechen und mit der Apfel-Zucker-Mischung und der restlichen Butter in Flöckchen bestreuen. Das verbliebene Teigdrittel zu einem zweiten Boden ausrollen und auf die Füllung legen, dabei die Ränder gut andrücken. Einige Löcher in den Teigdeckel stechen.

◆ Im vorgeheizten Ofen 45–50 Minuten backen. Den Pie lauwarm, z. B. mit Vanilleeis, oder kalt servieren.

Schneller Konfitürenkuchen

Zubereitungszeit: *1 Stunde (ohne Ruhezeit)*

Braucht etwas Erfahrung

ZUTATEN FÜR 6 PERSONEN

1 Grundrezept Mürbeteig
500 g Sauerkirschmarmelade
1 Eigelb

◆ Eine flache Tortenform von 24 cm Durchmesser einfetten und mit Mehl bestäuben.
◆ Den Mürbeteig (s. S. 12) zubereiten, zu einer Kugel formen und, in Klarsichtfolie gewickelt, etwa 1 Stunde im Kühlschrank ruhen lassen. Nach 30 Minuten den Backofen auf 180° C vorheizen.
◆ Zwei Drittel des Teigs 3 mm dick ausrollen, in die Form legen, mit einer Gabel mehrmals einstechen und mit der Marmelade bestreichen. Das verbliebene Teigdrittel ausrollen, in Streifen schneiden und gitterförmig auf die Marmelade legen. Den Teig an den Rändern umschlagen und das Teiggitter mit dem verquirlten Eigelb einpinseln. Im vorgeheizten Ofen 40 Minuten backen. Nach dem Erkalten den Kuchen auf eine Platte setzen.
◆ Die Kirschmarmelade kann durch Pfirsich-, Aprikosen-, Pflaumen- oder Orangenmarmelade ersetzt werden.

Schneller Konfitürenkuchen

Blätterteigkuchen mit Birnen

Blätterteigkuchen mit Birnen

Zubereitungszeit: *2 Stunden*

Raffiniert

ZUTATEN FÜR 6-8 PERSONEN

300 g Blätterteig
3 Williams Christ Birnen
5 EL Zucker
40 g Butter ◆ Saft von 1/2 Zitrone
1 EL Birnengrappa

◆ Den Backofen auf 200° C vorheizen.
◆ Den Blätterteig (s. S. 12) zubereiten und 4 mm dick ausrollen. Einen Kreis von 24 cm Durchmesser ausschneiden, auf ein mit Wasser befeuchtetes Backblech legen und mehrmals einstechen.
◆ Die Birnen schälen, von den Kerngehäusen befreien, in dünne Scheiben schneiden und mit dem Zitronensaft beträufeln. Die Teigscheibe mit 1 EL Zucker bestreuen und mit den Birnenscheiben schuppenartig und in konzentrischen Kreisen belegen. 1 EL Zucker und 20 g Butter in Flöckchen über das Obst geben.
◆ Im vorgeheizten Ofen 25 Minuten backen. Den Kuchen auf eine Platte setzen und mit dem Grappa beträufeln. Dann den restlichen Zucker mit 3 EL Wasser bei schwacher Hitze aufkochen, mit der restlichen Butter verrühren und auf den Kuchen streichen. Lauwarm servieren.

Amerikanischer Apple Pie

Rosinen-Walnuß-Kuchen

Zubereitungszeit: *1 Stunde (ohne Ruhezeit)*

Braucht etwas Erfahrung

ZUTATEN FÜR 8-10 PERSONEN

1 Grundrezept Mürbeteig
50 g weiche Butter
60 g Zucker ◆ 5 Eier
250 g Sultaninen
200 g gehackte Walnüsse
2 Päckchen Vanillezucker
1 EL Kakao

◆ Eine flache Tortenform von 28 cm Durchmesser einfetten und mit Mehl bestäuben. Die Sultaninen in lauwarmem Wasser einweichen.
◆ Den Mürbeteig (s. S. 12) zubereiten, zu einer Kugel formen und, in Klarsichtfolie gewickelt, 1 Stunde im Kühlschrank ruhen lassen. Nach 30 Minuten den Backofen auf 180° C vorheizen.
◆ Die Butter mit dem Zucker und dem Vanillezucker schaumig schlagen, dann die Eier einzeln unterrühren und die abgetropften Sultaninen und die Walnüsse zufügen.
◆ Den Teig dünn ausrollen und in die Form legen. Den Teigboden mehrmals einstechen und mit der Rosinen-Walnuß-Masse auffüllen. Im vorgeheizten Ofen 40 Minuten backen. Den Kuchen erkalten lassen, auf eine Platte setzen und am Rand sowie in der Mitte mit dem Kakao bestäuben.

Rosinen-Walnuß-Kuchen

Tarte Tatin

Zubereitungszeit: *1 Stunde*

Braucht etwas Erfahrung

ZUTATEN FÜR 8 PERSONEN

170 g Zucker ◆ 160 g Butter
5 säuerliche Äpfel
2 EL Calvados
200 g Mehl ◆ 1 Ei
3–4 EL Milch
$^1/_2$ l Sahne

◆ Den Backofen auf 180° C vorheizen.
◆ Die Äpfel schälen, vom Kerngehäuse befreien und in dünne Scheiben schneiden.
◆ 120 g Zucker mit 60 g Butter in eine feuerfeste Form von 28 cm Durchmesser geben und bei schwacher Hitze karamelisieren lassen. Die Apfelscheiben strahlenkranzförmig auf den Karamel legen, mit dem restlichen Zucker bestreuen und mit dem Calvados beträufeln.
◆ Die restliche Butter mit einer Gabel im Mehl zerdrücken, dann das Ei und die Milch zufügen. Alle Zutaten schnell mit den Fingerspitzen verkneten. Den Teig zu einem Kreis von 29 cm Durchmesser ausrollen und auf die Äpfel in die Form legen. Im vorgeheizten Ofen 30–35 Minuten goldgelb backen. Den Kuchen auf eine Platte stürzen und mit der leicht geschlagenen Sahne lauwarm servieren.

Tarte Tatin

Pampelmusenkuchen

Zubereitungszeit: *1 Stunde (ohne Ruhezeit)*

Braucht etwas Erfahrung

ZUTATEN FÜR 6-8 PERSONEN

1 Grundrezept Mürbeteig
2 Eier ◆ 80 g Zucker
60 g Butter
Saft von 2 rosa Pampelmusen
1 Prise Salz
4 rosa Pampelmusen

◆ Eine Tortenform von 26 cm Durchmesser einfetten und mit Mehl bestäuben.
◆ Den Mürbeteig (s. S. 12) zubereiten, zu einer Kugel formen und, in Klarsichtfolie gewickelt, etwa 1 Stunde im Kühlschrank ruhen lassen. Nach 30 Minuten den Backofen auf 190° C vorheizen.
◆ Den Teig 3 mm dick ausrollen und in die Form legen. Den Teigboden mit einer Gabel mehrmals einstechen, mit Backpapier belegen und mit Trokkenerbsen auffüllen. Im vorgeheizten Ofen etwa 20 Minuten backen. Den Boden herausnehmen und die Ofentemperatur auf 250° C erhöhen.
◆ Die Butter in Stücke schneiden. Die Eigelbe mit dem Zucker in einer feuerfesten Schüssel mischen und im Wasserbad bei schwacher Hitze erwärmen. 3 Minuten weiterschlagen, dann die Butterstücke unterrühren. Weitere 8 Minuten kochen, dabei nach 3 Minuten den Pampelmusensaft zufügen. Die Creme, die eher flüssig ist, erkalten lassen. Die Eiweiße mit dem Salz zu steifem Schnee schlagen und unterheben.
◆ Die Creme auf dem Boden verteilen und im vorgeheizten Ofen 3 Minuten gratinieren.
◆ Die Pampelmusen „bis aufs Fleisch“ (s. S. 28) schälen, filetieren und auf dem Kuchen verteilen.

Pampelmusenkuchen

Lyoner Torte

Zubereitungszeit: *2 Stunden 20 Minuten*
Raffiniert

ZUTATEN FÜR 8 PERSONEN

250 g Blätterteig
500 g säuerliche Äpfel
300 g Aprikosen
100 g Zucker ◆ 30 g Speisestärke
1 Päckchen Vanillezucker ◆ 1 Ei
Saft und Schale von 1/2 unbehandelten Zitrone
1 EL Puderzucker

Lyoner Torte

◆ Die Äpfel schälen, vom Kerngehäuse befreien und würfeln. In einem beschichteten Topf bei mittlerer Hitze mit 80 g Zucker, dem Zitronensaft und der -schale 20 Minuten kochen. Gegen Ende der Kochzeit die in 1 EL Wasser aufgelöste Speisestärke unterrühren.
◆ Den Backofen auf 190° C vorheizen.
◆ Die Aprikosen waschen, entsteinen und in Stücke schneiden. In einem beschichteten Topf bei mittlerer Hitze mit dem restlichen Zucker 10 Minuten kochen.
◆ Die Fruchtkompotte mischen und den Vanillezucker zufügen.
◆ Den Blätterteig (s. S. 12) zubereiten. Eine Form von 24–26 cm Durchmesser mit Wasser benetzen. Zwei Drittel des Teigs zu einem 2–3 mm dicken Boden ausrollen und in die Form legen. Den restlichen Teig ausrollen und in 2 cm breite Streifen schneiden. Die Fruchtmasse auf den Boden geben, dabei einen 1 cm breiten Rand frei lassen. Diesen mit dem verquirlten Ei bestreichen. Die Teigstreifen gitterförmig auf die Füllung legen und ebenfalls mit Ei bepinseln. Im vorgeheizten Ofen 30–35 Minuten backen. Den Rand der Torte mit Puderzucker bestäuben. Lauwarm servieren.

Orangentorte

Zubereitungszeit: *1,5 Stunden (ohne Ruhezeit und ohne Zeit zum Ziehen)*
Braucht etwas Erfahrung

ZUTATEN FÜR 8 PERSONEN

1 Grundrezept Mürbeteig
500 g unbehandelte Orangen
250 g Zucker ◆ 300 ml Sahne
4 Eier ◆ 1 EL Zitronensaft
Für die Verzierung:
Schale von 2 unbehandelten Orangen
100 g Zucker

Orangentorte

◆ Die Verzierung am Vortag vorbereiten. Den orangenen Teil der Orangenschale abziehen und in 2 cm große Kreise schneiden. 2 Minuten in kochendes Wasser geben und dann abtropfen lassen. Den Zucker mit 200 ml Wasser etwa 7 Minuten kochen und über die Schalenkreise gießen. 24 Stunden ziehen lassen.
◆ Eine flache Tortenform von 24 cm Durchmesser einfetten und mit Mehl bestäuben.
◆ Den Mürbeteig (s. S. 12) zubereiten, zu einer Kugel formen und, in Klarsichtfolie gewickelt, 1 Stunde im Kühlschrank ruhen lassen. Nach 30 Minuten den Backofen auf 180° C vorheizen.
◆ Die Orangen waschen. Die Schale abreiben und beiseite stellen. Die abgeriebenen Orangen „bis aufs Fleisch" schälen (s. S. 28), in Scheiben und dann in Stücke schneiden. Die Orangenstücke mit dem Zucker, dem Zitronensaft und der Hälfte der Orangenschale 30 Minuten bei schwacher Hitze kochen. Die Eier, die Sahne und die restliche Orangenschale verrühren und unter das abgekühlte Orangenkompott geben.
◆ Den Teig 3 mm dick ausrollen, in die Form legen und mehrmals mit einer Gabel einstechen. Die Orangenmasse in den Boden füllen und alles im vorgeheizten Ofen 40 Minuten backen. Abkühlen lassen. Die Schalenstücke abtropfen und auf den Rand und in die Mitte der Torte legen.

Aprikosensonne

Zubereitungszeit: *1 Stunde (ohne Ruhezeit)*
Braucht etwas Erfahrung

ZUTATEN FÜR 8-10 PERSONEN

1 Grundrezept Mürbeteig
500 g Aprikosen
3 EL Aprikosengelee

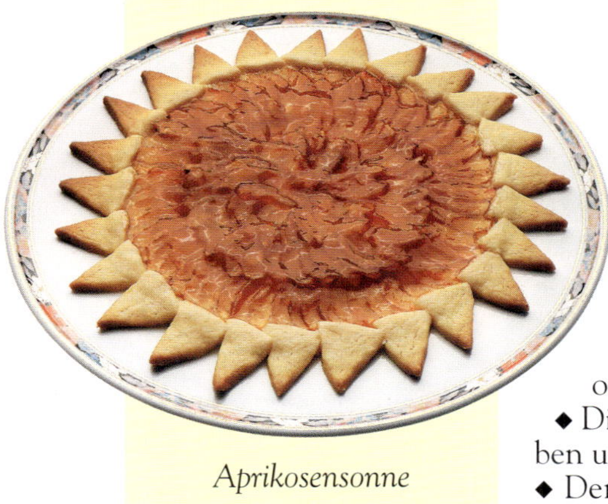

Aprikosensonne

◆ Ein Backblech einfetten und mit Mehl bestäuben.
◆ Den Mürbeteig (s. S. 12) zubereiten, zu einer Kugel formen und, in Klarsichtfolie gewickelt, 1 Stunde im Kühlschrank ruhen lassen. Nach 30 Minuten den Backofen auf 160° C vorheizen.
◆ Die Aprikosen kurz in kochendes Wasser geben und beiseite stellen.
◆ Den Mürbeteig 3 mm dick ausrollen. Einen Kreis von 26 cm Durchmesser ausschneiden, auf das Blech legen und mit einer Gabel mehrmals ▶

einstechen. Die Teigreste ausrollen, zuerst in drei Streifen von 3 cm Breite und schließlich in gleichmäßige Dreiecke schneiden. Die Teigdreiecke zu einem Strahlenkranz um den Boden legen.
◆ Die Aprikosen häuten, halbieren, entsteinen, in dünne Scheiben schneiden und in konzentrischen Kreisen auf dem Boden verteilen.
◆ Den Kuchen im vorgeheizten Ofen 35–40 Minuten backen. Nach dem Erkalten auf eine Platte setzen und das Obst mit dem im Wasserbad aufgelösten Aprikosengelee bestreichen.

Pistaziencreme-Kuchen

Zubereitungszeit: *1 Stunde (ohne Ruhezeit)*

Braucht etwas Erfahrung

ZUTATEN FÜR 10 PERSONEN

1 Grundrezept Mürbeteig

Für die Füllung:

3/4 l Milch ◆ 6 Eigelb
60 g Mehl ◆ 120 g Zucker
40 g Zitronat ◆ 1 EL Kirschwasser
150 g geschälte, gehackte Pistazien

Für die Verzierung:

70 g Bitterschokolade
50 g geschälte Pistazien
100 ml Sahne

◆ Eine flache Tortenform von 26 cm Durchmesser einfetten und mit Mehl bestäuben.
◆ Den Mürbeteig (s. S. 12) zubereiten, zu einer Kugel formen und, in Klarsichtfolie gewickelt, etwa 30 Minuten im Kühlschrank ruhen lassen.
◆ Den Backofen auf 180° C vorheizen.
◆ Für die Füllung die Milch aufkochen. Die Eigelbe mit dem Zucker aufschlagen, die gehackten Pistazien, das Mehl nach und nach und die Milch in feinem Strahl zufügen. Bei schwacher Hitze zum Kochen bringen und 7–8 Minuten kochen lassen, dabei ständig rühren, damit sich keine Klumpen bilden. Sobald die Creme abgekühlt ist, das Kirschwasser und das Zitronat unterrühren.
◆ Den Teig 3 mm dick ausrollen und die Form damit auskleiden. Den Teigboden mit einer Gabel mehrmals einstechen und mit der Pistazienmasse füllen. Im vorgeheizten Ofen 30–35 Minuten backen. Den Kuchen abkühlen lassen.
◆ Für die Verzierung die Sahne steif schlagen und in einen Spritzbeutel mit Sterntülle geben. Die Schokolade zerkleinern, im Wasserbad schmelzen und in eine Backpapiertüte füllen. Den Kuchen mit beliebigen Schokoladenmotiven, Sahnetupfen und Pistazien verzieren und kühl aufbewahren.

Ananaskuchen

Zubereitungszeit: *1 Stunde 10 Minuten (ohne Ruhezeit)*

Raffiniert

ZUTATEN FÜR 8 PERSONEN

1 Grundrezept Mürbeteig
50 g zerbröselte trockene Kekse
40 g Zucker
40 g brauner Rohrzucker
30 g zerlassene Butter
1 frische Ananas von 2 kg
3 EL Aprikosengelee
60 g Sultaninen
3 EL Grand Marnier
1 EL Puderzucker

◆ Eine Tortenform von 26 cm Durchmesser einfetten und mit Mehl bestäuben. Die Sultaninen im Grand Marnier einweichen.
◆ Den Mürbeteig (s. S. 12) zubereiten, zu einer Kugel formen und, in Klarsichtfolie gewickelt, etwa 1 Stunde im Kühlschrank ruhen lassen. Nach 30 Minuten den Backofen auf 180° C vorheizen.
◆ Die Ananas schälen, das Fruchtfleisch in Scheiben schneiden und das harte Innere mit einem runden Ausstecher entfernen. Einen Ananasring ganz lassen, den Rest halbieren.
◆ Den Teig 3 mm dick ausrollen, in die Form legen, mit einer Gabel mehrmals einstechen und mit den abgetropften Sultaninen und der Hälfte der Kekse bestreuen. Den ganzen Ananasring in die Mitte des Bodens, die halbierten Ringe kreisförmig drumherum setzen. Den Teig am Rand nach innen schlagen und dabei begradigen.
◆ Das Obst mit den beiden Zuckersorten, den restlichen Keksen und der zerlassenen Butter bedecken.
◆ Den Kuchen im vorgeheizten Ofen 50 Minuten backen. Lauwarm auf eine Platte geben und mit dem im Wasserbad aufgelösten Aprikosengelee bestreichen. Den Rand mit Puderzucker bestäuben.

Zitronenkuchen

Zubereitungszeit: *50 Minuten (ohne Ruhezeit)*

Braucht etwas Erfahrung

ZUTATEN FÜR 8-10 PERSONEN

1 Grundrezept Mürbeteig
100 g Zucker
3 Eier

4 EL Mehl
1/2 TL Backpulver
8 EL Zitronensaft
2 EL geriebene Zitronenschale
Puderzucker

◆ Eine flache, rechteckige Form einfetten und mit Mehl bestäuben.
◆ Den Mürbeteig (s. S. 12) zubereiten, zu einer Kugel formen und, in Klarsichtfolie gewickelt, 1 Stunde im Kühlschrank ruhen lassen. Nach 30 Minuten den Backofen auf 180° C vorheizen.
◆ Den Teig 3 mm dick ausrollen und in die Form legen. Den Teigboden mit einer Gabel mehrmals einstechen, mit Backpapier belegen und mit Trockenerbsen auffüllen. Im vorgeheizten Ofen etwa 25 Minuten backen. Das Papier und die Erbsen entfernen, den Boden erkalten lassen.
◆ Das mit dem Backpulver gesiebte Mehl, die Eier, den Zucker, den Zitronensaft und die -schale gut verrühren, auf dem Boden verteilen und weitere 30–35 Minuten backen.
◆ Den Zitronenkuchen auf eine Platte setzen, abkühlen lassen und mit Puderzucker bestäuben.

Amarena-Kuchen

Zubereitungszeit: *1,5 Stunden (ohne Ruhezeit)*
Braucht etwas Erfahrung

ZUTATEN FÜR 8 PERSONEN

1 Grundrezept Mürbeteig
4 Eigelb
80 g Zucker
1/2 l Milch
40 g Mehl
Schale von 1 unbehandelten Zitrone
1 Päckchen Vanillezucker
300 g eingelegte Amarenakirschen
20 g zerbröselte trockene Kekse

◆ Eine Tortenform von 24–26 cm Durchmesser einfetten und mit Mehl bestäuben.
◆ Den Mürbeteig (s. S. 12) zubereiten, zu einer Kugel formen und, in Klarsichtfolie gewickelt, 1 Stunde im Kühlschrank ruhen lassen. Nach 30 Minuten den Backofen auf 180° C vorheizen.
◆ Mit den Eigelben, dem Zucker, der Milch, dem Vanillezucker, dem Mehl und der Zitronenschale eine Konditorcreme (s. S. 16) zubereiten und erkalten lassen.
◆ Drei Viertel des Teigs 3 mm dick ausrollen, in die Form legen und mit einer Gabel mehrmals einstechen. Den Teigboden mit den Keksen bestreuen und mit der Hälfte der Creme füllen. Eine Schicht Amarenakirschen (2 EL zurückbehalten) auf die Füllung verteilen und mit der zweiten Cremehälfte bedecken. Den restlichen Teig ausrollen, in 2 cm breite Streifen schneiden und gitterförmig auf die Torte legen. Eine Amarenakirsche in jede Gitteröffnung setzen.
◆ Den Kuchen im vorgeheizten Ofen 50–60 Minuten backen. Auf eine Platte setzen und kalt servieren.

Trauben-Feigen-Torte

Zubereitungszeit: *1 Stunde (ohne Ruhezeit)*
Braucht etwas Erfahrung

ZUTATEN FÜR 8 PERSONEN

1 Grundrezept Mürbeteig
5 Eigelb
50 g Mehl
5 EL Zucker
400 ml trockener Weißwein
300 g weiße Trauben
300 g blaue Trauben
6 Feigen
2 EL Aprikosengelee

◆ Eine flache Tortenform von 26 cm Durchmesser einfetten und mit Mehl bestäuben.
◆ Den Mürbeteig (s. S. 12) zubereiten, zu einer Kugel formen und, in Klarsichtfolie gewickelt, etwa 1 Stunde im Kühlschrank ruhen lassen. Nach 30 Minuten den Backofen auf 200° C vorheizen.
◆ Den Teig 4 mm dick ausrollen und in die Form legen. Den Teigboden mit einer Gabel einstechen, mit Backpapier belegen und mit Trockenerbsen auffüllen. Im vorgeheizten Ofen 20 Minuten backen. Nach dem Erkalten das Papier und die Erbsen entfernen und den Boden auf eine Platte setzen.
◆ Die Eigelbe mit dem Zucker schaumig schlagen, nach und nach das Mehl zufügen. Den Weißwein erhitzen, aber nicht aufkochen, und in feinem Strahl in die Eigelb-Mehl-Masse gießen. Die Creme bei schwacher Hitze zum Kochen bringen und unter ständigem Rühren etwa 2 Minuten kochen lassen.
◆ Die Feigen schälen und in Schnitze schneiden. Die beiden Traubensorten waschen und abtrocknen. Die Creme auf den Boden geben und mit den Feigenschnitzen und den Trauben belegen. Das Aprikosengelee im Wasserbad auflösen und auf das Obst streichen.

Pithiviers

Zubereitungszeit:
2 Stunden
(ohne Ruhezeit)
Raffiniert

ZUTATEN FÜR 8 PERSONEN

350 g Blätterteig
3 Eier ◆ 3 Eigelb
40 g Zucker
1/4 l Milch
1 EL Speisestärke
1 Prise Vanillezucker
100 g Butter
125 g Puderzucker
125 g Mandeln
1 EL Rum
Für die Verzierung:
40 g Bitterschokolade
3 kandierte Veilchen

Den Backofen auf 190° C vorheizen. Die Milch aufkochen.

◆ In einer Schüssel die Eigelbe mit dem Zucker mischen. Dann 1/2 EL Speisestärke, den Vanillezucker und die heiße Milch in feinem Strahl zugeben. Die Creme bei schwacher Hitze zum Kochen bringen und 7–8 Minuten kochen lassen, dabei ständig rühren, damit sich keine Klumpen bilden. Erkalten lassen.

◆ Die Mandeln kurz in kochendes Wasser geben, dann schälen und im Ofen rösten. Schließlich fein mahlen.

◆ Die Butter mit dem Puderzucker schaumig schlagen. Die Mandeln, 2 Eier, die restliche Speisestärke und den Rum zufügen und die Creme einrühren.

◆ Den Blätterteig (s. S. 12) zubereiten und 3 mm dick ausrollen. Zwei Kreise von 25 cm Durchmesser ausschneiden. Eine Teigscheibe auf ein mit Wasser benetztes Backblech legen und am Rand mit dem verbliebenen, verquirlten Ei bestreichen. Die Creme in die Mitte geben und mit der zweiten Teigscheibe bedecken, dabei die Ränder gut andrücken. Die Oberfläche mit dem verquirlten Ei bepinseln und die Ränder mit einer Messerspitze wellenförmig einkerben. Geschwungene Linien (s. Foto rechts) in den Teig ritzen. Den Kuchen 30 Minuten kühlstellen und die Backofentemperatur auf 200° C erhöhen.

◆ Im vorgeheizten Ofen 30–35 Minuten goldgelb backen. Abkühlen lassen und auf eine Platte setzen. Für die Verzierung die Schokolade zerkleinern, im Wasserbad schmelzen und in eine Backpapiertüte füllen. Dünne Schokoladenlinien auf das vorgezeichnete Muster spritzen. Auch die Bogenkante mit Schokolade nachzeichnen und die kandierten Veilchen in die Mitte setzen.

Süßkartoffel-Kuchen mit Baiserhaube

Zubereitungszeit: *1 Stunde 20 Minuten*
(ohne Ruhezeit)
Braucht etwas Erfahrung

ZUTATEN FÜR 6 PERSONEN

75 g kalte Butter
150 g Mehl ◆ 1 Prise Salz
Für die Füllung:
250 g gekochte Süßkartoffeln
100 g Rohrzucker
4 EL Sahne
2 Eigelb
1/2 TL Zimt
1/2 TL Ingwer
1 zerstoßene Nelke
1 Prise Muskatnuß
1 Prise Salz ◆ 1 Eiweiß
70 g Zucker
geriebene Schale
von 1 unbehandelten Zitrone
1 EL Puderzucker

◆ Eine flache Tortenform von 24 cm Durchmesser einfetten. Die Butter in Stücke schneiden.

Süßkartoffel-Kuchen mit Baiserhaube

◆ Das Mehl, die Butterstücke und das Salz in der Küchenmaschine zu einem krümeligen Teig verarbeiten. Nach und nach 2–3 EL sehr kaltes Wasser zugeben, bis sich eine Teigkugel bildet. In Klarsichtfolie wickeln und 30 Minuten kühlstellen. Den Backofen auf 180° C vorheizen.

◆ Für die Füllung die Kartoffeln waschen, in einen Topf geben, mit kaltem Wasser bedecken und 30–40 Minuten gar kochen. Dann die Kartoffeln pellen, pürieren und abkühlen lassen.

◆ In einer Schüssel das Kartoffelpüree mit dem Rohrzucker, der Sahne, den Eigelben, dem Zimt, dem Ingwer, der Nelke, der Muskatnuß und dem Salz vermengen. Alle Zutaten gründlich durchkneten.

◆ Den Teig 3 mm dick ausrollen und in die Form legen. Den Teigboden mehrmals einstechen, mit der Kartoffelmasse füllen und im vorgeheizten Ofen 35–40 Minuten backen. Erkalten lassen.

◆ Die Eiweiße zu steifem Schnee schlagen, dabei nach und nach den Zucker und die Zitronenschale einrieseln lassen.

◆ Den Eischnee in einen Spritzbeutel mit Sterntülle füllen, auf den Kuchen spritzen, mit dem Puderzucker bestäuben und im heißen Ofen wenige Minuten bräunen. Den Kuchen mit zwei Rohrzuckerringen bestreuen und kalt servieren.

Pithiviers

Torta frangipane

Zubereitungszeit: *2 Stunden*
Raffiniert

ZUTATEN FÜR 8 PERSONEN

300 g Blätterteig
50 g Mehl ◆ 50 g Zucker
3 Eier ◆ 30 g weiche Butter
1 EL Milch ◆ 1 Prise Vanillezucker
60 g geschälte, gemahlene Mandeln
20 g Puderzucker

◆ Den Backofen auf 180° C vorheizen.
◆ Den Blätterteig (s. S. 12) zubereiten und halbieren. Eine Teighälfte 3 mm dick ausrollen. Eine Springform von 24 cm Durchmesser mit Wasser benetzen und mit dem Teig auskleiden. Den Teigboden mit einer Gabel mehrmals einstechen.
◆ 2 Eier mit der Butter und dem Zucker schaumig schlagen, dann das Mehl, die Mandeln, den Vanillezucker und die Milch einrühren. Die Masse in den Boden füllen.
◆ Den restlichen Teig nochmal halbieren. Eine Hälfte zu einer dünnen Scheibe von 24 cm Durchmesser ausrollen und auf die Eimasse legen, dabei die Ränder gut andrücken. Den Teigdeckel mit verquirltem Ei bestreichen. Den restlichen Teig ausrollen und in kleine Dreiecke schneiden. Die Teigdreiecke auf der Torte verteilen und ebenfalls mit verquirltem Ei bestreichen.
◆ Im vorgeheizten Ofen 30–40 Minuten backen. Die Torte aus der Form lösen, mit dem Puderzucker bestäuben und nochmal einige Minuten in den sehr heißen Ofen geben, so daß der Zucker karamelisiert. Lauwarm servieren.

Torta frangipane

Gascogner Torte

Gascogner Torte

Zubereitungszeit: *1,5 Stunden (ohne Ruhezeit und ohne Zeit zum Ziehen)*
Braucht etwas Erfahrung

ZUTATEN FÜR 6 PERSONEN

150 g Mehl ◆ 1 Eigelb
75 g weiche Butter
30 g gehackte Walnüsse
Für die Füllung:
500 g Äpfel ◆ 100 g Zucker
100 ml Armagnac oder Brandy
1 Eigelb ◆ 1 EL Aprikosenmarmelade

◆ Eine flache Tortenform von 24 cm Durchmesser einfetten und mit Mehl bestäuben.
◆ Das Mehl auf die Arbeitsfläche häufen, eine Vertiefung in die Mitte drücken und die Butter, die Walnüsse und das Eigelb hineingeben und verkneten. Den Teig zu einer Kugel formen und, in Klarsichtfolie gewickelt, 1 Stunde im Kühlschrank ruhen lassen.
◆ Die Äpfel schälen, entkernen und in dünne Scheiben schneiden. In dem Likör und dem Zucker 1 Stunde ziehen lassen. Den Backofen auf 180° C vorheizen.
◆ Zwei Drittel des Teigs 3 mm dick ausrollen und in die Form legen. Den Teigboden mehrmals einstechen und mit der Marmelade und den abgetropften Apfelscheiben füllen. Den restlichen Teig ausrollen und auf die Äpfel legen, dabei die Ränder gut andrücken. In die Mitte des Teigdekkels eine Öffnung schneiden. Den Kuchen mit den Teigresten verzieren und mit dem verquirlten Eigelb bepinseln. Im vorgeheizten Ofen 40–45 Minuten backen.
◆ Die Marinierflüssigkeit der Äpfel so lange kochen, bis sie sich auf die Hälfte reduziert hat. Den Sirup in die Öffnung gießen und den Kuchen kalt servieren.

Feigen-Pie

Zubereitungszeit: *1 Stunde (ohne Ruhezeit)*
Braucht etwas Erfahrung

ZUTATEN FÜR 6-8 PERSONEN

1/3 Grundrezept Auslegeteig
200 g getrocknete Feigen
100 g geschälte Mandeln
60 g Sultaninen ◆ 60 g Honig

Feigen-Pie

◆ Eine Tortenform von 22 cm Durchmesser einfetten und mit Mehl bestäuben.
◆ Den Auslegeteig (s. S. 14) zubereiten, zu einer Kugel formen und, in Klarsichtfolie gewickelt, 1 Stunde kühlstellen. Nach 30 Minuten den Ofen auf 180° C vorheizen.
◆ Die Feigen und die Mandeln kleinschneiden und mit den Sultaninen sowie dem Honig etwa 10 Minuten bei schwacher Hitze unter ständigem Rühren kochen.
◆ Den Teig in zwei ungleiche Portionen teilen. Die größere Teighälfte 3 mm dick ausrollen und in die Form legen. Den Teigboden mehrmals einstechen und mit der Feigenmasse füllen. Den restlichen Teig 2 mm dick ausrollen und auf die Füllung geben. Die Ränder gut andrücken.
◆ Den Teigdeckel einstechen und mit den Teigresten verzieren. Den Pie im vorgeheizten Ofen 35–40 Minuten backen und kalt servieren.

Mangotorte

Zubereitungszeit: *1 Stunde (ohne Ruhezeit)*

Braucht etwas Erfahrung

Zutaten für 8-10 Personen

1 Grundrezept Mürbeteig
2 Mangos von 1,3 kg
600 ml Milch ◆ 50 g Mehl
120 g Zucker ◆ 7 Eigelb
geriebene Schale von 1 unbehandelten Zitrone
1 Päckchen Vanillezucker ◆ 1 EL Aprikosengelee

Mangotorte

◆ Eine flache Tortenform von 26 cm Durchmesser einfetten und mit Mehl bestäuben. Den Mürbeteig (s. S. 12) zubereiten, zu einer Kugel formen und, in Klarsichtfolie gewickelt, 1 Stunde im Kühlschrank ruhen lassen. Nach 30 Minuten den Backofen auf 190° C vorheizen.
◆ Den Teig dünn ausrollen und in die Form legen. Den Teigboden mehrmals einstechen, mit Backpapier belegen und mit Trockenerbsen auffüllen. Im vorgeheizten Ofen 20–25 Minuten backen. Das Papier und die Erbsen entfernen und den Boden erkalten lassen.
◆ Die Mangos schälen und entsteinen. Die eine Mango in Scheiben, die andere in Würfel schneiden.
◆ Mit den Eigelben, dem Zucker, der Milch, dem Vanillezucker, dem Mehl und der Zitronenschale eine Konditorcreme (s. S. 16) zubereiten.
◆ Die lauwarme Creme mit den Mangowürfeln mischen und in die Form füllen. Die Mangoscheiben in die Mitte und auf den Rand der Torte legen. Das Aprikosengelee im Wasserbad auflösen und auf die Früchte streichen.

Ricottakuchen

Ricottakuchen

Zubereitungszeit: *1,5 Stunden (ohne Ruhezeit)*

Braucht etwas Erfahrung

Zutaten für 8 Personen

1 Grundrezept Mürbeteig
250 g Ricotta ◆ 1/4 l Milch
2 Eigelb ◆ 40 g Zucker ◆ 20 g Mehl
1 Päckchen Vanillezucker ◆ 2 EL Puderzucker
geriebene Schale von 1 unbehandelten Zitrone

◆ Eine flache Tortenform von 24 cm Durchmesser einfetten und mit Mehl bestäuben.
◆ Den Mürbeteig (s. S. 12) zubereiten, zu einer Kugel formen und, in Klarsichtfolie gewickelt, 1 Stunde im Kühlschrank ruhen lassen. Nach 30 Minuten den Backofen auf 180° C vorheizen.
◆ Mit den Eigelben, dem Zucker, der Milch, dem Vanillezucker, dem Mehl und der Zitronenschale eine Konditorcreme (s. S. 16) zubereiten. Vom Herd nehmen und mit dem Ricotta und der geriebenen Zitronenschale mischen.
◆ Den Teig 3 mm dick ausrollen und die Form damit auskleiden. Die Teigreste aufheben. Den Teigboden mehrmals einstechen und mit der Ricottamasse füllen. Aus den Teigresten Streifen schneiden und gitterförmig auf die Füllung legen. Die Teigränder umschlagen. Im vorgeheizten Ofen 1 Stunde backen.
◆ Den Ricottakuchen auf eine Platte setzen, mit Puderzucker bestäuben und kalt servieren.

Bayerische Torte

Zubereitungszeit: *1 Stunde (ohne Ruhezeit)*

Braucht etwas Erfahrung

Zutaten für 8 Personen

1 Grundrezept Mürbeteig
200 g Mascarpone ◆ 100 g Zucker
2 Eier ◆ 1 säuerlicher Apfel
Saft von 1/2 Zitrone

Für den Belag:

2 säuerliche Äpfel
50 g Zucker ◆ 100 ml Weißwein

Bayerische Torte

◆ Eine Springform von 24 cm Durchmesser einfetten und mit Mehl bestäuben. Den Mürbeteig (s. s. 12) zubereiten und, in Klarsichtfolie gewickelt, 30 Minuten im Kühlschrank ruhen lassen. Den Backofen auf 180° C vorheizen.
◆ Den Teig 3 mm dick ausrollen, in die Form legen, mit einer Gabel mehrmals einstechen und etwa 6 Minuten in den vorgeheizten Ofen geben. Erkalten lassen.
◆ Für die Füllung den Apfel schälen, entkernen, in Scheiben schneiden und mit dem Zitronensaft beträufeln. Den Mascarpone mit dem Zucker verrühren, dann die Eier einzeln und den Apfel mit dem Zitronensaft zufügen. Die Masse in den Boden füllen. Bei 170° C weitere 20 Minuten backen und erkalten lassen.
◆ Für den Belag den Wein mit dem Zucker mischen. Die Äpfel halbieren und entkernen. Mit einem Kugelausstecher aus dem Fruchtfleisch Kugeln ausschneiden und 30 Minuten im Wein ziehen lassen. Die Apfelkugeln mit der Ziehflüssigkeit bei starker Hitze in einer Pfanne kochen, bis sie karamelisieren, und auf die Torte setzen.

Umgedrehte Pfirsich-Pflaumen-Torte

Zubereitungszeit: *2 Stunden*
Raffiniert

ZUTATEN FÜR 6 PERSONEN

250 g Blätterteig
600 g Pfirsiche ◆ 400 g Pflaumen
100 g weiche Butter
100 g Zucker

◆ Den Backofen auf 200° C vorheizen.
◆ Die Pfirsiche kurz in kochendes Wasser geben, häuten und jeweils in 4–6 Schnitze schneiden. Die Pflaumen waschen, etnsteinen und vierteln.
◆ Eine Form von 24 cm Durchmesser mit der Butter einstreichen, mit dem Zucker bestreuen und mit den Pfirsichen und den Pflaumen auslegen. Dann die Form auf den Herd stellen und den Zucker bei schwacher Hitze karamelisieren lassen. Dabei die Form ständig drehen. Erkalten lassen.
◆ Den Blätterteig (s. S. 12) zubereiten und 3 mm dick ausrollen. Einen Kreis ausschneiden, der etwas größer als die Form ist. Die Teigscheibe auf die Früchte legen und die Ränder nach innen schlagen. Den Teigdeckel mehrmals einstechen.
◆ Im vorgeheizten Ofen 15–20 Minuten goldgelb backen. Die Torte auf eine Platte stürzen und lauwarm oder kalt servieren.

Amaretti-Kuchen

Zubereitungszeit: *1,5 Stunden*
(ohne Ruhezeit)
Braucht etwas Erfahrung

ZUTATEN FÜR 8 PERSONEN

1 Grundrezept Mürbeteig
250 g Ricotta romana
120 g zerbröselte Amaretti
50 g gehackte Bitterschokolade
50 g Sultaninen ◆ 3 Eigelb
1 Eiweiß ◆ 60 g Zucker
5 cl Amarettolikör

◆ Eine flache Tortenform von 26 cm Durchmesser einfetten und mit Mehl bestäuben. Die Sultaninen in lauwarmem Wasser einweichen.
◆ Den Mürbeteig (s. S. 12) zubereiten, zu einer Kugel formen und, in Klarsichtfolie gewickelt, 1 Stunde im Kühlschrank ruhen lassen. Nach 30 Minuten den Backofen auf 180° C vorheizen.
◆ Die zerbröselten Amaretti mit dem Likör mischen. Den Ricotta durch ein Sieb streichen und mit den Eigelben, dem Zucker, den Sultaninen und der gehackten Schokolade verrühren.
◆ Den Teig ausrollen und in die Form legen. Die Teigreste zurückbehalten. Den Teigboden mehrmals einstechen und mit der Ricottamasse füllen. Den Kuchen mit den Teigresten verzieren. Dann den Rand und die Verzierungen mit leicht verschlagenem Eiweiß bepinseln.
◆ Im vorgeheizten Ofen 40–45 Minuten backen. Den Ricottakuchen in der Form erkalten lassen.

Haselnuß-Pie

Zubereitungszeit: *1 Stunde 20 Minuten*
(ohne Ruhezeit)
Braucht etwas Erfahrung

ZUTATEN FÜR 8 PERSONEN

160 g Mehl
40 g geröstete, gehackte Haselnüsse
100 g weiche Butter ◆ 3 Eigelb
100 g Zucker ◆ 1 Prise Salz
geriebene Schale von 1/2 unbehandelten Zitrone
30 g geröstete ganze Haselnüsse
Für die Füllung:
200 g geröstete, gehackte Haselnüsse
200 ml Sahne ◆ 120 g Zucker ◆ 1 EL Honig

◆ Eine flache Tortenform von 24 cm Durchmesser einfetten und mit Mehl bestäuben.
◆ Das Mehl auf die Arbeitsfläche häufen. In die Mitte eine Vertiefung drücken und die Butter, den Zucker, die gehackten Haselnüsse, das Salz, die Eigelbe und die Zitronenschale hineingeben. Die Zutaten zügig verkneten. Den Teig zu einer Kugel formen und, in Klarsichtfolie gewickelt, 1 Stunde im Kühlschrank ruhen lassen.
◆ Den Backofen auf 180° C vorheizen.
◆ Für die Füllung den Zucker mit 1 EL Wasser zu einem Karamel (s. S. 19) kochen. Die Sahne zugießen und rühren, bis sich der Karamel vollständig aufgelöst hat. Dann die gehackten Haselnüsse und den Honig zugeben. Die Masse muß sehr dick sein.
◆ Zwei Drittel des Teigs 3 mm dick ausrollen, in die Form legen und mit einer Gabel einstechen. Die Füllung in den Teigboden geben und glattstreichen. Das verbliebene Teigdrittel ausrollen und auf die Füllung legen. Dabei die Ränder gut andrücken. Die Teigreste ausrollen und zu Blättern formen. Mit einem Messer auf dem Teigdeckel ein Gitter einritzen. Den Pie mit dem restlichen, verquirlten Eigelb bestreichen und mit den Teigblättern und den ganzen Haselnüssen verzieren.
◆ Im vorgeheizten Ofen etwa 45–50 Minuten backen. In der Form erkalten lassen.

Kiwikuchen

Zubereitungszeit: *1 Stunde (ohne Ruhezeit)*

Braucht etwas Erfahrung

ZUTATEN FÜR 8-10 PERSONEN

1 Grundrezept Mürbeteig
12 Kiwis ◆ 350 ml Sahne
130 g Puderzucker ◆ 2 Eier
5 cl Pflaumenschnaps

◆ Eine flache Tortenform von 26 cm Durchmesser einfetten und mit Mehl bestäuben.
◆ Den Mürbeteig (s. S. 12) zubereiten, zu einer Kugel formen und, in Klarsichtfolie gewickelt, 1 Stunde im Kühlschrank ruhen lassen. Nach 30 Minuten den Backofen auf 180° C vorheizen.
◆ Den Teig 3 mm dick ausrollen und die Form damit auskleiden. Den Teigboden mit einer Gabel einstechen, mit Backpapier belegen und mit Trokkenerbsen auffüllen. Im vorgeheizten Ofen 20 Minuten backen. Das Papier und die Erbsen entfernen und den Boden erkalten lassen.
◆ Die Kiwis schälen, in etwa 1 cm dicke Scheiben schneiden und auf dem Boden verteilen. Die Eier mit der Sahne, dem Pflaumenschnaps und der Hälfte des Zuckers mischen. Die Masse auf die Kiwischeiben geben und alles weitere 20 Minuten backen.
◆ Den Kuchen aus dem Ofen nehmen, den Rand mit Alufolie abdecken und die Füllung mit dem restlichen Puderzucker bestäuben. 3–4 Minuten unter den Ofengrill schieben, damit der Zucker karamelisiert. Lauwarm servieren.

Sandkuchen mit Erdbeeren

Zubereitungszeit: *45 Minuten (ohne Ruhezeit)*

Braucht etwas Erfahrung

ZUTATEN FÜR 6-8 PERSONEN

500 g Erdbeeren ◆ 150 g Mehl
50 g gemahlene Mandeln ◆ 60 g Zucker
100 g weiche Butter ◆ 1 Eigelb
geriebene Schale von 1/2 unbehandelten Zitrone
100 g Himbeergelee

◆ Eine flache Tortenform von 24 cm Durchmesser einfetten und mit Mehl bestäuben. Die Butter in Stücke schneiden.
◆ Das mit den gemahlenen Mandeln und dem Zucker gemischte Mehl auf die Arbeitsfläche häufen. In die Mitte eine Vertiefung drücken und das Eigelb, die Butterstücke und die Zitronenschale hineingeben. Die Zutaten zügig verkneten. Den Teig zu einer Kugel formen und, in Klarsichtfolie gewickelt, 1 Stunde im Kühlschrank ruhen lassen. Nach 30 Minuten den Backofen auf 190° C vorheizen.
◆ Den Teig 3 mm dick ausrollen und die Form damit auskleiden. Den Teigboden mit einer Gabel mehrmals einstechen, mit Backpapier belegen und mit Trockenerbsen auffüllen, damit er sich während des Backens nicht verformt.
◆ Im vorgeheizten Ofen etwa 25 Minuten backen. Das Papier und die Erbsen entfernen und den Boden erkalten lassen.
◆ Das Himbeergelee im Wasserbad auflösen. Die Erdbeeren in sehr kaltem Wasser waschen, abtrocknen und in Scheiben schneiden. Den Boden auf eine Platte setzen, mit einem Teil des Gelees bestreichen und mit den Erdbeeren belegen. Die Früchte mit dem restlichen Gelee bepinseln.

Rhabarberkuchen

Zubereitungszeit: *1 Stunde (ohne Ruhezeit)*

Braucht etwas Erfahrung

ZUTATEN FÜR 4 PERSONEN

1/2 Grundrezept Mürbeteig
600 g zarter Rhabarber ◆ 130 g Zucker
geriebene Schale von 1 unbehandelten Zitrone
Für die Verzierung:
150 g Sahne
1 Stück Rhabarber von 6 cm Länge

◆ Eine flache Tortenform von 22 cm Durchmesser einfetten und mit Mehl bestäuben.
◆ Den Mürbeteig (s. S. 12) zubereiten, zu einer Kugel formen und, in Klarsichtfolie gewickelt, 1 Stunde im Kühlschrank ruhen lassen. Nach 30 Minuten den Backofen auf 180° C vorheizen.
◆ Den Rhabarber waschen, von der roten Haut befreien und in 5 cm lange Stücke schneiden. Mit dem Zucker in einer beschichteten Pfanne bei schwacher Hitze 20 Minuten kochen. Vom Herd nehmen und mit der Zitronenschale mischen.
◆ Den Teig 3 mm dick ausrollen und in die Form legen. Den Teigboden mit einer Gabel einstechen und mit dem Rhabarber füllen. Im vorgeheizten Ofen 20–30 Minuten backen. Auf eine Platte setzen und erkalten lassen.
◆ Die Sahne steif schlagen, in einen Spritzbeutel mit Sterntülle füllen und in Tupfen auf den Kuchenrand setzen. Einen kleineren Tupfenkreis in die Mitte spritzen. Das Rhabarberstück in Scheiben schneiden und in den Kreis legen.

Apfelkuchen mit Streuseln

Zubereitungszeit:
1 Stunde 50 Minuten

Gelingt leicht

Zutaten für 6 Personen

150 g Mehl
90 g kalte Butter
3 EL saure Sahne
150 g Rohrzucker
1/2 TL Ingwer
1 Prise Muskatnuß
1 Prise Salz

Für die Füllung:

600 g Äpfel
5 EL saure Sahne
150 g Zucker
3 Eigelb
1 EL Mehl
1 Päckchen Vanillezucker

Eine Springform von 24 cm Durchmesser einfetten und mit Mehl bestäuben. Den Backofen auf 180° C vorheizen. Die Butter in Stücke schneiden.

◆ Das Mehl, die saure Sahne, 1 EL Rohrzucker, die Butterstücke, den Ingwer, die Muskatnuß und das Salz in der Küchenmaschine rühren, bis ein krümeliger Teig entsteht (**1**).

◆ Die Form mit zwei Dritteln des Teigs auskleiden (**2**). Das verbliebene Teigdrittel mit dem restlichen Rohrzucker mischen und kühlstellen. Die Äpfel schälen, halbieren, vom Kerngehäuse befreien und auf den Teigboden legen (**3**).

◆ Für die Füllung den Zucker, die saure Sahne, die Eigelbe, das Mehl und den Vanillezucker verrühren, über die Äpfel geben und mit der kaltgestellten Zuckermasse bestreuen (**4**).

◆ Im vorgeheizten Ofen etwa 70 Minuten backen. Sobald die Äpfel weich sind, den Kuchen herausnehmen und nach Belieben mit saurer Sahne servieren.

1

2

3

4

Linzer Torte

Zubereitungszeit: *1 Stunde (ohne Ruhezeit)*

Braucht etwas Erfahrung

Zutaten für 8 Personen

150 g Mehl
140 g Butter
3 hartgekochte Eigelb
25 g Mandeln
50 g Puderzucker
1 Prise Zimt
1 TL Rum
300 g Himbeeren
200 g Äpfel
60 g Zucker
1 unbehandelte Zitrone
einige Mandelblättchen
1 EL Marmelade

◆ Eine Springform von 22 cm Durchmesser einfetten und mit Mehl bestäuben. Den Backofen auf 190° C vorheizen. Die Butter bei Zimmertemperatur weich werden lassen und in Stücke schneiden.

◆ Die Mandeln kurz in kochendes Wasser geben, abgießen, schälen und auf ein Backblech legen. Im vorgeheizten Ofen rösten und dann fein mahlen.

Linzer Torte

◆ In einer Schüssel das Mehl, die Butterstücke, die Eigelbe, die Mandeln, die Hälfte des Puderzuckers, den Zimt und den Rum mischen. Die Zutaten zügig mit den Fingerspitzen verkneten. Den Teig zu einer Kugel formen und, in Klarsichtfolie gewickelt, etwa 1 Stunde im Kühlschrank ruhen lassen. Von der Zitrone den gelben Teil der Schale abziehen und fein hacken. Den Saft auspressen.

◆ Die Äpfel schälen, in Stücke schneiden und mit dem Zitronensaft und der -schale 20 Minuten kochen, dabei ab und zu umrühren. Das Kompott erkalten lassen. Die Himbeeren von den Stielen zupfen und mit dem Zucker pürieren. Das Püree bei schwacher Hitze so lange kochen, bis es eindickt. Die Himbeermasse durch ein Sieb streichen und mit dem Apfelkompott mischen.

◆ Den Backofen auf 200° C vorheizen.

◆ Den Teig in zwei ungleiche Portionen teilen. Die größere Teighälfte 3 mm dick ausrollen und die Form damit auskleiden. Das Himbeer-Apfel-Kompott darübergeben und glattstreichen. Den restlichen Teig ausrollen, in Streifen schneiden und gitterförmig auf die Füllung legen. Den Teigrand über die Streifen klappen. Die Torte im vorgeheizten Ofen etwa 20 Minuten backen. Auf eine Platte setzen und mit dem restlichen Puderzucker und den Mandelblättchen verzieren.

Apfelkuchen mit Streuseln

Apfeltorte Accademia

Zubereitungszeit: *2 Stunden*
Raffiniert

ZUTATEN FÜR 8 PERSONEN

250 g Blätterteig
700 g Äpfel
150 g Zucker
1 Päckchen Vanillezucker
100 ml Milch
150 ml Sahne ◆ 3 Eier
1 EL Mehl
50 g Sultaninen
1 EL Zitronensaft
50 g Butter

Umbrische Torte

◆ Den Backofen auf 180° C vorheizen.
◆ Den Blätterteig (s. S. 12) zubereiten und 3 mm dick ausrollen. Eine Form von 24 cm Durchmesser mit Wasser benetzen und mit dem Teig auskleiden. Den Teigboden mehrmals einstechen.
◆ Die Äpfel schälen, vom Kerngehäuse befreien und würfeln. Mit den Sultaninen mischen und mit dem Zitronensaft beträufeln.
◆ 2 Eier mit dem Vanillezucker und 100 g Zucker schaumig schlagen. Die Milch und die Sahne unterrühren, dann das Mehl, die Äpfel mit den Sultaninen unterheben. Die Masse in den Teigboden füllen und im vorgeheizten Ofen 30 Minuten backen.
◆ Das verbliebene Ei mit dem restlichen Zucker und der zerlassenen Butter verrühren und über die Füllung gießen. Weitere 15 Minuten backen, dann die Torte auf eine Platte setzen und kalt servieren.

Umbrische Torte

Zubereitungszeit: *1,5 Stunden*
(ohne Ruhezeit)
Braucht etwas Erfahrung

ZUTATEN FÜR 8 PERSONEN

1 Grundrezept Mürbeteig
Für die Konditorcreme:
40 g Zucker ◆ 1/4 l Milch
2 Eigelb ◆ 30 g Mehl
Schale von 1 unbehandelten Zitrone
Für die Füllung:
200 g geröstete, gemahlene Mandeln
150 g Zucker
1 Ei ◆ 3 Eigelb
50 g zerlassene Butter
geriebene Schale von 1 unbehandelten Zitrone
Für die Verzierung:
1 EL Puderzucker
12 geschälte Mandeln
1 kandierte Kirsche

◆ Eine Tortenform von 24 cm Durchmesser einfetten und mit Mehl bestäuben.
◆ Den Mürbeteig (s. S. 12) zubereiten, zu einer Kugel formen und, in Klarsichtfolie gewickelt, 1 Stunde im Kühlschrank ruhen lassen. Nach 30 Minuten den Backofen auf 180° C vorheizen.
◆ Mit den oben genannten Zutaten eine Konditorcreme (s. S. 16) zubereiten und erkalten lassen.
◆ Für die Füllung das Ei mit den Eigelben und dem Zucker schaumig schlagen und die Mandeln, die zerlassene Butter und die Zitronenschale unterrühren.
◆ Den Teig 3–4 mm dick ausrollen und die Form damit auskleiden. Die Teigreste beiseite legen. Den Teigboden mit einer Gabel mehrmals einstechen und nacheinander mit der Konditorcreme und der Eigelb-Zucker-Masse füllen. Aus den Teigresten 2 lange Rollen formen, aufzwirbeln und um den Rand der Torte legen. Im vorgeheizten Ofen 50–60 Minuten backen. Erkalten lassen.
◆ Auf die Torte eine beliebig zugeschnittene Kartonschablone legen und mit Puderzucker bestäuben. Den Karton wieder abnehmen und die Verzierung mit den Mandeln und der Kirsche vervollständigen.

Birnenkuchen

Birnenkuchen

Zubereitungszeit: *1 Stunde*
(ohne Ruhezeit)
Braucht etwas Erfahrung

ZUTATEN FÜR 6 PERSONEN

1/2 Grundrezept Mürbeteig
2 Birnen ◆ 2 Eier
4 EL Milch
40 g gehackte Mandeln
50 g Zucker
1 EL Kirschwasser
Für die Verzierung:
20 g Puderzucker
1 Birne ◆ 50 g Zucker

◆ Eine flache Tortenform von 24 cm Durchmesser einfetten und mit Mehl bestäuben.
◆ Den Mürbeteig (s. S. 12) zubereiten, zu einer Kugel formen und, in Klarsichtfolie gewickelt,

1 Stunde im Kühlschrank ruhen lassen. Nach 30 Minuten den Backofen auf 180° C vorheizen.
◆ Den Teig 3–4 mm dick ausrollen, in die Form legen und mit einer Gabel mehrmals einstechen. Die Mandeln, den Zucker, die Eier, die Milch und das Kirschwasser verrühren. Die Birnen schälen, in Schnitze schneiden und strahlenkranzförmig auf dem Teigboden anordnen. Die Mandel-Ei-Masse über den Fruchtbelag geben und alles im vorgeheizten Ofen 30 Minuten backen. Den Kuchen auf eine Platte setzen und erkalten lassen.
◆ Für die Verzierung die Birne waschen und abtrocknen. Dann die Schale, von unten beginnend, in Streifen bis zur Mitte der Frucht ablösen und hängen lassen. Den unteren, geschälten Teil der Birne abschneiden. 50 g Zucker in 100 ml Wasser auflösen und zum Kochen bringen. Die Birne mit den Schalenstreifen hineingeben und 2 Minuten kochen, dann abtropfen lassen.
◆ Den Kuchen mit Puderzucker bestäuben und die Birne in die Mitte setzen. Die Schalenstreifen zu Blütenblättern drehen.

Milchreis-Kuchen

Milchreis-Kuchen

Zubereitungszeit: *1 Stunde 15 Minuten (ohne Ruhezeit)*

Braucht etwas Erfahrung

ZUTATEN FÜR 6-8 PERSONEN

1/2 Grundrezept Auslegeteig
geriebene Schale von 1 unbehandelten Orange
1/2 l Milch ◆ 100 g Milchreis
100 ml Sahne
50 g Zucker ◆ 80 g Sultaninen
80 g gehackte Datteln
1/2 TL Zimt
4 Eigelb
2 Päckchen Vanillezucker
einige Tropfen Rosenwasser
1 EL Puderzucker

◆ Eine flache Tortenform von 24 cm Durchmesser einfetten und mit Mehl bestäuben.
◆ Den Auslegeteig (s. S. 14) mit der Hälfte der Orangenschale zubereiten, zu einer Kugel formen und, in Klarsichtfolie gewickelt, 1 Stunde im Kühlschrank ruhen lassen. Nach 30 Minuten den Backofen auf 180° C vorheizen. Die Sultaninen in lauwarmem Wasser einweichen.
◆ Den Teig 3 mm dick ausrollen und die Form damit auskleiden. Den Teigboden mit einer Gabel mehrmals einstechen, mit Backpapier belegen und mit Trockenerbsen auffüllen. Im vorgeheizten Ofen 10 Minuten backen. Das Papier und die Erbsen entfernen, 10 Minuten weiterbacken und den Boden erkalten lassen.
◆ Die Milch zum Kochen bringen, den Reis zugeben und 10–12 Minuten kochen lassen, bis die Milch völlig aufgesogen ist. Die Sahne, den Zukker, die Sultaninen, die Datteln, die restliche Orangenschale und den Zimt zufügen und alles nochmal aufkochen.
◆ Vom Herd nehmen und die Eigelbe, den Vanillezucker und das Rosenwasser unterrühren. Die Füllung auf den Boden geben und mit dem Puderzucker bestäuben.
◆ Den Milchreis-Kuchen im vorgeheizten Ofen etwa 20–25 Minuten backen, stürzen und kalt servieren.

Mandelkuchen aus Pavia

Mandelkuchen aus Pavia

Zubereitungszeit: *1 Stunde*

Gelingt leicht

ZUTATEN FÜR 6-8 PERSONEN

100 g Speisestärke
100 g Mehl
150 g Butter
2 Eier
2 Eigelb
50 g Sultaninen
geriebene Schale von 1 unbehandelten Zitrone
100 g Mandeln
3 EL Aprikosengelee

◆ Eine flache Tortenform von 22 cm Durchmesser einfetten und mit Mehl bestäuben.
◆ Die Mandeln kurz in kochendes Wasser geben, abgießen, schälen und grob hakken. Die Sultaninen im Rum einweichen und die Butter bei Zimmertemperatur weich werden lassen.
◆ Das Mehl mit der Speisestärke auf die Arbeitsfläche sieben. Eine Vertiefung in die Mitte drücken und die in Stücke geschnittene Butter, die ganzen Eier, die Eigelbe, die Zitronenschale und die Sultaninen hineingeben. Die Zutaten gründlich verkneten. Die Form mit dem Teig auskleiden. Dann die zerkleinerten Mandeln auf den Teig streuen, dabei 1 cm Rand frei lassen.
◆ Den Kuchen im vorgeheizten Ofen etwa 45 Minuten backen. In der Form erkalten lassen, dann auf eine Platte setzen. Das Aprikosengelee im Wasserbad auflösen und gleichmäßig auf die Oberfläche streichen. Kalt servieren.

Ricotta-Strudel

Zubereitungszeit: *1 Stunde 45 Minuten*

Raffiniert

ZUTATEN FÜR 6-8 PERSONEN

1 Grundrezept Strudelteig (s. S. 13)
600 g Ricotta
2 EL Paniermehl
3 in Milch eingeweichte altbackene Brötchen
60 g weiche Butter
170 g Zucker
120 g Sultaninen
3 Eier ◆ 2 Eigelb
geriebene Schale von 1 unbehandelten Zitrone
1 Prise Salz
etwas zerlassene Butter

Ein Backblech einfetten. Die Sultaninen in lauwarmem Wasser einweichen. Den Teig zubereiten und 30 Minuten in einer angewärmten Schüssel ruhen lassen.

◆ Die Butter mit dem Zucker, den 5 Eigelb und der Zitronenschale schaumig schlagen. Die eingeweichten Brötchen durch ein Sieb streichen (**1**). Den Ricotta, die abgetropften Sultaninen und das Paniermehl zufügen.

◆ Den Backofen auf 180° C vorheizen. Den Teig auf einem eingemehlten Tuch zu einem 5 mm dicken Rechteck ausrollen. Mit eingemehlten Händen unter den Teig greifen und ihn dehnen, bis er hauchdünn ist, ohne daß er reißt. Die dickeren Ränder abschneiden.

◆ Die Eiweiße mit dem Salz steif schlagen, unter die Ricotta-Brot-Masse heben (**2**) und auf dem Teig verstreichen, dabei 2 cm Rand frei lassen. Mit Hilfe des Tuches den Strudel aufrollen (**3**), die Enden verschließen und auf das Blech legen. Mit der zerlassenen Butter bestreichen (**4**) und im vorgeheizten Ofen 1 Stunde backen. Lauwarm servieren.

1

2

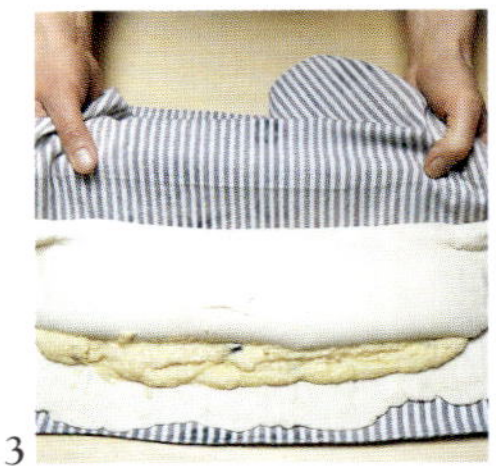
3

4

Ananasrolle

Zubereitungszeit: *1 Stunde (ohne Zeit zum Ziehen)*

Braucht etwas Erfahrung

ZUTATEN FÜR 8 PERSONEN

1 Grundrezept Biskuitteig (s. S. 11)

Für die Creme:
1/2 Ananas
150 g Zucker
1/4 l Milch
2 Eigelb ◆ 25 g Mehl
1 Päckchen Vanillezucker
geriebene Schale von 1 unbehandelten Zitrone

Für die Verzierung:
2 EL Aprikosengelee
4 geschälte Ananasscheiben
50 g Zucker
einige Ananasblätter

◆ Für die Verzierung zwei Ananasscheiben von dem harten Kern befreien, jeweils in fünf Stücke schneiden und in eine Schüssel legen. Den Zucker mit 100 ml Wasser 1 Minute kochen und über die Ananasstücke gießen. 12 Stunden ziehen lassen.
◆ Ein Backblech mit Backpapier belegen. Den Backofen auf 180° C vorheizen.

Ananasrolle

◆ Den Biskuitteig zubereiten, gleichmäßig auf dem Backblech verteilen und im vorgeheizten Ofen 15–20 Minuten backen. Den Biskuit auf ein etwas feuchtes Tuch stürzen und das Papier abziehen. Die Biskuitplatte mit dem Tuch aufrollen. Erkalten lassen.
◆ Für die Creme die Ananas schälen, den harten Kern ausstechen und in Stücke schneiden. Zusammen mit 70 g Zucker 15–20 Minuten kochen und erkalten lassen. Mit den Eigelben, dem restlichen Zucker, der Milch, dem Vanillezucker, dem Mehl und der Zitronenschale eine Konditorcreme zubereiten (s. S. 16). Die Creme erkalten lassen, dabei häufig umrühren.
◆ Zwei Drittel der gekochten Ananas pürieren und unter die Creme rühren. Die Biskuitplatte entrollen, mit der Creme bestreichen und dabei einen Rand von 1 cm frei lassen. Die restlichen Ananasstücke darauf verteilen und dann die Platte wieder aufrollen.
◆ Für die Verzierung die in Zuckersirup eingelegten Ananasstücke abtropfen lassen und abtrocknen. Das Aprikosengelee im Wasserbad auflösen, die Rolle damit bestreichen und leicht angeschrägt in zehn Scheiben schneiden. Die Scheiben kreisförmig auf einer Platte anordnen und jeweils mit einem Stück Ananas belegen. Mit den Ananasblättern dekorieren und in der Mitte eine Blume aus den zwei restlichen, in Stücke geschnittenen Ananasscheiben formen.

Ricotta-Strudel

Maronenrolle

Zubereitungszeit: *45 Minuten*
Braucht etwas Erfahrung

ZUTATEN FÜR 6 PERSONEN

1 Grundrezept Biskuitteig (s. S. 11)
6 EL Maronenmarmelade
2 EL Rum
1 EL zerlassene Butter
2 EL Hagelzucker
etwas Speisestärke

◆ Ein Stück Alufolie mit Butter bestreichen, auf ein Backblech legen und mit Speisestärke bestreuen. Den Backofen auf 180° C vorheizen.
◆ Den Biskuitteig zubereiten, auf das Blech geben und im vorgeheizten Ofen etwa 20 Minuten backen. Den Biskuit auf ein mit dem Hagelzucker bestreutes Tuch stürzen und die Alufolie abziehen.
◆ Die Maronenmarmelade mit dem Rum und der Butter mischen und auf den Biskuit streichen. Mit Hilfe des Tuchs eine schmale Rolle formen und auf eine Platte kippen. Die Rolle vor dem Anschneiden 4–5 Stunden ruhen lassen.
◆ Die Maronenmarmelade kann nach Belieben durch Fruchtmarmeladen ersetzt werden.

Maronenrolle

Apfelstrudel

Zubereitungszeit: *1 Stunde 35 Minuten*
Raffiniert

ZUTATEN FÜR 6-8 PERSONEN

1 Grundrezept Strudelteig (s. S. 13)
80 g Butter ◆ 100 g Zucker
1 kg Äpfel (Renetten)
4 EL Brandy ◆ 1 EL Paniermehl
1 Prise Zimt
geriebene Schale von
1 unbehandelten Zitrone
80 g Sultaninen ◆ 50 g Pinienkerne
1 EL Puderzucker

◆ Ein Backblech einfetten und mit Mehl bestäuben. Die Sultaninen in lauwarmem Wasser einweichen.
◆ Den Strudelteig zubereiten und 30 Minuten in einer angewärmten Schüssel ruhen lassen.
◆ Für die Füllung die Äpfel schälen, vom Kerngehäuse befreien und in dünne Scheiben schneiden. Mit dem Brandy ziehen lassen. Das Paniermehl anrösten und die Butter zerlassen. Den Zucker, den Zimt und die Zitronenschale mischen.
◆ Den Backofen auf 180° C vorheizen.
◆ Den Teig auf einem sauberen, bemehlten Tuch 5 mm dick ausrollen. Dann mit beiden bemehlten Handrücken unter den Teig greifen und vorsichtig von der Mitte zu den Rändern ziehen, bis er hauchdünn geworden ist, dabei darauf achten, daß er nicht reißt. Die dickeren Ränder abschneiden. Den Teig mit der zerlassenen Butter bestreichen (etwas davon zurückbehalten) und mit dem Paniermehl bestreuen, dabei 2 cm Rand frei lassen. Die Äpfel, die ausgedrückten Sultaninen, die Pinienkerne und die Zuckermasse darauf verteilen.
◆ Mit Hilfe des Tuchs den Strudel aufrollen und die Ränder gut verschließen. Vorsichtig auf das Blech rollen lassen, mit der restlichen zerlassenen Butter bepinseln und im vorgeheizten Ofen etwa 1 Stunde backen. Mit Puderzucker bestäuben und lauwarm servieren.

Gefüllter Feigenkranz

Gefüllter Feigenkranz

Zubereitungszeit: *1 Stunde*
Braucht etwas Erfahrung

ZUTATEN FÜR 8 PERSONEN

450 g Mehl ◆ 100 g Zucker
300 g frische Feigen
100 g zerlassene Butter ◆ 2 Eier
1 Prise Salz
50 g Sultaninen
50 g geschälte, gehackte Mandeln
50 g geröstete, gehackte Haselnüsse
50 g gehackte Walnüsse
1 Päckchen Backpulver
100 ml Milch
geriebene Schale von
1 unbehandelten Zitrone
3 EL Rum

◆ Ein Backblech einfetten und mit Mehl bestäuben. Den Backofen auf 180° C vorheizen.
◆ Die Sultaninen im Rum einweichen. Die Feigen schälen und in dünne Scheiben schneiden. Mit den Walnüssen, den Mandeln, den Haselnüssen und den Sultaninen vermengen.
◆ Das Mehl mit dem Backpulver mischen und auf die Arbeitsfläche sieben. In die Mitte eine Veriefung drücken und die Butter, den Zucker, das Salz, die Milch, ein Ei und die Zitronenschale hineingeben. Die Zutaten gründlich verkneten.
◆ Den Teig auf einem bemehlten Tuch zu einem 3 mm dicken Rechteck ausrollen und mit der Feigenmasse bestreichen, dabei einen Rand von 2 cm frei lassen. Mit Hilfe des Tuchs den Teig

aufrollen und an den Enden gut verschließen. Auf das Blech legen, zu einem Kranz formen und mit dem restlichen, verquirlten Ei bestreichen.
◆ Im vorgeheizten Ofen etwa 40 Minuten backen. Den Kranz vor dem Servieren vollständig erkalten lassen.

Schokoladen-Aprikosen-Rolle

Zubereitungszeit: *1 Stunde (ohne Kühlzeit)*
Braucht etwas Erfahrung

ZUTATEN FÜR 8 PERSONEN

4 Eier ◆ 150 g Zucker
40 g Mehl
40 g Kakao
1 TL Backpulver
1 Prise Salz

Für die Füllung:

300 g Aprikosen
400 g Ricotta ◆ 4 Eigelb
80 g Puderzucker
geriebene Schale von
1 unbehandelten Zitrone
2 EL Grand Marnier

Für die Verzierung:

200 ml Sahne ◆ 40 g Kakao
30 g getrocknete Aprikosen
50 g Bitterschokolade

◆ Ein Backblech mit Backpapier belegen. Den Backofen auf 190° C vorheizen.
◆ Die Eigelbe mit dem Zucker und 2 EL Wasser schaumig schlagen. Das Mehl mit dem Backpulver und dem Kakao mischen, sieben und zufügen. Dann die Eiweiße mit dem Salz zu steifem Schnee schlagen und unterheben. Den Teig auf das Blech geben und im vorgeheizten Ofen etwa 20 Minuten backen. Die Biskuitplatte auf ein feuchtes Tuch stürzen, das Papier abziehen und mit Hilfe des Tuchs aufrollen.
◆ Für die Füllung die Aprikosen waschen, entsteinen und in Stücke schneiden. Den Ricotta durch ein Sieb streichen und mit den Eigelben, dem Puderzucker, dem Grand Marnier und der Zitronenschale mischen. Den Biskuit aufrollen und mit der Füllung bestreichen, dabei 1 cm Rand frei lassen. Die Biskuitplatte mit den Aprikosenstücken belegen, wieder aufrollen und 2 Stunden kühlstellen.

Schokoladen-Aprikosen-Rolle

Pflaumenmus-Rolle

◆ Für die Verzierung die getrockneten Aprikosen waschen, abtrocknen und in Streifen schneiden. Die Schokolade hacken. Die Rolle mit dem Kakao bestäuben. Die Sahne steif schlagen, in einen Spritzbeutel mit Sterntülle geben und in vier Streifen auf die Rolle spritzen. Mit gehackter Schokolade und Aprikosenstreifen verzieren. Kühlstellen.

Pflaumenmus-Rolle

Zubereitungszeit: *1 Stunde*
Braucht etwas Erfahrung

ZUTATEN FÜR 8-10 PERSONEN

450 g Mehl
150 g Zucker
300 g Backpflaumen
100 g Butter
2 Eier
50 g Sultaninen
50 g geschälte, gehackte Mandeln
50 g geröstete, gehackte Haselnüsse
40 g gehackte Walnüsse
1 Päckchen Backpulver
100 ml Milch
geriebene Schale von
1 unbehandelten Zitrone
3 EL Rum ◆ 1 Prise Salz

◆ Ein Backblech einfetten und mit Mehl bestäuben. Den Backofen auf 180° C vorheizen.
◆ Die Sultaninen im Rum einweichen. Die Pflaumen entsteinen und knapp mit Wasser bedecken. Mit 50 g Zucker 10–15 Minuten kochen, dann abgießen und pürieren. Das Pflaumenpüree mit den Mandeln, den gehackten Wal- und Haselnüssen sowie den ausgedrückten Sultaninen vermischen.
◆ Die Butter bei sehr schwacher Hitze schmelzen.
◆ Das Mehl mit dem Backpulver und dem Salz auf die Arbeitsfläche sieben, in die Mitte eine Vertiefung drücken und die zerlassene Butter, den restlichen Zucker, die Milch, 1 Ei und die Zitronenschale hineingeben.
◆ Die Zutaten gründlich verkneten und den Teig auf ein bemehltes Tuch legen. Zu einem Rechteck von 3 mm Dicke ausrollen und mit der Pflaumenmasse bestreichen, dabei 2 cm Rand freilassen. Mit Hilfe des Tuches den Teig aufrollen, die Enden andrücken und auf das Blech gleiten lassen.
◆ Den Strudel mit dem zweiten, verquirlten Ei bestreichen und im vorgeheizten Ofen 40–45 Minuten backen. Vorsichtig vom Blech lösen und vor dem Servieren völlig erkalten lassen.

Rotolo dolce alla drusa
(Marmeladenrolle mit Marsala)

Zubereitungszeit: *1 Stunde*
Braucht etwas Erfahrung

ZUTATEN FÜR 6 PERSONEN

250 g Mehl ◆ 50 g Speisestärke
2 TL Backpulver
1 Prise Salz ◆ 100 g Butter
50 g Zucker ◆ 1 Ei
5 cl Marsala
1 Glas Marmelade nach Wahl
1 Päckchen Vanillezucker
1 Eiweiß

◆ Ein Backblech einfetten und den Backofen auf 180° C vorheizen.
◆ Das Mehl mit dem Backpulver, der Speisestärke und dem Salz mischen und auf die Arbeitsfläche sieben. Die Butter, den Zucker, das Ei und den Marsala in die Mitte geben und alles zügig verkneten. Den Teig zu einem dünnen Rechteck ausrollen. Mit der Marmelade bestreichen, dabei 2 cm Rand frei lassen, aufrollen und zu einem Kranz formen.
◆ Den Kranz auf das Blech legen, mit dem verquirlten Eiweiß bestreichen und im vorgeheizten Ofen 40–45 Minuten backen.
◆ Den ausgekühlten Kranz auf eine Platte setzen und mit dem Vanillezucker bestreuen.

Cremestrudel

Zubereitungszeit: *1 Stunde 20 Minuten*
Raffiniert

ZUTATEN FÜR 6-8 PERSONEN

1 Grundrezept Strudelteig (s. S. 13)
½ l Sahne ◆ 6 Eigelb
120 g Zucker ◆ 80 g Mehl
100 g geschälte, gehackte Mandeln
80 g Sultaninen ◆ 30 g Zitronat
1 Prise Zimt
40 g zerlassene Butter
1 EL Puderzucker

◆ Ein Backblech einfetten und mit Mehl bestäuben.
◆ Den Strudelteig zubereiten und 30 Minuten in einer angewärmten Schüssel ruhen lassen.
◆ Den Backofen auf 180° C vorheizen.
◆ Für die Creme die Sahne aufkochen. Die Eigelbe mit dem Zucker schaumig schlagen, dann nacheinander das Mehl, den Zimt und die heiße Sahne in feinem Strahl zufügen. Bei schwacher Hitze aufkochen und 7–8 Minuten kochen lassen, dabei ständig rühren, damit sich keine Klumpen bilden. Erkalten lassen, dabei ab und zu umrühren.
◆ Die Sultaninen waschen und abtrocknen, dann mit dem Zitronat und den gehackten Mandeln in die Creme geben.
◆ Den Teig auf einem bemehlten Tuch 5 mm dick ausrollen. Mit beiden bemehlten Handrücken unter den Teig greifen und vorsichtig von der Mitte zu den Rändern ziehen, bis er hauchdünn geworden ist; darauf achten, daß er nicht reißt. Die dickeren Ränder abschneiden.
◆ Die Creme auf den Teig geben, dabei 2 cm Rand frei lassen. Mit Hilfe des Tuchs den Strudel aufrollen, an den Rändern gut andrücken und vorsichtig auf das Blech gleiten lassen.
◆ Den Strudel mit der zerlassenen Butter bestreichen und im vorgeheizten Ofen etwa 1 Stunde backen. Lauwarm auf eine Platte setzen und mit Puderzucker bestäuben.

Tee-Rolle mit Fruchtfüllung

Zubereitungszeit: *1 Stunde*
Braucht etwas Erfahrung

ZUTATEN FÜR 6 PERSONEN

600 g Mehl ◆ 3 Eier
6 EL Zucker ◆ 250 g Erdbeeren
2 Tassen starker schwarzer Tee
50 g weiche Butter
1 TL Backpulver ◆ 4 EL Paniermehl
250 g entsteinte Aprikosen
100 ml Maraschino ◆ 1 TL Zimt

◆ Ein Backblech einfetten und mit Mehl bestäuben. Den Backofen auf 160° C vorheizen.
◆ Die Aprikosen in Stücke schneiden und in dem Maraschino mit ½ TL Zimt und 2 EL Zucker ziehen lassen.
◆ Das Mehl auf die Arbeitsfläche häufen, 2 Eier, den restlichen Zimt, das Backpulver, die Butter, 3 EL Zucker und den Tee in die Mitte geben und alles zu einem glatten und geschmeidigen Teig verkneten. In vier Portionen teilen und zu vier gleich großen, sehr dünnen Rechtecken ausrollen.
◆ Jedes Rechteck mit etwas Paniermehl bestreuen und mit einem Viertel der Früchte belegen, dann alle vier Rechtecke aufeinandersetzen, aufrollen und auf das Blech setzen.
◆ Die Rolle mit dem restlichen Ei und dem restlichen Zucker bestreichen und im vorgeheizten Ofen 30 Minuten backen. Die Temperatur auf 200° C erhöhen und weitere 10–15 Minuten backen. Abkühlen lassen und kalt servieren.

Schokoladen-Sahne-Schnecken

Zubereitungszeit: *50 Minuten (ohne Kühlzeit)*
Braucht etwas Erfahrung

Zutaten für 6 Personen

4 Eier
30 g Mehl
100 g Zucker
30 g Kakao
1/2 TL Backpulver
1 Päckchen Vanillezucker
100 ml Sahne
1 Prise Salz
etwas Kakao

◆ Ein Backblech von 26 x 39 cm mit Backpapier belegen. Den Backofen auf 190° C vorheizen.
◆ Die Eigelbe mit dem Zucker und 1 EL Wasser schaumig schlagen, dann das Mehl, den Kakao und das Backpulver einrühren. Die Eiweiße mit dem Salz zu steifem Schnee schlagen und unterheben. Den Teig auf das Blech geben und im vorgeheizten Ofen 16–18 Minuten backen.
◆ Die Kuchenplatte auf ein leicht feuchtes Tuch stürzen, das Papier abziehen und mit Hilfe des Tuchs aufrollen. Die Sahne mit dem Vanillezucker steif schlagen. Sobald die Platte abgekühlt ist, entrollen, mit der Sahne bestreichen und wieder aufrollen. Für 2 Stunden kühlstellen. Vor dem Servieren mit dem Kakao bestäuben und in gleichmäßige Scheiben schneiden.

Apulischer Strudel

Zubereitungszeit: *1 Stunde 20 Minuten*
Braucht etwas Erfahrung

Zutaten für 8-10 Personen

300 g Mehl
100 ml Olivenöl extravergine
100 ml trockener Weißwein
1 Prise Salz
geriebene Schale von
1 unbehandelten Zitrone
1 Ei

Für die Füllung:
250 g Mandeln
400 g Sultaninen
150 g Zucker
100 ml Olivenöl extravergine
30 g Zimt
5 cl Maraschino

◆ Das Backblech mit Öl bestreichen. Den Backofen auf 180° C vorheizen.
◆ Das Mehl auf die Arbeitsfläche häufen, in die Mitte eine Vertiefung drücken und das Ei, den Wein, das Öl, das Salz und die Zitronenschale hineingeben.
◆ Die Zutaten zu einem glatten und geschmeidigen Teig verkneten, diesen abgedeckt 30 Minuten ruhen lassen.
◆ Für die Füllung die Sultaninen im Maraschino einweichen. Die Mandeln im Ofen rösten und grob hacken, ohne sie vorher zu schälen.
◆ Den Teig auf der bemehlten Arbeitsfläche zu einem 3 mm dicken Rechteck ausrollen. Den Zucker, die Mandeln, die ausgedrückten Sultaninen und den Zimt darauf verteilen. Mit dem Öl beträufeln, dann den Teig aufrollen und die beiden Enden zu einem Kranz zusammenfügen. Auf das Blech setzen, mit etwas Öl bestreichen und im vorgeheizten Ofen 50–60 Minuten backen. Auskühlen lassen und servieren.

Traubenstrudel

Zubereitungszeit: *2 Stunden 15 Minuten*
Raffiniert

Zutaten für 6 Personen

400 g Blätterteig (s. S. 12)
1 kg rote Trauben
150 g Paniermehl
90 g Butter ◆ 150 g Zucker
1 Prise Zimt ◆ 1 Ei
1 EL Puderzucker

◆ Ein Backblech einfetten und mit Mehl bestäuben. Den Backofen auf 200° C vorheizen.
◆ Die Trauben waschen, halbieren und entkernen. Mit 100 g Zucker und dem Zimt mischen. Das Paniermehl mit 70 g Butter rösten, bis es goldbraun ist.
◆ Den Blätterteig auf einem bemehlten Tuch zu einem dünnen, aber festen Rechteck ausrollen. Das geröstete Paniermehl und die Trauben darauf verteilen, Zucker und Zimt darüberstreuen, dabei 2 cm Rand freilassen. Mit dem Tuch den Teig aufrollen und die Enden gut andrücken.
◆ Den Strudel auf das Blech gleiten lassen. Das Ei mit dem restlichen Zucker und der restlichen, zerlassenen Butter verquirlen und auf den Strudel streichen.
◆ Im vorgeheizten Ofen etwa 40 Minuten backen, währenddessen einige Male mit der Eimischung bepinseln.
◆ Den Strudel vorsichtig vom Blech lösen und auf eine Platte setzen. Mit Puderzucker bestäuben und kalt servieren.

Rolle mit Maronensahne

Zubereitungszeit:
1 Stunde 15 Minuten
Braucht etwas Erfahrung

Zutaten für 6 Personen

4 Eier ◆ 4 EL Zucker
4 EL Kakao
2 EL Mehl
400 ml Sahne
10 zerkleinerte Marrons glacés
3 EL Maronenmarmelade
1 EL Cognac
1 EL Schokoladenstreusel
1 Prise Salz

Ein Backblech von 26 x 39 cm mit Backpapier belegen. Den Backofen auf 190° C vorheizen.

◆ Die Eigelbe mit dem Zucker 2–3 Minuten schaumig schlagen, das Mehl und den Kakao unterrühren. Die Eiweiße mit dem Salz zu steifem Schnee schlagen und vorsichtig unter die Kakaomasse heben.

◆ Die Masse 1 cm dick auf dem Blech verstreichen und im vorgeheizten Ofen durchbacken (etwa 18–20 Minuten). Den Teig auf ein leicht feuchtes Tuch stürzen, das Papier abziehen und den Teig im Tuch aufrollen.

◆ Die Sahne steif schlagen und die mit dem Cognac verrührte Marmelade unterziehen.

Die Teigplatte entrollen, mit der Sahne bestreichen (etwas zurückbehalten) und die Platte wieder zur Rolle formen.

◆ Die Rolle mit der restlichen Sahne überziehen und mit den zerkleinerten Marrons glacés sowie den Schokoladenstreuseln bestreuen.

◆ Diese Rolle eignet sich sehr gut für eine Schokoladenfüllung: Eine Konditorcreme zubereiten (s. S. 16), und solange sie noch warm ist, 100 g gehackte Bitterschokolade darin auflösen. Abkühlen lassen und mit gehackten karamelisierten Haselnüssen mischen. Die Rolle mit etwas Creme und einigen karamelisierten Haselnüssen oder Schokoladenstreuseln verzieren.

Zitronenrolle

Zubereitungszeit: *50 Minuten (ohne Kühlzeit)*
Braucht etwas Erfahrung

Zutaten für 6-8 Personen

1 Grundrezept Biskuitteig (s. S. 11)
4 Eigelb ◆ 80 g Zucker
3 EL Zitronensaft
30 g Butter
Für die Verzierung:
1 EL Puderzucker
3 EL geschlagene Sahne
20 g kandierte Kirschen

◆ Ein Backblech mit Backpapier belegen. Den Backofen auf 190° C vorheizen.
◆ Den Biskuitteig zubereiten, auf das Blech geben und im vorgeheizten Ofen etwa 15 Minuten backen. Den Biskuit auf ein leicht feuchtes Tuch stürzen, das Papier abziehen, den Teig im Tuch aufrollen und erkalten lassen.
◆ Für die Creme die Eigelbe mit dem Zucker im Wasserbad schaumig schlagen. Den Zitronensaft zufügen und unter ständigem Rühren weiter erhitzen, bis die Creme dicklich wird und den Löffel mit einem Schleier überzieht. Darauf achten, daß die Creme dabei nicht aufkocht. Die Butter in Stücke schneiden, unterrühren und die Masse erkalten lassen.

Zitronenrolle

◆ Den Biskuit entrollen, mit der vorbereiteten Creme bestreichen, wieder aufrollen und 1 Stunde kühlstellen.
◆ Für die Verzierung die Rolle mit Puderzucker bestäuben, in Scheiben schneiden und auf eine Platte legen. Jede Scheibe mit einem Sahnetupfen und einer kandierten Kirsche verzieren.

Strudel mit Waldbeeren

Zubereitungszeit: *1 Stunde 20 Minuten*
Raffiniert

Zutaten für 6-8 Personen

1 Grundrezept Strudelteig (s. S. 13)
250 g Walderdbeeren
250 g Brombeeren
250 g (sehr frischer) Ricotta
80 g zerlassene Butter ◆ 2 Eigelb
80 g Puderzucker
geriebene Schale von 1 unbehandelten Zitrone
1 EL Paniermehl
1 Prise Zimt

◆ Ein Backblech einfetten und mit Mehl bestäuben.
◆ Den Strudelteig zubereiten und 30 Minuten in einer angewärmten Schüssel ruhen lassen. Den Backofen auf 180° C vorheizen. ▶

Rolle mit Maronensahne

◆ Die Erdbeeren und die Brombeeren in sehr kaltem Wasser waschen und abtrocknen. Den Ricotta durch ein Sieb streichen und mit den Eigelben, dem Puderzucker (bis auf 1 EL), der Zitronenschale und dem Zimt mischen.
◆ Den Teig auf einem bemehlten Tuch 5 mm dick ausrollen. Dann mit beiden bemehlten Handrücken unter den Teig greifen und vorsichtig von der Mitte zu den Rändern ziehen, bis er hauchdünn geworden ist; dabei darauf achten, daß er nicht reißt. Mit etwas zerlassener Butter bestreichen und mit Paniermehl bestreuen. Dann die Ricotta-Masse daraufgeben, dabei 2 cm Rand frei lassen. Die Erdbeeren und die Brombeeren darüber verteilen.
◆ Mit Hilfe des Tuchs den Strudel aufrollen, an den Rändern gut andrücken und vorsichtig auf das Blech gleiten lassen. Mit zerlassener Butter bestreichen und im vorgeheizten Ofen 1 Stunde backen. Lauwarm auf eine Platte setzen, mit Puderzucker bestäuben und kalt servieren.

Gubana

Gubana

Zubereitungszeit: *1 Stunde 45 Minuten (ohne Ruhezeit)*
Raffiniert

ZUTATEN FÜR 8-10 PERSONEN

250 g Mehl ◆ 1 Eigelb
200 g weiche Butter
7 EL Weißwein
1 Prise Salz

Für die Füllung:
150 g gehackte Walnüsse
40 g geschälte, gehackte Mandeln
20 g Pinienkerne
70 g Zitronat und Orangeat
50 g Sultaninen ◆ 1 Ei
geriebene Schale von 1 unbehandelten Zitrone
geriebene Schale von 1 unbehandelten Orange
3 EL Marsala
2 EL Zucker
2 EL Honig
1 Prise Zimt
1 zerstoßene Nelke
1 Prise Salz

Für die Verzierung:
1/2 EL Puderzucker
10 g Mandelblättchen
4 Streifen kandierte Zedratzitrone
4 Sultaninen

◆ Die Sultaninen im Marsala einweichen. Das Mehl auf die Arbeitsfläche sieben und mit dem Wein und dem Salz verkneten. Einen kleine Laib daraus formen, kreuzförmig einschneiden, mit einem Tuch bedecken und 15 Minuten ruhen lassen. Dann den Teig zu einem Quadrat von 30 x 30 cm ausrollen.
◆ Die Butter zwischen Klarsichtfolie zu einem Quadrat von 18 cm Kantenlänge formen und in die Mitte des Teiges legen. Die vier Teigecken darüberschlagen und das Butterquadrat „einpacken"; mit dem Rollholz zu einem 60 cm langen Band ausrollen. Dreiteilig übereinanderlegen und von der kurzen Seite her wieder zu einem 60 cm langen Band ausrollen (s. S. 12f.). Nochmals dreiteilig übereinanderlegen, in Klarsichtfolie wickeln und 30 Minuten kühlstellen. Diesen Vorgang zweimal wiederholen, den Teig dazwischen jeweils 30 Minuten kühlstellen.
◆ Den Backofen auf 150° C vorheizen.
◆ Für die Füllung Zitronat und Orangeat, die Pinienkerne, die Walnüsse, die Mandeln, die Zitronen- und Orangenschalen, die eingeweichten Sultaninen, den Honig, den Zucker, den Zimt und die Nelke miteinander vermischen. Die Eiweiße mit dem Salz zu steifem Schnee schlagen und zum Schluß unterheben.
◆ Den Teig zu einem Rechteck von 50 x 25 cm ausrollen, mit der Füllung bestreichen und aufrollen, dabei an den Enden gut andrücken. Die Rolle spiralförmig zusammenlegen, auf ein angefeuchtetes Backblech setzen und mit dem verquirlten Eigelb bestreichen. Im vorgeheizten Ofen 45–50 Minuten backen. Die Gubana nach dem Erkalten mit Puderzucker bestäuben und auf eine Platte setzen.
◆ Für die Verzierung die Gubana mit den Mandelblättchen, den Sultaninen und den Zitronatstreifen belegen. (Die Gubana ist eher trocken und wird im Friaul und in Venetien daher oft vor dem Servieren oder am Tisch mit einer roten Grappa oder einem anderen Likör getränkt.)

Aprikosen-Ricotta-Strudel

Aprikosen-Ricotta-Strudel

Zubereitungszeit: *1 Stunde 20 Minuten*
Raffiniert

ZUTATEN FÜR 6-8 PERSONEN

1 Grundrezept Strudelteig (s. S. 13)
500 g Aprikosen
400 g Ricotta
70 g zerlassene Butter ◆ 4 Eigelb
80 g Puderzucker
geriebene Schale von 1 unbehandelten Zitrone
1 EL Paniermehl

◆ Ein Backblech einfetten und mit Mehl bestäuben.
◆ Den Strudelteig zubereiten und 30 Minuten in einer angewärmten Schüssel ruhen lassen.
◆ Den Backofen auf 180° C vorheizen.
◆ Die Aprikosen waschen, entsteinen und in dünne Scheiben schneiden. Den Ricotta durch ein Sieb streichen und mit den Eigelben, dem Puderzucker und der Zitronenschale mischen.
◆ Den Teig auf einem bemehlten Tuch 5 mm dick ausrollen. Dann mit beiden bemehlten Handrücken unter den Teig greifen und vorsichtig von der Mitte zu den Rändern ziehen, bis er hauchdünn geworden ist; dabei darauf achten, daß er nicht reißt. Die dickeren Ränder abschneiden. Mit etwas zerlassener Butter bestreichen, mit Paniermehl bestreuen und die Ricotta-Masse daraufgeben, dabei 2 cm Rand freil assen. Die Aprikosenscheiben darüber verteilen.
◆ Mit Hilfe des Tuchs den Strudel aufrollen, an den Rändern gut andrücken und vorsichtig auf das Blech gleiten lassen. Mit der zerlassenen Butter bestreichen und im vorgeheizten Ofen 1 Stunde backen. Kalt servieren.

Rolle mit Kaffeecreme

Rolle mit Kaffeecreme

Zubereitungszeit: *1 Stunde (ohne Kühlzeit)*

Braucht etwas Erfahrung

Zutaten für 8 Personen

1 Grundrezept Biskuitteig (s. S. 11)

Für die Füllung:

200 ml starker Espresso ◆ 140 g Zucker
25 g Speisestärke
5 cl Rum ◆ 50 ml Sahne
100 g geröstete Haselnüsse
etwas Mandelöl

Für die Verzierung:

50 g gehackte Vollmilchschokolade
20 Kaffeebohnen ◆ 1 EL Puderzucker

◆ Ein Backblech mit Backpapier belegen. Den Backofen auf 180 ° C vorheizen.
◆ Den Biskuitteig zubereiten, gleichmäßig auf das Blech streichen und im vorgeheizten Ofen 15–20 Minuten backen. Den Biskuit auf ein leicht feuchtes Tuch stürzen, das Papier abziehen, im Tuch aufrollen und erkalten lassen.
◆ Für die Füllung 100 g Zucker und 4 EL Wasser aufkochen und mit den Haselnüssen zu Krokant verarbeiten (s. S. 21). Den erkalteten Krokant im Mixer zerkleinern und mit dem Espresso, dem restlichen Zucker und der mit 1 EL Wasser angerührten Stärke mischen. Die Masse aufkochen und unter ständigem Rühren 4–5 Minuten kochen. Erkalten lassen.
◆ Die Sahne steif schlagen und mit dem Rum unter die Creme ziehen. Den Teig entrollen, dabei auf dem Tuch belassen und mit der Füllung bestreichen. Den Teig wieder aufrollen, mit Puderzucker bestäuben und auf eine Platte setzen. Die Schokolade im Wasserbad schmelzen, in eine Backpapiertüte geben (s. S. 334) und in Tupfen auf die Rolle spritzen. Die Tupfen mit den Kaffeebohnen verzieren und die Rolle 2 Stunden kühlstellen.

Schokoladenbaum

Schokoladenbaum

Zubereitungszeit: *1 Stunde (ohne Kühlzeit)*

Braucht etwas Erfahrung

Zutaten für 8 Personen

1 Grundrezept Biskuitteig (s. S. 11)
5 cl Rum

Für die Creme:

40 g Eiweiß ◆ 100 g Zucker
170 g weiche Butter
100 g gehackte Bitterschokolade

Für die Verzierung:

150 g gehackte Bitterschokolade
100 ml Sahne ◆ einige Zuckerblumen

◆ Ein Backblech von 26 x 40 cm mit Backpapier belegen. Den Backofen auf 180° C vorheizen.
◆ Den Biskuitteig zubereiten, auf das Blech streichen und im vorgeheizten Ofen etwa 20 Minuten backen. Auf ein feuchtes Tuch stürzen, das Papier abziehen und mit dem Tuch aufrollen.
◆ Eine Buttercreme zubereiten (s. S. 17). Die Schokolade im Wasserbad schmelzen und unterrühren.
◆ Den Rum mit etwas Wasser verdünnen. Den Biskuit entrollen, mit dem Rum bepinseln und mit der Creme bestreichen. Wieder aufrollen und 3 Stunden kühlstellen. Aus dem Tuch wickeln, ein Ende schräg abschneiden und die beiden Stücke auf ein Gitter setzen.
◆ Für die Verzierung die Schokolade im Wasserbad schmelzen und die Rollen damit überziehen. Sobald die Schokolade fest ist, die größere Rolle auf eine Platte setzen, die kleinere danebenlegen. Mit einer Gabel Furchen in die Schokolade ziehen. Die Sahne steif schlagen, in einen Spritzbeutel mit Sterntülle füllen und in Tupfen auf den Astansatz und die Enden setzen. Mit den Zuckerblumen verzieren.

Käsekuchen

Zubereitungszeit:
1 Stunde

Gelingt leicht

ZUTATEN FÜR 8 PERSONEN

100 g Vollkornkräcker
(oder Knäckebrot)
100 g Butter
30 g Zucker (oder Honig)

Für die Füllung:
400 g Sahnequark
4 EL Sahne
geriebene Schale und Saft von 1 unbehandelten Zitrone
3 Eier ◆ 100 g Zucker
1 Päckchen Vanillezucker
1 Prise Salz

Für die Verzierung:
200 ml Sahne
1 EL Zitronensaft
30 g Zucker

Eine flache Tortenform von 24 cm Durchmesser einfetten und mit Mehl bestäuben. Den Backofen auf 190° C vorheizen.

◆ Die Butter bei schwacher Hitze schmelzen.

◆ Die Kräcker mit dem Rollholz zu Pulver zerdrücken. Mit dem Zucker (oder dem Honig) und der zerlassenen Butter zu einer homogenen Masse vermischen (**1**).

◆ Die krümelige Masse auf dem Boden und den Seiten der Form verteilen, mit den Fingerspitzen andrücken (**2**).

1

2

◆ Für die Füllung den Sahnequark mit der Sahne, dem Zitronensaft und der Zitronenschale, den Eiern, dem Salz, dem Zucker und dem Vanillezucker verrühren (**3**). In die Form füllen (**4**) und im vorgeheizten Ofen 35–40 Minuten backen.

◆ Für die Verzierung die Hälfte der Sahne mit dem Zitronensaft und dem Zucker zu einer dickschaumigen Masse aufschlagen. Auf den warmen Boden geben und bei 250° C 5 Minuten backen. Die restliche Sahne steif schlagen, in einen Spritzbeutel füllen und in Tupfen auf den Kuchenrand spritzen.

3

4

Käsekuchen mit Äpfeln

Zubereitungszeit: *1 Stunde 15 Minuten (ohne Kühlzeit)*

Braucht etwas Erfahrung

ZUTATEN FÜR 10-12 PERSONEN

100 g Vollkornkräcker
(oder Knäckebrot)
60 g Walnüsse
100 g Butter
2 EL brauner Rohrzucker
1/2 TL Zimt

Für die Füllung:
250 g Frischkäse
(in der Art von Philadelphia)
150 g brauner Rohrzucker
50 g Mehl ◆ 4 Eier ◆ 2 Eigelb
200 ml Sahne ◆ 1 EL Zitronensaft
2 EL Calvados ◆ 1 Päckchen Vanillezucker
1 EL Zucker ◆ 250 g saure Sahne

Für die Verzierung:
60 g Butter ◆ 2 EL Calvados
150 g brauner Rohrzucker
2 EL Sahne ◆ 2 EL Milch
400 g Äpfel

Käsekuchen mit Äpfeln

◆ Eine Springform von 24 cm Durchmesser einfetten und mit Mehl bestäuben. Den Backofen auf 200° C vorheizen.
◆ Die Walnüsse im vorgeheizten Ofen kurz rösten und dann hacken. Die Butter schmelzen.
◆ Die Kräcker mit dem Rollholz zerdrücken, mit der zerlassenen Butter, den Walnüssen, dem Rohrzucker und dem Zimt vermischen. Mit der Masse die Form auskleiden, bis sie von einer gleichmäßigen Schicht bedeckt ist.
◆ Für die Füllung die Sahne mit dem Zitronensaft zu einer dickschaumige Masse aufschlagen. Den Frischkäse mit dem Rohrzucker verrühren, dann das Mehl, die Eier und die Eigelbe, die Hälfte der sauren Sahne und den Calvados zufügen. Die Masse in die Form füllen und im vorgeheizten Ofen 15 Minuten backen. Die Temperatur auf 150° C senken und 30 Minuten backen.
◆ Die restliche saure Sahne mit dem Vanillezucker und dem Zucker mischen und auf den warmen Kuchen streichen. Nochmals 5 Minuten bei 200° C backen. Abkühlen lassen und 12 Stunden in den Kühlschrank stellen.
◆ Für die Verzierung die Äpfel schälen, entkernen und in Scheiben schneiden. Die Butter mit dem Rohrzucker, der Sahne, der Milch und dem Calvados zu einem Sirup kochen. Die Äpfel darin garen und lauwarm auf den Kuchen legen.

Käsekuchen

Haselnußtorte mit Ricotta

Zubereitungszeit: *1 Stunde*
Gelingt leicht

ZUTATEN FÜR 6-8 PERSONEN

150 g geröstete, gemahlene Haselnüsse
100 g Ricotta
100 g weiche Butter
100 g Zucker ◆ 4 Eier
geriebene Schale von 1/2 unbehandelten Zitrone
1 Prise Salz

Für die Verzierung:
2 EL Aprikosenkonfitüre
50 g gehackte Bitterschokolade
1 El Puderzucker

◆ Eine Springform von 26 cm Durchmesser einfetten und mit Mehl bestäuben. Den Backofen auf 180° C vorheizen.
◆ Die Butter mit dem Zucker schaumig schlagen und den Ricotta durch ein Sieb streichen. Dann die Eigelbe, den Ricotta, die Haselnüsse und die Zitronenschale unterrühren. Die Eiweiße mit dem Salz zu steifem Schnee schlagen und unterheben. Die Masse in die Form füllen und im vorgeheizten Ofen etwa 40 Minuten backen. Erkalten lassen und aus der Form lösen.
◆ Die Aprikosenkonfitüre im Wasserbad schmelzen und auf die Torte streichen. Die Torte mit der gehackten Schokolade bestreuen und mit dem Puderzucker bestäuben.

Haselnußtorte mit Ricotta

Ricotta-Torte mit Kirschen

Zubereitungszeit: *1 Stunde 10 Minuten (ohne Ruhezeit)*
Braucht etwas Erfahrung

ZUTATEN FÜR 8 PERSONEN

1 Grundrezept Mürbeteig (s. S. 12)
450 g Kirschen (Schattenmorellen)
350 g Ricotta
200 g Zucker
2 EL Maraschino ◆ 2 Eiweiß
1 EL Aprikosengelee

◆ Eine flache Tortenform von 25 cm Durchmesser einfetten und mit Mehl bestäuben.
◆ Den Mürbeteig zubereiten, zu einer Kugel formen, in Klarsichtfolie wickeln und 1 Stunde in den Kühlschrank legen. Nach 30 Minuten den Backofen auf 180° C vorheizen.
◆ Die Kirschen waschen, abtrocknen, entstielen und entsteinen. 120 g beiseite legen. Den Ricotta durch ein Sieb streichen und mit dem Zucker, dem Maraschino und den Eiweißen vermischen. Die Masse kühlstellen.
◆ Den Teig 3 mm dick ausrollen und in die Form legen. Den Teigboden mehrmals mit einer Gabel einstechen, mit Backpapier belegen und mit Trockenerbsen auffüllen (s. S. 12). Im vorgeheizten Ofen 15 Minuten backen, dann das Papier und die Erbsen entfernen und den Boden abkühlen lassen.
◆ Den Boden locker mit den Kirschen belegen, mit der Ricottacreme bedecken und weitere 30 Minuten backen. Die Torte auf eine Platte setzen und erkalten lassen.
◆ Das Aprikosengelee im Wasserbad auflösen. Mit den zurückbehaltenen Kirschen die Torte verzieren, dann die Torte und die Kirschen mit dem Gelee bestreichen. Kühl aufbewahren.

Ricotta-Torte mit Kirschen

Joghurt-Torte

Zubereitungszeit: *1 Stunde*
Gelingt leicht

ZUTATEN FÜR 6 PERSONEN

250 g Mehl ◆ 120 g weiche Butter
200 g Zucker ◆ 2 Eier
4 EL Milch ◆ 1 Päckchen Backpulver
150 g Vollmilchjoghurt
geriebene Schale von 1 unbehandelten Zitrone
1 EL Zitronensaft
1 Prise Salz
1 EL Puderzucker ◆ 1 TL Zimt

◆ Eine Springform von 22 cm Durchmesser einfetten und mit Mehl bestäuben. Den Backofen auf 180° C vorheizen.
◆ Die Butter mit dem Zucker schaumig schlagen und die Eigelbe einzeln unterrühren. Dann den Joghurt mit der Milch verrühren, das Mehl mit dem Backpulver sieben und beides zusammen mit Zitronensaft und -schale in die Buttermasse einrühren. Die Eiweiße mit dem Salz zu steifem Schnee schlagen und unterheben. Die Masse in die Form füllen und 45–50 Minuten backen.
◆ Die Torte auf eine Platte setzen. Erkalten lassen und mit dem Puderzucker bestäuben. Aus einem Stück Papier beliebige Motive ausschneiden, auf die Torte legen und mit dem gesiebten Zimt bestreuen. Vorsichtig abheben.

Joghurt-Torte

Ricotta-Torte mit Aprikosen

Zubereitungszeit: *1 Stunde (ohne Kühlzeit)*

Braucht etwas Erfahrung

ZUTATEN FÜR 6-8 PERSONEN

3 Eier ◆ 120 g Zucker
1 Päckchen Vanillezucker
100 g Mehl ◆ 50 g Speisestärke
1 Päckchen Backpulver
geriebene Schale von
1 unbehandelten Zitrone
1 Prise Salz

Für die Füllung:
500 g Ricotta ◆ 200 g Zucker
geriebene Schale und Saft
von 1 unbehandelten Zitrone
200 ml Sahne
600 g Aprikosen
5 EL Kirschwasser
1 EL Puderzucker
20 g geschälte Pistazien

◆ Eine Springform von 24 cm Durchmesser einfetten und mit Backpapier auslegen. Den Backofen auf 190° C vorheizen.

◆ Die Eiweiße mit dem Salz zu steifem Schnee schlagen. Die Eigelbe mit dem Zucker und 2 EL Wasser schaumig schlagen und nacheinander das mit dem Backpulver und der Speisestärke gesiebte Mehl, die Zitronenschale, den Vanillezucker und den Eischnee unterheben. Den Teig in die Form füllen und im vorgeheizten Ofen 30–35 Minuten backen.

◆ Für die Füllung den Ricotta durch ein Sieb streichen und mit dem Zitronensaft und der Schale, dem Zucker und 2 EL Kirschwasser mischen. Dann die Sahne steif schlagen und vorsichtig unterziehen.

◆ Die Aprikosen kurz in kochendes Wasser legen, häuten, entsteinen und vierteln. 15–20 Minuten in dem restlichen Kirschwasser ziehen lassen.

◆ Die Torte längs aufschneiden. Den unteren Boden wieder in die Form setzen und mit der Aprikosen-Marinade bepinseln. Die Hälfte der Füllung daraufgeben, die Aprikosen darüber verteilen und mit dem Rest der Füllung bedecken. Den zweiten Teigboden darauflegen und leicht andrücken. Die Torte 2 Stunden kühlstellen.

◆ Auf eine Platte setzen, mit Puderzucker bestäuben und mit einem Häufchen gehackter Pistazien in der Mitte verzieren.

Ricotta-Torte mit Aprikosen

Vollwerttorte mit Joghurt

Joghurt-Heidelbeer-Torte

Vollwerttorte mit Joghurt

Zubereitungszeit: *1 Stunde 20 Minuten*

Gelingt leicht

ZUTATEN FÜR 8 PERSONEN

350 g Vollkornmehl
150 g weiche Butter
3 Eier ◆ 6 EL Honig
1 TL gemahlene Muskatnuß
1 TL Zimt
2 gemahlene Nelken
200 g Vollmilchjoghurt ◆ 1 Päckchen Backpulver

Für die Verzierung:
300 ml Sahne ◆ 3 EL Honig

◆ Eine Springform von 24 cm Durchmesser einfetten und mit Mehl bestäuben. Den Backofen auf 180° C vorheizen. Die Butter mit dem Honig verrühren, die Eier, das mit dem Backpulver gesiebte Mehl, die Gewürze und schließlich den Joghurt unterrühren. Den Teig in die Form füllen und im vorgeheizten Ofen 1 Stunde backen. Die Torte herausnehmen und erkalten lassen.

◆ Für die Verzierung die Sahne steif schlagen und die Hälfte auf der Oberfläche verstreichen. Den Rest in einen Spritzbeutel mit Sterntülle füllen und in neun Kreisen aus Tupfen auf die Torte setzen. In jeden Kreis 1 TL Honig geben und die Torte mit weiteren Sahnetupfen bedecken.

Joghurt-Heidelbeer-Torte

Zubereitungszeit: *1,5 Stunden (ohne Kühlzeit)*

Braucht etwas Erfahrung

ZUTATEN FÜR 8-10 PERSONEN

1/2 Grundrezept Mürbeteig (s. S. 12)
1 kg Vollmilchjoghurt
200 ml Milch
150 g Zucker
30 g Blattgelatine
4 Eigelb ◆ Saft von 1 Zitrone
300 g Heidelbeeren

◆ Eine Springform von 24 cm Durchmesser einfetten und mit Mehl bestäuben. Den Backofen auf 200 ° C vorheizen. ▶

◆ Den Mürbeteig zubereiten und 30 Minuten in den Kühlschrank legen.
◆ Den Teig zu einem Kreis ausrollen, in die Form geben und mit einer Gabel mehrmals einstechen. Im vorgeheizten Ofen 18–20 Minuten backen.
◆ Die Gelatine in kaltem Wasser einweichen und die Milch aufkochen. Die Eigelbe mit dem Zucker schaumig schlagen, dann die Milch in feinem Strahl zufügen. Bei schwacher Hitze und unter ständigem Rühren zum Kochen bringen, dann die gut ausgedrückte Gelatine unterrühren. Vom Herd nehmen, erkalten lassen und den Joghurt sowie den Zitronensaft unterziehen.
◆ Die Heidelbeeren in sehr kaltem Wasser waschen, abtrocknen und 1 EL davon zurückbehalten. Eine Schicht Joghurtcreme auf dem Teig verstreichen und einen Teil der Heidelbeeren darauf verteilen. So weiter verfahren, bis die Zutaten aufgebraucht sind, dabei mit der Creme abschließen. Die Torte etwa 4 Stunden kühlstellen, mit den restlichen Heidelbeeren verzieren und servieren.

Ricotta-Kaffee-Torte

Zubereitungszeit: *1 Stunde 20 Minuten (ohne Ruhezeit)*

Braucht etwas Erfahrung

Zutaten für 8 Personen

150 g Mehl ◆ 75 g zerlassene Butter
50 g Zucker
30 gemahlene Walnüsse
1 Eigelb

Für die Füllung:

200 g Mascarpone
150 g Ricotta
80 g Puderzucker
2 Eier ◆ 2 EL Kakao
1 EL lösliches Espressopulver

Für die Verzierung:

1 EL Kakao
1 EL Puderzucker
30 Kaffeebohnen

◆ Eine Springform von 22 cm Durchmesser mit Backpapier auslegen. Den Backofen auf 180° C vorheizen.
◆ Das Mehl auf die Arbeitsfläche sieben, in die Mitte eine Vertiefung drücken und die gemahlenen Walnüsse, die zerlassene Butter, den Zucker und das Eigelb hineingeben. Die Zutaten zügig verkneten. Den Teig zu einer Kugel formen, in Klarsichtfolie wickeln und 30 Minuten in den Kühlschrank legen.
◆ Den Teig in die Form geben und mit einem Löffelrücken bis zur Hälfte der Randhöhe andrücken. Mit Backpapier belegen, mit Trockenerbsen auffüllen und im vorgeheizten Ofen 15 Minuten „blindbacken“ (s. S. 12). Das Papier und die Erbsen entfernen und den Boden erkalten lassen.
◆ Für die Füllung den Ricotta durch ein Sieb streichen und mit dem Mascarpone, dem Kakao und dem Puderzucker mischen. Das Espressopulver in 1 EL heißem Wasser auflösen und unter die Masse mischen, dann die Eier einzeln unterrühren. Die Masse in die Form füllen und bei 160° C weitere 20 Minuten backen.
◆ Für die Verzierung die erkaltete Torte mit dem Kakao bestäuben. Aus einem Stück Papier beliebige Motive ausschneiden, auf die Torte legen und mit dem Puderzucker bestreuen. Das Papier abheben und die Verzierung mit den Kaffeebohnen vervollständigen.

Cassata alla siciliana

Zubereitungszeit: *1 Stunde 30 Minuten (ohne Kühlzeit)*

Braucht etwas Erfahrung

Zutaten für 6-8 Personen

400 g Pan di Spagna (s. S. 10)
500 g Ricotta
400 g gemischte kandierte Früchte in Würfeln
250 g Zucker ◆ 100 g Aprikosengelee
1 EL Orangenblütenwasser
5 cl Maraschino
1 Päckchen Vanillezucker
2 EL geschälte Pistazien
100 g gehackte Bitterschokolade
200 g Puderzucker ◆ 1 Eiweiß
einige Tropfen Zitronensaft

◆ Eine Springform von 24 cm Durchmesser mit Backpapier auslegen.
◆ Das Pan di Spagna in 1 cm dicke Scheiben schneiden und den Boden und die Seiten der Form damit auskleiden, dabei die Stücke mit etwas Aprikosengelee miteinander verkleben.
◆ Den Ricotta durch ein Sieb streichen. Den Zucker und den Vanillezucker in 125 ml Wasser bei schwacher Hitze auflösen. Sobald das Zuckerwasser lauwarm ist, den Ricotta mit einem Handrührgerät unterrühren. Einen Großteil der kandierten Früchte und der gehackten Schokolade unterziehen, dann das Orangenblütenwasser, die halbierten Pistazien und den Maraschino zufügen. Die Masse in die Form füllen und mit Biskuitscheiben bedecken. Etwa 2 Stunden kühlstellen.
◆ Das Eiweiß mit einigen Tropfen Zitronensaft verquirlen, den Puderzucker durch ein Sieb zuge-

ben und zu einer dicken, glatten Creme verrühren. Die Cassata auf einen Servierteller stürzen, mit dem restlichen, im Wasserbad aufgelösten Aprikosengelee bestreichen und mit der Glasur überziehen. Nach Belieben mit den restlichen kandierten Früchten verzieren.

Cassata alla siciliana al forno

Zubereitungszeit: *1 Stunde (ohne Ruhezeit)*

Braucht etwas Erfahrung

ZUTATEN FÜR 8 PERSONEN

1 Grundrezept Mürbeteig (s. S. 12)
400 g Ricotta
130 g Puderzucker
1 Päckchen Vanillezucker
40 g Bitterschokolade
40 g Vollmilchschokolade
50 g Orangeat
50 g Zitronat

Für die Verzierung:

30 g gehackte Vollmilchschokolade
30 g gehackte Bitterschokolade
30 g gehackte weiße Schokolade
30 g kandierte Kirschen
30 g kandierte Zedratzitrone
30 g kandierte Orange
1 EL Aprikosengelee

◆ Eine flache Springform von 24 cm Durchmesser einfetten und mit Mehl bestäuben.

◆ Den Mürbeteig zubereiten, zu einer Kugel formen, in Klarsichtfolie wickeln und 1 Stunde in den Kühlschrank legen. Nach 30 Minuten den Backofen auf 190° C vorheizen.

◆ Die Bitter- und die Vollmilchschokolade in kleine Stücke schneiden. Den Ricotta durch ein Sieb streichen und mit dem Puderzucker und dem Vanillezucker zu einer glatten Creme verrühren. Die Schokolade, das Orangeat und das Zitronat zufügen.

◆ Den Teig 3 mm dick ausrollen und in die Form legen. Mehrmals mir einer Gabel einstechen, mit Backpapier belegen, mit Trockenerbsen auffüllen und im vorgeheizten Ofen 20 Minuten „blindbacken" (s. S. 12). Das Papier und die Erbsen entfernen, den Boden erkalten lassen, aus der Form lösen und auf eine Platte setzen. Die Ricotta-Masse daraufgeben und mit einem Spatel glattstreichen.

◆ Für die Verzierung die kandierten Kirschen in schmale Streifen und die kandierte Zedratzitrone und die Orange in 0,5 x 3 cm große Streifen schneiden. Die drei Schokoladensorten getrennt im Wasserbad schmelzen und jeweils 2–3 mm dick auf Backpapier verstreichen. Fest werden lassen und in Streifen schneiden.

◆ Die kandierten Früchte und die Schokolade auf der oberen Fläche und dem Rand der Cassata verteilen. Das Aprikosengelee im Wasserbad auflösen und, noch lauwarm, auf die Cassata streichen. Kühl aufbewahren.

Ricotta-Schokoladen-Torte

Zubereitungszeit: *40 Minuten (ohne Ruhezeit)*

Braucht etwas Erfahrung

ZUTATEN FÜR 6 PERSONEN

100 g Butterkekse
100 g Butter
400 g Ricotta
150 g Zucker
1 Päckchen Vanillezucker
100 g Mandeln
1/2 kleine Tasse starker Espresso
120 g Bitterschokolade
200 ml Sahne

◆ Eine flache Springform von 24 cm Durchmesser einfetten und mit Mehl bestäuben.

◆ Die Butter bei sehr schwacher Hitze zerlassen. Die Kekse mit dem Rollholz zu Pulver zerstoßen und mit der zerlassenen Butter mischen. Die Form vollständig mit der Masse auskleiden und gut andrücken. 1 Stunde kühlstellen.

◆ Die Mandeln kurz in kochendes Wasser geben, abgießen, schälen und einige Minuten im vorgeheizten Ofen rösten. Abkühlen lassen und dann hacken.

◆ Den Ricotta durch ein Sieb streichen und mit dem Zucker und dem Vanillezucker zu einer glatten Creme verrühren, in zwei Portionen teilen und kühlstellen.

◆ Die Bitterschokolade zerkleinern, mit dem Espresso im Wasserbad schmelzen und lauwarm unter eine Portion Ricotta ziehen. Die gehackten Mandeln unter den anderen Ricotta rühren.

◆ Die Sahne steif schlagen, in zwei Portionen teilen und jeweils unter eine Ricottamischung heben. Die Massen in zwei Spritzbeutel mit Sterntülle geben und abwechselnd in Tupfenreihen auf den Teigboden spritzen. Mit kleineren, ebenfalls abwechselnden Tupfen zwischen den größeren abschließen.

◆ Die Springform öffnen, die Torte auf eine Platte gleiten lassen und bis zum Servieren kühlstellen.

Pastiera napoletana

(Neapolitanische Ostertorte)

Zubereitungszeit:
2 Stunden
(ohne Zeit zum Einweichen und ohne Ruhezeit)
Braucht etwas Erfahrung

ZUTATEN FÜR 8-10 PERSONEN

1 Grundrezept Mürbeteig (s. S. 12)
200 g Hartweizen
500 g Ricotta
200 g Zucker
150 g Orangeat und Zitronat
4 cl Orangenblütenwasser
1/2 TL Zimt ◆ 1/2 l Milch
geriebene Schale von 1 unbehandelten Zitrone
4 Eier ◆ 1 Prise Salz
etwas Puderzucker

Den Weizen drei Tage in Wasser einweichen, dabei das Wasser alle 24 Stunden wechseln.

◆ Den Mürbeteig zubereiten, zu einer Kugel formen, in Klarsichtfolie wickeln und 1 Stunde in den Kühlschrank legen.

◆ Den Weizen abgießen, mit kaltem Wasser bedecken und bei mittlerer Hitze 15 Minuten kochen. Abgießen und mit der Milch, 1 TL Zucker und einer Prise Zimt erneut aufkochen. Wenn die Milch aufgesogen ist, den Weizen vom Herd nehmen und abkühlen lassen.

◆ Eine Springform von 26 cm Durchmesser einfetten. Den Backofen auf 180° C vorheizen.

◆ Den Ricotta durch ein Sieb streichen und mit den Eigelben, dem Zucker, dem Zimt, der Zitronenschale und dem Orangenblütenwasser vermischen, dann zu einer cremigen Masse rühren.

◆ Den gekochten Weizen, Orangeat und Zitronat unterrühren.

◆ Zwei Drittel des Mürbeteiges zu einem 3 mm dicken Kreis ausrollen und die Form auskleiden. Die Eiweiße mit dem Salz zu steifem Schnee schlagen und unter die Ricottamischung ziehen. Die Masse in die Form füllen. Den restlichen Teig ausrollen, mit dem Kuchenrädchen in 2 cm breite Streifen schneiden und gitterförmig auf die Füllung legen.

◆ Den überstehenden Teigrand nach innen schlagen, mit den Fingerspitzen andrücken und im vorgeheizten Ofen 1 Stunde backen.

◆ Die erkaltete Pastiera auf einen Servierteller setzen und mit Puderzucker bestäuben.

Orangen-Joghurt-Torte

Zubereitungszeit: *1,5 Stunden*
Gelingt leicht

ZUTATEN FÜR 8-10 PERSONEN

300 g Mehl
3 Eier
100 g Walnüsse
1 Päckchen Backpulver
Saft und geriebene Schale von 1 unbehandelten Orange
300 g Zucker
1/4 l Olivenöl extravergine
100 g Vollmilchjoghurt
3 Nelken
1 Prise Muskatnuß
1 Prise Salz

Für die Verzierung:
200 g Puderzucker
geriebene Schale von 1 unbehandelten Orange
1 EL Aprikosengelee
1 Päckchen Vanillezucker
150 g kandierte Orangenschale

Orangen-Joghurt-Torte

◆ Eine Napfkuchenform von 24 cm Durchmesser einfetten und mit Mehl bestäuben. Den Backofen auf 190° C vorheizen.
◆ Die Walnüsse leicht im vorgeheizten Ofen rösten und abgekühlt hacken. Die Nelken im Mörser zerkleinern.
◆ Das Mehl mit dem Backpulver in eine Schüssel sieben. Die Walnüsse, Nelken und Muskatnuß, den Zucker und das Salz zufügen. Mit einem Holzlöffel oder dem Mixer die Eier, den Orangensaft und die Schale sowie das Öl und den Joghurt unterrühren, dabei die Zutaten gründlich vermischen.
◆ Den Teig in die Form füllen und im vorgeheizten Ofen 50 Minuten backen. Die Torte auf ein Gitter stürzen und erkalten lassen.
◆ Für die Verzierung das Aprikosengelee im Wasserbad auflösen und auf die Torte streichen. Den Puderzucker, die geriebene Orangenschale und den Vanillezucker mit 2–3 EL Wasser verrühren. Die Torte mit dieser dicken und glatten Glasur überziehen.
◆ Die kandierte Orangenschale mit verschiedenen Ausstechern zurechtschneiden. Die Motive um den unteren Rand herum und auf die Oberfläche der Torte setzen und die Glasur im Kühlschrank fest werden lassen.

Pastiera napoletana

Käsekranz mit Zitrone

Zubereitungszeit: *1,5 Stunden*
Gelingt leicht

ZUTATEN FÜR 6 PERSONEN

300 g Mehl
1 Päckchen Backpulver
150 g Streichkäse
140 g weiche Butter
3 Eier ◆ 120 g Zucker
geriebene Schale und Saft von
1 unbehandelten Zitrone
1 Prise Salz
1 Päckchen Vanillezucker
20 g Puderzucker
30 g kandierte Zedratzitrone

◆ Eine Napfkuchenform von 22 cm Durchmesser einfetten und mit Mehl bestäuben. Den Backofen auf 180° C vorheizen.
◆ Den Käse verrühren. Die in Stücke geschnittene Butter, den Zucker und die Eier einzeln unterrühren. Zitronensaft und -schale, das mit dem Backpulver gesiebte Mehl, den Vanillezucker und das Salz zufügen. In die Form füllen und im vorgeheizten Ofen etwa 1 Stunde backen. Den Kranz auf ein Gitter stürzen und erkalten lassen.
◆ Die kandierte Zedratzitrone in feine Scheiben und dann in Dreiecke schneiden. Den Kranz mit dem Puderzucker bestäuben und mit den Zitronendreiecken verzieren.

Käsekranz mit Zitrone

Ricotta-Torte mit Korinthen

Zubereitungszeit:
1 Stunde 15 Minuten
Braucht etwas Erfahrung

ZUTATEN FÜR 6-8 PERSONEN

500 g Ricotta ◆ 5 Eier
geriebene Schale von
1 unbehandelten Zitrone
80 g Zucker ◆ 60 g Paniermehl
1 EL Rum
30 g Korinthen
2–3 Päckchen Vanillezucker
2 TL Zimt
1 Prise Salz

◆ Eine Springform von 24 cm Durchmesser einfetten und den Boden mit Backpapier belegen. Mit etwas Paniermehl bestreuen. Den Backofen auf 160° C vorheizen.
◆ Die Korinthen im Rum einweichen. Den Ricotta durch ein Sieb streichen und mit den Eigelben, dem Zucker und der Zitronenschale mischen. Die Eiweiße mit dem Salz zu steifem Schnee schlagen. Die ausgedrückten Korinthen, das Paniermehl und schließlich den Eischnee unterheben. Die Masse in die Form füllen und im vorgeheizten Ofen etwa 50 Minuten backen.
◆ Die Torte auf einen Servierteller stürzen, das Papier abziehen, erkalten lassen und mit dem Zimt bestäuben. Dann ein Stück Karton auf die Oberfläche legen, aus dem ein beliebiges Motiv ausgeschnitten wurde, und den Vanillezucker darübersieben. Den Karton vorsichtig abheben.

Ricotta-Torte mit Korinthen

Griechische Ricotta-Torte

Zubereitungszeit: *1 Stunde 15 Minuten*
Braucht etwas Erfahrung

ZUTATEN FÜR 6-8 PERSONEN

250 g Mehl ◆ 1 Ei
1 EL Olivenöl ◆ 1 EL Puderzucker
1 Prise Zimt ◆ 1 Prise Salz
Für die Füllung:
450 g Ricotta ◆ 100 g Zucker
1/2 Tasse Milch
1 Päckchen Vanillezucker ◆ 2 Eier
1 Eigelb ◆ 1/2 TL Zimt
2 EL zerlassene Butter
etwas Puderzucker

◆ Eine Springform von 25 cm Durchmesser einfetten. Den Backofen auf 180° C vorheizen.
◆ Das Mehl auf die Arbeitsfläche häufen, das Ei, das Öl, den Puderzucker, den Zimt und das Salz in die Mitte geben. Die Zutaten mit etwas Wasser zu einem weichen und glatten Teig verkneten. Den Teig zu einem größeren und einem kleineren Kreis ausrollen und mit dem größeren die Form auskleiden.
◆ Für die Füllung den Ricotta durch ein Sieb streichen und mit den Eiern, dem Eigelb, dem Zucker, der Milch, dem Vanillezucker und dem Zimt mischen.
◆ Diese Masse in die Form füllen und mit dem zweiten Teigkreis bedecken, dabei die Ränder gut andrücken. Die Oberfläche mit der zerlassenen Butter bestreichen und im vorgeheizten Ofen 40–45 Minuten backen.
◆ Die lauwarme Torte mit dem Puderzucker bestäuben und lauwarm oder kalt servieren.

Gefrorene Baisertorte

Zubereitungszeit: *2 Stunden*
(ohne Gefrierzeit)
Raffiniert

ZUTATEN FÜR 6 PERSONEN

3 Baiserböden
von 22 cm Durchmesser (s. S. 25)
500 g Torroncino-Eis (s. S. 285)
500 g Schokoladeneis (s. S. 283)
300 ml Sahne ◆ 70 g Torrone

◆ Eine Springform von 22 cm Durchmesser mit Backpapier auslegen.
◆ Einen Baiserboden in die Form legen und eine etwa 1 cm dicke Schicht Torroncino-Eis daraufstreichen. Das Eis mit einem zweiten Baiserboden bedecken und eine Schicht Schokoladeneis daraufgeben. Mit dem letzten Boden abschließen und mindestens 2 Stunden in den Gefrierschrank stellen.
◆ Den Torrone fein hacken und die Sahne steif schlagen. Die Torte auf eine Platte setzen, das Papier abziehen und vollständig mit einem Teil der Sahne überziehen, dann mit einem Gabelzinken um den Rand Furchen ziehen.
◆ Die restliche Sahne in einen Spritzbeutel mit Sterntülle geben, eine Spirale aus Sahnetupfen spritzen und Tupfen um den unteren Rand der Torte setzen. Den gehackten Torrone innerhalb der Spirale verteilen.

Gefrorene Baisertorte

Baisertorte mit Orange und Kiwi

Zubereitungszeit: *2 Stunden*
Raffiniert

ZUTATEN FÜR 6 PERSONEN

1 Grundrezept Zabaione (s. S. 17)
2 Blutorangen
2 Kiwis ◆ 2 EL Zucker
5 kandierte Kirschen ◆ 5 cl Grand Marnier
Für die Baisermasse:
3 Eiweiß ◆ 150 g Zucker ◆ 1 Prise Salz

◆ Eine flache Springform von 22 cm Durchmesser einfetten. Den Backofen auf 100° C vorheizen.
◆ Für die Baisermasse die Eiweiße mit dem Salz und dem Zucker zu steifem Schnee schlagen, dabei die Angaben auf S. 25 beachten. Die Masse in die Form füllen und im vorgeheizten Ofen 2 Stunden backen, dabei die Meringue die letzten 30 Minuten mit Alufolie abdecken.
◆ Die Kiwis schälen, in Scheiben schneiden und die Scheiben halbieren. Die Orangen „bis aufs Fleisch" schälen (s. S. 28) und mit den Kiwischeiben, dem Zucker und dem Grand Marnier auf einen Teller geben.
◆ Den Zabaione zubereiten und abkühlen lassen.
◆ Die Meringue vorsichtig auf ein Gitter stürzen. Wenn sie erkaltet ist, auf einen Teller setzen, mit der Zabaione bestreichen und dem gut abgetropften Obst belegen. Die kandierten Kirschen in die Mitte setzen und servieren.

Baisertorte
mit Walderdbeeren

Baisertorte mit Walderdbeeren

Zubereitungszeit: *1 Stunde*
(ohne Zeit zum Zubereiten der Baisers)
Raffiniert

ZUTATEN FÜR 6-8 PERSONEN

3 Baiserböden von 25 cm Durchmesser (s. S. 25)
1/2 l Milch ◆ 6 Eigelb
100 g Zucker ◆ 60 g Mehl
1 Päckchen Vanillezucker ◆ 400 ml Sahne
geriebene Schale von 2 unbehandelten Orangen
150 g Walderdbeeren
Für die Verzierung:
200 ml Sahne
1 EL Puderzucker
50 g Walderdbeeren

◆ Die Eigelbe in einem Topf mit dem Zucker mischen. Die Milch zum Kochen bringen. Nach und nach das Mehl, den Vanillezucker und die heiße Milch (in feinem Strahl) zufügen. Bei schwacher Hitze aufkochen und unter ständigem Rühren 7–8 Minuten kochen lassen. Die Creme in zwei Portionen teilen und erkalten lassen, dabei ab und zu umrühren, damit sich auf der Oberfläche keine Haut bildet. In eine Portion die Orangenschale rühren.
◆ Die Erdbeeren mit sehr kaltem Wasser waschen und abtrocknen. Einige beiseite legen, die anderen in die zweite Creme einrühren. Die Sahne steif schlagen, in zwei Portionen teilen und eine unter die Orangencreme, die andere unter die Erdbeercreme ziehen.
◆ Einen Baiserboden auf eine Platte legen und mit der Orangencreme bestreichen. Mit dem zweiten Boden bedecken, mit der Erdbeercreme bestreichen; mit dem dritten Boden abschließen.
◆ Für die Verzierung die Erdbeeren mit dem Puderzucker pürieren, mit der Sahne mischen und steif schlagen. Die Torte damit überziehen und mit den restlichen Erdbeeren verzieren.

Baisertorte mit Himbeeren

Zubereitungszeit:
2,5 Stunden
Raffiniert

Zutaten für 6 Personen

3 Eiweiß
1 Prise Salz
150 g Zucker
400 ml Sahne
600 g Himbeeren
2 EL Puderzucker

Zwei flache Formen von 22 cm Durchmesser mit Backpapier auslegen. Den Backofen auf 100° C vorheizen.

◆ Die Eiweiße mit dem Salz und dem Zucker zu steifem Schnee schlagen (s. S. 25).

◆ Den Baiser in einen Spritzbeutel mit Lochtülle füllen und spiralförmig auf die Böden der beiden Formen spritzen.

◆ Im vorgeheizten Ofen etwa 2 Stunden backen, in den letzten 30 Minuten mit einem Stück Alufolie abdecken. Die Baiserböden müssen weiß, trocken und leicht sein.

◆ Die Himbeeren in sehr kaltem Wasser waschen und abtrocknen. Die Sahne mit dem Puderzucker steif schlagen. Einen Baiserboden auf eine Platte setzen, die Sahne daraufgeben und ein Drittel der Himbeeren darauf verteilen. Mit dem zweiten Boden abdecken und 1 Stunde in den Gefrierschrank stellen.

◆ Die restlichen Himbeeren grob pürieren und mit der Meringue servieren.

Baisertörtchen mit Waldbeeren

Zubereitungszeit: *2 Stunden*
Raffiniert

Zutaten für 4 Personen

2 EL Erdbeergelee
400 g Erdbeeren, Himbeeren und Heidelbeeren
60 g geschälte, gemahlene Mandeln
60 g Zucker
25 g Mehl ◆ 3 Eiweiß
30 g Puderzucker
1 Prise Salz

Für die Baisermasse:
3 Eiweiß ◆ 100 g Zucker
1 Prise Salz

Für die Englische Creme:
60 g Zucker ◆ 3 Eigelb
1/4 l Milch
1 Vanilleschote
1/2 TL Speisestärke

Für die Sauce:
200 g Himbeeren ◆ 80 g Zucker
1 EL Zitronensaft

Baisertörtchen mit Waldbeeren

◆ Ein Backblech mit Backpapier belegen. Den Backofen auf 190° C vorheizen.
◆ Die Eiweiße mit dem Salz zu steifem Schnee schlagen, den Zucker, das Mehl, die gemahlenen Mandeln und den Puderzucker unterziehen. Die Masse in einer gleichmäßigen Schicht von 6 mm Dicke auf das Backblech streichen und im vorgeheizten Ofen 15–20 Minuten backen.
◆ Den Boden vom Blech nehmen, das Papier abziehen und erkalten lassen. Das Blech erneut mit Backpapier belegen und vier Kreise von 10 cm Durchmesser aufzeichnen. Die Backofentemperatur auf 100° C senken.
◆ Für die Baisermasse die Eiweiße mit dem Salz und dem Zucker nach den Angaben auf S. 25 zu steifem Schnee schlagen.
◆ Die Baisermasse in einen Spritzbeutel mit Lochtülle füllen und in die vier vorgezeichneten Kreise spritzen. Die Lochtülle durch eine Sterntülle ersetzen und Tupfen auf den Rand der Kreise setzen. Im vorgeheizten Ofen 1,5 Stunden backen.
◆ Für die Englische Creme die Milch mit der aufgeschnittenen Vanilleschote aufkochen. Die Eigelbe mit dem Zucker verrühren, die Speisestärke sowie die heiße Milch in feinem Strahl durch ein Sieb zufügen. Bei schwacher Hitze unter ständigem Rühren fast aufkochen, bis die Creme den Löffel mit einem Schleier überzieht.
◆ Für die Sauce die Himbeeren zügig in sehr kaltem Wasser waschen, abtrocknen und mit dem Zucker und dem Zitronensaft pürieren. Die Sauce durch ein Sieb streichen.
◆ Mit einem runden Ausstecher von 10 cm Durchmesser vier Kreise aus dem Teig schneiden. Auf vier Portionsteller setzen. Das Erdbeergelee im Wasserbad auflösen, dann den Teig erst mit dem Gelee, dann mit der Creme bestreichen.
◆ Die Waldbeeren in sehr kaltem Wasser waschen, abtrocknen und abwechselnd auf die Cremeschicht setzen. Die Baiserböden daraufsetzen und mit den restlichen Waldbeeren belegen. Mit der Himbeersauce servieren.

Baisertorte mit Himbeeren

Eis

Grundrezepte ◆ Halbgefrorenes ◆ Eisbomben und Cassate ◆ Granite
Sorbets ◆ Eistorten und Eisdesserts

Pinienkerneis

Zubereitungszeit:
40 Minuten
Braucht etwas Erfahrung

Zutaten für 4-6 Personen

1/2 l Milch
1 EL Sahne
5 Eigelb
120 g Zucker
1 EL weißer Rum
1 Vanilleschote
80 g Pinienkerne
30 g Mandeln
10 g Pistazien

Den Backofen auf 190° C vorheizen. Die Mandeln kurz in kochendes Wasser geben, abgießen und schälen. Die Pinienkerne im Ofen rösten, herausnehmen und 10 g für die Verzierung zurückbehalten. Die restlichen Pinienkerne mit den Mandeln und der Sahne im Mixer zu einer homogenen Masse pürieren.

◆ Die Milch mit der aufgeschnittenen Vanilleschote aufkochen. Die Eigelbe und den Zucker mit einem Holzlöffel zu einer homogenen Masse verrühren. Die heiße Milch unter ständigem Rühren nach und nach durch ein Sieb zufügen. Die Masse bei schwacher Hitze erwärmen, ohne daß sie kocht. Wenn die Creme dicklich wird und den Löffel mit einem Schleier überzieht, die Mandel-Pinienkern-Masse unterziehen. Erkalten lassen, dabei ab und zu umrühren.

◆ Die erkaltete Creme in die Eismaschine füllen und so lange verarbeiten, wie die Gebrauchsanweisung angibt. Wenn das Eis fertig ist, den Rum unterrühren und bis zum Servieren in den Gefrierschrank stellen.

◆ Die Pistazien 1 Minute in kochendes Wasser geben, abgießen und schälen. Das Eis in eine Schale geben und mit den Pistazien und den restlichen Pinienkernen verzieren.

Ananaseis

Zubereitungszeit: *40 Minuten*
(ohne Gefrierzeit)
Braucht etwas Erfahrung

Zutaten für 4 Personen

1/2 l Milch
4 Eigelb
170 g Zucker
1 Vanilleschote
800 g Ananas
30 g Butter

◆ Mit der Milch, der Vanilleschote, den Eigelben und 120 g Zucker eine Englische Creme zubereiten (s. S. 17) und unter häufigem Rühren erkalten lassen.
◆ Die Ananas schälen, in 1 cm dicke Scheiben schneiden, den harten Kern entfernen und die Scheiben in Dreiecke schneiden. Mit der Butter in einer beschichteten Pfanne 5–7 Minuten dünsten. Nach der Hälfte der Garzeit den restlichen Zucker zufügen, dabei ab und zu umrühren, schließlich vom Herd nehmen und erkalten lassen. Die Hälfte pürieren und den Rest für die Verzierung zurückbehalten.
◆ Das Ananaspüree mit der Creme mischen. Die Masse in die Eismaschine füllen und so lange verarbeiten, wie die Gebrauchsanweisung angibt. Das Eis in eine Form von 3/4 l Fassungsvermögen füllen und 24 Stunden in den Gefrierschrank stellen.
◆ Zum Servieren die Form kurz in warmes Wasser tauchen, das Eis auf eine Platte stürzen und mit den beiseite gelegten Ananasstücken verzieren.

Aprikoseneis

Aprikoseneis

Zubereitungszeit: *50 Minuten*
(ohne Gefrierzeit)
Braucht etwas Erfahrung

Zutaten für 4-6 Personen

1/2 l Milch
4 Eigelb
150 g Zucker
1 Vanilleschote
300 g Aprikosen
30 g kandierte Zedratzitrone

◆ Mit der Milch, der Vanilleschote, den Eigelben und 120 g Zucker eine Englische Creme zubereiten (s. S. 17) und unter häufigem Rühren erkalten lassen.
◆ Die Aprikosen waschen und 2 Minuten in kochendes Wasser legen. Abgießen, schälen, entsteinen und in dünne Scheiben schneiden. Diese 15 Minuten mit dem restlichen Zucker bei schwacher Hitze kochen, dabei ab und zu umrühren. Die Aprikosen von Herd nehmen, 1 EL zurückbehalten und die anderen pürieren. Erkalten lassen.
◆ Das erkaltete Aprikosenpüree mit der Creme mischen, in die Eismaschine füllen und so lange verarbeiten, wie die Gebrauchsanweisung angibt.
◆ Die beiseite gelegten Aprikosenscheiben würfeln und aus der kandierten Zedratzitrone Blätter schneiden. Das Eis in einem fest verschließbaren Behälter in den Gefrierschrank stellen. Vor dem Servieren in eine große Schale füllen und mit den Aprikosenwürfeln und den Blättern verzieren.

Pinienkerneis

Pistazieneis

Zubereitungszeit:
20 Minuten
Braucht etwas Erfahrung

Zutaten für 4-6 Personen

1/2 l Milch
5 Eigelb
120 g Zucker
1 Vanilleschote
110 g Pistazienkerne

◆ Die Pistazien 2 Minuten in kochendes Wasser geben, abgießen und schälen. 20 g für die Verzierung zurückbehalten und den Rest zu einer feinen Paste mahlen.
◆ Mit der Milch, der aufgeschnittenen Vanilleschote, den Eigelben und dem Zucker eine Englische Creme zubereiten (s. S. 17). Vom Herd nehmen, die Pistazien unterrühren und unter ständigem Rühren erkalten lassen.
◆ Die kalte Creme in die Eismaschine füllen und so lange verarbeiten, wie die Gebrauchsanweisung angibt. Das Eis in Portionsbecher geben. Die restlichen Pistazien hacken und über das Eis streuen.

Pistazieneis

Vanilleeis

Zubereitungszeit:
30 Minuten
Braucht etwas Erfahrung

Zutaten für 4-6 Personen

1/2 l Milch
5 Eigelb
120 g Zucker
1 Vanilleschote
70 g Kekse

◆ Die Milch mit der aufgeschnittenen Vanilleschote aufkochen. Die Eigelbe mit dem Zucker schaumig schlagen, dann die warme Milch nach und nach durch ein Sieb zufügen. Die Masse erwärmen und fast aufkochen, dabei ständig rühren. Wenn die Creme den Löffel mit einem Schleier überzieht, vom Herd nehmen und unter häufigem Rühren erkalten lassen.
◆ Die Creme in die Eismaschine füllen und so lange verarbeiten, wie die Gebrauchsanweisung angibt. Falls das Eis nicht sofort serviert wird, in einem fest verschließbaren Behälter in den Gefrierschrank stellen. Dann in eine große Schale füllen und mit den Keksen verzieren.

Vanilleeis

Joghurteis

Zubereitungszeit:
20 Minuten
Gelingt leicht

Zutaten für 4 Personen

1/4 l Vollmilchjoghurt
1/4 l Sahne
130 g Zucker
1 EL Cognac
Zuckerperlen (oder Heidelbeeren)
Minzeblätter

◆ Die Sahne mit dem Zucker bei schwacher Hitze erwärmen. Wenn der Zucker sich aufgelöst hat, vom Herd nehmen und unter häufigem Umrühren abkühlen lassen. Den Joghurt und den Cognac unterrühren.
◆ Die Masse in die Eismaschine füllen und so lange verarbeiten, wie die Gebrauchsanweisung angibt.
◆ Sobald das Eis fertig ist, in einen Spritzbeutel mit großer Sterntülle geben und in eine Schale oder Portionsschälchen füllen. Vor dem Servieren nach Belieben mit den Zuckerperlen oder den Heidelbeeren und Minzeblättern verzieren.

Gefrorener amerikanischer Punsch

Gefrorener amerikanischer Punsch

Zubereitungszeit:
40 Minuten
Gelingt leicht

Zutaten für 4-6 Personen

100 ml weißer Rum
400 ml Milch
150 ml Cognac
200 ml Champagner (oder trockener Sekt)
80 g Zucker ◆ 2 Eier
1 Prise Salz

◆ Die Eigelbe mit dem Zucker schaumig schlagen. Nach und nach die Milch, den Rum, den Cognac und den Champagner unterrühren. Die Masse in die Eismaschine füllen und gemäß der Gebrauchsanweisung verarbeiten.
◆ Nach etwa 25 Minuten die Eiweiße mit dem Salz zu steifem Schnee schlagen und vorsichtig unter den Punsch ziehen. Sofort in einer großen Schale oder in Portionsschälchen servieren.

Stracciatella-Eis

Zubereitungszeit: *35 Minuten*
Gelingt leicht

ZUTATEN FÜR 4-6 PERSONEN

1/4 l Sahne
1/4 l Milch
130 g Zucker
50 gehackte Bitterschokolade

◆ Die Sahne, die Milch und den Zucker bei schwacher Hitze erwärmen. Wenn der Zucker sich aufgelöst hat, vom Herd nehmen und erkalten lassen, dabei ab und zu umrühren.
◆ Die Masse in die Eismaschine füllen und so lange verarbeiten, wie die Gebrauchsanweisung angibt.
◆ Die Schokolade im Wasserbad schmelzen. Wenn das Eis fast fertig ist, eine Gabel in die Schokolade tauchen und in feinem Strahl auf das Eis fließen lassen, während die Eismaschine noch in Betrieb ist.
◆ Das Eis in Portionsschälchen servieren. Falls das Eis nicht sofort serviert wird, in einem fest verschließbaren Behälter in den Gefrierschrank stellen.

Stracciatella-Eis

Walnußeis

Haselnußeis

Schokoladeneis

Zubereitungszeit: *20 Minuten*
Braucht etwas Erfahrung

ZUTATEN FÜR 4-6 PERSONEN

1/2 l Milch
5 Eigelb ◆ 120 g Zucker
120 g gehackte Bitterschokolade
1 Vanilleschote
40 g Bitterschokolade

◆ Mit der Milch, der aufgeschnittenen Vanilleschote, den Eigelben und dem Zucker eine Englische Creme zubereiten (s. S. 17), vom Herd nehmen und sofort die gehackte Bitterschokolade unterrühren, bis sie sich vollständig aufgelöst hat. Erkalten lassen, dabei ab und zu umrühren.
◆ Die erkaltete Creme in die Eismaschine füllen und so lange verarbeiten, wie die Gebrauchsanweisung angibt. Das Eis in eine Edelstahl- oder Aluminiumform füllen und im Gefrierschrank aufbewahren.
◆ Zum Servieren die Form kurz in warmes Wasser tauchen und das Eis auf eine Platte stürzen. Mit einem Sparschäler Späne von der Bitterschokolade abziehen und das Eis damit verzieren.

Walnußeis

Zubereitungszeit: *35 Minuten*
Braucht etwas Erfahrung

ZUTATEN FÜR 4-6 PERSONEN

1/2 l Milch
4 Eigelb
120 g Zucker
100 g gemahlene Walnüsse
1 Vanilleschote
einige ganze Walnüsse

◆ Mit der Milch, der aufgeschnittenen Vanilleschote, den Eigelben und dem Zucker eine Englische Creme zubereiten (s. S. 17).
◆ Wenn sie vollständig erkaltet ist, die gemahlenen Walnüsse unterziehen. In die Eismaschine füllen und so lange verarbeiten, wie die Gebrauchsanweisung angibt.
◆ Das Eis in eine große Schale oder in Portionsschälchen füllen und mit den Walnußkernen verzieren.

Haselnuß- oder Mandeleis

Zubereitungszeit: *50 Minuten*
Braucht etwas Erfahrung

ZUTATEN FÜR 4-6 PERSONEN

1/2 l Milch
4 Eigelb
120 g Zucker
80 g Haselnüsse oder geschälte Mandeln
1 Vanilleschote

◆ Den Backofen auf 180° C vorheizen.
◆ Mit der Milch, der aufgeschnittenen Vanilleschote, den Eigelben und dem Zucker eine Englische Creme zubereiten (s. S. 17); während des Erkaltens ab und zu umrühren.
◆ Die Haselnüsse leicht im vorgeheizten Ofen rösten und in einem sauberen Tuch reiben, damit sich das braune Häutchen löst (Mandeln ebenfalls leicht im Ofen rösten). 20 g beiseite legen und den Rest mahlen.
◆ Die Haselnüsse (oder die Mandeln) in die erkaltete Creme rühren. Die Masse in die Eismaschine füllen und so lange verarbeiten, wie die Gebrauchsanweisung angibt.
◆ Das Eis in Portionsschälchen füllen und jede Portion mit den restlichen gerösteten Haselnüssen (oder Mandeln) verzieren.

Honigeis

Zubereitungszeit:
50 Minuten
Braucht etwas Erfahrung

Zutaten für 4-6 Personen

1/2 l Milch ◆ 5 Eigelb
60 g Zucker
Schale von 1/2 unbehandelten Zitrone
100 g Honig
20 g Mandelblättchen
100 ml Sahne ◆ 3 kandierte Kirschen

◆ Den Backofen auf 180° C vorheizen.
◆ Mit der Milch, der Zitronenschale, den Eigelben und dem Zucker eine Englische Creme zubereiten (s. S. 17) und unter häufigem Umrühren erkalten lassen.
◆ Den Honig unter die erkaltete Creme ziehen, in die Eismaschine füllen und so lange verarbeiten, wie die Gebrauchsanweisung angibt.
◆ Die Mandeln leicht im vorgeheizten Ofen rösten und erkalten lassen. Die kandierten Kirschen würfeln. Die Sahne steif schlagen und kühlstellen.
◆ Das Eis in Portionsschälchen füllen und mit Sahnetupfen, Kirschen und Mandelblättchen verzieren.

Kaffee-Eis

Zubereitungszeit:
40 Minuten
Braucht etwas Erfahrung

Zutaten für 4-6 Personen

1/2 l Milch ◆ 4 Eigelb
140 g Zucker
2 EL lösliches Espressopulver
3 EL Rum

◆ Die Eigelbe mit dem Zucker schaumig schlagen, dann die warme Milch in feinem Strahl zufügen, dabei ständig rühren und darauf achten, daß die Creme nicht kocht. Wenn die Masse den Löffel mit einem Schleier überzieht, den Espresso darin auflösen und dann den Rum zugeben. Die Creme erkalten lassen, dabei ab und zu umrühren.
◆ Die erkaltete Creme in die Eismaschine füllen und so lange verarbeiten, wie die Gebrauchsanweisung angibt.
◆ Das Eis in Portionsschälchen geben. Falls das Eis nicht sofort serviert wird, in einem fest verschließbaren Behälter in den Gefrierschrank stellen.

Karameleis

Zubereitungszeit:
40 Minuten
Braucht etwas Erfahrung

Zutaten für 4-6 Personen

1/2 l Milch
4 Eigelb
175 g Zucker
etwas Mandelöl

◆ 100 g Zucker mit 5–6 EL Wasser in einem Topf mit hohem Rand aufkochen (s. S. 19). Wenn der Zucker ein schöne goldgelbe Farbe hat, vom Herd nehmen und mit dem Schneebesen 4 EL kaltes Wasser unterrühren. Die Milch zufügen und wieder aufkochen, dabei rühren, bis sich der Karamel auflöst.
◆ Die Eigelbe mit 25 g Zucker aufschlagen und die Karamelmilch in feinem Strahl zufügen. Die Masse im Wasserbad erwärmen, ohne daß sie kocht, bis sie den Löffel mit einem Schleier überzieht. Erkalten lassen, dabei ab und zu umrühren. In die Eismaschine füllen und so lange verarbeiten, wie die Gebrauchsanweisung angibt.
◆ Den restlichen Zucker mit etwas Wasser bei schwacher Hitze goldgelb kochen. Auf eine mit etwas Mandelöl bestrichene Marmorplatte geben, erkalten lassen und grob hacken.
◆ Das Eis in Portionsschälchen füllen und mit dem gehackten Karamel bestreuen.

Zimteis

Zubereitungszeit:
20 Minuten
Braucht etwas Erfahrung

Zutaten für 4-6 Personen

1/2 l Milch
5 Eigelb
120 g Zucker
20 g Zimt
1 Vanilleschote

◆ Mit der Milch, der aufgeschnittenen Vanilleschote, den Eigelben, dem Zimt und dem Zucker eine Englische Creme nach Anleitung zubereiten (s. S. 17).
◆ Wenn die Creme vollständig erkaltet ist, in die Eismaschine füllen und so lange verarbeiten, wie die Gebrauchsanweisung angibt.
◆ Das Eis in Portionsschälchen füllen und servieren.

Torroncino-Eis

Zubereitungszeit:
40 Minuten
Braucht etwas Erfahrung

ZUTATEN FÜR 4-6 PERSONEN

1/2 l Milch ◆ 4 Eigelb
100 g Zucker
1 Vanilleschote
160 g Torrone (italienische Spezialität, dem Türkischen Honig ähnlich)

◆ Die Milch mit der aufgeschnittenen Vanilleschote aufkochen. Die Eigelbe mit dem Zucker schaumig schlagen, dann die heiße Milch durch ein Sieb nach und nach zufügen. Die Masse erwärmen, ohne daß sie kocht, dabei ständig rühren. Wenn die Creme den Löffel mit einem Schleier überzieht, vom Herd nehmen und unter häufigem Umrühren erkalten lassen.
◆ Die erkaltete Creme in die Eismaschine füllen und so lange verarbeiten, wie die Gebrauchsanweisung angibt. 130 g Torrone fein hacken und zufügen, kurz bevor das Eis fertig ist.
◆ Den restlichen Torrone grob hacken und vor dem Servieren auf das Eis streuen.

Maroneneis

Zubereitungszeit:
50 Minuten
Braucht etwas Erfahrung

ZUTATEN FÜR 4-6 PERSONEN

1/2 l Milch
4 Eigelb
120 g Zucker
100 g fertiges Maronenpüree
1 Vanilleschote
30 g gehackte Bitterschokolade

◆ Mit der Milch, der aufgeschnittenen Vanilleschote, den Eigelben und dem Zucker eine Englische Creme zubereiten (s. S. 17). Unter die noch warme Creme das Maronenpüree rühren, dann unter häufigem Umrühren erkalten lassen.
◆ Die Creme in die Eismaschine füllen und so lange verarbeiten, wie die Gebrauchsanweisung angibt. Sobald das Eis fertig ist, zusammen mit vier Portionsschälchen in den Gefrierschrank stellen.
◆ Die Schokolade im Wasserbad schmelzen und in eine Backpapiertüte geben (s. S. 29). Das Eis in die gefrorenen Schälchen geben und ein Schokoladengitter darauf zeichnen.

Fiordilatte

Zubereitungszeit:
45 Minuten
Gelingt leicht

ZUTATEN FÜR 4 PERSONEN

1/4 l Sahne
1/4 l Milch
130 g Zucker
1 EL Cognac

◆ Die Milch, die Sahne und den Zucker bei schwacher Hitze erwärmen und rühren, bis der Zucker sich aufgelöst hat. Vom Herd nehmen und ab und zu mit einem Holzlöffel umrühren, bis die Creme vollständig erkaltet ist, dann den Cognac zufügen.
◆ Die Creme in die Eismaschine füllen und so lange verarbeiten, wie die Gebrauchsanweisung angibt. Das fertige Eis in eine große Schale geben oder auf Portionsschälchen verteilen.

Zabaione-Eis

Zubereitungszeit:
40 Minuten
Braucht etwas Erfahrung

ZUTATEN FÜR 4-5 PERSONEN

200 ml Sahne
150 ml Marsala
150 ml Weißwein
4 Eigelb
100 g Zucker
1 Vanilleschote

◆ Die Sahne mit dem Marsala, dem Weißwein und der aufgeschnittenen Vanilleschote erwärmen. Die Eigelbe mit dem Zucker schaumig schlagen, dann die warme Sahne ohne die Vanilleschote in feinem Strahl zufügen.
◆ Die Masse im Wasserbad bei schwacher Hitze erwärmen, ohne daß sie kocht. Wenn sie den Löffel mit einem Schleier überzieht, vom Herd nehmen und erkalten lassen, dabei ab und zu umrühren.
◆ Die vollständig erkaltete Creme in die Eismaschine füllen und so lange verarbeiten, wie die Gebrauchsanweisung angibt. Dann das Eis in einer großen Schale oder in Portionsschälchen anrichten.
◆ Falls das Eis nicht sofort serviert wird, in einem fest verschließbaren Behälter in den Gefrierschrank stellen.

Semifreddo mit Erdbeersauce

Zubereitungszeit:
45 Minuten
(ohne Gefrierzeit)
Braucht etwas Erfahrung

Zutaten für 10-12 Personen

1/2 l Sahne
130 g Zucker ◆ 8 Eigelb
etwas Vanillearoma

Für die Sauce:

300 g Erdbeeren
150 g Zucker
5 cl Aurum-Likör
geriebene Schale von
1 unbehandelten Zitrone

Den Zucker mit 100 ml Wasser aufkochen und 7–8 Minuten weiterkochen, bis man einen durchsichtigen und dicken Zuckersirup erhält.

◆ Die Eigelbe mit dem Vanillearoma schaumig schlagen, dann den warmen Zuckersirup zufügen und weiterschlagen, bis die Masse erkaltet ist.

◆ Die Sahne steif schlagen, vorsichtig unter die Masse ziehen, in eine Puddingform von etwa 1 l Fassungsvermögen gießen und mindestens 3 Stunden in den Gefrierschrank stellen.

◆ Für die Sauce die Erdbeeren in sehr kaltem Wasser waschen, vorsichtig mit einem Tuch abtrocknen und die Stiele entfernen. Drei Erdbeeren beiseite legen und die restlichen mit dem Zucker, dem Likör und der Zitronenschale zu einer sämigen Sauce pürieren. In eine Sauciere oder kleine Kanne füllen und kühlstellen.

◆ Vor dem Servieren die Form kurz in warmes Wasser tauchen, das Semifreddo auf eine Platte stürzen und verzieren. Zwei der zurückbehaltenen Erdbeeren in Scheiben schneiden und in Form einer Blume in die Mitte des Semifreddos anordnen. Die letzte Erdbeere daraufsetzen und mit der Sauce servieren.

◆ Die Sauce kann auch mit Himbeeren, Aprikosen, Pfirsichen, Ananas oder anderen Früchten nach Belieben zubereitet werden, wobei man das Semifreddo dann mit dem jeweiligen Obst verziert.

Eis-Soufflé mit Schokolade

Zubereitungszeit: *40 Minuten*
(ohne Gefrierzeit)
Braucht etwas Erfahrung

Zutaten für 6-8 Personen

80 g gehackte Bitterschokolade
120 g Zucker ◆ 5 Eigelb
1/2 l Sahne ◆ 1 TL Kakao
1 fertige Schokoladendekoration

◆ Die Schokolade im Wasserbad schmelzen.
◆ Den Zucker mit 100 ml Wasser 7 bis 8 Minuten kochen. Die Eigelbe schaumig schlagen und den warmen Zuckersirup zufügen, dabei weiterschlagen, bis die Masse erkaltet ist. Die geschmolzene Schokolade und zum Schluß vorsichtig die steif geschlagene Sahne unterziehen.
◆ Eine Soufflé-Form von 1 l Fassungsvermögen mit Alufolie auslegen, dabei am Rand 3 cm überstehen lassen. Die Schokoladenmasse einfüllen und mindestens 3 Stunden in den Gefrierschrank stellen.
◆ Zum Servieren die Alufolie vorsichtig abziehen, das Soufflé mit dem Kakao bestäuben und die Schokoladendekoration in die Mitte setzen.

Eis-Soufflé mit Schokolade

Kirsch-Parfait

Zubereitungszeit: *40 Minuten*
(ohne Gefrierzeit)
Braucht etwas Erfahrung

Zutaten für 6 Personen

120 g Zucker
5 Eigelb ◆ 1/2 l Sahne
4 EL Kirschwasser
30 g kandierte Kirschen
30 g Zitronat

◆ Den Zucker mit 100 ml Wasser 7–8 Minuten zu einem dicken und durchsichtigen Sirup kochen.
◆ Die Eigelbe schaumig schlagen, den warmen Zuckersirup zufügen und dabei weiterschlagen, bis die Masse erkaltet ist. Das Kirschwasser und zum Schluß vorsichtig die steif geschlagene Sahne unterziehen. In eine rechteckige Form von 3/4 l Fassungsvermögen gießen und mindestens 3 Stunden in den Gefrierschrank stellen.
◆ Zum Servieren die Form kurz in warmes Wasser tauchen und das Parfait auf eine Platte stürzen. In 1 cm dicke Scheiben schneiden und diese jeweils mit einer halben Kirsche und dem Zitronat verzieren.
◆ Man kann je nach Geschmack das Kirschwasser auch durch Grand Marnier ersetzen.

Semifreddo mit Erdbeersauce

Semifreddo aus Zabaione

Zubereitungszeit: *50 Minuten (ohne Gefrierzeit)*

Braucht etwas Erfahrung

Zutaten für 4-6 Personen

8 Eigelb ◆ 1/4 l trockener Marsala
200 g Zucker ◆ 400 ml Sahne
20 g kandierte Orangenschale
10 g kandierte Zedratzitrone

◆ Mit den Eigelben, dem Marsala und dem Zucker eine Zabaione (s. S. 17) zubereiten und unter häufigem Umrühren erkalten lassen.
◆ Die Sahne steif schlagen, unter die vollständig erkaltete Zabaione ziehen, in eine Puddingform von etwa 1 l Fassungsvermögen gießen und mindestens 3 Stunden in den Gefrierschrank stellen.
◆ Zum Servieren die Form kurz in warmes Wasser tauchen und das Semifreddo auf eine Platte stürzen. Mit einer Scheibe Zedratzitrone und strahlenkranzförmig angeordneten Stäbchen aus der kandierten Orangenschale verzieren. Das Semifreddo 20 Minuten in den Kühlschrank stellen, damit es weicher wird.

Semifreddo aus Zabaione

Erdbeerschaum

Erdbeerschaum

Zubereitungszeit: *40 Minuten (ohne Gefrierzeit)*

Braucht etwas Erfahrung

Zutaten für 4-6 Personen

500 g Erdbeeren ◆ 250 g Zucker
40 g Eiweiß ◆ 300 ml Sahne
50 g kandierte Zedratzitrone
1 Prise Salz

◆ 400 g Erdbeeren in sehr kaltem Wasser waschen, abtrocknen, die Stiele entfernen und mit 150 g Zucker pürieren.
◆ 80 g Zucker mit wenig Wasser 5–6 Minuten kochen. Die Eiweiße mit dem Salz und dem restlichen Zucker steif schlagen. Den warmen Zuckersirup zufügen, dabei weiterschlagen, bis die Masse erkaltet ist. Vorsichtig die pürierten Erdbeeren unterziehen.
◆ 200 ml Sahne steif schlagen und unter die Eiweiß-Erdbeer-Masse heben. In eine Form von 1 l Fassungsvermögen gießen und mindestens 3 Stunden in den Gefrierschrank stellen.
◆ Zum Servieren die Form in warmes Wasser tauchen und den Schaum auf eine Platte stürzen. Kurz in den Kühlschrank stellen.
◆ Aus der kandierten Zedratzitrone Blätter schneiden. Die restlichen Erdbeeren in sehr kaltem Wasser waschen, abtrocknen und die Stiele entfernen. Eine ganze Erdbeere beiseite legen, drei vierteln und die anderen in Scheiben schneiden. Die restliche Sahne mit dem restlichen Zucker steif schlagen, in einen Spritzbeutel mit Sterntülle geben und Tupfen um den unteren Rand des Schaums, auf die Oberfläche, auf die Seiten und einen großen Tupfen in die Mitte setzen. Mit den Erdbeerscheibenden Vierteln und der ganzen Erdbeere verzieren. Die Verzierung mit den Blättern vervollständigen.

Nougat-Parfait

Nougat-Parfait

Zubereitungszeit: *50 Minuten (ohne Gefrierzeit)*

Braucht etwas Erfahrung

Zutaten für 6-8 Personen

120 g Zucker
5 Eigelb
60 g gehackte Bitterschokolade
600 ml Sahne
80 g karamelisierte, fein gehackte Haselnüsse
1 karamelisierte ganze Haselnuß

◆ Die Schokolade im Wasserbad schmelzen.
◆ Den Zucker mit 100 ml Wasser 7–8 Minuten kochen. Die Eigelbe schaumig schlagen und den warmen Zuckersirup zufügen, dabei weiterschlagen, bis die Masse erkaltet ist. Die gehackten, karamelisierten Haselnüsse (s. S. 21) zufügen.
◆ Die Creme in zwei gleiche Portionen teilen und eine mit der geschmolzenen Schokolade mischen. 500 ml Sahne steif schlagen und eine Hälfte unter die Schokoladencreme, die andere unter die helle Creme heben.
◆ Die helle Creme in eine Form von 3/4 l Fassungsvermögen gießen und glattstreichen. Vorsichtig die Schokoladencreme daraufgeben und mindestens 3 Stunden in den Gefrierschrank stellen.
◆ Zum Servieren die Form kurz in warmes Wasser tauchen und das Parfait auf eine Platte oder einen Servierteller stürzen.
◆ Die restliche Sahne steif schlagen, in einen Spritzbeutel mit Sterntülle geben und um den unteren Rand sowie auf die obere Fläche spritzen. Die karamelisierte Haselnuß in die Mitte setzen.

Eis-Soufflé mit Ananas

Zubereitungszeit: *50 Minuten (ohne Gefrierzeit)*
Braucht etwas Erfahrung

ZUTATEN FÜR 8 PERSONEN

300 g Ananas
120 g Zucker ◆ 5 Eigelb
1/4 l Sahne
3 Scheiben Ananas ◆ 1 Granatapfel

Eis-Soufflé mit Ananas

◆ Das Ananasfruchtfleisch in Stücke schneiden und 5–6 Minuten kochen, damit die Flüssigkeit reduziert wird, dann pürieren. Den Zucker mit 100 ml Wasser 7–8 Minuten kochen.
◆ Die Eigelbe schaumig schlagen und den warmen Zuckersirup zufügen. Dabei weiterschlagen, bis die Masse erkaltet ist. Die pürierte Ananas und die steif geschlagene Sahne unterziehen und die Masse in eine rechteckige Form von 1,5 l Fassungsvermögen füllen. Mindestens 3 Stunden in den Gefrierschrank stellen.
◆ Zum Servieren die Form kurz in warmes Wasser tauchen und das Eis-Soufflé auf eine Platte stürzen. Die drei Ananasscheiben abtrocknen, in sechs kleine Rauten und den Rest in Fächer schneiden. Den Granatapfel entkernen. Die Ananasrauten auf das Eis-Soufflé legen und die Zwischenräume mit den Granatapfelkernen bedecken. Die Ananasfächer und weitere Granatapfelkerne um den unteren Rand anordnen.

Semifreddo mit Limetten

Semifreddo mit Limetten

Zubereitungszeit: *40 Minuten (ohne Gefrierzeit)*
Braucht etwas Erfahrung

ZUTATEN FÜR 6 PERSONEN

200 ml Limettensaft
210 g Zucker ◆ 5 Eigelb
geriebene Schale von 3 Limetten
1/2 l Sahne ◆ 2 Limetten

◆ Den Limettensaft bei gemäßigter Hitze um ein Drittel reduzieren. 160 g Zucker mit 150 ml Wasser etwa 10 Minuten kochen.
◆ Die Eigelbe schaumig schlagen und den warmen Zuckersirup zufügen, dabei weiterschlagen, bis die Masse erkaltet ist. Den reduzierten Saft, die geriebene Schale und zum Schluß vorsichtig die steif geschlagene Sahne unterziehen. In eine Form von etwa 1 l Fassungsvermögen geben und mindestens 3 Stunden in den Gefrierschrank stellen.
◆ Die zwei Limetten waschen und abtrocknen, in dünne Scheiben schneiden und in eine Schüssel legen. Den restlichen Zucker mit 200 ml Wasser 2 Minuten kochen. Diesen Zuckersirup auf die Limettenscheiben gießen und in den Kühlschrank stellen.
◆ Zum Servieren die Form kurz in warmes Wasser tauchen und das Semifreddo auf eine Platte stürzen. Die Limettenscheiben auf ein sauberes Tuch geben, einen Teil um den unteren Rand des Semifreddos verteilen und umbiegen, mit den anderen die Süßspeise vollständig bedecken. Man sollte das Semifreddo 30 Minuten in den Kühlschrank stellen, damit es weicher wird.

Semifreddo Jamaika

Semifreddo Jamaika

Zubereitungszeit: *1 Stunde (ohne Gefrierzeit)*
Braucht etwas Erfahrung

ZUTATEN FÜR 8 PERSONEN

120 g Zucker ◆ 5 Eigelb
40 g gehackte Bitterschokolade
1/2 l Sahne
40 g gehackte, karamelisierte Haselnüsse
100 ml Orangensaft
geriebene Schale von 2 unbehandelten Orangen
1/2 EL lösliches Espressopulver
1 EL Milch
80 g Vollmilchschokolade
Für das Eis:
1/2 l Milch ◆ 4 Eigelb
125 g Zucker ◆ 1 Vanilleschote
100 g gehackte Bitterschokolade

◆ Das Schokoladeneis zubereiten (s. S. 283). Die zwei Längsseiten einer rechteckigen Form von 1 l Fassungsvermögen mit dem Eis auskleiden und in den Gefrierschrank stellen.
◆ Den Orangensaft bei gemäßigter Hitze um die Hälfte reduzieren. Den Espresso in der Milch auflösen und die Bitterschokolade im Wasserbad schmelzen. Den Zucker mit 100 ml Wasser 7–8 Minuten kochen. Dann die Eigelbe schaumig schlagen, den warmen Zuckersirup zufügen und weiterschlagen, bis die Masse erkaltet ist.
◆ Die Creme in drei gleiche Portionen teilen. Unter eine die geschmolzene Schokolade und die ▶

gehackten Haselnüsse ziehen, unter die zweite Orangensaft und -schale und unter die dritte den aufgelösten Espresso. Die Sahne steif schlagen und in gleichen Teilen unter die Cremes ziehen.
◆ Die Schokoladencreme in die Form gießen und glattstreichen, vorsichtig die Kaffeecreme darauf verteilen und mit der Orangencreme abschließen. Die Form mindestens 3 Stunden in den Gefrierschrank stellen.
◆ Zum Servieren die Form kurz in warmes Wasser tauchen und das Semifreddo auf eine Platte stürzen. Mit einem Sparschäler Späne von der Vollmilchschokolade ziehen und auf der Oberfläche verteilen.

Amarettoeis mit warmer Schokoladencreme

Zubereitungszeit: *50 Minuten (ohne Gefrierzeit)*

Braucht etwas Erfahrung

ZUTATEN FÜR 8 PERSONEN

400 g Amaretti ◆ 1/2 l Sahne
3 TL lösliches Espressopulver ◆ 2 Eigelb
240 g Puderzucker ◆ 150 g Kekse
2 Päckchen Vanillezucker
200 ml geschlagene Sahne
100 ml Amaretto
1 Prise Salz

Für die Creme:

130 g gehackte Bitterschokolade
1 EL Speisestärke
3 EL Zucker
1/2 l Milch ◆ 30 g Butter

◆ Die Amaretti und die Kekse hacken (nicht zu fein) und den Espresso in einer kleinen Tasse mit lauwarmem Wasser auflösen. Espresso und Amaretti mit den Eigelben, dem Zucker, dem Vanillezucker und der Sahne mischen. Die Zutaten gut verrühren, das Salz zufügen und zum Schluß vorsichtig die geschlagene Sahne unterziehen. In eine rechteckige Form von 1,5 l Fassungsvermögen geben und mindestens 3 Stunden in den Gefrierschrank stellen.
◆ Für die Creme die Schokolade im Wasserbad schmelzen und die Speisestärke, den Zucker und die Butter zufügen. Die Milch in feinem Strahl zugeben und die Creme unter ständigem Rühren im Wasserbad eindicken lassen und warmhalten.
◆ Zum Servieren die Form kurz in warmes Wasser tauchen und das Eis auf eine Platte stürzen. Mit der warmen Schokoladencreme servieren.

Semifreddo aus Erdbeeren

Zubereitungszeit: *20 Minuten (ohne Gefrierzeit)*

Gelingt leicht

ZUTATEN FÜR 6-8 PERSONEN

800 g Erdbeeren ◆ 250 g Puderzucker
150 ml Sahne ◆ 100 g Mascarpone

Für die Verzierung:

100 ml Sahne ◆ 2 Päckchen Vanillezucker
einige kleine Erdbeeren

◆ Die Erdbeeren in sehr kaltem Wasser waschen, abtrocknen und entstielen. 500 g der Früchte pürieren. Die Sahne kurz aufschlagen.
◆ Das Erdbeerpüree mit der Sahne, dem Mascarpone und dem Zucker mischen und mit dem Schneebesen zu einer lockeren Masse schlagen.
◆ Eine Kastenform mit Backpapier auslegen, die Masse einfüllen und mindestens 4 Stunden in den Gefrierschrank stellen.
◆ Für die Verzierung die Sahne mit dem Zucker steif schlagen. Vor dem Servieren die Form kurz in warmes Wasser tauchen, das Semifreddo auf eine gekühlte Platte stürzen und das Papier abziehen. Die Sahne in einen Spritzbeutel mit beliebiger Tülle füllen und das Semifreddo damit und mit den restlichen Erdbeeren verzieren.

Orangenschalen-Parfait

Zubereitungszeit: *40 Minuten (ohne Zeit zum Ziehen und Gefrierzeit)*

Braucht etwas Erfahrung

ZUTATEN FÜR 6 PERSONEN

200 g Zucker ◆ 5 Eigelb
1/4 l Orangensaft ◆ 1/2 l Sahne
2 unbehandelte Orangen
6 kleine kandierte Rosen

◆ Die Orangen waschen und abtrocknen, dann mit einem Zesteur dünne Streifen von der Schale ziehen. 100 g Zucker mit 200 ml Wasser 2 Minuten kochen und den heißen Sirup über die Schalen gießen. 24 Stunden ziehen lassen.
◆ Den Orangensaft aufkochen und um die Hälfte reduzieren. Den restlichen Zucker mit 100 ml Wasser 10 Minuten zu einem dicken Sirup kochen.

◆ Die Eigelbe schaumig schlagen und den warmen Zuckersirup zufügen, dabei weiterschlagen, bis die Masse erkaltet ist. Den reduzierten Orangensaft unterrühren.
◆ Die Orangenschalen abgießen, abtrocknen, die Hälfte grob hacken und mit der steif geschlagenen Sahne unter die Masse ziehen. In eine mit Wasser befeuchtete Puddingform von etwa 1 l Fassungsvermögen füllen und mindestens 3 Stunden in den Gefrierschrank stellen.
◆ Zum Servieren die Form kurz in warmes Wasser tauchen, das Parfait auf eine Platte stürzen und mit den restlichen Orangenschalen sowie den kandierten Röschen verzieren.

Semifreddo mit Rum-Maronen

Zubereitungszeit: *40 Minuten*
(ohne Gefrierzeit)
Braucht etwas Erfahrung

ZUTATEN FÜR 6-8 PERSONEN

150 g Maronenpüree (oder -konfitüre)
4 Eier ◆ 80 g Zucker
350 ml Sahne ◆ 4 EL Rum
5 zerkleinerte Marrons glacés
2 ganze Marrons glacés
20 g geschälte Pistazien
1 Prise Salz
Für die Sauce:
¹/₄ l Milch ◆ 3 Eigelb
75 g Zucker
¹/₂ Vanilleschote
3 EL Rum

◆ Die Eigelbe mit dem Zucker schaumig schlagen. Das Maronenpüree, den Rum und die zerkleinerten Marrons glacés unterrühren. 250 ml Sahne und die Eiweiße mit dem Salz zu steifem Schnee schlagen und vorsichtig unter die Masse ziehen. In eine Form von 14 cm Durchmesser füllen und mindestens 3 Stunden in den Gefrierschrank stellen.
◆ Mit der Milch, den Eigelben, dem Zucker und der Vanilleschote eine Vanillesauce zubereiten (s. S. 19), zum Schluß den Rum zufügen und rühren, bis sie erkaltet ist.
◆ Zum Servieren die Form kurz in warmes Wasser tauchen und auf eine Platte stürzen. Die restliche Sahne steif schlagen, in einen Spritzbeutel mit Sterntülle geben und das Semifreddo verzieren, dabei ein Marron glacé in die Mitte setzen. Die andere Marone würfeln, die Rum-Vanille-Sauce um das Semifreddo gießen und mit Pistazien- und Marron-glacé-Stücken verzieren.

Eis-Soufflé mit Haselnüssen

Zubereitungszeit: *40 Minuten*
(ohne Gefrierzeit)
Braucht etwas Erfahrung

ZUTATEN FÜR 6 PERSONEN

120 g Zucker ◆ 5 Eigelb
180 g Haselnußkerne
¹/₂ l Sahne ◆ 4 kandierte Veilchen

◆ Den Backofen auf 180° C vorheizen und die Haselnüsse darin rösten. In einem Tuch reiben, um die Schale zu entfernen, dann 140 g fein und den Rest grob hacken.
◆ Den Zucker mit 100 ml Wasser 7–8 Minuten zu einem dicken und durchsichtigen Sirup kochen. Die Eigelbe schaumig schlagen und den warmen Zuckersirup zufügen, dabei weiterschlagen, bis die Masse erkaltet ist. Die fein gehackten Haselnüsse und die geschlagene Sahne unterheben.
◆ Den Rand einer Soufflé-Form von 14 cm Durchmesser mit einem Backpapierstreifen auskleiden, das Papier dabei 3 cm überstehen lassen. Die Masse in die Form füllen und mindestens 3 Stunden in den Gefrierschrank stellen.
◆ Den Papierstreifen entfernen, die grob gehackten Haselnüsse auf den Rand und die kandierten Veilchen in die Mitte setzen.

Parfait Rothschild

Zubereitungszeit: *30 Minuten*
(ohne Gefrierzeit)
Braucht etwas Erfahrung

ZUTATEN FÜR 6 PERSONEN

120 g Zucker ◆ 5 Eigelb
¹/₂ l Sahne ◆ 5 cl Kirschwasser
100 g gemischte kandierte Früchte

◆ Die kandierten Früchte (bis auf 20 g) hacken und im Kirschwasser ziehen lassen.
◆ Den Zucker mit 100 ml Wasser 7–8 Minuten kochen. Die Eigelbe schaumig schlagen und den warmen Sirup zufügen, dabei weiterschlagen, bis die Masse erkaltet ist. Die kandierten Früchte mit dem Kirschwasser und dann vorsichtig die steif geschlagene Sahne unterziehen. In eine Puddingform von 1 l Fassungsvermögen füllen und mindestens 3 Stunden in den Gefrierschrank stellen.
◆ Die Form kurz in warmes Wasser tauchen, das Parfait stürzen und mit den restlichen kandierten Früchten verzieren.

Plombières mit Bananen

Zubereitungszeit: *50 Minuten (ohne Gefrierzeit)*

Braucht etwas Erfahrung

Zutaten für 6-8 Personen

500 g Bananen
50 g gehackte kandierte Ananas
200 ml Sahne
200 g Zucker

Eine Eisbombenform von etwa $^{3}/_{4}$ l Fassungsvermögen in den Gefrierschrank stellen.

◆ Den Zucker mit 200 ml Wasser 8–10 Minuten zu einem durchsichtigen Sirup kochen.

◆ Die Bananen schälen, in Scheiben schneiden und im warmen Zuckersirup etwa 30 Minuten ziehen lassen (**1**). Dann mit dem Sirup pürieren, 100 ml Sahne zugeben (**2**), in die Eismaschine füllen und so lange verarbeiten, wie die Gebrauchsanweisung angibt.

1

2

◆ Einen Teil des Bananeneises 1,5 cm dick auf Boden und Seiten der Form verteilen, dabei mit einem Löffelrücken andrücken (**3**). Die kandierte Ananas mit dem restlichen Eis mischen und in die Mitte der Form füllen (**4**), die Oberfläche glattstreichen. Mindestens 3 Stunden in den Gefrierschrank stellen.

◆ Zum Servieren die Form kurz in lauwarmes Wasser tauchen und die Eisbombe auf eine gekühlte Platte stürzen. In den Gefrierschrank stellen, die restliche Sahne steif schlagen, die Bombe verzieren und servieren.

3

4

Plumcake-Eis

Zubereitungszeit: *15 Minuten (ohne Gefrierzeit)*

Braucht etwas Erfahrung

Zutaten für 6 Personen

200 g Schokoladeneis (s. S. 283)
200 g Vanilleeis (s. S. 282)
50 g Pinienkerne
50 g geschälte Pistazien
150 ml Sahne

◆ Eine rechteckige Form von 20 x 10 cm für etwa 10 Minuten in den Gefrierschrank stellen.
◆ Die Form mit einer 1 cm dicken Schokoladeneisschicht auskleiden und mit einem Spatel verstreichen. Wieder in den Gefrierschrank stellen.
◆ Das Vanilleeis mit einem Löffel durchrühren, um es weicher zu machen. Die Sahne steif schlagen und mit den Pinienkernen und den Pistazien vorsichtig unter das Vanilleeis ziehen.
◆ Die Masse in die Form füllen und die Oberfläche glattstreichen. Die Form mindestens 4 Stunden in den Gefrierschrank stellen.
◆ Zum Servieren die Form kurz in lauwarmes Wasser tauchen und das Eis auf eine gekühlte Platte stürzen.

Plumcake-Eis

Eisbombe

Zubereitungszeit: *40 Minuten (ohne Gefrierzeit)*

Braucht etwas Erfahrung

Zutaten für 4 Personen

600 g Eis nach Wahl
200 g Zucker ◆ $^{1}/_{4}$ l Sahne
5 Eigelb ◆ 3–4 EL Likör nach Wahl
80 g gewürfelte kandierte Früchte

◆ Eine Eisbombenform von $^{3}/_{4}$ l Fassungsvermögen in den Gefrierschrank stellen.
◆ Die geeiste Form etwa 2 cm dick mit dem Eis auskleiden und wieder in den Gefrierschrank stellen.
◆ Den Zucker mit 100 ml Wasser 7–8 Minuten kochen und den Likör zufügen. Die Eigelbe schaumig schlagen, den warmen Zuckersirup zufügen und dabei weiterschlagen, bis die Masse erkaltet ist.
◆ Die Sahne steif schlagen und mit den kandierten Fruchtwürfeln vorsichtig unter die Ei-Zucker-Masse heben. In die Form mit dem Eis füllen, glattstreichen, mit Alufolie abdecken und mindestens 1 Stunde in den Gefrierschrank stellen.
◆ Zum Servieren die Form kurz in lauwarmes Wasser tauchen und das Eis auf eine gekühlte Platte stürzen.

Plombières mit Bananen

Sorbet-Bombe aus Ananas und Orangen

Zubereitungszeit: *1,5 Stunden (ohne Gefrierzeit)*

Braucht etwas Erfahrung

Zutaten für 6-8 Personen

Für das Ananassorbet:
350 g Ananas
100 g Zucker ◆ 1/2 Eiweiß
Saft von 1/2 Zitrone

Für das Orangensorbet:
4 Orangen
125 g Zucker ◆ 1/2 Eiweiß

Für die Verzierung:
2 Ananasscheiben ◆ 1 Orange
1 Sahnetupfen ◆ 1 Zuckerblume

◆ Eine Eisbombenform von 3/4 l Fassungsvermögen in den Gefrierschrank stellen.
◆ Das Ananassorbet zubereiten (s. S. 302) und mit einem Spatel 1,5 cm dick auf Boden und Seiten der geeisten Form verteilen. Wieder in den Gefrierschrank stellen.
◆ Das Orangensorbet zubereiten (s. S. 302). Die Form mit dem Ananassorbet herausnehmen und mit dem Orangensorbet füllen. Die Oberfläche glattstreichen und mindestens 2 Stunden in den Gefrierschrank stellen.
◆ Die Ananasscheiben in Stücke schneiden, die Orangenschnitze „bis aufs Fleisch" (s. S. 28) schälen und kühlstellen.
◆ Zum Servieren die Form kurz in lauwarmes Wasser tauchen, die Bombe auf eine gekühlte Platte stürzen und mit den vorbereiteten Früchten, einem Sahnetupfen und der Zukkerblume verzieren.

Sorbet-Bombe aus Ananas und Orangen

Pistazien-Cassata

Zubereitungszeit: *1 Stunde 15 Minuten (ohne Gefrierzeit)*

Braucht etwas Erfahrung

Zutaten für 6 Personen

150 g gemischte kandierte Früchte
150 ml Sahne
5 cl Cognac ◆ 1 Eiweiß
1 Päckchen Puderzucker ◆ 1 Prise Salz

Für das Eis:
110 g Pistazienkerne ◆ 5 Eigelb
1/2 l Milch ◆ 120 g Zucker ◆ 1 Vanilleschote

◆ Eine halbrunde Cassata-Form von etwa 1 l Fassungsvermögen in den Gefrierschrank stellen.
◆ Die kandierten Früchte würfeln und in dem Cognac ziehen lassen.
◆ Das Pistazieneis zubereiten (s. S. 282), die geeiste Form innen damit auskleiden und wieder einfrieren.
◆ Die Sahne steif schlagen und kühl stellen. Das Eiweiß mit dem Salz aufschlagen, den Zucker einrieseln lassen und die Masse dann zu steifem Schnee schlagen. Vorsichtig die geschlagene Sahne und die abgetropften kandierten Früchte unterziehen.
◆ Die Eisform mit der Sahnemasse füllen, die Oberfläche glattstreichen und mindestens 3 Stunden in den Gefrierschrank stellen. Zum Servieren die Form kurz in warmes Wasser tauchen und die Cassata auf eine gekühlte Platte stürzen. In sechs Portionen teilen und sofort servieren.

Eisbombe mit Wassermelone und Himbeeren

Eisbombe mit Wassermelone und Himbeeren

Zubereitungszeit: *1 Stunde 15 Minuten (ohne Gefrierzeit)*

Braucht etwas Erfahrung

Zutaten für 4-6 Personen

Für das Sorbet:
300 g Wassermelone
60 g Zucker
1 TL Zitronensaft

Für das Parfait:
80 g Zucker
3 Eigelb
1/4 l Sahne
250 g Himbeeren

◆ Eine Eisbombenform von etwa 1 l Fassungsvermögen in den Gefrierschrank stellen.
◆ Für das Sorbet das Fruchtfleisch der Wassermelone passieren und mit dem Zucker bei schwacher Hitze 7–8 Minuten kochen, bis es um ein Drittel reduziert ist. Die Masse unter häufigem Umrühren erkalten lassen, den Zitronensaft zufügen, in die Eismaschine füllen und so lange verarbeiten, wie die Gebrauchsanweisung angibt.
◆ Die Eisbombenform mit dem Wassermelonensorbet auskleiden und mindestens 1 Stunde in den Gefrierschrank stellen.
◆ Für das Parfait die Himbeeren in sehr kaltem Wasser waschen, abtrocknen und 180 g mit 1 EL

Zucker pürieren. Durch ein Sieb streichen, die Masse bei schwacher Hitze um ein Drittel reduzieren und erkalten lassen. Den restlichen Zucker mit 50 ml Wasser 7–8 Minuten kochen. Die Eigelbe schaumig schlagen und den warmen Zuckersirup zufügen, dabei weiterschlagen, bis die Masse erkaltet ist. Das Himbeerpüree, die steif geschlagene Sahne und einige ganze Himbeeren unterziehen.

◆ Das Parfait in die Form mit dem Sorbet füllen, die Oberfläche glattstreichen und mindestens 2 Stunden in den Gefrierschrank stellen.

◆ Zum Servieren die Form kurz in warmes Wasser tauchen, die Bombe auf eine gekühlte Platte stürzen und mit den restlichen Himbeeren verzieren.

Eisbombe Principessa

Zubereitungszeit: *1 Stunde (ohne Gefrierzeit)*

Raffiniert

ZUTATEN FÜR 8-10 PERSONEN

Für das Eis:
1/2 l Milch ◆ 4 Eigelb
170 g Zucker ◆ 1 Vanilleschote
800 g Ananas ◆ 30 g Butter

Für das Parfait:
80 g Zucker ◆ 3 Eigelb
1/4 l Sahne ◆ 180 g Himbeeren

Für die Verzierung:
50 g geröstete, grob gehackte Haselnüsse
50 g gehackte Bitterschokolade

◆ Eine Eisbombenform von 1,5 l Fassungsvermögen in den Gefrierschrank stellen.

◆ Das Ananaseis zubereiten (s. S. 280), und während es in der Eismaschine verarbeitet wird, das Himbeerparfait zubereiten.

◆ Die Himbeeren in sehr kaltem Wasser waschen, abtrocknen, mit 1 EL Zucker pürieren und durch ein Sieb streichen. Die Masse bei schwacher Hitze um ein Drittel reduzieren, dabei mit einem Holzlöffel umrühren. Erkalten lassen.

◆ Den restlichen Zucker mit 3 EL Wasser 7–8 Minuten kochen. Die Eigelbe schaumig schlagen und den warmen Zuckersirup unter ständigem Rühren zufügen. Weiterschlagen, bis die Masse erkaltet ist. Das Himbeerpüree und vorsichtig die steif geschlagene Sahne unterziehen.

◆ Die geeiste Form etwa 1,5 cm dick mit dem Ananaseis auskleiden, mit dem Himbeerparfait füllen, die Oberfläche glattstreichen und mindestens 2 Stunden in den Gefrierschrank stellen.

◆ Für die Verzierung die Schokolade im Wasserbad schmelzen, in eine Backpapiertüte (s. S. 29) füllen und beliebige Motive auf ein Stück Papier malen. Im Kühlschrank erstarren lassen, mit einem kleinen Spatel lösen und mit einigen Schokoladentropfen zu einer Figur zusammenkleben.

◆ Zum Servieren die Form kurz in lauwarmes Wasser tauchen und die Eisbombe auf eine gekühlte Platte stürzen. Die gehackten Haselnüsse um den unteren Rand andrücken und die Schokoladenverzierung obendrauf setzen.

Eisbombe Principessa

Kaffeebombe

Kaffeebombe

Zubereitungszeit: *3 Stunden (ohne Gefrierzeit)*

Braucht etwas Erfahrung

ZUTATEN FÜR 8 PERSONEN

Für das Kaffee-Eis:
4 Eigelb ◆ 140 g Zucker
1/2 l Milch
2 EL lösliches Espressopulver
3 EL Rum

Für das Schokoladeneis:
1/4 l Milch ◆ 2 Eigelb ◆ 60 g Zucker
60 g gehackte Bitterschokolade
1 Vanilleschote

Für das Haselnußeis:
1/4 l Milch ◆ 2 Eigelb
60 g Zucker ◆ 50 g Haselnußkerne
1 Vanilleschote

Für die Verzierung:
einige Kaffeebohnen

◆ Eine hohe Puddingform von etwa 1,5 l Fassungsvermögen in den Gefrierschrank stellen.

◆ Nacheinander das Kaffee-Eis (s. S. 284), das Schokoladeneis (s. S. 283) und das Haselnußeis (s. S. 283) zubereiten.

◆ Die geeiste Form gleichmäßig und mit Hilfe eines Spatels mit Kaffee-Eis auskleiden und nochmals 20 Minuten einfrieren. Das Schokoladeneis einfüllen, glattstreichen und die Form wieder in den Gefrierschrank stellen. Wenn das Halselnußeis fertig ist, auf das Schokoladeneis geben, die Form mit einem Stück Alufolie bedecken und mindestens 3 Stunden in den Gefrierschrank stellen.

◆ Zum Servieren die Form kurz in lauwarmes Wasser tauchen, die Bombe auf eine gekühlte Platte stürzen und mit den Kaffeebohnen verzieren.

Tee-Granita

Zubereitungszeit: *45 Minuten (ohne Kühlzeit)*
Gelingt leicht

Zutaten für 4-6 Personen

1/2 l Wasser
1 EL Teeblätter
120 g Zucker
1 unbehandelte Orange
1 unbehandelte Limette
4 EL Rum
2 Päckchen Vanillezucker
einige Minzeblätter

Die Teeblätter in eine Kanne geben, dann 1/4 l Wasser zum Kochen bringen und darübergießen. 10 Minuten ziehen lassen.

◆ Den Tee durch ein Sieb gießen und vollständig erkalten lassen.

◆ Die Orange und die Limette gründlich abwaschen und mit einem sauberen Tuch abtrocknen, dann die Schale abreiben und den Saft auspressen.

◆ Das restliche Wasser mit dem Zucker, dem Vanillezucker und der Orangen- sowie der Limettenschale aufkochen. 5–6 Minuten kochen lassen, bis der Zucker sich völlig aufgelöst hat und der Sirup dick und durchsichtig ist.

◆ Vom Herd nehmen und den Sirup mit dem Tee, dem Rum und den Zitrussäften mischen und erkalten lassen.

◆ Die Masse in die Eismaschine füllen und so lange verarbeiten, wie die Gebrauchsanweisung angibt.

◆ Die Granita sofort in Portionsschälchen füllen, mit Minzeblättern verzieren und servieren.

Erdbeer-Granita

Zubereitungszeit: *45 Minuten*
Gelingt leicht

Zutaten für 6 Personen

250 g Erdbeeren ◆ Saft von 2 Zitronen
Saft von 1 Orange ◆ 125 g Zucker

◆ Den Zucker mit 1/4 l Wasser 5 Minuten zu einem dicken Sirup kochen und dann erkalten lassen.
◆ Die Erdbeeren waschen und abtrocknen, die Stiele entfernen und pürieren. Das Püree mit dem Saft der Zitrusfrüchte und dem kalten Sirup mischen.
◆ Die Mischung in die Eismaschine füllen und so lange verarbeiten, wie die Gebrauchsanweisung angibt. In Portionsschälchen servieren.

Granita mit Brachetto

Granita mit Brachetto

Zubereitungszeit: *30 Minuten*
Gelingt leicht

Zutaten für 4-6 Personen

150 ml Brachetto (kann durch einen anderen süßen Wein oder durch Cidre ersetzt werden)
125 g Zucker
1 Stück Zimtstange
1 Rispe rote Johannisbeeren
1 Rispe schwarze Johannisbeeren

◆ Den Zucker mit 200 ml Wasser und dem Zimt aufkochen und 5 Minuten kochen lassen, bis der Sirup dick und durchsichtig ist. Erkalten lassen und die Zimtstange entfernen.
◆ Den Wein mit dem Sirup mischen, in die Eismaschine füllen und so lange verarbeiten, wie die Gebrauchsanweisung angibt.
◆ Die Johannisbeeren in sehr kaltem Wasser waschen, abtrocknen und die Beeren von den Stielen streifen. Die Granita in eine Schale füllen, mit den Beeren verzieren und sofort servieren.

Pfirsich-Granita

Zubereitungszeit: *50 Minuten*
Gelingt leicht

Zutaten für 6 Personen

500 g Pfirsiche ◆ 250 g Zucker
1 EL Zitronensaft

◆ Den Zucker mit 200 ml Wasser aufkochen und 5 Minuten kochen lassen, bis der Sirup dick und durchsichtig ist. Erkalten lassen.
◆ Die Pfirsiche schälen, in Stücke schneiden und pürieren. Mit dem Zitronensaft und dem Sirup mischen, in die Eismaschine füllen und so lange verarbeiten, wie die Gebrauchsanweisung angibt. Die Granita in Portionsschälchen geben und sofort servieren.
◆ Statt der Pfirsiche können auch Aprikosen verwendet werden. Diese zum Schälen kurz in kochendes Wasser geben und den Zitronensaft weglassen.

Tee-Granita

Granita mit Himbeerlikör

Zubereitungszeit: *40 Minuten*
Gelingt leicht

ZUTATEN FÜR 4-6 PERSONEN
1/4 l Himbeerlikör
100 ml Himbeersirup ◆ 50 g Zucker

◆ Den Zucker mit 300 ml Wasser 5 Minuten zu einem dicken und durchsichtigen Sirup kochen. Vollständig erkalten lassen und mit dem Himbeerlikör und dem Himbeersirup mischen. In die Eismaschine füllen und so lange verarbeiten, wie die Gebrauchsanweisung angibt.
◆ Die Granita in eine große Schale oder in Portionsschälchen füllen und sofort servieren.

Granita mit Himbeerlikör

Orangen-Granita

Zubereitungszeit: *50 Minuten*
Gelingt leicht

ZUTATEN FÜR 6 PERSONEN
Saft und geriebene Schale von 500 g Orangen
250 g Zucker ◆ Saft von 1 Zitrone

◆ Den Zucker mit 1/4 l Wasser und der Orangenschale 30 Minuten bei schwacher Hitze kochen. Die Schale entfernen und erkalten lassen.
◆ Die Orangen auspressen und den Saft mit dem Zitronensaft, dem Sirup und 1/4 l Wasser mischen. Die Masse in die Eismaschine füllen und so lange verarbeiten, wie die Gebrauchsanweisung angibt.
◆ Die Granita in Portionsschälchen füllen und sofort servieren.

Schokoladen-Granita mit Sahne

Zitronen-Granita

Zubereitungszeit: *45 Minuten (ohne Kühlzeit)*
Gelingt leicht

ZUTATEN FÜR 4 PERSONEN
150 g Zucker
Saft und geriebene Schale von 4 unbehandelten Zitronen

◆ Den Zucker mit 100 ml Wasser 5 Minuten zu einem dicken und durchsichtigen Sirup kochen. Den Saft und die Schale der Zitronen zufügen, im Kühlschrank 30 Minuten ruhen lassen und dann die Masse durch ein Sieb filtern.
◆ Die erkaltete Masse in die Eismaschine füllen und so lange verarbeiten, wie die Gebrauchsanweisung angibt. Sofort servieren.

Kaffee-Granita

Schokoladen-Granita mit Sahne

Zubereitungszeit: *45 Minuten*
Gelingt leicht

ZUTATEN FÜR 6 PERSONEN
130 g Bitterschokolade
100 g Zucker ◆ 100 ml Milch
200 ml Sahne ◆ 1 Bund Minze

◆ Die Schokolade fein hacken und in eine Schüssel geben. Den Zucker mit 150 ml Wasser 5 Minuten zu einem dicken und durchsichtigen Sirup kochen. Auf die Schokolade gießen, 1 Minute abdecken, dann mit einem Löffel umrühren, bis die Schokolade sich aufgelöst hat. Die Milch und die Sahne zufügen und erkalten lassen.
◆ Die Schokoladenmasse in die Eismaschine füllen und so lange verarbeiten, wie die Gebrauchsanweisung angibt. Sobald sie fertig ist, die Granita in Portionsschälchen geben, mit den Minzeblättchen verzieren und servieren.

Kaffee-Granita

Zubereitungszeit: *40 Minuten*
Gelingt leicht

ZUTATEN FÜR 4-6 PERSONEN
9 EL fertiger Espresso
125 g Zucker ◆ 100 ml Sahne
einige Kaffeebohnen

◆ Den Zucker mit 200 ml Wasser 2–3 Minuten zu einem dicken und durchsichtigen Sirup kochen. Erkalten lassen.
◆ Die Sahne steif schlagen und kühlstellen.
◆ Den Espresso mit dem Sirup mischen, in die Eismaschine füllen und so lange verarbeiten, wie die Gebrauchsanweisung angibt.
◆ In ein Schälchen füllen. Die geschlagene Sahne in einen Spritzbeutel mit Sterntülle geben und die Granita mit Sahne und Kaffeebohnen verzieren. Verwendet man mehr Sahne, kann man neben der Verzierung auch noch eine Schicht Sahne unter die Granita geben.

Pampelmusen-Sorbet mit Minze

Zubereitungszeit: *45 Minuten*
(ohne Verarbeitungszeit)
Gelingt leicht

Zutaten für 6-8 Personen

5 große rosa Pampelmusen ◆ 150 g Zucker
2 EL Pfefferminzsirup
1/2 Eiweiß ◆ einige Minzeblättchen

◆ Den Zucker mit 3 EL Wasser 5 Minuten kochen. Erkalten lassen und mit dem Pfefferminzsirup mischen.
◆ Mit einem scharfen Messer die Pampelmusen „bis aufs Fleisch“ (s. S. 28) schälen und in Schnitze teilen. Eine Pampelmuse für die Verzierung in den Kühlschrank legen und die anderen pürieren. Das Püree mit dem Sirup mischen und 30 Minuten ruhen lassen. Dann in die Eismaschine füllen und so lange verarbeiten, wie die Gebrauchsanweisung angibt. Nach der Hälfte der Verarbeitungszeit das Eiweiß zugeben.
◆ Das Sorbet in eine große geeiste Schale oder in geeiste Portionsschälchen geben, mit der restlichen Pampelmuse und den Minzeblättchen verzieren und servieren.

Pampelmusen-Sorbet mit Minze

Geeister Tee-Punsch

Zubereitungszeit: *40 Minuten*
(ohne Verarbeitungszeit)
Gelingt leicht

Zutaten für 4-6 Personen

1/2 l bereits fertiger, schwacher schwarzer Tee
1/4 l Champagner oder Sekt ◆ 1/2 Eiweiß
250 g Zucker ◆ 5 cl Rum
Saft und geriebene Schale von je
1 unbehandelten Zitrone und Orange
50 g kandierte Orangen- und Zitronenschale

◆ Den kalten Tee, den Champagner und den Zucker verrühren, bis der Zucker sich aufgelöst hat. Den Saft und die geriebenen Schalen der Zitrusfrüchte zufügen und die Masse 30 Minuten ziehen lassen.
◆ Die Masse durch ein Sieb streichen, in die Eismaschine füllen und so lange verarbeiten, wie die Gebrauchsanweisung angibt. Nach der Hälfte der Verarbeitungszeit das Eiweiß und den Rum zufügen.
◆ Die kandierten Orangen- und die Zitronenschalen in feine Streifen schneiden. Das Sorbet in eine große geeiste Schale oder in geeiste Portionsschälchen füllen, mit den Schalenstreifen verzieren und servieren.

Birnen-Sorbet

Zubereitungszeit: *30 Minuten*
(ohne Verarbeitungszeit)
Gelingt leicht

Zutaten für 4 Personen

500 g Williamsbirnen
100 g Zucker ◆ 1/2 Eiweiß
1 EL Birnengrappa

◆ Den Zucker mit 120 ml Wasser 7–8 Minuten kochen und den Sirup erkalten lassen.
◆ Die Birnen schälen, das Kerngehäuse entfernen und die Früchte in Stücke schneiden (man benötigt 300–350 g Fruchtfleisch). Mit der Grappa und dem Zuckersirup zu einer homogenen Masse pürieren.
◆ Diese in die Eismaschine füllen und so lange verarbeiten, wie die Gebrauchsanweisung angibt. Nach der Hälfte der Verarbeitungszeit das Eiweiß zufügen.
◆ Das Sorbet sofort in geeisten Schälchen servieren, ansonsten in einem fest verschließbaren Behälter in den Gefrierschrank stellen.

Birnen-Sorbet

Zitronen-Sorbet

Zubereitungszeit: *30 Minuten*
(ohne Verarbeitungszeit)
Gelingt leicht

Zutaten für 4 Personen

4 große Zitronen ◆ 150 g Zucker
1 Eiweiß

◆ Den Zucker mit 1/2 l Wasser etwa 10 Minuten kochen und erkalten lassen.
◆ Die Zitronen waschen und abtrocknen. Einen Deckel abschneiden und mit einem gebogenen Sägemesser aushöhlen. Mit einem Löffel das gesamte Fruchtfleisch herausnehmen, ohne die Schale zu beschädigen, dabei das Fruchtfleisch und den Saft sammeln. Die leeren Zitronen mit den Deckeln in den Gefrierschrank legen.
◆ Den Saft und das Fruchtfleisch passieren und mit dem Zuckersirup mischen. Die Masse in die Eismaschine füllen und so lange verarbeiten, wie die Gebrauchsanweisung angibt. Nach der Hälfte der Verarbeitungszeit das Eiweiß zufügen.

Zitronen-Sorbet

Champagner-Sorbet

Zubereitungszeit:
30 Minuten
(ohne Verarbeitungszeit)
Gelingt leicht

ZUTATEN FÜR 4 PERSONEN

400 ml Champagner
180 g Zucker
1 grüner Apfel
1 EL Zitronensaft
1/2 Eiweiß

Den Zucker mit 300 ml Wasser bei mittlerer Hitze aufkochen und 2–3 Minuten kochen, bis sich der Zucker vollständig aufgelöst hat und der Sirup durchsichtig ist. Erkalten lassen.

◆ Den grünen Apfel schälen, das Kerngehäuse entfernen und in den Entsafter geben, dabei den Saft sammeln.

◆ Den erkalteten Sirup mit dem Zitronensaft, dem Apfelsaft und dem Champagner mischen.

Die Masse in die Eismaschine füllen und so lange verarbeiten, wie die Gebrauchsanweisung angibt. Nach der Hälfte der Verarbeitungszeit das Eiweiß mit in die Maschine geben.

◆ Wenn das Sorbet fertig ist, in einen Spritzbeutel mit langer, glatter Tülle füllen (die auch für die Füllung der Saint-Honoré verwendet wird, s. S. 210) und in eine große Schale oder einige Portionsschälchen geben. Sofort servieren.

Geeiste Melone mit Granita

Zubereitungszeit: *40 Minuten*
(ohne Verarbeitungszeit)
Braucht etwas Erfahrung

ZUTATEN FÜR 6 PERSONEN

1 große Honigmelone
100 g Zucker
1/2 Eiweiß ◆ 1 Minzezweig

◆ Den Zucker mit 100 ml Wasser mischen. Bei mittlerer Hitze aufkochen und 2–3 Minuten kochen, dabei ab und zu mit einem Holzlöffel umrühren, bis sich der Zucker vollständig aufgelöst hat. Vom Herd nehmen und erkalten lassen.
◆ Die Melone waschen und abtrocknen. Einen Deckel abschneiden, mit einem Ausstecher acht Kugeln aus dem Fruchtfleisch formen und kühlstellen. Das restliche Fruchtfleisch auslösen, die Kerne entfernen und 350 g abwiegen.
◆ Den Rand der ausgehöhlten Melone zu einer Bogenkante schneiden (s. Abbildung) und mit dem Deckel in den Gefrierschrank stellen.
◆ Das Fruchtfleisch pürieren, mit dem erkalteten Sirup mischen, in die Eismaschine füllen und so lange verarbeiten, wie die Gebrauchsanweisung angibt. Nach der Hälfte der Verarbeitungszeit das Eiweiß zufügen.
◆ Das Sorbet in die ausgehöhlte Melone füllen, mit den Melonenkugeln verzieren, den Deckel daraufsetzen und in den Gefrierschrank stellen. Zum Servieren in eine große, mit zerstoßenem Eis gefüllte Schale stellen und nach Belieben mit einem Minzezweig verzieren.

Geeiste Melone
mit Granita

Erdbeer-Sorbet

Zubereitungszeit: *25 Minuten*
(ohne Verarbeitungszeit)
Gelingt leicht

ZUTATEN FÜR 4 PERSONEN

350 g Erdbeeren ◆ Saft von 1/2 Zitrone
125 g Zucker ◆ 1/2 Eiweiß ◆ 4 Minzezweige

◆ Den Zucker mit 150 ml Wasser 5 Minuten kochen und den Sirup erkalten lassen.
◆ Die Erdbeeren waschen, abtrocknen und die Stiele entfernen. Mit dem Zitronensaft pürieren und dann durch ein Sieb streichen. Mit dem kalten Sirup mischen, in die Eismaschine füllen und so lange verarbeiten, wie die Gebrauchsanweisung angibt. Nach der Hälfte der Verarbeitungszeit das Eiweiß zufügen.
◆ Das Sorbet sofort in geeiste Schälchen füllen und mit der Minze verzieren.

Heidelbeer-Sorbet

Zubereitungszeit: *30 Minuten*
(ohne Verarbeitungszeit)
Gelingt leicht

ZUTATEN FÜR 4 PERSONEN

350 g Heidelbeeren
Saft von 1/2 Zitrone
125 g Zucker ◆ 1/2 Eiweiß

◆ Den Zucker mit 150 ml Wasser 5 Minuten kochen und den Sirup dann erkalten lassen.
◆ Die Heidelbeeren in sehr kaltem Wasser waschen, abtrocknen, 4 Heidelbeeren für die Verzie- ▶

Champagner-Sorbet

rung zurückbehalten und die anderen mit dem Zitronensaft pürieren. Das Püree durch ein Sieb streichen, den kalten Sirup unterrühren, in die Eismaschine füllen und so lange verarbeiten, wie die Gebrauchsanweisung angibt. Nach der Hälfte der Verarbeitungszeit das Eiweiß zufügen.
◆ Das Sorbet in geeiste Portionsschälchen füllen und jeweils eine Heidelbeere daraufsetzen.

Pfirsich-Sorbet mit Chiaretto

Zubereitungszeit: *40 Minuten*
Gelingt leicht

Zutaten für 4 Personen

6–8 mittelgroße Pfirsiche
600 ml Wasser
100 g Zucker
Saft und Schale von 1 unbehandelten Zitrone
100 ml Chiaretto ◆ 1/2 Eiweiß

◆ Die Pfirsiche schälen und zerkleinern. In dem Wasser bei schwacher Hitze mit der Zitronenschale und dem Saft sowie dem Zucker 15 Minuten kochen. Die Schale entfernen, die Pfirsiche pürieren, mit dem Chiaretto mischen und erkalten lassen.
◆ Die Masse in die Eismaschine füllen und so lange verarbeiten, wie die Gebrauchsanweisung angibt. Nach der Hälfte der Verarbeitungszeit das Eiweiß hinzufügen.
◆ Das Sorbet in einer großen geeisten Schale oder in geeisten Portionsschälchen servieren.

Ananas-Sorbet

Zubereitungszeit: *30 Minuten*
(ohne Verarbeitungszeit)
Gelingt leicht

Zutaten für 6 Personen

350 g Ananas ◆ 100 g Zucker
Saft von 1/2 Zitrone ◆ 1/2 Eiweiß
6 Ananasscheiben ◆ 6 kandierte Veilchen

◆ Den Zucker mit 150 ml Wasser 5 Minuten kochen und den Sirup erkalten lassen.
◆ Die Ananas würfeln und mit dem Zitronensaft pürieren. Das Püree durch ein Sieb streichen, mit dem kalten Sirup mischen, in die Eismaschine füllen und so lange verarbeiten, wie die Gebrauchsanweisung angibt. Nach der Hälfte der Verarbeitungszeit das Eiweiß zufügen.
◆ In die Mitte jedes Desserttellers eine Ananasscheibe legen, eine Sorbetkugel daraufgeben und mit einem kandierten Veilchen verzieren.

Papaya-Sorbet

Zubereitungszeit: *30 Minuten*
(ohne Verarbeitungszeit)
Gelingt leicht

Zutaten für 6 Personen

400 g Papaya ◆ 100 g Zucker
1/2 Eiweiß ◆ 1 Marzipanrose

◆ Den Zucker mit 120 ml Wasser 5 Minuten kochen und den Sirup erkalten lassen.
◆ Die Papaya schälen, die Kerne entfernen, in Stücke schneiden und pürieren. Das Papayapüree mit dem Zuckersirup mischen, die Masse in die Eismaschine füllen und so lange verarbeiten, wie die Gebrauchsanweisung angibt. Nach der Hälfte der Verarbeitungszeit das Eiweiß zufügen.
◆ Das Sorbet in eine große Schale oder in Portionsschälchen füllen, mit einer Marzipanrose verzieren und sofort servieren, ansonsten in einem fest verschließbaren Behälter im Gefrierschrank aufbewahren.

Orangen-Sorbet

Zubereitungszeit: *40 Minuten*
(ohne Verarbeitungs- und Gefrierzeit)
Gelingt leicht

Zutaten für 4 Personen

4 Orangen ◆ 125 g Zucker
1/2 Eiweiß ◆ 30 g kandierte Orange in Streifen

◆ Den Zucker mit 120 ml Wasser 10 Minuten kochen und den Sirup erkalten lassen.
◆ Die Orangen abwaschen und schälen. Deckel abschneiden und beiseite legen.
◆ Mit einem gebogenen Messer das Fruchtfleisch auslösen, ohne die Schale zu beschädigen. Die ausgehöhlten Früchte und die Deckel in den Gefrierschrank legen.
◆ Das Fruchtfleisch passieren, 300 g der Masse abwiegen und mit dem Sirup mischen. In die Eismaschine füllen und so lange verarbeiten, wie die Gebrauchsanweisung angibt. Nach der Hälfte der Verarbeitungszeit das Eiweiß zufügen.
◆ Das Sorbet in die ausgehöhlten Orangen füllen, die Deckel schräg daraufsetzen und mindestens 30 Minuten in den Gefrierschrank stellen. Mit den kandierten Orangenstreifen verzieren.

Antillen-Becher

Zubereitungszeit: *15 Minuten*
Braucht etwas Erfahrung

Zutaten für 4 Personen

4 EL Maronenpüree (oder -konfitüre)
150 g Vanilleeis (s. S. 282)
100 g gehackte Bitterschokolade
20 g geröstete Mandelblättchen
6 EL geschlagene Sahne
einige kandierte Veilchen

◆ Die Schokolade im Wasserbad schmelzen und lauwarm halten.
◆ Das Maronenpüree mit 4 EL geschlagener Sahne zu einer gestreiften Masse mischen. In eine große gekühlte Schale oder in gekühlte Portionsschälchen füllen und mit einem Ausstecher vier Vanilleeiskugeln in die Schale (oder eine in jedes Schälchen) geben. Das Eis mit der geschmolzenen Schokolade überziehen.
◆ Die restliche geschlagene Sahne in einen Spritzbeutel mit beliebiger Tülle geben, um das Eis herum verteilen und mit den Mandelblättchen sowie den kandierten Veilchen verzieren.

Magische Äpfel

Zubereitungszeit: *20 Minuten*
(ohne Gefrierzeit)
Braucht etwas Erfahrung

Zutaten für 4 Personen

4 Äpfel (Golden Delicious)
400 g Birnen-Sorbet (s. S. 299)
300 g gehackte Bitterschokolade
50 g kandierte Zedratzitrone

◆ Die Äpfel schälen, entkernen, halbieren und das Fruchtfleisch auslösen, dabei einen Mantel von 5 mm stehenlassen. Jede Apfelhälfte mit dem Birnen-Sorbet füllen, zusammensetzen, die gefüllten Hälften zusammenbinden und mindestens 30 Minuten in den Gefrierschrank stellen.
◆ Die Schokolade im Wasserbad schmelzen, die gefüllten Äpfel eintauchen, auf einem Stück Backpapier abtropfen lassen und wieder einfrieren.
◆ Die restliche geschmolzene Schokolade auf ein Stück Backpapier gießen und vier Stiele daraus formen, die kandierte Zedratzitrone in acht Blätter schneiden. Mit einer erwärmten Messerspitze vier kleine Schnitte in die Oberfläche jedes Apfels machen und den Schokoladenstiel sowie die Blätter einsetzen. Die Äpfel im Gefrierschrank aufbewahren.

Schneeball

Zubereitungszeit: *40 Minuten*
(ohne Gefrierzeit)
Braucht etwas Erfahrung

Zutaten für 6-8 Personen

1 kg Vanilleeis (s. S. 282)
3/4 l Sahne
100 ml Kirschwasser ◆ 100 g kandierte Veilchen
100 g gemischte kandierte Früchte in Würfeln
2 EL Puderzucker

◆ Die kandierten Früchte mindestens 20 Minuten im Kirschwasser ziehen lassen.
◆ Das Vanilleeis mit den kandierten Früchten und dem Kirschwasser mischen. Die beiden Hälften einer Eisbomben-Kugelform füllen, zusammensetzen und etwa 3 Stunden in den Gefrierschrank stellen. Alternativ kann man das Eis in zwei halbrunde Schalen füllen und mit Alufolie abdecken.
◆ Die Sahne mit dem Puderzucker steif schlagen und in einen Spritzbeutel mit Sterntülle geben.
◆ Die Form kurz in lauwarmes Wasser tauchen und das kugelförmige Eis auf eine gekühlte Platte stürzen – oder die zwei Halbkugeln zu einer Kugel zusammensetzen. Die Oberfläche des „Balls“ mit Sahnetupfen bedecken, dazwischen die kandierten Veilchen setzen und wieder 30 Minuten in den Gefrierschrank stellen.

Kreolische Charlotte

Zubereitungszeit: *1 Stunde*
(ohne Gefrierzeit)
Braucht etwas Erfahrung

Zutaten für 6 Personen

250 g Löffelbiskuits ◆ 200 ml Alchermes
500 g Schokoladeneis (s. S. 283)
500 g Vanilleeis (s. S. 282)
500 g Pistazieneis (s. S. 282)
300 g gehackte Bitterschokolade
50 g Butter

◆ Eine Zuccotto-Form mit den Löffelbiskuits auskleiden, mit etwas Alchermes und etwas Wasser tränken. Das Pistazieneis daraufgeben, dann das Vanilleeis und schließlich das Schokoladeneis. Mit einer Schicht Löffelbiskuits abschließen, diese mit dem restlichen Likör tränken und in den Gefrierschrank stellen.
◆ Die Schokolade mit der Butter im Wasserbad schmelzen. Vor dem Servieren die Charlotte auf einen Servierteller stürzen und mit der geschmolzenen Schokolade überziehen.

Maronen-beutel

Zubereitungszeit:
1 Stunde 15 Minuten (ohne Gefrierzeit)
Raffiniert

Zutaten für 6 Personen

1 Baiserboden von 16 cm Durchmesser und 1 cm Dicke (s. S. 25)

Für das Eis:
1/4 l Milch
2 Eigelb
60 g Zucker
1/2 Vanilleschote
2 EL Rum

Für das Parfait:
60 g Zucker
3 Eigelb
1/4 l Sahne
100 g Maronenpüree
2 gehackte Marrons glacés

Für die Verzierung:
350 g Marzipan
20 g Kakao
20 g Pistazien
1 Prise Safran
10 Marrons glacés
1 EL Puderzucker
30 g Bitterschokolade

Für das Eis die Milch bei mittlerer Hitze zusammen mit der aufgeschnittenen Vanilleschote aufkochen.

◆ Die Eigelbe und den Zucker mit einem Holzlöffel zu einer homogenen Masse verrühren. Die warme Milch nach und nach unter ständigem Rühren durch ein Sieb zugießen. Die Masse bei schwacher Hitze erwärmen, ohne daß sie kocht, dabei ständig rühren. Sobald die Creme dicklich wird und den Löffel mit einem Schleier überzieht, vom Herd nehmen und ab und zu umrühren, damit sie schneller erkaltet.

◆ Den Rum unter die kalte Creme ziehen. Die Masse in die Eismaschine füllen und so lange verarbeiten, wie die Gebrauchsanweisung angibt. Sobald das Eis fertig ist, 1,5 cm dick auf den Boden und die Seiten einer Zuccotto-Form von 16 cm Durchmesser streichen und 1 Stunde in den Gefrierschrank stellen.

◆ Für das Parfait 100 ml Wasser mit dem Zucker aufkochen und 7–8 Minuten zu einem dicken und durchsichtigen Sirup kochen. Die Eigelbe schaumig schlagen und den warmen Zuckersirup zufügen, dabei weiterschlagen, bis die Masse erkaltet ist.

◆ Das Maronenpüree, die gehackten Marrons glacés und schließlich die steif geschlagene Sahne unterziehen. Das Parfait in die mit Eis ausgekleidete Form füllen und mit dem Baiserboden bedecken, diesen gut andrücken. Erneut für 1 Stunde in den Gefrierschrank stellen.

◆ Für die Verzierung die Pistazien schälen und fein mahlen. Das Marzipan kurz durchkneten, damit es weich wird, und in drei Portionen von 230 g, 80 g und 40 g aufteilen. Den Kakao unter das größte Drittel kneten, die gemahlenen Pistazien unter das mittlere und den in etwas Wasser aufgelösten Safran unter das kleinste Drittel.

◆ Die Arbeitsfläche mit dem Puderzucker bestäuben und die grüne Pistazien-Marzipan-Masse 2–3 mm dick ausrollen. Blätter daraus ausschneiden und beiseite legen.

◆ Die gelbe Safran-Marzipan-Masse genauso dick ausrollen und in fünf Streifen schneiden: drei Streifen von 1 cm Breite und jeweils 25 cm, 8 cm und 6 cm Länge sowie zwei Streifen von jeweils 5 cm Länge und 1 cm Breite.

◆ Die hellbraune Schokoladen-Marzipan-Masse 3 mm dick ausrollen und einen Kreis von 40 cm Durchmesser ausschneiden (1).

◆ Die Form aus dem Gefrierschrank nehmen und kurz in lauwarmes Wasser tauchen, das Eis in die Mitte des Schokoladen-Marzipan-Masse-Kreises stürzen und diesen um das Eis schließen (2), dabei oben eine Öffnung lassen.

◆ Den längsten der gelben Streifen in Form eines Bandes darumlegen (3), aus den restlichen Streifen eine Schleife bilden und am Band andrücken.

◆ Den Rand des Beutels so nach außen biegen, als ob er über das Band fallen würde (4).

◆ Die Bitterschokolade fein hacken, im Wasserbad schmelzen und in eine Backpapiertüte füllen (s. S. 29). Den Rand des Beutels und des Bandes mit einer Schokoladenverzierung einfassen (s. gegenüberliegende Abbildung). Die Süßspeise auf eine Platte setzen und in den Gefrierschrank stellen.

◆ Zum Servieren den Beutel aus dem Gefrierschrank nehmen und die Marrons glacés sowie die Marzipan-Pistazien-Blätter in der Öffnung des Beutels anordnen.

1

2

3

4

Maronenbeutel

Sandwich-Eis

Zubereitungszeit: *15 Minuten (ohne Gefrierzeit)*

Braucht etwas Erfahrung

Zutaten für 12-14 Personen

800 g Pistazieneis (s. S. 282)
800 g Haselnußeis (s. S. 283)
800 g Schokoladeneis (s. S. 283)

Für die Verzierung:

40 g gehackte Bitterschokolade
100 ml Sahne
15 geröstete Haselnußkerne
20 g geschälte Pistazien

◆ Das Pistazieneis gleichmäßig in eine quadratische Form von 20 cm Kantenlänge streichen. Dann das Haselnußeis und schließlich das Schokoladeneis daraufgeben. Mit Alufolie abdekken und mindestens 2 Stunden in den Gefrierschrank stellen.
◆ Die Schokolade im Wasserbad schmelzen. Die Sahne steif schlagen und in einen Spritzbeutel mit Sterntülle geben.
◆ Die Form kurz in lauwarmes Wasser tauchen und das Eis auf eine gekühlte Platte stürzen. Einen großen Sahnetupfen und drei Kreise in die Mitte des Eises spritzen. Die gerösteten Haselnüsse und die halbierten Pistazien darauf anordnen.
◆ Die geschmolzene Schokolade in eine Backpapiertüte geben (s. S. 29) und einen Kranz von sich überschneidenden Kreisen auf die Oberfläche zeichnen. Im Gefrierschrank aufbewahren.

Sandwich-Eis

Iglu

Zubereitungszeit: *1 Stunde (ohne Gefrierzeit)*

Raffiniert

Zutaten für 6 Personen

$^1/_2$ l Milch
4 Eigelb
120 g Zucker
100 g geschälte, gemahlene Mandeln
1 Vanilleschote

Für die Verzierung:

$^1/_4$ l Sahne
50 g gehackte weiße Schokolade
30 g gehackte Vollmilchschokolade

◆ Mit der Milch, der aufgeschnittenen Vanilleschote, den Eigelben und dem Zucker eine Englische Creme zubereiten (s. S. 17). Wenn sie erkaltet ist, die gemahlenen Mandeln unterrühren. Die Masse in die Eismaschine füllen und so lange verarbeiten, wie die Gebrauchsanweisung angibt.
◆ Das Eis in eine Zuccotto-Form von 16 cm Durchmesser füllen und 1 Stunde in den Gefrierschrank stellen.
◆ Für die Verzierung die weiße Schokolade und die Vollmilchschokolade getrennt im Wasserbad schmelzen und lauwarm halten. Die Sahne steif schlagen.
◆ Die Form kurz in lauwarmes Wasser tauchen und das Eis auf eine gekühlte Platte stürzen. Zwei Drittel der geschlagenen Sahne in einer gleichmäßigen und glatten Schicht auf das Eis geben. Die restliche Sahne in einen Spritzbeutel mit Lochtülle füllen, damit den Eingang des Iglus bilden und diesen mit einem Spatel glattstreichen. Mit einem Stäbchen konzentrische Kreise auf das Iglu zeichnen. Die weiße Schokolade in eine Backpapiertüte geben (s. S. 29), die Kreise damit nachzeichnen und mit senkrechten Linien verbinden, um so die „Eisblöcke" nachzubilden.
◆ Die Vollmilchschokolade in eine zweite Backpapiertüte geben und die Öffnung zum Iglu damit nachzeichnen. Das Eis im Gefrierschrank aufbewahren.

Iglu

Coppa imperiale

Zubereitungszeit: *35 Minuten*

Braucht etwas Erfahrung

Zutaten für 4-6 Personen

250 g Erdbeereis
250 g Schokoladeneis
100 g Löffelbiskuits
2 EL Brandy
80 g geschälte, geröstete Mandeln
200 ml Sahne
60 g Bitterschokolade in Spänen
30 g Zucker ◆ 1 EL Mandelöl

◆ Den Zucker mit 2 EL Wasser 3 Minuten kochen, dann schnell die Mandeln unterrühren, so daß sie mit einer sandigen Zuckerschicht überzogen werden. Bei mittlerer Hitze weiterkochen, bis der Zucker karamelisiert.
◆ Die Mandeln auf eine mit dem Öl bestrichene Marmorplatte schütten und den Krokant erkalten lassen. Dann in Stücke brechen und grob hacken.
◆ Die Sahne steif schlagen, in einen Spritzbeutel mit Sterntülle geben und kühlstellen.
◆ Das Erdbeereis in einer gleichmäßigen Schicht in eine geeiste Glasschale von 18 cm Durchmesser füllen. Mit den Löffelbiskuits bedecken, mit Brandy bepinseln und das Schokoladeneis daraufgeben.

Mit dem Mandelkrokant bestreuen und mit Sahnetupfen und Schokoladenspänen verzieren. Das Eis im Gefrierschrank aufbewahren.

Eistorte Ondina

Zubereitungszeit: *2 Stunden (ohne Gefrierzeit)*

Raffiniert

Zutaten für 10 Personen

Für das Eis aus Bitterschokolade:
1/2 l Milch ◆ 5 Eigelb
120 g Zucker
120 g gehackte Bitterschokolade
1 Vanilleschote

Für das Eis aus weißer Schokolade:
1/4 l Sahne
1/4 l Milch ◆ 100 g Zucker
50 g gehackte weiße Schokolade
1 EL Cognac

Für den Pudding:
1/2 l l Milch ◆ 3 Eier
2 Eigelb
140 g Zucker
2 Päckchen Vanillezucker

◆ Den Backofen auf 180° C vorheizen.
◆ Für den Pudding die Eier, die Eigelbe, den Zukker und den Vanillezucker mischen, die Milch zufügen und in eine Form von etwa 1,5 l Fassungsvermögen gießen. Im vorgeheizten Ofen im Wasserbad etwa 1 Stunde garen. Den Pudding abkühlen lassen und mindestens 1 Stunde in den Kühlschrank stellen.
◆ Für das Eis aus Bitterschokolade mit der Milch, der Vanilleschote, den Eigelben und dem Zucker eine Englische Creme zubereiten (s. S. 17), die Bitterschokolade durch Rühren darin auflösen und erkalten lassen. In die Eismaschine füllen und so lange verarbeiten, wie die Gebrauchsanweisung angibt. Sobald das Eis fertig ist, zwei Drittel davon so in eine runde Form von 2 l Fassungsvermögen füllen, daß sie mit einer 2–3 cm dicken Eisschicht ausgekleidet ist. Die Form und das restliche Eis in den Gefrierschrank stellen.
◆ Für das Eis aus weißer Schokolade die Sahne mit der Milch und dem Zucker aufkochen. Wenn der Zucker sich aufgelöst hat, vom Herd nehmen, die weiße Schokolade untermischen und erkalten lassen, dabei ab und zu umrühren. Den Cognac zufügen. Die Masse in die Eismaschine füllen und so lange verarbeiten, wie die Gebrauchsanweisung angibt. Das fertige Eis einfrieren.
◆ Den Pudding stürzen, in die Mitte der mit Eis ausgekleideten Form geben, die Zwischenräume mit dem Schokoladeneis füllen und die Oberfläche damit bedecken. Erneut mindestens 2 Stunden in den Gefrierschrank stellen.
◆ Die Torte auf eine gekühlte Platte stürzen. Das weiße Schokoladeneis in einen Spritzbeutel mit langer Tülle geben und einen Kranz Tupfen um den unteren Rand der Torte setzen. Dann die gesamte Torte mit konzentrischen Kreisen aus kleinen Wellen bedecken und bis zum Servieren in den Gefrierschrank stellen.

Eistorte Ondina

Sckokoladen-Eistorte mit Amaretti

Schokoladen-Eistorte mit Amaretti

Zubereitungszeit: *20 Minuten (ohne Gefrierzeit)*

Braucht etwas Erfahrung

Zutaten für 10 Personen

400 ml Sahne
200 g gemahlene Amaretti
150 g gehackte Bitterschokolade
3 Eier ◆ 1 EL lösliches Espressopulver
1 EL Zucker ◆ 1 Prise Salz

Für die Verzierung:
50 g Amaretti ◆ 2 EL Sahne
4 kandierte Veilchen ◆ 1 EL Aprikosengelee

◆ Die Schokolade im Wasserbad schmelzen, vom Herd nehmen und den Espresso sowie die Eigelbe unterrühren. Die Eiweiße mit dem Salz zu steifem Schnee schlagen und unter die erkaltete Masse heben.
◆ Die Sahne mit dem Zucker steif schlagen und die gemahlenen Amaretti unterziehen.
◆ Den Boden einer rechteckigen Form von 22 x 10 cm mit Backpapier auslegen und die Hälfte der Sahne-Zucker-Masse einfüllen. Mit der Schokoladenmasse bedekken, die restliche Sahne-Zucker-Masse darauf verteilen und glattstreichen. Mindestens 4 Stunden in den Gefrierschrank stellen.
◆ Mit einer angewärmten Messerschneide um den Rand der Eistorte fahren, diese auf eine gekühlte Platte stürzen und das Papier abziehen. Das Aprikosengelee im Wasserbad auflösen, die Amaretti damit bestreichen und auf die Torte setzen. Die Sahne steif schlagen und in einen Spritzbeutel mit Sterntülle geben. Vier Tupfen zwischen die Amaretti spritzen und jeweils ein kandiertes Veilchen daraufsetzen. Die Eistorte vor dem Servieren 30 Minuten in den Gefrierschrank stellen.

Fett-gebackenes

Frittelle ◆ Krapfen und Hefegebäck ◆ Fettgebackenes mit Füllung
Bignés ◆ Karnevalsgebäck

Zeppole

Zubereitungszeit:
1 Stunde 20 Minuten
Braucht etwas Erfahrung

ZUTATEN FÜR 6-8 PERSONEN

600 g Mehl
2 EL Zucker
1 EL Cognac
1 Prise Salz
2 EL Puderzucker

Den Zucker und das Salz mit zwei Tassen Wasser und dem Cognac aufkochen. Vom Herd nehmen und das gesamte Mehl auf einmal hineingeben, glattrühren und wieder auf die Hitzequelle stellen, bis die Masse einen Kloß bildet und leicht brät. Den Brandteig auf einer eingeölten Arbeitsplatte 15 Minuten ruhen lassen.

◆ Den Teig kräftig durchkneten und mehrmals mit dem Rollholz ausrollen, bis er glatt und geschmeidig ist. Stäbchen in der Dicke von Grissini daraus formen und in 12–15 cm lange Stücke schneiden. Die zwei Enden jedes Stäbchens zusammenfügen, so daß kleine Kringel entstehen, und diese mit einer Gabel einstechen.

◆ Die Kringel in sehr heißem Öl von beiden Seiten ausbacken und auf Küchenpapier abtropfen. Die Zeppole dick mit Puderzucker bestäuben und warm servieren.

Gebackene Bananen mit Kaffeesauce

Zubereitungszeit: *1 Stunde 15 Minuten*
Braucht etwas Erfahrung

ZUTATEN FÜR 6 PERSONEN

4–5 nicht zu reife Bananen
150 g Mehl ◆ 1 Ei
100 ml Milch ◆ 20 g Backpulver
4 EL Zucker
20 g Butter ◆ 1 Prise Salz
Erdnußöl zum Ausbacken

Für die Sauce:
4 Täßchen starker Espresso ◆ 100 g Zucker
2 EL Speisestärke ◆ 30 g Butter
3 EL kalter Espresso ◆ 5 cl Rum

◆ 120 g gesiebtes Mehl mit dem Backpulver, dem Salz und dem Zucker mischen. Das Ei, die Milch und die zerlassene Butter zufügen und die Zutaten zu einem nicht zu flüssigen Teig vermischen (eventuell noch etwas Mehl zugeben).
◆ Die Bananen schälen und in 2 cm dicke Scheiben schneiden, diese leicht mit dem restlichen Mehl bestäuben und in den Teig tauchen. Nach und nach in heißem Öl ausbacken und von beiden Seiten bräunen, dann auf Küchenpapier abtropfen.
◆ Für die Sauce den Zucker unter ständigem Rühren in einem Topf schmelzen. Nach und nach den starken Espresso, die Speisestärke und den kalten Espresso zufügen. Die Sauce bei schwacher Hitze eindicken lassen, dann vom Herd nehmen und die Butter und den Rum zugeben.
◆ Die gebackenen Bananen mit der Kaffeesauce servieren.

Gebackene Bananen mit Kaffeesauce

Spiralen aus Barcelona

Spiralen aus Barcelona

Zubereitungszeit: *1 Stunde (ohne Zeit zum Gehen)*
Braucht etwas Erfahrung

ZUTATEN FÜR 6-8 PERSONEN

700 g Mehl ◆ 6 Eier
geriebene Schale von 1 unbehandelten Zitrone
100 ml Milch
125 g weiche Butter
12 g frische Hefe
1 Prise Salz
Erdnußöl zum Ausbacken
2 EL Puderzucker

◆ Die Hefe in der lauwarmen Milch auflösen. Das Mehl auf die Arbeitsfläche sieben, in die Mitte die aufgelöste Hefe, die in Stücke geschnittene Butter, das Salz, die Eier und die Zitronenschale geben und alles zu einer homogenen Masse verkneten.
◆ Etwa 20 Minuten kräftig weiterkneten, dabei den Teig anheben und mehrmals auf die Arbeitsfläche schlagen, bis er glatt und geschmeidig ist. In eine große, mit Mehl bestäubte Schüssel legen, mit einem Tuch bedecken und über Nacht an einem warmen Ort gehen lassen.
◆ Am nächsten Tag den Teig in kleine Stücke teilen und zu 15–16 cm langen und 2 cm breiten Streifen ausrollen. Diese zu Spiralen aufrollen, dabei an zwei oder drei Stellen zusammendrücken, damit sie nicht auseinanderfallen. Nach und nach in heißem Öl goldbraun ausbacken. Auf Küchenpapier abtropfen, mit Puderzucker bestäuben und warm servieren.

Zeppole

Aprikosenküchlein

Zubereitungszeit: *50 Minuten (ohne Ruhezeit)*

Braucht etwas Erfahrung

Zutaten für 6-8 Personen

180 g Mehl ◆ 2 Eier
200 ml trockener Weißwein
30 g Butter ◆ 25 g Zucker
500 g Aprikosen
1 Prise Salz
Erdnußöl zum Ausbacken
1 EL Puderzucker

◆ Für den Teig das gesiebte Mehl mit den Eigelben, der zerlassenen Butter und dem Zucker vermischen. Den Wein in feinem Strahl zufügen und 1 Stunde ruhen lassen.

◆ Die Aprikosen waschen, kurz in kochendes Wasser geben, abgießen und häuten. Halbieren und entsteinen. (Falls sie nicht süß genug sind, mit Zucker bestreuen und 15 Minuten ziehen lassen.)

◆ Die Eiweiße mit dem Salz zu steifem Schnee schlagen und vorsichtig unter den Teig ziehen. Die Aprikosen nach und nach eintauchen und in dem heißen, aber nicht kochenden Öl goldbraun ausbacken. Auf Küchenpapier abtropfen, mit Puderzucker bestäuben und warm servieren.

Aprikosenküchlein

Marzipanscheiben

Marzipanscheiben

Zubereitungszeit: *40 Minuten*

Raffiniert

Zutaten für 6-8 Personen

1 Brioche-Brot
100 g Marzipan
100 g Orangeat
1 EL Grand Marnier
$^1/_2$ l Milch ◆ 4 Eier
1 Päckchen Vanillezucker
Erdnußöl zum Ausbacken

Für die Zimtsahne:

1 Zimtstange ◆ 50 g Zucker
200 ml Sahne

◆ Das Brioche-Brot in 1 cm dicke Scheiben schneiden und 4 cm große Kreise daraus ausstechen. Das Marzipan zerbröseln, mit dem Orangeat und dem Grand Marnier vermischen. 1 El der Masse auf jeweils eine Brotscheibe geben und mit einer zweiten abdecken. So auch mit den anderen Brotscheiben verfahren.

◆ Für die Zimtsahne den Zucker mit 100 ml Wasser 2–3 Minuten kochen. Wenn der Zucker sich vollständig aufgelöst hat, die Zimtstange zufügen und bei schwacher Hitze 2–3 Minuten weiterkochen.

◆ Vom Herd nehmen, die Zimtstange entfernen und erkalten lassen. Die Sahne steif schlagen, 1–2 EL Zimtsirup zufügen und noch etwas weiterschlagen. Kühl stellen.

◆ Die Eier, den Vanillezucker und die Milch mit einer Gabel verschlagen. Die Brioche-Sandwichs kurz darin eintauchen und nach und nach in dem heißen, aber nicht kochenden Öl ausbacken, bis sie goldbraun sind. Mit der Zimtsahne warm servieren.

Orientalische gebackene Creme

Orientalische gebackene Creme

Zubereitungszeit: *1 Stunde*

Braucht etwas Erfahrung

Zutaten für 6-8 Personen

$^3/_4$ l Milch
200 g Zucker
150 g fein gemahlenes Maismehl
50 g Grieß
1 Prise Salz
50 g Butter
2 Eier ◆ 50 g Sultaninen
40 g Pinienkerne
1 Päckchen Vanillezucker
geriebene Schale von $^1/_2$ unbehandelten Zitrone
80 g Paniermehl
Erdnußöl zum Ausbacken

◆ Die Sultaninen in lauwarmem Wasser einweichen.

◆ Die Milch und den Zucker mit $^1/_4$ l Wasser aufkochen. Das Salz, das Mehl und den Grieß unter ständigem Rühren einrieseln lassen. 20 Minuten zu einer weichen Masse kochen, dabei weiter rühren. Vom Herd nehmen, die Butter, die Eier, die ausgedrückten Sultaninen, die Pinienkerne, den Vanillezucker und die Zitronenschale zufügen und die Zutaten gründlich vermischen.

◆ Die Masse auf eine mit Wasser befeuchtete Arbeitsfläche geben, mit einem Spatel 1 cm dick verstreichen und erkalten lassen.

◆ Die Masse in 3 x 3 cm große Quadrate schneiden, in Paniermehl wälzen und nach und nach in dem heißen, aber nicht kochenden Öl ausbacken, bis sie goldbraun sind. Auf Küchenpapier abtropfen, auf einen Teller geben und sofort servieren.

Grießküchlein

Zubereitungszeit: *1 Stunde*
Braucht etwas Erfahrung

ZUTATEN FÜR 6-8 PERSONEN

200 g Grieß
200 g geschälte, gehackte Mandeln
1/2 l Milch
2 Eier ◆ 2 Eigelb
geriebene Schale von 1 unbehandelten Zitrone
100 g Zucker
1 EL Puderzucker
2 EL Paniermehl
Erdnußöl zum Ausbacken

Grießküchlein

◆ Die Milch mit 1 EL Zucker aufkochen, den Grieß unter ständigem Rühren einrieseln lassen und 20–25 Minuten kochen, dabei häufig umrühren. Vom Herd nehmen und die 2 Eier, den restlichen Zucker, die Mandeln und die Zitronenschale zufügen.
◆ Die Masse auf eine mit Wasser befeuchtete Marmorplatte (oder ein Backblech) geben, 1 cm dick ausrollen und erkalten lassen.
◆ Die Eigelbe verquirlen. Die erkaltete Masse mit verschiedenen Formen ausstechen oder in Rauten schneiden, durch die Eigelbe ziehen und in dem Paniermehl wenden.
◆ Die Küchlein in heißem, aber nicht kochendem Öl goldbraun ausbacken. Auf Küchenpapier abtropfen, mit Puderzucker bestäuben und warm servieren.

Apfelküchlein

Zubereitungszeit: *1 Stunde (ohne Ruhezeit)*
Braucht etwas Erfahrung

ZUTATEN FÜR 6-8 PERSONEN

800 g Äpfel ◆ 5 EL Zucker
Saft von 1 Zitrone
etwas Zimt
3 EL Maraschino
Erdnußöl zum Ausbacken
etwas Puderzucker
Für den Teig:
180 g Mehl
2 Eier ◆ 30 g Butter
1 Prise Salz
200 ml Weißwein
25 g Zucker

Apfelküchlein

◆ Für den Teig das Mehl mit den Eigelben, der zerlassenen Butter und dem Zucker verrühren. Den Wein zufügen und an einem warmen Ort mindestens 1 Stunde ruhen lassen.
◆ Die Äpfel schälen, mit einem Ausstecher das Kerngehäuse entfernen und in 5 mm dicke Scheiben schneiden. Mit dem Zitronensaft und dem Maraschino beträufeln, mit dem Zucker und dem Zimt bestäuben und 30 Minuten ziehen lassen.
◆ Die Eiweiße mit dem Salz zu steifem Schnee schlagen und vorsichtig unter den Teig ziehen. Die Apfelkringel abtropfen, durch den Teig ziehen und in heißem Öl von beiden Seiten goldbraun ausbacken. Auf Küchenpapier abtropfen, mit Puderzucker bestäuben und sofort servieren.

Süße Frikadellen auf griechische Art

Zubereitungszeit: *1 Stunde*
Braucht etwas Erfahrung

ZUTATEN FÜR 8 PERSONEN

180 g Rundkornreis
200 ml Milch
100 g Zucker ◆ 1 Prise Salz
1/2 TL Anissamen
50 g Butter
60 g Mehl
4 Eier
30 g Sultaninen
1 Prise Zimt
2 EL Paniermehl
Erdnußöl zum Ausbacken
2 EL Puderzucker

Süße Frikadellen auf griechische Art

◆ Die Sultaninen in lauwarmem Wasser einweichen.
◆ Den Reis 15 Minuten kochen, abgießen und unter kaltem Wasser abspülen. Mit der Milch in denselben Topf geben und aufkochen. 10 Minuten kochen, bis die Milch vollständig aufgesogen ist, dabei häufig umrühren. Vom Herd nehmen und den Zucker, den Zimt, die in Stücke geschnittene Butter und die Anissamen zufügen und erkalten lassen. Die Eigelbe, das gesiebte Mehl und die ausgedrückten Sultaninen zugeben. Schließlich die Eiweiße mit dem Salz zu steifem Schnee schlagen und vorsichtig unter die Reismasse ziehen.
◆ Kleine Kugeln formen, im Paniermehl wenden und in heißem, aber nicht kochendem Öl ausbacken. Auf Küchenpapier abtropfen, mit Puderzucker bestäuben und warm servieren.

Möhren-Walnuß-Küchlein

Zubereitungszeit: *50 Minuten*
Braucht etwas Erfahrung

ZUTATEN FÜR 6 PERSONEN

180 g Möhren ◆ 120 g weiche Butter
120 g Zucker ◆ 1 Ei
150 g Mehl
1 TL Backpulver
1 Prise Salz
80 g gehackte Walnüsse
Erdnußöl zum Ausbacken
2 EL Puderzucker

◆ Die Möhren schaben und abwaschen. In Wasser kochen (oder im Dampfkochtopf), abgießen und passieren.
◆ Die Butter mit dem Salz und dem Zucker schaumig schlagen. Das Ei, dann abwechselnd das mit dem Backpulver gesiebte Mehl und das Möhrenpüree unterrühren. Schließlich die Walnüsse zufügen und die Zutaten gut vermischen.
◆ Aus der Masse haselnußgroße Kugeln formen und in heißem, aber nicht kochendem Öl ausbacken. Auf Küchenpapier abtropfen, mit Puderzucker bestäuben und warm servieren.

Apfelkugeln

Zubereitungszeit: *1 Stunde*
Gelingt leicht

ZUTATEN FÜR 6 PERSONEN

4 Äpfel (Renetten) ◆ 50 g Zucker
geriebene Schale von 1/2 unbehandelten Zitrone
1 TL Zimt
2 Eier ◆ 100 g Paniermehl
40 g Vanillezucker
Erdnußöl zum Ausbacken

◆ Den Backofen auf 160° C vorheizen.
◆ Die Äpfel schälen, in Scheiben schneiden, entkernen und auf ein Backblech legen. Im vorgeheizten Ofen etwa 15–20 Minuten backen, dann pürieren, durch ein Sieb streichen und mit dem Zucker, der Zitronenschale, dem Zimt, 1 Ei und 60 g Paniermehl mischen.
◆ Aus der Masse Kugeln formen. Diese durch das zweite, verquirlte Ei ziehen und im restlichen Paniermehl wenden. In heißem, aber nicht kochendem Öl goldbraun ausbacken. Auf Küchenpapier abtropfen und mit dem Vanillezucker warm servieren.

Ananasküchlein

Zubereitungszeit: *50 Minuten*
(ohne Ruhezeit)
Braucht etwas Erfahrung

ZUTATEN FÜR ETWA 6 PERSONEN

1 Ananas
Saft von 2 Zitronen
2 EL Puderzucker
Erdnußöl zum Ausbacken
Für den Teig:
200 g Mehl ◆ 2 Eier
200 ml Milch ◆ 30 g Butter
25 g Zucker
1 Prise Salz

◆ Für den Teig das Mehl mit den Eigelben, der zerlassenen Butter und dem Zucker verrühren. Die Milch in feinem Strahl zufügen und die Zutaten gut vermischen. An einem warmen Ort 2 Stunden ruhen lassen.
◆ Die Ananas schälen und in 1 cm dicke Scheiben schneiden. Mit einem runden Ausstecher den harten Kern ausschneiden, die Scheiben mit dem Zitronensaft beträufeln und 30 Minuten ziehen lassen.
◆ Die Eiweiße mit dem Salz zu Schnee schlagen und vorsichtig unter den Teig ziehen. Die Ananasscheiben abtropfen, nacheinander durch den Teig ziehen und im heißen Öl goldgelb ausbacken. Auf Küchenpapier abtropfen. Auf eine Platte legen, mit Puderzucker bestäuben und warm servieren.

Mispel-Küchlein

Zubereitungszeit: *50 Minuten*
Braucht etwas Erfahrung

ZUTATEN FÜR 6-8 PERSONEN

500 g Mispeln
180 g Mehl
2 Eier
200 ml trockener Weißwein
2 EL Maraschino
30 g Butter
25 g Zucker
1 Prise Salz
Erdnußöl zum Ausbacken
1 EL Puderzucker

◆ Für den Teig das Mehl sieben und mit den Eigelben, der zerlassenen Butter, dem Zucker und dem Maraschino mischen. Den Wein in feinem Strahl zufügen, die Zutaten gut verrühren und mindestens 1 Stunde ruhen lassen.

◆ Die Mispeln gut waschen, schälen, halbieren und entsteinen.
◆ Die Eiweiße mit dem Salz zu steifem Schnee schlagen und unter den Teig ziehen. Die Mispeln nach und nach eintauchen und in heißem, aber nicht kochendem Öl goldgelb ausbacken. Auf Küchenpapier abtropfen, mit Puderzucker bestäuben und warm servieren.

Kartoffelkleeblätter mit Orange

Zubereitungszeit: *1 Stunde*
Braucht etwas Erfahrung

ZUTATEN FÜR 4 PERSONEN

50 g Mehl
250 g Kartoffeln
30 g weiche Butter
80 g Zucker
geriebene Schale von 1 unbehandelten Orange
1 Eigelb
1 Prise Salz
Erdnußöl zum Ausbacken
1 EL Puderzucker

◆ Die Kartoffeln waschen und kochen. Abgießen, schälen, durch die Kartoffelpresse drücken und erkalten lassen.
◆ Das Kartoffelpüree mit der in Stücke geschnittenen Butter, dem Zucker, dem Mehl, dem Eigelb, dem Salz und der geriebenen Orangenschale gut vermengen. Mit leicht bemehlten Händen kleine runde Brote formen, flachdrücken und Kleeblätter ausstechen.
◆ In heißem, aber nicht kochendem Öl ausbacken, bis die Kleeblätter goldgelb sind. Auf Küchenpapier abtropfen, mit Puderzucker bestäuben und sofort warm servieren.

Chinesische Kugeln

Zubereitungszeit: *45 Minuten*
Braucht etwas Erfahrung

ZUTATEN FÜR 6-8 PERSONEN

100 g rotes Sojamehl
100 g Reismehl
100 g Weizenmehl
150 g Zucker
70 g Butter
70 g Sesamsamen
Erdnußöl zum Ausbacken

◆ Das Sojamehl in eine Schüssel geben und nach und nach 200 ml Wasser zufügen. Die Masse mit einem Holzlöffel durchrühren und den Zucker zugeben. Bei schwacher Hitze aufkochen und bei mittlerer Hitze weiterkochen, bis die Masse dicklich ist. Vom Herd nehmen und die in Stücke geschnittene Butter unterrühren, dann erkalten lassen.
◆ Das Reismehl und das Weizenmehl (bis auf 1 EL) auf die Arbeitsfläche geben und mit 150 ml Wasser zu einer weichen, glatten Masse kneten.
◆ Aus der Sojamehlmasse Kugeln von 1,5 cm Durchmesser formen. Die Arbeitsfläche mit dem restlichen Mehl bestäuben und aus der Reis- und Weizenmehl-Masse eine Rolle von 3 cm Durchmesser formen. In 2 cm dicke Scheiben schneiden und flachdrücken. Jede Sojakugel in eine dieser Scheiben wickeln, in den Sesamsamen wenden und diese gut andrücken.
◆ Jeweils wenige Kugeln in heißem, aber nicht kochendem Öl goldgelb ausbacken. Auf Küchenpapier abtropfen, mit Puderzucker bestäuben und sofort servieren.

Küchlein aus Maronenmehl

Zubereitungszeit: *50 Minuten*
Braucht etwas Erfahrung

ZUTATEN FÜR 6-8 PERSONEN

400 g Maronenmehl
5 cl Rum
50 g Sultaninen
20 g Pinienkerne
2 Eiweiß
1 Prise Salz
1 EL Mehl
Erdnußöl zum Ausbacken
1 EL Puderzucker

◆ Die Sultaninen in lauwarmem Wasser einweichen.
◆ Das Maronenmehl sieben und den Rum sowie etwas lauwarmes Wasser zufügen. Mit einem Holzlöffel zu einer weichen Masse verrühren. Die Sultaninen abgießen und abtrocknen, in dem Mehl wenden und mit den Pinienkernen zu der Masse geben. Schließlich die Eiweiße mit dem Salz zu steifem Schnee schlagen und vorsichtig unterheben.
◆ Die Masse löffelweise in heißem, aber nicht kochendem Öl ausbacken.
◆ Die Küchlein von beiden Seiten bräunen und auf Küchenpapier abtropfen. Mit Puderzucker bestäuben und warm servieren.

Cartellate aus Apulien

Zubereitungszeit:
1 Stunde 15 Minuten
Braucht etwas Erfahrung

ZUTATEN FÜR 6-8 PERSONEN

500 g Mehl
120 g Hartweizengrieß
70 g Olivenöl extravergine
1 EL Zucker
1 Prise Salz
1/4 l trockener Weißwein
Erdnußöl zum Ausbacken

Für die Verzierung:
125 ml trockener Weißwein
1/2 l apulischer Vino Cotto (stark eingekochter Wein)
30 g geröstete Mandelblättchen

Mehl, Grieß, Zucker und Salz auf die Arbeitsfläche häufen. Das lauwarme Olivenöl mit dem Weißwein in die Mitte geben (1). Die Zutaten verkneten und eventuell etwas lauwarmes Wasser zufügen.

◆ Den Teig 3 mm dick ausrollen und 4 cm breite und 60 cm lange Streifen ausschneiden (2). Die Streifen zur Hälfte falten, etwa alle 7 cm zusammendrücken und spiralförmig aufrollen (3). Trocknen lassen.

1

2

◆ Die Cartellate nach und nach in heißem, aber nicht kochendem Öl ausbacken, dabei zum Bräunen von einer Seite auf die andere wenden (4). Auf Küchenpapier abtropfen.

◆ Den Weißwein und den Vino Cotto aufkochen. Die Cartellate einzeln eintauchen. Wenn der Wein erneut aufkocht, herausnehmen und auf Küchenkrepp abtropfen. Mit den Mandelblättchen bestreuen.

3

4

Korinthen-Küchlein

Zubereitungszeit: *50 Minuten*
Braucht etwas Erfahrung

ZUTATEN FÜR 6-8 PERSONEN

150 g Mehl
120 g Butter
4 Eier
100 g Korinthen
2 Päckchen Vanillezucker
1 Prise Salz
Erdnußöl zum Ausbacken
20 g Puderzucker ◆ 5 g Zimt

Korinthen-Küchlein

◆ Die Korinthen in lauwarmem Wasser einweichen.
◆ 200 ml Wasser mit der Butter, dem Salz und dem Vanillezucker aufkochen. Das Mehl auf einmal hineingeben, vom Herd nehmen und die Masse mit einem Holzlöffel kräftig durchrühren. Erneut einige Minuten auf die Hitzequelle stellen, bis die Masse einen Kloß bildet und leicht brät. In eine Schüssel geben, abkühlen lassen und die Eier einzeln unterrühren. Die gut ausgedrückten Korinthen zufügen.
◆ Aus der Masse walnußgroße Kugeln formen und in heißem, aber nicht kochendem Öl goldgelb ausbacken. Auf Küchenpapier abtropfen, den Zimt mit dem Puderzucker vermischen, damit bestäuben und warm servieren.

Englische Creme-Rauten

Englische Creme-Rauten

Zubereitungszeit: *1 Stunde*
Braucht etwas Erfahrung

ZUTATEN FÜR 6 PERSONEN

170 g Mehl ◆ 1/2 l Milch
1 Ei ◆ 8 Eigelb
100 g Zucker ◆ 1 Päckchen Vanillezucker
80 g Sultaninen
80 g Zitronat
50 g Butter ◆ 50 g Puderzucker
Erdnußöl zum Ausbacken

◆ Aus 100 g Mehl, der Milch, den Eigelben, dem Zucker und dem Vanillezucker eine Konditorcreme zubereiten (s. S. 16). Vom Herd nehmen und mit der in Stücke geschnittenen Butter verrühren. Die Creme abkühlen lassen und das Zitronat sowie die Sultaninen zufügen.
◆ Die Masse auf einer befeuchteten Arbeitsplatte 2 cm dick verstreichen. Erkalten und fest werden lassen, dann in kleine Rauten schneiden.
◆ Die Rauten in dem verquirlten Ei und dann in dem restlichen Mehl wenden und in dem heißen, aber nicht kochenden Öl goldgelb ausbacken. Auf Küchenpapier abtropfen, mit Puderzucker bestäuben und warm servieren.

Cartellate aus Apulien

Gefüllte Ricotta-Kugeln

Zubereitungszeit:
40 Minuten
Braucht etwas Erfahrung

ZUTATEN FÜR 6-8 PERSONEN

400 g Ricotta
2 Eier
5 Amaretti
4 EL Vanillezucker
100 g Mehl
1 Prise Zimt
1 TL Backpulver
50 g Aprikosengelee
50 g Bitterschokolade
30 g Mandeln
Erdnußöl zum Ausbacken

Den Backofen auf 180° C vorheizen. Die Mandeln kurz in kochendes Wasser geben, abtropfen und schälen. Im vorgeheizten Ofen einige Minuten trocknen lassen, dann grob hacken.

◆ Ebenfalls die Amaretti und die Bitterschokolade zerkleinern.

◆ Den Ricotta mit den Eiern, den zerkleinerten Amaretti und 2 EL Vanillezucker mischen, das Mehl mit dem Backpulver und dem Zimt sieben und beides gründlich miteinander vermengen.

◆ Aus dieser Masse Kugeln von 3–4 cm Durchmesser formen.

◆ Mit einem Löffelrücken in die Mitte der Kugeln kleine Kuhlen drücken (1). Einige mit dem Aprikosengelee füllen (2) und andere mit etwas Schokolade und Mandeln. Die Kugeln schließen (3), indem man sie zwischen den Handflächen rollt, und in heißem, aber nicht kochendem Öl ausbacken.

◆ Auf Küchenpapier abtropfen (4), mit dem restlichen Vanillezucker bestäuben und warm servieren.

1

2

3

4

Ricotta-Kringel

Zubereitungszeit: *1 Stunde (ohne Ruhezeit)*
Braucht etwas Erfahrung

ZUTATEN FÜR 6-8 PERSONEN

200 g Ricotta
300 g Mehl
1 Eigelb
100 g Zucker
20 g frische Hefe
4 EL Milch
geriebene Schale von 1 Zitrone
Erdnußöl zum Ausbacken
2 EL Puderzucker

◆ Die Hefe in der lauwarmen Milch auflösen.
◆ Den Ricotta mit dem Zucker und dem Eigelb vermengen. Dann das gesiebte Mehl, die aufgelöste Hefe und die geriebene Zitronenschale zufügen und gründlich unterrühren. Die Masse an einem warmen Ort etwa 1 Stunde ruhen lassen.
◆ Kleine Kringel formen und jeweils mehrere auf einmal in heißem Öl ausbacken. Auf Küchenpapier abtropfen, mit Puderzucker bestäuben und warm servieren.

Norditalienische Tortelli

Norditalienische Tortelli

Zubereitungszeit: *1 Stunde*
Braucht etwas Erfahrung

ZUTATEN FÜR 6-8 PERSONEN

250 g Mehl ◆ 40 g Zucker
6 EL Milch
6 EL Marsala ◆ 2 Eier
50 g Sultaninen
1/2 Päckchen Backpulver
1 Prise Salz
Erdnußöl zum Ausbacken
100 g Zucker

◆ Die Sultaninen in lauwarmem Wasser einweichen.
◆ 230 g Mehl mit dem Backpulver und dem Salz sieben. Die Eier, den Zucker, die Milch, den Marsala und schließlich die ausgedrückten und bemehlten Sultaninen zufügen und gut vermischen.
◆ Die Masse löffelweise in heißem Öl ausbacken, bis die Tortelli goldgelb und aufgegangen sind. Auf Küchenpapier abtropfen, im Zukker wälzen und sofort servieren.

Gefüllte Ricotta-Kugeln

Tunesische Yoyo

Zubereitungszeit: *1 Stunde (ohne Ruhezeit)*

Braucht etwas Erfahrung

ZUTATEN FÜR 4 PERSONEN

300 g Mehl
3 Eier
3 EL Olivenöl
1 Päckchen Backpulver
80 g Puderzucker
1 Prise Natron
1 Prise Salz
Erdnußöl zum Ausbacken
3 EL geschälte, gehackte Mandeln
3 EL gehackte Walnüsse
3 EL geschälte, gehackte Haselnüsse
1 Päckchen Vanillezucker

Für den Sirup:
250 g Puderzucker
2 EL Rosenwasser
Saft von 1 Zitrone

◆ Das Mehl mit dem Backpulver und dem Natron auf die Arbeitsfläche sieben. Die Eier, das Olivenöl, den Puderzucker und das Salz in die Mitte geben und die Zutaten zu einem glatten und geschmeidigen Teig verkneten. In einer leicht bemehlten Schüssel etwa 30 Minuten ruhen lassen.
◆ Für den Sirup den Puderzucker mit dem Rosenwasser und dem Zitronensaft bei schwacher Hitze zu einem dicklichen Sirup einkochen.
◆ Den Teig 1,5 cm dick ausrollen und 6 cm große Kreise ausstechen. Mit einem Fingerhut aus jedem Kringel in der Mitte ein Loch ausstechen.
◆ Die Kreise nach und nach in heißem Öl ausbacken, und sobald sie aufgegangen und von beiden Seiten gebräunt sind, auf Küchenpapier abtropfen. In den Sirup tauchen, mit den gehackten Mandeln, den Walnüssen, den Haselnüssen und dem Vanillezucker bestreuen und warm servieren.

Fritole aus Venetien

Krapfen

Fritole aus Venetien

Zubereitungszeit: *1 Stunde (ohne Zeit zum Gehen)*

Braucht etwas Erfahrung

ZUTATEN FÜR 6 PERSONEN

300 g Mehl ◆ *$^1/_4$ l Milch*
25 g frische Hefe ◆ *100 g Zucker*
50 g Butter
3 Eier
70 g Sultaninen
30 g Pinienkerne
geriebene Schale von 1 Zitrone
2 EL Rum
1 Prise Salz
Erdnußöl zum Ausbacken

◆ Die Sultaninen in lauwarmem Wasser einweichen und die Hefe in der lauwarmen Milch auflösen.
◆ Die Eier mit 50 g Zucker schaumig schlagen, dann die zerlassene Butter, die aufgelöste Hefe, die ausgedrückten Sultaninen, die Pinienkerne, die Zitronenschale und den Rum zufügen und die Zutaten gut vermischen. Dann das Mehl mit dem Salz sieben, zugeben und alles kräftig zu einer weichen Masse verkneten. Die Masse an einem warmen Ort etwa 1 Stunde gehen lassen, bis sie ihr Volumen verdoppelt hat.
◆ Die Masse teelöffelweise in heißem, aber nicht kochendem Öl ausbacken, bis die Fritole aufgegangen und goldgelb sind. Auf Küchenpapier abtropfen, im restlichen Zucker wälzen, auf eine Platte türmen und warm oder lauwarm servieren.

Krapfen

Zubereitungszeit: *50 Minuten (ohne Zeit zum Gehen und Ruhezeit)*

Braucht etwas Erfahrung

ZUTATEN FÜR 8-10 PERSONEN

450 g Mehl
30 g frische Hefe
300 ml Milch ◆ *80 g weiche Butter*
6 Eigelb ◆ *120 g Zucker*
geriebene Schale von 1 unbehandelten Zitrone
1 Prise Salz
1 Päckchen Vanillezucker
200 g Aprikosenkonfitüre
2 EL Rum
Erdnußöl zum Ausbacken

◆ Die Hefe in der lauwarmen Milch auflösen und den Vanillezucker zufügen.
◆ Das Mehl mit 70 g Zucker, der Zitronenschale, den Eigelben und dem Salz gut vermischen. Die aufgelöste Hefe und die in Stücke geschnittene Butter unterrühren. Die Masse auf die Arbeitsfläche geben und 20 Minuten kräftig kneten, dabei mehrmals aufschlagen, damit der Teig geschmeidig wird. Den Teig in eine Schüs-

sel geben und abgedeckt an einem warmen Ort etwa 2 Stunden gehen lassen.

◆ Den Teig 2 Minuten kneten, dann im Kühlschrank 2–12 Stunden ruhen lassen.

◆ Die Aprikosenkonfitüre mit dem Rum mischen. Den Teig auf einer bemehlten Arbeitsfläche 1 cm dick ausrollen und 6 cm breite Streifen ausschneiden. Auf die Hälfte der Streifen in 3–4 cm Abstand mit einem Teelöffel Konfitürenhäufchen setzen. Mit den anderen Streifen bedecken, dabei um die Konfitüre herum gut andrücken. Die Krapfen mit einem runden Ausstecher von 3 cm Durchmesser ausschneiden und an einem warmen Ort etwa 1 Stunde gehen lassen.

◆ Nach und nach in heißem, aber nicht kochendem Öl goldgelb ausbacken. Auf Küchenpapier abtropfen, mit dem restlichen Zucker bestreuen und warm servieren.

Schokoladen-Donuts

Zubereitungszeit: *50 Minuten*
Braucht etwas Erfahrung

Zutaten für 6-8 Personen

250 g Mehl
1 Ei
1/2 TL Natron
1/2 TL Zimt
1 Prise Salz
100 g Zucker
50 g Bitterschokolade
30 g Butter
4 EL Sahne
4 EL Milch
1 TL Zitronensaft
Erdnußöl zum Ausbacken
1 EL Puderzucker

◆ Die Schokolade zerkleinern und mit der Butter bei schwacher Hitze im Wasserbad schmelzen.

◆ Das Mehl mit dem Natron, dem Zimt und dem Salz sieben und mit dem Ei, dem Zucker, der geschmolzenen Schokolade, der Sahne und der Milch sowie dem Zitronensaft verrühren und die Zutaten gut vermischen.

◆ Die Masse auf die Arbeitsfläche geben und eventuell mit etwas Mehl 1 cm dick ausrollen.

◆ Mit einem Ausstecher von 8–9 cm Durchmesser Kreise ausschneiden und mit einem kleineren Förmchen aus der Mitte dieser Kreise wiederum kleinere Kreise ausstechen. Aus den kleineren Kreisen Kugeln formen.

Schokoladen-Donuts

Kleine Hefekringel

◆ Die Kringel und danach auch die Kugeln in heißem Öl ausbacken. Die Kugeln und die Donuts auf Küchenpapier abtropfen, mit dem Puderzucker bestäuben und warm oder lauwarm servieren.

Kleine Hefekringel

Zubereitungszeit: *1 Stunde (ohne Zeit zum Gehen)*
Braucht etwas Erfahrung

Zutaten für 4 Personen

200 g Mehl
60 g Zucker
50 g Butter
15 g frische Hefe
2 Eigelb
150 ml Milch
geriebene Schale von 1 unbehandelten Zitrone
Erdnußöl zum Ausbacken
1 EL Puderzucker

◆ Die Butter bei Zimmertemperatur weich werden lassen.

◆ 100 g Mehl in eine Schüssel sieben. Die Hefe in 100 ml lauwarmer Milch auflösen und in die Mitte geben, verkneten und nach und nach soviel Mehl zugeben, bis die Masse weich und homogen ist (etwas Mehl zurückbehalten). Sollte sie zu fest sein, einige Löffel Milch zufügen. An einem warmen Ort gehen lassen, bis der Teig sein Volumen verdoppelt hat.

◆ Den Zucker mit der in Stücke geschnittenen Butter, den Eigelben, der geriebenen Zitronenschale und der restlichen Milch zu einer hellen und schaumigen Masse aufschlagen.

◆ Die Masse zu dem Hefeteig geben, etwas kneten und dann das restliche Mehl zufügen, dann gründlich kneten, bis der Teig weich und geschmeidig ist. Mit einem sauberen Tuch abgedecken und an einem warmen Ort etwa 1 Stunde gehen lassen.

◆ Den Teig nochmal durchkneten und dann 1 cm dicke und 10 cm lange Würste daraus formen. Die Enden zu Kringeln zusammenlegen und an einem warmen Ort 15 Minuten ruhen lassen.

◆ Die Kringel in reichlich heißem, aber nicht kochendem Öl goldgelb ausbacken.

◆ Auf Küchenpapier abtropfen, mit Puderzucker bestäuben und heiß servieren.

Pfirsichblumen

Zubereitungszeit:
1 Stunde
(ohne Ruhezeit)
Braucht etwas Erfahrung

ZUTATEN FÜR 8-10 PERSONEN

250 g Mehl
1 Ei ◆ 2 Eigelb
1 EL Zucker
1 unbehandelten Zitrone
1 Prise Salz
2,5 cl Maraschino
30 g Butter
trockener Weißwein
Erdnußöl zum Ausbacken
2 EL Puderzucker
Für die Füllung:
600 g Pfirsiche
180 g brauner Rohrzucker
60 g Amaretti

Die Butter bei Zimmertemperatur weich werden lassen. Den gelben Teil der Zitronenschale fein reiben und die Amaretti zerkleinern.

◆ Das Mehl mit dem Zucker und dem Salz auf die Arbeitsfläche sieben. Das Ei, 1 Eigelb, die in Stücke geschnittene Butter, die Zitronenschale und den Likör in die Mitte geben.

◆ Die Zutaten verkneten, dabei so viel Weißwein zufügen, daß die Masse homogen, glatt und geschmeidig wird. In Klarsichtfolie wickeln und etwa 30 Minuten kühl ruhen lassen.

◆ In der Zwischenzeit die Füllung zubereiten: Die Pfirsiche waschen, kurz in kochendes Wasser geben, dann in kaltes Wasser tauchen und häuten. Halbieren und dann in Stücke schneiden, dabei die Kerne entfernen.

◆ Die Pfirsiche mit dem Zucker bei mittlerer Hitze aufkochen und etwa 15 Minuten kochen lassen. Vom Herd nehmen, die zerkleinerten Amaretti zufügen, alles gut durchmischen und das Püree dann erkalten lassen.

◆ Den Teig auf der Arbeitsfläche dünn ausrollen und in zwei gleiche Hälften teilen. Einen Teil mit dem restlichen, verquirlten Eigelb bestreichen und in etwa 4 cm Abstand die Pfirsichpüree-Füllung in haselnußgroßen Häufchen daraufgeben. Mit der anderen Teighälfte bedecken und dabei den Teig zwischen den Füllungen gut andrükken.

◆ Mit einem Ausstecher in Blumenform die Pfirsichblumen ausschneiden und in heißem, aber nicht kochendem Öl ausbacken. Auf Küchenpapier abtropfen, mit Puderzucker bestäuben und warm oder lauwarm servieren.

Birnen-Rissoles

Zubereitungszeit: *1 Stunde*
Raffiniert

ZUTATEN FÜR 6-8 PERSONEN

300 g Blätterteig (s. S. 12)
500 g Birnen ◆ 70 g Zucker ◆ 1 Ei
Erdnußöl zum Ausbacken
1 EL Puderzucker
Für die Sauce:
100 g Apfelgelee ◆ 1 EL weißer Rum

◆ Für die Sauce das Apfelgelee im Wasserbad auflösen und mit dem Rum mischen.
◆ Die Birnen schälen, vom Kerngehäuse befreien und in Würfel schneiden. Bei schwacher Hitze mit dem Zucker in 50 ml Wasser 25 Minuten kochen und erkalten lassen.
◆ Den Blätterteig 3 mm dick ausrollen und 8 cm große Kreise ausstechen. Bei der Hälfte der Kreise den Rand mit dem verquirlten Ei bestreichen und 1 EL Birnenkompott in die Mitte geben, mit den anderen Kreisen bedecken und die Ränder gut andrücken.
◆ Die Rissoles nach und nach in heißem, aber nicht kochendem Öl goldgelb ausbacken und auf Küchenpapier abtropfen. Mit Puderzucker bestäuben und mit der Sauce warm servieren.

Birnen-Rissoles

Zwetschgen-Gnocchi

Zubereitungszeit: *1 Stunde*
Braucht etwas Erfahrung

ZUTATEN FÜR 6 PERSONEN

450 g Kartoffeln
280 g Mehl ◆ 1 Ei
2 EL Milch ◆ 30 g Zucker
200 g Zwetschgen ◆ 1 Prise Salz
Erdnußöl zum Ausbacken
2 EL Puderzucker

◆ Die Zwetschgen waschen, entsteinen und vierteln. Die Kartoffeln garen, abgießen, schälen und durch die Kartoffelpresse drücken.
◆ 200 g Mehl auf die Arbeitsfläche sieben, in die Mitte eine Vertiefung drücken und die Kartoffeln, das Ei, den Zucker, die Milch und das Salz hineingeben. Die Zutaten zu einem weichen Teig verkneten. Stäbchen von 2,5 cm Durchmesser und 2–3 cm Länge daraus formen. Zu Kugeln drehen, mit einem Zwetschgen-Viertel füllen und dieses in den Teig einpacken. ▶

Pfirsichblumen

◆ Die Zwetschgen in dem restlichen Mehl wälzen und in heißem, aber nicht kochendem Öl nach und nach ausbacken. Auf Küchenpapier abtropfen, mit Puderzucker bestäuben und warm servieren.

Zwetschgen-Gnocchi

Apfel-Tortelli

Zubereitungszeit: *1 Stunde*
Braucht etwas Erfahrung

Zutaten für 6-8 Personen

300 g Mehl ◆ 50 g Zucker
3 Eier ◆ 50 g weiche Butter
geriebene Schale von 1 unbehandelten Zitrone
2 EL Kirschwasser ◆ 1 Prise Salz
Erdnußöl zum Ausbacken ◆ 1 EL Puderzucker

Für die Füllung:
2 Äpfel (Renetten) ◆ 40 g Zucker
20 g Sultaninen ◆ 1 EL Kirschwasser

◆ Die Sultaninen in lauwarmem Wasser einweichen.
◆ Für die Füllung die Äpfel schälen, entkernen, in Stücke schneiden und mit dem Zucker sowie 125 ml Wasser bei schwacher Hitze 20 Minuten kochen. Abkühlen lassen, dann die ausgedrückten, gehackten Sultaninen und das Kirschwasser unter das Apfelkompott mischen.
◆ Das Mehl auf die Arbeitsfläche häufen und den Zucker, das Salz, die Zitronenschale, die in Stücke geschnittene Butter, die Eier und das Kirschwasser in die Mitte geben. Die Zutaten zu einem glatten Teig verkneten. Diesen 2 mm dick ausrollen und mit einem gezackten Förmchen 5–6 cm große Kreise ausstechen.
◆ Auf die Hälfte der Kreise das Apfelkompott verteilen, die Teigränder mit etwas Wasser befeuchten und mit den restlichen Kreisen bedecken, die Ränder dabei gut andrücken. Die Tortelli in heißem Öl ausbacken, auf Küchenpapier abtropfen, mit Puderzucker bestäuben und lauwarm servieren.

Apfel-Tortelli

Sizilianische Cannoli

Zubereitungszeit: *1 Stunde (ohne Ruhezeit)*
Braucht etwas Erfahrung

Zutaten für 6-8 Personen

150 g Mehl ◆ 1 TL lösliches Espressopulver
1 TL Kakao
1 gehäufter EL Zucker ◆ 1 Prise Salz
1 TL Weißweinessig
15 g Schmalz (oder Butter)
1 Eiweiß
trockener Weißwein oder Marsala
Erdnußöl zum Ausbacken
2 EL Puderzucker

Für die Füllung:
300 g Ricotta
100 g Zucker
einige Tropfen Orangenblütenwasser
30 g gewürfelter kandierter Kürbis
50 g gehackte Bitterschokolade

◆ Das Mehl auf die Arbeitsfläche häufen, das Schmalz, das Salz, den Zucker, den Essig, den Kakao und den Espresso in die Mitte geben. Die Zutaten verkneten, dabei ausreichend Weißwein zufügen, um einen festen Teig zu erhalten und diesen gründlich kneten, bis er glatt und geschmeidig ist. In Klarsichtfolie wickeln und an einem kühlen Ort 30 Minuten ruhen lassen.
◆ Den Teig 2 mm dick ausrollen und mit einem Ausstecher von 8–10 cm Durchmesser Kreise ausschneiden, bis der Teig aufgebraucht ist. Metallröhrchen (oder besser Bambusröhrchen) mit etwas Öl bestreichen und jedes mit einem Teigkreis umwickeln, dabei die Ränder überlappen lassen und mit dem Eiweiß ankleben. Die Cannoli in heißem Öl dunkel-goldgelb ausbacken und auf Küchenpapier abtropfen. Lauwarm von den Röhrchen streifen. So weiter verfahren, bis die Teigkreise aufgebraucht sind.
◆ Für die Füllung den Ricotta mit dem Orangenblütenwasser und dem Zucker cremig rühren. Dann den Kürbis und die Schokolade untermischen und 30 Minuten kühlstellen.
◆ Um zu verhindern, daß die Füllung die Cannoli aufweicht, sollten sie erst kurz vor dem Servieren gefüllt und mit Puderzucker bestäubt werden.

Sizilianische Cannoli

Sebadas

Zubereitungszeit: *1 Stunde*
Braucht etwas Erfahrung

Zutaten für 6-8 Personen

250 g Mehl
2 Eier ◆ 1 Eiweiß
1 EL Zucker
geriebene Schale von $1/2$ unbehandelten Zitrone
25 g Butter ◆ trockener Weißwein
2,5 cl Anislikör
1 EL Marsala ◆ 300 g Schafskäse
200 g Kastanienhonig (bitter)

1 Prise Salz
Erdnußöl zum Ausbacken
50 g Puderzucker

◆ Das Mehl mit dem Salz auf die Arbeitsfläche sieben. Die Eier, die Butter, die Zitronenschale und den Marsala in die Mitte geben. Die Zutaten verkneten, dabei genügend Weißwein zufügen, um einen glatten und geschmeidigen Teig zu erhalten. In Klarsichtfolie wickeln und an einem kühlen Ort 30 Minuten ruhen lassen.
◆ Den Teig sehr dünn ausrollen und 8 cm große Kreise ausstechen. Den Schafskäse in 3 cm dicke Scheiben und dann in 3–4 cm große Kreise schneiden. Die Hälfte der Teigkreise mit dem verquirlten Eiweiß bestreichen, mit einer Käsescheibe belegen, diese mit dem Anislikör bepinseln und mit etwas Zucker bestreuen. Mit den restlichen Teigscheiben belegen und die Ränder mit den Fingerspitzen gut andrücken.
◆ Die Sebadas in heißem Öl von beiden Seiten goldgelb ausbacken. Auf Küchenpapier abtropfen, mit Puderzucker bestäuben und zusammen mit dem angewärmten Honig warm servieren.

Ravioli mit Maronencreme

Zubereitungszeit: *1 Stunde*
Braucht etwas Erfahrung

Zutaten für 6-8 Personen

300 g Mehl
50 g Zucker
3 Eier ◆ 50 g weiche Butter
geriebene Schale von 1 unbehandelten Zitrone
2 EL Maraschino
1 Prise Salz
Erdnußöl zum Ausbacken
1 EL Puderzucker
Für die Füllung:
150 g Maronenpüree
50 g Zucker ◆ 1 TL Kakao
2 EL Maraschino

◆ Das Mehl auf die Arbeitsfläche sieben, in die Mitte eine Vertiefung drücken und den Zucker, das Salz, die Zitronenschale, die in Stücke geschnittene Butter, die Eier und den Maraschino hineingeben. Die Zutaten zu einem glatten Teig verkneten. Mit dem Rollholz (oder der Nudelmaschine) 2 mm dünn ausrollen und mit einem Rädchen 7–8 cm breite Streifen ausschneiden.

Sebadas

Ravioli mit Maronencreme

Rissoles mit Portweinpflaumen

◆ Für die Füllung das Maronenpüree mit dem Zucker, dem Kakao und dem Maraschino mischen und in 3–4 cm Abstand Häufchen auf die Hälfte der Teigstreifen setzen. Mit den restlichen Teigstreifen bedecken, mit den Fingern rundherum andrücken und dreieckige Ravioli ausschneiden.
◆ In heißem, aber nicht kochendem Öl ausbacken und auf Küchenpapier abtropfen. Auf eine Platte setzen, mit Puderzucker bestäuben und lauwarm oder kalt servieren.

Rissoles mit Portweinpflaumen

Zubereitungszeit: *1 Stunde*
(ohne Ruhezeit)
Braucht etwas Erfahrung

Zutaten für 6 Personen

200 g Mehl ◆ 100 g Butter
2 Eigelb ◆ 2 EL Milch
40 g Zucker
Für die Füllung:
20 g Pflaumen
75 g Puderzucker ◆ 2 Nelken
300 ml Rotwein
100 ml Portwein ◆ 1 Ei
Erdnußöl zum Ausbacken

◆ Das Mehl auf die Arbeitsfläche sieben, in die Mitte eine Vertiefung drücken und die in Stücke geschnittene Butter, den Zucker und die Eigelbe in die Mitte geben. Die Zutaten zügig mit den Fingerspitzen zu einem krümeligen Teig verkneten. Rasch die Milch unterkneten, den Teig in Klarsichtfolie wickeln und 1 Stunde kühlstellen.
◆ Für die Füllung die Pflaumen mit dem Rotwein, dem Portwein, 50 g Zucker und den Nelken 15–20 Minuten kochen. Die Pflaumen in der Flüssigkeit erkalten lassen (besser am Vortag zubereiten), dann abgießen, entsteinen und in Stücke schneiden.
◆ Den Teig 2–3 mm dick ausrollen und mit einem gezackten Förmchen 5–6 cm große Kreise ausschneiden. In die Mitte jeweils 1 El Pflaumenstückchen geben. Die Ränder mit dem verquirlten Ei bestreichen und die Teigkreise zur Hälfte zu Halbmonden falten, die Ränder dabei gut andrücken.
◆ Die Rissoles nach und nach in heißem Öl goldgelb ausbacken. Auf Küchenpapier abtropfen, mit dem restlichen Puderzucker bestäuben und heiß servieren.

Ricotta-Tortelloni

Zubereitungszeit: *1 Stunde*
Braucht etwas Erfahrung

ZUTATEN FÜR 6-8 PERSONEN

300 g Mehl ◆ 100 g Zucker
125 ml trockener Weißwein
50 g weiche Butter
geriebene Schale von 1 unbehandelten Zitrone
1 Prise Salz ◆ 1 Ei
Erdnußöl zum Ausbacken
2 EL Puderzucker

Für die Füllung:
250 g Ricotta ◆ 3 Eigelb
70 g Zucker ◆ 1 Prise Zimt
2 EL Rum

◆ Für die Füllung den Ricotta mit dem Zucker mischen. Die Eigelbe, den Zimt und den Rum unter die cremige Masse rühren.
◆ Das Mehl auf die Arbeitsfläche sieben, in die Mitte eine Vertiefung drücken und den Zucker, die Zitronenschale, das Salz, die in Stücke geschnittene Butter und das Ei hineingeben. Die Zutaten verkneten, dabei so viel Weißwein zufügen, bis die Masse fest und glatt ist. Mit einem Rollholz oder einer Nudelmaschine dünn ausrollen und Quadrate von 5–6 cm Kantenlänge ausschneiden.
◆ In die Mitte jedes Quadrates 1 EL Ricotta-Füllung setzen und zu Dreiecken falten. Die Ränder gut andrücken, die unteren Ecken zusammenlegen und andrücken und so die Tortelloni formen.
◆ In heißem, aber nicht kochendem Öl goldgelb ausbacken. Auf Küchenpapier abtropfen, mit Puderzucker bestäuben und warm oder lauwarm servieren.

Ravioloni mit Ananas

Zubereitungszeit: *1 Stunde*
Braucht etwas Erfahrung

ZUTATEN FÜR 6-8 PERSONEN

300 g Mehl ◆ 100 g Zucker
125 ml trockener Weißwein
50 g weiche Butter
geriebene Schale von 1 unbehandelten Zitrone
1 Prise Salz ◆ 1 Ei
Erdnußöl zum Ausbacken ◆ 2 EL Puderzucker

Für die Füllung:
100 g Ricotta ◆ 200 g Ananas
50 g Zucker ◆ 3 Eigelb
5 cl Maraschino

◆ Für die Füllung die Ananas in Stücke schneiden und mit einem Tuch abtrocknen. Den Ricotta mit dem Zucker, den Eigelben und dem Maraschino verrühren. Die Ananasstückchen unter die cremige Masse mischen.
◆ Das Mehl auf die Arbeitsfläche sieben und den Zucker, die Zitronenschale, das Salz, die in Stücke geschnittene Butter und das Ei in die Mitte geben. Die Zutaten verkneten, dabei so viel Weißwein zufügen, daß eine weiche Masse entsteht. Mit einem Rollholz dünn ausrollen und in 4 cm breite Streifen schneiden. Auf die Hälfte der Streifen in 3–4 cm Abstand Häufchen der Füllung setzen. Mit den restlichen Streifen bedecken, mit den Fingern um die Füllung andrücken und mit einem Teigrädchen Ravioloni von 4 cm Kantenlänge ausschneiden.
◆ In heißem Öl goldgelb ausbacken. Auf Küchenpapier abtropfen, mit Puderzucker bestäuben und warm oder lauwarm servieren.

Frittelle mit Quitten

Zubereitungszeit: *1 Stunde*
(ohne Ruhezeit)
Braucht etwas Erfahrung

ZUTATEN FÜR 6 PERSONEN

250 g Mehl ◆ 1 Prise Salz
1 EL Zucker ◆ 1 Ei
50 g weiche Butter ◆ 2 EL Puderzucker
Erdnußöl zum Ausbacken

Für die Füllung:
50 g Sultaninen ◆ 1 Ei ◆ 150 g Quittenkonfitüre
100 g geröstete, gehackte Haselnüsse,
Mandeln und Walnüsse

◆ Die Sultaninen in lauwarmem Wasser einweichen.
◆ Das Mehl auf die Arbeitsfläche sieben, in die Mitte eine Vertiefung drücken und Salz, Zucker, Ei und die in Stücke geschnittene Butter hineingeben. Die Zutaten mit 5–6 EL lauwarmem Wasser verkneten, dabei den Teig mehrmals auf die Arbeitsfläche schlagen, bis er geschmeidig ist. In einer angewärmten Schüssel abgedeckt 30 Minuten ruhen lassen.
◆ Für die Füllung die Konfitüre mit den Nüssen und den ausgedrückten Sultaninen mischen.
◆ Den Teig etwa 2 mm dick ausrollen und mit einem Kuchenrädchen Quadrate von 4 cm Kantenlänge ausschneiden. Die Hälfte mit dem verquirlten Ei bestreichen, 1 El Füllung daraufsetzen und mit den restlichen Quadraten bedekken. Die Ränder gut andrücken.
◆ In heißem Öl goldgelb ausbacken. Abtropfen, mit Puderzucker bestäuben und warm servieren.

Bignés di San Giuseppe

Zubereitungszeit: *45 Minuten*
Braucht etwas Erfahrung

ZUTATEN FÜR 6-8 PERSONEN

300 g Mehl ◆ 120 g Butter
300 ml Wasser
2 EL Zucker
2 Päckchen Vanillezucker ◆ 10 Eier
90 g Puderzucker
Erdnußöl zum Ausbacken

◆ Mit dem Mehl, der Butter, dem Wasser, dem Zucker, dem Vanillezucker und den Eiern einen Brandteig zubereiten (s. S. 11).
◆ Die Masse löffelweise in heißem Öl ausbacken (den Teig mit Hilfe eines zweiten Löffels lösen), die Bignés dabei umdrehen, damit sie aufgehen, und gleichmäßig bräunen. Auf Küchenpapier abtropfen, auf eine Servierplatte setzen, mit Puderzucker bestäuben und lauwarm servieren.
◆ In Rom werden die Bignés di San Giuseppe mit Konditorcreme gefüllt.

Kreolische Bananen-Bignés

Zubereitungszeit: *50 Minuten*
Gelingt leicht

ZUTATEN FÜR 6 PERSONEN

150 g Mehl
1 reife Banane
80 g Zucker ◆ 1 Ei
Saft von 1 Zitrone ◆ 50 ml Milch
5 cl Rum
1 Päckchen Vanillezucker
1/2 Päckchen Backpulver
Erdnußöl zum Ausbacken
2 EL Puderzucker

◆ Die Banane schälen, in Stücke schneiden und mit dem Zitronensaft, dem Zucker und dem Rum pürieren.
◆ Das gesiebte Mehl mit dem Ei, der Milch, dem Vanillezucker und dem Backpulver zu einem sehr weichen Teig verrühren. Die Bananenmasse zufügen und die Zutaten gründlich vermischen.
◆ Die Masse löffelweise in dem heißen, aber nicht kochenden Öl ausbacken. Wenn die Bignés goldgelb sind, auf Küchenpapier abtropfen, mit Puderzucker bestäuben und warm servieren.

Choux Malaga

Zubereitungszeit: *1 Stunde 15 Minuten (ohne Ruhezeit)*
Raffiniert

ZUTATEN FÜR 8-10 PERSONEN

Für den Brandteig:
150 g Mehl ◆ 120 g Butter
200 ml Wasser ◆ 6 Eier
1 Päckchen Vanillezucker
1 Prise Salz

Für die Füllung:
2 Eigelb ◆ 50 g Zucker
1/4 l Milch ◆ 30 g Mehl
geriebene Schale von 1 unbehandelten Zitrone
50 g Malaga-Rosinen
2 EL Portwein

Für den Ausbackteig:
200 g Mehl ◆ 2 Eier
200 ml Milch ◆ 30 g Butter
25 g Zucker ◆ 1 Prise Salz
Erdnußöl zum Ausbacken
2 EL Puderzucker

◆ Ein Backblech einfetten und mit Mehl bestäuben.
◆ Für den Ausbackteig das Mehl mit den Eigelben, der zerlassenen Butter und dem Zucker verrühren. Die Milch in feinem Strahl zufügen und den Teig an einem warmen Ort 2 Stunden ruhen lassen.
◆ Mit den oben genannten Zutaten einen Brandteig nach Anweisung zubereiten (s. S. 11). Den Backofen auf 190° C vorheizen.
◆ Den Brandteig in einen Spritzbeutel mit Lochtülle füllen und in walnußgroßen Häufchen auf das Backblech setzen, dabei ausreichend Abstand dazwischen lassen. Im vorgeheizten Ofen etwa 20 Minuten backen und dann erkalten lassen.
◆ Für die Füllung die Malaga-Rosinen waschen, abtrocknen, hacken und im Portwein einweichen. Mit den Eigelben, dem Zucker, der Milch, dem Mehl und der Zitronenschale eine Konditorcreme zubereiten (s. S. 16). Erkalten lassen und dann die Rosinen mit dem Portwein unterziehen.
◆ Ein kleines Loch in die Choux bohren, die Creme in einen Spritzbeutel mit Lochtülle füllen und die Choux damit füllen.
◆ Die Eiweiße mit dem Salz zu steifem Schnee schlagen und unter den Ausbackteig heben. Die Choux eintauchen und nach und nach in heißem, aber nicht kochendem Öl goldgelb ausbacken. Auf Küchenpapier abtropfen, mit Puderzucker bestäuben und warm servieren.

Bignés mit Litschis

Zubereitungszeit: *1 Stunde (ohne Ruhezeit)*
Braucht etwas Erfahrung

ZUTATEN FÜR 6-8 PERSONEN

500 g Litschis
75 g Zucker
50 g Mehl
Erdnußöl zum Ausbacken
2 EL Puderzucker
Für den Teig:
200 g Mehl
2 Eier ◆ 200 ml Milch
30 g Butter
25 g Zucker ◆ 1 Prise Salz

◆ Für den Teig das gesiebte Mehl mit den Eigelben, der zerlassenen Butter, dem Zucker und der Milch mischen. An einem warmen Ort etwa 2 Stunden ruhen lassen.
◆ Die Litschis schälen, halbieren und entsteinen. Mit dem Zucker mischen und etwa 1 Stunde ziehen lassen.
◆ Die Eiweiße mit dem Salz zu steifem Schnee schlagen und vorsichtig unter den Teig ziehen. Die Litschis abgießen, in dem Mehl wenden, nach und nach in den Ausbackteig tauchen und in heißem, aber nicht kochendem Öl goldbraun ausbacken.
◆ Die fertigen Bignés mit Puderzucker bestäuben und warm servieren, dabei einige zur Dekoration blumenförmig öffnen.

Bigné-Soufflé

Bigné-Soufflé

Zubereitungszeit: *1 Stunde*
Braucht etwas Erfahrung

ZUTATEN FÜR 4 PERSONEN

150 g Mehl
60 g Butter
1 EL Zucker
350 ml Wasser ◆ 5 Eier
3 EL Vanillezucker
Erdnußöl zum Ausbacken
Für die Englische Creme:
150 g Zucker
5 Eigelb ◆ 1/4 l Milch
geriebene Schale von
1/2 unbehandelten Zitrone

◆ Für die Creme die Milch mit der Zitronenschale aufkochen. Die Eigelbe mit dem Zucker in einer Edelstahlschüssel schaumig schlagen. Die heiße Milch in feinem Strahl unterrühren und die Creme im Wasserbad unter ständigem Rühren erhitzen, ohne daß sie kocht, bis sie den Löffel mit einem Schleier überzieht.
◆ Mit dem Mehl, dem Wasser, dem Zucker, der Butter und den Eiern einen Brandteig zubereiten (s. S. 11) und in einen Spritzbeutel mit Lochtülle von 5 mm Durchmesser füllen. Kleine Gnocchi in das heiße Öl spritzen und ausbacken, bis sie goldgelb sind.
◆ Auf Küchenpapier abtropfen, mit Vanillezucker bestreuen und warm mit der Englischen Creme servieren.

Bignés alla napoletana

Bignés alla napoletana

Zubereitungszeit: *50 Minuten*
Braucht etwas Erfahrung

ZUTATEN FÜR 8 PERSONEN

250 g Mehl
4 Eier
2 Eigelb
30 g weiche Butter
1 TL Zucker
Erdnußöl zum Ausbacken
Für die Verzierung:
150 g Honig
geriebene Schale von
2 unbehandelten Orangen
50 g kandierte Zedratzitrone
50 g kandierte Orange
30 g bunte Zuckerstreusel

◆ Die kandierten Früchte würfeln.
◆ Das Mehl auf die Arbeitsfläche sieben, in die Mitte eine Vertiefung drücken und nacheinander die in Stücke geschnittene Butter, die Eier, die Eigelbe und den Zucker hineingeben. Die Zutaten zu einem glatten Teig verkneten, zu Rollen formen und in 1 cm dicke Scheiben schneiden.
◆ Die Teigscheiben nacheinander in heißem, aber nicht kochendem Öl goldgelb ausbacken, dann auf Küchenpapier abtropfen.
◆ Den Honig, die Orangenschale und zwei Drittel der kandierten Früchte in einem Topf mischen und erhitzen. Die Hitze auf mittlere Stufe reduzieren und die Bignés zufügen, dabei vorsichtig mit einem Holzlöffel umrühren, bis der Honig aufgesogen worden ist.
◆ Die Bignés pyramidenförmig auf eine Platte schichten, erkalten lassen und dann mit den restlichen kandierten Früchten und den Zuckerstreuseln verzieren.

Grappa-Muzen

Zubereitungszeit: *1 Stunde (ohne Ruhezeit)*

Braucht etwas Erfahrung

Zutaten für 6-8 Personen

500 g Mehl
2 Eier ◆ 2 Eigelb
2 EL Zucker
geriebene Schale von 1 unbehandelten Zitrone
1 Päckchen Backpulver
1 Prise Salz
2,5 cl Grappa
70 g weiche Butter
Erdnußöl zum Ausbacken
2 EL Puderzucker

◆ Das Mehl mit dem Backpulver auf die Arbeitsfläche sieben. In die Mitte eine Vertiefung drücken und die Eier, die Eigelbe, das Salz, die in Stücke geschnittene Butter, den Zucker, die Zitronenschale und die Grappa hineingeben. Die Zutaten zu einem glatten und geschmeidigen Teig verkneten, in Klarsichtfolie wickeln und etwa 2 Stunden ruhen lassen.
◆ Den Teig 1–2 mm dick ausrollen, Quadrate von 5–6 cm Kantenlänge ausstechen und in der Mitte quer einschneiden. Nach und nach in heißem, aber nicht kochendem Öl goldgelb ausbacken.
◆ Auf Küchenpapier abtropfen, mit Puderzucker bestäuben und servieren.

Grappa-Muzen

Chiacchiere

Zubereitungszeit: *1 Stunde (ohne Ruhezeit)*

Braucht etwas Erfahrung

Zutaten für 6 Personen

300 g Mehl
2 Eier
6 EL Sahne
6 EL trockener Weißwein
2 EL Zucker
1 Prise Salz
Erdnußöl zum Ausbacken
2 EL Puderzucker

◆ Das Mehl auf die Arbeitsfläche sieben. In die Mitte eine Vertiefung drücken und die Eier, den Zucker, die Sahne, den Wein und das Salz hineingeben. Die Zutaten gründlich zu einem weichen und geschmeidigen Teig verkneten, in Klarsichtfolie wickeln und mindestens 1 Stunde kühl ruhen lassen.
◆ Den Teig mit dem Rollholz (oder der Nudelmaschine) sehr dünn ausrollen und mit einem runden, gezackten Förmchen Kreise von 8 bis 10 cm Durchmesser (oder mit einem Kuchenrädchen Quadrate) ausschneiden. Jeden Kreis mit den Fingern in einer leichten Drehbewegung in der Mitte zusammendrücken.
◆ Die Chiacchiere in heißem, aber nicht kochendem Öl goldgelb ausbacken. Auf Küchenpapier abtropfen, mit Puderzucker bestäuben und warm servieren.

Chiacchiere

Gale

Dieses in Italien weitverbreitete Fettgebäck (gale = Schleifen) hat je nach Region einen anderen Namen: Man kennt es u. a. als Cenci, Frappe, Galani, Crostoli, Nastri und Chiacchiere (s. links).

Zubereitungszeit: *1 Stunde (ohne Ruhezeit)*

Braucht etwas Erfahrung

Zutaten für 8-10 Personen

500 g Mehl ◆ 2 Eier
2 Eigelb ◆ 2 EL Zucker
geriebene Schale von 1 unbehandelten Zitrone
1 Prise Salz ◆ etwas trockner Weißwein
2,5 cl Maraschino
30 g weiche Butter
Erdnußöl zum Ausbacken
2 EL Puderzucker

◆ Das Mehl mit dem Salz auf die Arbeitsfläche sieben. In die Mitte eine Vertiefung drücken und nacheinander die Eier, die Eigelbe, die Butter, den Zucker, die Zitronenschale und den Maraschino hineingeben. Die Zutaten mit dem Weißwein zu einem glatten und geschmeidigen Teig verkneten. In Klarsichtfolie wickeln und etwa 30 Minuten kühl ruhen lassen.
◆ Den Teig mit dem Rollholz oder der Nudelmaschine sehr dünn ausrollen. Mit dem Kuchenrädchen 4 cm breite Streifen ausschneiden und diese dann zu Rauten mit einer Kantenlänge von 18–20 cm schneiden. Die Rauten längs in der Mitte einschneiden, ohne den Schnitt bis zu den Spitzen zu führen. Eine Rautenspitze durch diesen Schnitt ziehen und so eine die Schleife formen.
◆ In heißem, aber nicht kochendem Öl goldgelb ausbacken. Auf Küchenpapier abtropfen, mit Puderzucker bestäuben und warm servieren.

Karnevalsrosen

Zubereitungszeit: *40 Minuten (ohne Ruhezeit)*

Braucht etwas Erfahrung

ZUTATEN FÜR 6-8 PERSONEN

150 g Mehl ◆ 2 Eigelb
1 Eiweiß
1 EL Zucker
1 EL Marsala
30 g weiche Butter
1 Prise Salz
Erdnußöl zum Ausbacken

Für die Verzierung:

100 ml Sahne
15–20 kandierte Kirschen
2–3 EL Mandeln
2 EL Honig

◆ Den Backofen auf 180° C vorheizen.
◆ Das Mehl mit dem Zucker und dem Salz auf die Arbeitsfläche sieben. Die Eigelbe, die in Stücke geschnittene Butter und den Marsala in die Mitte geben und alle Zutaten zu einem relativ festen Teig verkneten. In Klarsichtfolie wikkeln und 30 Minuten ruhen lassen.
◆ Die Mandeln kurz in kochendes Wasser geben, abgießen, schälen und auf ein Backblech streuen. Einige Minuten im vorgeheizten Ofen trocknen, ohne sie zu rösten. Erkalten lassen und hacken.
◆ Den Teig 1–2 mm dünn ausrollen und mit einem gezackten Förmchen Kreise von 5 cm Durchmesser ausstechen. Die Teigreste erneut verkneten, wieder ausrollen und weiter Kreise ausstechen, bis der Teig aufgebraucht ist. Jeden Kreis kreuzförmig vom Rand zur Mitte 2 cm tief einschneiden, ohne die Mitte durchzuschneiden. Die Hälfte der Kreise in der Mitte mit etwas Eiweiß befeuchten und die anderen Kreise so daraufsetzen, daß die Schnitte nicht übereinander liegen. Die Kreise in der Mitte etwas zusammendrücken.
◆ Die Doppelkreise nacheinander in einem kleinen Topf mit hohem Rand in heißem Öl ausbacken und dabei mit einem Holzlöffelstiel in das Öl tauchen. Sobald sie die Form einer aufgeblühten Rose haben und auf beiden Seiten gebräunt sind, zum Abtropfen auf Küchenpapier geben.
◆ Den Honig in einem Topf auflösen, warm auf die Ränder der Rosen streichen und diese dann durch die gehackten Mandeln ziehen. Die Mitte der Rosen mit etwas Schlagsahne füllen, mit einer halben kandierten Kirsche verzieren und auf eine Platte setzen.

Karnevalsrosen

Muzen mit Kirschwasser

Muzen mit Kirschwasser

Zubereitungszeit: *1 Stunde (ohne Ruhezeit)*

Braucht etwas Erfahrung

ZUTATEN FÜR 10-12 PERSONEN

500 g Mehl
80 g weiche Butter
4 Eigelb ◆ 40 g Zucker
4 EL Sahne
2 EL Kirschwasser
1 Prise Salz
Erdnußöl zum Ausbacken
2 EL Puderzucker

◆ Das Mehl auf die Arbeitsfläche sieben, in die Mitte eine Vertiefung drücken und nacheinander das Salz, den Zucker, die in Stücke geschnittene Butter, die Eigelbe, das Kirschwasser und die Sahne hineingeben. Die Zutaten zu einem glatten und geschmeidigen Teig verkneten, in Klarsichtfolie wickeln und mindestens 30 Minuten kühl ruhen lassen.
◆ Den Teig 1 mm dick ausrollen, mit gezackten Ausstechern beliebige Formen ausschneiden und diese nacheinander in heißem, aber nicht kochendem Öl goldgelb ausbacken. Auf Küchenpapier abtropfen, mit Puderzucker bestäuben und warm servieren.

Castagnole

Zubereitungszeit: *50 Minuten*

Braucht etwas Erfahrung

ZUTATEN FÜR 4 PERSONEN

100 g Zucker ◆ 1 Prise Salz
3 EL Rum ◆ 2 Eier
75 g Butter ◆ 400 g Mehl
etwas Puderzucker
1/2 Päckchen Backpulver
Erdnußöl zum Ausbacken

◆ Die Eier mit dem Zucker verrühren, dann die zerlassene Butter, den Rum und nach und nach das mit dem Backpulver und dem Salz gesiebte Mehl zugeben. Die Zutaten auf der Arbeitsfläche verkneten, dann daraus daumendicke Rollen formen, in Stücke schneiden und zwischen den Handflächen zu Kugeln rollen.
◆ Die Kugeln in heißem Öl goldgelb ausbacken und auf Küchenpapier abtropfen. Mit Puderzucker bestäuben und warm oder kalt servieren.

Dekorationsvorschläge

Die Grundlagen ◆ Blumenverzierungen
Geometrische Verzierungen ◆ Phantasieverzierungen

Verzierungen mit Sahne

◆ Mit Schlagsahne gelingen Verzierungen leicht und erzielen eine große Wirkung. Grundsätzlich muß die Sahne sorgfältig steif geschlagen (s. S. 29) und etwa eine halbe Stunde gekühlt werden. Dann kann man sie z. B. mit einem Spatel gleichmäßig auf der Torte oder dem Kuchen verteilen, wobei man zusätzlich mit Mandeln, Haselnüssen, Pralinen, Schokostreuseln usw. verzieren kann.
◆ Will man über einen „Sahnemantel" hinaus mit Sahne verzieren, füllt man sie in einen Spritzbeutel mit Sterntülle und spritzt, indem man in kurzen Bewegungen auf den Beutel drückt, einen Kranz aus Tupfen auf den Tortenrand (1). Bevor man Tupfen in die Mitte setzt, kann man die restliche Sahne z. B. mit etwas Alchermes färben (2). Die Farbe kann man durch Zugabe anderer Liköre nach Wunsch variieren.

1

2

3

4

◆ Eine andere effektvolle Verzierung erhält man, wenn man senkrechte Streifen auf den Rand der Torte spritzt (3) und strahlenkranzförmig Tupfen auf die obere Fläche vom Rand zur Mitte (4) setzt.
◆ Mit einer schmalen, geriffelten Tülle kann man eine gitterförmige Verzierung herstellen, indem man kleine Sahnequadrate zeichnet, die abwechselnd in die jeweils andere Richtung zeigen (5). Für Sterne verwendet man eine Sterntülle (6).
◆ Für die Verzierung der Torte Saint-Honoré verwendet man eine tropfenförmige Tülle (7).
◆ Fügt man Kakao oder besser geschmolzene, abgekühlte Schokolade zur Sahne (8), erhält man Schokoladensahne, die mit der normalen Sahne kombiniert werden kann (9). Mit einer runden Tülle kann man einfache, kleine Tupfen formen, die sich gut für die Verzierung von Kleingebäck eignen (10).

5

6

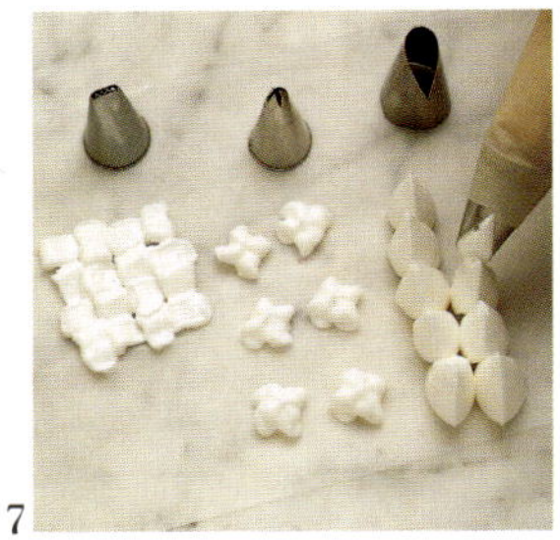
7

8

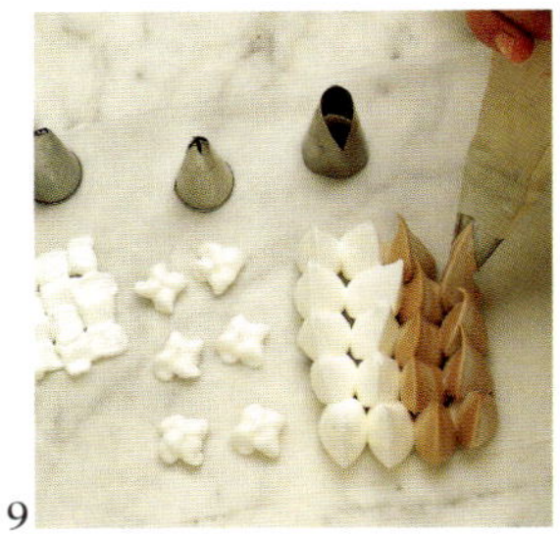
9

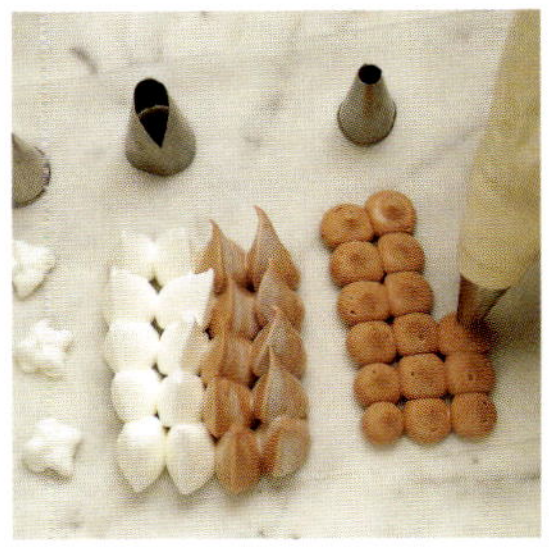
10

Verzierungen mit Schokolade

◆ Schokolade wird für Verzierungen am häufigsten verwendet; mit etwas Phantasie kann man sehr effektvolle Motive und komplexe Ornamente entwerfen. Schokoladengebilde sollten immer an einem kühlen Ort oder im Kühlschrank erstarren.

Filigrane Verzierungen
◆ Auf Backpapier kleine Motive nach Belieben vorzeichnen. Die Bitterschokolade im Wasserbad schmelzen, in eine Backpapiertüte füllen und die Linien auf dem Backpapier mit einem Schokoladenstreifen nachzeichnen (1).
◆ Die Motive an einem kühlen Ort erstarren lassen und dann vorsichtig mit einem Spatel abheben (2). Sie eignen sich besonders zur Verzierung kleiner Süßspeisen.

1

2

Schokoladenblätter

◆ Einige (nicht zu dünne und haarlose) Blätter abwaschen, mit einem Tuch trocknen und etwa 1 Stunde in den Kühlschrank legen. Bitterschokolade im Wasserbad schmelzen, die Blätter mit der Schokolade bestreichen (**3**) und an einem kühlen Ort fest werden lassen. Die grünen Blätter dann sehr vorsichtig abziehen, damit die Schokoladenblätter nicht zerbrechen (**4**), und kühl aufbewahren. Sie werden zum Verzieren von Torten, Löffeldesserts und Semifreddi verwendet.

3

4

Schokoladenrosen

◆ Bitterschokolade im Wasserbad schmelzen, mit einem Spatel 3–4 mm dick auf eine Marmorplatte streichen und erkalten lassen. Mit einem runden, leicht schräg gehaltenen Ausstecher kleine, gebogene Streifen von der Schokoladenschicht abziehen (**5**).

◆ Einen Streifen der Bitterschokolade aufrollen, der so die Rosenmitte bildet. Dann die anderen darumlegen, dabei unten andrücken und oben nach außen biegen – so werden die Blütenblätter der Rose geformt (**6**).

5

6

Verzierungen mit Marzipan

◆ Aus Marzipan können ebenfalls wirkungsvolle Verzierungen hergestellt werden. Zuerst wird Marzipanrohmasse etwas durchgeknetet, damit sie weicher wird, dann mit dem Rollholz ausgerollt und dabei ständig mit Puderzucker bestreut, damit sie nicht bricht.

◆ Wenn man eine Torte überziehen möchte, bepinselt man sie vorab mit etwas Obstgelee, wickelt die ausgerollte Masse um das Rollholz und legt sie auf die Torte. Mit den Händen an den Rändern gut andrücken und das überschüssige Marzipan abschneiden (**1**).

◆ Will man keine Lebensmittelfarbe verwenden, kann man auf natürliche Produkte zurückgreifen, z. B. auf Pistazien für eine grüne Masse, etwas Alchermes für eine rosafarbene Masse (**2**) oder Safran für eine gelbe Masse. Das Marzipan gut verkneten, damit sich die Zutaten verbinden.

1

2

Beschriftungen

◆ Man formt ein Quadrat aus Marzipan in der gewünschten Größe, schneidet die Ränder mit einem Messer ein und wellt sie etwas, um einen Pergamenteffekt zu erhalten (**3**). Dann malt man mit geschmolzener Schokolade und mit Hilfe einer Backpapiertüte den Schriftzug auf (**4**).

3

4

Haselnußsträuße

◆ Die Haselnüsse karamelisieren (s. S. 21). Die grüne Marzipanmasse 2 mm dick ausrollen und mit einem Kuchenrädchen in 6 cm breite Streifen schneiden (**5**). Einen Streifenrand mit etwas geschmolzener Vollmilchschokolade bestreichen, eine Haselnuß daraufsetzen und den Streifen tütenförmig aufrollen (**6**). Jeweils drei Nüsse zu kleinen Sträußen zusammenfügen und jeden mit kleinen Marzipanblättern verzieren.

5

6

Marzipanrosen

◆ Das Marzipan in drei Farben vorbereiten: blaßrosa, pink und grün. Die pink- und rosafarbenen Massen jeweils 3 mm dick ausrollen. Fünf kleine Rechtecke aus der ersten und zwei aus der zweiten schneiden und zu Tüten formen, die die Blütenmitte bilden. Mit zwei runden Ausstechern verschiedener Größe große und kleine Kreise aus den Massen ausschneiden. Für die Außenseiten der Blütenblätter jeweils eine Hälfte jedes Kreises etwas abflachen und die Kreise einzeln um die Blütenmitten wickeln, dabei mit den kleinen anfangen und den großen abschließen (**7**). Die abgeflachte Seite zeigt nach oben und wird leicht nach außen gebogen (**8**). Mit einem Messer Adern auf die grünen Marzipanblätter ritzen und die Rosen damit vervollständigen.

7

8

Marzipannelken

◆ Rosafarbene Marzipanmasse vorbereiten, 3 mm dick ausrollen, Streifen ausschneiden und von einer Seite kräuseln (**9**). Die so geformten Blütenblätter miteinander verbinden und die obere Seite mit einem Messer einschneiden, um den Zackenrand der Nelken nachzubilden (**10**).

9

10

Die Backpapiertüte

◆ Die Backpapiertüte, die für Schriftzüge auf Torten und Kuchen oder zur Erstellung feiner Verzierungen dient, kann in Fachgeschäften gekauft oder mit einem Stück Backpapier nach der folgenden Anleitung selbst hergestellt werden:

◆ Ein rechteckiges Stück Backpapier diagonal falten und mit einem langen Messer entlang der Falz durchschneiden, so daß zwei ungleichschenklige Dreiecke entstehen (**1**). Eins der Dreiecke so zu einer Tüte rollen (**2**), daß die lange Seite zur unteren Spitze gedreht wird. An der oberen Tütenöffnung einen kleinen Schnitt machen und das Papier nach innen falten, um die Tüte zu schließen (**3**). Das Papier um die obere Öffnung der Tüte zur Fixierung nach innen falten. Aus dem anderen Dreieck kann eine zweite Tüte hergestellt werden. Die Tüte mit der vorbereiteten Creme füllen (**5**), durch Umfalten der Ränder verschließen (**6**) und mit einer Schere die Spitze groß oder klein aufschneiden (**7**), je nach der gewünschten Dicke der Verzierung. Mit Druck auf die Tüte die Süßspeise oder Torte verzieren.

1

2

3

4

5

6

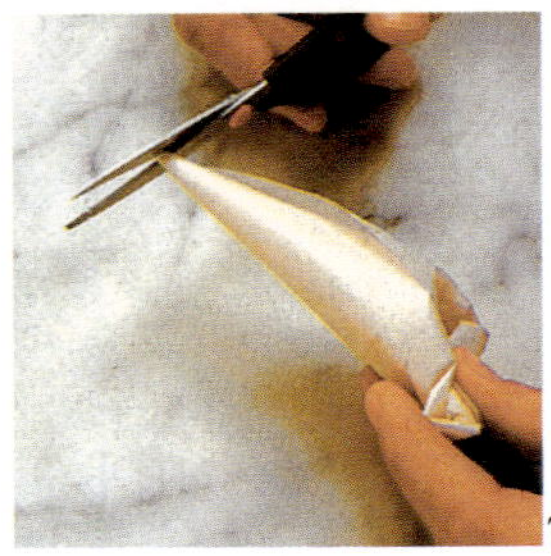
7

Torta nizzarda: Verzierung aus Creme, Bitterschokolade und Erdbeeren

Mandel- und Haselnußblumen

1

2

3

4

ZUTATEN

1 EL Kakao
15 Mandeln
3 Haselnüsse
50 g Vollmilchschokolade
50 g Bitterschokolade
50 g Zucker
1 EL Mandelöl
30 g Aprikosengelee

5

◆ Die Mandeln kurz in kochendes Wasser geben und schälen. Die Haselnüsse leicht im Ofen rösten und in einem Küchentuch reiben, um das braune Häutchen zu lösen.

◆ Den Zucker mit 1 EL Wasser 3 Minuten kochen. Vom Herd nehmen, die Mandeln und die Haselnüsse zufügen und mit einem Holzspatel umrühren, bis sie von einer leichten, sandigen Zuckerschicht überzogen sind. Erneut auf den Herd stellen und rühren, bis der Zucker karamelisiert.

◆ Die Mandeln und die Haselnüsse auf eine geölte Marmorplatte (oder ein Backblech) schütten (**1**) und mit der Hilfe von zwei Gabeln schnell voneinander lösen.

◆ Den Tortenrand mit dem im Wasserbad aufgelösten Aprikosengelee bestreichen. Mit einem Sparschäler Späne von der Bitterschokolade abziehen und auf das Gelee drücken.

◆ Die Torte mit dem Kakao bestäuben, den man dabei durch ein kleines Sieb streicht (**2**), und auf eine Platte setzen. Von der Vollmilchschokolade einige leicht gekräuselte Späne abziehen (**3**).

◆ Mit einer Haselnuß in der Mitte, fünf Mandeln als Blütenblätter (**4**) und Schokoladenspänen als Stengel auf der Torte Blumen formen (**5**).

Magnolie aus weißer Schokolade

1

2

3

4

ZUTATEN

350 g gehackte weiße Schokolade
60 g gehackte Bitterschokolade
50 g kandierte Orangenschale (in einem Stück)

5

◆ Zwei 40 cm lange Streifen Backpapier zurechtschneiden, wobei die Papierbreite der Tortenhöhe entsprechen muß. Die weiße Schokolade im Wasserbad schmelzen und einen Teil mit einem Spatel in einer dünnen Schicht auf die Backpapierstreifen streichen (**1**).

◆ Die Schokolade etwas fest werden lassen, dabei darauf achten, daß sie noch biegsam ist. Dann die Streifen mit dem Papier nach außen um den Rand der Torte legen (**2**). Leicht andrücken und die Schokolade im Kühlschrank fest werden lassen. Das Papier vorsichtig abziehen.

◆ Die restliche geschmolzene Schokolade in einer sehr dünnen Schicht auf eine Marmorplatte (oder ein Backblech) gießen. (Sollte die Schokolade schon zu fest sein, erneut im Wasserbad schmelzen.) Etwas fest werden lassen, dann in Streifen schneiden und mit dem Spatel kräuseln, so daß 4–5 cm breite „Volants" entstehen (**3**). Zum Erstarren in den Kühlschrank legen. Wenn sie fest geworden sind, in konzentrischen Kreisen auf die Torte legen (**4**).

◆ Mit einem gezackten Förmchen einen Kreis aus der Orangenschale ausstechen und in die Mitte der Torte legen. Die Bitterschokolade im Wasserbad schmelzen und um die Ränder der „Volants" aus weißer Schokolade streichen (**5**). Die Torte bis zum Servieren in den Kühlschrank stellen.

Kleeblätter aus kandierten Früchten

1

2

3

4

5

ZUTATEN

100 g Marzipan (s. S. 23)
30 g kandierte Schale der Zedratzitrone
80 g kandierte Orangenschale
50 g gehackte Bitterschokolade
3 kandierte Kirschen
1 EL Aprikosengelee

◆ Das Aprikosengelee mit 1 EL Wasser verflüssigen und auf die Torte streichen. Die kandierte Zitronenschale in feine Streifen schneiden, die kandierte Orangenschale mit einem ovalen, gezackten Ausstecher ausschneiden. Die Orangenschalen-Formen mit einem Messer halbieren (1).
◆ Die Schokolade im Wasserbad schmelzen und in eine Backpapiertüte füllen. Mit leichtem Druck die Umrisse der Orangenblätter nachzeichnen und ein Oval in die Mitte setzen (2).

◆ Das Marzipan 3 mm dick ausrollen, einen Kreis in der Größe des Tortendurchmessers ausschneiden und darauflegen (3). Mit der geschmolzenen Schokolade eine Bogenkante um den Marzipanrand setzen.
◆ Jeweils drei Orangenblätter auf die Marzipanmasse legen (4) und in die Mitte jeweils eine Kirsche setzen. Die Verzierung mit den Zitronenstreifen vervollständigen (5), die Torte auf eine Platte setzen und kühlstellen.

Sonnenblumen aus Zitronen

1

2

3

4

Zutaten
1 fertiger Biskuitboden (s. S. 11)
2 unbehandelte Zitronen
1 unbehandelte Orange
330 g Zucker
60 ml Zitronensaft
4 g Blattgelatine

5

◆ Eine Zitrone waschen, abtrocknen und mit einem Zesteur die Schale in regelmäßigen Abständen längs in Streifen schneiden. Dann die Zitrone in hauchdünne Scheiben schneiden. 50 g Zucker 2–3 Minuten mit 100 ml Wasser kochen. Den heißen Sirup über die Zitronenscheiben gießen und mindestens 6 Stunden ziehen lassen.
◆ Die zweite Zitrone und die Orange waschen, die Schalen mit einem Sparschäler abziehen und in feine Streifen schneiden. Getrennt in zwei Töpfe geben, mit kaltem Wasser bedecken, aufkochen und abgießen. Diesen Vorgang zweimal wiederholen, um die Bitterstoffe auszuschwemmen. Die Schalen abgießen, mit jeweils 5 EL Wasser und 40 g Zucker erneut aufkochen. Bei schwacher Hitze 15 Minuten kochen lassen, dabei ab und zu umrühren, bis die Schalen glänzend und durchsichtig sind und die Flüssigkeit fast verkocht ist. Abgießen, voneinander lösen und auf einem Gitter trocknen lassen.

◆ Die Gelatine in kaltem Wasser einweichen. Den Zitronensaft mit dem restlichen Zucker aufkochen, bis dieser sich vollständig aufgelöst hat. Vom Herd nehmen, die ausgedrückte Gelatine zufügen, gründlich verrühren, damit sie sich auflöst, und abkühlen lassen.
◆ Den fertigen Biskuitboden in eine Form legen (1), das Zitronengelee daraufgießen (2) und zum Erstarren in den Kühlschrank stellen. Die Torte dann auf eine Platte setzen und die kandierten Zitronenstreifen in der Form eines Korbes darauf anordnen (3). Mit den Orangenstreifen Stengel formen, die aus den Korb ragen (4), und die abgetropften und gut getrockneten Zitronenscheiben auf die Stengel setzen (5). Die Torte kühl aufbewahren.

Diese Verzierung wurde für Zitronengelee auf Biskuitteig entworfen. Die Torte wird in einer Springform geschichtet.

Aprikosen-
margeriten

1

2

3

4

5

ZUTATEN

100 g Aprikosengelee
200 g Puderzucker
1 Eiweiß
etwas Zitronensaft
100 g Zucker
20 g Kakao
2 Aprikosen
50 g geschälte Pistazien

◆ Für die Königsglasur das Eiweiß mit dem Zitronensaft mischen und nach und nach den gesiebten Puderzucker unterrühren, bis die Creme glatt und dickflüssig ist.

◆ Das Aprikosengelee mit 1 EL warmem Wasser auflösen. Die Torte in der Springform mit dem Gelee bestreichen, die Glasur daraufgeben (abzüglich 2 EL) und kühl fest werden lassen (**1**).

◆ Die Aprikosen kurz in kochendes Wasser geben, mit kaltem Wasser abschrecken und häuten, dann halbieren und entsteinen. Den Zucker einige Minuten mit 200 ml Wasser kochen. Wenn er sich aufgelöst hat, die Aprikosen zufügen und 3 Minuten bei schwacher Hitze kochen lassen, dann abgießen, abtrocknen und erkalten lassen.

◆ Die Pistazien 1 Minute in kochendes Wasser geben, schälen und längs halbieren. Den Kakao mit der restlichen Glasur mischen (**2**) und in eine Backpapiertüte füllen.

◆ Die Springform öffnen, die Torte auf eine Servierplatte setzen und die Aprikosenhälften in gleichmäßigem Abstand daraufsetzen (**3**). Mit der Kakaoglasur Blütenblätter um die Aprikosen zeichnen und so vier Margeriten nachbilden (**4**). Die Blumen durch Linien mit der Kakaoglasur verbinden und die Stengel mit Pistazienblättern verzieren (**5**).

Diese Verzierung wurde für eine Obsttorte entworfen, die in einer Springform geschichtet wird.

Eine Tortenblume

1

2

3

4

5

ZUTATEN

60 g Eiweiß
1 Prise Salz
150 g Zucker
250 g Butter
30 g kandierte Kirschen
3 EL Alchermes

◆ Mit den Eiweißen, dem Salz, dem Zucker und der Butter eine Buttercreme zubereiten (s. S. 17) und den Alchermes gründlich unterrühren.
◆ Aus Karton einen Kreis von der Größe des Tortendurchmessers ausschneiden und eine Blume mit gleichmäßigen Blütenblättern aufzeichnen. Die Kartonblume ausschneiden, auf die Torte legen und mit einem scharfen Messer, dem Kartonrand folgend, die Torte in Blumenform schneiden (1). Die Torte mit einem Spatel gleichmäßig mit der Hälfte der Buttercreme überziehen (2) und dann auf eine Platte setzen.
◆ In der Mitte der Torte einen Kreis von 7 cm Durchmesser anzeichnen. Die restliche Creme in einen Spritzbeutel mit Sterntülle geben und in Tupfen um den angezeichneten Kreis (3), dann um die einzelnen Blütenblätter (4) und schließlich um den unteren Rand der Torte setzen.
◆ Die restliche Buttercreme in eine kleine Backpapiertüte füllen und auf jedes Blütenblatt fünf feine Cremestreifen setzen (5). Die Verzierung mit den kandierten Kirschen in der Mitte vervollständigen und die Torte in den Kühlschrank stellen.

Diese Verzierung ist sehr effektvoll und empfiehlt sich sowohl für einen einfachen Kuchen als auch für eine geschichtete Torte.

Große Früchte-Blume

1

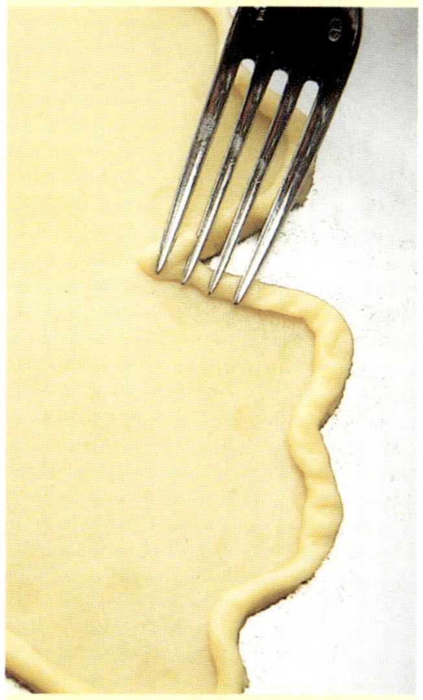
2

3

4

5

Zutaten

1 Grundrezept
Mürbeteig (s. S. 12)
1 Grundrezept
Konditorcreme (s. S. 16)
300 g Himbeeren
200 g Erdbeeren
1 kleine Mango
1 weißer Pfirsich
2 EL Heidelbeeren
2 EL Fruchtgelee

◆ Den Mürbeteig 3–4 mm dick ausrollen und auf ein Backblech legen. Aus Karton eine Blume mit sechs Blütenblättern von 35 cm Durchmesser ausschneiden, auf den Teig legen und diesen nach der Vorlage zurechtschneiden (**1**). Aus den Teigresten eine Kordel formen und sowohl um den Rand als auch als kleinen Kreis in die Mitte legen. Mit einer Gabel leicht andrücken (**2**) und den Teig mehrmals einstechen.

◆ Die Blume im vorgeheizten Ofen auf 190° C etwa 20 Minuten backen. Wenn sie goldgelb ist, auf eine Platte setzen und mit der Konditorcreme bestreichen.

◆ Himbeeren, Erdbeeren und Heidelbeeren zügig in sehr kaltem Wasser waschen und abtrocknen. Den Pfirsich und die Mango schälen und jeweils in Scheiben schneiden. Die Himbeeren außen anordnen, davor die in Scheiben geschnittenen Erdbeeren setzen (**3**). Dann nacheinander die Mangoscheiben (**4**) und die Pfirsichscheiben darauflegen und die Mitte der Blume mit den Heidelbeeren füllen (**5**). Das Gelee im Wasserbad auflösen und das Obst damit bestreichen.

Rosenzweige

1

2

3

4

5

ZUTATEN

350 g Marzipan (s. S. 23)
2 EL Alchermes
40 g Pistazien
30 g Kakao
50 g Aprikosengelee
etwas Puderzucker

◆ Das Marzipan in vier Portionen teilen (zu je 150 g und 100 g und zwei zu 50 g). In vier verschiedene Schüsseln legen.

◆ Die Pistazien 1 Minute in kochendes Wasser geben, abgießen, schälen und mahlen. Eine Marzipanportion zu 50 g mit den Pistazien, die andere mit dem Kakao mischen und den Alchermes in die Portion zu 100 g geben. Die vier Portionen getrennt mit den Fingerspitzen verkneten und die Zutaten gut miteinander vermengen.

◆ Die weiße Marzipanmasse auf einer mit Puderzucker bestäubten Arbeitsfläche 3 mm dick ausrollen und einen Kreis von der Größe des Tortendurchmessers ausschneiden. Das Aprikosengelee im Wasserbad auflösen.

◆ Die Torte auf eine Platte setzen, mit dem Gelee bestreichen und mit der Marzipanscheibe belegen. Die rosafarbene Marzipanmasse ausrollen, drei kleine Rechtecke abnehmen, zu Tüten formen und so den Blütenmittelpunkt nachbilden. Mit Ausstechern von 3,5 cm und 2,5 cm Durchmesser Kreise ausschneiden und diese mit einem Spatel an einer Seite abflachen (**1**).

◆ Die Blütenmitten mit den kleineren Blütenblättern umwickeln und am unteren Rand mit den Fingern andrücken (**2**), dabei die abgeflachte, dünnere Seite nach oben legen. Dann die größeren Blütenblätter befestigen und die obere Kante nach außen biegen (**3**).

◆ Aus der Kakao-Marzipan-Masse einen dünnen Stengel formen. Die grüne Marzipanmasse ausrollen und mit dem größeren Ausstecher Kreise ausschneiden. Den Ausstecher zur Hälfte aufsetzen, aus jedem Kreis zwei kleine Ovale, die Blätter, ausschneiden und mit einem Messer die Adern einritzen (**4**). Den Stengel auf die Torte legen und Rosen und Blätter darauf anordnen (**5**).

Diese raffinierte Verzierung eignet sich für eine geschichtete Torte oder eine Charlotte.

Dreiecke aus Sahne und Schokolade

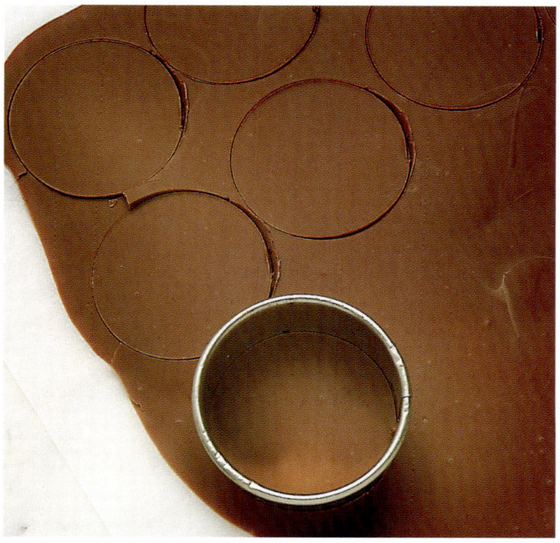
1

2

3

4

5

ZUTATEN

1/2 l Sahne
1 EL Puderzucker
200 g gehackte Vollmilchschokolade
50 g gehackte Bitterschokolade
20 g Pistazien

◆ Die Pistazien 1 Minute in kochendes Wasser geben, abgießen und schälen. Die Vollmilchschokolade im Wasserbad schmelzen (s. S. 20).
◆ Die Schokolade auf eine Marmorplatte (oder ein Backblech) gießen und in einer gleichmäßigen Schicht von 3 mm Dicke verstreichen. Sobald sie fest ist, mit einem runden Förmchen von 4 cm Durchmesser Kreise ausstechen (**1**) und vollständig fest werden lassen.
◆ Die Sahne (bis auf 50 ml) mit dem Puderzucker steif schlagen. Die Torte mit einem Drittel der Sahne vollständig überziehen und auf eine Platte setzen. Die restliche Sahne in den Kühlschrank stellen.
◆ Die Bitterschokolade mit den 50 ml Sahne im Wasserbad schmelzen. Sobald die Masse abgekühlt ist, mit einem Drittel der restlichen geschlagenen Sahne mischen, dabei noch etwas aufschlagen, damit die Zutaten sich gut vermischen.
◆ Die Schokoladenkreise um den Tortenrand setzen (**2**). Die geschlagene Sahne und die Schokoladensahne in je einen Spritzbeutel mit Sterntülle geben. Etwas weiße Schlagsahne in die Mitte der Torte spritzen (**3**). Von diesem mittleren Tupfen aus strahlenförmig acht Streifen Schokoladensahne auf die obere Fläche setzen (**4**). Mit der restlichen weißen Sahne die von der Schokoladensahne umrissenen Dreiecke mit Tupfen füllen (**5**). Die Verzierung mit den Pistazienhälften vervollständigen und kühlstellen.

Eine wirkungsvolle Verzierung für einen einfachen Kuchen oder eine geschichtete Torte, aber auch für eine Eistorte.

Rechtecke aus Schokolade und Haselnüssen

1

2

3

4

5

ZUTATEN

2 EL Aprikosengelee
100 g gehackte weiße Schokolade
100 g gehackte Bitterschokolade
130 g Haselnußkrokant (s. S. 21)

◆ Das Aprikosengelee mit 1 EL Wasser auflösen und auf einen rechteckigen Kuchen pinseln.

◆ Die weiße Schokolade im Wasserbad schmelzen (s. S. 20). Mit einem Spatel in einer gleichmäßigen Schicht auf den Kuchen streichen (**1**) und im Kühlschrank fest werden lassen.

◆ Die Bitterschokolade im Wasserbad schmelzen. In eine Backpapiertüte füllen, leicht drücken und eine Schokoladenlinie um die Tortenkante ziehen. Dann drei parallele Streifen in gleichmäßigen Abständen setzen (**2**) und vier Querstreifen zeichnen, so daß zehn Quadrate bzw. Rechtecke entstehen (**3**). Drei Quadrate mit geschmolzener Schokolade füllen (**4**) und, jeweils versetzt, fünf mit dem Haselnußkrokant (**5**). Die Zutaten kann man je nach Geschmack variieren.

Rauten aus weißer Schokolade und Himbeeren

1

2

3

Zutaten

100 g Himbeeren
130 g weiße Schokolade
200 g gehackte Bitterschokolade
100 ml Sahne
2 EL Aprikosengelee

4

5

◆ Die Sahne erhitzen. 150 g Bitterschokolade in eine Schüssel geben, die heiße Sahne darübergießen und rühren, bis sich die Schokolade aufgelöst hat. Erkalten lassen. Die erkaltete Schokoladensahne aufschlagen und einen rechteckigen Kuchen damit überziehen, der in diesem Beispiel geschichtet wurde (**1, 2**).

◆ Die restliche Bitterschokolade im Wasserbad schmelzen (s. S. 20), in eine Backpapiertüte füllen und Schrägstriche auf dem Kuchen ziehen (**3**), so daß sechs Rauten entstehen: drei schmalere und drei breitere. Den Kuchen in den Kühlschrank stellen, damit die Schokolade fest wird.

◆ Die Himbeeren in sehr kaltem Wasser waschen und abtrocknen. Mit einem Sparschäler Späne von der weißen Schokolade abziehen. Den Kuchen so verzieren, daß man die breiteren Rauten mit den weißen Schokoladenspänen (**4**) und die schmaleren Abschnitte mit zwei Reihen Himbeeren belegt (**5**).

◆ Das Aprikosengelee im Wasserbad auflösen und die Himbeeren damit bestreichen.

Rauten aus Waldbeeren

1

2

3

4

5

ZUTATEN

50 g rote Johannisbeeren
50 g Heidelbeeren
30 g Walderdbeeren
8 Minzeblätter
2 EL Aprikosengelee
2–3 EL Puderzucker

◆ Die Waldbeeren (1) und die Minzeblätter zügig in sehr kaltem Wasser waschen und abtrocknen.
◆ Aus Karton fünf Quadrate von 4 cm Kantenlänge ausschneiden. Ein Quadrat in die Mitte des Kuchens und die anderen vier an die Ecken des mittleren legen. Den Kuchen mit dem Puderzucker bestäuben (2) und dann vorsichtig die Kartonquadrate abheben, so daß man fünf unbestäubte Flächen erhält.

◆ Die Erdbeeren in das mittlere Quadrat (3), in zwei gegenüberliegende Quadrate die Heidelbeeren (4) und in die restlichen die Johannisbeeren legen. Das Aprikosengelee im Wasserbad auflösen, die Früchte damit bestreichen und mit den Minzeblättern verzieren (5). Kühl aufbewahren.

Diese Verzierung eignet sich besonders für eine Crostata oder einen Obstkuchen.

Erdbeer-Sahne-Kreuz

1

2

3

4

5

ZUTATEN

6–7 große Erdbeeren
200 ml Sahne
3 EL Aprikosengelee
100 g Pasta Margherita
(s. S. 10)

◆ Die Pasta Margherita (Reste der Torte, wenn sie mit dem gleichen Teig gemacht wurde) zerbröseln und durch ein Sieb streichen. Die Erdbeeren zügig in sehr kaltem Wasser waschen, abtrocknen, die Stiele entfernen und in Scheiben schneiden.
◆ Das Aprikosengelee mit 1 EL Wasser erhitzen und die Oberfläche einer quadratischen Torte, die in diesem Fall mit Erdbeercreme gefüllt wurde, bestreichen (**2**). Die Torte mit den Pasta-Margherita-Bröseln überziehen (**3**).
◆ Die Sahne steif schlagen, in einen Spritzbeutel mit Sterntülle geben und Tupfen in Form von zwei diagonalen Streifen über Kreuz auf die Torte spritzen (**4**). Drei Erdbeerscheiben und einen Sahnetupfen in jedes Dreieck und einen großen Tupfen in die Mitte des Kreuzes setzen. Die restlichen Erdbeerscheiben auf die Sahnestreifen verteilen (**5**). Die Torte im Kühlschrank aufbewahren.

Dies ist eine einfache Verzierung für eine Torte aus Pasta Margherita (oder Genueser Biskuit), die mit Creme und Erdbeeren oder nur mit Creme gefüllt wurde.

Birnen-Himbeer-Pfeile

1

2

3

4

ZUTATEN

2 Williamsbirnen
300 g Himbeeren
2 EL Aprikosengelee
1/4 l Vino Moscato naturale d'Asti

5

◆ Die Torte in diesem Beispiel wird mit Löffelbiskuits (**1**) und Himbeerpüree (**2**) geschichtet.
◆ Das Aprikosengelee im Wasserbad auflösen und die Torte mit der Hälfte davon bestreichen (**3**).
◆ Die Himbeeren in sehr kaltem Wasser waschen, abtrocknen und in eine Schüssel legen. Die Birnen schälen, mit einem Ausstecher Kugeln in der Größe der Himbeeren ausstechen, in eine Schüssel legen und den Vino Moscato dazugeben, damit sie nicht braun werden (**4**).
◆ Die Birnenkugeln und die Himbeeren mit einer Pinzette abwechselnd so auf die Torte setzen, daß ein Pfeil gebildet wird (**5**).
◆ Das Obst mit dem restlichen Aprikosengelee bestreichen. Die Torte im Kühlschrank aufbewahren.

Verzierung mit Erdbeeren, Mango und Sahne

1

2

3

4

ZUTATEN

150 g geschlagene Sahne
1 Mango
2 große Erdbeeren
etwas Puderzucker

5

◆ Die Torte dick mit Puderzucker bestäuben.
◆ Die Mango schälen, quer halbieren, vierteln und dann in kleine Scheiben schneiden (**1**). Diese kranzförmig so in die Mitte der Torte legen, daß sie leicht übereinanderlappen (**2**). Vier gleich große Scheiben beiseite legen.
◆ Die Sahne in einen Spritzbeutel mit großer Sterntülle geben und vier Tupfen auf den Mangokranz spritzen. Zwischen die Tupfen vier Erdbeerviertel und die restlichen Mangoscheiben setzen und zwei aufeinandergesetzte Sahnetupfen obendrauf spritzen. Am äußeren Rand des Mangokranzes eine Kette aus Sahnetupfen spritzen (**8**) und auf diese weitere acht Tupfen. Die zweite Erdbeere in acht dünne Scheiben schneiden und vorsichtig auf die acht Sahnetupfen setzen (**5**). Im Kühlschrank aufbewahren.

Eine einfache, aber sehr wirkungsvolle Verzierung für eine mit Creme und Obst geschichtete Torte.

Königsadler

1

2

3

4

5

Zutaten

2 EL Aprikosengelee
150 g gehackte Bitterschokolade
60 g Puderzucker
100 g gehackte Vollmilchschokolade
50 g gehackte weiße Schokolade
20 g Butter
2–3 EL Milch

◆ Das Aprikosengelee mit 1 EL Wasser erwärmen und auf die Torte streichen.
◆ Die Bitterschokolade mit der Butter, der Milch und dem Puderzucker unter ständigem Rühren im Wasserbad schmelzen. Die geschmolzene Schokolade auf die Torte geben, mit einem Spatel gleichmäßig verstreichen und sie vollständig überziehen. Die restliche Schokolade in eine Backpapiertüte füllen und den unteren und oberen Rand sowie die Eckkanten verzieren (**1**). Die Torte kühlstellen, damit die Schokolade fest wird.
◆ Die Vollmilchschokolade im Wasserbad schmelzen, in eine Backpapiertüte füllen und das Wappen auf die Torte zeichnen (**2, 3**). Um den Vorgang zu vereinfachen, sollte man das Wappen zuerst auf Karton zeichnen, ausschneiden, auf die Torte legen und den Umriß leicht nachzeichnen. Den so erhaltenen Umriß dann mit der geschmolzenen Vollmilchschokolade füllen.
◆ Die weiße Schokolade im Wasserbad schmelzen, in eine Backpapiertüte füllen und die Zeichnung vervollständigen (**4, 5**). Die Verzierung kühl fest werden lassen.

Diese aufwendige Verzierung empfiehlt sich für eine geschichtete Torte zu einem besonderen Anlaß.

Schokoladen-
noten

1

2

3

4

5

ZUTATEN

50 g gehackte Vollmilchschokolade
40 g gehackte weiße Schokolade

◆ Den Teig für eine rechteckige Schokoladentorte vorbereiten, backen und in drei Böden schneiden.
◆ Den unteren Boden wieder in die Form legen, darauf ein Drittel Ganache-Creme geben (s. S. 18; **1**) und mit einem zweiten Boden abdecken (**2**). Die Hälfte der restlichen Creme darauf verstreichen und mit dem letzten Boden abschließen. Die Torte im Kühlschrank fest werden lassen, dann auf eine Platte stürzen und mit der restlichen Creme gleichmäßig überziehen.

◆ Die Vollmilchschokolade im Wasserbad schmelzen und in eine Backpapiertüte füllen. Durch leichten Druck fünf feine Linien auf die Torte spritzen und so die Notenlinien anzeichnen (**3**), dann trocknen lassen.
◆ Die weiße Schokolade im Wasserbad schmelzen und in eine Backpapiertüte füllen. Durch leichten Druck einen Notenschlüssel (**4**) sowie einige Noten (**5**) auf die Linien zeichnen. Die Torte kühl aufbewahren.

Schokoladen-Mandel-Spitze

1

2

3

4

5

ZUTATEN

2 EL Aprikosengelee
150 g gehackte Bitterschokolade
50 g gehackte Vollmilchschokolade
100 g Puderzucker
30 g weiche Butter
5 karamelisierte Mandeln (s. S. 21)

◆ Das Aprikosengelee mit 1 EL Wasser erwärmen und auf die Torte pinseln.

◆ Die Bitterschokolade im Wasserbad schmelzen und die in Stücke geschnittene Butter unterrühren. Vom Herd nehmen, den Puderzucker und nach und nach 3–4 EL Wasser zufügen, bis die Masse glatt und homogen ist. Auf die Torte gießen und mit einem Spatel auf der ganzen Oberfläche verteilen. Mit einem Konditorkamm oder Gabelzinken Rillen in die Schokolade am Tortenrand ziehen und dann die Torte auf eine Platte setzen.

◆ Die Vollmilchschokolade im Wasserbad schmelzen, in eine Backpapiertüte füllen und damit eine Linie ziehen, die die Oberfläche der Torte fast halbiert, dann eine Girlande auf den oberen Rand der größeren Hälfte zeichnen (1) und eine filigrane Verzierung auf die andere Hälfte setzen (2). Je einen Schokoladentropfen zwischen die Bögen der Girlande fallen lassen (3) und die untere Kante der Torte mit einer Reihe Tropfen verzieren.

◆ Die restliche Schokolade in einen Spritzbeutel mit Sterntülle geben und fünf Tupfen in jeweils gleichem Abstand im Halbkreis auf die girlandenverzierte Seite spritzen (4). Jeden Tupfen mit einer karamelisierten Mandel verzieren (5).

Eine wirkungsvolle Verzierung, die einen einfachen Kuchen, aber auch eine geschichtete Torte verschönert.

Sahne-Pistazien-Schmetterling

1

2

3

4

5

ZUTATEN

100 g Butter
100 ml Sahne
200 g geriebene Bitterschokolade
120 g Pistazien

◆ Die Schokolade in eine Schüssel geben, die zerlassene Butter darübergießen und die Masse rühren, bis sie glatt und homogen ist. Auf die Torte gießen und mit einem Spatel auf der gesamten Oberfläche verstreichen (**1**). Etwa 30 Minuten kühlstellen.

◆ Die Pistazien 1 Minute in kochendes Wasser geben, schälen und grob hacken, einige ganze zurückbehalten. Den Rand der Torte mit einem Teil der gehackten Pistazien verzieren (**2**).

◆ Die Sahne steif schlagen und in einen Spritzbeutel mit großer Sterntülle geben. Sechs Sahnetupfen hintereinander in die Mitte der Torte spritzen, die den Schmetterlingskörper bilden. Die große Tülle durch eine kleine ersetzen und den Umriß der Flügel zeichnen (**3**). Diese dann mit den restlichen gehackten Pistazien füllen.

◆ Die Verzierung mit den ganzen Pistazien vervollständigen, die längs des Schmetterlingskörpers angeordnet werden (**5**), und die Torte kühlstellen.

Diese Verzierung ist einfach, hat aber eine große Wirkung. Sie bietet sich für eine geschichtete Torte an, wertet aber auch einen einfachen Kuchen auf.

Weintrauben

1

2

3

4

5

ZUTATEN

einige rote Weintrauben
3 kleine Stücke
kandierte Orange
2 kleine Stücke
kandierte Zedratzitrone

◆ Die Trauben waschen, abtrocknen und in dünne Scheiben schneiden, dabei die Kerne entfernen (1). Die Traubenscheiben mit einer Pinzette leicht übereinanderlappend auf die Torte legen und so den oberen Rand der Weintraube bilden (2). Nach unten hin fortfahren (3).

◆ Mit der kandierten Orange und der kandierten Zedratzitrone Stiel und Blätter formen (4). Darauf einen dünnen und gedrehten kandierten Orangenstreifen setzen (5) und die Verzierung damit vervollständigen.

Diese Verzierung wurde für eine Panna cotta mit Trauben entworfen, eignet sich aber für jede Obsttorte mit einer Zuckerglasur oder auch für einen Pudding oder eine Creme.

Sahnegirlanden auf Marzipan

1

2

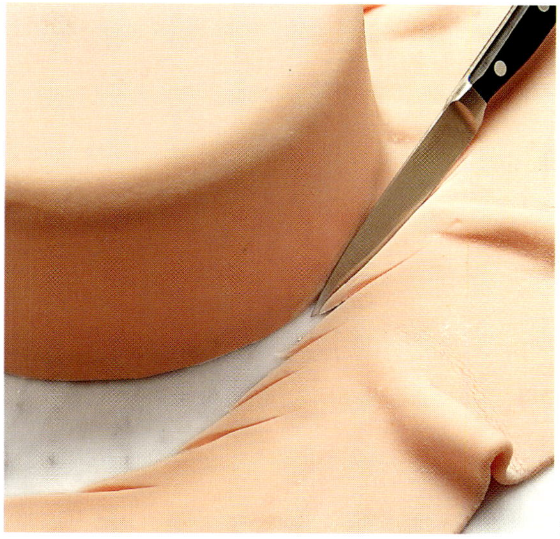
3

4

ZUTATEN

400 g Marzipan (s. S. 23)
2 EL Alchermes
200 ml Sahne
2 EL Aprikosengelee
2 EL Puderzucker

5

◆ Den Alchermes zu der Marzipanmasse geben (**1**) und mit den Fingerspitzen gründlich verkneten, damit der Likör vollständig aufgenommen wird. Die Arbeitsfläche mit Puderzucker bestäuben und die Masse 3 mm dick ausrollen (**2**).

◆ Das Aprikosengelee mit 1 EL Wasser erwärmen und auf die Torte pinseln. Mit dem Marzipan bedecken und mit den Händen andrücken, dann die überschüssige Masse abschneiden (**3**).

◆ Die Sahne steif schlagen und in einen Spritzbeutel mit Sterntülle geben. Einen Kranz Tupfen um den oberen und den unteren Rand der Torte setzen, dann auf der Oberfläche einen Stern mit einem Tupfen in der Mitte zeichnen (**4**). Die Verzierung mit Sahnegirlanden auf dem Rand vervollständigen (**5**). Es empfiehlt sich, den Stern und die Girlande mit einer Messerspitze auf dem Marzipan anzuzeichnen und mit den Sahnetupfen zu bedecken.

Diese wirkungsvolle Verzierung paßt zu einer geschichteten Torte zu einem besonderen Anlaß.

Schokoladen-
ornament

1

2

3

4

5

ZUTATEN

150 g Butter
100 g Zucker
40 g Eiweiß
1 Prise Salz
geriebene Schale von
1 unbehandelten Orange
2 EL trockener Sherry
150 g gehackte
Bitterschokolade

◆ Mit den Eiweißen, dem Zucker, der Butter und dem Salz eine Buttercreme zubereiten (s. S. 17) und die geriebene Orangenschale sowie den Sherry unterziehen. Ein Viertel der Creme beiseite stellen und den Rest mit einem Spatel auf der gesamten Tortenoberfläche verteilen. Die Torte auf eine Platte setzen, in die Oberfläche mit einem Konditorkamm oder einer Gabel Rillen ziehen (**1**) und kühlstellen.

◆ Auf ein Stück Papier ein 12 cm hohes und am unteren Rand 6 cm breites Ornament vorzeichnen und ein Stück Backpapier auf die Zeichnung legen. Die Bitterschokolade im Wasserbad schmelzen, in eine Backpapiertüte füllen und den Umriß des Ornaments viermal auf Backpapier nachzeichnen (**2**). Mit einem Teil der restlichen Schokolade ein Quadrat von etwa 8 cm Kantenlänge und 3 mm Dicke formen (ebenfalls auf Backpapier). Die Schokoladenformen an einem kühlen Ort fest werden lassen.

◆ Die Torte aus dem Kühlschrank nehmen. Die restliche Creme in einen Spritzbeutel mit kleiner Sterntülle geben und Tupfen auf den unteren und den oberen Rand der Torte sowie auf die Kanten setzen (**3**). Das Schokoladenquadrat vom Papier lösen und in die Mitte der Torte legen (**4**).

◆ Ebenfalls die Schokoladenornamente vorsichtig lösen. Mit der Backpapiertüte einen Schokoladentropfen auf jeden Cremetupfen setzen (**5**). Mit der restlichen geschmolzenen Schokolade die Diagonalen auf dem Schokoladenquadrat anzeichnen und die Schokoladenornamente senkrecht darauf befestigen. Die Torte kühl aufbewahren.

Eine sehr effektvolle Verzierung, die vor allem eine Torte mit Orangenaroma verfeinert.

Register